JOHN LOCKE

Versuch über den menschlichen Verstand

In vier Büchern
Band I: Buch I und II

FELIX MEINER VERLAG
HAMBURG

PHILOSOPHISCHE BIBLIOTHEK BAND 75

Bibliographische Information Der Deutschen Bibliothek

Die Deutsche Bibliothek verzeichnet diese Publikation in der Deutschen Nationalbibliographie; detaillierte bibliographische Daten sind im Internet über <http://dnb.ddb.de> abrufbar.

ISBN-13: 978-3-7873-1555-0
ISBN-10: 3-7873-1555-1

www.meiner.de

© Felix Meiner Verlag GmbH, Hamburg 2006. Alle Rechte vorbehalten. Dies betrifft auch die Vervielfältigung und Übertragung einzelner Textabschnitte durch alle Verfahren wie Speicherung und Übertragung auf Papier, Transparente, Filme, Bänder, Platten und andere Medien, soweit es nicht §§ 53 und 54 URG ausdrücklich gestatten. Druck und Bindung: Druckerei C. H. Beck, Nördlingen. Werkdruckpapier: alterungsbeständig, hergestellt aus chlorfrei gebleichtem Zellstoff. Printed in Germany.

INHALT BAND I

Widmung 1

Sendschreiben an den Leser 5

Einleitung 22

ERSTES BUCH: WEDER PRINZIPIEN NOCH IDEEN
SIND ANGEBOREN

I. Kapitel: Es gibt keine angeborenen spekulativen
Prinzipien 29

II. Kapitel: Es gibt keine angeborenen praktischen
Prinzipien 52

III. Kapitel: Weitere Betrachtungen über angeborene
Prinzipien, sowohl spekulativer als auch
praktischer Natur 80

ZWEITES BUCH: ÜBER DIE IDEEN

I. Kapitel: Über die Ideen im allgemeinen und ihren
Ursprung 107

II. Kapitel: Über einfache Ideen 126

III. Kapitel: Über einfache Ideen der Sinne 129

IV. Kapitel: Über die Idee der Festigkeit 131

V. Kapitel: Über einfache Ideen, die wir durch verschiedene Sinne erwerben 137

VI. Kapitel: Über einfache Ideen der Reflexion . . . 138

VII. Kapitel: Über einfache Ideen, die sowohl auf Sensation als auf Reflexion beruhen 138

VIII. Kapitel: Weitere Betrachtungen über unsere einfachen Ideen der Sensation 144

IX. Kapitel: Über die Wahrnehmung 158

X. Kapitel: Über die Erinnerung 167

XI. Kapitel:	Über das Unterscheiden und andere Operationen des Geistes.	175
XII. Kapitel:	Über komplexe Ideen.	185
XIII. Kapitel:	Komplexe Ideen der einfachen Modi: zunächst über die einfachen Modi der Idee des Raumes	190
XIV. Kapitel:	Die Idee der Dauer und ihre einfachen Modi.	209
XV. Kapitel:	Ideen der Dauer und Ausbreitung gemeinsam betrachtet	229
XVI. Kapitel:	Die Idee der Zahl	239
XVII. Kapitel:	Über die Unendlichkeit	245
XVIII. Kapitel:	Über andere einfache Modi	264
XIX. Kapitel:	Von den Modi des Denkens	268
XX. Kapitel:	Über die Modi von Freude und Schmerz.	271
XXI. Kapitel:	Von der Kraft	276
XXII. Kapitel:	Von den gemischten Modi	356
XXIII. Kapitel:	Über unsere komplexen Ideen von Substanzen	366
XXIV. Kapitel:	Über kollektive Ideen von Substanzen. .	396
XXV. Kapitel:	Über die Relation.	397
XXVI. Kapitel:	Über Ursache und Wirkung und andere Relationen.	404
XXVII. Kapitel:	Über Identität und Verschiedenheit . . .	410
XXVIII. Kapitel:	Über andere Relationen	438
XXIX. Kapitel:	Über klare und dunkle, deutliche und verworrene Ideen	455
XXX. Kapitel:	Über reale und phantastische Ideen . . .	468
XXXI. Kapitel:	Über adäquate und inadäquate Ideen . .	471
XXXII. Kapitel:	Über wahre und falsche Ideen	484
XXXIII. Kapitel:	Über die Assoziation der Ideen	498

INHALT BAND II

DRITTES BUCH: VON DEN WÖRTERN

I. Kapitel:	Über die Wörter oder die Sprache im allgemeinen	1
II. Kapitel:	Über die Bedeutung der Wörter	4
III. Kapitel:	Über allgemeine Ausdrücke	10
IV. Kapitel:	Über die Namen einfacher Ideen	25
V. Kapitel:	Über die Namen der gemischten Modi und Relationen	36
VI. Kapitel:	Über die Namen von Substanzen	49
VII. Kapitel:	Über die Partikel	94
VIII. Kapitel:	Über abstrakte und konkrete Ausdrücke	97
IX. Kapitel:	Über die Unvollkommenheit der Wörter	100
X. Kapitel:	Über den Mißbrauch der Wörter	119
XI. Kapitel:	Über die Mittel gegen die geschilderten Unvollkommenheiten und die mißbräuchliche Verwendung der Wörter	145

VIERTES BUCH:
VOM WISSEN UND VON DER WAHRSCHEINLICHKEIT

I. Kapitel:	Über das Wissen im allgemeinen	167
II. Kapitel:	Über die Grade unseres Wissens	174
III. Kapitel:	Über den Umfang des menschlichen Wissens	185
IV. Kapitel:	Über die Realität des Wissens	217
V. Kapitel:	Über die Wahrheit im allgemeinen	233
VI. Kapitel:	Über allgemeine Sätze, ihre Wahrheit und Gewißheit	240
VII. Kapitel:	Über Axiome	257
VIII. Kapitel:	Über inhaltlose Sätze	281

IX. Kapitel:	Über unser dreifaches Wissen von der Existenz 293
X. Kapitel:	Über unser Wissen von der Existenz Gottes . 295
XI. Kapitel:	Über unser Wissen von der Existenz anderer Dinge. 310
XII. Kapitel:	Über die Erweiterung unseres Wissens. . . 322
XIII. Kapitel:	Einige weitere Betrachtungen über unser Wissen 337
XIV. Kapitel:	Über das Urteil. 340
XV. Kapitel:	Über die Wahrscheinlichkeit 343
XVI. Kapitel:	Über die Grade der Zustimmung 347
XVII. Kapitel:	Über die Vernunft 363
XVIII. Kapitel:	Über den Glauben und die Vernunft und ihre verschiedenen Gebiete. 392
XIX. Kapitel:	Über die Schwärmerei 404
XX. Kapitel:	Über falsche Zustimmung oder Irrtum . . . 418
XXI. Kapitel:	Über die Einteilung der Wissenschaften . . 437

VORBEMERKUNG DES VERLAGS

In seinem philosophischen Hauptwerk *An Essay Concerning Human Understanding* (1671 begonnen, 1690 publiziert) begründet John Locke (1632–1704) den erkenntnistheoretischen Empirismus, d. h. die Lehre von der Abhängigkeit des Verstandes von der Wahrnehmung.

Nachdem er in Buch I seines Essays die überkommene Lehre von den angeborenen Ideen zurückweist, behauptet Locke in Buch II, daß alle Ideen und Vorstellungen des Menschen der äußeren und inneren Wahrnehmung entspringen. – In den Büchern III und IV (siehe Teilband II, PhB 76) erörtert Locke das Verhältnis von Sprache und Denken und die Grenzen der menschlichen Erkenntnis.

Die vorliegende Ausgabe bietet einen unveränderten Nachdruck des Textes in der Übersetzung von Carl Winckler (Leipzig 1913), die auf der Ausgabe des Originaltextes durch Alexander Campbell Fraser (Oxford 1894) basiert. Wie schon die erste französische Übersetzung von Pierre Coste, die Locke selbst betreute, zählt Fraser und ihm folgend auch Winckler das Kapitel I von Buch I – abweichend vom Original – als *Einleitung* („was zum Inhalt nicht schlecht paßt", Reinhardt Brandt) und die weiteren Kapitel entsprechend versetzt: Kapitel II wird Kapitel I, etc. Bei der vergleichenden Heranziehung der heute als maßgeblich geltenden Neuedition des Lockeschen Originaltextes in der *Clarendon Edition* (An Essay concerning Human Understanding, mit Einleitung, krit. Apparat und Glossar hg. von Peter H. Nidditch, Oxford 1975) ist daher die abweichende Zählung der Kapitel in Buch I zu beachten.

Der Verlag

WIDMUNG

Dem sehr ehrenwerten Thomas, Earl of Pembroke and
Montgomery Baron Herbert of Cardiff
Lord Ross, of Kendal, Par, Fitzhugh, Marmion, St. Quintin, and Shurland; Lord President of his majesty's most
Honourable Privy Council; and Lord Lieutenant of the
County of Wilts, and of South Wales.

Mein Lord,

Diese Abhandlung, die unter Ihren Augen entstanden ist und sich auf Ihr Geheiß hin in die Welt hinausgewagt hat, kommt nun auf Grund einer natürlichen Art von Recht jener Protektion wegen zu Ihnen, die Ihr ihr vor mehreren Jahren zugesagt habt. Es geschieht nicht, weil ich denke, daß irgendein Name, so groß er auch immer sei, an den Anfang des Buches gesetzt, die Fehler zu verdecken vermöchte, die in ihm zu finden sind. Gedruckte Dinge müssen durch ihren eigenen Wert oder durch die Meinung des Lesers stehen oder fallen. Für die Wahrheit ist indessen nichts mehr zu wünschen als ein vorurteilsfreies Anhören; mir das zu gewährleisten, ist aber niemand geeigneter als Eure Lordschaft, der mit dieser Abhandlung zugestandenermaßen bis in die geheimsten Tiefen bekannt geworden ist. Eure Lordschaft ist dafür bekannt, seine Spekulationen in der abstraktesten und allgemeinsten Erkenntnis der Dinge so weit vorangetrieben zu haben – über den gewöhnlichen Bereich oder die üblichen Methoden hinaus –, daß seine Billigung und Zustimmung zu der Absicht meiner Abhandlung diese wenigstens davor bewahren wird, ungelesen verdammt zu werden, und bewirken wird, daß jene Teile ein wenig wichtiger genommen werden, von denen man vielleicht andernfalls glauben könnte, daß sie keine Betrachtung verdienen, da sie etwas abseits vom gewöhnlichen Wege gelegen sind. Der Vorwurf der Neuheit ist unter jenen eine furchtbare Anklage, die über die Köpfe der Menschen so urteilen, wie sie über ihre Perücken urteilen – nämlich nach der Mode, und die nichts als die allgemein anerkannten Lehren als richtig gelten lassen können. Die Wahrheit hat bei ihrem ersten Erscheinen kaum je und irgendwo die Stimmen für sich gehabt: neuen Meinungen wird ohne irgendeinen anderen Grund als dem, daß sie noch nicht alltäglich sind, immer mißtraut und gewöhnlich widersprochen. Die Wahrheit aber ist wie das Gold in nicht geringerem Grade Wahrheit, wenn sie frisch aus dem Schacht gehoben ist. Probe und Prüfung sind es, die ihr einen Preis geben müssen, nicht aber eine alte Mode, und selbst wenn sie noch nicht mit dem öffentlichen Stempel umläuft, kann sie dennoch so alt sein wie die Natur und ist gewiß nicht weniger echt. Eure Lordschaft kann große und überzeugende Beweise dafür liefern, wenn Sie geruhen, sich das Publikum durch einige jener großen und umfassenden Entdeckungen zu verpflichten, die Sie in Bezug auf Wahrheiten gemacht haben, die bis jetzt allen unbekannt sind, ausgenommen einige wenige, denen Eure Lordschaft sie nicht gänzlich zu verbergen geruhten. Dies allein wäre, gäbe es keinen andern, ein hinreichender Grund, Eurer Lordschaft diesen *Essay** zu widmen. Und was die Tatsache anbetrifft, daß er mit einigen Teilen jenes vortrefflichen und großartigen Systems der Wissenschaften im Einklang steht, von dem Sie einen so neuen, exakten und instruktiven Entwurf angefertigt haben, ist es, denke ich, der Ehre genug, wenn mir Eure Lordschaft gestatten, mich dessen zu rühmen, daß ich hier und dort auf einige Gedanken gekommen bin, die von den Ihrigen nicht gänzlich ver-

---

* Die im englischen Original durch Kursivdruck hervorgehobenen Wörter und Satzteile erscheinen auch in vorliegender Ausgabe im Kursivdruck.

schieden sind. Wenn Eure Lordschaft glauben, daß dies Werk geeignet sei, mit Ihrer Unterstützung in der Welt zu erscheinen, so kann das, hoffe ich, ein Grund sein, Eure Lordschaft jetzt oder später weiter zu führen, und Sie gestatten mir zu sagen, daß Sie der Welt hier für etwas Bürgschaft leisten, das ihre Erwartungen, wenn sie Geduld dafür aufbringen kann, wahrhaftig nicht enttäuschen wird. Dies, mein Lord, zeigt, welches Geschenk ich Eurer Lordschaft hier mache; genau ein solches, wie es der arme Mann seinem reichen und großen Nachbarn macht, von dem der Korb voller Blumen oder Früchte nicht übelgenommen wird, obgleich er auf seinem eigenen Grund viel mehr und in größerer Vollkommenheit davon besitzt. Wertlose Dinge erhalten einen Wert, wenn sie aus Ehrfurcht, Hochachtung und Dankbarkeit dargeboten werden: Diese Gefühle in höchstem Maße für Eure Lordschaft zu hegen, haben Sie mir so gewichtigen und besondern Grund gegeben, daß ich mich, wenn diese Gefühle der Gabe, die sie begleiten, einen Wert hinzufügen können, der ihrer eigenen Größe entspricht, mit Gewißheit rühmen kann, Eurer Lordschaft das kostbarste Geschenk zu machen, das Sie je empfangen haben. Dessen bin ich sicher, ich bin zutiefst verpflichtet, jede Gelegenheit wahrzunehmen, um eine lange Kette mir von Eurer Lordschaft erwiesener Gunstbezeigungen anzuerkennen; Gunstbezeigungen, die, obgleich sie an sich schon groß und bedeutend waren, es doch weit mehr durch die Geneigtheit, Teilnahme, Freundlichkeit und andere verbindliche Nebenumstände wurden, von denen sie stets begleitet waren. Zu alledem haben Sie die Güte, dasjenige hinzuzufügen, was allem bisherigen noch mehr Gewicht und Reiz verleiht: Sie versichern mir, mich bis zu einem gewissen Grade auch fernerhin Ihrer Achtung zu würdigen und mir ein gutes Andenken, ich hätte fast gesagt, Ihre Freundschaft bewahren zu wollen. Dies, mein Lord, zeigen Ihre Worte und Handlungen so beständig bei allen Gelegenheiten, selbst andern, wenn ich abwesend bin, daß es nicht eitel von mir ist, das zu erwähnen, was jedermann weiß: Ja, es würde unhöflich sein, wenn ich das nicht anerkennen wollte, für das es so viele Zeugen gibt, und von dem mir jeder Tag sagt, daß ich Eurer Lordschaft verpflichtet bin. Ich wollte, Ihre Worte und Taten könnten meinem Dank genauso leicht beistehen, wie sie mich von meinen großen und zunehmenden Verpflichtungen gegen Eure Lordschaft überzeugen. Dessen bin ich sicher, ich würde über den *Verstand* schreiben, ohne irgendwelche Verpflichtungen zu haben; allein ich empfinde sie in höchstem Maße* und ergreife diese günstige Gelegenheit, um vor der Welt Zeugnis abzulegen, wie sehr ich verpflichtet bin zu sein und wie sehr ich bin

mein Lord
Eurer Lordschaft
untertänigster und gehorsamster Diener
John Locke

Dorset-Court, den 24. Mai 1689.**

---

* In der ersten Auflage: „gewiß". [John Locke, An essay concerning human understanding, herausgegeben von A. C. Fraser, Oxford 1894, Bd. I, S. 6.]

** Der Ort und das Datum sind in der vierten Auflage hinzugefügt worden. [Fraser, a. a. O., Bd. I, S. 6.]

SENDSCHREIBEN AN DEN LESER

Leser,

Ich lege hiermit in Deine Hände, was mir in mancher müßigen und schweren Stunde Zerstreuung gewesen ist. Wenn es mir geglückt ist, Dir damit einen ähnlichen Dienst zu erweisen, und wenn Dir das Lesen nur halb so viel Freude macht wie mir das Schreiben bereitet hat, so wirst Du Dein Geld ebenso wenig für vergeudet ansehen wie ich meine Mühe. Halte dies nicht etwa für eine Empfehlung meines Werkes; ziehe auch nicht den Schluß, daß ich, weil mir seine Niederschrift ein Vergnügen war, nunmehr nach seinem Abschluß ganz vernarrt darin wäre. Wer auf Lerchen und Sperlinge Jagd macht, hat, obwohl die Beute sehr viel weniger ansehnlich ist, nicht weniger Genuß am Jagen als jemand, der einem edleren Wilde nachstellt. Und derjenige ist mit dem Gegenstand dieser Abhandlung, dem V e r s t a n d , nur wenig vertraut, der nicht weiß, daß – eben weil dieser die erhabenste Fähigkeit der Seele ist – seine Anwendung größere und nachhaltigere Freude bereitet als die irgendeiner anderen Fähigkeit. Sein Forschen nach der Wahrheit gleicht einer Falkenbeize oder einer Hetzjagd, wobei das Vergnügen großenteils in der Verfolgung selbst besteht. Jeder Schritt vorwärts, den der Geist auf seinem Wege zur Erkenntnis tut, bringt irgendeine Entdeckung, die nicht nur neu, sondern, im Augenblick wenigstens, auch die wertvollste ist.

Denn der Verstand, der wie das Auge nur durch eigene Sicht über die Gegenstände urteilt, muß sich notwendig über das freuen, was er entdeckt, während er das ihm Entgangene weniger bedauert, weil es unbekannt ist. Wer den Bettelsack hinter sich wirft und – zu stolz, um träge von den Almosen erbettelter Meinungen zu leben – seine eigenen Gedanken ins Werk setzt, um die Wahrheit zu finden und ihr zu folgen, dem wird die Genugtuung des Weidmanns nicht versagt bleiben, gleichviel, was er auch aufstöbern mag. Jeder Augenblick des Suchens wird seine Mühe mit irgendeiner Freude belohnen. Und mit Recht wird er seine Zeit nicht für verschwendet halten, selbst wenn er sich keiner besonders großen Beute rühmen kann.

So, Leser, sieht die Unterhaltung derer aus, die ihren Gedanken freien Lauf lassen und ihnen mit der Feder in der Hand folgen. Du brauchst sie deshalb nicht zu beneiden, denn sie bieten Dir eine Möglichkeit der gleichen Unterhaltung, wenn Du nur beim Lesen von Deinen eigenen Gedanken Gebrauch machen willst. Sie sind es, auf die ich mich, sofern sie Deine eigenen sind, berufe; sind sie dagegen leichtgläubig von anderen übernommen worden, so kommt es wenig darauf an, wie sie beschaffen sind; sie streben nicht nach der Wahrheit, sondern lassen sich von irgendeiner kleinlichen Erwägung leiten, und es lohnt sich nicht, sich um das zu kümmern, was einer spricht oder denkt, der nur spricht oder denkt, wie ihm von einem andern geheißen wird. Wenn Du selbständig urteilst, so weiß ich, Du wirst aufrichtig urteilen, und dann werde ich mich, was immer auch Deine Meinung sein mag, weder verletzt noch beleidigt fühlen. Denn mag auch sicherlich in dieser Abhandlung nichts stehen, von dessen Wahrheit ich nicht völlig überzeugt wäre, so glaube ich doch, daß ich ebenso leicht irren kann wie Du, und weiß, daß dies Buch nicht durch irgendeine Meinung, die ich davon habe, vor Dir bestehen kann, sondern nur auf Grund Deiner eigenen Ansicht. Findest Du wenig Neues oder Belehrendes darin, so darfst Du mich deswegen nicht tadeln. Es war nicht für Leser bestimmt, die den behandelten Gegenstand schon beherrschen und mit ihrem Verstand gründlich vertraut sind; es sollte allein zu meiner eigenen Belehrung dienen und einige Freunde zufriedenstellen, die zugaben, sich mit diesem Gegenstand noch nicht genügend befaßt zu haben.

An den Leser

Dürfte ich Dich mit der Entstehungsgeschichte dieses *Essays* behelligen, so würde ich Dir folgendes erzählen: Fünf oder sechs Freunde trafen sich in meiner Wohnung und erörterten ein von dem gegenwärtigen sehr weit abliegendes Thema; hierbei gelangten sie bald durch Schwierigkeiten, die sich von allen Seiten erhoben, an einen toten Punkt. Nachdem wir uns so eine Zeitlang abgemüht hatten, ohne einer Lösung der uns quälenden Zweifel irgendwie näherzukommen, kam mir der Gedanke, daß wir einen falschen Weg eingeschlagen hätten und vor Beginn solcher Untersuchungen notwendig unsere eigenen geistigen Anlagen prüfen und zusehen müßten, mit welchen *Objekten* sich zu befassen unser Verstand tauglich sei. Ich setzte das der Gesellschaft auseinander, und alle stimmten mir bereitwillig zu, worauf wir vereinbarten, daß dieser Frage unsere erste Untersuchung gelten sollte. Einige flüchtige, unausgereifte Gedanken über einen mir bis dahin ganz fremden Gegenstand, die ich im Hinblick auf unsere nächste Zusammenkunft zu Papier brachte, gaben den ersten Anstoß zu dieser Abhandlung. Sie wurde, nachdem sie so auf zufällige Anregung begonnen war, einer Aufforderung folgend fortgesetzt, in unzusammenhängenden Absätzen niedergeschrieben und nach langen Zwischenzeiten der Vernachlässigung wieder aufgenommen, wie es meine innere Verfassung oder die Umstände gestatteten; und zuletzt erhielt sie in einer Zurückgezogenheit, wo die Pflege meiner Gesundheit mir Muße bot, diejenige Gestalt, in der sie jetzt erscheint.

Diese unstetige Schreibweise dürfte neben anderen zwei entgegengesetzte Mängel verursacht haben, nämlich, daß vielleicht einerseits zuviel, andererseits zu wenig darin gesagt ist. Findest Du, daß etwas fehlt, so soll es mich freuen, daß das, was ich geschrieben habe, in Dir den Wunsch entstehen läßt, ich möge noch weitere Ausführungen gemacht haben. Scheint es Dir, als sei zu viel gesagt, so mußt Du den Gegenstand dafür verantwortlich machen; denn als ich die Feder ansetzte, glaubte ich, alles, was ich über ihn zu sagen hätte, würde auf einem einzigen Bogen Platz finden. Aber je weiter ich gelangte, desto mehr weitete sich mein Blick; neue Entdeckungen führten mich ständig weiter, und so schwoll diese Abhandlung unmerklich zu dem Umfang an, den sie jetzt aufweist. Ich will nicht bestreiten, daß sie sich vielleicht auf ein geringeres Ausmaß beschränken ließe und daß manche Teile knapper gefaßt werden könnten; denn eine solche stockende Entstehungsweise mit zahlreichen und langen Unterbrechungen führt leicht zu Wiederholungen. Aber ehrlich gestanden, ich bin jetzt zu träge oder zu beschäftigt, um zu kürzen.

Es ist mir wohl bekannt, wie wenig ich hierbei auf meinen eigenen Ruf Rücksicht nehme, wenn ich dies Buch bewußt mit einem Mangel in die Welt hinausgehen lasse, der leicht den Widerwillen der urteilsfähigsten Leser, die auch stets die wählerischsten sind, erregen kann. Wer jedoch weiß, wie gern sich die Trägheit mit irgendeiner Ausrede zufrieden gibt, wird mir verzeihen, wenn die meinige in diesem Fall die Oberhand behalten hat, zumal ich eine sehr triftige Entschuldigung zu haben glaube. Ich will darum nicht zu meiner Verteidigung anführen, daß ein und derselbe Begriff, weil er verschiedene Beziehungen hat, geeignet oder notwendig sein kann, um verschiedene Stellen der gleichen Abhandlung zu beweisen oder zu erläutern, und daß das auch hier vielfach der Fall gewesen ist. Jedoch ganz davon abgesehen, will ich offen zugeben, daß ich mich zuweilen in ganz anderer Absicht bei einem einzigen Argument lange aufgehalten und es in verschiedener Form ausgedrückt habe. Ich erhebe nämlich nicht den Anspruch, diesen *Essay* zu veröffentlichen, um Männer mit großem Denkvermögen und rascher Auffassungsgabe zu belehren; solchen Meistern der Erkenntnis gegenüber bekenne ich mich selbst als Schüler und warne sie deshalb von vornherein davor, hier mehr zu erwarten als etwas, was ich aus meinen eigenen unbeholfenen Gedanken heraus entwickelt habe und das für Leute meiner eigenen Geistesverfassung berechnet ist. Diesen wird es vielleicht nicht unangenehm sein, daß ich etliche Mühe aufgewendet habe, um bestimmte Wahrheiten, die infolge herrschender Vorurteile oder wegen der Abstraktheit der Ideen selbst vielleicht schwer verständlich sind, für ihr Denken klar und faßlich darzustellen. Manche Objekte mußten notwendig nach allen Seiten gewendet werden; und wenn der Begriff neu ist, wie es einige hier – ich gestehe es offen – für mich sind, oder wenn er ungebräuchlich ist, wie andere vermutlich finden werden, dann reicht ein einfaches Hinsehen nicht aus, um ihm Zutritt zum Verstande eines jeden zu verschaffen oder ihn dort durch einen klaren und bleibenden Eindruck zu fixieren. Es gibt, glaube ich, nur wenige, die nicht an sich selbst oder an anderen beobachtet haben, wie etwas, das, in der einen Form vorgetragen, sehr unklar blieb, durch eine andere Darstellung ganz klar und faßlich wurde, obwohl der Geist hinterher nur wenig Unterschied in den Sätzen entdeckte und sich verwundert fragte, warum die eine Fassung weniger Verständnis fand als die andere. Es wirkt eben nicht alles in gleicher Weise auf die Einbildungskraft eines jeden ein. Der Verstand der Menschen ist ebenso verschiedenartig wie ihr Gaumen; und wer meint, die gleiche Wahrheit werde in dem gleichen Kleide jedem gefallen, darf ebensogut hoffen, jeden mit der gleichen Kochkunst befriedigen zu können; die Speise mag dieselbe, ihr Nährwert mag groß sein, und doch ist vielleicht nicht jeder imstande, sie, mit einer bestimmten Würze zubereitet, wohlschmeckend zu finden, so daß sie anders zubereitet sein muß, wenn sie für gewisse Leute, selbst für solche mit einem gesunden Magen, bekömmlich sein soll. Die Wahrheit ist, daß diejenigen, die mir zur Veröffentlichung dieses Buches rieten, mir aus ebendiesem Grunde auch zuredeten, es in der vorliegenden Form herauszugeben; und da ich mich einmal zu seiner Veröffentlichung entschlossen habe, so wünsche ich auch, daß es jeder, der sich die Mühe des Lesens gibt, verstehen möge. Mir liegt so wenig daran, mich gedruckt zu sehen, daß, wenn ich mir nicht einbildete, dieser *Essay* könne anderen einigen Nutzen bringen – wie er ihn meines Erachtens mir selbst gebracht hat –, er nur einigen Freunden zugänglich gemacht worden wäre, die den ersten Anlaß zu seiner Entstehung gegeben haben.

Weil ich also dieses Werk veröffentliche, um damit soviel Nutzen als möglich zu stiften, so erscheint es mir notwendig, das, was ich zu sagen habe, für Leser aller Art möglichst leicht und verständlich darzustellen. Es wäre mir weit lieber, wenn sich spekulative und scharfsichtige Köpfe über gelegentliche Weitschweifigkeit beschwerten, als wenn jemand, der an abstrakte Spekulationen nicht gewöhnt oder von anderen Anschauungen voreingenommen ist, meine Absicht falsch oder gar nicht verstünde.

Man wird es vielleicht als große Eitelkeit oder Anmaßung meinerseits tadeln, daß ich es mir einfallen lasse, unser kluges Zeitalter belehren zu wollen; denn auf etwas Geringeres läuft es kaum hinaus, wenn ich gestehe, daß ich diese *Abhandlung* in der Hoffnung veröffentliche, sie könne anderen nützlich sein. Doch, wenn ich einmal offen über diejenigen reden darf, die mit heuchlerischer Bescheidenheit als wertlos verurteilen, was sie selbst schreiben, so scheint mir der Beigeschmack von Eitelkeit oder Hochmut viel größer zu sein, wenn man ein Buch mit irgendeiner andern Absicht veröffentlicht. Wer etwas drucken läßt und folglich auch erwartet, daß es von Menschen gelesen wird, ohne die Absicht zu haben, daß diese darin etwas für sich oder andere Wertvolles finden sollen, läßt es gar sehr an der Achtung fehlen, die er dem Publikum schuldet. Und sollte man in dieser Abhandlung sonst nichts anerkennenswert finden, so wird es doch meine Absicht bleiben, und diese redliche Absicht muß die Wertlosigkeit meiner Gabe einigermaßen aufwiegen. Das ist es, was mich hauptsächlich davor schützt, den Tadel zu fürchten, dem zu entgehen ich ebenso wenig hoffen kann wie größere Schriftsteller. Die Prinzipien, die Anschauungen und der Geschmack der Menschen sind so verschieden, daß schwerlich ein Buch zu finden sein wird, das allen gefällt oder mißfällt. Ich gebe zu, das Zeitalter, in dem wir leben, ist nicht das unwissendste und darum auch nicht am leichtesten zufriedenzustellen. Wenn ich nicht das Glück habe zu gefallen, so sollte doch niemand Anstoß an mir nehmen. Allen meinen Lesern, ein halbes

Dutzend ausgenommen, sage ich frei heraus, daß diese
Abhandlung ursprünglich nicht für sie bestimmt war;
deshalb brauchen sie sich nicht die Mühe zu machen,
sich zu dieser Zahl zu zählen. Wenn jedoch irgend jemand
glaubt, sich über dieses Buch zu ärgern und es
schmähen zu müssen, so mag er das getrost tun; denn
ich werde meine Zeit besser zu verbringen wissen als
mit einer solchen Art von Konversation. Ich werde
immer die Genugtuung haben, daß ich, wenngleich schon
auf ganz mittelmäßige Weise, ehrlich nach Wahrheit
und Nützlichkeit gestrebt habe. In der Gelehrtenwelt
fehlt es gegenwärtig nicht an Meistern der Baukunst,
deren großartige Bestrebungen, die Wissenschaften zu
fördern, der Bewunderung der Nachwelt bleibende
Denkmäler hinterlassen werden; aber nicht jeder darf
hoffen, ein Boyle oder ein Sydenham zu sein; und in
einem Zeitalter, das solche Meister wie den großen
Huygens und den unvergleichlichen Newton nebst so
manchem anderen von der gleichen geistigen Größe
hervorbringt, muß es dem Ehrgeiz genügen, wenn man
als Hilfsarbeiter beschäftigt wird, um den Baugrund
etwas aufzuräumen und einen Teil des Schuttes zu beseitigen,
der den Weg zur Erkenntnis versperrt. Diese
hätte in der Welt schon viel größere Fortschritte gemacht,
wenn die Bemühungen kluger und fleißiger
Männer nicht durch den gelehrten, aber wertlosen Gebrauch
einer seltsamen, erkünstelten und unverständlichen
Terminologie beeinträchtigt worden wären, die
man in die Wissenschaft einführte und hier derart zu
einer Kunst ausbildete, daß es als unpassend oder unmöglich
galt, in einer guten Gesellschaft oder im Verlaufe
einer hochgeistigen Unterhaltung von der Philosophie
zu reden, die doch nichts ist als die wahre Erkenntnis
der Dinge. Unbestimmte und inhaltlose Redewendungen
und der Mißbrauch der Sprache haben so
lange für Geheimnisse der Wissenschaft gegolten, und
schwer verständliche, falsch verwendete Wörter mit
wenig oder gar keinem Sinn haben durch langjährige
Gewohnheit so sehr das Recht erworben, für tiefe Gelehrsamkeit
und hochfliegende Spekulation gehalten zu

werden, daß es nicht leicht sein wird, diejenigen, die sie aussprechen oder aussprechen hören, davon zu überzeugen, daß sie nur die Unwissenheit verbergen und die wahre Erkenntnis verhindern. Wenn ich in das Allerheiligste der Eitelkeit und Unwissenheit einen Vorstoß unternehme, so denke ich – obwohl es nur wenige gibt, die glauben wollen, daß sie durch Worte täuschen oder getäuscht werden oder daß die Sprache des Kreises, dem sie angehören, mit Mängeln behaftet ist, die man prüfen und abstellen sollte –, dem menschlichen Verstande damit einen Dienst zu erweisen. Man wird mir daher hoffentlich verzeihen, wenn ich im dritten Buch lange bei diesem Gegenstand verweilt habe und bemüht gewesen bin, ihn mit solcher Klarheit darzustellen, daß weder die Hartnäckigkeit dieses Übels noch die Macht der Gewohnheit denen irgendwie zur Entschuldigung dienen können, die nicht auf den Sinn ihrer eigenen Wörter achten und nicht dulden wollen, daß die Bedeutung ihrer Ausdrücke untersucht wird.

Wie ich gehört habe, ist ein kurzer Abriß dieser Abhandlung, der im Jahre 1688 im Druck erschienen ist, von gewissen Leuten ungelesen verurteilt worden, weil darin geleugnet wurde, daß es *angeborene Ideen* gebe. Voreilig schlossen diese Leute, daß, wenn man die angeborenen Ideen nicht voraussetzt, nicht mehr viel von dem Begriff geistiger Wesen und von dem Beweis ihrer Existenz übrig bleiben werde. Sollte jemand zu Beginn dieser Abhandlung eben daran Anstoß nehmen, so bitte ich ihn, sie zu Ende zu lesen; er wird dann hoffentlich davon überzeugt sein, daß die Beseitigung falscher Voraussetzungen der Wahrheit nicht zum Nachteil, sondern zum Vorteil gereicht, da die Wahrheit nie so sehr leidet oder bedroht ist, als wenn sie mit Unwahrheit vermischt oder darauf aufgebaut ist.

In der zweiten Auflage fügte ich folgendes hinzu: Der Verleger würde es mir nicht verzeihen, wenn ich über diese neue Ausgabe nichts sagte, die, wie er versprochen hat, durch ihre Korrektheit die vielen in der ersten befindlichen Druckfehler wieder gutmachen soll. Er bat mich ferner, darauf hinzuweisen, daß sie ein ganz neues Kapitel über die *Identität* sowie viele Zusätze und Verbesserungen an anderen Stellen enthält. Ich muß meinen Leser darauf aufmerksam machen, daß diese nicht immer etwas Neues bringen, sondern meist weitere Bestätigungen des früher Gesagten oder Erläuterungen sind, die verhindern sollen, daß der Sinn des zuerst Gedruckten mißverstanden wird; dagegen sind keinerlei Abweichungen von meinen früheren Anschauungen darin enthalten.

Eine Ausnahme hiervon bilden nur die Änderungen, die ich in Buch II, Kap. 21 vorgenommen habe.

Meine dortigen Ausführungen über Freiheit und Willen verdienten meiner Meinung nach eine so sorgfältige Nachprüfung, wie mir irgend möglich war; haben doch diese Gegenstände der Gelehrtenwelt zu allen Zeiten Fragen aufgegeben und Schwierigkeiten bereitet, die auf denjenigen Gebieten der Erkenntnis, wo Klarheit den Menschen am nötigsten ist, nämlich in der Ethik und in der Theologie, eine nicht geringe Verwirrung gestiftet haben. Nach genauerer Einsichtnahme in die Arbeitsweise des menschlichen Geistes und nach einer genaueren Erforschung jener Motive und Gesichtspunkte, von denen er bewegt wird, habe ich mich veranlaßt gesehen, meine früheren Gedanken über das, was bei allen Willensakten den Willen letztlich bestimmt, etwas abzuändern. Ich kann nicht umhin, dies vor der Öffentlichkeit mit eben dem Freimut und der Bereitwilligkeit zu bezeugen, mit der ich das erste Mal aussprach, was mir damals richtig erschien; denn mir liegt viel mehr daran, eine eigene Ansicht aufzugeben und ihr zu entsagen, wenn sie der Wahrheit widerspricht, als die Meinung eines anderen zu bekämpfen. Denn nur die Wahrheit suche ich, und sie wird mir immer willkommen sein, wann oder von welcher Seite sie auch an mich herantritt.

So bereit ich aber auch bin, irgendeine meiner Ansichten aufzugeben oder von irgend etwas, das ich schrieb, zurückzutreten, sobald es offensichtlich ist, daß irgend ein Irrtum darin enthalten ist, so muß ich doch gestehen, daß ich nicht das Glück gehabt habe, von den mir bekannt gewordenen gedruckten Einwendungen gegen Teile meines Buches Licht zu empfangen; auch hat mich nichts, was gegen mein Buch vorgebracht wurde, veranlassen können, über irgendeinen der angefochtenen Punkte meinen Sinn zu ändern. Sei es nun, daß der Gegenstand, den ich behandle, an vielen Stellen mehr Denken und Aufmerksamkeit erfordert, als kursorische Leser, wenigstens wenn sie voreingenommen sind, aufbieten wollen, sei es, daß irgendeine Unklarheit in meinen Ausdrücken einen Schleier über diesen Gegenstand breitet und daß die Art und Weise, wie ich diese Begriffe erörtere, anderen das Verständnis dieser Begriffe erschwert: Tatsache ist, daß das, was ich meine, oft mißverstanden wird, und daß ich nicht das Glück habe, überall richtig verstanden zu werden.

[Hiervon hat mir erst vor kurzem der scharfsinnige Verfasser* der *Abhandlung über die Natur des Menschen* einen Beweis gegeben, um nur diesen einen zu erwähnen. Auf Grund seiner höflichen Ausdrucksweise und der Aufrichtigkeit, die zu seinem Stand gehört, kann ich unmöglich annehmen, daß er seine Vorrede mit der Unterstellung geschlossen haben würde, als wollte ich mit meinen Ausführungen in Buch II, Kap. 28 über die dritte Regel, zu der die Menschen ihre Handlungen in Beziehung setzen, die Tugend zum Laster und das Laster zur Tugend machen; er muß mich folglich mißverstanden haben. Das aber hätte nicht geschehen können, wenn er sich die Mühe gegeben hätte, in Betracht zu ziehen, auf welchen Beweis es mir dort ankam und welches der Hauptzweck jenes Kapitels war, den ich im vierten und in den folgenden Paragraphen deutlich genug ausgesprochen hatte. Ich stellte nämlich an jener Stelle keine moralischen Regeln auf, sondern zeigte den Ursprung und die Natur der moralischen Ideen und zählte die Regeln auf, von denen die Menschen bei moralischen Beziehungen Gebrauch machen, ohne zu fragen, ob sie richtig oder falsch seien; und dementspre-

* Mr. Lowde. Dieser und die vier folgenden in Klammern befindlichen Absätze sind in den nach dem Tode des Verfassers veröffentlichten Ausgaben weggelassen worden. [Fraser, a. a. O., Bd. I, S. 17.]

chend führte ich aus, was überall Tugend und Laster genannt werde; hierdurch „wird an der Natur der Dinge nichts geändert", wenn auch die Menschen meist wirklich ihre Handlungen so beurteilen und benennen, wie es dem Brauch ihrer Heimat und dem Kreis, dem sie angehören, entspricht.

Wenn sich dieser Verfasser die Mühe gemacht hätte, über das nachzudenken, was ich in Buch I, Kap. 2, § 18 und Buch II, Kap. 28, §§ 13-15 und § 20 ausgeführt, habe, so würde er erkannt haben, wie ich über die ewige, unveränderliche Natur von Recht und Unrecht denke und was ich unter Tugend und Laster verstehe. Und hätte er beachtet, daß ich an der von ihm zitierten Stelle nur das als Tatsache wiedergebe, was *andere* Tugend und Laster nennen, so würde ihn dies nicht zu irgendeinem ernsthaften Einwand veranlaßt haben. Ich glaube nämlich nicht ganz fehlzugehen, wenn ich behaupte, eine der in der Welt als Grund oder Maßstab einer moralischen Beziehung verwendeten Regeln bestehe darin, daß die Einschätzung und Bewertung, die die einzelnen Arten von Handlungen in den verschiedenen menschlichen Gemeinschaften erfahren, verschieden sind, und jeweils in Übereinstimmung mit dieser Bewertung nennt man sie daselbst Tugenden oder Laster. Und wie sehr der gelehrte Herr Lowde auch auf die Autorität seines *Altenglischen Wörterbuches* pochen mag, ich glaube, daß es (wenn ich mich darauf berufen würde) nirgends sagt, daß die gleiche Handlung, die an einem Ort als Tugend bezeichnet und betrachtet wird, nicht anderswo, wo sie in Verruf ist, als Laster gilt und auch so genannt wird. Das einzige, was ich hinsichtlich der Umkehrung von Tugend und Laster getan habe und was man mir in dieser Beziehung zur Last legen kann, ist, daß ich festgestellt habe, daß die Menschen die Namen „Tugend" und „Laster" jeweils nach dieser Regel der Bewertung verwenden. Ein redlicher Mensch aber handelt gut und so, wie es seinem Stande zukommt, wenn er an solchen Stellen wachsam ist und sich schon bei Ausdrücken beunruhigt fühlt, die, für sich allein genommen, schlecht klingen und Verdacht erregen könnten.

Diesem Eifer, der bei Leuten seiner Stellung verzeihlich ist, halte ich es zugute, daß er diese meine Worte (Kap. 28, § 11) zitiert: „Selbst die Ermahnungen inspirierter Lehrer haben sich unbedenklich auf die herrschende Meinung berufen (Philipper 4,8)", ohne das unmittelbar Vorangehende zu berücksichtigen, das als Einleitung dazu dient und folgendermaßen lautet: „Wodurch selbst bei einer Verderbnis der Sitten die wahren Grenzen des Naturgesetzes, das als Regel für Tugend und Laster dienen muß, ziemlich gut innegehalten wurden. So daß selbst die Ermahnungen inspirierter Lehrer" usw. Aus diesen Worten und aus dem übrigen Teil jenes Paragraphen wird deutlich, daß ich die Paulusstelle nicht angeführt habe, um zu beweisen, daß der allgemeine Maßstab dessen, was in der ganzen Welt bei den Menschen Tugend und Laster heiße, der Ruf und Brauch jeder einzelnen Gemeinschaft für sich genommen sei; vielmehr wollte ich zeigen, daß sich die Menschen, wenngleich das der Fall wäre, aus Gründen, die ich dort nenne, bei jener Art der Benennung ihrer Handlungen doch meist nicht weit von dem Naturgesetz entfernen, das die stehende und unabänderliche Regel ist, an der sie die moralische Redlichkeit und den Ernst ihrer Handlungen zu messen haben und nach der sie diese als Tugenden oder Laster bezeichnen müssen. Hätte Herr Lowde dies bedacht, so würde es ihm wenig zweckvoll erschienen sein, diese Stelle in einem Sinne zu zitieren, den ich nicht meinte, und er würde sich, so denke ich mir, die beigefügte Nutzanwendung als nicht gerade notwendig gespart haben. Ich hoffe indessen, daß ihn diese zweite Auflage an dem betreffenden Punkt zufriedenstellen wird und daß ihm die jetzige Ausdrucksweise zeigen wird, daß kein Grund zur Bedenklichkeit vorlag.

Während ich mich von den Auffassungen, die Herr Lowde gegen Ende seiner Vorrede in Bezug auf meine Darlegungen über die Tugend und das Laster geäußert hat, differenzieren muß, stimme ich hinsichtlich dessen, was er in seinem dritten Kapitel (S. 78) über „natürliche Einprägung und angeborene Begriffe" sagt, besser mit ihm überein, als er denkt. Ich streite ihm das von ihm in Anspruch genommene Recht nicht ab (S. 52), die Frage so darzustellen, wie es ihm gefällt, zumal es in einer Form geschieht, bei der nichts bleibt, was meinen Behauptungen widerspräche. Denn seiner Aussage nach sind „die angeborenen Begriffe bedingte Erscheinungen, die das Zusammentreffen verschiedener anderer Umstände zur Voraussetzung haben, damit die Seele sie zutage fördere", und somit läuft alles, was er zugunsten von „angeborenen, eingeprägten, eingezeichneten Begriffen" behauptet (denn von angeborenen *Ideen* redet er überhaupt nicht), schließlich nur darauf hinaus, daß es gewisse Sätze gebe, die der Seele zwar nicht von Anfang an oder mit der Geburt des Menschen bekannt sind, deren Wahrheit sie aber *später* „dank der Unterstützung durch die äußeren Sinne und mit Hilfe einer vorhergehenden Beeinflussung" mit Gewißheit zu erkennen imstande ist; das aber ist nicht mehr, als ich in meinem ersten Buch behauptet habe. Denn ich glaube, unter „ihrer Zutageförderung durch die Seele" versteht er, daß die Seele sie kennenzulernen beginnt; andernfalls wird das „Zutagefördern von Begriffen" durch die Seele für mich ein ganz unverständlicher und, wie mir scheinen will, im besten Fall insofern ein ganz ungeeigneter Ausdruck sein, als er die Gedanken durch die Unterstellung irreführt, als seien diese Begriffe im Geist vorhanden, ehe „die Seele sie zutage fördere", das heißt ehe sie bekannt werden. In Wirklichkeit dagegen ist – solange sie nicht bekannt sind – nichts von ihnen im Geist vorhanden außer der Fähigkeit, sie zu erkennen, sobald das „Zusammenwirken derjenigen Umstände", die dieser scharfsinnige Autor für nötig hält, „damit die Seele sie zutage fördere", sie uns zur Kenntnis bringt.

Auf S. 52 drückt er das folgendermaßen aus: „Diese natürlichen Begriffe sind der Seele nicht so eingeprägt, daß sie (sogar bei Kindern und Idioten) ohne die Unterstützung der äußeren Sinne oder ohne die Hilfe einer vorhergehenden Beeinflussung natürlich und notwendig zutage träten." Hier sagt Lowde, sie „treten zutage", während es S. 78 heißt, „die Seele fördere sie zutage". Wenn der Verfasser sich und anderen klar gemacht haben wird, was er darunter versteht, daß „die Seele angeborene Begriffe zutage fördere" oder daß diese „von selbst zutage treten", und worin jene „vorhergehende Beeinflussung und die Umstände" bestehen, die die Voraussetzung sind, damit sie zutage treten, so wird er, wie ich vermute, finden, daß es zwischen ihm und mir an dieser Stelle so wenig Differenzen gibt – abgesehen davon, daß er „ein Zutagefördern von Begriffen" nennt, was ich in einer gewöhnlichen Redeweise „Erkennen" nenne –, daß ich Grund zu der Annahme habe, Lowde habe meinen Namen bei dieser Gelegenheit nur deshalb erwähnt, weil es ihm Vergnügen macht, in höflicher Weise von mir zu reden, was er, wie ich dankbar anerkennen muß, jedesmal, wenn er mich erwähnt, getan hat, nicht ohne mir – wie auch manche andere – einen Ehrentitel zuzulegen, auf den ich keinen Anspruch habe.]

[Für* derartige Mißverständnisse gibt es so viele Beispiele, daß es meiner Meinung nach mir und meinen Lesern gegenüber gerecht ist, folgenden Schluß zu ziehen: Entweder ist mein Buch klar genug geschrieben, um von denen richtig verstanden zu werden, die es mit soviel Aufmerksamkeit und Unvoreingenommenheit durchlesen, wie jeder, der sich die Mühe der Lektüre machen will, dabei verwenden sollte; oder aber ich habe so unklar geschrieben, daß der Versuch vergeblich wäre, etwas zu bessern. Welche der beiden Möglichkeiten nun auch zutreffen mag, in jedem Falle bin nur ich davon betroffen; und deshalb bin ich weit davon entfernt, meine Leser mit dem zu behelligen, was ich auf die verschiedenen mir bekannt gewordenen Einwände gegen einzelne Stellen meines Buches glaube erwidern zu können. Denn ich bin überzeugt, daß derjenige, welcher diese Einwände für belangvoll genug hält, um sich über ihre Richtigkeit oder Unrichtigkeit Gedanken zu machen, auch imstande sein wird einzusehen, daß die Einwände entweder nicht richtig begründet sind oder aber meiner Lehre nicht

---

* Dieser Absatz erscheint erstmalig in den posthumen Auflagen. [Fraser, a. a. O., Bd. I, S. 20.]

widersprechen, sobald man nur uns beide, mich und meinen Gegner, recht versteht.]

Wenn andere Autoren, damit auch keiner ihrer guten Gedanken verloren gehe, ihre Ausstellungen an meinem *Essay* veröffentlicht haben, indem sie ihm gleichzeitig die Ehre antaten, ihn nicht als einen Essay gelten lassen zu wollen, so überlasse ich es dem Publikum, die Verbindlichkeit abzuschätzen, die es ihren kritischen Federn gegenüber hat, und werde meinem Leser nicht die Zeit stehlen, indem ich mich einer fruchtlosen und undankbaren Beschäftigung hingebe, um die Befriedigung zu beeinträchtigen, die gewisse Leute auf Grund einer so vorschnellen Widerlegung meiner Ausführungen selber empfinden oder anderen bereiten.

Als die Verleger die vierte Auflage meines *Essays* vorbereiteten, setzten sie mich davon in Kenntnis, damit ich, wenn ich Zeit hätte, Zusätze oder Abänderungen anbringen könnte, die ich für wünschenswert hielt. Es schien mir daher angemessen, den Leser darauf hinzuweisen, daß, abgesehen von verschiedenen hier und da vorgenommenen Korrekturen, eine Änderung unbedingt erwähnt werden mußte, weil sie sich durch das ganze Werk hinzieht und ihr richtiges Verständnis überaus wichtig ist. Ich habe folgendes darüber gesagt:

Klare und *deutliche Ideen* ist zwar ein wohlbekannter und oft gebrauchter Ausdruck; dennoch habe ich Grund zu der Annahme, daß ihn nicht jeder, der ihn verwendet, auch vollkommen versteht. Vielleicht findet sich überhaupt nur selten jemand, der sich die Mühe macht, ihn so eingehend zu prüfen, daß er genau weiß, was er selbst oder andere darunter verstehen. Ich habe es deshalb an den meisten Stellen vorgezogen, *determiniert* an Stelle von *klar* und *deutlich* zu schreiben, da die Gedanken der Leser dadurch eher auf das hingelenkt werden, was ich in diesem Punkte meine. Ich verstehe darunter ein im Geist vorhandenes und folglich determiniertes Objekt, das heißt ein Objekt, wie es dort gesehen und wahrgenommen wird. Man kann, so scheint mir, immer dann treffend von einer determinierten Idee reden, wenn eine Idee, so wie sie zu irgendeiner Zeit objektiv im Geist vorhanden und dort fest umgrenzt ist, mit einem Namen oder artikulierten Laut verknüpft und diesem dauernd zugeordnet wird, der für immer das Zeichen eben dieses im Geist vorhandenen Objekts, dieser determinierten Idee sein soll.

Doch ich will dies noch etwas eingehender erklären. Unter *determiniert* verstehe ich, wenn dieses Wort auf eine einfache Idee angewendet wird, jene einfache Erscheinung, die der Geist vor sich hat oder in sich selbst wahrnimmt, wenn es heißt, jene Idee sei in ihm vorhanden. Unter *determiniert,* auf eine komplexe Idee angewendet, verstehe ich eine solche, die aus einer fest umgrenzten Anzahl gewisser einfacher oder weniger komplexer Ideen besteht, die in derjenigen Proportion und Ordnung zusammengeschlossen sind, die der Geist vor sich hat und in sich sieht, wenn jene Idee in ihm gegenwärtig ist oder gegenwärtig sein sollte, sobald ihr jemand einen Namen gibt. Ich sage sein *sollte,* denn nicht jeder, ja vielleicht niemand achtet so auf seine Sprache, daß er nie ein Wort gebraucht, bevor er in seinem Geist die genau determinierte Idee wahrnimmt, zu deren Zeichen er es machen will. Diese Unterlassungssünde ist die Ursache einer nicht geringen Unklarheit und Konfusion in den Gedanken und Gesprächen der Menschen.

Ich weiß, daß es in keiner Sprache genug Wörter gibt, um der ganzen Mannigfaltigkeit der Ideen zu genügen, die sich in den Gesprächen und Überlegungen des Menschen einstellen. Das hindert aber nicht, daß, wenn jemand einen Ausdruck gebraucht, er in seinem Geist eine determinierte Idee haben kann, zu deren Zeichen er ihn macht und mit der er ihn während der jeweiligen Erörterung in fester Verbindung erhalten sollte. Tut er das nicht, oder kann er es nicht tun, so erhebt er vergeblich Anspruch auf klare oder deutliche Ideen; es ist offensichtlich, daß er solche nicht hat; darum ist auch nichts als Unklarheit und Konfusion zu erwarten, wo Ausdrücke verwendet werden, die nicht in der geschilderten Weise genau determiniert sind.

Aus diesem Grunde habe ich gemeint, „determinierte Ideen" sei ein Ausdruck, der weniger mißverständlich sei als „klare und deutliche Ideen". Wo die Menschen solche determinierten Ideen von allem erlangt haben, was sie erörtern, untersuchen oder beweisen wollen, werden sie finden, daß sich viele ihrer Zweifel und Auseinandersetzungen erübrigen. Denn die meisten Streitfragen und Meinungsverschiedenheiten, die unter den Menschen Verwirrung stiften, entspringen aus einer unklaren und unbestimmten Verwendung der Wörter oder (was dasselbe ist) der indeterminierten Ideen, für die sie gebraucht werden. Ich habe diesen Ausdruck gewählt, um zu bezeichnen: 1. ein unmittelbares Objekt des Geistes, das dieser wahrnimmt und vor sich hat und das verschieden ist von dem Laut, den der Geist als Zeichen dafür gebraucht; 2. daß diese so determinierte Idee, das heißt die Idee, die der Geist in sich selbst hat und die er dort erkennt und sieht, unwandelbar jenem Namen und dieser Name gerade eben jener Idee zugeordnet wird. Wenn die Menschen bei ihren Untersuchungen und Gesprächen solche determinierten Ideen hätten, würden sie einerseits erkennen, wie weit ihre eigenen Untersuchungen und Diskurse reichen, und andererseits auch die meisten Auseinandersetzungen und Streitigkeiten mit anderen vermeiden.

Außerdem wird es der Verleger als notwendig erachten, daß ich den Leser darauf aufmerksam mache, daß zwei ganz neue Kapitel hinzugefügt wurden: das eine über *Ideenassoziation,* das andere über *Schwärmerei.* Diese, sowie einige andere umfangreichere, bisher noch ungedruckte Zusätze verpflichtete er sich, besonders drucken zu lassen, in derselben Weise und zu demselben Zweck, wie es bei dem zweiten Druck dieser *Abhandlung* geschehen ist.

In der sechsten Auflage ist sehr wenig hinzugefügt oder verändert worden. Das Neue ist zum größten Teil im einundzwanzigsten Kapitel des zweiten Buches zu finden; jeder kann es, wenn es ihm lohnend erscheint, mit ganz geringer Mühe am Rand der früheren Auflage nachtragen.

EINLEITUNG

Eine Untersuchung über den Verstand ist angenehm und nützlich.

1. Da es der *Verstand* ist, der den Menschen über alle übrigen empfindenden Wesen erhebt und ihm die ganze Überlegenheit und Herrschaft verleiht, die er über sie besitzt, so ist er sicherlich ein Gegenstand, der eben durch seine hohe Würde die Mühe einer Untersuchung lohnt. Wie das Auge läßt uns der Verstand alle anderen Dinge sehen und wahrnehmen, ohne doch dabei seiner selbst gewahr zu werden, und es erfordert Kunst und Mühe, um einen gewissen Abstand von ihm zu gewinnen und ihn zu seinem eigenen Objekt zu machen. Welche Schwierigkeiten jedoch auch immer auf dem Wege dieser Untersuchung liegen mögen, was es auch sein mag, das uns über uns selbst so sehr im Dunkeln läßt, so bin ich mir doch sicher, daß alles Licht, das wir auf unseren Geist fallen lassen können, jede Einsicht, die wir in unsern eigenen Verstand gewinnen können, nicht nur sehr erfreulich sein wird, uns vielmehr auch großen Nutzen bringt, indem sie unsere Gedanken auf der Suche nach anderen Dingen lenkt.

Die Aufgabe.

2. Da es also mein Ziel ist, Ursprung, Gewißheit und Umfang der *menschlichen Erkenntnis* zu untersuchen, nebst den Grundlagen und Abstufungen von *Glauben, Meinung* und *Zustimmung,* so will ich mich gegenwärtig nicht auf eine naturwissenschaftliche Betrachtung des Geistes einlassen oder mir die Mühe machen zu prüfen, worin sein Wesen bestehe oder durch welche Bewegungen unserer Lebensgeister oder durch welche Veränderungen in unserem Körper wir dazu gelangen, irgendwelche *Sensationen* vermittels unserer Organe oder Ideen in unserem Verstand zu haben, und ob diese Ideen

bei ihrer Bildung teilweise oder sämtlich von der Materie abhängig sind oder nicht. Das sind Spekulationen, die ich, so fesselnd und unterhaltend sie auch sein mögen, beiseite lassen werde, weil sie außerhalb des Bereichs der Aufgabe liegen, die mich zur Zeit beschäftigt. Für meinen gegenwärtigen Zweck wird es genügen, wenn ich die menschlichen Erkenntnisfähigkeiten, so wie sie sich an den ihnen vorkommenden Objekten betätigen, ins Auge fasse. Und ich glaube, daß ich mir mit den Gedanken, die ich in diesem Zusammenhang aussprechen werde, nicht ganz verfehlte Mühe gemacht habe, wenn ich durch diese historische, einfache Methode irgendwelchen Aufschluß über die Art und Weise zu geben imstande bin, wie unser Verstand sich jene Begriffe von den Dingen, die wir haben, aneignet; und ich glaube, daß ich Maßstäbe für die Gewißheit unserer Erkenntnis oder Gründe für diejenigen Überzeugungen namhaft machen kann, die in so vielgestaltiger, verschiedenartiger und völlig widersprechender Form unter den Menschen zu finden sind und dabei doch da und dort so bestimmt und zuversichtlich geltend gemacht werden, daß jemand, der sich von den Meinungen der Menschen ein Bild macht, der ihre Gegensätzlichkeit wahrnimmt und gleichzeitig die blinde Liebe und Hingebung beobachtet, mit der sie erfaßt, die Entschlossenheit und den Eifer, mit dem sie festgehalten werden, vielleicht zu dem Argwohn Grund haben wird, daß es entweder so etwas wie die Wahrheit überhaupt nicht gebe oder daß die Menschen nicht über ausreichende Mittel verfügen, um eine sichere Kenntnis von ihr zu erlangen.

3. Darum ist es wohl der Mühe wert, Meinung und Erkenntnis voneinander abzugrenzen und zu untersuchen, nach welchen Maßstäben wir bei Dingen, von denen wir keine sichere Kenntnis besitzen, unsere Zustimmung zu geben und unsere Überzeugungen zu bemessen haben. Zu diesem Zweck werde ich folgenden Weg einschlagen: *Die Methode.*

I. Werde ich den Ursprung jener *Ideen,* Begriffe – oder wie Du sie sonst zu nennen beliebst – untersuchen, die der Mensch in seinem Geist wahrnimmt und die ihm als dort vorhanden bewußt sind, sowie die Wege, auf denen der Verstand dazu gelangt, mit ihnen ausgerüstet zu sein.

II. Werde ich mich bemühen zu zeigen, was für eine Erkenntnis der Verstand durch diese Ideen gewinnt, sowie Gewißheit, Augenscheinlichkeit und Umfang dieser Erkenntnis darzulegen.

III. Werde ich Natur und Grundlagen von *Glauben* und *Meinung* ein wenig untersuchen, worunter ich jene Zustimmung verstehe, die wir einem Satz als wahr erteilen, von dessen Wahrheit wir noch keine sichere Kenntnis haben. Hierbei wird sich uns Gelegenheit bieten, die Gründe und Abstufungen der *Zustimmung* zu prüfen.

<small>Es ist nützlich, den Umfang unserer Fassungskraft zu kennen.</small>

4. Wenn ich durch diese Untersuchung der Natur des Verstandes ermitteln kann, welches seine Kräfte sind, wie weit sie reichen, welchen Dingen sie einigermaßen angemessen sind und wo sie nicht mehr ausreichen, so dürfte das vielleicht von Nutzen sein, um den regen Geist des Menschen zu bewegen, in der Beschäftigung mit Dingen, die seine Fassungskraft übersteigen, größere Zurückhaltung zu üben, um ihm Halt zu gebieten, wenn er am äußersten Rande des ihm zugewiesenen Bereiches angelangt ist, und sich gelassen mit seiner Unwissenheit abzufinden, wenn es sich um Dinge handelt, bei denen eine Prüfung erweist, daß sie jenseits des Bereiches unserer Fähigkeiten liegen. Wir würden dann vielleicht nicht so vorschnell sein, aus einem Streben nach allumfassender Erkenntnis heraus Fragen aufzuwerfen und uns selbst und andere mit Streitgesprächen zu verwirren über Dinge, denen unser Verstand nicht gewachsen ist und von denen wir in unserem Geist keinerlei klare und deutliche Wahrnehmungen zu gewinnen vermögen oder für die wir (wie es vielleicht nur allzu oft der Fall gewesen ist) überhaupt keine Begriffe haben. Wenn wir ermitteln können, wie weit der Verstand seinen Gesichtskreis ausdehnen kann, in welchem Umfang er die Fähigkeiten besitzt, Gewißheit zu erlangen, und in welchen Fällen er nur urteilen und vermuten kann, so wer-

den wir vielleicht lernen, uns mit dem zu begnügen, was in dieser Lage von uns zu erreichen ist.

5. Wenn nämlich auch die Fassungskraft unseres Verstandes weit hinter dem gewaltigen Umfang der Dinge zurückbleibt, so haben wir doch noch Grund genug, den gütigen Urheber unseres Daseins für jenen Grad und für jenen Anteil der Erkenntnis zu preisen, den er uns — in so viel höherem Maße als allen übrigen Bewohnern dieser unserer Wohnstätte verliehen hat. Die Menschen haben allen Grund, mit dem zufrieden zu sein, was Gott passend für sie erachtet hat, denn er hat ihnen (wie der heilige Petrus sagt*) πάντα πρὸς ζωὴν καὶ εὐσέβειαν alles, was für die Bequemlichkeit des Lebens und zur Unterweisung in der Tugend erforderlich ist, gegeben und die Behaglichkeiten dieses Lebens sowie den Weg zu einem besseren Dasein in den Bereich ihrer Erkenntnis gestellt. Wie weit ihre Erkenntnis auch hinter einer universalen oder vollkommenen Erfassung dessen, was es auch immer sei, zurückbleiben mag, so sind ihre wichtigen Interessen doch dadurch gewahrt, daß das Licht, das sie haben, ausreicht, um sie zur Erkenntnis ihres Schöpfers und zu einem Einblick in ihre Pflichten zu verhelfen. Die Menschen können Stoff genug finden, um Kopf und Hand auf die verschiedenste Art angenehm und befriedigend zu beschäftigen, wenn sie nur nicht in ungehöriger Weise mit ihrer eigenen Natur hadern und die Geschenke, mit denen ihre Hände gefüllt sind, wegwerfen, weil diese nicht groß genug sind, um alles zu erfassen. Wir werden nicht viel Grund haben, uns über die Beschränktheit unseres Geistes zu beklagen, wenn wir ihn nur zu den Dingen gebrauchen, die für uns von Nutzen sein können; denn dazu ist er gut geeignet. Und es wäre eine ebenso unverzeihliche

Unsere Kapazität ist unserer Lage und unseren Bedürfnissen angemessen.

---

* Vgl. 2. Petr. 1,3 „Alles für das Leben und die Frömmigkeit" — Die zahlreichen Bibelverse, die sich in Lockes Werk befinden, wurden aus dem Englischen übersetzt, also nicht aus der Lutherbibel übernommen, da die englische und deutsche Bibelübersetzung stellenweise stark voneinander abweichen. Da die Bibelverse sämtlich nachgewiesen wurden, können Interessenten leicht einen Vergleich zwischen den beiden Übersetzungen anstellen.

wie kindische Empfindsamkeit, wenn wir den Nutzen unserer Erkenntnis unterschätzen und es versäumen wollten, sie zu den Zwecken, zu denen sie uns verliehen wurde, zu erweitern, nur weil es gewisse Dinge gibt, die aus ihrer Reichweite gesetzt sind. Es ist für einen trägen und eigensinnigen Diener, der seine Arbeit bei Kerzenlicht nicht verrichten mag, keine Entschuldigung, sich darauf zu berufen, daß er keinen hellen Sonnenschein gehabt habe. Die Leuchte, die in uns entzündet ist*, strahlt für alle unsere Zwecke hell genug. Die Entdeckungen, die wir mit ihrer Hilfe machen können, müssen uns genügen. Und wir gebrauchen unseren Verstand dann richtig, wenn wir alle Objekte in der Weise und in dem Maße betrachten, wie es unseren Fähigkeiten entspricht, und wenn wir sie auf solche Gründe hin untersuchen, die uns zugänglich sind, nicht aber unbedingt in maßloser Weise einen Beweis verlangen und Gewißheit fordern, wo nur Wahrscheinlichkeit zu erlangen ist, die ausreicht, um alle unsere Angelegenheiten zu besorgen. Wenn wir alles bezweifeln wollen, weil wir nicht alles mit Gewißheit erkennen können, so handeln wir ungefähr ebenso weise wie derjenige, der seine Beine nicht gebrauchen wollte, sondern still saß und zugrunde ging, weil er keine Flügel zum Fliegen hatte.

Die Kenntnis unserer Kapazität ist ein Heilmittel gegen Skeptizismus und Untätigkeit.

6. Wenn wir unsere eigenen Kräfte kennen, werden wir um so besser wissen, was wir mit Aussicht auf Erfolg unternehmen können; und wenn wir die *Kräfte* unseres Geistes wohl überschaut und einigermaßen abgeschätzt haben, was wir von ihnen erwarten dürfen, werden wir einerseits – aus Verzweiflung darüber, daß wir nicht alles erkennen können – nicht geneigt sein, still zu sitzen und unsere Gedanken überhaupt nicht in Tätigkeit zu setzen, noch werden wir andererseits alles in Frage stellen und jegliche Erkenntnis verwerfen wollen, weil gewisse Dinge unbegreiflich sind. Es ist für den Seemann von großem Wert, die Länge seiner Lotleine zu kennen, auch wenn er damit nicht alle Tiefen des Weltmeeres ergründen kann. Es ist gut, wenn er

---

* Vgl. Spr. 20,27.

weiß, daß sie lang genug ist, um an solchen Stellen den Grund zu erreichen, wo es notwendig ist, um seinen Kurs zu bestimmen und ihn vor Untiefen zu bewahren, die ihm verderblich werden könnten. Unsere Aufgabe in dieser Welt ist es nicht, alle Dinge zu wissen, wohl aber diejenigen, die unser Verhalten betreffen. Wenn wir die Maßstäbe ausfindig machen können, nach denen ein vernünftiges Wesen, das in jene Lage versetzt ist, in der sich der Mensch auf der Erde befindet, seine Meinungen und seine von denselben abhängigen Handlungen einrichten kann und soll, so brauchen wir uns nicht darüber zu beunruhigen, daß sich manche anderen Dinge unserer Erkenntnis entziehen.

7. Dies war es, was den ersten Anstoß zu dieser *Abhandlung* über den Verstand gab. Ich war nämlich der Meinung, der erste Schritt zur Beantwortung gewisser Fragen, in deren Untersuchung sich der Menschengeist besonders gern vertiefe, bestehe darin, daß wir unseren eigenen Verstand betrachteten, unsere eigenen Kräfte prüften, um zu sehen, welchen Dingen sie angemessen seien. Bis das nicht erfolgt sei, fingen wir, so vermutete ich, am verkehrten Ende an und suchten vergeblich Befriedigung in einem sicheren und ungestörten Besitz von Wahrheiten, die für uns von höchster Wichtigkeit seien, da wir unseren Gedanken auf dem unermeßlichen Ozean des Seienden freien Lauf lassen, als wäre jenes grenzenlose Gebiet der natürliche und unzweifelhafte Besitz unseres Verstandes und enthielte nichts, was sich seinen Entscheidungen entziehe und seiner Fassungskraft verschlossen sei. Wenn die Menschen jedoch mit ihren Untersuchungen die Grenzen ihrer Kapazität überschreiten und ihre Gedanken in jene Tiefen hinabdringen lassen, wo sie keinen sicheren Boden mehr unter den Füßen finden können, so ist es kein Wunder, daß sie Fragen aufwerfen und immer mehr Streitgespräche führen, die, weil sie nie klar entschieden werden, nur dazu dienen, ihren Zweifeln neue Nahrung zu geben und sie zu vertiefen und sie selbst schließlich in einem vollständigen Skeptizismus zu bestärken. Wenn man dagegen die Kapazität unseres Verstandes wohl erwöge,

Veranlassung dieser Abhandlung.

den Umfang unserer Erkenntnis einmal feststellte und die Grenzlinie ausfindig machte, die den erhellten und den dunklen Teil der Dinge, das für uns Faßliche und das Unfaßliche voneinander scheidet, so würden sich die Menschen vielleicht unbedenklicher mit der eingestandenen Unkenntnis auf dem einen Gebiet zufrieden geben und ihr Denken und Reden mit mehr Erfolg und Befriedigung dem andern zuwenden.

Für was das Wort Idee steht.   8. Soviel glaubte ich über die Veranlassung zu dieser Untersuchung des menschlichen Verstands sagen zu müssen. Bevor ich dazu übergehe, meine Gedanken über diesen Gegenstand darzulegen, muß ich den Leser wegen der häufigen Verwendung des Wortes *Idee*, dem er in der nun folgenden Abhandlung begegnen wird, gleich eingangs um Nachsicht bitten. Da nämlich dieser Ausdruck, wie ich glaube, am besten dazu dient, für das zu stehen, was immer, wenn ein Mensch denkt, das *Objekt* des Verstandes ist, so habe ich es gebraucht, um das auszudrücken, was immer man unter *Phantasma, Begriff, Vorstellung,* oder *was immer es sei, das den denkenden Geist beschäftigen kann,* versteht; und so konnte ich es nicht vermeiden, dieses Wort häufig zu gebrauchen.

Ich glaube, man wird mir bereitwillig zugeben, daß der menschliche Geist solche *Ideen* besitzt; jeder ist sich bewußt, daß sie bei ihm selbst vorhanden sind, und die Worte und Taten anderer Menschen verbürgen ihm, daß sie sich auch bei ihnen finden.

Unsere erste Untersuchung soll deshalb der Frage gelten, wie sie in den Geist hineingelangen.

ERSTES BUCH

WEDER PRINZIPIEN NOCH IDEEN SIND ANGEBOREN

1. KAPITEL

ES GIBT KEINE ANGEBORENEN SPEKULATIVEN PRINZIPIEN

1. Für manche ist es eine ausgemachte Sache, daß im Verstand gewisse *angeborene Prinzipien* vorhanden seien, gewisse primäre Begriffe, κοιναὶ ἔννοιαι, Schriftzeichen, die dem Geist des Menschen gleichsam eingeprägt sind. Diese empfange die Seele ganz zu Anfang ihrer Existenz und bringe sie mit sich in die Welt. Um vorurteilsfreie Leser von der Irrigkeit dieser Annahme zu überzeugen, würde es genügen, wenn ich nur zeigte (was mir hoffentlich in den folgenden Teilen dieser Abhandlung gelingen wird), wie sich die Menschen allein durch den Gebrauch ihrer natürlichen Fähigkeiten ohne Zuhilfenahme irgendwelcher angeborenen Eindrücke alle Kenntnisse, die sie besitzen, aneignen und ohne solche ursprünglichen Begriffe oder Prinzipien zur Gewißheit gelangen können. Denn ich denke, es wird wohl jeder ohne weiteres zugeben, daß es sinnwidrig sein würde, anzunehmen, daß die Ideen der Farben einem Wesen angeboren seien, dem Gott den Gesichtssinn gegeben und die Kraft verliehen hat, sie vermittels der Augen von äußeren Objekten zu empfangen. Ebenso unvernünftig würde es sein, manche Wahrheiten auf natürliche Eindrücke und angeborene Schriftzeichen zurückzuführen, wenn wir in uns Fähigkeiten wahrnehmen können, durch die wir von ihnen ebenso leicht und sicher Kenntnis zu erwerben vermögen, als wenn sie von Anfang an dem Geist eingeprägt wären.

Man braucht nur den Weg zu zeigen, auf dem wir zu irgendwelchen Erkenntnissen gelangen, um zu beweisen, daß diese nicht angeboren sind.

Da aber auf der Suche nach der Wahrheit niemand, ohne getadelt zu werden, seinen eigenen Gedanken nachgehen darf, sobald sie ihn auch nur ein wenig von dem üblichen Wege abführen, so will ich die Gründe darlegen, die mich an der Richtigkeit jener Meinung zweifeln ließen. Diese Gründe mögen meinen Irrtum entschuldigen, falls ich einem solchen unterliege, was ich denen zu erwägen überlasse, die gleich mir entschlossen sind, sich die Wahrheit anzueignen, wo immer sie sie finden.

<small>Das Hauptargument, die allgemeine Zustimmung.</small>

2. Nichts gilt allgemeiner als ausgemacht, als daß es gewisse *Prinzipien,* sowohl *spekulative* als auch *praktische,* gebe (man redet nämlich von beiden), denen die gesamte Menschheit allgemein zustimme; diese müßten – so folgert man – notwendig die konstanten Eindrücke sein, welche die menschliche Seele ganz zu Anfang ihrer Existenz empfange und die sie ebenso notwendig und tatsächlich mit auf die Welt bringe wie irgendeine der ihr innewohnenden Fähigkeiten.

<small>Allgemeine Übereinstimmung beweist nichts über das Angeborensein.</small>

3. Dieses Argument der allgemeinen Übereinstimmung ist insofern ein unglückliches, daß, wenn auch tatsächlich gewisse Wahrheiten existierten, denen alle Menschen zustimmten, ihr Angeborensein nicht erwiesen wäre, falls sich irgendein anderer Weg zeigen ließe, wie die Menschen zu jener durchgängigen Einmütigkeit betreffs der Dinge, über die sie einer Meinung sind, gelangen; und das halte ich durchaus für möglich.

<small>Den Sätzen „was ist, das ist" und „kein Ding kann zugleich sein und nicht sein", wird nicht allgemein zugestimmt.</small>

4. Was aber noch schlimmer ist: Dieses Argument der allgemeinen Übereinstimmung, mit dem man beweisen will, daß es angeborene Prinzipien gibt, scheint mir vielmehr zu zeigen, daß es solche nicht gibt, eben weil es keine Prinzipien gibt, denen die gesamte Menschheit eine allgemeine Zustimmung erteilt. Ich werde mit den spekulativen Prinzipien beginnen und als Beispiel die folgenden berühmten Prinzipien des Beweisens nehmen: „Was ist, das ist" und „Ein Ding kann unmöglich zugleich sein und nicht sein". Diese Prinzipien dürften meiner Meinung nach noch am meisten beanspruchen, für angeboren zu gelten. Ihr Ruf als allgemein anerkannte Axiome steht so fest, daß es zweifellos be-

fremden würde, wenn sie jemand in Frage zu stellen schiene. Dennoch nehme ich mir die Freiheit zu sagen, daß diese Sätze weit davon entfernt sind, allgemeine Zustimmung zu finden, ja, daß sie einem großen Teil der Menschheit nicht einmal bekannt sind.

5. Erstens nämlich ist es offensichtlich, daß alle Kinder und Idioten nicht im geringsten eine Vorstellung oder einen Gedanken von diesen Sätzen haben. Schon dieser Mangel genügt, um jene allgemeine Zustimmung zunichte zu machen, die notwendig und unbedingt die Begleiterin aller angeborenen Wahrheiten sein müßte; denn es scheint mir fast ein Widerspruch zu sein, wenn man sagt, der Seele seien Wahrheiten eingeprägt, die sie nicht wahrnimmt oder versteht, sofern das „Einprägen", wenn es überhaupt einen Sinn hat, nichts anderes bedeutet, als daß die Wahrnehmung gewisser Wahrheiten bewirkt wird. Denn es scheint mir kaum faßlich zu sein, wie man dem Geist etwas einprägen kann, ohne daß er es wahrnimmt. Wenn deshalb Kinder und Idioten eine Seele haben, einen Geist haben, denen jene Eindrücke eingeprägt sind, so müssen *sie* sie unbedingt wahrnehmen, und sie müssen diese Wahrheiten notwendig kennen und ihnen zustimmen. Da das nicht der Fall ist, so ist es offensichtlich, daß es dort solche Eindrücke nicht gibt. Denn wenn es keine von Natur eingeprägten Begriffe sind, wie können sie dann angeboren sein? Sind es aber eingeprägte Begriffe, wie können sie dann unbekannt sein? Wer behauptet, daß ein Begriff dem Geist eingeprägt sei, und doch gleichzeitig versichert, der Geist kenne denselben nicht und habe ihn noch nie bemerkt, der hebt diese Einprägung wieder auf. Von keinem Satz läßt sich behaupten, daß er im Geist vorhanden sei, wenn er diesem nie bekannt war, wenn er diesem nie bewußt geworden ist. Denn ist das bei einem Satz möglich, so läßt sich aus demselben Grund von allen Sätzen, die wahr sind und denen der Geist jemals zuzustimmen vermag, behaupten, daß sie im Geist vorhanden und ihm eingeprägt seien. Wenn nämlich von einem Satz gesagt werden kann, daß er im Geist vorhanden sei, ohne daß dieser ihn je gekannt

Sie sind dem Geiste nicht von Natur eingeprägt, weil sie Kindern, Idioten usw. nicht bekannt sind.

hätte, so kann das nur deshalb der Fall sein, weil der Geist imstande ist, ihn kennen zu lernen; das aber ist ihm bei allen Wahrheiten möglich, die er je erkennen wird. Ja, auf diese Weise könnten dem Geist Wahrheiten eingeprägt sein, die er nie gekannt hat und auch nie kennen wird; denn ein Mensch kann lange leben und schließlich sterben, ohne über viele Wahrheiten Bescheid zu wissen, die sein Geist – und zwar mit Gewißheit – hätte erkennen können. Wenn die Fähigkeit des Erkennens als die von Natur gegebene Einprägung betrachtet wird, so sind dieser Anschauung zufolge sämtliche Wahrheiten, die jemand irgendeinmal erkennen kann, ausnahmslos angeboren. Damit aber liefe diese so wichtige Frage auf nichts weiter hinaus als auf eine sehr ungeeignete Ausdrucksweise, die, während sie angeblich das Gegenteil besagt, in Wirklichkeit nichts anderes behauptet als diejenigen, die angeborene Prinzipien leugnen. Denn niemand hat, denke ich, jemals bestritten, daß der Geist fähig ist, verschiedene Wahrheiten zu erkennen. Die Fähigkeit, so sagt man, sei angeboren, die Kenntnis sei erworben. Aber wozu dann ein solcher Streit um bestimmte angeborene Axiome? Wenn dem Verstand Wahrheiten eingeprägt sein können, ohne daß er sie wahrnimmt, so kann ich bei irgendwelchen Wahrheiten, die der Geist zu erkennen *fähig* ist, hinsichtlich ihres Ursprungs keinen Unterschied sehen; sie müssen alle angeboren oder alle erworben sein; vergeblich würde man versuchen, sie zu unterscheiden. Wer also von angeborenen, im Verstande vorhandenen Begriffen redet, kann (sofern er damit eine bestimmte Art von Wahrheiten bezeichnen will) damit nicht meinen, daß solche Wahrheiten im Verstand vorhanden seien, die er nie wahrgenommen hat und die ihm noch völlig unbekannt sind. Denn wenn die Worte „im Verstande sein" irgendeine Bedeutung haben, so besagen sie, daß etwas verstanden wurde. Mithin wollen die Ausdrücke „im Verstand sein, aber nicht verstanden sein", „im Geist sein, aber nie wahrgenommen sein" genau dasselbe besagen wie: etwas ist und ist zugleich nicht im Geist oder im Verstand. Wenn uns also die beiden

Sätze: alles, was ist, das ist und ein Ding kann unmöglich zugleich sein und nicht sein von Natur eingeprägt sind, so können sie den Kindern nicht unbekannt sein; kleine Kinder und alle, die eine Seele haben, müssen sie notwendig in ihrem Verstande haben, ihre Wahrheit erkennen und derselben zustimmen.

6. Um dieser Folgerung zu entgehen, erwidert man gewöhnlich, alle Menschen erkannten sie und stimmten ihnen zu, *wenn sie ihre Vernunft gebrauchen lernten;* das sei genug, um das Angeborensein dieser Wahrheiten zu beweisen. Ich antworte: *Entgegnung auf den Einwand, daß sie dem Menschen bewußt würden, wenn er seine Vernunft gebrauchen lernt.*

7. Zweifelhafte Ausdrücke, die überhaupt kaum etwas bedeuten, gelten bei denen für klare Gründe, die sich, weil sie voreingenommen sind, nicht die Mühe geben, auch nur ihre eigenen Aussagen zu prüfen. Soll diese Antwort im Zusammenhang mit der uns beschäftigenden Frage einen leidlichen Sinn haben, so muß sie eines der beiden folgenden Dinge besagen: Entweder, daß die Menschen, sobald sie ihre Vernunft gebrauchen lernen, diese angeblich angeborenen Einprägungen erkennen und wahrnehmen, oder, daß dem Menschen der Gebrauch und die Übung seiner Vernunft bei der Entdeckung jener Prinzipien behilflich sind und ihm die sichere Erkenntnis derselben gewähren.

8. Wenn man glaubt, daß der Mensch jene Prinzipien durch den Gebrauch seiner Vernunft entdecken kann und daß dies genüge, um deren Angeborensein zu beweisen, so besagt diese Schlußfolgerung, daß sämtliche Wahrheiten, die die Vernunft uns mit Gewißheit enthüllen und zu denen sie unsere feste Zustimmung erlangen kann, dem Geist alle von Natur eingeprägt seien; denn die allgemeine Zustimmung, die man als ihr Kennzeichen betrachtet, läuft auf nichts weiter hinaus als darauf, daß wir durch den Gebrauch der Vernunft fähig sind, zu einer sicheren Erkenntnis jener Wahrheiten zu gelangen und ihnen zuzustimmen. Nach dieser Auffassung besteht kein Unterschied zwischen den Axiomen der Mathematiker und den Theoremen, die sie daraus ableiten: alle müssen gleichermaßen für angeboren gelten, weil alle durch den Gebrauch der *Wenn die Vernunft sie entdeckte, so würde dadurch nicht bewiesen, daß sie angeboren sind.*

Vernunft entdeckt wurden und Wahrheiten sind, die ein vernünftiges Wesen mit Gewißheit erkennen kann, wenn es sein Denken in richtiger Weise dazu verwendet.

Es ist falsch, daß die Vernunft sie entdecke.

9. Wie aber können diese Menschen glauben, der Vernunftgebrauch sei notwendig, um vermeintlich angeborene Prinzipien aufzudecken, wenn die Vernunft (falls wir ihnen glauben dürfen) nichts anderes ist als die Fähigkeit, unbekannte Wahrheiten aus schon bekannten Prinzipien oder Sätzen herzuleiten? Sicherlich kann etwas, zu dessen Entdeckung wir der Vernunft bedürfen, niemals für angeboren gelten; es sei denn, daß wir, wie ich bereits sagte, alle sicheren Wahrheiten, die die Vernunft uns irgendwann lehrt, als angeboren betrachten. Ebenso gut könnten wir den Vernunftgebrauch für erforderlich halten, damit unsere Augen sichtbare Objekte entdecken, als daß es der Vernunft oder ihrer Betätigung bedürfen sollte, damit der Verstand etwas erkenne, was in ihm ursprünglich eingraviert ist und was nicht in ihm sein kann, bevor er es wahrgenommen hat. Wenn man also die so eingeprägten Wahrheiten durch die Vernunft entdecken läßt, so behauptet man, der Gebrauch der Vernunft enthülle jemandem etwas, was er schon vorher gewußt hat; und wenn der Mensch jene angeborenen, ihm eingeprägten Wahrheiten ursprünglich und vor dem Gebrauch der Vernunft besitzt, sie ihm aber gleichwohl immer unbekannt bleiben, bis er seine Vernunft gebrauchen lernt, so kommt das tatsächlich darauf hinaus, daß er sie gleichzeitig kennt und nicht kennt.

Bei der Ermittlung jener beiden Axiome wird von unserer Vernunft kein Gebrauch gemacht.

10. Man wendet hier vielleicht ein, mathematische Beweise und andere Wahrheiten, die nicht angeboren seien, fänden nicht sofort Zustimmung, wenn sie vorgetragen würden, und dadurch unterschieden sie sich von den genannten Axiomen und von den anderen angeborenen Wahrheiten. Ich werde Gelegenheit haben, eingehender von der sofort erteilten Zustimmung zu reden. Hier will ich nur, und zwar bereitwilligst, zugeben, daß diese Axiome und mathematischen Beweise sich folgendermaßen voneinander unterscheiden: Bei letzteren ist der Gebrauch der Vernunft, die Anwendung von Beweisen erforderlich, um aus ihnen klug zu werden und ihnen

zuzustimmen, während die ersteren, sobald sie verstanden werden, ohne jede Begründung Anklang und Beifall finden. Zugleich aber sei bemerkt, daß gerade hier die Schwäche jener Ausflucht zum Vorschein kommt, die den Gebrauch der Vernunft zur Ermittlung dieser allgemeinen Wahrheiten für erforderlich erklärt; denn man muß ja doch zugestehen, daß bei dieser Ermittlung überhaupt kein vernunftgemäßes Begründen eine Rolle spielt. Und diejenigen, denke ich, die diese Antwort geben, werden kaum behaupten wollen, daß die Kenntnis des Axioms „ein Ding kann unmöglich zugleich sein und nicht sein" eine Deduktion unserer Vernunft sei. Denn das hieße die Güte der Natur, von der jene Leute so viel zu halten scheinen, leugnen, wenn man die Kenntnis jener Prinzipien von unserer Gedankenarbeit abhängig machen wollte. Denn alles vernunftmäßige Begründen ist ein Suchen und Überlegen und erfordert Mühe und Anstrengung. Wie kann man aber in einem einigermaßen erträglichen Sinn annehmen, daß das, was uns die Natur als Grundlage und Richtschnur für die Vernunft eingeprägt habe, den Gebrauch der Vernunft erfordert, um es aufzudecken?

11. Wer sich die Mühe geben will, mit einiger Aufmerksamkeit über die Tätigkeiten des Verstandes nachzudenken, wird finden, daß die bereitwillige Zustimmung, die der Geist gewissen Wahrheiten erteilt, weder von einer angeborenen Einprägung noch von dem Gebrauch der Vernunft abhängt, sondern – wie wir später sehen werden – von einer Fähigkeit des Geistes, die von beiden völlig verschieden ist. Da somit die Vernunft in keiner Weise beteiligt ist, wenn wir jenen Axiomen zustimmen, so ist es durchaus unrichtig zu behaupten, daß „der Mensch, sobald er seinen Verstand gebrauchen lerne, jene Axiome erkenne und ihnen zustimme", falls damit gemeint sein soll, daß der Gebrauch der Vernunft uns für die Erkenntnis jener Axiome zustatten komme; wäre es aber auch wahr, so würde es doch nicht beweisen, daß sie angeboren seien. Selbst wenn es so wäre, würde das ihr Angeborensein nicht erweisen.

12. Wenn mit der Behauptung, daß wir diese Axiome erkennen und ihnen zustimmen, „sobald wir zum Ge- Die Zeit, in der wir zum Gebrauch der

<small>Vernunft gelangen, ist nicht diejenige, in der wir zur Erkenntnis jener Axiome gelangen.</small>

brauch unserer Vernunft gelangen", gemeint ist, daß dies der Zeitpunkt sei, wo der Geist zuerst von ihnen Notiz nehme, und daß Kinder, sobald sie ihre Vernunft anwenden, auch diese Axiome erkennen und ihnen zustimmen, so ist das gleichfalls falsch und unzutreffend. Erstens ist es falsch, weil es offensichtlich ist, daß diese Axiome nicht so früh im Geiste sind wie der Gebrauch der Vernunft; die Zeit der Erlangung des Vernunftgebrauchs wird deshalb mit Unrecht als der Augenblick ihrer Entdeckung bezeichnet. Wie viele Beispiele für den Gebrauch der Vernunft können wir bei Kindern beobachten, lange ehe sie von dem Axiom „ein Ding kann unmöglich zu gleicher Zeit sein und nicht sein" irgendwelche Kenntnis haben. Ja, viele ungebildete Menschen und Wilde verbringen viele Jahre, auch nachdem sie zur Vernunft gekommen sind, ohne je an diesen Satz oder an ähnliche allgemeine Sätze zu denken. Ich gebe zu, der Mensch gelangt nicht zur Erkenntnis dieser allgemeinen und abstrakteren Wahrheiten, die für angeboren gelten, ehe er seine Vernunft gebrauchen lernt; und ich füge hinzu: auch dann noch nicht. Und zwar deshalb, weil auch nach der Erlangung des Vernunftgebrauchs jene allgemeinen abstrakten Ideen nicht im Geist gebildet sind, auf die sich jene allgemeinen Axiome beziehen, welche irrtümlich für angeborene Prinzipien gehalten werden, während sie in Wirklichkeit Entdeckungen sind, die ebenso gemacht, und Wahrheiten, die ebenso in den Geist eingeführt und gebracht und durch dieselben Schritte entdeckt werden wie verschiedene andere Sätze, die für angeboren zu halten, niemals jemand töricht genug gewesen ist. Das hoffe ich im weiteren Verlauf dieser Abhandlung klar zu machen. Ich gebe also zu, daß es notwendig ist, daß der Mensch die Vernunft gebrauchen lerne, ehe er zur Kenntnis jener allgemeinen Wahrheiten gelangt; ich bestreite aber, daß der Eintritt des Vernunftgebrauchs beim Menschen der Zeitpunkt ihrer Entdeckung sei.

<small>Sie unterscheiden sich hierdurch nicht von anderen erkennbaren Wahrheiten.</small>

13. Mittlerweile hat sich also herausgestellt, daß die Aussage, der Mensch erkenne diese Axiome und stimme ihnen zu, „sobald er seine Vernunft gebrauchen lerne",

tatsächlich auf nichts anderes hinausläuft als darauf, daß sie vor dem Vernunftgebrauch nie erkannt oder beachtet werden, daß ihnen der Mensch aber einige Zeit danach, im Verlaufe seines ferneren Lebens möglicherweise zustimmt, wobei ungewiß bleibt, wann das geschieht. Das gleiche ist nun aber bei allen anderen erkennbaren Wahrheiten ebenso gut möglich wie bei diesen. Sie haben also auf Grund dessen, daß sie uns bekannt werden, wenn wir unsere Vernunft gebrauchen lernen, keinen Vorrang vor anderen und unterscheiden sich nicht von ihnen; auch wird dadurch nicht erwiesen, daß sie angeboren seien, sondern gerade das Gegenteil.

14. Wäre es zweitens aber auch wahr, daß sie genau zu der Zeit bekannt werden und Zustimmung finden, wo der Mensch seine Vernunft gebrauchen lernt, so würde sie auch das nicht als angeboren erweisen. Diese Art der Beweisführung wäre ebenso unsinnig, wie die Voraussetzung falsch ist. Denn auf Grund welcher Logik soll es einleuchten, daß irgendein Begriff deshalb ursprünglich und von Natur dem Geist bei seiner Entstehung eingeprägt worden ist, weil er dann zuerst Beachtung und Zustimmung findet, wenn eine Fähigkeit des Geistes, die einen ganz andern Wirkungskreis hat, sich zu äußern beginnt? Deshalb könnte der Beginn des Gebrauchs der Sprache – angenommen dieser Zeitpunkt wäre der Augenblick, in dem jenen Axiomen zuerst zugestimmt wird (was er ebensogut sein könnte wie der Beginn des Vernunftgebrauchs) – demnach ebensogut als Beweis für ihr Angeborensein gelten wie die Behauptung, sie seien angeboren, weil der Mensch ihnen zustimmt, sobald er seine Vernunft gebrauchen lernt. Ich stimme also mit den Verteidigern der angeborenen Prinzipien darin überein, daß die Kenntnis von diesen allgemeinen und von selbst einleuchtenden Axiomen im Geist nicht eher vorhanden ist, als bis er zur Betätigung seiner Vernunft gelangt; ich bestreite aber, daß der Zeitpunkt, da man die Vernunft gebrauchen lernt, genau derjenige ist, da man jene Axiome zuerst wahrnimmt; und wäre er es, so bestreite ich, daß damit ihr Angeborensein bewiesen ist. Alles, was mit dem Satz, daß

Wenn der Beginn des Vernunftgebrauchs der Zeitpunkt ihrer Entdeckung wäre, so würde sie das nicht als angeboren erweisen.

die Menschen „ihnen zustimmen, wenn sie ihre Vernunft gebrauchen lernen", mit einiger Wahrheit nur gemeint sein kann, ist nichts weiter als folgendes: Da die Bildung allgemeiner abstrakter Ideen und das Verständnis allgemeiner Bezeichnungen mit der Fähigkeit zum vernünftigen Denken verbunden ist und mit ihm zunimmt, eignen sich Kinder gewöhnlich diese allgemeinen Ideen solange nicht an und erlernen die Namen, die für sie stehen, nicht eher, bis sie sich – nachdem sie ihre Vernunft eine geraume Zeit hindurch an alltäglichen und mehr partikularen Ideen geübt haben – in ihrem gewöhnlichen Reden und Verkehren mit anderen zu einer vernünftigen Unterhaltung fähig erwiesen haben. Wenn der Satz, daß der Mensch den Axiomen zustimmt, sobald er seine Vernunft gebrauchen lernt, in irgendeinem anderen Sinne wahr sein kann, so bitte ich, mir das darzulegen oder wenigstens zu zeigen, wie dadurch in diesem oder irgendeinem anderen Sinne ihr Angeborensein bewiesen wird.

Durch welche Schritte der Geist viele Wahrheiten kennen lernt.

15. Zunächst lassen die Sinne *partikulare* Ideen ein und richten das noch leere Kabinett ein. Wenn dann der Geist allmählich mit einigen davon vertraut wird, werden sie im Gedächtnis untergebracht und mit Namen versehen. Später, nachdem der Geist weiter vorgeschritten ist, abstrahiert er sie und erlernt allmählich den Gebrauch allgemeiner Namen. Auf diese Weise wird der Geist mit Ideen und mit einer Sprache ausgestattet, die das *Material* bilden, woran er seine diskursive Fähigkeit üben kann; und der Vernunftgebrauch wird täglich sichtbarer, je mehr das Material anwächst, das ihm Beschäftigung gibt. Obwohl aber der Besitz allgemeiner Ideen und der Gebrauch allgemeiner Wörter gewöhnlich zugleich mit der Vernunft zunehmen, so sehe ich doch nicht ein, inwiefern das auf irgendeine Weise beweist, daß sie angeboren sind. Ich gebe zu, daß die Kenntnis einzelner Wahrheiten schon sehr früh im Geist vorhanden ist; in einer Weise aber, die zeigt, daß sie nicht angeboren sind. Wenn wir nämlich genau hinsehen, werden wir stets finden, daß sich diese Kenntnis nicht auf angeborene, sondern auf erworbene Ideen bezieht; denn

es betrifft zunächst solche Ideen, die durch äußere Dinge dem Geist eingeprägt werden, mit denen die Kinder am frühesten zu tun haben und die auf ihre Sinne am häufigsten einwirken. An den so erworbenen Ideen entdeckt der Geist, daß einige übereinstimmen und andere sich unterscheiden, und zwar entdeckt er es wahrscheinlich, sobald er irgendwie das Gedächtnis zu gebrauchen und deutliche Ideen festzuhalten und wahrzunehmen vermag. Mag es nun zu diesem Zeitpunkt geschehen oder nicht, eines ist sicher, es erfolgt lange bevor der Geist die Wörter gebrauchen lernt oder zu dem gelangt, was wir gewöhnlich „den Gebrauch der Vernunft" nennen. Denn ein Kind kennt, schon ehe es sprechen kann, den Unterschied zwischen den Ideen von süß und bitter (das heißt es weiß, daß süß nicht bitter ist) genauso sicher, wie es später (wenn es sprechen kann) weiß, daß Wermut und Zuckerplätzchen nicht das gleiche sind.

16. Ein Kind weiß nicht, daß drei und vier gleich sieben sind, bevor es bis sieben zählen kann und Namen wie Idee der Gleichheit gewonnen hat; dann aber, nachdem ihm die genannten Wörter erklärt worden sind, stimmt es diesem Satz sofort zu oder nimmt vielmehr dessen Wahrheit wahr. Aber nun stimmt es weder deshalb bereitwillig zu, weil es sich um eine angeborene Wahrheit handelt, noch fehlte seine Zustimmung deshalb solange, weil es seine Vernunft noch nicht gebrauchen konnte; vielmehr leuchtet die Wahrheit des Satzes ihm ein, sobald es seinem Geiste die klaren und deutlichen Ideen, für die jene Namen stehen, fest eingeprägt hat. Dann erkennt es die Wahrheit dieses Satzes aus denselben Gründen und mit denselben Mitteln, vermöge derer es vorher erkannt hat, daß eine Rute und eine Kirsche nicht das gleiche Ding sind, und aus denselben Gründen, aus denen es später vielleicht einmal erkennen lernt, daß „ein Ding unmöglich zugleich sein und nicht sein kann", wie ich später noch eingehender darlegen werde. Je später man also dazu kommt, die allgemeinen Ideen, auf die sich jene Axiome beziehen, zu erwerben, oder die Bedeutung jener allgemeinen Ausdrücke, die für sie stehen, zu erkennen, oder end-

Die Zustimmung zu den vermeintlich angeborenen Wahrheiten beruht auf dem Besitz klarer und deutlicher Ideen von der Bedeutung ihrer Ausdrücke, nicht aber auf ihrem Angeborensein.

lich jene Ideen in seinem Geist zusammenzufügen, für die die Ausdrücke stehen, um so später wird man jenen Axiomen zustimmen. Da nämlich deren Ausdrücke, sowie die Ideen, für die diese stehen, ebensowenig angeboren sind wie die Ideen „Katze" oder „Wiesel", so muß man warten, bis man durch Zeit und Beobachtung mit ihnen bekannt geworden ist; dann aber wird man imstande sein, die Wahrheiten dieser Axiome zu erkennen, sobald man zum erstenmal veranlaßt wird, jene Ideen im Geiste zusammenzufügen und zu beobachten, ob sie in der Form, in der sie in jenen Sätzen ausgedrückt sind, übereinstimmen oder nicht. Daß achtzehn plus neunzehn gleich siebenunddreißig sind, leuchtet also einem Erwachsenen ebenso von selbst ein wie die Tatsache, daß eins und zwei gleich drei sind. Das Kind erkennt aber ersteres später als letzteres, allerdings nicht deshalb, weil es seine Vernunft nicht gebrauchen kann, sondern weil die Ideen, für die die Wörter achtzehn, neunzehn und siebenunddreißig stehen, nicht so früh erworben werden wie die, welche wir mit eins, zwei und drei bezeichnen.

Daß einem Satz zugestimmt wird, sobald er vorgetragen und verstanden wird, beweist nicht, daß jene Wahrheiten angeboren sind.

17. Da sonach die Ausflucht, die allgemeine Zustimmung erfolge nach Erlangung des Vernunftgebrauchs, nichts nutzt und jeden Unterschied zwischen jenen vermeintlich angeborenen Wahrheiten und anderen, die später erworben und erlernt wurden, aufhebt, so hat man versucht, die allgemeine Zustimmung zu den sogenannten Axiomen dadurch zu sichern, daß man sagte, ihnen würde allgemein zugestimmt, sobald sie ausgesprochen und die Ausdrücke, in denen sie abgefaßt seien, verstanden würden. Weil man sieht, wie alle Menschen, selbst Kinder, sobald sie die Ausdrücke hören und verstehen, diesen Sätzen zustimmen, meint man, das genüge, um sie als angeboren zu erweisen. Denn da die Menschen den Worten, die sie einmal verstanden haben, die Anerkennung als unzweifelhafte Wahrheiten nie versagen, so will man daraus schließen, daß Sätze, denen der Geist ohne jegliche Belehrung beim allerersten Hören sofort beipflichtet und zustimmt, ohne später je wieder an ihnen zu zweifeln, sicherlich zuerst in den Verstand einquartiert worden sind.

18. Als Erwiderung hierauf möchte ich fragen, ob die sofortige Zustimmung, die ein Satz findet, nachdem seine Ausdrücke das erste Mal gehört und verstanden wurden, ein sicheres Zeichen für ein angeborenes Prinzip ist. Ist das nicht der Fall, so wird eine solche allgemeine Zustimmung vergebens als Beweis für solche Prinzipien herangezogen; sagt man aber, es sei ein Zeichen des Angeborenseins, so muß man alle Sätze als angeboren gelten lassen, die eine allgemeine Zustimmung erfahren, sobald sie gehört werden; dann aber wird man sich selbst mit angeborenen Prinzipien reichlich versorgt finden. Denn aus eben dem Grunde, den man heranzieht, um zu beweisen, daß jene Axiome angeboren seien – das heißt wegen der Zustimmung, die man ihnen erteilt, nachdem man ihre Ausdrücke das erste Mal gehört und verstanden hat –, muß man dann auch von einer Reihe von Sätzen über Zahlen zugeben, daß sie angeboren seien. Somit müßten Aussagen wie „eins und zwei ist gleich drei", „zwei und zwei ist gleich vier" und eine Menge anderer ähnlicher auf Zahlen bezüglicher Sätze, denen jeder zustimmt, sobald er ihren Wortlaut das erste Mal hört und versteht, unter solchen angeborenen Axiomen ihren Platz finden. Das ist jedoch nicht der Vorzug der Zahlen allein und der auf ihr gegenseitiges Verhältnis bezüglichen Sätze; auch in der Naturkunde und in allen anderen Wissenschaften begegnen uns Sätze, die sicherlich Zustimmung erfahren, sobald sie verstanden worden sind. Daß „zwei Körper nicht denselben Raum einnehmen können", ist eine Wahrheit, der man ebenso unbedenklich zustimmt wie den Axiomen „ein Ding kann unmöglich zugleich sein und nicht sein", „weiß ist nicht schwarz", „ein Quadrat ist kein Kreis", „bitter ist nicht süß". Diesen und einer Million anderen Sätzen gleicher Art, zumindest all denen, für die wir deutliche Ideen haben, muß jeder, der im Vollbesitz seiner Geisteskräfte ist, notwendig zustimmen, wenn er sie das erste Mal hört und weiß, was ihre Namen bezeichnen. Wollen meine Gegner ihrer eigenen Regel treu bleiben und weiterhin behaupten, daß sofortige Zustimmung beim Hören und Verstehen des Wortlauts ein Kennzeichen

Ist eine Zustimmung solcher Art ein Zeichen des Angeborenseins, dann müssen auch die Sätze „eins und zwei ist gleich drei", „süß ist nicht bitter" und tausend ähnliche angeboren sein.

des Angeborenseins sei, so müssen sie zugeben, daß es nicht nur ebenso viele angeborene Sätze gibt, wie die Menschen unterschiedene Ideen besitzen, sondern so viele, als sie Sätze zu bilden vermögen, in denen verschiedene Ideen voneinander verneint werden. Denn jedem Satz, in dem eine Idee von einer von ihr verschiedenen verneint wird, erteilt man, nachdem die Ausdrücke das erste Mal gehört und verstanden wurden, ebenso sicher seine Zustimmung wie dem allgemeinen Satz „ein Ding kann unmöglich zugleich sein und nicht sein" oder wie dem anderen, der diesen begründet und von beiden der leichter zu verstehende ist: „Das Gleiche ist nicht etwas Verschiedenes". Somit würde es schon von dieser einen Art Legionen von angeborenen Sätzen geben, von anderen Arten gar nicht zu reden. Da aber kein Satz angeboren sein kann, wenn nicht die *Ideen,* auf die er sich bezieht, angeboren sind, so hieße das, alle unsere Ideen von Farben, Tönen, Geschmack, Gestalt usw. für angeboren zu halten; und nichts würde der Vernunft und der Erfahrung mehr widersprechen. Die allgemeine und sofortige Zustimmung, die erfolgt, nachdem die Ausdrücke gehört und verstanden wurden, ist, wie ich zugebe, ein Kennzeichen dafür, daß etwas von selbst einleuchtet. Das Von-selbst-Einleuchten aber, das nicht auf angeborenen Eindrücken, sondern auf etwas anderem beruht (wie ich später zeigen werde), trifft für mancherlei Sätze zu, die noch niemand töricht genug war, als angeboren hinzustellen.

Solche weniger allgemeinen Sätze werden früher erkannt als die allgemeinen Axiome.

19. Man kann auch nicht gelten lassen, daß man jene mehr partikularen, von selbst einleuchtenden Sätze, denen man, nachdem man sie das erste Mal gehört hat, zustimmt – daß zum Beispiel „eins und zwei gleich drei ist", daß „grün nicht rot ist" usw. – als die Folge aus jenen allgemeineren Sätzen erhält, die man als angeborene Prinzipien betrachtet; denn wer sich nur der Mühe unterzieht zu beobachten, was im Verstand vorgeht, wird sicherlich finden, daß die genannten und ähnliche, weniger allgemeine Sätze von solchen Personen sicher erkannt und fest bejaht werden, denen jene allgemeineren Axiome vollkommen unbekannt sind. Da

sie also früher im Geist vorhanden sind als jene (sogenannten) ersten Prinzipien, so kann die Zustimmung, die man ihnen erteilt, sobald man sie das erste Mal gehört hat, nicht auf letztere zurückzuführen sein.

20. Wenn man sagt, Sätze wie „zwei und zwei ist gleich vier", „rot ist nicht blau" usw. seien keine allgemeinen Axiome und hätten auch keinen großen Wert, so erwidere ich, daß dieser Einwand für das Argument der allgemeinen Zustimmung, die nach dem Hören und Verstehen erteilt wird, nicht von Belang ist. Denn wenn das das sichere Kennzeichen dafür ist, daß etwas angeboren ist, dann muß man jeden auffindbaren Satz, der, sobald er gehört und verstanden wird, allgemeine Zustimmung erfährt, ebenso als angeboren gelten lassen wie das Axiom „dasselbe Ding kann unmöglich zugleich sein und nicht sein"; denn beide Sätze sind in dieser Hinsicht gleich. Und was den Unterschied der größeren Allgemeinheit betrifft, so bewirkt letztere gerade, daß das Angeborensein jenem Axiom ferner liegt; denn jene allgemeinen und abstrakten Ideen übersteigen unsere Fassungskraft anfangs mehr als die der mehr partikularen, von selbst einleuchtenden Sätze; deshalb dauert es auch länger, bis der zunehmende Verstand sich ihnen erschließt und ihnen zustimmt. Und was den Nutzen dieser vielgerühmten Axiome betrifft, so wird sich vielleicht herausstellen, wenn wir ihn am gegebenen Ort näher betrachten, daß er nicht so groß ist wie man allgemein annimmt.

Entgegnung auf den Einwand, daß Sätze wie „eins und eins sind gleich zwei" usw. weder allgemein noch nützlich seien.

21. Wir sind jedoch mit dem Argument, daß „Sätzen zugestimmt wird, nachdem deren Ausdrücke das erste Mal gehört und verstanden wurde", noch nicht am Ende. Es ist gut, wenn wir zunächst davon Kenntnis nehmen, daß eine solche Zustimmung, statt ein Kennzeichen dafür zu sein, daß sie angeboren sind, gerade das Gegenteil beweist; denn sie setzt voraus, daß manchen Leuten, die andere Dinge verstehen und kennen, diese Prinzipien unbekannt sind, bis sie ihnen vorgetragen werden, und daß jemandem diese Wahrheiten möglicherweise fremd bleiben, bis er sie von anderen erfährt. Wären sie nämlich angeboren, wozu müßten sie

Daß diese Axiome mitunter unbekannt bleiben, bis sie mitgeteilt werden, beweist, daß sie nicht angeboren sind.

dann noch, um Zustimmung zu erfahren, vorgetragen werden, wenn sie doch infolge einer natürlichen und ursprünglichen Einprägung (falls es etwas Derartiges gibt) schon im Verstand vorhanden waren, also vorher notwendig bereits bekannt sein mußten? Oder prägt sie das Vortragen dem Geist deutlicher ein als die Natur es getan hat? Wäre das der Fall, so müßte man folgern, daß man sie nach einer solchen Belehrung besser kennen würde als zuvor. Daraus ergäbe sich, daß uns diese Prinzipien durch die Belehrung von seiten anderer einleuchtender gemacht werden könnten, als die Natur sie durch ihre Einprägung gemacht hat. Das aber verträgt sich schlecht mit der Achtung vor den angeborenen Prinzipien und verleiht ihnen nur wenig Ansehen; ja es macht sie im Gegenteil ungeeignet, die Grundlagen unserer gesamten Erkenntnis zu sein, was man doch von ihnen verlangt. Es kann nicht geleugnet werden, daß die Menschen mit vielen dieser von selbst einleuchtenden Wahrheiten zum erstenmal dadurch Bekanntschaft machen, daß sie ihnen vorgetragen werden; es ist aber klar, daß jeder, der das erlebt, an sich beobachtet, daß er einen Satz kennenlernt, der ihm vorher unbekannt war und den er von nun an nie mehr bezweifelt; und zwar nicht deshalb, weil er angeboren wäre, sondern weil es die Betrachtung der Natur der in seinen Worten enthaltenen Dinge ausschließt, daß man anders denke, wie oder wann auch immer man sich veranlaßt sieht, darüber nachzudenken. [Und* wenn alles, was beim ersten Hören und Verstehen der Ausdrücke Zustimmung erfährt, als angeborenes Prinzip gelten muß, so muß jede wohlbegründete Beobachtung, die, vom Einzelfall ausgehend, zur allgemeinen Regel erhoben wird, angeboren sein. Indessen ist es doch sicher, daß nicht alle, sondern zunächst nur scharfsinnige Köpfe solche Beobachtungen machen und sie in allgemeine Sätze verwandeln, die aber nicht angeboren sind, sondern sich vor der voraufgegangenen Bekanntschaft mit Einzelbeispielen, über die nachgedacht wurde, herleiten. Nachdem Leute mit guter

---

* Zusatz der dritten Auflage. [Fraser, a. a. O., Bd. I, S. 55.]

Beobachtungsgabe diese Sätze formuliert haben, kann ihnen jemand, dem diese Anlage fehlt, die Zustimmung nicht verweigern, wenn sie ihm vorgetragen werden.]

22. Wenn man sagt, der Verstand besitze, bevor er jene Wahrheiten das erste Mal hört, eine *implicite*, nicht aber eine *explicite* Kenntnis von diesen Prinzipien (und das müssen alle behaupten, die sagen, daß „sich jene Prinzipien im Verstand befinden, bevor sie bekannt sind"), so läßt sich schwer begreifen, was mit einem Prinzip, das dem Verstand implicit eingeprägt ist, gemeint ist. Es kann höchstens bedeuten, daß der Geist fähig sei, solche Sätze zu verstehen und ihnen fest zuzustimmen. Dann aber müssen alle mathematischen Beweise ebenso gut wie die ersten Prinzipien als dem Geiste von Natur eingeprägt gelten; dies, fürchte ich, werden diejenigen kaum zugestehen, die es schwieriger finden, einen Satz zu beweisen als ihm zuzustimmen, nachdem er bewiesen worden ist. Und nur wenige Mathematiker werden bereitwillig glauben, daß alle Diagramme, die sie gezeichnet haben, nichts anderes gewesen seien als Kopien der angeborenen Schriftzeichen, die die Natur in ihren Geist eingraviert hatte.

<small>Daß Wahrheiten vor ihrer Mitteilung implizit bekannt seien, bedeutet, der Geist sei fähig, sie zu verstehen, oder aber es bedeutet gar nichts.</small>

23. Ich fürchte, das obige Argument, das uns glauben machen wollte, jene Axiome, denen man beim ersten Hören zustimme, müßten deshalb für angeboren gelten, weil die Hörer hier Sätzen zustimmten, die ihnen nicht gelehrt würden, denen sie auch nicht kraft irgendeiner Begründung oder eines Beweises beipflichteten, sondern lediglich auf Grund einer Erklärung oder des Verständnisses der Ausdrücke, enthält noch eine zweite schwache Stelle. Wie mir scheint, besteht der Trugschluß darin, daß man annimmt, es werde den Menschen nichts *de novo* gelehrt oder von ihnen erlernt, während ihnen in Wahrheit doch etwas gelehrt wird und sie etwas lernen, was sie vorher nicht wußten. Denn zunächst ist es offensichtlich, daß sie die Ausdrücke und deren Bedeutung erlernt haben, was ihnen beides nicht angeboren war. Doch das sind noch nicht alle in diesem Falle erworbenen Kenntnisse: Die Ideen selbst, auf die sich der Satz bezieht, sind den Menschen ebenso wenig

<small>Das Argument von der Zustimmung beim ersten Hören beruht auf der falschen Voraussetzung, daß keine Unterweisung vorangehe.</small>

angeboren wie deren Namen, sie sind vielmehr später erworben. Wenn somit in allen Sätzen, denen man beim ersten Hören zustimmt, weder die Ausdrücke des Satzes, noch die durch sie erfolgende Bezeichnung bestimmter Ideen, noch die von ihnen vertretenen Ideen selbst angeboren sind, so möchte ich gern wissen, was denn in solchen Sätzen übrig bleibt, das angeboren ist. Ich möchte wohl, daß mir jemand einen Satz angäbe, bei dem entweder die Ausdrücke oder die Ideen angeboren sind. *Allmählich* erwerben wir Ideen und Namen und *erlernen* ihre passende gegenseitige Verbindung, und dann stimmen wir beim ersten Hören Sätzen zu, die aus solchen Ausdrücken zusammengesetzt sind, deren Bedeutung wir erlernt haben und in denen die Übereinstimmung oder Nichtübereinstimmung ausgedrückt wird, die wir an unseren Ideen wahrnehmen können, wenn wir sie zusammenstellen; dennoch sind wir gleichzeitig keineswegs fähig, anderen Sätzen zuzustimmen, die an sich ebenso gewiß und einleuchtend sind, sich aber auf Ideen beziehen, die nicht so früh oder so leicht erworben werden. Denn ein Kind mag dem Satze „ein Apfel ist kein Feuer" sofort zustimmen, nachdem seinem Geist vermittels einer vertrauten Bekanntschaft die Ideen dieser beiden verschiedenen Dinge deutlich eingeprägt worden sind und es gelernt hat, daß die Namen „Apfel" und „Feuer" für diese Dinge stehen; es wird jedoch vielleicht erst nach einigen Jahren dem Satze zustimmen, daß „ein Ding unmöglich zugleich sein und nicht sein kann". Die Wörter sind hier vielleicht ebenso leicht zu erlernen, aber ihre Bedeutung ist ausgedehnter, umfassender und abstrakter als die der Namen, die jenen sinnlich wahrnehmbaren Dingen beigelegt werden, mit denen das Kind zu tun hat, so daß es sich erst später ihre genaue Bedeutung aneignet und mehr Zeit braucht, um in seinem Geist die diesen Namen entsprechenden allgemeinen Ideen deutlich auszubilden. Bis das geschehen ist, wird man sich vergebens bemühen, die Zustimmung eines Kindes zu einem aus solchen allgemeinen Ausdrücken gebildeten Satz zu erlangen; sobald es aber jene Ideen erworben und ihre Namen erlernt hat, pflichtet es sowohl dem einen als auch dem anderen der erwähnten Sätze bereitwillig bei, und zwar beiden aus demselben Grunde; es findet nämlich, daß die in seinem Geist vorhandenen Ideen untereinander übereinstimmen oder nicht übereinstimmen, je nachdem die Wörter, die für sie stehen, im Satz voneinander bejaht oder verneint werden. Wenn dem Kinde aber Sätze in Wörtern vorgetragen werden, die für Ideen stehen, welche in seinem Geist noch nicht vorhanden sind, so stimmt es solchen Sätzen, wie wahr oder falsch sie offensichtlich an sich auch sein mögen, weder zu, noch lehnt es sie ab, vielmehr bleiben sie ihm unverständlich. Denn da Wörter, sofern sie nicht als Zeichen unserer Ideen dienen, inhaltlose Töne sind, so können wir ihnen nur soweit zustimmen, wie sie den Ideen entsprechen, die wir haben, aber nicht darüber hinaus. Da indessen der Nachweis, durch welche Schritte und auf welchen Wegen die Kenntnisse in unsern Geist gelangen und welches die Gründe für die verschiedenen Grade der Zustimmung sind, das Thema der folgenden Abhandlung bildet, so möge es genügen, daß ich es hier als einen der Gründe, die in mir den Zweifel an jenen angeborenen Prinzipien geweckt haben, nur gestreift habe.

24. Um dieses Argument der allgemeinen Zustimmung abzuschließen, stimme ich mit den Verteidigern der angeborenen Prinzipien darin überein, daß diese, wenn sie angeboren sind, unbedingt allgemeine Zustimmung erfahren müssen. Denn daß eine Wahrheit angeboren sein und ihr doch nicht zugestimmt werden sollte, ist für mich ebenso unverständlich, wie daß jemand eine Wahrheit zugleich kennen und nicht kennen sollte. Dann aber können sie nach dem eigenen Zugeständnis ihrer Verteidiger nicht angeboren sein, weil ihnen von denen nicht zugestimmt wird, die ihre Ausdrücke nicht verstehen, und großenteils auch von denen nicht, die diese zwar verstehen, aber noch nie von solchen Sätzen gehört oder an sie gedacht haben, und das ist meiner Meinung nach mindestens die Hälfte aller Menschen. Wäre ihre Zahl aber auch weit geringer, so würde sie doch genügen, um die allgemeine Zustimmung

Sie sind nicht angeboren, weil ihnen nicht allgemein zugestimmt wird.

illusorisch zu machen und zu beweisen, daß diese Sätze nicht angeboren sind, selbst wenn sie nur den Kindern unbekannt wären.

<small>Diese Axiome lernt man nicht zuerst kennen.</small>

25. Damit man mich indessen nicht beschuldige, daß ich von den Gedanken der Kleinkinder her argumentiere, die uns unbekannt sind, und daß ich Folgerungen aus dem ziehe, was in ihrem Verstand vor sich geht, bevor sie dies ausdrücken, so will ich zunächst sagen, daß jene beiden allgemeinen Sätze nicht die Wahrheiten sind, die den Geist von Kindern zuerst durchdringen, noch allen erworbenen, von außen stammenden Begriffen voraufgehen, was unbedingt der Fall sein müßte, wenn sie angeboren wären. Es gibt sicherlich einen Zeitpunkt, gleichviel ob wir ihn bestimmen können oder nicht, wo die Kinder zu denken beginnen und ihre Worte und Taten uns verbürgen, daß sie es tun. Wenn sie also fähig sind, zu denken, zu erkennen und zuzustimmen, kann man dann vernünftigerweise annehmen, daß ihnen jene Begriffe, die die Natur ihrem Geist eingeprägt hat – falls es solche gibt – unbekannt sein können? Kann man sich, wenn man die Vernunft auch nur ein wenig walten läßt, vorstellen, daß sie die Eindrücke von den Dingen der Umwelt empfangen und zugleich jene Schriftzeichen nicht kennen, die ihnen einzuprägen die Natur selbst sich bemüht hat? Können sie von außen stammende Begriffe in sich aufnehmen und ihnen zustimmen und doch solche nicht kennen, die angeblich mit den wahren Prinzipien ihres Wesens verwoben und in demselben mit unauslöschlichen Schriftzeichen eingeprägt sind, um die Grundlage und Richtschnur all ihrer erworbenen Kenntnisse und ihrer künftigen Vernunfttätigkeit zu bilden? Das hieße, die Natur sich umsonst anstrengen oder sie wenigstens sehr mangelhaft schreiben lassen, wenn ihre Schriftzeichen von jenen Augen nicht gelesen werden könnten, die andere Dinge ganz gut sehen; und sehr mit Unrecht hält man jene Dinge für die klarsten Teile der Wahrheit und für die Grundlagen all unserer Kenntnisse, die nicht zuerst bekannt sind und ohne welche eine zweifelsfreier Erkenntnis verschiedener anderer Dinge durchaus zu erreichen ist. Das Kind weiß

mit Gewißheit, daß die Amme, die es nährt, weder die Katze ist, mit der es spielt, noch der schwarze Mann, vor dem es sich fürchtet; es weiß, daß der Wermut oder der Senf, den es ablehnt, nicht der Apfel oder der Zucker ist, nach dem es schreit. Hiervon ist es sicher und zweifellos überzeugt. Will aber jemand behaupten, daß es zufolge des Prinzips, daß „dasselbe Ding unmöglich zugleich sein und nicht sein könne", diesen und anderen Bestandteilen seiner Erkenntnisse so fest zustimmt? Oder daß das Kind von diesem Satze in einem Alter, in dem es doch offenbar schon viele andere Wahrheiten kennt, irgendeinen Begriff oder irgendeine Vorstellung hat? Wer behaupten will, daß die Kinder an diesen allgemeinen, abstrakten Spekulationen mit ihren Milchflaschen und Klappern teilhaben, von dem würde man wohl mit Recht glauben, daß er für seine Meinung mehr Leidenschaft und Eifer, aber auch weniger Aufrichtigkeit und Wahrhaftigkeit besitze als ein Kind.

26. Obgleich es also verschiedene allgemeine Sätze gibt, denen stets unverzüglich zugestimmt wird, sobald sie Erwachsenen vorgetragen werden, die sich den Gebrauch allgemeinerer, abstrakterer Ideen und den Gebrauch der Namen, die für diese stehen, zu eigen gemacht haben, kann man dennoch nicht von einer durchgängigen Zustimmung bei verständigen Menschen reden, weil diese Sätze bei Menschen jugendlichen Alters nicht anzutreffen sind, obwohl sie schon andere Dinge wissen. Somit können diese Sätze unter keinen Umständen für angeboren gelten; denn unmöglich kann eine Wahrheit, die angeboren ist (wenn es eine solche gibt), unbekannt bleiben, wenigstens nicht für jemand, der schon etwas anderes kennt. Denn wenn sie angeborene Wahrheiten wären, so müßten sie auch angeborene Gedanken sein, weil es keine Wahrheit im Geist geben kann, woran dieser nie gedacht hat. Hieraus wird offensichtlich, daß, wenn es angeborene Wahrheiten gäbe, sie notwendig die ersten von allen sein müßten, an die man denkt, die im Geist erscheinen.

Und somit sind sie nicht angeboren.

27. Daß die hier besprochenen allgemeinen Axiome Kindern, Idioten und einem großen Teil der Menschheit

Sie sind nicht angeboren, weil sie

am wenigsten dort zutage treten, wo sich das Angeborene selbst am klarsten zeigt.

nicht bekannt sind, haben wir bereits genügend nachgewiesen; daraus erhellt, daß sie weder durchgängige Zustimmung finden noch allgemeine Eindrücke sind. Es ist aber darin noch ein weiteres Argument gegen ihr Angeborensein enthalten. Wären diese Schriftzeichen angeborene und ursprüngliche Einprägungen, so müßten sie am hellsten und klarsten bei den Leuten in Erscheinung treten, bei denen wir gerade keine Spur von ihnen finden. Und es spricht meiner Meinung nach sehr stark gegen ihr Angeborensein, daß sie denen am wenigsten bekannt sind, bei denen sie sich, falls sie angeboren wären, mit der größten Stärke und Lebhaftigkeit äußern müßten. Denn Kinder, Idioten, Wilde und Ungebildete sind am wenigsten von allen Menschen durch Gewöhnung oder durch übernommene Meinungen verdorben; Unterricht und Erziehung haben ihr ursprüngliches Denken noch nicht in neue Formen gepreßt, noch sind durch Übermalung mit fremden, erkünstelten Lehren jene reinen Schriftzeichen ausgelöscht worden, die die Natur dort eingeprägt hat. Darum sollte man vernünftigerweise annehmen, daß diese angeborenen Begriffe in *ihrem* Geiste für jedermanns Auge offen zutage liegen würden, wie das mit den Gedanken der Kinder sicher der Fall ist. Man könnte durchaus erwarten, daß diese Prinzipien Schwachsinnigen vollkommen bekannt wären, da sie, der Seele unmittelbar eingeprägt (wie man annimmt), nicht von der Konstitution oder den Organen des Körpers abhängen können, worin zugestandenermaßen der alleinige Unterschied zwischen Schwachsinnigen und anderen Menschen besteht. Den Prinzipien jener Leute nach sollte man meinen, daß alle natürlichen Lichtstrahlen (wenn es solche gäbe) bei denen, die keine Hintergedanken, keine Künste der Verheimlichung kennen, im vollen Glanz erstrahlen müßten und uns über ihr Vorhandensein ebensowenig im Zweifel lassen könnten wie darüber, daß solche Leute das Angenehme lieben und den Schmerz verabscheuen. Aber ach, welche allgemeinen Axiome finden sich bei Kindern, Idioten, Wilden und ganz Ungebildeten? Welche allgemeinen Erkenntnisprinzipien treffen wir bei ihnen? Sie besitzen nur wenig und beschränkte Begriffe, die den Objekten entlehnt sind, mit denen sie sich am meisten befaßt und die auf ihre Sinne die häufigsten und stärksten Eindrücke gemacht haben. Das Kind kennt seine Amme, seine Wiege, und allmählich lernt es auch die Spielsachen für ein etwas vorgerückteres Alter kennen. Den Sinn eines jungen Wilden füllen vielleicht Liebe und Jagd aus, wie es der Sitte seines Stammes entspricht. Wer aber bei einem nicht unterrichteten Kinde oder bei dem wilden Bewohner der Wälder diese abstrakten Axiome und vermeintlichen Prinzipien der Wissenschaften zu finden erwartet, wird sich, fürchte ich, getäuscht sehen. Solche allgemeinen Sätze werden in den Hütten der Indianer nur selten erwähnt, noch weniger aber begegnet man ihnen in der Gedankenwelt der Kinder oder findet sie als Eindrücke im Geist Schwachsinniger. Mit ihnen beschäftigt man sich in den Schulen und Akademien gebildeter Völker, die an eine solche Art von Unterhaltung oder Gelehrsamkeit gewöhnt sind und wo Dispute häufig sind; denn diese Axiome eignen sich für die kunstvolle Beweisführung und sind für die Widerlegung des Gegners von Nutzen; sie leisten aber nur geringe Dienste bei der Aufdeckung der Wahrheit und dem Fortschritt der Erkenntnis. Von ihrem geringen Wert für die Erweiterung unserer Erkenntnis werde ich indessen in Buch IV, Kap. 7 ausführlicher zu reden Gelegenheit haben.

28. Wie unsinnig diese Ausführungen den Meistern des Beweisens erscheinen werden, weiß ich nicht. Wahrscheinlich werden sie, nachdem sie erstmalig vernommen wurden, kaum jemand einleuchten. Ich muß deshalb bitten, Vorurteile zurückzustellen und den Tadel auszusetzen, bis man meine weiteren Ausführungen zu Ende angehört hat; ich bin gern bereit, mich einem besseren Urteil zu unterwerfen. Und da ich unparteiisch nach der Wahrheit forsche, so werde ich nicht betrübt sein, wenn man mich davon überzeugt, daß ich von meinen eigenen Anschauungen zu sehr eingenommen bin; wir alle neigen, wie ich bekenne, dazu, wenn wir uns durch fleißiges Studieren für irgend etwas erwärmt haben.

Zusammenfassung.

Im ganzen genommen kann ich keinen Grund dafür finden, daß jene beiden spekulativen Axiome angeboren seien; denn man stimmt ihnen keineswegs durchgängig zu; die Zustimmung aber, die ihnen im allgemeinen zuteil wird, unterscheidet sich nicht von derjenigen, die verschiedene andere Sätze auch erfahren, die nicht als angeboren gelten; und endlich beruht die ihnen erteilte Zustimmung nicht auf natürlicher Einprägung, sondern kommt auf andere Weise zustande, wie ich sicher im weiteren Verlauf meiner Abhandlungen nachzuweisen hoffe. Und wenn sich zeigt, daß *diese* „ersten Prinzipien" der Erkenntnis und der Wissenschaft nicht angeboren sind, dann läßt sich, denke ich, von keinen *anderen* spekulativen Axiomen das mit mehr Recht behaupten.

II. KAPITEL

ES GIBT KEINE ANGEBORENEN PRAKTISCHEN PRINZIPIEN

<small>Keine moralischen Prinzipien sind so klar und gelten so allgemein wie die erwähnten spekulativen Axiome.</small>

1. Wenn die im vorigen Kapitel behandelten spekulativen Axiome, wie dort nachgewiesen wurde, keine allgemeine Zustimmung von seiten aller Menschen erfahren, so tritt es bei den *praktischen* Prinzipien noch viel deutlicher zutage, daß ihnen eine allgemeine Anerkennung nicht zuteil wird. Und ich denke, daß es schwer sein dürfte, irgendeine moralische Regel ausfindig zu machen, die auf eine so allgemeine und unverzügliche Anerkennung Anspruch erheben könnte wie der Satz „alles was ist, das ist", oder die eine so offensichtliche Wahrheit repräsentierte, wie das Axiom „ein Ding kann unmöglich zugleich sein und nicht sein". Daraus geht klar hervor, daß die moralischen Prinzipien noch weniger Anspruch darauf erheben können, angeboren zu sein; und der Zweifel daran, daß sie dem Geiste von Natur eingeprägt sein könnten, ist bei ihnen noch stärker als bei den anderen. Das bedeutet nicht, daß ihre Wahrheit dadurch überhaupt in Frage gestellt würde. Sie sind ebenso wahr, jedoch nicht ebenso offensichtlich. Jene spekulativen Axiome leuchten von selbst ein; mo-

ralische Prinzipien dagegen erfordern eine vernunftmäßige Begründung und Erörterung sowie eine gewisse Übung des Geistes, um die Gewißheit ihrer Wahrheit aufzudecken. Sie liegen nicht wie von Natur dem Geist eingeprägte Schriftzeichen offen zutage, die, wenn es solche gäbe, notwendig von selbst sichtbar sein und durch ihr eigenes Licht gewiß und jedem bekannt sein müßten. Das setzt jedoch ihre Wahrheit und Gewißheit nicht herab, ebensowenig wie die Wahrheit oder Gewißheit des Satzes, daß die Summe der drei Winkel eines Dreiecks gleich zwei Rechten ist, nicht dadurch eingeschränkt wird, daß er nicht so leicht einleuchtet wie der Satz „das Ganze ist größer als ein Teil" und auch nicht so geeignet ist, beim ersten Hören Zustimmung zu finden. Es genügt, daß diese moralischen Regeln bewiesen werden können; daher ist es unsere eigene Schuld, wenn wir nicht zu einer sicheren Erkenntnis dieser Regeln gelangen. Die Tatsache indessen, daß viele Menschen sie nicht kennen und andere ihnen nur langsam zustimmen, ist ein augenfälliger Beweis dafür, daß sie nicht angeboren sind und sich dem Blick nicht darbieten, wenn man sie nicht sucht.

2. Ob es überhaupt moralische Prinzipien gibt, mit denen alle Menschen einverstanden sind, das möge jeder entscheiden, der nur einigermaßen in der Geschichte der Menschheit bewandert ist und sich über den Rauch seines eigenen Herdes hinaus umgesehen hat. Wo ist jene praktische Wahrheit, die ohne Zweifel oder Frage allgemein anerkannt wird, wie es der Fall sein muß, wenn sie angeboren ist? In der *Gerechtigkeit* und im Halten von Verträgen scheinen noch die meisten Menschen übereinzustimmen. Das ist ein Prinzip, von dem man annimmt, sein Geltungsbereich erstrecke sich bis in die Diebeshöhlen und in die Vereinigungen der ärgsten Schurken; auch diejenigen, die sich von aller Menschlichkeit am weitesten entfernt hätten, meinte man, hielten sich gegenseitig die Treue und befolgten unter sich die Regeln der Gerechtigkeit. Ich gebe zu, daß sich Geächtete so zueinander verhalten; es geschieht aber, ohne daß sie darin die angeborenen Gesetze der Natur erblickten. Sie be-

<small>Treue und Gerechtigkeit werden nicht von allen Menschen als Prinzipien anerkannt.</small>

folgen sie in ihren eigenen Gemeinschaften als Regeln der Zweckmäßigkeit. Es ist jedoch undenkbar, daß jemand die Gerechtigkeit als praktisches Prinzip ansehe, der seinen Spießgesellen gegenüber rechtlich handelt, gleichzeitig aber den nächsten ehrlichen Mann, der ihm begegnet, beraubt oder tötet. Gerechtigkeit und Treue sind die Bindeglieder der Gesellschaft, und deshalb müssen sich selbst Vogelfreie und Räuber, die sonst mit aller Welt gebrochen haben, untereinander die Treue halten und die Regeln der Billigkeit befolgen, andernfalls sie nicht zusammenhalten könnten. Wird aber jemand behaupten wollen, daß Leuten, die von Betrug oder Raub leben, Prinzipien der Treue und Gerechtigkeit angeboren seien, die sie anerkennen und denen sie zustimmen?

Entgegnung auf den Einwand, daß man sie zwar in seinem Tun verleugne, sie aber in seinem Denken anerkenne.

3. Vielleicht wird man geltend machen, daß sie stillschweigend im Geiste dem zustimmten, womit ihr Tun im Widerspruch steht. Darauf entgegne ich erstens, daß ich die Handlungen der Menschen stets als die besten Interpreten ihrer Gedanken angesehen habe. Da es aber gewiß ist, daß die Handlungen der meisten Menschen und die offenen Bekenntnisse manch anderer Menschen jene Prinzipien entweder in Frage gestellt oder geleugnet haben, so läßt sich eine allgemeine Übereinstimmung unmöglich feststellen (auch wenn wir nur bei Erwachsenen danach suchten); ohne jene Zustimmung läßt sich aber unmöglich folgern, daß jene Prinzipien angeboren seien. Zweitens ist es sehr befremdlich und unvernünftig, angeborene praktische Prinzipien anzunehmen, die schließlich doch nur spekulativen Charakter tragen. Praktische Prinzipien, die der Natur entstammen, sind für das Handeln da und müssen zur Übereinstimmung mit dem Handeln führen, nicht aber zu einer ausschließlich theoretischen Zustimmung zu ihrer Wahrheit, da es sonst zwecklos ist, sie von spekulativen Axiomen zu unterscheiden. Die Natur hat, das gebe ich zu, dem Menschen ein Verlangen nach Glück und eine Abneigung vor dem Unglück eingepflanzt; dies sind in der Tat angeborene praktische Prinzipien, die (wie es bei praktischen Prinzipien sein muß) tatsächlich dauernd auf all unsere Handlungen einwirken und sie beein-

flussen. Sie lassen sich beständig und durchweg bei allen Menschen und in jedem Lebensalter beobachten; das aber sind *Neigungen des Begehrens* des Guten, nicht dem Verstande eingeprägte Wahrheiten. Ich bestreite nicht, daß dem Geist der Menschen natürliche Bestrebungen eingeprägt sind und daß es seit dem Erwachen der Sinne und dem Beginn der Wahrnehmung bestimmte Dinge gibt, die uns angenehm und andere, die uns unangenehm sind, Dinge, zu denen wir uns hingezogen fühlen und andere, die wir fliehen; das beweist aber nichts für die dem Geist angeborenen Schriftzeichen, welche die Prinzipien der unser Handeln bestimmenden Erkenntnis sein sollen. Die Existenz derartiger natürlicher Eindrücke im Verstand wird hierdurch bei weitem nicht bestätigt, es ist vielmehr ein Argument gegen sie. Gäbe es nämlich gewisse Schriftzeichen, die die Natur dem Verstand als Erkenntnisprinzipien eingeprägt hat, so müßten wir ständig wahrnehmen, wie sie in uns wirken und unsere Erkenntnis beeinflussen, wie das für unser Wollen und Begehren zutrifft, die nie aufhören, die dauernden Triebfedern und Beweggründe all unserer Handlungen zu sein und uns, wie wir immer wieder fühlen, kräftig zu denselben antreiben.

4. Ein anderer Grund, der mich an dem Vorhandensein aller angeborenen praktischen Prinzipien zweifeln läßt, ist die Tatsache, daß sich – wie ich glaube – *nicht eine einzige moralische Regel namhaft machen läßt, für die man nicht mit Recht eine Begründung verlangen könnte.* Dies wäre vollkommen lächerlich und unsinnig, wenn jene Regeln angeboren wären oder so gut wie von selbst einleuchteten, wie dies bei jedem angeborenen Prinzip unbedingt der Fall sein muß, das zur Bestätigung seiner Wahrheit keines Beweises, zur Erlangung seiner Billigung keiner Begründung bedarf. Wer einerseits fragte oder andererseits einen Grund dafür angeben wollte, *warum* dasselbe Ding unmöglich zugleich sein und nicht sein könne, von dem würde man annehmen, daß ihm aller gesunde Menschenverstand fehle. Dieser Satz führt sein eigenes Licht und seinen Beweis mit sich und bedarf keines anderen Beweises; wer seinen Wortlaut ver-

Moralische Regeln müssen bewiesen werden, ergo sind sie nicht angeboren.

steht, stimmt ihm um seiner selbst willen zu; ansonsten wird nichts je imstande sein, ihn dazu zu bewegen. Wenn man dagegen jene unerschütterlichste Regel der Ethik, die Grundlage aller gesellschaftlichen Tugend, „man handle so, wie man selbst behandelt werden möchte" jemand vortrüge, der noch nie von ihr gehört hätte, gleichwohl aber imstande wäre, ihre Bedeutung zu erfassen, könnte er nicht, ohne daß es absurd erschiene, eine Begründung dafür verlangen? Und wäre nicht der, welcher die Regel vorträgt, verpflichtet, jenem die Wahrheit und Vernünftigkeit dieses Satzes nachzuweisen? Das aber beweist deutlich, daß jener Satz nicht angeboren ist; denn wäre er es, so könnte man für ihn weder einen Beweis verlangen noch erhalten, sondern müßte ihn unbedingt (wenigstens sobald er gehört und verstanden wird) als unanfechtbare Wahrheit, an der unter keinen Umständen zu zweifeln ist, aufnehmen und ihm zustimmen. Somit beruht die Wahrheit aller dieser moralischen Regeln offenbar auf anderen, ihnen vorhergehenden Wahrheiten, aus denen sie *deduziert* werden müssen, was nicht der Fall sein könnte, wenn sie angeboren wären oder so gut wie von selbst einleuchteten.

Das Beispiel der Vertragstreue.

5. Daß der Mensch seine Vereinbarungen halten soll, ist sicherlich eine wichtige und unbestreitbare Regel der Moral. Wenn aber ein Christ, der die Aussicht auf Glück und Unglück in einem anderen Leben hat, gefragt wird, warum man sein Wort halten müsse, so wird er als Grund angeben: „Weil Gott, der die Macht über das ewige Leben und den Tod hat, es von uns verlangt." Legt man dagegen einem Anhänger Hobbes' diese Frage vor, so wird seine Antwort lauten: „Weil die Öffentlichkeit es verlangt und der Leviathan den bestraft, der es nicht tut." Hätte man einen der Philosophen des Altertums gefragt, so würde er erwidert haben: „Weil es unehrenhaft und unter der Würde des Menschen ist und der Tugend, der höchsten Vollendung der menschlichen Natur, widerspricht, wenn man anders handelt."

Die Tugend wird nicht deshalb all-

6. Hieraus ergibt sich ganz von selbst die in der Menschheit anzutreffende große Verschiedenheit der

Meinungen über die moralischen Regeln, die sich je nach der verschiedenen Art von Glück richten, die man vor Augen hat oder erstrebt. Diese Mannigfaltigkeit aber wäre unmöglich, wenn die praktischen Prinzipien angeboren und durch Gottes Hand unserem Geist unmittelbar eingeprägt wären. Ich gebe zu, das Dasein Gottes bekundet sich auf so vielfache Weise, und der Gehorsam, den wir ihm schulden, steht so sehr im Einklang mit dem Licht der Vernunft, daß ein großer Teil der Menschen für das Gesetz der Natur Zeugnis ablegt. Gleichwohl muß man meines Erachtens zugeben, daß verschiedene moralische Regeln eine sehr allgemeine Anerkennung bei den Menschen finden können, ohne daß der wahre moralische Grund gewußt oder anerkannt wäre, der nur in dem Willen und dem Gesetz eines Gottes bestehen kann, der die Menschen im Dunkel sieht, der in seiner Hand Lohn und Strafe hält und Macht genug besitzt, um den hochmütigsten Übertreter seines Gesetzes zur Rechenschaft zu ziehen. Denn da Gott Tugend und allgemeines Glück unzertrennlich miteinander verknüpft hat, und die Übung der Tugend für die Erhaltung der Gesellschaft notwendig und für alle, mit denen der tugendhafte Mensch zusammenkommt, in erkennbarer Weise förderlich ist, so ist es nicht zu verwundern, daß jeder die Regeln, aus deren Befolgung durch andere er sicher persönlichen Nutzen ziehen wird, ihnen gegenüber nicht nur anerkennt, sondern sogar empfiehlt und anpreist. Er mag sowohl aus Eigennutz als auch aus Überzeugung das für heilig ausrufen, was nicht geschändet und entweiht werden kann, ohne daß seine eigene Wohlfahrt und Sicherheit gefährdet würde. Dadurch wird zwar die moralische und ewige Verbindlichkeit, die diesen Regeln augenscheinlich zukommt, keineswegs beeinträchtigt, gleichwohl aber ersehen wir daraus, daß die äußere Anerkennung, die die Menschen ihnen in ihren Worten zollen, kein Beweis dafür ist, daß sie angeborene Prinzipien sind. Ja, es wird dadurch nicht einmal bewiesen, daß die Menschen ihnen als den unverletzlichen Regeln ihres eigenen Handelns innerlich in ihrem eigenen Geist zustimmen. Denn wir finden,

gemein gebilligt, weil sie angeboren, sondern weil sie nützlich ist.

daß Eigennutz und die Bequemlichkeiten dieses Lebens viele Menschen zu einem äußerlichen Bekenntnis und zu einer Billigung derselben veranlassen, obwohl ihre Taten zur Genüge erweisen, wie wenig sie sich um den Gesetzgeber kümmern, der jene Regeln vorgeschrieben, und um die Hölle, die er als Strafe für jene ausersehen hat, die seine Regeln verletzen.

Die Handlungen der Menschen überzeugen uns davon, daß die Regel der Tugend nicht ihr inneres Prinzip ist.

7. Wenn man nämlich nicht aus Gründen der Höflichkeit den Bekenntnissen der meisten Menschen zu viel Aufrichtigkeit zugesteht, sondern in ihren Taten die Interpreten ihrer Gedanken erblickt, so wird man finden, daß sie für jene Regeln keine solche innere Verehrung besitzen, noch von ihrer Gewißheit und Verbindlichkeit so vollkommen überzeugt sind. Das große Prinzip der Moral, „so zu handeln, wie man selbst behandelt werden möchte", wird mehr empfohlen als eingehalten. Die Verletzung dieser Regel aber kann kein größeres Laster sein, als es wahnsinnig erscheinen würde und dem Interesse zuwiderlaufend, das die Menschen bei ihrer eigenen Übertretung dieser Regel verfolgen, wenn jemand andere belehren wollte, sie sei keine moralische Regel und habe keine Verbindlichkeit. Vielleicht wird man geltend machen, daß das *Gewissen* uns wegen solcher Verletzungen tadle, wodurch die innere Verbindlichkeit und Geltung jener Regel erhalten bleibe.

Das Gewissen ist kein Beweis für irgendeine angeborene moralische Regel.

8. Hierauf entgegne ich, daß ich nicht daran zweifle, daß aber viele Menschen auf demselben Wege, auf dem sie zur Erkenntnis anderer Dinge gelangen, auch dazu kommen können, verschiedenen moralischen Regeln zuzustimmen und von ihrer Verbindlichkeit überzeugt zu sein, ohne daß diese ihnen ins Herz geschrieben wären. Andere können durch Erziehung, Gesellschaft und die Sitten ihres Landes desselben Sinnes werden; und solche Überzeugung, gleichviel wie sie gewonnen wurde, wird dazu dienen, das Gewissen ins Werk zu setzen. Das Gewissen aber ist nichts anderes als unsere* eigene Mei-

---

* In den ersten drei Auflagen: Unsere eigene Meinung von unseren eigenen Handlungen. [Fraser, a. a. O., Bd. I, S. 71.]

nung oder unser Urteil über die moralische Redlichkeit oder Verwerflichkeit unserer eigenen Handlungen. Wenn aber das Gewissen ein Beweis für das Vorhandensein angeborener Prinzipien wäre, dann könnten entgegengesetzte Dinge angeborene Prinzipien sein; denn mancher erstrebt mit dem gleichen Gewissensdrange das, was der andere vermeidet.

9. Es ist mir aber unverständlich, wie irgend jemand mit Zuversicht und Gelassenheit jene moralischen Regeln ein einziges Mal übertreten könnte, wenn sie angeboren und dem Geist eingeprägt wären. Man betrachte nur eine Armee bei der Plünderung einer Stadt und sehe, wieviel Rücksicht und wieviel Sinn für moralische Prinzipien dabei aufgebracht werden, welche Gewissensbisse man sich wegen aller dabei begangenen Gewalttaten macht. Raub, Mord und Notzucht bilden die Unterhaltung derer, die sich vor Strafe und Tadel nicht zu fürchten brauchen. Hat es nicht ganze Völker gegeben, und zwar solche, die als überaus hochstehend galten, bei denen der Brauch herrschte, Kinder auszusetzen und sie im Freien dem Tod durch Hunger oder wilde Tiere preiszugeben, ein Brauch, der ebensowenig verurteilt wurde oder Bedenken erregte wie das Erzeugen der Kinder? Werden nicht jetzt noch in einigen Ländern die Kinder zusammen mit den Müttern, die bei der Niederkunft sterben, ins Grab gelegt? Oder werden sie nicht getötet, wenn ein vermeintlicher Sternkundiger behauptet, sie seien unter ungünstigen Sternen geboren? Gibt es nicht Gegenden, wo die Eltern, wenn sie ein gewisses Alter erreicht haben, von den Kindern ohne alle Gewissensbisse getötet oder ausgesetzt werden? In einem Teil Asiens werden die Kranken, wenn ihr Zustand hoffnungslos ist, schon vor ihrem Tode hinausgeschafft und auf die Erde gelegt, wo man sie, dem Wind und Wetter ausgesetzt, ohne Beistand oder Erbarmen umkommen läßt.* Bei den Mingreliern, einem Volke, das sich zum Christen-

Beispiele von Greueltaten, die ohne Gewissensbisse verübt werden.

---

* Vgl. Gruber bei Thevenot, Teil IV, S. 13. Der volle Titel des Werkes, auf das Locke Bezug nimmt, lautet: Relation des divers Voyages curieux [Fraser, a. a. O., Bd. I, S. 72.]

tum bekennt, ist es üblich, Kinder ohne Skrupel lebendig zu begraben.* Es gibt Gegenden, wo die Menschen ihre eigenen Kinder essen.** Die Kariben pflegten ihre Kinder zu kastrieren, um sie zu mästen und zu verzehren.*** Garcilasso de la Vega erzählt uns von einem Volk in Peru, dessen Angehörige jene Kinder zu mästen und zu verzehren pflegten, die ihnen von ihren weiblichen Kriegsgefangenen geboren wurden, welche man sich zu diesem Zweck als Konkubinen hielt; wenn dann die Mütter über das Alter des Gebärens hinaus waren, so wurden sie ebenfalls getötet und verzehrt.† Die Tugenden, durch die die Tuupinambos sich das Paradies zu verdienen glaubten, waren die Rache und das Verzehren ihrer Feinde in Menge. Sie haben nicht einmal einen Namen für Gott†† und kennen weder eine Religion noch einen Kultus. Die bei den Türken kanonisierten Heiligen führen einen Lebenswandel, von dem man ohne Verletzung des Anstandes nicht reden kann. Eine hierfür bemerkenswerte Stelle aus der Reisebeschreibung von Baumgarten†††, einem Buch, dem man nicht alle Tage begegnet, möchte ich in der Sprache, in der es veröffentlicht wurde, ausführlich wiedergeben:

„*Ibi (sc. prope* Belbes *in* Aegypten) *vidimus sanctum unum Saracenicum inter arenarum cumulos, ita ut ex utero matris prodiit nudum sedentem. Mos est, ut didici-*

---

* Vgl. Lambert bei Thevenot, S. 38. [Fraser, a. a. O., Bd. I, S. 73.]

** Vgl. Vossius, De Nili origine, Kapitel 18, 19. [Fraser, a. a. O., Bd. I, S. 73.]

*** Vgl. Petrus martyr (De orbo novo decades VIII), dec. I. [Fraser, a. a. O., Bd. I, S. 73.]

† Vgl. Hist. des Incas, Buch 1, Kap. 12. [Fraser, a.a.O., Bd. I, S. 73.]

†† Vgl. Lery, Kap. 16, 216, 231. [Fraser, a.a.O., Bd. I, S. 73.]

††† Ein deutscher Adliger, der 1498 Ägypten, Arabien und Palästina bereiste. Sein Tagebuch brachte mancherlei neue Aufschlüsse über die Geschichte, den Brauch und die Religion dieser Länder. Es wurde von Joseph Scaliger bearbeitet und erschien in englischer Sprache erstmalig in Churchills „Sammlung". [Fraser, a.a.O., Bd. I, S. 73.]

mus, Mahometistis, ut eos, qui amentes et sine ratione sunt, pro sanctis colant et venerentur. Insuper et eos, qui cum diu vitam egerint inquinatissimam, voluntariam demum poenitentiam et paupertatem, sanctitate venerandos deputant. Ejusmodi vero genus hominum libertatem quandam effrenem habent, domos quos volunt intrandi, edendi, bibendi, et quod majus est, concumbendi; ex quo concubitu, si proles secuta fuerit, sancta similiter habetur. His ergo hominibus dum vivunt, magnos exhibent honores; mortius vero vel templa vel monumenta extruunt amplissima, eosque contingere ac sepelire maximae fortunae ducunt loco. Audivimus haec dicta et dicenda per interpretem a Mucrelo nostro. Insuper sanctum illum, quem eo loco vidimus, publicitius apprimê commendari, eum esse hominem sanctum, divinum ac integritate praecipuum; eo quod, nec foeminarum unquam esset, nec puerorum, sed tantummodo asellarum concubitor atque mularum."* Mehr** über diese sonderbare Art von

---

* „In Belbes in Ägypten sahen wir einen sarazenischen Heiligen unter Haufen von Spinnen so nackt sitzen, wie er aus dem Mutterleibe gekommen war. Es ist, wie wir hörten, bei den Mohammedanern Sitte, daß die Blödsinnigen und Wahnsinnigen als Heilige betrachtet und verehrt werden. Auch die, welche lange ein verruchtes Leben geführt haben, aber dann freiwillig die Reue und Armut auf sich nehmen, halten sie wegen ihrer Heiligkeit für verehrungswürdig. Solche Heilige genießen eine zügellose Freiheit; sie können nach Belieben in die Häuser eintreten, essen, trinken, ja den Beischlaf mit Frauen vollziehen, und entsteht eine Nachkommenschaft daraus, so gilt auch diese für heilig. So lange diese Menschen leben, wird ihnen alle Ehre erwiesen und nach ihrem Tode werden ihnen Tempel und kostbare Denkmäler errichtet, und sie halten es für das größte Glück, ihren Leichnam zu berühren und zu beerdigen. Wir hörten dergleichen durch den Dolmetscher von unserm Mucrelus. Übrigens wurde jener Heilige, welchen wir dort sahen, vorzugsweise als ein göttlicher und besonders rechtlicher Mann gerühmt, weil er weder mit Frauen noch mit Knaben seiner Sinnlichkeit fröhnte, sondern nur mit Eselinnen und Mauleselinnen." (Peregr. Baumgarten, Buch II, Kap. 1, S. 73.)

** Zusatz der französischen Übersetzung. [Fraser, a. a. O., Bd. I, S. 74.]

Heiligen bei den Türken kann man bei Pietro della Valle in seinem Brief vom 25. Januar 1616 nachlesen.]

Wo bleiben hier die angeborenen Prinzipien der Gerechtigkeit, Frömmigkeit, Dankbarkeit, Billigkeit, Keuschheit? Oder wo ist jene allgemeine Übereinstimmung, die uns für die Existenz solcher angeborenen Regeln Gewähr leistet? Der Mord im Zweikampf wird, wenn die Mode ihn für ehrenhaft erklärt hat, ohne Gewissensbisse begangen; ja, an vielen Orten ist es die größte Schande, in dieser Hinsicht unschuldig zu sein. Wenn wir uns in der Fremde umsehen, um die Menschen zu betrachten, wie sie sind, so werden wir finden, daß sie an einem Orte bereuen, etwas getan oder unterlassen zu haben, wodurch andere an anderen Orten sich ein Verdienst zu erwerben meinen.

Die Menschen haben praktische Prinzipien, die sich widersprechen.

10. Wer die Geschichte der Menschheit sorgfältig untersucht, sich unter den verschiedenen Völkerschaften umsieht und ihre Handlungen unvoreingenommen prüft, kann sich davon überzeugen, daß sich kaum ein moralisches Prinzip nennen, kaum eine Tugendregel denken läßt (mit alleiniger Ausnahme derjenigen, die unbedingt notwendig sind, um eine Gesellschaft zusammenzuhalten, die aber die verschiedenen Gesellschaften untereinander auch außer acht lassen), die nicht irgendwo von der allgemeinen Sitte ganzer menschlicher Gesellschaften geringgeschätzt oder verworfen würde, für welche praktische Meinungen und Lebensregeln gelten, die denen anderer Gesellschaften direkt entgegengesetzt sind.

Ganze Völker verwerfen gewisse moralische Regeln.

11. Man wird hier vielleicht einwenden, wenn eine Regel verletzt werde, so folge nicht daraus, daß sie unbekannt sei. Ich erkenne diesen Einwurf dann als stichhaltig an, wenn die Menschen, obwohl sie das Gesetz übertreten, es dennoch nicht verleugnen, wenn die Furcht vor Schande, Tadel oder Strafe ein Zeichen dafür ist, daß es ihnen eine gewisse Achtung einflößt. Man kann sich aber unmöglich vorstellen, daß ein ganzes Volk ausnahmslos und öffentlich das verwerfen und verleugnen sollte, was jeder seiner Angehörigen sicher und unfehlbar als Gesetz erkannt hat; denn das müßten die tun, in deren Geist dieses Gesetz von Natur eingeprägt

wäre. Es ist möglich, daß Menschen bisweilen moralische Regeln anerkennen, die sie in ihren geheimen Gedanken nicht für wahr halten, nur um sich bei denen, die von der Verbindlichkeit solcher Regeln überzeugt sind, in Achtung und gutem Ruf zu erhalten. Es ist aber undenkbar, daß eine ganze Gesellschaft von Menschen öffentlich und ausdrücklich eine Regel verleugnen und verwerfen sollte, die die einzelnen in ihrem Geist mit unfehlbarer Sicherheit als Gesetz anerkennen müßten, von der sie auch wissen müßten, daß alle, mit denen sie verkehren würden, sie als eine solche kennen; deshalb müßte jeder von ihnen die ganze Verachtung und den Abscheu zu erfahren befürchten, die dem gebühren, der sich aller Menschlichkeit bar erklärt; denn derjenige, welcher die bekannten, natürlichen Maßstäbe für Recht und Unrecht durcheinanderwirft, kann nur als der ausgesprochene Feind des Friedens und des Glücks der Menschen angesehen werden. Jedes praktische Prinzip, das angeboren wäre, müßte jedermann als gerecht und gut bekannt sein. Es ist deshalb nahezu ein Widerspruch, wenn man annimmt, daß ganze Völkerschaften in Worten und Taten einmütig und allgemein eben dasjenige Lügen strafen sollten, was jeder einzelne von ihnen durch unabweislichen Augenschein als wahr, recht und gut erkannt hätte. Das genügt, um uns davon zu überzeugen, daß keine praktische Regel, die irgendwo allgemein und unter öffentlicher Billigung oder Erlaubnis verletzt wird, als angeboren gelten kann. Ich habe indes noch mehr auf diesen Einwand zu erwidern.

12. Die Verletzung einer Regel, so versichert man, beweise nicht, daß sie unbekannt sei. Das gebe ich zu, behaupte aber dagegen: Wenn ihre Verletzung irgendwo *allgemein erlaubt* wird, so ist das ein Beweis dafür, daß sie nicht angeboren ist. Nehmen wir beispielsweise eine von den Regeln, die, da sie die unverkennbarsten Deduktionen der menschlichen Vernunft sind und der natürlichen Neigung des größten Teils der Menschen entsprechen, von den wenigsten Menschen, die die Dreistigkeit und Unbesonnenheit besaßen, bestritten oder angezweifelt wurden. Wenn von irgendeinem Satz gelten

<small>Die allgemein geduldete Verletzung einer Regel ist ein Beweis dafür, das sie nicht angeboren ist.</small>

kann, daß er von Natur eingeprägt sei, so kann meines Erachtens keiner mehr Anspruch darauf erheben, angeboren zu sein, als der folgende: „Eltern, beschützet und pflegt eure Kinder!" Wenn man also behauptet, dies sei eine angeborene Regel, was besagt das? Entweder bedeutet es, daß es ein angeborenes Prinzip sei, das bei jeder Gelegenheit die Handlungen der Menschen anrege und bestimme, oder aber, daß es eine dem Geiste aller Menschen eingeprägte Wahrheit sei, die sie daher kennen und ihr daher zustimmen. Aber weder in dem einen noch in dem anderen Sinne ist es eine angeborene Regel. Daß es *erstens* kein Prinzip ist, das die Handlungen aller Menschen beeinflußt, habe ich durch die vorhin angeführten Beispiele nachgewiesen; wir brauchen gar nicht bis nach Mingrelien oder Peru zu gehen, um Beispiele dafür zu finden, wie Kinder vernachlässigt, mißhandelt, ja sogar getötet werden; wir werden dies Verhalten auch nicht nur als übergroße Roheit einiger wilder und ungesitteter Nationen ansehen, wenn wir daran denken, daß bei den Griechen und Römern dauernd und unbeanstandet der Brauch herrschte, ihre unschuldigen Kinder mitleidlos und ohne Gewissensbisse auszusetzen. *Zweitens* ist es ebenfalls unzutreffend, daß jenes Prinzip eine allen Menschen bekannte angeborene Wahrheit sei; denn dieses „Eltern, beschützt eure Kinder" ist so weit davon entfernt, eine angeborene Wahrheit zu sein, daß es überhaupt keine Wahrheit ist. Es ist eine Aufforderung und keine Aussage, kann also nicht wahr oder falsch sein. Um daraus einen Satz zu bilden, dem man als wahr zustimmen kann, muß jene Aufforderung in eine Behauptung etwa der Art umgewandelt werden: „Es ist die Pflicht der Eltern, ihre Kinder zu beschützen". Was jedoch Pflicht ist, läßt sich ohne ein Gesetz nicht verstehen, und ein Gesetz kann ohne einen Gesetzgeber oder ohne Lohn und Strafe nicht bekannt sein oder vorausgesetzt werden. Demnach kann unmöglich dieses oder irgendein anderes praktisches Prinzip angeboren, das heißt dem Geist als eine Pflicht eingeprägt sein, wenn man nicht auch die Ideen von Gott, Gesetz, Verpflichtung, Strafe und von einem Leben nach diesem Dasein für angeboren hält; denn daß im Diesseits keine Strafe auf die Verletzung jener Regel folgt und daß sie demzufolge in Ländern, wo die allgemein statthafte Handlungsweise ihr zuwiderläuft, nicht die Kraft eines Gesetzes hat, leuchtet von selbst ein. Aber diese Ideen (die sämtlich angeboren sein müssen, wenn irgend etwas als Pflicht es ist) sind so weit davon entfernt, angeboren zu sein, daß sie sich keineswegs bei jedem gelehrten oder denkenden Menschen, geschweige denn bei jedem, der geboren ist, klar und deutlich vorfinden; und daß eine von ihnen, die von allen andern am ehesten angeboren zu sein scheint, es nicht ist (ich meine die Idee Gottes), wird, wie ich denke, im nächsten Kapitel für jeden denkenden Leser gänzlich offenbar werden.

13. Aus dem Gesagten können wir, denke ich, den sicheren Schluß ziehen, daß keine praktische Regel, die irgendwo allgemein und mit Erlaubnis verletzt wird, als angeboren gelten kann. Denn unmöglich können Menschen ohne Scham und Furcht zuversichtlich und gelassen eine Regel verletzen, von der sie notwendigerweise klar erkennen müßten (und sie müßten das erkennen, wenn sie angeboren wäre), daß Gott sie aufgestellt habe und ihre Verletzung sicherlich mit einer solchen Strafe ahnden werde, welche die Sache für den Betreffenden zu einem schlechten Geschäft mache. Ohne eine Erkenntnis solcher Art kann der Mensch nie dessen gewiß sein, daß etwas seine Pflicht ist. Unkenntnis des Gesetzes oder Zweifel an demselben, die Hoffnung, vom Gesetzgeber nicht bemerkt zu werden oder sich seiner Macht zu entziehen, oder ähnliche Beweggründe können jemand veranlassen, einem augenblicklichen Trieb nachzugeben. Man zeige aber jemandem die Schuld und daneben die Rute, man lasse ihn mit der Verletzung zugleich ein Feuer sehen, das zur Bestrafung bereit ist, man zeige einen lockenden Genuß und die Hand des Allmächtigen, die sichtbar erhoben und bereit ist, Vergeltung zu üben (denn dies muß überall der Fall sein, wo eine Pflicht dem Geist eingeprägt ist), und dann sage man mir, ob es möglich ist, daß Leute, die eine solche

Wenn den Menschen das unbekannt sein kann, was angeboren ist, so läßt die Gewißheit sich durch angeborene Prinzipien nicht beschreiben.

Aussicht, eine solche sichere Kenntnis haben, mutwillig und bedenkenlos ein Gesetz übertreten, das sie in unauslöschlichen Schriftzeichen in sich tragen und das ihnen, während sie es verletzen, ins Antlitz starrt? Ob Menschen wohl zur gleichen Zeit, da sie die ihnen eingeprägten Weisungen eines allmächtigen Gesetzgebers in sich fühlen, zuversichtlich und heiteren Sinnes dessen heiligste Anordnungen verachten und mit Füßen treten können? Und ist es wohl schließlich möglich, daß, wenn jemand so offen diesem angeborenen Gesetz und dem höchsten Gesetzgeber Trotz bietet, alle Augenzeugen, ja selbst die Leiter und Führer des Volkes, die in gleichem Sinne sowohl das Gesetz als auch den Gesetzgeber in sich fühlen, ein solches Verhalten stillschweigend dulden, ohne ihr Mißfallen zu bekunden oder es im geringsten zu tadeln? Allerdings gibt es Prinzipien des Handelns, die in den Trieben des Menschen wurzeln; sie sind aber so weit davon entfernt, angeborene moralische Prinzipien zu sein, daß sie, ließe man sie sich frei entfalten, die Menschen zur Zerstörung aller Moral treiben würden. Die moralischen Gesetze sind jenen übermäßigen Begierden als ein Zaum und Zügel angelegt; als solche aber können sie nur mit Hilfe von Belohnungen und Strafen dienen, die die Befriedigung überwiegen, die jemand von der Übertretung des Gesetzes erwartet. Ist darum irgend etwas dem Geist aller Menschen als Gesetz eingeprägt, so müssen sie auch alle eine sichere und unumstößliche Kenntnis davon besitzen, daß sicher und unausbleiblich eine Strafe auf die Verletzung jenes Gesetzes folgt. Denn wenn dem Menschen etwas Angeborenes unbekannt oder zweifelhaft sein kann, so ist es zwecklos, das Vorhandensein angeborener Prinzipien zu behaupten und geltend zu machen; Wahrheit und Gewißheit (Dinge, auf die wir Anspruch erheben) werden durch sie in keiner Weise gewährleistet, vielmehr verharren wir dann mit ihnen in dem gleichen Zustand schwankender Ungewißheit wie ohne sie. Ein angeborenes Gesetz muß begleitet sein von der offensichtlich unzweifelhaften Kenntnis einer unausbleiblichen Strafe, die schwer genug ist, um die Übertretung als durchaus nicht ratsam erscheinen zu lassen; es sei denn, daß man zugleich mit einem angeborenen Gesetz auch ein angeborenes Evangelium annehmen dürfte. Ich möchte hier nicht dahingehend mißverstanden werden, als ob ich, weil ich ein angeborenes Gesetz leugne, glaubte, es gebe nur positive Gesetze. Es besteht ein großer Unterschied zwischen einem angeborenen und einem natürlichen Gesetz, zwischen etwas, was unserem Geist schon bei seinem ersten Ursprung eingeprägt wurde, und etwas, was wir zwar nicht kennen, dessen Kenntnis wir aber durch den Gebrauch und die richtige Anwendung unserer natürlichen Fähigkeiten erlangen können. Und ich denke, beide verfehlen gleichermaßen die Wahrheit, wenn sie, in entgegengesetzte Extreme verfallend, entweder behaupten, daß es ein angeborenes Gesetz gibt, oder leugnen, daß es ein Gesetz gibt, das sich durch das natürliche Licht, das heißt ohne Hilfe einer positiven Offenbarung erkennen lasse.

14. Die Differenz, die es unter den Menschen hinsichtlich ihrer praktischen Prinzipien gibt, ist so offensichtlich, daß ich wohl nichts mehr zu sagen brauche, um zu beweisen, daß sich auf Grund des Kennzeichens der allgemeinen Zustimmung unmöglich irgendwelche angeborenen moralischen Regeln ausfindig machen lassen. Diese Differenz genügt, um den Verdacht zu erregen, daß die Annahme solcher angeborener Prinzipien nur eine willkürliche Meinung ist, da diejenigen, die so zuversichtlich von ihnen sprechen, so zurückhaltend sind, wenn es gilt, uns zu sagen, *worin sie* eigentlich *bestehen*. Das müßte man mit Recht von Leuten, die auf diese Meinung Gewicht legen, erwarten. Es gibt uns ferner Anlaß, entweder den Kenntnissen oder der Nächstenliebe jener zu mißtrauen, die zwar behaupten, daß Gott dem Geist der Menschen die Grundlagen der Erkenntnis und die Regeln des Lebens eingeprägt habe, dabei aber der Unterweisung ihrer Mitmenschen um den Seelenfrieden der Menschheit so wenig günstig gesinnt sind, daß sie aus der verwirrenden Fülle von Prinzipien nicht diejenigen kenntlich machen, die angeboren sind. Aber fürwahr, wenn es solche angeborenen Prinzipien

Die Verteidiger angeborener praktischer Prinzipien sagen uns nicht, welche Prinzipien das sind.

gäbe, so wäre es nicht nötig, sie zu lehren. Fänden die Menschen solche angeborenen Sätze ihrem Geist eingeprägt, so würden sie leicht imstande sein, diese von anderen Wahrheiten zu unterscheiden, die sie später erlernt und von ihnen hergeleitet haben; nichts wäre leichter als zu wissen, was sie enthielten und wieviele es seien. Über ihre Anzahl könnte nicht mehr Zweifel bestehen wie über die Zahl unserer Finger; es ist wahrscheinlich, daß dann jedes System gern bereit wäre, sie uns einzeln aufzuzählen. Da es aber meines Wissens bisher noch niemand unternommen hat, ein Verzeichnis von ihnen aufzustellen, so darf man diejenigen nicht tadeln, die solche angeborenen Prinzipien in Zweifel stellen; denn selbst diejenigen, welche von den Menschen fordern, an die Existenz solcher angeborener Sätze zu glauben, sagen uns nicht, welche das sind. Es läßt sich leicht vorhersehen, daß, wenn verschiedene Mitglieder verschiedener Schulen es übernehmen sollten, uns eine Liste jener angeborenen praktischen Prinzipien aufzustellen, sie nur solche verzeichnen würden, die ihren eigenen Hypothesen entsprächen und geeignet wären, die Lehren ihrer besonderen Schulen oder Kirchen zu unterstützen – ein klarer Beweis dafür, daß es keine solche angeborenen Wahrheiten gibt. Ja, ein großer Teil der Menschen ist so weit davon entfernt, irgendwelche angeborenen moralischen Prinzipien in sich zu finden, daß sie, indem sie der Menschheit die Freiheit absprechen und die Menschen dadurch zu bloßen Maschinen machen, nicht nur die angeborenen, sondern alle moralischen Regeln überhaupt beseitigen und jenen keine Möglichkeit offen lassen, an irgendwelche zu glauben, die sich nicht vorzustellen vermögen, wie für ein Wesen, das nicht frei handelt, ein Gesetz vorhanden sein könne. Aus diesem Grunde müssen dann notwendig alle Prinzipien der Tugend von denen verworfen werden, die *Moral* und *Mechanismus* – zwei Dinge, die sich nicht leicht miteinander vertragen und zusammen bestehen können — nicht zu vereinigen vermögen.

Es gibt keine angeborenen praktischen Prinzipien 69

15. Als ich Vorliegendes geschrieben hatte, wurde mir mitgeteilt, Lord Herbert* habe in seinem Buch „*De Veritate*" diese angeborenen Prinzipien namhaft gemacht. Ich schlug also sofort nach, in der Hoffnung, bei einem so gescheiten Mann einen Aufschluß zu finden, der mich bei der vorliegenden Frage befriedigen und meine Forschungen zu einem Abschluß führen könnte. In seinem Kapitel „*De instinctu naturali*", S. 72 der Ausgabe von 1656, fand ich folgende sechs Kennzeichen seiner *notitiae communes*: 1. *prioritas*, 2. *independentia*, 3. *universalitas*, 4. *certitudo*, 5. *necessitas*, das heißt nach seiner Erklärung: *faciunt ad hominis conservationem*, 6. *modus conformationis*, das heißt *assensus nulla interposita mora*.** In seiner kleinen Abhandlung „*De religione laici*" sagt er von diesen angeborenen Prinzipien: „*Adeo ut non uniuscujusvis religionis confinio arctentur quae ubique vigent veritates. Sunt enim in ipsa mente coelitus descriptae, nullisque traditionibus, sive scriptis, sive non scriptis, obnoxiae* (S. 3)." Und „*Veritates nostrae catholicae quae tanquam indubia Dei emata in foro interiori descriptae.*"***

Nachdem er so die Kennzeichen der angeborenen Prinzipien oder allgemeinen Begriffe genannt und be-

Prüfung der angeborenen Prinzipien des Lord Herbert.

---

* Lord Herbert of Cherbury (1581–1648) veröffentlichte 1624 in Paris und London sein Buch: „De veritate, prout distinguitur a revelatione, a verisimili, a possibili, et a falso." [Fraser, a. a. O., Bd. I, S. 80.]

** In seinem Kapitel über den natürlichen Instinkt (S. 72 der Ausgabe von 1656) fand ich folgende sechs Kennzeichen seiner allgemeinen Kennzeichen: 1. Ursprünglichkeit, 2. Unabhängigkeit, 3. Allgemeinheit, 4. Gewißheit, 5. Notwendigkeit, das heißt nach seiner Erklärung, daß sie zur Erhaltung des Menschen beitragen und 6. die Weise der Einstimmung, das heißt eine sofortige Zustimmung.

*** In seiner kleinen Abhandlung „Über die Religion des Laien" sagt er von diesen angeborenen Prinzipien: „Diese Wahrheiten, welche überall gelten, werden nicht durch das Geltungsgebiet einzelner Religionen beschränkt; denn sie sind in die Seele vom Himmel aus eingeschrieben und bedürfen weder einer geschriebenen noch ungeschriebenen Überlieferung." Und „Unsere katholischen Wahrheiten, die als die unzweifelhaften Aussprüche Gottes in das Innere eingeschrieben sind."

hauptet hat, sie seien durch die Hand Gottes dem Geist der Menschen eingeprägt, geht er dazu über, sie aufzuzählen; es sind folgende: 1. *Esse aliquod supremum numen.* 2. *Numen illud coli debere.* 3. *Virtutem cum pietate conjunctam optimam esse ratoinem cultus divini.* 4. *Resipiscendum esse à peccatis.* 5. *Dari praemium vel poenam post hanc vitam transactam.** Wenn ich auch zugebe, daß dies klare Wahrheiten sind und ihnen ein vernünftiges Wesen, wenn sie ordentlich erklärt werden, kaum seine Zustimmung vorenthalten kann, so meine ich doch, daß er weit davon entfernt geblieben ist, zu beweisen, daß sie angeborene Eindrücke *in foro interiori descriptae*** seien. Denn ich muß darauf hinweisen:

Diese fünf Sätze sind entweder nicht alle oder mehr als alle Sätze der genannten Art, wenn es überhaupt welche gibt.

16. Erstens, daß man an diesen fünf Sätzen entweder zu wenige oder zu viele hat, wenn sie als die allgemeinen Begriffe gelten sollen, die der Finger Gottes unserem Geiste eingeschrieben habe, sofern man daran vernünftigerweise überhaupt glauben könne. Es gibt nämlich andere Sätze, die selbst nach Lord Herberts eigenen Regeln einen ebenso begründeten Anspruch auf einen solchen Ursprung haben und ebenso gut für angeborene Prinzipien gelten können wie wenigstens einige der fünf, die er aufzählt. Das trifft zum Beispiel für den Satz zu: „Handle so, wie du willst, daß man gegen dich handle." Ja, vielleicht findet man bei ernsterem Nachdenken noch einige hundert andere.

Die angegebenen Kennzeichen fehlen.

17. Zweitens, daß sich nicht alle Kennzeichen, die Lord Herbert nennt, an jedem seiner fünf Sätze nachweisen lassen; sein erstes, zweites und drittes Merkmal vereinbart sich zum Beispiel genau genommen mit keinem der Sätze unbedingt; und das erste, zweite, dritte, vierte und sechste Merkmal läßt sich nur schlecht mit seinem dritten, vierten und fünften Satz vereinbaren. Denn abgesehen davon, daß die Geschichte uns mit vielen Men-

---

* 1. Es gibt ein höchstes Wesen. 2. Dieses Wesen muß verehrt werden. 3. Die mit Frömmigkeit verbundene Tugend ist die beste Art, Gott zu verehren. 4. Man muß von den Sünden wieder zu Verstand kommen. 5. Nach diesem Leben gibt es einen Lohn oder eine Strafe.

** In das Innere eingeschrieben.

schen, ja mit ganzen Völkern bekannt macht, die einzelne dieser Sätze oder alle bezweifeln oder verneinen, vermag ich nicht einzusehen, wie der dritte Satz, „Tugend mit Frömmigkeit verbunden ist der beste Gottesdienst", ein angeborenes Prinzip sein kann, wenn der Name oder der Klang *Tugend* so schwer verständlich und in seiner Bedeutung so ungewiß und der Gegenstand, für den er steht, so umstritten und schwer erkennbar ist. Dieser Satz kann daher nur eine ganz unsichere Regel für das menschliche Handeln sein und nur sehr geringen Wert für unsere Lebensführung haben; er ist also auch völlig ungeeignet, als ein angeborenes praktisches Prinzip angeführt zu werden.

18. Fassen wir einmal den Satz „Die Tugend ist der beste Gottesdienst", das heißt ist Gott am wohlgefälligsten, seiner Bedeutung nach ins Auge (denn es ist der Sinn und nicht der Klang, der das Prinzip oder der allgemeine Begriff ist und sein muß). Versteht man hier unter Tugend, wie es gewöhnlich geschieht, diejenigen Handlungen, die je nach den verschiedenen, in den mancherlei Ländern herrschenden Anschauungen für lobenswert gelten, so ist jener Satz so weit davon entfernt, gewiß zu sein, daß er nicht wahr ist. Versteht man unter der Tugend Handlungen, die mit dem göttlichen Willen oder der von Gott vorgeschriebenen Regel übereinstimmen – was der wahre und alleinige Maßstab der Tugend ist, wenn* Tugend das bezeichnen soll, was seiner eigenen Natur nach recht und gut ist –, dann ist der Satz „Die Tugend ist der beste Gottesdienst" im höchsten Grade wahr und gewiß; für das menschliche Leben hat er jedoch sehr wenig Wert, denn er läuft dann nur darauf hinaus, daß Gott durch die Erfüllung seiner Gebote befriedigt wird. Daß aber dieser Satz wahr ist, kann jemand mit Sicherheit wissen, ohne daß ihm bekannt wäre, *was es ist,* das Gott geboten hat; von jeder Norm oder jedem Prinzip seines Handelns bleibt er dann ebenso weit entfernt wie zuvor. Und ich glaube, sehr wenige werden einen Satz, der weiter nichts

Marginalie: Sie wären, falls angeboren, von geringem Wert.

---

* Zusatz der 2. Aufl. [Fraser, a. a. O., Bd. I, S. 83.]

besagt, als daß Gott durch die Erfüllung seiner Gebote zufriedengestellt wird, für ein angeborenes moralisches Prinzip halten, das dem Geist aller Menschen eingeprägt sei (so wahr und gewiß dieser Satz auch sein mag), weil man zu wenig aus ihm lernt. Wer es aber doch tut, wird Grund haben, Hunderte von Sätzen für angeborene Prinzipien zu halten; denn es gibt viele, die ein ebenso begründetes Anrecht darauf haben, als solche zu gelten, bislang jedoch von niemandem in den Rang angeborener Prinzipien erhoben wurden.

<small>Es ist kaum möglich, daß Gott die Prinzipien in Worten eingraviert, deren Bedeutung ungewiß ist.</small>

19. Auch der vierte Satz (die Menschen müssen ihre Sünden bereuen) ist nicht instruktiver, solange nicht dargelegt wird, welches die Handlungen sind, die mit den Sünden gemeint sind. Denn da das Wort *peccata* oder Sünden gewöhnlich gebraucht wird, um ganz allgemein schlechte Taten zu bezeichnen, durch die sich der Täter Strafe zuzieht, inwiefern kann es dann ein wichtiges moralisches Prinzip sein, uns zu sagen, wir sollten bereuen und aufhören, das zu tun, was Unheil über uns bringt, ohne daß wir wüßten, welches die besonderen Handlungen sind, die diese Wirkung hervorrufen? Dieser Satz ist in der Tat sehr wahr und dazu geeignet, daß sich ihn jene einprägen und ihn anerkennen, von denen man annehmen darf, daß sie schon belehrt wurden, *welche* Art von Handlungen Sünden *sind;* aber weder dieser noch der vorige Satz können als angeborenes Prinzip aufgefaßt werden oder, wenn sie angeboren wären, irgendwelchen Wert haben; es sei denn, daß die besonderen Maßstäbe und Grenzen aller Tugenden und Laster in den Geist der Menschen eingraviert und gleichfalls angeborene Prinzipien wären, was jedoch meines Erachtens sehr stark zu bezweifeln ist. Deshalb will es mir kaum möglich erscheinen, daß Gott in den Geist der Menschen Prinzipien in Worten von so ungewisser Bedeutung eingravieren sollte wie *Tugend* und *Sünde,* die bei den verschiedenen Menschen für verschiedene Dinge stehen. Ja, es kann nicht einmal angenommen werden, daß jene Einprägung überhaupt durch Worte erfolgt ist, welche, da sie bei den meisten dieser Prinzipien sehr allgemeine Namen sind, nur ver-

standen werden können, wenn man die darunter zu begreifenden Einzeldinge kennt. Im praktischen Einzelfall müssen die Maßstäbe aus der Kenntnis der Handlungen selbst und aus ihren Regeln entnommen werden – getrennt von den Worten und vor der Kenntnis von Namen – die der Mensch kennen muß, gleichviel welche Sprache er auch erlernen mag, ob Englisch oder Japanisch, ja, auch wenn er überhaupt keine Sprache erlernen und sich nie auf den Gebrauch der Wörter verstehen sollte, wie das bei Taubstummen der Fall ist. Wenn wir festgestellt haben werden, daß Menschen ohne Kenntnis der Sprache oder ohne Unterweisung in den Gesetzen und Bräuchen ihres Landes wissen, daß es zur Gottesverehrung gehört, niemand zu töten, nur eine Frau zu haben, die Leibesfrucht nicht abzutreiben, die Kinder nicht auszusetzen, keinem andern das Seinige zu nehmen, auch wenn man es selbst nötig hat, dem andern vielmehr in seiner Not beizustehen und ihr abzuhelfen und, so oft man das Gegenteil getan, Reue zu empfinden, darüber bekümmert zu sein und sich zu entschließen, nicht mehr so zu handeln – wenn, sage ich, der Nachweis erbracht sein wird, daß alle Menschen alle diese und noch tausend andere ähnliche Regeln kennen und anerkennen, die ausnahmslos unter die beiden oben genannten allgemeinen Ausdrücke *virtutes et peccata*, Tugenden und Sünden, fallen, dann wird mehr Grund vorhanden sein, die genannten und ähnliche Sätze als allgemeine Begriffe und praktische Prinzipien gelten zu lassen. Gleichviel würde schließlich die allgemeine Übereinstimmung (falls es bei moralischen Prinzipien eine solche gäbe) bei Wahrheiten, deren Kenntnis auf anderen Wegen erlangt werden kann, schwerlich deren Angeborensein beweisen; das aber ist das einzige, worauf es mir hier ankommt.

20. Es würde auch wenig ausmachen, wenn man in diesem Zusammenhang mit der sehr naheliegenden, aber wenig stichhaltigen Antwort käme, die angeborenen Prinzipien der Moral könnten durch Erziehung, Gewohnheit und die allgemeine Meinung derer, mit denen wir verkehren, verdunkelt und schließlich völlig aus dem Geist der Menschen gelöscht werden. Diese Behauptung

Erwiderung auf den Einwand, daß angeborene Prinzipien verdorben sein können.

würde, wenn sie zuträfe, das Argument der allgemeinen Übereinstimmung vollständig entkräften, wodurch man diese Meinung von den angeborenen Prinzipien zu beweisen versucht; es sei denn, ihre Verteidiger hielten es für vernünftig, daß ihre persönlichen Überzeugungen oder die ihrer Partei für die allgemeine Übereinstimmung ausgegeben werden. Dies geschieht gar nicht so selten; dann nämlich, wenn Leute, die sich als die alleinigen Meister der wahren Vernunft aufspielen, die Urteile und Meinungen der übrigen Menschheit als belanglos beiseite schieben. Sie argumentieren dann folgendermaßen: „Die Prinzipien, die alle Menschen als wahr anerkennen, sind angeboren; solche, denen wirklich vernünftige Menschen zustimmen, sind die von allen Menschen anerkannten Prinzipien; wir und die uns Gleichgesinnten sind vernünftige Leute; da wir also übereinstimmen, sind unsere Prinzipien angeboren." Das ist eine sehr hübsche Art der Beweisführung und der nächste Weg zur Unfehlbarkeit! Auf andere Weise ist es nämlich schwer zu verstehen, wie es Prinzipien geben kann, die von allen Menschen anerkannt werden und in denen alle Menschen übereinstimmen, gleichwohl es unter diesen Prinzipien keines gibt, das nicht durch verdorbene Sitten und schlechte Erziehung aus dem Geist vieler Menschen ausgelöscht wäre. Das hieße: Zwar billigen alle Menschen diese Prinzipien, dennoch aber leugnen sie viele und weichen von ihnen ab. In der Tat hat die Voraussetzung *solcher* ersten Prinzipien für uns sehr wenig Wert; denn wir befinden uns mit ihnen in der gleichen Verlegenheit wie ohne sie, wenn sie durch irgendein menschliches Vermögen, zum Beispiel durch den Willen unserer Lehrer oder die Meinungen unserer Mitmenschen, in uns umgestaltet werden oder verloren gehen können. Trotz all des vielen Rühmens von obersten Prinzipien und angeborener Erleuchtung verharren wir dann genau so in Dunkel und Ungewißheit, als ob es dergleichen überhaupt nicht gäbe. Denn es bleibt sich gleich, ob man gar keine Regel hat oder eine, die sich beliebig drehen und wenden läßt, oder ob man nicht weiß, welche von den verschiedenen und sich widersprechenden Regeln die richtige ist. Was jedoch die angeborenen Prinzipien betrifft, so bitte ich deren Verteidiger zu sagen, ob sie durch Erziehung und Gewohnheit verwischt und ausgelöscht werden können oder nicht. Ist es nicht der Fall, so müssen sie sich bei allen Menschen gleichmäßig vorfinden und in jedermann klar vorhanden sein. Wenn sie aber durch hinzukommende Begriffe eine Veränderung erleiden können, müssen sie sich am klarsten und deutlichsten da vorfinden, wo sie der Quelle am nächsten sind, das heißt bei Kindern und Ungebildeten, die am wenigsten Eindrücke durch fremde Meinungen erfahren haben. Auf welchen dieser beiden Standpunkte man sich aber auch stellen möge, in jedem Falle wird man finden, daß er mit den offensichtlichen Tatsachen und mit der täglichen Beobachtung unvereinbar ist.

21. Ich gebe bereitwillig zu, daß es eine große Zahl von Meinungen gibt, die von Leuten aus verschiedenen Ländern, von verschiedener Erziehung und von verschiedenem Temperament als erste und unbestreitbare Prinzipien betrachtet und angenommen werden, von denen viele sowohl ihrer Absurdität als auch der Gegensätze wegen, in denen sie sich zueinander befinden, unmöglich wahr sein können. Dennoch werden alle diese Sätze, wie weit sie auch von der Vernunft entfernt sein mögen, hier und da für so heilig angesehen, daß selbst Leute, die in andern Dingen einen gesunden Verstand beweisen, eher ihr Leben und ihre teuersten Güter einbüßen als sich selbst einen Zweifel oder anderen Einwände gegen die Wahrheit derselben zu gestatten. *Es gibt in der Welt sich widersprechende Prinzipien.*

22. So befremdlich dies auch erscheinen mag: es wird durch die tägliche Erfahrung bestätigt und wird vielleicht nicht mehr so wunderbar erscheinen, wenn wir die Wege und Schritte in Betracht ziehen, wodurch dergleichen herbeigeführt wird, und wenn wir einmal ins Auge fassen, wie es tatsächlich dahin kommen kann, daß Lehren, die keinen besseren Ursprung als den Aberglauben einer Amme oder die Autorität eines alten Weibes besitzen, durch die Länge der Zeit und durch die Übereinstimmung der Nachbarn zur Würde von religiösen oder moralischen *Prinzipien* emporsteigen *Wie die Menschen im allgemeinen zu ihren Prinzipien gelangen.*

können. Denn Leute, die darum besorgt sind (wie sie es nennen), Kindern gute Prinzipien beizubringen (und es gibt wenige, die nicht eine ganze Reihe solcher Prinzipien, an die sie glauben, für die Kinder zur Verfügung haben), flößen dem arglosen und noch vorurteilsfreien Verstande (denn weißes Papier nimmt alle Schriftzeichen auf) diejenigen Lehren ein, die die Kinder festhalten und bekennen sollen. Diese Lehren werden den Kindern beigebracht, sobald sie eine gewisse Fassungskraft haben, und ihnen, wenn sie heranwachsen, immer wieder bestätigt, sei es durch offenes Bekenntnis, sei es durch stillschweigende Übereinstimmung aller, mit denen sie zu tun haben, oder wenigstens durch Leute, vor deren Weisheit, Kenntnis und Frömmigkeit sie Achtung haben und die niemals zulassen, daß von jenen Sätzen anders als von der Basis und der Grundlage geredet werde, worauf sie ihre Religion und ihre Sitten bauen. So gewinnen jene Prinzipien den Ruf unzweifelhafter, von selbst einleuchtender, angeborener Wahrheiten.

Prinzipien werden für angeboren gehalten, weil wir uns nicht erinnern, wann wir an ihnen festzuhalten begannen.

23. Hinzufügen dürfen wir, daß so unterrichtete Menschen, wenn sie herangewachsen sind und über ihren eigenen Geist nachdenken, nichts finden können, was weiter zurückreicht als jene Meinungen, die ihnen gelehrt wurden, ehe noch ihr Gedächtnis begann, ihre Taten zu registrieren oder die Zeit festzuhalten, da irgend etwas Neues für sie in Erscheinung trat. Deshalb ziehen sie unbedenklich den Schluß, daß jene Sätze, von deren Kenntnis sie in sich selbst keinen Ursprung finden können, sicherlich von Gott und der Natur ihrem Geist eingeprägt, ihnen jedoch nicht von irgend jemand anderem gelehrt worden seien. Sie halten diese Sätze fest und unterwerfen sich ihnen mit Ehrfurcht, wie es viele ihren Eltern gegenüber tun: nicht, weil es natürlich ist – auch Kinder verhalten sich nicht so, wenn sie nicht entsprechend belehrt werden –, sondern weil sie immer so erzogen worden sind und sich an den Beginn solcher Hochachtung nicht entsinnen, weshalb ihnen diese natürlich erscheint.

Wie es dazu kommt, daß wir an solchen

24. Daß die Dinge diesen Gang nehmen, wird uns als sehr wahrscheinlich, ja beinahe als unausbleiblich er-

… scheinen, wenn wir die Natur der Menschen und die Art ihrer Geschäfte betrachten, die es mit sich bringt, daß die wenigsten leben können, ohne ihre Zeit mit der täglichen Berufsarbeit auszufüllen, und die es ferner mit sich bringt, daß die Menschen auch in ihrem Geist keine Ruhe finden können, wenn sie nicht im Besitz *einer gewissen* Grundlage oder eines Prinzips sind, worauf sie ihre Gedanken stützen. Kaum jemand hat so einen unsteten und oberflächlichen Verstand, daß er nicht einige hochgeschätzte Sätze hätte, die für ihn die Prinzipien sind, auf die er seine Überlegungen gründet, und wonach er über Wahrheit und Irrtum, über Recht und Unrecht urteilt; da es aber den einen an Fähigkeit und Muße, anderen an Lust fehlt, wieder anderen gelehrt wurde, daß sie nicht prüfen dürfen, so findet man nur wenige, die nicht aus Unwissenheit oder Trägheit oder infolge ihrer Erziehung oder Übereilung in der Gefahr sind, solche Sätze *auf Treu und Glauben hinzunehmen*.

25. Augenscheinlich ist dies bei allen Kindern und jungen Leuten der Fall; und da die Gewohnheit, die eine stärkere Macht ist als die Natur, selten verfehlt, sie dahin zu bringen, daß sie als göttlich verehren, worunter sie ihren Geist beugen und ihren Verstand unterzuordnen gelehrt wurden, so ist es kein Wunder, daß erwachsene Menschen, die entweder in den notwendigen Geschäften des Lebens verwickelt oder von der Jagd nach Vergnügungen in Anspruch genommen sind, *nicht* ernstlich daran gehen, ihre eigenen Grundsätze zu prüfen, besonders wenn eines ihrer Prinzipien heißt: Prinzipien dürfen nicht in Frage gestellt werden. Hätten die Menschen aber auch die Zeit, die Fähigkeit und den Willen zu solcher Prüfung, wo wäre derjenige, der an den Grundlagen all seiner früheren Gedanken und Taten zu rütteln wagte und freiwillig die Beschämung ertragen wollte, lange Zeit vollkommen in Irrtum und Verblendung befangen gewesen zu sein? Wer ist kühn genug, den Vorwürfen zu trotzen, die überall denjenigen erwarten, der es wagt, von den herkömmlichen Meinungen seiner Heimat oder seiner Partei abzuweichen? Wo ist der Mann anzutreffen, der sich gelassen darauf vorbereiten kann, den Namen

Prinzipien festhalten.

Weitere Erklärungen.

eines Sonderlings, Skeptikers oder Atheisten zu tragen, was jeden erwartet, der eine der allgemeinen Meinungen auch nur im mindesten in Frage stellte? Noch viel mehr aber wird er sich scheuen, jene Prinzipien zu bezweifeln, wenn er sie, wie es die meisten Menschen tun, als Pfeiler betrachtet, die Gott in seinem Geist aufgerichtet hat, damit sie die Regel und der Prüfstein für alle anderen Meinungen seien. Und was kann ihn daran hindern, sie für heilig zu halten, wenn er findet, daß sie von allen seinen eigenen Gedanken die allerfrühesten und die von anderen am meisten verehrten sind?

Eine Verehrung von Idolen.

26. Man kann sich leicht vorstellen, wie es auf diese Weise geschehen mag, daß Menschen die in ihrem Geist aufgestellten Idole* verehren, daß sie die Begriffe liebgewinnen, mit denen sie daselbst seit langem bekannt geworden, und daß sie Absurditäten und Irrtümern den Stempel der Göttlichkeit aufprägen, eifrige Anbeter von Stieren und Affen werden und für die Verteidigung ihrer Meinungen streiten, kämpfen und sterben. *Dum solos credit habendos esse deos, quos ipse colit.*** Denn die Denkfähigkeiten der Seele, die fast ununterbrochen, obschon nicht immer vorsichtig und weise, angewandt werden, würden sich – weil ihnen eine Grundlage und ein Stützpunkt fehlen – bei den meisten Menschen nicht zu betätigen wissen, die infolge von Trägheit oder Zerstreuung nicht in die Prinzipien der Erkenntnis eindringen und die Wahrheit nicht bis zu ihrer Quelle und ihrem Ursprung zurückverfolgen oder es aus Mangel an Zeit, aus Mangel an zuverlässigen Hilfsmitteln oder aus anderen Gründen nicht vermögen. Deshalb ist es natürlich, ja, fast unvermeidlich für sie, daß sie sich mit einigen erborgten Prinzipien behelfen, die selbst keine weiteren Beweise nötig zu haben scheinen, weil sie als die einleuchtenden Beweise für andere Dinge hingestellt und angesehen werden. Wer eins dieser Prinzipien in seinen Geist aufnimmt und es dort mit der Verehrung

---

* Anspielung auf die idola des Bacon. [Fraser, a. a. O., Bd. I, S. 89.]

** Denn nur die können nach seiner Meinung Götter sein, die er selbst verehrt.

festhält, die solchen Prinzipien in der Regel gezollt wird, das heißt nie wagt, sie nachzuprüfen, sondern sich daran gewöhnt, sie zu glauben, weil sie geglaubt werden müssen, der ist infolge seiner Erziehung oder infolge der Sitte des Landes imstande, jede Absurdität als angeborenes Prinzip hinzunehmen; auch wird er sich dadurch, daß er lange auf dieselben Objekte starrt, den Blick so trüben lassen, daß er Ungeheuer, die nur in seinem eigenen Gehirn wohnen, als Abbilder der Gottheit und als Werke ihrer Hand ansieht.

27. Wie viele Menschen auf diesem Wege zu Prinzipien kommen, die sie für angeboren halten, läßt sich leicht an der Mannigfaltigkeit gegensätzlicher Prinzipien erkennen, die von den Angehörigen aller Klassen und Stände festgehalten und verteidigt werden. Und wer bestreitet, daß dies die Methode ist, durch die die meisten Menschen zur Überzeugung von der Wahrheit und Augenscheinlichkeit ihrer Prinzipien gelangen, dem dürfte es schwer fallen, auf andere Weise die sich widersprechenden Grundsätze zu erklären, die fest geglaubt und zuversichtlich behauptet werden und die Scharen von Menschen jederzeit mit ihrem Blut zu besiegeln bereit sind. Wenn es das Privileg der angeborenen Prinzipien ist, ohne Nachprüfung auf Grund ihrer eigenen Autorität angenommen zu werden, so wüßte ich in der Tat nichts, was nicht geglaubt werden dürfte, oder wie die Prinzipien irgendeines Menschen in Frage gestellt werden könnten. Dürfen und müssen sie geprüft und untersucht werden, so wünsche ich zu wissen, wie das bei den ersten, angeborenen Prinzipien möglich ist; zumindest aber darf man nach den *Kennzeichen* und *Merkmalen* fragen, wodurch sich die echten angeborenen Prinzipien von anderen unterscheiden lassen, damit uns bei der großen Mannigfaltigkeit der mit diesem Anspruch auftretenden Sätze in einer so wichtigen Frage Mißgriffe erspart bleiben. Wenn das geschehen ist, bin ich gern bereit, mir solche willkommenen und nützlichen Sätze anzueignen; bis dahin aber darf ich in aller Bescheidenheit meine Zweifel hegen; ich fürchte nämlich, daß die allgemeine Übereinstimmung, die als einziges

Prinzipien müssen geprüft werden.

Merkmal angeführt wird, sich kaum als ausreichend erweisen wird, um meine Wahl zu lenken und mich über irgendwelche angeborenen Prinzipien zu vergewissern.

Nach dem Gesagten scheint es mir unzweifelhaft, daß es keinerlei praktische Prinzipien gibt, über die bei allen Menschen Einmütigkeit herrscht, und daß deshalb keine angeborenen Prinzipien existieren.

III. KAPITEL

WEITERE BETRACHTUNGEN ÜBER ANGEBORENE PRINZIPIEN, SOWOHL SPEKULATIVER ALS AUCH PRAKTISCHER NATUR

Prinzipien können nicht angeboren sein, wenn ihre Ideen es nicht sind.

1. Hätten diejenigen, die uns davon überzeugen wollen, daß es angeborene Prinzipien gebe, nicht jedes derselben bloß als ein Ganzes betrachtet, sondern die Bestandteile solcher Sätze einzeln ins Auge gefaßt, so würden sie vielleicht nicht so voreilig gewesen sein, sie für angeboren zu halten. Denn insofern die *Ideen,* aus denen jene Wahrheiten bestehen, nicht angeboren sind, können unmöglich die aus ihnen zusammengefügten *Sätze* angeboren oder unsere Kenntnisse von ihnen mit uns geboren sein. Sind nämlich die Ideen nicht angeboren, so gab es einmal eine Zeit, in der der Geist noch ohne jene Prinzipien war; dann aber können sie nicht angeboren sein, sondern müssen einen anderen Ursprung haben. Denn wo die Ideen selbst fehlen, kann es keine Kenntnis von ihnen, keine Zustimmung zu ihnen, keine gedachten oder ausgesprochenen Sätze über sie geben.

Ideen, besonders solche, die zu Prinzipien gehören, sind Kindern nicht angeboren.

2. Wenn wir neugeborene Kinder aufmerksam betrachten, so werden wir wenig Grund zu der Annahme haben, daß sie zahlreiche Ideen mit sich auf die Welt bringen. Denn abgesehen vielleicht von einigen schwachen Ideen von Hunger, Durst, Wärme und gewissen Schmerzen, die sie im Mutterleibe empfunden haben mögen, zeigt sich bei ihnen nicht die geringste Spur von tief eingewurzelten Ideen, insbesondere nicht von *Ideen, die den Ausdrücken entsprächen, aus welchen die als angeborene*

Prinzipien betrachteten allgemeinen Sätze gebildet sind. Man kann wahrnehmen, wie später allmählich Ideen in ihren Geist gelangen und daß sie weder mehr noch andere Ideen erwerben als die, mit denen die Erfahrung und die Beobachtung der ihnen begegnenden Dinge sie ausstatten. Das müßte genügen, um uns davon zu überzeugen, daß es sich bei diesen Ideen nicht um ursprüngliche Schriftzeichen handelt, die in den Geist eingeprägt sind.

3. „Das gleiche Ding kann unmöglich zugleich sein und nicht sein" ist (wenn es solche gibt) sicherlich ein angeborenes Prinzip. Wer aber kann glauben oder behaupten wollen, daß Unmöglichkeit und Identität zwei angeborene *Ideen* seien? Sind es Ideen, die alle Menschen haben und mit sich auf die Welt bringen? Sind es diejenigen Ideen, die die ersten in den Kindern sind und allen erworbenen voraufgehen? Wenn sie angeboren sind, so muß dies notwendig der Fall sein. Hat ein Kind eine Idee von Unmöglichkeit und Identität, bevor es eine solche von weiß oder schwarz, süß oder bitter besitzt? Beruht es auf der Kenntnis dieses Prinzips, daß es schließt, daß eine mit Wermut bestrichene Brust einen anderen Geschmack hat, als das Kind ihn dort zu finden gewohnt war? Ist es die tatsächliche Kenntnis des Satzes *impossibile est idem esse et non esse**, die das Kind veranlaßt, zwischen seiner Mutter und einer Fremden zu unterscheiden, oder es bestimmt, jene lieb zu haben und diese zu fliehen? Oder richtet der Geist sich selbst und seine Zustimmung nach Ideen, die er noch nie gehabt hat? Oder zieht der Verstand seine Schlüsse aus Prinzipien, die er noch nie gekannt oder verstanden hat? Die Namen *Unmöglichkeit* und *Identität* stehen für zwei Ideen, die so weit davon entfernt sind, angeboren oder mit uns zusammen entstanden zu sein, daß es meines Erachtens große Mühe und Sorgfalt erfordert, sie in unserem Verstand richtig zu bilden. Sie sind so weit davon entfernt, mit uns in die Welt gekommen zu sein, sie liegen dem Denken der ersten Kindheit und der Jugend

„Unmöglichkeit" und „Identität" sind keine angeborenen Ideen.

---

* Es ist unmöglich, daß etwas ist und nicht ist.

so fern, daß ich glaube, eine Püfung wird ergeben, daß sie auch vielen Erwachsenen fehlen.

Identität ist keine angeborene Idee.

4. Wenn die Identität (um sie allein als Beispiel zu verwenden) ein angeborener Eindruck und folglich für uns so klar und einleuchtend ist, daß wir sie schon von der Wiege her kennen müßten, so würde ich gern von irgend jemandem, er sei sieben oder siebzig Jahre alt, Aufschluß erhalten, ob ein Mensch, der ein aus Seele und Körper bestehendes Wesen ist, derselbe Mensch bleibt, wenn sein Körper wechselt. Ob wohl Euphorbus und Pythagoras*, die dieselbe Seele hatten, dieselben Menschen waren, obwohl sie in verschiedenen Zeitaltern lebten? Ja, ob nicht gar auch der Hahn, der dieselbe Seele hatte, mit ihnen beiden identisch war?** Hieraus wird vielleicht hervorgehen, daß unsere Idee der *Dieselbigkeit* nicht so bestimmt und klar ist, daß sie verdiente, für angeboren zu gelten. Denn wenn die angeborenen Ideen nicht so klar und deutlich sind, daß sie allgemein bekannt sind und naturgemäß Zustimmung erfahren, so können sie nicht die Träger allgemeiner und zweifelloser Wahrheiten sein; vielmehr sind sie dann unvermeidlich ein Anlaß zu dauernder Ungewißheit. Denn wahrscheinlich wird nicht jedermanns Idee von der Identität mit der des Pythagoras und Tausender seiner Anhänger übereinstimmen. Welche soll dann wahr sein? Welche ist die angeborene? Oder gibt es zwei verschiedene Ideen von der Identität, die beide angeboren sind?

Was macht den gleichen Menschen aus.

5. Es denke niemand, daß die hier von mir aufgeworfenen Fragen über die Identität des Menschen nur leere Spekulationen seien, obwohl, wenn es der Fall wäre, das Gesagte genügen würde, um zu zeigen, daß es im menschlichen Verstand keine angeborene Idee der Identität gibt. Wer mit einiger Aufmerksamkeit über die Auferstehung nachdenkt und erwägt, daß die göttliche Gerechtigkeit durch ihren Richterspruch am jüngsten Tag genau dieselben Menschen, die in diesem Leben gut

---

* Anspielung auf Lucians Satire auf die phythagoreische Seelenwanderung. [Fraser, a. a. O., Bd. I, S. 94.]
** Anspielung auf Lucians Erzählung vom Hahn des Mikyllus.

oder böse gehandelt haben, zur Seligkeit oder Unseligkeit in einem andern Leben bestimmen wird, der dürfte es nicht leicht finden, sich darüber klar zu werden, was denn eigentlich denselben Menschen ausmacht oder worin die Identität besteht; er wird auch nicht so ohne weiteres meinen, er selbst und alle anderen Menschen, sogar die Kinder, besäßen von Natur eine klare Idee davon.

6. Prüfen wir einmal das mathematische Prinzip: *Das Ganze ist größer als eines seiner Teile.* Dieser Satz, so nehme ich an, wird zu den angeborenen Prinzipien gerechnet. Jedenfalls kann er so gut wie irgendein anderer Satz das Recht für sich in Anspruch nehmen, als ein solches zu gelten. Niemand kann ihn jedoch für angeboren halten, wenn er in Betracht zieht, daß die in ihm enthaltenen Ideen *das Ganze* und *ein Teil* völlig relativ sind, während die positiven Ideen, zu denen jene eigentlich und unmittelbar gehören, Ausdehnung und Zahl sind, von denen das Ganze und ein Teil nur Relationen sind. Demnach müssen, wenn das Ganze und ein Teil angeborene Ideen sind, Ausdehnung und Zahl es auch sein; denn es ist unmöglich, von einer Relation eine Idee zu besitzen, ohne überhaupt von dem Ding, dem sie zugehört und auf dem sie beruht, eine Idee zu haben. Ob aber dem Menschengeist von Natur die Ideen der Ausdehnung und der Zahl eingeprägt sind, das überlasse ich denen zu erwägen, die als Anwälte der angeborenen Prinzipien auftreten.

<small>Das Ganze und die Teile sind keine angeborenen Ideen.</small>

7. Daß *Gott verehrt werden muß*, ist zweifellos eine ebenso große Wahrheit wie jede, die der Menschengeist überhaupt zu fassen vermag; ihr gebührt der oberste Rang unter allen praktischen Prinzipien. Sie kann jedoch unter keinen Umständen für angeboren gelten, wenn nicht die Ideen *Gott* und *Verehrung* angeboren sind. Daß sich die Idee, für die der Ausdruck Verehrung steht, im kindlichen Verstand nicht vorfindet und kein dem Geist in seinem ersten Ursprung eingeprägtes Schriftzeichen ist, das dürfte jeder ohne weiteres zugeben, der bedenkt, wie gering die Zahl der Erwachsenen ist, die davon einen klaren und deutlichen Begriff haben. Ich

<small>Die Idee der Verehrung ist nicht angeboren.</small>

meine, es kann nichts lächerlicher sein, als zu behaupten, den Kindern sei das praktische Prinzip, „Gott muß verehrt werden", angeboren und doch wüßten sie nicht, worin die Verehrung Gottes bestehe, zu der sie verpflichtet seien. Doch genug hiervon.

Die Idee Gottes ist nicht angeboren. 8. Wenn wir uns bei irgendeiner Idee vorstellen können, daß sie angeboren sei, so dürfen wir das in erster Linie und aus vielen Gründen bei der Idee von *Gott* tun; denn es ist schwer zu begreifen, wie es angeborene moralische Prinzipien ohne die angeborene Idee eines göttlichen Wesens geben könnte. Ohne den Begriff eines Gesetzgebers kann man unmöglich den Begriff eines Gesetzes und eine Verpflichtung zur Befolgung desselben haben. Haben nicht – von den bei den Alten erwähnten Atheisten abgesehen, die in den Annalen der Geschichte für immer gebrandmarkt sind – die Seefahrer in neueren Zeiten ganze Völker entdeckt – in der Bucht von Soldania,* in Brasilien,** [in*** Boronday†,] auf den Karibischen Inseln usw. – bei denen sich kein Begriff eines Gottes, keine Religion fand? Nicolaus del Techo †† sagt *in Literis ex Paraguaria de Caiguarum Conversione* folgendes: *Reperi eam gentem nullum nomen habere quod Deum et hominis animam significet; nulla sacra habet, nulla idola.* [Dies ††† sind Beispiele von Völ-

---

* Vgl. Roe (britischer Gesandter, 1614–1618), in Thevenots Relation de divers voyages curieux. [Fraser, a. a. O., Bd. I, S. 97.]

** Vgl. Jo. de Lery, S. 16. Der Autor bereiste am Ende des 16. Jh. Brasilien und schrieb eine Geschichte dieses Landes. [Fraser, a. a. O., Bd. I, S. 97.]

*** Zusatz der 4. Auflage [Fraser, a. a. O., Bd. I, S. 97.]

† Vgl martinère 201/322, Terry, Voyage to the mogul, 17/545 und 23/545, Ovingston, Voyage to Surat im Jahre 1689, 489/606. [Fraser, a. a. O., Bd. I, S. 97.]

†† Ein Jesuitenmissionar, der einen Bericht über Paraguay und andere Länder Südamerikas geschrieben hat, wo er 25 Jahre lebte. [Fraser, a. a. O., Bd. I, S. 97.] Die Übersetzung lautet: Nicolaus del Techo sagt in seinen Briefen aus Paraguay über die Bekehrung der Caiguaren: „Ich fand bei diesem Volk kein Wort für Gott und die menschliche Seele; sie haben weder Heiligtümer noch Götzenbilder."

††† Zusatz der 4. Auflage [Fraser, a. a. O., Bd. I, S. 97.]

kern, bei denen die unkultivierte Natur sich selbst überlassen blieb und den Beistand des Unterrichts und der Erziehung sowie die Errungenschaften von Kunst und Wissenschaft zu entbehren hatte. Es gibt indessen andere Völker, die sich dieser Dinge in weitem Umfange erfreuten, denen dennoch die Idee und die Kenntnis Gottes fehlten, weil sie ihr Denken nicht in dem gehörigen Maße in dieser Richtung angestrengt haben. Ich bezweifle nicht, daß es andere genauso wie mich überraschen wird, unter diesen die Siamesen zu finden. Man kann über diesen Punkt den letzten französischen Gesandten* zu Rate ziehen, der sogar von den Chinesen nichts Besseres zu berichten weiß.] [Wenn** wir La Loubère auch nicht glauben wollen, so stimmen doch die chinesischen Missionare, sogar die Jesuiten, die großen Lobredner der Chinesen, alle ausnahmslos darin überein und überzeugen uns davon, daß die Sekte der *Literaten* oder Gelehrten, die an der alten Religion Chinas festhalten, ebenso wie die dort herrschende Partei sämtlich Atheisten sind. Vgl. Navarette,*** *Collection of Voyages,* Bd. I und *Historia Cultus Sinensium.]* Wenn wir aufmerksam die Lebensart und die Gespräche von Leuten beobachten, die nicht so weit entfernt wohnen, werden wir vielleicht allzuviel Grund zu der Befürchtung haben, daß auch viele Bewohner zivilisierterer Länder in ihrem Geiste keine sehr starken und klaren Eindrücke von einer Gottheit haben und daß die auf den Kanzeln erhobenen Klagen über den Atheismus nicht unbegründet sind. Zu diesem bekennen sich allerdings gegenwärtig nur einige verkommene Menschen ganz schamlos; doch würden wir vermutlich von anderen

---

* La Loubère, Du Royaume de Siam, Bd. I, Kap. 9, § 15, Kap. 20, §§ 4–22, Kap. 22, § 6, Kap. 23. Herr de la Loubère (1642 bis 1729) war im Jahre 1687 der Gesandte Ludwigs XIV. in Siam. [Fraser, a. a. O., Bd. I, S. 97.]

** Zusatz der französischen Übers. [Fraser, a. a. O., Bd. I, S. 97.]

*** Ein Dominikanermönch, der 1646 von seinem Orden zunächst nach den Philippinen, später nach China geschickt wurde, wo er mehr als 20 Jahre blieb. [Fraser, a. a. O., Band I, S. 98.]

mehr darüber hören, als es jetzt der Fall ist, wenn nicht die Furcht vor dem Schwert der Obrigkeit oder dem Tadel ihrer Mitmenschen den Leuten den Mund verschlösse, der, wäre die Furcht vor Strafe oder Schande genommen, ihren Atheismus ebenso offen verkünden würde, wie es ihre Lebensführung tut.

Der Name Gottes ist nicht allgemein, oder er ist von unklarer Bedeutung.

9. Besäßen aber auch alle Menschen an allen Orten den Begriff eines Gottes (die Geschichte lehrt uns allerdings das Gegenteil), so würde daraus nicht folgen, daß die Gottesidee angeboren sei. Denn fände sich auch kein Volk ohne den Namen und einzelne dunkle Begriffe von Gott, so würde damit nicht bewiesen sein, daß es sich hierbei um im Geist befindliche natürliche Eindrücke handelt; es wäre so wenig bewiesen, wie die Namen für das Feuer, die Sonne, die Hitze oder die Zahl der Ideen, für die sie stehen, sich dadurch als angeboren erweisen, daß sie und diese Ideen unter den Menschen so allgemein verbreitet und bekannt sind. Umgekehrt ist auch der Mangel eines solchen Namens oder das Fehlen eines solchen Begriffs im menschlichen Geist ebenso wenig ein Argument gegen die Existenz eines Gottes, wie es ein Beweis für die Nichtexistenz eines Magneten ist, daß ein großer Teil der Menschen weder einen Begriff noch einen Namen dafür besitzt; es ist auch kein Beweis gegen das Vorhandensein mannigfach verschiedener Arten von Engeln oder vernunftbegabter Wesen über uns, daß wir keine Ideen von solchen verschiedenen Arten und keine Namen dafür besitzen. Denn da die Menschen durch die in ihren Heimatländern gebräuchliche Sprache mit Worten versehen werden, können sie es kaum vermeiden, gewisse, wie auch immer geartete Ideen von den Dingen zu besitzen, deren Namen ihnen gegenüber zu erwähnen jene oft Anlaß haben, mit denen sie verkehren. Wenn dieser Name den Begriff des Hervorragenden, Großartigen oder Außergewöhnlichen wachruft, wenn Befürchtung und Besorgnis ihn begleitet, wenn die Angst vor einer absoluten und unwiderstehlichen Macht ihn dem Geist aufzwingt, dann wird die Idee sich höchstwahrscheinlich noch mehr vertiefen und erweitern; das wird zumal dann eintreten, wenn es sich, wie bei der

Gottesidee, um eine Idee handelt, die mit der allgemeinen Erleuchtung der Vernunft im Einklang steht und sich aus jedem Gebiet unserer Erkenntnis auf natürlichem Wege herleiten läßt. Denn die sichtbaren Anzeichen einer außerordentlichen Weisheit und Macht treten so klar in allen Werken der Schöpfung hervor, daß keinem vernünftigen Wesen, das nur ernsthaft über sie nachdenken will, die Entdeckung einer Gottheit entgehen kann. Und der Einfluß, den die Entdeckung eines solchen Wesens auf die Geister aller, die nur einmal davon gehört haben, notwendigerweise ausüben muß, ist so groß und bringt so gewichtige Gedanken und Aufschlüsse mit sich, daß es mir befremdlicher erscheint, wenn sich irgendwo eine ganze Nation von solcher Roheit finden läßt, daß ihr der Begriff eines Gottes fehlt, als wenn sie von den Zahlen oder dem Feuer keinen Begriff hätte.

10. Wenn der Name Gottes in irgendeinem Teil der Welt einmal genannt worden ist, um ein erhabenes, mächtiges, weises, unsichtbares Wesen zu bezeichnen, so müssen die Tatsache, daß ein solcher Begriff mit den Prinzipien der allgemeinen Vernunft in Einklang steht, und das Interesse, das die Menschen immer daran haben werden, ihn häufig zu erwähnen, notwendig bewirken, daß dieser Name weit und breit bekannt wird und auf alle künftigen Generationen übergeht; hierbei können gleichwohl seine allgemeine Verbreitung und einige schwankende Begriffe, die er bei dem gedankenlosen Teil der Menschen hervorruft, nicht beweisen, daß die Idee angeboren ist, sondern lediglich, daß die Entdecker derselben von ihrer Vernunft den rechten Gebrauch gemacht, über die Ursachen der Dinge reiflich nachgedacht und diese bis zu ihrem Ursprung zurückverfolgt hatten; nachdem dann andere Leute, die weniger nachdachten, von ersteren einmal einen so bedeutsamen Begriff übernommen hatten, konnte dieser nicht so leicht wieder verloren gehen.

Die Gottesidee ist nicht angeboren.

11. Das ist alles, was aus dem Gottesbegriff geschlossen werden dürfte, wenn er sich bei den Völkern der Menschheit allgemein fände und in allen Ländern von den Erwachsenen ausnahmslos anerkannt würde. Mehr

Die Ideen von Gott und die Idee des Feuers.

besagt, finde ich, die allgemeine Anerkennung eines Gottes nicht. Genügt dies aber, um das Angeborensein der Gottesidee zu beweisen, so beweist es ebenso gut, daß die Idee des Feuers angeboren ist; denn meiner Meinung nach läßt sich mit Recht behaupten, daß kein Mensch auf der Welt, der einen Gottesbegriff hat, nicht auch die Idee des Feuers besitzt. Zweifellos würde eine Schar kleinerer Kinder, die man auf einer Insel ansiedelte, wo es kein Feuer gäbe, sicher weder einen Begriff von einer derartigen Erscheinung noch einen Namen dafür besitzen, wie allgemein auch immer das Feuer in der ganzen übrigen Welt verbreitet und bekannt wäre. Vielleicht würde auch jeder Name oder jede Idee Gottes ihrer Fassungskraft ebenso fern liegen, bis eines unter ihnen sein Denken auf die Erforschung der Beschaffenheit und Ursachen der Dinge gerichtet hätte, was es leicht auf den Begriff eines Gottes hinführen würde, der sich, nachdem er den anderen einmal gelehrt worden ist, durch die Vernunft und die natürliche Neigung ihres eigenen Denkens fortan unter ihnen ausbreiten und erhalten würde.

Antwort darauf, daß es der Güte Gottes entspräche, wenn alle Menschen eine Idee von ihm besitzen, weshalb er sie von Natur eingeprägt habe.

12. Freilich wird dann geltend gemacht, es entspreche der Güte Gottes, Schriftzeichen und Begriffe von sich selbst dem Geist der Menschen einzuprägen und sie über eine so wichtige Angelegenheit nicht im dunkeln oder im Zweifel zu lassen; auch habe er sich auf diese Weise der Achtung und Verehrung versichert, die ihm von seiten eines so vernunftbegabten Wesens, wie es der Mensch ist, gebührt; auch darum habe er es getan.

Wenn dieses Argument überhaupt stichhaltig ist, so beweist es weit mehr, als sich diejenigen, die es hier verwenden, davon versprechen. Wenn wir nämlich schließen dürfen, daß Gott, weil es seiner Güte so entspreche, für die Menschen alles getan habe, was nach ihrem eignen Urteil für sie das beste ist, so würde sich ergeben, daß Gott dem Geist der Menschen nicht nur eine Idee seiner selbst eingeprägt hat, sondern dort klar in deutlichen Schriftzeichen alles eingeprägt hätte, was die Menschen von ihm zu wissen oder zu glauben haben, alles, was sie in Befolgung seines Willens zu tun haben, und daß er ihnen einen entsprechenden Willen und eine entsprechende Neigung gegeben hätte. Das wird nach der Meinung eines jeden für die Menschen zweifellos besser sein, als wenn sie im dunkeln nach Erkenntnis umhertappen – so wie es dem Bericht des heiligen Paulus zufolge, alle Völker bei Gott taten (Apostelgesch. 17, 27.) –, als wenn ihr Wille ihrem Verstand widerstreitet und ihre Triebe ihre Pflichten durchkreuzen. Die römischen Katholiken behaupten, es sei für die Menschen am besten und entspreche der Güte Gottes, wenn es einen unfehlbaren Richter für die irdischen Streitigkeiten gebe, und deshalb sei auch einer vorhanden. Ich aber sage aus demselben Grunde, daß es für die Menschen noch besser ist, wenn jeder einzelne selbst unfehlbar ist. Ich stelle anheim, ob man kraft dieses Arguments glauben soll, daß jedermann so *ist*. Ich halte es für ein sehr gutes Argument, zu sagen, der unendlich weise Gott habe es so gemacht, und deshalb sei es das Beste. Aber es heißt doch wohl unserer Weisheit etwas zu viel zutrauen, wenn man sagt: Ich halte es für das beste, darum hat Gott es so gemacht. In der vorliegenden Frage ist es jedenfalls vergeblich, mit diesem Argument beweisen zu wollen, daß Gott so gehandelt habe, da uns die sichere Erfahrung das Gegenteil zeigt. An Güte aber hat es Gott den Menschen gegenüber auch ohne solche ursprünglichen Eindrücke der Erkenntnis oder solche in den Geist eingeprägten Ideen nicht fehlen lassen; denn er hat den Menschen mit jenen Fähigkeiten ausgestattet, die zur hinlänglichen Entdeckung aller Dinge dienen, die um eines solchen Wesens willen notwendig sind. Ich glaube bestimmt nachweisen zu können, daß der Mensch durch den rechten Gebrauch seiner natürlichen geistigen Fähigkeiten auch ohne irgendwelche angeborenen Prinzipien zur Erkenntnis eines Gottes und anderer ihn betreffender Dinge gelangen kann. Nachdem Gott den Menschen mit jenen Fähigkeiten der Erkenntnis ausgestattet hatte, die der Mensch besitzt, war er auf Grund seiner Güte ebenso wenig genötigt, jene angeborenen Begriffe in des Menschen Geist zu pflanzen wie ihm Brücken und Häuser zu bauen, nachdem er ihm Vernunft, Hände und Material gegeben. Brücken und Häuser aber fehlen bei manchen Völkern der Welt, trotz guter Begabung, entweder völlig oder sind nur mangelhaft vorhanden, ebenso wie andere gar keine Ideen von Gott und keine moralischen Prinzipien oder wenigstens sehr unzulängliche haben; in beiden Fällen besteht der Grund darin, daß sie nie ihre Gaben, Fähigkeiten und Kräfte eifrig in der genannten Richtung betätigt haben, sondern sich mit den Meinungen, Bräuchen und Dingen ihrer Heimat, wie sie sie vorfanden, begnügten, ohne je weiter Ausschau zu halten. Wären sie oder ich an der Bucht von Soldania geboren, so ständen unsere Gedanken und Begriffe wahrscheinlich auf derselben tiefen Stufe wie die der dort heimischen Hottentotten. Wäre der König von Virginien, Apochancana, in England erzogen worden, so würde er vielleicht ein ebenso kundiger Theologe und guter Mathematiker gewesen sein wie nur einer hierzulande. Denn der Unterschied zwischen ihm und einem höher gebildeten Engländer besteht nur darin, daß die Übung seiner Fähigkeiten an die Wege, Gebräuche und Begriffe seiner Heimat gebunden und nie auf andere, weiterführende Untersuchungen gerichtet war. Und wenn er keinerlei Idee von einem Gott besaß, so lag das nur daran, daß er den Gedanken, die ihn dazu geführt haben würden, nicht weiter nachging.

Die Ideen von Gott sind bei den einzelnen Menschen verschieden.

13. Ich gebe zu, wenn sich irgendeine Idee finden ließe, die dem Geist des Menschen eingeprägt wäre, so hätten wir Grund zu der Erwartung, daß das der Begriff seines Schöpfers sein würde, den Gott als ein Zeichen seinem Werk selbst aufgedrückt hätte, um den Menschen an seine Abhängigkeit und seine Pflicht zu mahnen. An diesem Punkte müßten die ersten Beispiele menschlicher Erkenntnis sichtbar werden. Aber wie lange dauert es, bevor sich irgendein solcher Begriff bei Kindern entdecken läßt! Und wenn wir ihn dort finden, wieviel mehr gleicht er der Meinung und dem Begriff des Lehrers als dem Abbild des wahren Gottes. Wer bei Kindern den Vorgang beobachtet, wie ihr Geist die Kenntnisse, die sie besitzen, erwirbt, wird zu der Ansicht gelangen, daß die Objekte, mit denen sie zuerst und am eingehendsten zu

tun haben, jene sind, welche die ersten Eindrücke auf ihren Verstand hervorrufen; von irgendwelchen anderen Einprägungen wird er nicht die leisesten Spuren entdecken. Es ist leicht festzustellen, daß sich ihr Denken nur in dem Maße erweitert, wie sie mit einer größeren Mannigfaltigkeit sinnlich wahrnehmbarer Objekte bekannt werden, deren Ideen im Gedächtnis festhalten lernen und die Fertigkeit erlangen, diese Ideen zusammenzusetzen, zu erweitern und in verschiedener Weise miteinander zu verbinden. Wie sie auf diesem Wege dazu gelangen, in ihrem Geist die Idee zu bilden, die die Menschen von der Gottheit haben, werde ich weiter unten zeigen.

14. Kann man annehmen, daß die Ideen, die die Menschen von Gott haben, die von ihm mit eigenem Finger ihrem Geist eingeprägten Schriftzeichen und Kennzeichen seiner selbst seien, wenn wir sehen, daß die Menschen in demselben Lande unter ein und demselben Namen ganz verschiedene, ja, oft entgegengesetzte und miteinander unvereinbare Ideen und Vorstellungen von ihm besitzen? Daß sie denselben Namen oder denselben Laut verwenden, dürfte schwerlich beweisen, daß der Begriff von Gott angeboren ist. *Entgegengesetzte und miteinander unvereinbare Ideen von Gott unter dem gleichen Namen.*

15. Welchen wahren oder auch nur leidlichen Begriff von einem göttlichen Wesen konnten die haben, die Hunderte von Göttern anerkannten und verehrten? Jede Verehrung von mehr als einer einzigen Gottheit war ein unfehlbarer Beweis dafür, daß sie Ihn nicht kannten, ein Beweis dafür, daß sie von Gott keinen wahren Begriff hatten, da der ihrige Einheit, Unendlichkeit und Ewigkeit ausschloß. Nimmt man ihre groben Vorstellungen der Körperlichkeit hinzu, wie sie in den bildlichen Darstellungen ihrer Gottheiten zum Ausdruck kommt, die Liebschaften, Heiraten, Paarungen, Lüste, Streitigkeiten und andere niedere Qualitäten, die sie von ihren Göttern aussagten, so haben wir wenig Grund zu der Annahme, daß die heidnische Welt, das heißt der größte Teil der Menschheit, in ihrem Geist solche Ideen von Gott gehabt habe, die er ihnen aus der Fürsorge heraus, von ihnen nicht verkannt zu werden, selbst ein- *Rohe Ideen von Gott.*

gegeben hat. Wenn die so oft geltend gemachte allgemeine Übereinstimmung irgend etwas für angeborene Eindrücke beweist, so jedenfalls nur soviel, daß Gott dem Geist aller Menschen, die dieselbe Sprache reden, einen *Namen*, aber keinerlei *Idee* von sich eingeprägt hat; denn jene Leute, die hinsichtlich des Namens übereinstimmten, besaßen gleichzeitig ganz verschiedene Vorstellungen von dem bezeichneten Ding. Wendet man ein, die mancherlei Götter, die in der Heidenwelt verehrt wurden, seien nur bildliche Formen, um die verschiedenen Attribute jenes unfaßlichen Wesens oder verschiedene Gebiete seiner Vorsehung auszudrücken, so antworte ich: Was sie ursprünglich gewesen sein mögen, soll hier nicht untersucht werden; daß sie aber in den Gedanken des niederen Volkes die eben geschilderte Bedeutung gehabt hätten, wird wohl niemand behaupten. Wer in der Reise des Bischofs von Berytus* Kapitel 13 nachliest (um keine anderen Zeugnisse anzuführen), wird finden, daß die Theologie der Siamesen ausdrücklich eine Vielheit von Göttern gelten läßt oder daß sie, wie der Abbé de Choisy in seinem *Journal du Voyage de Siam* 107/177 treffender bemerkt, im Grunde darin besteht, daß sie überhaupt keinen Gott anerkennt.

Die Idee Gottes ist nicht angeboren, obwohl Weise aller Völker in ihren Besitz gelangen.

16. Wenn man anführt, daß weise Männer aller Völker zu wahren Vorstellungen von der Einheit und Unendlichkeit Gottes gelangt seien, so gebe ich dies zu. Hierdurch aber ist

1. die allgemeine Übereinstimmung in etwas anderem als dem bloßen Namen ausgeschlossen. Denn da dieser weisen Männer nur wenige sind, vielleicht nur einer auf tausend kommt, so ist auch diese Allgemeinheit eine sehr eingeschränkte.

2. Scheint mir hierdurch klar bewiesen, daß die wahrsten und besten Begriffe, die die Menschen von Gott haben, nicht eingeprägt, sondern durch Denken und Überlegen und durch den rechten Gebrauch ihrer Fähigkeiten erworben worden sind; denn die weisen und be-

---

* Vgl. Journal des Savans, Bd. I, S. 591. [Fraser, a. a. O., Bd. I, S. 104.]

sonnenen Menschen der Welt haben sich durch eine richtige und sorgfältige Anwendung ihres Denkens und ihrer Vernunft wahre Begriffe von diesen Dingen so gut wie von anderen angeeignet, während sich die Schar der Trägen und Gedankenlosen, die bei weitem die Mehrheit ausmacht, bei der Erlangung ihrer Begriffe vom Zufall leiten ließ, sie der herrschenden Überlieferung oder vulgären Vorstellungen entnahm, ohne sich viel den Kopf darüber zu zerbrechen. Wenn es ein Grund ist, den Gottesbegriff für angeboren zu halten, weil alle Weisen ihn gehabt haben, so muß auch die Tugend für angeboren gelten, denn auch sie hat sich stets bei allen Weisen gefunden.

17. Offenbar gilt das vom gesamten Heidentum. Aber selbst unter den Juden, Christen und Mohammedanern, die nur einen Gott anerkannten, hat diese Lehre und die Sorgfalt, mit der man bei diesen Nationen den wahren Begriff Gottes durch Unterricht zu verbreiten gesucht hat, nicht zu erreichen vermocht, daß die Menschen die gleichen und wahren Ideen von Gott besitzen. Wie viele würden sich bei näherer Nachfrage sogar unter uns finden lassen, die sich Gott in Menschengestalt im Himmel sitzend denken und noch viele andere absurde und unpassende Vorstellungen von ihm haben? Unter Christen sowohl wie unter Türken hat es ganze Sekten gegeben, die behaupteten und allen Ernstes verfochten, daß die Gottheit ein körperliches Wesen sei und menschliche Gestalt habe. Obwohl wir heute nur wenige in unserer Mitte finden, die sich als *Anthropomorphisten* bekennen (wenn mir auch einzelne begegnet sind, die es tun), so glaube ich doch, jeder, der es darauf anlegt, kann unter den unwissenden und ungebildeten Christen viele Anhänger dieser Anschauung finden. Man rede nur mit Landleuten so ziemlich jeden Alters oder mit jungen Menschen fast jeden Standes, so wird man finden, daß sie zwar den Namen Gottes oft im Munde führen, die Begriffe, auf die sie diesen Namen beziehen, jedoch so seltsamer, niedriger und nichtssagender Art sind, daß sich niemand vorstellen kann, sie seien ihnen von einem vernünftigen Menschen beigebracht, geschweige denn, es

<small>Seltsame, niedrige und nichtssagende Gottesideen sind bei den Menschen gebräuchlich.</small>

seien vom Finger Gottes selbst geschriebene Schriftzeichen. Ich sehe auch nicht ein, inwiefern es die Güte Gottes mehr beeinträchtigen soll, daß er uns einen Geist gegeben hat, ohne ihn mit Ideen seiner selbst auszustatten, als daß er uns mit unbekleideten Leibern auf die Welt kommen ließ oder daß uns keine Kunst oder Fertigkeit angeboren wird. Da wir die Fähigkeiten mitbekommen haben, sie zu erwerben, so liegt es an mangelndem Fleiß und Nachdenken unsererseits, nicht aber an Gottes Güte, wenn wir diese Dinge nicht besitzen. Daß es einen Gott gibt, ist ebenso gewiß wie die Tatsache, daß die Scheitelwinkel zweier sich schneidender gerader Linien gleich sind. Noch kein vernünftiges Wesen, das ehrlich an eine Prüfung dieser zwei Sätze heranging, hat ihnen seine Zustimmung verweigern können, mag es auch zweifellos viele Menschen geben, denen sie beide unbekannt sind, weil sie ihre Gedanken noch nie darauf gerichtet haben. Will jemand dies noch *allgemeine Übereinstimmung* nennen (was die weitestgehende Auslegung wäre), so erkenne ich sie in dieser Form bereitwillig an; aber eine solche allgemeine Übereinstimmung erweist die Gottesidee ebenso wenig wie diejenige derartiger Winkel für angeboren.

Wenn die Gottesidee nicht angeboren ist, so läßt sich das von keiner anderen Idee annehmen.

18. Wenn somit, wie nach dem Gesagten einleuchten dürfte, die Gottesidee nicht angeboren ist, obwohl die Erkenntnis eines Gottes die natürlichste Entdeckung der menschlichen Vernunft ist, so wird sich meines Erachtens schwerlich irgendeine andere Idee aufweisen lassen, die Anspruch darauf erheben könnte. Denn falls Gott dem Verstande des Menschen irgendeinen Eindruck, irgendein Schriftzeichen eingeprägt hätte, so ist doch vernünftigerweise zu erwarten, daß das eine klare und gleichförmige Idee seiner selbst gewesen sein würde, sofern unsere schwachen Kräfte fähig gewesen wären, ein so unfaßliches und unendliches Objekt zu erfassen. Wenn aber unser Geist anfänglich von derjenigen Idee nichts enthält, deren Besitz für uns von der größten Wichtigkeit ist, so ist das eine schwerwiegende Vermutung gegen alle anderen angeborenen Schriftzeichen. Ich selbst muß bekennen, daß ich, soweit ich beobachten

kann, keine zu finden vermag und mich freuen würde, von jemand anders darüber Aufschluß zu erhalten.

19. Es gibt, wie ich anerkenne, noch eine Idee, deren Besitz für die Menschen von allgemeinem Nutzen sein würde, wie ja auch allgemein so geredet wird, als ob die Menschen sie hätten. Es ist die Idee der *Substanz,* die wir durch Sensation oder Reflexion weder besitzen noch erlangen können. Wenn die Natur Sorge trug, uns mit gewissen Ideen zu versehen, so dürfen wir wohl erwarten, daß es solche seien, die wir vermittels unserer eigenen Fähigkeiten zu erwerben außerstande sind. Wir sehen aber im Gegenteil, daß wir, weil diese Idee nicht auf eben den Wegen wie die anderen Ideen in unseren Geist gelangt, von der *Substanz* überhaupt keine *klare* Idee besitzen und darum mit diesem Wort lediglich die ungewisse Annahme von etwas uns selbst Unbekanntem bezeichnen, das heißt von etwas, wovon wir keine [besondere*, deutliche, positive] Idee besitzen und das wir als *Substrat* oder Träger der uns bekannten Ideen ansehen.

<small>Die Idee der Substanz ist nicht angeboren.</small>

20. Was man nun aber auch von angeborenen Prinzipien, seien sie spekulativer oder praktischer Natur, sagen mag, jedenfalls kann man mit ebenso viel Wahrscheinlichkeit behaupten, jemand habe 100 Pfund Sterling in der Tasche, und dabei gleichwohl bestreiten, daß er Penny, Schilling, Krone oder sonst eine Münze, woraus sich jene Summe zusammensetzen läßt, bei sich trage, als man annehmen darf, gewisse *Sätze* seien angeboren, wenn das gleiche von den *Ideen,* die sie betreffen, auf keine Weise vorauszusetzen ist. Daß sie allgemeine Zustimmung und Annahme erfahren, beweist keineswegs, daß die in ihnen zum Ausdruck kommenden Ideen angeboren sind; denn in zahlreichen Fällen wird, gleichviel wie die Ideen dahin gelangt sind, die Zustimmung zu Worten, die die Übereinstimmung oder Nichtübereinstimmung solcher Ideen ausdrücken, notwendig folgen. Jeder, der eine wahre Idee von *Gott* und von *Verehrung* hat, wird dem Satze *„Gott muß ver-*

<small>Sätze können nicht angeboren sein, weil es die Ideen nicht sind.</small>

---

* Zusatz der 4. Auflage [Fraser, a. a. O., Bd. I, S. 108.]

ehrt werden" zustimmen, wenn dieser in einer ihm verständlichen Sprache ausgedrückt wird; jeder vernünftige Mensch, der heut noch nicht an diesen Satz gedacht hat, ist morgen vielleicht bereit, ihm beizupflichten. Dennoch darf man mit Recht annehmen, daß Millionen von Menschen heute ohne die eine dieser zwei Ideen oder ohne beide sind. Denn selbst wenn wir zugeben, daß die Wilden und die meisten Leute auf dem Lande Ideen von Gott und Verehrung haben (eine Voraussetzung, in der man durch eine Unterhaltung mit ihnen nicht eben bestärkt wird), so kann doch meines Erachtens bei Kindern nur in wenigen Fällen angenommen werden, daß sie jene Ideen besitzen; vielmehr müssen sie sich dieselben irgendwann einmal aneignen. Alsdann werden sie auch jenem Satz zustimmen und ihn später kaum jemals bezweifeln. Aber eine solche Zustimmung, die erfolgt, nachdem jemand den Satz gehört hat, beweist ebenso wenig das Angeborensein der *Ideen,* wie bei einem Blindgeborenen (dem morgen der Star gestochen werden soll) das Angeborensein der Ideen „Sonne", „Licht", „Safran" und „gelb" daraus erwiesen ist, daß er nach Erlangung des Augenlichts sicherlich den Sätzen zustimmen wird: „Die Sonne ist hell" oder „der Safran ist gelb". Kann darum eine solche nach dem Hören erfolgende Zustimmung für die Ideen nicht beweisen, daß sie angeboren sind, so kann sie es vollends nicht für die *Sätze,* die aus jenen Ideen gebildet sind. Wenn jemand wirklich irgendwelche angeborene Ideen hat, so würde ich mich gern belehren lassen, welche und wieviele das sind.

Das Gedächtnis enthält keine angeborenen Ideen.

21. [Hinzufügen* möchte ich folgendes: Gibt es überhaupt angeborene Ideen, Ideen im Geist, an die der Geist gegenwärtig nur nicht denkt, so müssen sie im Gedächtnis aufgespeichert sein und von dort durch die Erinnerung ins Blickfeld gebracht werden; das heißt, wenn wir uns an sie erinnern, muß uns bewußt sein, daß sie früher als Wahrnehmungen im Geist vorhanden gewesen sind; denn sonst müßte die Erinnerung ohne

---

* Zusatz der 2. Auflage [Fraser, a. a. O., Bd. I, S. 109.]

Erinnerung sein können. Denn erinnern heißt etwas mit dem Gedächtnis wahrnehmen oder mit dem Bewußtsein, daß es schon früher einmal wahrgenommen oder gewußt wurde. Jede Idee, die ansonsten im Geist auftaucht, ist neu und stammt nicht aus der Erinnerung; denn eben das Bewußtsein dessen, daß sie schon früher im Geist vorhanden war, macht den Unterschied zwischen der Erinnerung und jeder anderen Form des Denkens aus. Eine Idee, die der Geist nie *wahrgenommen* hat, ist nie im Geist vorhanden gewesen. Jede im Geist vorhandene Idee aber ist entweder eine gegenwärtige Wahrnehmung, oder aber sie ist, nachdem sie das einmal gewesen ist, so im Geist vorhanden, daß sie durch das Gedächtnis wiederum zu einer gegenwärtigen Wahrnehmung werden kann. Sobald eine Idee ohne Mitwirkung des Gedächtnisses gegenwärtig wahrgenommen wird, erscheint sie dem Verstand als eine vollkommen neue und bisher unbekannte Idee. Wenn das Gedächtnis eine Idee in das gegenwärtige Blickfeld bringt, so geschieht das mit dem Bewußtsein, daß sie sich schon früher dort befunden hat und für den Geist keine völlig fremde war. Ob sich dies nicht so verhält, dafür berufe ich mich auf die eigene Beobachtung eines jeden. Weiter bitte ich um ein Beispiel für eine angeblich angeborene Idee, die jemand (ehe er auf einem der später zu nennenden Wege einen Eindruck von ihr erhielt) wieder aufleben lassen und sich ihrer als einer ihm früher bekannten Idee erinnern konnte; denn ohne dieses Bewußtsein einer früheren Wahrnehmung gibt es keine Erinnerung; einer Idee aber, die ohne *dieses* Bewußtsein in den Geist gelangt, erinnert man sich nicht, das heißt sie stammt nicht aus dem Gedächtnis; von ihr kann auch nicht gesagt werden, daß sie vor diesem Erscheinen im Geist enthalten sei. Denn was sich gegenwärtig weder im Blickfeld noch im Gedächtnis befindet, ist überhaupt nicht im Geist vorhanden, und es verhält sich ebenso, als wäre es dort nie vorhanden gewesen. Angenommen, ein Kind sei im Besitz seiner Sehkraft gewesen, bis es die Farben gekannt und unterschieden habe; dann aber verschließt ihm der Star diese Fenster, es lebt vierzig bis fünfzig

Jahre in vollkommener Finsternis und verliert inzwischen vollkommen jede Erinnerung an die Ideen der Farben, die es gehabt hat. Das war bei einem Blinden der Fall, den ich einmal sprach; er büßte als Kind durch die Blattern das Augenlicht ein und hatte von den Farben ebenso wenig einen Begriff wie ein Blindgeborener. Nun frage ich, ob jemand behaupten kann, dieser Mann habe damals noch Ideen von Farben in seinem Geiste gehabt – mehr als ein Blindgeborener? Meines Erachtens wird niemand behaupten, daß einer von beiden überhaupt irgendwelche Ideen von Farben im Geist besaß. Der Star wird gestochen, und nunmehr werden dem Geist des Blinden die Ideen der Farben (an die er sich nicht erinnert) durch die wiedererlangte Sehkraft *de novo* zugeführt, und zwar ohne jedes Bewußtsein einer früheren Bekanntschaft mit ihnen. Diese Ideen kann er dann im Dunkeln wieder aufleben lassen und sie in seinem Geist wachrufen. In diesem Fall sagt man von allen jenen Ideen der Farben, die, wenn sie sich nicht im Blickfeld befinden, mit dem Bewußtsein einer früheren Bekanntschaft wieder wachgerufen werden können, sie seien im Geist, weil sie in der geschilderten Weise im Gedächtnis enthalten sind. Hieraus folgere ich: Jede Idee, die dem Blick nicht gegenwärtig ist, befindet sich nur insofern im Geist, als sie im Gedächtnis aufgehoben ist. Ist sie nicht im Gedächtnis vorhanden, so befindet sie sich auch nicht im Geist. Befindet sie sich aber im Gedächtnis, so kann sie nicht durch das Gedächtnis in das gegenwärtige Blickfeld gebracht werden, ohne daß die Wahrnehmung erfolgt, daß sie aus dem Gedächtnis kommt, das heißt, daß sie früher einmal bekannt war und sich ihrer jetzt erinnert wird. Gibt es also überhaupt angeborene Ideen, so müssen sie entweder im Gedächtnis vorhanden sein, oder sie können nirgends im Geist enthalten sein; sind sie aber im Gedächtnis, so können sie ohne jeden Eindruck von außen wieder wachgerufen werden; sobald man sie dem Geist wieder zuführt, wird sich ihrer erinnert, das heißt, sie bringen die Wahrnehmung mit sich, daß sie dem Geist nicht völlig neu sind. Darin nämlich besteht ein dauernder und wesentlicher Unterschied zwischen dem, was im Gedächtnis oder im Geist vorhanden ist, und dem, was dort nicht vorhanden ist, daß das, was nicht im Gedächtnis vorhanden ist, sobald es dort erscheint, als völlig neu und bisher unbekannt erscheint; was aber im Gedächtnis oder im Geist vorhanden ist, erscheint, wenn es durch das Gedächtnis angeregt wird, nicht als neu, sondern der Geist findet es in sich selber vor und weiß, daß es früher schon dagewesen ist. Danach läßt sich ermessen, ob, bevor durch Sensation oder Reflexion ein Eindruck erfolgt, irgendwelche angeborenen Ideen im Geist vorhanden sind. Ich würde gern denjenigen sehen, der sich an solche erinnerte, als er zum Gebrauch der Vernunft gelangte, oder der sich irgendwann an einige von ihnen erinnert hätte und dem sie, nachdem er geboren, nie etwas Neues gewesen wären. Behauptet aber jemand, es gebe Ideen im Geiste, die *nicht* im Gedächtnis enthalten seien, so möge er sich näher erklären und seine Worte faßlich machen.]

22. Außer dem bereits Gesagten gibt es noch einen anderen Grund, der mich daran zweifeln läßt, daß die genannten oder irgendwelche anderen Prinzipien angeboren seien. Da ich vollkommen davon überzeugt bin, daß der unendlich weise Gott alles mit vollkommener Weisheit gestaltet hat, so vermag ich nicht einzusehen, warum man ihm zutraut, daß er dem Geist der Menschen eine Anzahl allgemeiner Prinzipien einpräge, wovon jene, die angeblich angeboren sind und die *Spekulation* betreffen, nur wenig Wert haben, diejenigen, die die *Praxis* betreffen, nicht von selbst einleuchten, alle aber von gewissen anderen Wahrheiten, die man nicht als angeboren gelten lassen will, nicht zu unterscheiden sind. Denn zu welchem Zweck sollten dem Geist vom Finger Gottes Schriftzeichen eingeprägt sein, die dort nicht klarer erscheinen als die dem Geist später zugeführten und sich auch von letzteren nicht unterscheiden lassen? Ist jemand der Meinung, es gebe solche angeborenen Ideen und Sätze, die sich durch ihre Klarheit und ihren Wert von allem, was zum Geist hinzugekommen und erworben ist, unterscheiden lassen, so wird es

Prinzipien sind nicht angeboren, weil sie wenig nützen oder unsicher sind.

für ihn nicht schwer sein, uns zu sagen, *welche das sind;* dann wird jeder beurteilen können, ob das Gesagte von ihnen gilt oder nicht. Denn wenn es solche angeborenen Ideen und Eindrücke gibt, die von allen anderen Wahrnehmungen und von aller anderen Erkenntnis deutlich unterschieden sind, so wird jeder die Bestätigung dafür in sich selbst finden. Von der Augenscheinlichkeit dieser vermeintlich angeborenen Axiome habe ich schon gesprochen; von ihrem Wert werde ich weiter unten eingehender zu handeln Gelegenheit haben.

<small>Der Unterschied der menschlichen Entdeckungen hängt von der verschiedenen Anwendung ihrer Fähigkeiten ab.</small>

23. Ich komme zum Schluß. Gewisse Ideen stellen sich leicht im Verstand eines jeden Menschen ein; manche Arten von Wahrheiten ergeben sich aus irgendwelchen Ideen, sobald sie der Geist in Satzform bringt; bei anderen Wahrheiten ist es notwendig, daß man eine Reihe von Ideen ordnet, eingehend vergleicht und sorgfältige Schlußfolgerungen aus ihnen zieht, ehe diese Wahrheiten ermittelt werden und Zustimmung erfahren können. Manche Ideen der ersten Gruppe hat man, weil sie allgemein und leicht Anklang finden, fälschlich für angeboren gehalten; in Wahrheit aber kommen Ideen und Begriffe ebenso wenig mit uns auf die Welt wie Künste und Wissenschaften, wenngleich sich auch manche von ihnen unseren Fähigkeiten leichter darbieten als andere und darum allgemeinere Annahme finden. Freilich hängt auch dies jeweils davon ab, wie die Organe unseres Körpers und die Kräfte unseres Geistes verwendet werden; denn Gott hat die Menschen mit Fähigkeiten und Mitteln ausgestattet, damit sie je nach ihrer Anwendung Wahrheiten entdecken, annehmen und festhalten können. Der große Unterschied, der sich in den Begriffen der Menschen findet, erklärt sich aus dem unterschiedlichen Gebrauch, den sie von ihren Fähigkeiten machen. Während die einen (und das sind die meisten) die Dinge auf Treu und Glauben hinnehmen und ihr Vermögen der Zustimmung mißbrauchen, indem sie ihren Geist aus Trägheit den Vorschriften und der Herrschaft anderer unterordnen, und zwar bei Lehrsätzen, die sie pflichtmäßig mit Sorgfalt prüfen, nicht aber unbesehen, in blindem Glauben sich zu eigen

machen sollten, wenden die andern ihre Gedanken nur auf einige wenige Dinge an, werden so mit diesen hinreichend vertraut und erlangen in hohem Maße Kenntnis von ihnen, sind aber hinsichtlich aller anderen Dinge unwissend, da sie ihren Gedanken nie für andere Untersuchungen freien Lauf gelassen haben. So ist die Aussage, daß die drei Winkel eines Dreiecks genau gleich zwei rechten sind, eine Wahrheit, die so gewiß ist, wie nur irgend etwas sein kann. Sie ist meines Erachtens einleuchtender als viele Sätze, die als Prinzipien gelten; jedoch gibt es Millionen, die, so erfahren sie auch in andern Dingen sein mögen, diesen Satz überhaupt nicht kennen, da sie ihr Denken hinsichtlich solcher Winkel nie in Tätigkeit gesetzt haben. Wer diesen Satz sehr gut kennt, dem kann gleichwohl die Wahrheit anderer, ebenso klarer und einleuchtender Sätze, sogar aus dem Gebiet der Mathematik, völlig unbekannt sein, weil er auf der Suche nach jenen mathematischen Wahrheiten seinem Denken Einhalt geboten hat und nicht so weit vorgedrungen ist. Ebenso kann es uns mit unseren Begriffen gehen, die wir von dem Wesen eines Gottes haben. Denn obwohl es keine Wahrheit gibt, die der Mensch sich einleuchtender klar machen kann als das Dasein Gottes, so kann doch jemand lange leben, ohne einen Begriff von solch einem Wesen zu haben, falls er sich mit den Dingen zufrieden gibt, wie sie ihm auf dieser Welt entgegentreten und seinen Vergnügungen oder seinen Leidenschaften förderlich sind, und falls er nicht ein wenig eingehender nach ihren Ursachen, Zwekken und wunderbaren Einrichtungen forscht und diesen Fragen eifrig und hingebungsvoll nachgeht. Hat ihn aber jemand im Gespräch einen Begriff von Gott nahe gebracht, so mag er vielleicht an ihn glauben; wenn er ihn aber nie nachprüft, wird seine Kenntnis von ihm ebenso unvollkommen sein wie die eines Menschen, dem man gesagt hat, die drei Winkel eines Dreiecks seien gleich zwei rechten, und der das auf Treu und Glauben hinnimmt, ohne den Beweis dafür zu prüfen. Er mag diesem Satz als einer glaubhaften Meinung zustimmen, hat aber keine Kenntnis von seiner Wahrheit, obwohl ihn seine Fähigkeiten, sorgfältig angewandt, diese klar und einleuchtend machen könnte. Doch dies sei nur nebenbei gesagt, um zu zeigen, wie sehr *unsere Erkenntnis von dem rechten Gebrauch der uns von der Natur verliehenen Kräfte abhängt,* wie wenig aber von *jenen angeborenen Prinzipien, von denen man zu Unrecht annimmt, daß sie bei allen Menschen vorhanden seien und ihnen als Wegweiser dienten;* solche Prinzipien müßte jeder notwendig kennen, wenn sie da wären, sonst wären sie zwecklos da. [Daß* sie nicht vorhanden sind, dürfen wir mit Recht daraus folgern, daß nicht alle Menschen sie kennen, noch von anderen, hinzugekommenen Wahrheiten zu unterscheiden vermögen.]

<small>Der Mensch muß selbst denken und erkennen.</small>

24. Was für Vorwürfe gegen einen solchen Zweifel an den angeborenen Prinzipien bei denen laut werden dürften, die geneigt sein werden, ihn als Untergrabung der alten Grundlagen der Erkenntnis und Gewißheit zu bezeichnen, kann ich nicht sagen; ich persönlich bin zumindest davon überzeugt, daß der von mir eingeschlagene Weg zu einer Festigung jener Grundlagen führt, weil er mit der Wahrheit im Einklang steht. Ich bin sicher, daß ich es mir in der folgenden Abhandlung nicht angelegen sein ließ, mich irgendeiner Autorität anzuschließen, noch von ihr abzuweichen. Mein einziges Ziel ist die Wahrheit gewesen; ihr ist mein Denken überall unparteiisch gefolgt, wohin sie auch zu führen schien, unbekümmert darum, ob der Weg die Fußspuren eines anderen aufwies oder nicht. Keineswegs fehlt es mir an der rechten Achtung vor der Meinung anderer Leute; aber schließlich gebührt doch der Wahrheit die höchste Ehre; und ich hoffe, daß man es nicht für anmaßend halten wird, wenn ich behaupte, wir würden vielleicht in der Ermittlung vernünftiger und kontemplativer Erkenntnis größere Fortschritte machen, wenn wir diese an der Quelle, *in der Betrachtung der Dinge selbst* suchten und, um sie zu finden, lieber von unseren eigenen Gedanken als von den Gedanken anderer Gebrauch machten. Denn ich meine, wir könnten

---

* Zusatz der 2. Aufl. [Fraser, a. a. O., Bd. I, S. 114.]

ebenso gut hoffen, mit den Augen anderer zu sehen, wie wir erwarten können, mit ihrem Verstande zu erkennen. In dem Maße, wie wir selber die Wahrheit und die Vernunft betrachten und erfassen, besitzen wir auch reale und wahre Erkenntnis. Daß in unserem Hirn die Meinungen anderer auf und ab wogen, macht uns keinen Deut klüger, mögen sie auch zufällig wahr sein. Was bei jenen Leuten Wissen war, ist bei uns nur Starrsinn, solange wir unsere Zustimmung nur berühmten Namen geben, nicht aber wie jene Personen selbst unsere eigene Vernunft üben, um die Wahrheiten zu verstehen, denen jene ihren Ruf verdanken. Aristoteles war gewiß ein kluger Mann, aber nie hat ihn jemand deshalb dafür gehalten, weil er die Meinungen eines anderen blindlings annahm und vertrauensvoll wiedergab. Da er nicht dadurch, daß er die Prinzipien eines anderen ohne Prüfung übernommen hat, zum Philosophen geworden ist, so dürfte es schwerlich ein anderer auf diesem Wege dazu bringen. In der Wissenschaft besitzt jeder soviel, wie er wirklich erkennt und erfaßt. Was er nur glaubt und auf Treu und Glauben annimmt, sind bloße Fetzen, die, so wertvoll sie auch im ganzen Stück sein mögen, doch für den, der sie sammelt, keinen nennenswerten Vermögenszuwachs bedeuten. Solch erborgter Reichtum wird, wenn er verwertet werden soll, wie das Geld im Märchen nichts weiter sein als Laub und Spreu, mag es auch in den Händen des Spenders Gold gewesen sein.

25. Nachdem man erst einige allgemeine Sätze gefunden hatte, die, sobald sie verstanden wurden, nicht anzuzweifeln waren, war es allerdings nur noch ein kurzer und leichter Schritt bis zu der Folgerung, daß jene Sätze angeboren seien. Nachdem dieser Schluß einmal anerkannt war, überhob er die Trägen der Mühe des Forschens und machte allen Fragen der Zweifler bei dem, was einmal als angeboren bezeichnet worden war, ein Ende. Es war für die, die sich als Meister und Lehrer aufspielten, von nicht geringem Vorteil, wenn sie das zum Prinzip aller Prinzipien machten, daß *Prinzipien nicht in Zweifel gezogen werden dürften*. Denn war es

Woher der Glaube an angeborene Prinzipien stammt.

erst einmal zum Grundsatz erhoben, daß es angeborene Prinzipien gebe, so sahen sich deren Anhänger gezwungen, *bestimmte* Lehren als angeboren anzuerkennen; damit aber wollte man ihnen den Gebrauch ihrer eigenen Vernunft und Urteilskraft entziehen und sie dazu veranlassen, diese Lehren auf Treu und Glauben anzuerkennen. In dieser Haltung blinder Leichtgläubigkeit ließen sie sich von gewissen Leuten leichter regieren und besser ausnützen, die das Geschick und das Amt hatten, ihnen Prinzipien beizubringen und sie zu lenken. Auch verleiht es einem Menschen keine geringe Macht über den andern, wenn er die Autorität besitzt, Prinzipien zu diktieren und unantastbare Wahrheiten zu lehren oder einem andern das als angeborenes Prinzip aufzuzwingen, was den eignen Zwecken des Lehrers dienlich sein kann. Hätte man statt dessen untersucht, auf welche Art und Weise die Menschen zur Erkenntnis zahlreicher allgemeiner Wahrheiten gelangen, so würde man gefunden haben, daß sie sich im menschlichen Geiste aus dem gehörig erwogenen Wesen der Dinge selbst ergäben; ferner würde man festgestellt haben, daß sie mit Hilfe derjenigen Fähigkeiten ermittelt wurden, die ihrer Natur nach bei richtiger Anwendung zur Aufnahme und Beurteilung solcher Wahrheiten geeignet sind.

Schluß. 26. Zu zeigen, *wie* der Verstand hierbei verfährt, ist der Zweck der folgenden Abhandlung. Ich werde dazu übergehen, nachdem ich noch vorausgeschickt habe, daß ich bisher – um mir den Weg zu den Grundlagen zu bahnen, auf welchen meiner Auffassung nach allein die unserer Erkenntnis möglichen Begriffe zuverlässig aufgebaut werden können – gezwungen gewesen bin, die Gründe darzulegen, warum ich an angeborenen Prinzipien zweifele. Da aber meine Argumente gegen die letzteren sich zum Teil auf allgemein verbreitete Meinungen gründen, war ich genötigt, verschiedene Dinge als verbürgt anzusehen, was kaum jemand vermeiden kann, der es unternimmt, die Unrichtigkeit oder Unwahrscheinlichkeit irgendeines Grundsatzes zu zeigen. Es verhält sich mit Streitschriften wie mit der Erstürmung von Städten: Ist nur der Grund, auf dem die Batterien aufgefahren werden, fest, so fragt man nicht weiter, von wem er entlehnt ist oder wem er gehört, wenn er nur für den augenblicklichen Zweck eine passende Anhöhe bietet. Im folgenden Teil dieser Abhandlung beabsichtige ich jedoch – soweit mir das meine eigene Erfahrung und Beobachtung ermöglichen – ein einheitliches und mit sich selbst übereinstimmendes Gebäude zu errichten. Ich hoffe es auf einer solchen Grundlage errichten zu können, daß ich es nicht mit irgendwelchen Stützen und Strebepfeilern abzusteifen brauche, die auf erborgten oder erbettelten Grundlagen ruhen. Wenn sich aber mein Gebäude als ein Luftschloß erweisen sollte, so will ich mich wenigstens bemühen, daß es aus einem Stück und in sich abgeschlossen sei. Ich mache dabei den Leser darauf aufmerksam, daß er keine unbestreitbaren, zwingenden Beweise erwarten darf, es sei denn, daß er mir das nicht selten von andern in Anspruch genommene Vorrecht einräumt, meine Prinzipien als allgemein zugestanden ansehen zu dürfen; in diesem Falle werde auch ich zweifellos Beweise führen können. Alles, was ich zugunsten derjenigen Prinzipien, von denen ich ausgehe, sagen will, ist, daß ich hinsichtlich ihrer Richtigkeit oder Unrichtigkeit lediglich auf die eigene vorurteilsfreie Erfahrung und Beobachtung des Menschen verweisen kann. Das genügt für jemand, der nichts weiter zu tun verspricht, als aufrichtig und freimütig seine persönlichen Vermutungen über einen noch wenig geklärten Gegenstand vorzutragen, ohne eine andere Absicht als die einer unbefangenen Erforschung der Wahrheit zu hegen.

ZWEITES BUCH

ÜBER DIE IDEEN

I. KAPITEL

ÜBER DIE IDEEN IM ALLGEMEINEN UND IHREN URSPRUNG

1. Da sich jedermann dessen bewußt ist, daß er denkt und daß das, womit sich sein Geist beim Denken befaßt, die dort vorhandenen *Ideen* sind, so ist es zweifellos, daß die Menschen in ihrem Geist verschiedene Ideen haben, zum Beispiel diejenigen, die durch die Wörter *Weiße, Härte, Süßigkeit, Denken, Bewegung, Mensch, Elefant, Armee, Trunkenheit* und andere mehr ausgedrückt werden. In erster Linie werden wir also zu untersuchen haben, *wie der Mensch zu diesen Ideen gelangt.* Die Idee ist das Objekt des Denkens.

Es ist, wie ich weiß, eine allgemein anerkannte Lehre, daß die Menschen angeborene Ideen und ursprüngliche Schriftzeichen besitzen, die ihrem Geist gleich beim Entstehen eingeprägt wurden. Diese Meinung habe ich schon einer eingehenden Prüfung unterzogen, und ich nehme an, meine Ausführungen im vorigen Buch werden sehr viel eher Anklang finden, wenn ich gezeigt haben werde, woher der Verstand alle die Ideen, die er besitzt, nehmen kann, und auf welchen Wegen und in welchem Maße sie in den Geist gelangen können; ich berufe mich hierbei auf die eigene Beobachtung und Erfahrung eines jeden.

2. Nehmen wir also an, der Geist sei, wie man sagt, ein unbeschriebenes Blatt, ohne alle Schriftzeichen, frei von allen Ideen; wie werden ihm diese dann zugeführt? Wie gelangt er zu dem gewaltigen Vorrat an Ideen, womit ihn die geschäftige schrankenlose Phan- Alle Ideen entspringen aus Sensation oder Reflexion.

tasie des Menschen in nahezu unendlicher Mannigfaltigkeit beschrieben hat? Woher hat er all das *Material* für seine Vernunft und für seine Erkenntnis? Ich antworte darauf mit einem einzigen Worte: aus der *Erfahrung*. Auf sie gründet sich unsere gesamte Erkenntnis, von ihr leitet sie sich schließlich her. Unsere Beobachtung, die entweder auf äußere sinnlich wahrnehmbare Objekte gerichtet ist oder auf innere Operationen des Geistes, die wir wahrnehmen und über die wir nachdenken, liefert unserm Verstand das gesamte *Material* des Denkens. Dies sind die beiden Quellen der Erkenntnis, aus denen alle Ideen entspringen, die wir haben oder naturgemäß haben können.

<small>Die Objekte der Sensation sind die eine Quelle der Ideen.</small>

3. I. Wenn unsere Sinne mit bestimmten sinnlich wahrnehmbaren Objekten in Berührung treten, so führen sie dem Geist eine Reihe verschiedener Wahrnehmungen von Dingen zu, die der mannigfach verschiedenen Art entsprechen, wie jene Objekte auf die Sinne einwirken. Auf diese Weise kommen wir zu den *Ideen*, die wir von *gelb, weiß, heiß, kalt, weich, hart, bitter, süß* haben, und zu allen denen, die wir sinnlich wahrnehmbare Qualitäten nennen. Wenn ich sage, die Sinne führen sie dem Geist zu, so meine ich damit, sie führen von den Gegenständen der Außenwelt her dem Geist dasjenige zu, was in demselben jene Wahrnehmungen hervorruft. Diese wichtige Quelle der meisten unserer Ideen, die ganz und gar von unseren Sinnen abhängen und durch sie dem Verstand zugeleitet werden, nenne ich *Sensation*.

<small>Die Operationen unseres Geistes als die andere Quelle.</small>

4. II. Die andere Quelle, aus der die Erfahrung den Verstand mit Ideen speist, ist die Wahrnehmung der Operationen des eigenen Geistes in uns, der sich mit den ihm zugeführten Ideen beschäftigt. Diese Operationen statten den Verstand, sobald die Seele zum Nachdenken und Betrachten kommt, mit einer anderen Reihe von Ideen aus, die durch Dinge der Außenwelt nicht hätten erlangt werden können. Solche Ideen sind: *wahrnehmen, denken, zweifeln, glauben, schließen, erkennen, wollen* und all die verschiedenen Tätigkeiten unseres eigenen Geistes. Indem wir uns ihrer bewußt werden und sie in uns beobachten, gewinnen wir von ihnen für unseren

Verstand ebenso deutliche Ideen wie von Körpern, die auf unsere Sinne einwirken. Diese Quelle von Ideen liegt ausschließlich im Innern des Menschen, und wenn sie auch kein Sinn ist, da sie mit den äußeren Objekten nichts zu tun hat, so ist sie doch etwas sehr Ähnliches und könnte füglich als *innerer Sinn* bezeichnet werden. Während ich im ersten Fall von Sensation rede, so nenne ich diese Quelle *Reflexion,* weil die Ideen, die sie liefert, lediglich solche sind, die der Geist durch eine Beobachtung seiner eigenen inneren Operationen gewinnt. Im weiteren Fortgang dieser Abhandlung bitte ich demnach unter Reflexion die Kenntnis zu verstehen, die der Geist von seinen eigenen Operationen und von ihren Eigenarten nimmt, auf Grund derer Ideen von diesen Operationen in den Verstand gelangen können. Zweierlei Dinge also, nämlich äußere materielle Dinge als die Objekte der *Sensation* und die inneren Operationen unseres Geistes als die Objekte der *Reflexion,* sind für mich die einzigen Ursprünge, von denen alle unsere Ideen ihren Anfang nehmen. Den Ausdruck *Operationen* gebrauche ich hier in einem weiten Sinne, da er nicht nur die aktiven Einwirkungen des Geistes auf seine Ideen bezeichnet, sondern auch bestimmte, bisweilen durch sie herbeigeführte passive Zustände, wie zum Beispiel die aus irgendeinem Gedanken entspringende Zufriedenheit oder Unruhe.

5. Der Verstand scheint mir nicht den leisesten Schimmer von irgendwelchen Ideen zu haben, die er nicht aus einer dieser beiden Quellen empfängt. Die *äußeren Objekte* versehen den Geist mit den Ideen der sinnlich wahrnehmbaren Qualitäten; diese Ideen sind all die verschiedenen Wahrnehmungen, die die äußeren Objekte in uns erzeugen; *der Geist* versieht den Verstand mit Ideen seiner eigenen Operationen.

Alle unsere Ideen stammen aus einer dieser beiden Quellen.

Wenn wir uns einen Gesamtüberblick über sie sowie über ihre verschiedenen Modi [Kombinationen* und Relationen] erworben haben, dann werden wir finden, daß darunter unser ganzer Ideenvorrat begriffen ist und

---

* In den ersten drei Auflagen: „und die mit ihnen gebildeten Zusammensetzungen". [Fraser, a. a. O., Bd. I, S. 124.]

daß wir nichts in unserm Geist haben, was nicht auf dem einen dieser beiden Wege hineingelangt wäre. Man prüfe einmal seine eigenen Gedanken und durchforsche gründlich seinen Verstand und sage mir dann, ob unter all den ursprünglichen Ideen, die dort vorhanden sind, irgendwelche sind, die nicht die Objekte unserer Sinne oder unsere zu Objekten der Reflexion gemachten Geistesoperationen beträfen. Wie groß man sich auch die Masse der im Geist angehäuften Kenntnisse vorstellen möge, bei genauer Betrachtung wird sich herausstellen, daß der Geist keine einzige Idee aufweist, die ihm nicht auf einem dieser beiden Wege eingeprägt wurde, wenn auch, wie wir später sehen werden, durch den Verstand in unendlicher Mannigfaltigkeit zusammengesetzt und erweitert.

Das läßt sich an Kindern beobachten.

6. Wer aufmerksam den Zustand eines neugeborenen Kindes betrachtet, wird wenig Grund zu der Annahme haben, daß es einen reichen Vorrat an Ideen habe, der das Material seiner künftigen Kenntnisse abgeben könnte. Erst *allmählich* eignet es sich jene Ideen an. Mögen sich auch die Ideen von naheliegenderen, bekannteren Qualitäten schon einprägen, bevor das Gedächtnis anfängt, ein Register über Zeit oder Reihenfolge zu führen, so kommen einem doch gewisse seltenere Qualitäten oft erst so spät in den Weg, daß sich nur wenige Leute nicht an den Zeitpunkt erinnern können, wo sie ihnen bekannt wurden. Wenn es sich lohnte, so könnte man zweifellos ein Kind so erziehen, daß es sich auch von den gewöhnlichen Ideen nur eine ganz geringe Anzahl aneignete, bis es erwachsen wäre. Da aber alle Wesen, die auf die Welt kommen, von Körpern umgeben sind, die beständig und verschiedenartig auf sie einwirken, so prägen sich dem Geist der Kinder eine Fülle verschiedener Ideen ein, gleichviel, ob man etwas dafür tut oder nicht. Licht und Farben sind überall wirksam, sobald das Auge geöffnet ist; die Töne und bestimmte tastbare Qualitäten üben unfehlbar auf die ihnen entsprechenden Sinnesorgane Reize aus und erzwingen sich den Eintritt in den Geist; doch wird man meines Erachtens ohne weiteres zugeben, daß,

wenn ein Kind, bis es erwachsen wäre, an einem Orte festgehalten würde, wo es nie etwas anderes sähe als die Farben schwarz und weiß, es als Erwachsener ebenso wenig eine Idee von scharlachrot oder grün haben würde, wie jemand eine Idee von dem eigentümlichen Wohlgeschmack der Auster oder der Ananas besitzt, der von Kindheit her nie dergleichen gekostet hat.

7. Die Menschen gewinnen somit eine größere oder geringere Zahl von einfachen Ideen von außen, je nachdem die Objekte, mit denen sie es zu tun haben, eine größere oder geringere Mannigfaltigkeit aufweisen; von den Operationen des Geistes im Innern gewinnen sie in dem Maße Ideen, wie sie über diese Operationen nachdenken. Denn obgleich jemand, der die Operationen seines Geistes betrachtet, notwendig zu deutlichen und klaren Ideen von denselben gelangen muß, so wird er doch, falls er seine Gedanken nicht auf sie lenkt und sie *aufmerksam* betrachtet, von diesen Operationen des Geistes und allen dabei zu beobachtenden Vorgängen ebensowenig klare und deutliche Ideen gewinnen, wie sich jemand alle einzelnen Ideen von einer Landschaft oder von den Bestandteilen und Bewegungen eines Uhrwerks aneignen wird, der nicht das Auge auf sie richtet und alle ihre Einzelheiten mit Aufmerksamkeit beachtet. Das Gemälde oder die Uhr mögen so aufgestellt sein, daß er Tag für Tag an ihnen vorbeikommt, und doch wird er von allen ihren Bestandteilen so lange nur eine verworrene Idee haben, bis er sich gewissenhaft bemüht, sie alle einzeln zu betrachten.

<small>Die Menschen werden mit verschiedenartigen Ideen versehen, je nach den verschiedenen Objekten, mit denen sie sich beschäftigen.</small>

8. Hierin erblicken wir den Grund, warum die meisten Kinder erst ziemlich spät Ideen von den Operationen ihres eigenen Geistes erwerben; ja, manche Menschen haben gar ihr ganzes Leben lang von den meisten derselben keine besonders klaren oder vollkommenen Ideen. Dies ist deshalb der Fall, weil diese Operationen zwar beständig im Geist vorgenommen werden, sich aber gleichwohl wie flüchtige Visionen nicht tief genug einprägen, um im Geist klare, deutliche und bleibende Ideen zu hinterlassen, solange nicht der Verstand innerlich sich selber zuwendet, über seine eige-

<small>Die Ideen der Reflexion werden später erworben, weil sie Aufmerksamkeit erfordern.</small>

nen Operationen nachdenkt und sie zum Gegenstand der Selbstbetrachtung macht. Kinder [sind*, wenn sie zur Welt kommen, von einer Fülle neuer Dinge umgeben, die durch stete Einwirkung auf die Sinne den Geist fortwährend auf sich lenken, der immer begierig ist, Neues kennen zu lernen, und sich gern an der bunten Mannigfaltigkeit wechselnder Objekte erfreut. So werden die ersten Jahre gewöhnlich damit verbracht, Umschau zu halten. In dieser Zeit ist es die Aufgabe des Menschen, sich mit dem bekannt zu machen, was sich in seiner Umwelt vorfindet]; während des Heranwachsens achten sie beständig auf äußere Sensationen und denken selten ernstlich über die Vorgänge in ihrem Innern nach, bevor sie zu reiferen Jahren gelangen; manche freilich tun dies überhaupt kaum jemals.

Die Seele erlangt die ersten Ideen, wenn sie wahrzunehmen beginnt.

9. Wenn gefragt wird, *wann* der Mensch zuerst irgendwelche Ideen habe, so heißt das: wann beginnt er wahrzunehmen? Denn *Ideen haben* und *wahrnehmen* ist ein und dasselbe. Bekanntlich ist man der Meinung, daß die Seele immer denke, daß sich in ihr, solange sie existiere, beständig ein wirkliches Wahrnehmen von Ideen abspiele und daß wirkliches Denken von der Seele ebenso untrennbar sei wie wirkliche Ausdehnung vom Körper. Dies würde, wenn es richtig wäre, besagen, daß ein Forschen nach dem Anfang der Ideen eines Menschen gleichbedeutend sei mit einem Forschen nach dem Anfang seiner Seele; denn nach dieser Ansicht beginnen die Seele und ihre Ideen wie der Körper und seine Ausdehnung zu gleicher Zeit zu existieren.

Die Seele denkt nicht immer; dafür fehlen die Beweise.

10. Ob man anzunehmen habe, daß die Seele vor oder gleichzeitig mit oder erst einige Zeit nach den ersten organischen Ansätzen oder dem Beginn des Lebens im Körper existiere, das zu erörtern will ich denen überlassen, die sorgfältiger darüber nachgedacht haben.

* In der ersten Auflage: „... haben, wenn sie zur Welt kommen, nach nichts ein besonderes Verlangen als nach dem, was ihren Hunger oder irgendeinen anderen Schmerz stillen kann; sie nehmen vielmehr alle anderen Objekte so hin, wie sie gerade kommen, und freuen sich an allem Neuen, sofern es nicht Schmerz bereitet". [Fraser, a. a. O., Bd. I, S. 126.]

Ich persönlich gestehe, daß in mir eine von den dumpfen Seelen wohnt, die nicht wahrnehmen, daß sie jederzeit Ideen betrachten, und auch nicht begreifen können, daß es für die Seele notwendiger sei, immer zu denken, als für den Körper, sich immer zu bewegen; denn die Wahrnehmung von Ideen ist (wie ich es auffasse) für die Seele dasselbe wie die Bewegung für den Körper; es ist nicht ihr Wesen, sondern eine ihrer Operationen. Mag man darum auch noch so bestimmt das Denken für die eigentümliche Tätigkeit der Seele halten, so ist es doch nicht notwendig anzunehmen, daß sie immer denke, immer in Tätigkeit sei. Vielleicht ist das das Privileg des unendlichen Schöpfers und Erhalters aller Dinge, der „niemals schlummert noch schläft"*, es kommt aber keinem endlichen Wesen zu, wenigstens nicht der menschlichen Seele. Aus Erfahrung wissen wir mit Sicherheit, daß wir *zuweilen* denken, woraus wir den unfehlbaren Schluß ziehen, daß in uns etwas ist, das die Kraft hat zu denken. Ob aber diese Substanz *beständig* denkt oder nicht, darüber können wir nur soviel Gewißheit haben, wie die Erfahrung uns bietet. Denn wenn man sagt, wirkliches Denken sei eine wesentliche Eigenschaft der Seele und untrennbar von ihr, so setzt man stillschweigend voraus, was gerade fraglich ist, und beweist es nicht mit der Vernunft, was notwendig geschehen muß, wenn es sich nicht um einen von selbst einleuchtenden Satz handelt. Ob aber der Satz „die Seele denkt beständig" von selbst einleuchtet und die Zustimmung eines jeden erfährt, der ihn das erste Mal hört, das zu entscheiden stelle ich der Menschheit anheim.

[Es** wird bezweifelt, ob ich in der letzten Nacht überhaupt gedacht habe oder nicht. Man setzt das, was in Frage gestellt ist, voraus, wenn man als Beweis eine Hypothese beibringt, die eben das behauptet, was strittig ist. Auf diesem Wege läßt sich schlechthin alles beweisen. Man braucht nur anzunehmen, daß jede Uhr

---

* Vgl. Ps. 121,4.
** Zusatz der zweiten Auflage. [Fraser, a. a. O., Bd. I, S. 129.]

denkt, solange die Unruhe schwingt, so ist ein hinreichender Beweis dafür erbracht, daß meine Uhr die ganze letzte Nacht über gedacht hat. Wer sich indessen nicht selbst betrügen will, muß seine Hypothese auf Tatsachen aufbauen und aus sinnlicher Erfahrung herleiten, nicht aber um seiner Hypothese willen von den Tatsachen voraussetzen, daß sie sich so oder so verhalten, weil er dies so annimmt; diese Art der Beweisführung läuft darauf hinaus, daß ich notwendig die ganze vorige Nacht hindurch gedacht haben muß, weil jemand anders annimmt, daß ich beständig denke, obwohl ich selbst nicht wahrnehmen kann, daß ich es ununterbrochen tue.

Freilich kommt es vor, daß Menschen, die in ihre Meinungen verliebt sind, nicht nur das voraussetzen, was in Frage gestellt ist, sondern auch falsche Tatsachen anführen. Wie könnte man mir sonst den Schluß unterschieben, ein Ding sei nicht, weil es im Schlaf nicht sinnlich wahrnehmbar für uns ist? Ich behaupte nicht, daß dem Menschen keine *Seele* innewohne, weil sie im Schlaf nicht sinnlich wahrnehmbar für ihn ist; wohl aber behaupte ich, er kann nie, weder wachend noch schlafend, *denken,* ohne daß dies sinnlich wahrnehmbar für ihn ist. Daß für uns etwas sinnlich wahrnehmbar ist, ist für nichts sonst notwendig als für unsere Gedanken; hierbei aber ist es notwendig und wird es immer sein, solange wir nicht denken können, ohne uns dessen bewußt zu sein.]

Sie ist sich dessen nicht immer bewußt. 11. Ich gebe zu, daß die Seele des wachenden Menschen niemals ohne Gedanken ist, weil das die Bedingung für das Wachsein ist. Ob aber der traumlose Schlaf nicht den ganzen Menschen ergreift, seinen Geist so gut wie seinen Körper, mag wohl für den Wachenden erwägenswert sein; denn es ist schwer vorzustellen, daß etwas denken sollte, ohne sich dessen bewußt zu werden. Wenn die Seele im schlafenden Menschen denkt, ohne sich dessen bewußt zu werden, so frage ich, ob sie bei solchem Denken Lust oder Schmerz empfindet oder glücklich oder unglücklich sein kann. Der Mensch kann das sicherlich nicht, ebenso wenig wie das Bett oder der Erdboden, worauf er liegt. Denn glücklich oder unglücklich zu sein, ohne ein Bewußtsein davon zu haben, scheint mir völlig widerspruchsvoll und unmöglich zu sein. Oder wenn es möglich ist, daß die *Seele*, während der Körper schläft, ihr Denken, ihre Freuden und Sorgen, Lust und Leid für sich besonders haben könnte, so daß der *Mensch* sich dessen nicht bewußt und nicht daran teilhaben würde, dann wäre es gewiß, daß der schlafende und der wachende Sokrates nicht ein und dieselbe Person sind; vielmehr müßten die Seele des schlafenden Sokrates und der wachende Mensch Sokrates, der aus Körper und Seele besteht, zwei Personen sein. Denn der wachende Sokrates hat keine Kenntnis von und keine Beziehung zu dem Glück oder Unglück seiner Seele, das sie für sich allein erfährt, während er schläft und nichts davon wahrnimmt, ebenso wenig, wie ihn das Glück oder Unglück eines ihm unbekannten Menschen in Indien kümmert. Denn wenn wir alles Bewußtsein von unseren Handlungen und Sensationen, insbesondere von Lust und Leid und das sie begleitende Interesse, fortnehmen, dann läßt sich kaum noch erkennen, worauf die persönliche Identität beruhen soll.

12. Man behauptet, die Seele denke während eines festen Schlafes. Solange sie denkt und wahrnimmt, ist sie sicherlich für Freude oder Kummer ebenso aufnahmefähig wie für jede andere Wahrnehmung und muß sich ihrer eigenen Wahrnehmungen notwendig *bewußt* sein. Aber dies alles besitzt sie für sich allein; der schlafende *Mensch*, soviel ist klar, ist sich all dessen nicht bewußt. Nehmen wir also einmal an, die Seele des Kastor löse sich von seinem Körper, während er schläft, was für die Leute, mit denen ich es hier zu tun habe, keine unmögliche Annahme ist, da sie allen anderen Lebewesen so großmütig ein Leben ohne denkende Seele zuerkennen. Diese Leute können es also nicht für unmöglich oder für einen Widerspruch erklären, daß der Körper ohne die Seele lebe oder daß die Seele ohne den Körper bestehe, denke und bestimmte Wahrnehmungen habe, selbst die von Freude und Leid. Nehmen wir also, wie gesagt, an, daß die Seele des

Wenn ein Schlafender denkt, ohne es zu wissen, so sind der Schlafende und der Wachende zwei Personen.

Kastor, die während seines Schlafes von seinem Körper getrennt ist, für sich denke. Nehmen wir weiter an, daß sie zum Schauplatz ihres Denkens den Körper eines andern Menschen, etwa den des Pollux, wähle, der ohne Seele schläft. Denn wenn die Seele des Kastor denken kann, während er schläft, ohne daß er sich je dessen bewußt wird, so ist es gleichgültig, welchen *Ort* sie wählt, um dort zu denken. Wir haben dann also die Körper zweier Menschen vor uns, die zwischen sich nur eine Seele haben und die, wie wir annehmen wollen, abwechselnd schlafen und wachen, wobei die Seele immer in dem Wachenden denkt, dessen sich der Schlafende nie bewußt ist, wovon er nie die geringste Wahrnehmung hat. Ich frage nun, ob Kastor und Pollux, die zwischen sich nur eine Seele haben, die bei dem einen denkt und wahrnimmt, ohne daß der andere sich dessen je bewußt oder davon betroffen ist, nicht zwei ebenso verschiedene *Personen* sind, wie es Kastor und Herkules oder Sokrates und Plato waren. Könnte nicht einer von ihnen sehr glücklich, der andere tief unglücklich sein? Aus demselben Grund machen diejenigen aus der Seele und dem Menschen zwei Personen, die behaupten, die Seele denke für sich allein, ohne daß der Mensch sich dessen bewußt sei. Denn meines Erachtens wird niemand die Identität von Personen darin bestehen lassen wollen, daß die Seele mit genau denselben zahlenmäßig bestimmbaren Partikeln der Materie verbunden sei. Denn wenn das für die Identität notwendig ist, so ist es bei dem fortgesetzten Fluß der Partikel unseres Körpers unmöglich, daß jemand zwei Tage oder auch nur zwei Augenblicke hintereinander dieselbe Person bleibt.

Es ist unmöglich, diejenigen, die schlafen ohne zu träumen, davon zu überzeugen, daß sie denken.

13. So erschüttert meines Erachtens jedes feste Einschlafen die Lehre derer, die behaupten, daß die Seele fortwährend denke. Zumindest können diejenigen, die irgendwann einmal *schlafen ohne zu träumen*, nie davon überzeugt werden, daß ihre Gedanken bisweilen vier Stunden lang geschäftig sind, ohne daß sie etwas davon wissen; werden sie bei der Tat selbst betroffen, das heißt inmitten einer solchen schlafenden Betrachtung

geweckt, so können sie darüber keinerlei Auskunft geben.

14. Vielleicht sagt man, die Seele denke auch im tiefsten Schlaf, nur das *Gedächtnis* halte diese Gedanken nicht fest. Daß die Seele eines schlafenden Menschen in einem Augenblick eifrig mit Denken beschäftigt sein sollte und sich im nächsten Augenblick beim wachen Menschen nicht des geringsten aller dieser Gedanken erinnern, ja, zu seiner Vergegenwärtigung ganz unfähig sein sollte, ist sehr schwer vorzustellen und würde, um glaubhaft zu sein, eines besseren Beweises bedürfen, als es die bloße Behauptung ist. Denn wer kann sich ohne weiteres, rein auf eine Versicherung hin, ohne Schwierigkeit vorstellen, daß die meisten Menschen ihr Leben lang täglich mehrere Stunden an etwas denken, woran sie sich, selbst wenn sie inmitten dieser Gedanken danach gefragt würden, überhaupt nicht erinnern könnten? Die meisten Menschen, denke ich, verbringen einen großen Teil ihres Schlafes, ohne zu träumen. Ich habe einmal einen Mann gekannt, der sehr gelehrt war und kein schlechtes Gedächtnis hatte; er erzählte mir, er habe in seinem Leben nie geträumt, bis ihn ein Fieber befallen hätte, von dem er zur Zeit – etwa im fünfundzwanzigsten oder sechsundzwanzigsten Lebensjahre – eben genesen war. Vermutlich lassen sich in der Welt mehr solcher Beispiele finden; zumindest wird jeder in seinem Bekanntenkreis genug Leute entdecken können, die ihre meisten Nächte ohne Träume verbringen.

Es wird vergeblich geltend gemacht, daß die Menschen träumen, ohne sich dessen zu entsinnen.

15. Oft zu denken und dabei nie auch nur einen Augenblick die Erinnerung daran zu bewahren, ist eine äußerst nutzlose Art des Denkens; bei solchem Verhalten ist die Seele wenig oder gar nicht besser als ein Spiegel, der fortgesetzt eine Fülle verschiedener Bilder oder Ideen empfängt, aber keine festhält; sie schwinden und vergehen, ohne eine Spur zu hinterlassen; der Spiegel ist niemals besser wegen solcher Ideen und die Seele auch nicht wegen solcher Gedanken. Vielleicht erwidert man darauf, in dem wachenden *Menschen* seien die Stoffe des Körpers beim Denken tätig und in Gebrauch, und die Erinnerung an die Gedanken werde festgehalten

Nach dieser Hypothese müßten die Gedanken eines Schlafenden höchst vernünftig sein.

durch die auf das Gehirn gemachten Eindrücke und die in ihm nach solchem Denken zurückbleibenden Spuren. Beim Denken der *Seele* dagegen, das in einem Schlafenden nicht wahrgenommen wird, denke die Seele für sich allein und hinterlasse, weil sie von den Organen des Körpers keinen Gebrauch mache, keine Eindrücke in dem Körper und folglich auch keine Erinnerung an solche Gedanken. Um nicht nochmals auf die Absurdität zweier verschiedener Personen zurückzukommen, die sich aus dieser Annahme ergibt, erwidere ich ferner: Man muß vernünftigerweise schließen, daß der Geist jedwede Ideen, die er ohne Hilfe des Körpers empfangen und betrachten kann, auch ohne seine Hilfe festzuhalten vermag; sonst würde die Seele oder irgendein für sich bestehendes geistiges Wesen aus dem Denken nur wenig Vorteil ziehen. Wenn sich die Seele ihrer eigenen Gedanken nicht erinnern kann, wenn sie sie für ihren eigenen Gebrauch nicht aufzubewahren und im gegebenen Fall nicht wieder zurückzurufen vermag, wenn sie nicht über das Vergangene nachdenken und von ihren früheren Erfahrungen, Überlegungen und Betrachtungen keinen Gebrauch machen kann, zu welchem Zweck denkt sie dann? Wer die Seele auf solche Art zu einem denkenden Dinge macht, wird sie kaum zu einem edleren Wesen machen als diejenigen, die er verdammt, weil sie in ihr nichts weiter erblicken als feinste Teile der Materie. In den Staub geschriebene Schriftzeichen, die der erste Windhauch verwischt, oder Eindrücke, die auf eine Anhäufung von Atomen oder Lebensgeistern gemacht werden, sind allesamt ebenso nützlich und machen den Gegenstand ebenso edel wie die Gedanken einer Seele, die im Denken vergehen, die, wenn sie einmal dem Gesichtskreis entschwinden, für immer dahin sind und keine Erinnerung an sich hinterlassen. Die Natur schafft niemals hohe Dinge zu geringem oder gar keinem Zweck; man kann sich deshalb kaum vorstellen, daß unser unendlich weiser Schöpfer eine so wunderbare Fähigkeit wie das Denkvermögen, jene Fähigkeit, die der Erhabenheit seines eignen unbegreiflichen Wesens am nächsten kommt, nur dazu geschaffen haben sollte, damit sie mindestens während des vierten Teils ihres Erdendaseins so nutzlos und wertlos verwendet werde, daß sie beständig denke, ohne sich eines einzigen dieser Gedanken zu entsinnen, ohne sich oder andern irgendwie Gutes zu tun oder irgendeinem andern Teil der Schöpfung nützlich zu sein. Wenn wir diesen Punkt untersuchen wollten, würden wir, glaube ich, nicht finden, daß die Bewegung toter und empfindungsloser Materie irgendwo im Universum so wenig ausgenützt und so vollständig vergeudet wird.

16. Wir haben allerdings mitunter im Schlafe Beispiele von Wahrnehmungen und halten die Erinnerung an diese Gedanken fest; man braucht indessen jemandem, der Träume kennt, nicht erst zu sagen, wie ungereimt und zusammenhanglos diese Gedanken zumeist sind, wie wenig sie der Vollkommenheit und dem geordneten Zustand eines vernünftigen Wesens entsprechen. Darüber möchte ich gern Auskunft erhalten, ob die Seele, wenn sie so für sich allein, gleichsam losgelöst vom Körper denkt, weniger vernunftgemäß verfährt als in Verbindung mit dem Körper. Sind ihre abgesonderten Gedanken weniger vernünftig, dann müssen meine Gegner sagen, daß die Seele die Vollkommenheit des vernünftigen Denkens dem Körper verdanke; ist dies nicht der Fall, so ist es seltsam, daß unsere Träume zumeist so gehaltlos und unsinnig sind und daß die Seele nichts von ihren vernünftigeren Selbstgesprächen und Betrachtungen festhält.

Nach dieser Hypothese müßte die Seele Ideen haben, die weder von der Sensation noch von der Reflexion herrührten; solche zeigen sich aber nirgends.

17. Wer uns so zuversichtlich versichert, daß die Seele jederzeit wirklich denke, sollte uns doch auch mitteilen, welches die Ideen sind, die sich in der Seele des Kindes vor oder gerade bei ihrer Vereinigung mit dem Körper vorfinden, ehe sie durch die Sensation irgendwelche Ideen empfangen hat. Die Träume Schlafender setzen sich, soviel ich sehe, ausschließlich aus Ideen zusammen, die man beim Wachen hat, wenn diese auch zumeist seltsam zusammengesetzt sind. Wenn die Seele eigene, nicht durch Sensation oder Reflexion gewonnene Ideen hat (was der Fall sein muß, wenn sie gedacht hat, ehe

Wenn ich denke, ohne daß ich es weiß, dann kann es auch niemand anders wissen.

sie vom Körper irgendwelche Eindrücke empfangen hat), so ist es befremdend, daß sie bei ihrem selbständigen Denken (so selbständig, daß der Mensch es selber nicht wahrnimmt) nicht einmal in dem Augenblick, in dem sie von diesen Ideen erwacht, eine davon festhält und so den Menschen mit neuen Entdeckungen erfreut. Wer kann es vernünftig finden, daß die Seele in ihrer Abgeschlossenheit während des Schlafes viele Stunden lang Gedanken hegen und doch niemals auf irgendeine der nicht von der Sensation oder Reflexion erborgten Ideen verfallen oder wenigstens nur solche Ideen gedächtnismäßig festhalten sollte, die, da durch den Körper veranlaßt, notwendig für ein geistiges Wesen die weniger natürlichen sein müssen. Es ist sonderbar, daß sich die Seele nicht ein einziges Mal während eines ganzen Menschenlebens eines ihrer reinen, angeborenen Gedanken sowie der Ideen, die sie besaß, ehe sie irgend etwas dem Körper entlehnte, erinnern sollte, daß sie in das Blickfeld des Wachenden nie andere Ideen rücken sollte als solche, die einen Beigeschmack des Gefäßes aufweisen und ihren Ursprung offensichtlich aus ihrer Verbindung mit ihm herleiten. Wenn die Seele beständig denkt und mithin schon Ideen hatte, ehe sie mit dem Körper vereinigt war oder von ihm Ideen empfing, so kann man nicht umhin anzunehmen, daß sie sich während des Schlafes ihrer angeborenen Ideen erinnert. Während dieser Zeit, da sie die Verbindung mit dem Körper gelöst hat und für sich allein denkt, müßten die Ideen, mit denen sie sich beschäftigt, bisweilen wenigstens jene natürlicheren und ihr entsprechenderen sein, die sie in sich selbst hat und die sich nicht vom Körper oder von ihren eigenen daran anknüpfenden Operationen herleiten. Da sich nun aber der Wachende jener Ideen nie erinnert, so müssen wir aus dieser Hypothese entweder schließen, [daß* sich die Seele an etwas er-

---

* In der ersten Auflage: „daß das Gedächtnis sich nur auf Ideen erstreckt, die sich vom Körper und von den daran anknüpfenden Operationen des Geistes herleiten, oder aber, daß sich die *Seele* an etwas erinnert, an das sich der *Mensch* nicht erinnert". [Fraser, a. a. O., Bd. I, S. 137.]

innert, an das sich der Mensch nicht erinnert, oder aber, daß sich das Gedänchnis nur auf solche Ideen erstreckt, die sich vom Körper oder von den daran anknüpfenden Operationen des Geistes herleiten.]

18. Gern würde ich auch von denjenigen, die so zuversichtlich behaupten, daß die menschliche Seele oder, was gleichbedeutend ist, der Mensch beständig denkt, darüber Aufschluß erhalten, wie sie zu dieser Kenntnis gelangen, ja, woher sie wissen, daß sie denken, wenn sie das nicht selbst wahrnehmen. Ich fürchte, das heißt überzeugt sein, ohne Beweise zu haben, wissen, ohne wahrzunehmen. Es liegt hier, wie ich vermute, ein verworrener Begriff vor, den man herangezogen hat, um eine Hypothese zu stützen, nicht aber eine jener klaren Wahrheiten, die wir entweder ihrer eigenen Augenscheinlichkeit wegen gelten lassen müssen oder der allgemeinen Erfahrung wegen nicht leugnen können. Denn das Äußerste, was sich an diesem Punkte behaupten läßt, ist die Möglichkeit, daß die Seele immer denke, aber sich dessen nicht immer erinnere. Demgegenüber behaupte ich, daß es ebenso gut möglich ist, daß die Seele nicht immer denkt; ja, sehr viel wahrscheinlicher ist es, daß sie zuweilen nicht denkt, als daß sie oft, und zwar geraume Zeit hindurch, denkt, ohne sich doch einen Augenblick dessen selbst bewußt zu sein, daß sie gedacht hat.

<small>Woher weiß man, daß die Seele beständig denkt? Wenn das nämlich kein von selbst einleuchtender Satz ist, muß er bewiesen werden.</small>

19. Wenn man die Meinung vertritt, die Seele denke, ohne daß der Mensch es wahrnehme, so macht man, wie gesagt, aus einem Menschen zwei Personen. Wer genau beachtet, wie sich die Verteidiger dieser Ansicht ausdrücken, kann sich des Verdachtes nicht erwehren, daß sie das wirklich tun. Denn diejenigen, die uns sagen, daß die *Seele* immer denke, behaupten meines Wissens doch nie, daß der *Mensch* immer denke. Kann denn die Seele denken, ohne daß der Mensch es tut? Oder kann ein Mensch denken, ohne sich dessen bewußt zu sein? Bei anderen würde man das vielleicht für Kauderwelsch halten. Wenn man sagt, der Mensch denke ständig, sei sich dessen aber nicht immer bewußt, so kann man ebenso gut sagen, sein Körper sei aus-

<small>Daß jemand denken und im nächsten Augenblick doch nichts davon behalten sollte, ist äußerst unwahrscheinlich.</small>

gedehnt, ohne Teile zu haben. Denn die letzte Behauptung ist ebenso faßlich wie die andere, daß ein Wesen denke, ohne sich dessen bewußt zu sein oder von diesem Vorgang etwas wahrzunehmen. Wer so spricht, hat ebenso viel Grund zu der Behauptung – falls es für seine Hypothese notwendig ist –, daß der Mensch stets hungrig sei, ohne es freilich immer zu fühlen, während doch der Hunger eben in einer bestimmten Sensation besteht, ebenso wie das Denken darin besteht, daß man sich der Tatsache seines Denkens bewußt wird. Wenn man behauptet, der Mensch sei sich jederzeit dessen bewußt, daß er denke, so frage ich: woher weiß man das? Bewußtsein ist die Wahrnehmung dessen, was im eigenen Geiste vorgeht. Kann denn ein anderer Mensch wahrnehmen, daß mir etwas bewußt ist, obwohl ich es selbst nicht wahrnehme? Keines Menschen Kenntnis kann hier über die Erfahrung hinausgehen. Man wecke einen Menschen aus tiefem Schlaf und frage ihn, woran er in dem Augenblick gedacht habe. Wenn ihm selbst nichts davon bewußt ist, so muß jemand ein hervorragender Gedankenleser sein, um dem andern sicher beweisen zu können, daß er gedacht habe. Könnte er ihn nicht noch eher davon überzeugen, daß er überhaupt nicht geschlafen habe? Derartiges übersteigt alle Philosophie; es muß nichts Geringeres als Offenbarung sein, wodurch ein anderer Mensch in meinem Geist Gedanken entdeckt, während ich selbst dort keine finden kann. Es muß jemand notwendig einen durchdringenden Blick haben, wenn er mit Sicherheit zu sehen vermag, daß ich denke, während ich selbst das nicht wahrnehmen kann und erkläre, daß ich nicht denke, und wenn er imstande ist zu sehen, daß Hunde und Elefanten nicht denken, obgleich diese Tiere es mit allen erdenkbaren Anzeichen zu erkennen geben, nur daß sie es nicht mit Worten sagen. Mancher wird das als etwas ansehen, was selbst über die Rosenkreuzer noch einen Schritt hinausgeht, insofern es leichter erscheint, sich für andere unsichtbar zu machen, als die Gedanken eines andern, die diesem selbst nicht sichtbar sind, sich sichtbar zu machen. Man braucht indessen nur die Seele als „eine ständig denkende Substanz" zu definieren, so ist das Ziel erreicht. Wenn eine solche Definition irgendeine Autorität besitzt, so kann ich mir von ihr keine andere Wirkung versprechen, als daß sie bei vielen Menschen den Verdacht erregt, sie hätten überhaupt keine Seele, weil sie finden, daß ein großer Teil ihres Lebens vergeht, ohne daß sie denken. Denn keine mir bekannte Definition, keine Voraussetzung irgendeiner Schule ist stark genug, um die ständige Erfahrung zu widerlegen; ja, vielleicht ist es gerade die Sucht nach einer Kenntnis jenseits dessen, was wir wahrnehmen, die so viel nutzlose und geräuschvolle Streitgespräche in der Welt hervorruft.

20. Ich sehe also keinen Grund für die Annahme, daß die Seele denke, ehe sie von den Sinnen mit Ideen versehen wurde, über die sie nachdenken kann. In dem Maße, wie letztere sich vermehren und festgehalten werden, gelangt sie dann durch Übung dazu, ihr Denkvermögen in seinen verschiedenen Zweigen auszubilden; ebenso vermehrt sie später durch Kombination dieser Ideen und durch Nachdenken über ihre eigenen Operationen ihren Gedankenvorrat und erwirbt auch größere Fertigkeit im Erinnern, Vorstellen, Überlegen und in sonstigen Arten des Denkens. *Die Beobachtung von Kindern macht es einleuchtend, daß es keine Ideen gibt, die nicht aus Sensation und Reflexion entspringen.*

21. Wer sich durch Beobachtung und Erfahrung belehren läßt und seine eigene Hypothese nicht zur Regel der Natur erheben will, wird bei einem neugeborenen Kinde wenig finden, was von irgendwelchen Überlegungen zeugte, und noch weit weniger, was auf eine an vieles Denken gewöhnte Seele deutete. Jedoch ist es schwer vorstellbar, daß eine vernünftige Seele soviel denken, aber gar keine Schlüsse ziehen sollte. Man bedenke, daß neugeborene Kinder den größten Teil ihrer Zeit verschlafen und kaum wach sind, es sei denn, daß sie hungrig nach der Mutterbrust verlangen oder daß ein Schmerz (die ungestümste aller Sensationen) oder ein anderer starker körperlicher Eindruck den Geist zur Wahrnehmung und Beachtung zwingt; ich sage, man ziehe all dies in Betracht und man dürfte vielleicht die Annahme für begründet halten, daß der *Zustand des Kindes im Mutterleib.*

Zustand des *Fötus* im Mutterleib sich nur wenig von dem der Pflanze unterscheidet; denn ersterer bringt den größten Teil seiner Zeit ohne Wahrnehmung und ohne Gedanken zu und tut kaum etwas anderes als an einem Orte zu schlafen, wo er nicht nach Nahrung zu suchen braucht und von einer stets gleich nachgiebigen Flüssigkeit von fast immer gleicher Temperatur umgeben ist, wo kein Licht das Auge trifft und die Ohren in ihrer Abgeschlossenheit kaum für Geräusche zugänglich sind, wo es wenig oder gar keine Abwechslung oder Veränderung der Objekte gibt, die die Sinne erregen könnten.

<small>Der Geist entwickelt sein Denken im Verhältnis zu dem Stoff, den er von der Erfahrung zum Überdenken erhält.</small>

22. Man verfolge die Entwicklung eines Kindes von Geburt an und beachte die Veränderungen, die die Zeit hervorruft, so wird man finden, daß das Kind in dem Maße, wie seinem Geist durch die Sinne Ideen zugeführt werden, immer mehr erwacht und um so mehr denkt, je mehr Stoff es zum Denken hat. Nach einiger Zeit fängt es an, die Objekte zu kennen, die, weil es mit ihnen am meisten zu tun hat, dauernde Eindrücke hinterlassen haben. So lernt das Kind allmählich die Menschen kennen, mit denen es täglich zusammenkommt, und unterscheidet sie von Fremden; das ist ein Zeichen und eine Folge davon, daß es lernt, die ihm durch die Sinne zugeführten Ideen festzuhalten und zu unterscheiden. So können wir beobachten, wie sich der Geist *schrittweise* auf diesem Gebiet vervollkommnet und zur Übung jener anderen Fähigkeiten *fortschreitet*, die darin bestehen, daß er seine Ideen erweitert, zusammensetzt und abstrahiert, aus ihnen Schlüsse zieht und über alles nachdenkt, worüber ich weiter unten mehr zu sagen Gelegenheit haben werde.

<small>Der Mensch beginnt Ideen zu haben, wenn er erstmalig eine Sensation hat. Was Sensation bedeutet.</small>

23. Fragt man nun, *wann* der Mensch *anfange,* Ideen zu haben, so lautet meines Erachtens die richtige Antwort: *wenn er zum erstenmal eine Sensation hat.* Denn da sich im Geist keine Ideen zeigen, ehe ihm die Sinne solche zugeführt haben, so treten, soviel ich sehe, die Ideen im Verstand gleichzeitig mit der *Sensation* auf; *diese ist ein auf einen beliebigen Teil des Körpers gemachter Eindruck oder eine in ihm verursachte Bewe-*

gung, die im Verstande [eine* bestimmte Wahrnehmung hervorruft]. [Diese** durch äußere Objekte auf unsere Sinne hervorgerufenen Eindrücke sind es, mit denen sich der Geist *zuerst* zu beschäftigen scheint, indem er die Operationen vollzieht, die wir Wahrnehmen, Erinnern, Betrachten, Schließen usw. nennen.]

24. [Mit*** der Zeit gelangt der Geist dazu, über seine eigenen Operationen nachzudenken, die er an den durch Sensation gewonnenen Ideen vornimmt, und erwirbt dadurch eine neue Gruppe von Ideen, die ich Ideen der Reflexion nenne. So sind die Eindrücke, die durch Objekte der Umwelt – die für den Geist etwas Äußeres sind – auf unsere Sinne gemacht werden, und des Geistes eigene, auf inneren, ihm eigentümlichen Kräften beruhenden Operationen, die, wenn er selbst über sie nachdenkt, auch ihrerseits Objekte seiner Betrachtung werden, wie gesagt, der Ursprung aller Erkenntnis.] Somit besteht das erste Vermögen des menschlichen Intellekts darin, daß der Geist imstande ist, die Eindrücke aufzunehmen, die entweder von den Sinnen durch äußere Objekte oder durch seine eigenen hierauf gerichteten Denkoperationen in ihm hervorgerufen werden. Dies ist der erste Schritt, den der Mensch macht, um irgend etwas zu entdecken; es ist die Grundlage für alle Begriffe, die er je auf natürlichem Wege in dieser Welt erlangen wird. Alle jene erhabenen Gedanken,

<small>Der Ursprung all unserer Erkenntnis</small>

---

* In den drei ersten Auflagen: „sich bemerkbar macht". [Fraser, a. a. O., Bd. I, S. 141.]

** Zusatz der französischen Übersetzung. [Fraser, a. a. O., Bd. I, S. 141.]

*** Der eingeklammerte Text erscheint erst in posthumen Auflagen, die vier ersten Auflagen enthalten statt dessen: „So sind denn meines Erachtens die Eindrücke, die auf unsre Sinne durch Objekte der Umwelt gemacht werden – die für den Geist etwas Äußeres sind – und seine eigenen Operationen hinsichtlich dieser Eindrücke, über die er selbst als über geeignete Objekte seiner Betrachtung nachdenkt, der Ursprung all unserer Erkenntnis." [Fraser, a. a. O., Bd. I, S. 141.]

In dem eingeklammerten Text wurde – Fraser folgend – *Thus the impressions* statt des unverständlichen *These are the impressions* gelesen. (Der Übersetzer).

die über die Wolken emporragen und bis an den Himmel selbst dringen, haben hier ihren Ursprung und ihren Stützpunkt; in dem ganzen weiten Bereich, den der Geist durchschweift, bei jenen entlegenen Spekulationen, durch die er vielleicht über sich selbst hinausgehoben zu werden scheint, kommt er auch nicht um Haaresbreite über jene Ideen hinaus, die ihm die *Sinne* oder die *Reflexion* zur Betrachtung dargeboten haben.

Bei der Aufnahme einfacher Ideen verhält sich der Verstand meistens passiv.

25. Hierbei verhält sich der Verstand rein passiv; es hängt nicht von seinen Kräften ab, ob er zu diesen Anfängen oder Materialien der Erkenntnis – um diesen Ausdruck zu gebrauchen – gelangt oder nicht. Denn die Objekte unserer Sinne drängen vielfach unserem Geist ihre besonderen Ideen auf, ob wir wollen oder nicht; und die Operationen unseres Geistes lassen uns wenigstens nicht ohne gewisse dunkle Begriffe von ihnen bleiben. Niemand kann über das, was er tut, wenn er denkt, völlig unwissend bleiben. Wenn sich solche einfachen Ideen dem Geiste darbieten, so kann der Verstand sie ebenso wenig abweisen oder sie, wenn sie eingeprägt sind, verändern oder auslöschen und selbst neue schaffen, wie ein Spiegel die Bilder oder Ideen abweisen, verändern oder auslöschen kann, die durch vor ihm aufgestellte Objekte auf seiner Fläche hervorgerufen werden. Je nach der Verschiedenheit, mit der die uns umgebenden Körper auf unsere Organe einwirken, ist der Geist gezwungen, die Eindrücke aufzunehmen; er kann sich der Wahrnehmung der mit ihnen jeweils verknüpften Ideen nicht entziehen.

II. KAPITEL

ÜBER EINFACHE IDEEN

Nicht zusammengesetzte Erscheinungen.

1. Für ein besseres Verständnis der Natur, der Art und des Umfanges unserer Erkenntnis ist in Bezug auf die Ideen, die wir haben, eines sorgfältig zu beachten, daß nämlich manche von ihnen *einfach* und manche *komplex* sind.

Wenn auch die auf unsere Sinne einwirkenden Qualitäten in den Dingen selbst so vereinigt und verschmolzen sind, daß es bei ihnen keine Trennung, keinen Zwischenraum gibt, so ist es doch klar, daß die Ideen, die sie im Geist erzeugen, vermittels der Sinne einzeln und unvermischt Eintritt finden. Mögen Gesichts- und Tastsinn auch oft gleichzeitig von demselben Objekt verschiedene Ideen aufnehmen, wie man zum Beispiel gleichzeitig Bewegung und Farbe sieht, oder wie die Hand an demselben Stück Wachs Weichheit und Wärme fühlt, so sind gleichwohl die auf solche Weise in demselben Gegenstand vereinigten einfachen Ideen ebenso grundverschieden wie die, welche uns durch die verschiedenen Sinne zugeführt werden. Die Kälte und die Härte, die man einem Stück Eis anfühlt, sind im Geiste genau so verschiedene Ideen wie der Geruch und die Weiße einer Lilie oder wie der Geschmack des Zuckers und der Geruch der Rose. Nichts kann für den Menschen deutlicher sein als die klare und deutliche Wahrnehmung, die er von jenen einfachen Ideen hat, von denen jede einzelne, weil sie in sich nicht zusammengesetzt ist, nichts in sich enthält als *eine einheitliche Erscheinung oder Vorstellung im Geist;* deshalb läßt sie sich auch nicht in verschiedene Ideen zerlegen.

2. Diese einfachen Ideen, das Material unserer gesamten Erkenntnis, werden dem Geist nur auf den beiden oben erwähnten Wegen zugeführt und geliefert, nämlich durch Sensation und Reflexion. Wenn der Verstand einmal mit einem Vorrat an solchen einfachen Ideen versehen ist, dann hat er die Kraft, sie zu wiederholen, zu vergleichen und zu verbinden, und zwar in fast unendlicher Mannigfaltigkeit, so daß er auf diese Weise nach Belieben neue komplexe Ideen bilden kann. Aber auch der erhabenste Geist oder der umfassendste Verstand hat es nicht in seiner Gewalt, durch noch so große Raschheit oder Mannigfaltigkeit der Gedanken eine einzige neue Idee im Geist zu *erfinden* oder zu *bilden,* die nicht auf den oben erwähnten Wegen hineingelangt wäre. Ebenso kann auch keine Macht des Verstandes die Ideen *vernichten,* die dort vorhanden sind. Vielmehr

<small>Der Geist kann sie weder schaffen noch vernichten.</small>

steht es mit der Herrschaft des Menschen in der kleinen Welt des eigenen Verstandes etwa ebenso wie mit der in der großen Welt der sichtbaren Dinge: Seine Macht, wie kunstreich und geschickt sie auch gehandhabt werden möge, reicht nicht weiter als bis zu der Zusammensetzung und Zerlegung des ihm in die Hände gelieferten Materials; dagegen ist er außerstande, auch nur das kleinste Partikel neuer Materie zu schaffen oder ein Atom der schon vorhandenen zu vernichten. Die gleiche Unfähigkeit wird jeder bei sich entdecken, der es unternimmt, in seinem Verstand eine einzige einfache Idee zu gestalten, die er nicht vermittels der Sinne von den Objekten der Umwelt oder vermittels der Reflexion über die Operationen, die sein eigener Geist an ersteren Ideen vollzieht, erlangt hat. Jeder möge doch einmal versuchen, sich einen Geschmack vorzustellen, der nie auf seinen Gaumen eingewirkt hat, oder sich die Idee eines Duftes zu bilden, den er noch nie gerochen hat; wenn er es kann, so werde ich daraus folgern, daß ein Blinder auch Ideen von Farben, ein Tauber wirkliche, deutlich unterschiedene Begriffe von Tönen besitze.

Nur die Qualitäten, die auf die Sinne einwirken, sind vorstellbar.

3. Wir können es dessen ungeachtet nicht für ausgeschlossen halten, daß Gott ein Wesen erschaffen sollte, das andere Organe hätte und mehr als die gewöhnlich gezählten fünf von Gott uns verliehenen Wege besäße, auf denen dem Verstand die Wahrnehmung von körperlichen Dingen zugeführt wird; jedoch erscheint es mir für keinen *Menschen* möglich, sich an Körpern, gleichviel welcher Beschaffenheit, andere Qualitäten als die Gehörs-, Geschmacks-, Geruchs-, Gesichts- und Tastqualitäten vorzustellen, durch die man von diesen Körpern Kenntnis erlangen kann. Wären wir Menschen nur mit vier Sinnen ausgestattet, so würden die Qualitäten, die die Objekte des fünften Sinnes sind, unserer Kenntnisnahme, Einbildungskraft und Vorstellung ebenso unerreichbar gewesen sein, wie es jetzt alle einem sechsten, siebenten oder achten Sinne entsprechenden Qualitäten nur irgend sein können; trotzdem wäre es eine große Anmaßung, gewissen anderen Geschöpfen in gewissen anderen Teilen dieses gewaltigen und erstaunlichen Uni-

versums solche Sinne abzusprechen. Wer sich nicht selbst überheblich an die Spitze aller Dinge stellt, sondern die Unendlichkeit des Weltbaues in Betracht zieht, sowie die große Mannigfaltigkeit, die in dem kleinen unbedeutenden Teil davon, mit dem wir es zu tun haben, zu finden ist, der mag zu der Annahme neigen, daß es in anderen Wohnstätten dieses Weltalls vielleicht andere und verschiedengeartete vernunftbegabte Wesen gebe, von deren Fähigkeiten wir ebensowenig eine Kenntnis und eine Vorstellung besitzen wie ein im Schubfach des Schrankes eingeschlossener Wurm sie von den Sinnen oder dem Verstand eines Menschen hat. Solche Mannigfaltigkeit und Vortrefflichkeit entspricht ja nur der Weisheit und Macht des Schöpfers. Ich bin hier der herkömmlichen Meinung, daß der Mensch nur fünf Sinne habe, gefolgt, obwohl man vielleicht mit Recht eine größere Anzahl annehmen darf; indessen sind beide Möglichkeiten für meinen vorliegenden Zweck gleich brauchbar.

III. KAPITEL

ÜBER EINFACHE IDEEN DER SINNE

1. Um uns von den Ideen, die wir durch Sensation erlangen, eine bessere Vorstellung zu machen, ist es vielleicht nicht unangebracht, wenn wir sie bezüglich der verschiedenen Wege betrachten, auf denen sie in unserm Geist Eingang finden und sich für uns wahrnehmbar machen. *[Einteilung der einfachen Ideen.]*

Erstens gelangen also manche Ideen *nur durch einen einzigen Sinn* in unsern Geist.

Zweitens. Andere finden Eingang *durch mehr als einen Sinn*.

Drittens. Noch andere gewinnen wir *nur durch Reflexion*.

Viertens. Endlich gibt es auch solche, die sich *auf allen Wegen der Sensation und Reflexion* Bahn brechen und dem Geist nahegebracht werden.

Wir werden sie einzeln unter diesen verschiedenen Gesichtspunkten betrachten.

Ideen eines einzigen Sinnes.

Es gibt Ideen, die durch einen einzigen Sinn Eingang finden, der für ihre Aufnahme besonders eingerichtet ist. Beispielsweise finden das Licht und die Farben, wie weiß, rot, gelb, blau mit ihren mancherlei Abstufungen oder Schattierungen und ihren Mischungen, wie grün, scharlach, purpurn, meergrün usw., nur durch die Augen Eingang, alle Arten von Geräuschen, Klängen und Tönen nur durch die Ohren, die verschiedenen Gerüche und Geschmacksarten durch die Nase und den Gaumen. Wenn nun von diesen Organen oder von den Nerven, die die Bahnen sind, die die Eindrücke von außen her zur Vernehmung im Gehirn, dem Audienzsaal des Geistes (wenn ich mich so ausdrücken darf), hinleiten, einzelne so zerrüttet sind, daß sie ihren Dienst versagen, so gibt es kein Seitentürchen, durch das der Eingang möglich ist, keinen anderen Weg, auf dem sie sich bemerkbar machen und vom Verstand wahrgenommen werden können.

Die wichtigsten der zum Tastsinn gehörigen Qualitäten sind Hitze, Kälte und Festigkeit; alle übrigen, die fast ausschließlich in der sinnlich wahrnehmbaren Gestaltung bestehen, wie glatt und rauh, oder in dem mehr oder minder festen Zusammenhang der Teile, wie hart und weich, zäh und spröde, liegen offen genug zutage.

Wenige einfache Ideen haben Namen.

2. Es dürfte unnötig sein, all die verschiedenen einfachen Ideen besonders aufzuzählen, die jedem einzelnen Sinn zugehören. Wollten wir es auch, so wäre es gar nicht möglich, denn es gibt ihrer, und zwar fast bei allen Sinnen, mehr als wir Namen haben. Den mannigfaltigen Gerüchen, deren es fast ebenso viele, wenn nicht mehr als Arten von Körpern in der Welt gibt, fehlen meist Namen. Gewöhnlich genügen uns für diese Ideen die Ausdrücke duftend und übelriechend, womit im Grunde wenig mehr gesagt ist, als wenn man sie angenehm oder unangenehm nennt, obwohl der Geruch der Rose und der des Veilchens, die beide duften, sicherlich sehr verschiedene Ideen sind. Auch sind die verschiede-

nen Geschmacksarten, von denen wir durch unsern
Gaumen Ideen erhalten, kaum besser mit Namen versehen. Süß, bitter, sauer, herb und salzig sind beinahe
die einzigen Eigenschaftsworte, die wir haben, um die
unendliche Mannigfaltigkeit von Geschmacksempfindungen zu bezeichnen, die sich nicht nur bei fast jeder Art
von Geschöpfen, sondern auch bei den verschiedenen
Teilen derselben Pflanze, derselben Frucht oder desselben Tieres unterscheiden lassen. Dasselbe gilt von
Farben und Tönen. In der hier zu gebenden Darstellung
von den einfachen Ideen will ich mich deshalb damit
begnügen, nur solche namhaft zu machen, die für unseren vorliegenden Zweck eine besondere Bedeutung haben oder die von Hause aus weniger dazu angetan sind,
Beachtung zu finden, obwohl sie sehr häufig die Bestandteile unserer komplexen Ideen sind. Zu ihnen
glaube ich füglich die Festigkeit rechnen zu dürfen, von
der ich im nächsten Kapitel reden will.

IV. KAPITEL

ÜBER DIE IDEE DER FESTIGKEIT

1. Die Idee der Festigkeit erhalten wir durch den Tastsinn; sie ergibt sich aus dem Widerstand, den, wie wir beobachten, ein Körper einem anderen Körper entgegensetzt, der den von ihm ausgefüllten Raum einnehmen will, bevor ihn ersterer verlassen hat. Keine andere Idee wird uns durch Sensation so unausgesetzt zugeführt wie die der Festigkeit. Mögen wir uns bewegen oder ruhen, ja, in welcher Stellung wir uns auch befinden mögen, stets fühlen wir etwas unter uns, das uns trägt und uns daran hindert, weiter nach unten zu sinken; ebenso nehmen wir an den Körpern, die wir täglich anfassen, wahr, daß sie, solange sie zwischen unsern Händen bleiben, durch eine unüberwindliche Kraft die auf sie drückenden Teile unserer Hände daran hindern, sich zu nähern. *Das, was so die Annähe-*

Wir erhalten diese Idee durch den Tastsinn.

rung zweier Körper verhindert, wenn sie sich aufeinanderzu bewegen, nenne ich Festigkeit. Ich will nicht darüber streiten, ob diese Auffassung des Wortes fest seiner ursprünglichen Bedeutung näher kommt als der Sinn, in dem es von den Mathematikern gebraucht wird. Es möge genügen, daß meines Erachtens der gewöhnliche Begriff von Festigkeit diesen meinen Gebrauch des Wortes zuläßt, wenn nicht rechtfertigt; sollte es aber jemand für besser halten, hier von *Undurchdringlichkeit* zu reden, so hat er meine Zustimmung. Immerhin ist mir der Ausdruck Festigkeit zur Bezeichnung dieser Idee als geeigneter erschienen, und zwar nicht nur, weil er im landläufigen Sprachgebrauch in diesem Sinn verwendet wird, sondern weil er etwas Positiveres an sich hat als Undurchdringlichkeit, die etwas Negatives ist und eher eine Folge der Festigkeit als diese selbst sein dürfte. Diese Idee scheint am innigsten von allen mit den Körpern verknüpft und für sie wesentlich zu sein, so daß sie sonst nirgends zu finden ist oder sich vorstellen läßt als allein an der Materie. Obgleich unsere Sinne sie nur an Massen von Materie wahrnehmen, deren Größe genügt, um in uns eine Empfindung wachzurufen, so spürt doch der Geist dieser Idee weiter nach, wenn er sie einmal durch solche gröberen, sinnlich wahrnehmbaren Körper erhalten hat, und betrachtet sie ebensogut wie die Gestalt des winzigsten Partikels der Materie, das bestehen kann, und findet, daß sie untrennbar mit jedem Körper verknüpft ist, wo und wie er auch immer beschaffen sei.

Die Festigkeit erfüllt den Raum.

2. Dies ist die zum Körper gehörige Idee, wodurch wir den Körper als raumerfüllend auffassen. Diese Idee der Raumerfüllung besagt, daß überall, wo wir uns den Raum von einer festen Substanz eingenommen denken, dies unserer Vorstellung nach in einer Form geschieht, wobei die eine Substanz alle übrigen festen Substanzen ausschließt und dauernd je zwei andere Körper, die sich geradlinig aufeinanderzu bewegen, daran hindert, sich zu berühren; es sei denn, daß sie – die feste Substanz – sich aus ihrer Mitte entferne, und zwar in einer Linie, die derjenigen nicht parallel ist, auf

der jene Körper sich fortbewegen. Diese Idee der Raumerfüllung wird uns durch die Körper, mit denen wir gewöhnlich zu tun haben, hinlänglich nahe gebracht.

3. Der Widerstand, durch den ein Körper andere Körper von dem durch ihn eingenommenen Raum fernhält, ist so groß, daß keine Kraft, wie stark sie auch sei, ihn überwinden kann. Wenn auch alle Körper der Welt von allen Seiten auf einen Wassertropfen drücken, so werden sie doch nie imstande sein, den Widerstand zu überwinden, den er, so weich er auch ist, ihrer gegenseitigen Annäherung entgegenstellt, bevor er nicht aus dem Wege geräumt ist. Hierdurch unterscheidet sich unsere Idee der Festigkeit sowohl von der des bloßen Raumes, der weder Widerstand leisten noch sich bewegen kann, als auch von der gewöhnlichen Idee der Härte. Denn man kann sich wohl zwei getrennte Körper vorstellen, die sich, ohne irgendeinen festen Gegenstand zu berühren oder zu verdrängen, einander nähern, bis ihre Oberflächen aufeinanderstoßen; hiermit ist meines Erachtens die klare Idee eines Raumes ohne Festigkeit gegeben. Denn (um nicht auf die Möglichkeit der Vernichtung eines Einzelkörpers einzugehen) ich frage, ob man nicht die Idee der Bewegung eines einzelnen Körpers für sich allein haben könne, ohne die eines anderen, der unmittelbar in seinen Platz einrückt. Ich denke, es leuchtet ein, daß wir das können, weil die Idee der Bewegung bei dem einen Körper die Idee der Bewegung bei einem andern ebenso wenig einschließt, wie die Idee der quadratischen Form eines Körpers dieselbe Idee bei einem andern mitumfaßt. Ich frage nicht, ob die Körper in der Weise *existieren,* daß es die Bewegung des einen tatsächlich nicht ohne die Bewegung des andern geben kann. Hierauf mit ja oder nein antworten zu wollen, hieße die Frage nach dem Für und Wider des *Vakuums* als entschieden voraussetzen. Meine Frage geht vielmehr dahin, ob man nicht die *Idee* eines Körpers haben könne, der sich bewegt, während andere ruhen. Diese Möglichkeit wird niemand bestreiten wollen. In diesem Fall aber ist uns mit dem von dem Körper verlassenen

Festigkeit ist vom Raum verschieden.

Ort die Idee des reinen Raumes ohne Festigkeit gegeben, den jeder andere Körper einnehmen kann, ohne entweder Widerstand zu finden oder etwas fortzustoßen. Wenn der Kolben einer Pumpe emporgezogen wird, so ist der Raum, den er im Rohr ausgefüllt hat, sicherlich derselbe, gleichviel ob ein anderer Körper der Bewegung des Kolbens folgt oder nicht; auch ist kein Widerspruch darin enthalten, daß auf die Bewegung eines Körpers hin ein zweiter, der sich mit dem ersten nur berührt, diesem nicht folgt. Die Notwendigkeit einer solchen Bewegung beruht lediglich auf der Annahme, daß es in der Welt keinen leeren Raum gebe, nicht aber auf den unterschiedenen *Ideen* des Raumes und der Festigkeit, die ebenso weit voneinander abweichen wie Widerstand und Nichtwiderstand, Fortstoßen und Nichtfortstoßen. Wie ich an anderer Stelle zeige, beweisen schon die Streitigkeiten über den leeren Raum deutlich, daß die Menschen Ideen von einem Raum ohne Körper haben.

Von der Härte. 4. Die Festigkeit unterscheidet sich somit auch von der Härte, indem sie in der Raumerfüllung besteht, das heißt in der vollkommenen Ausschließung anderer Körper aus dem von ihr eingenommenen Raume; die Härte dagegen besteht in einer festen Kohäsion von Teilen der Materie, die Massen von sinnlich wahrnehmbarem Umfang bilden, und zwar so, daß das Ganze nicht leicht seine Gestalt verändert. In der Tat sind hart und weich Namen, die wir den Dingen nur im Verhältnis zu der Beschaffenheit unserer eigenen Körper geben; wir nennen nämlich im allgemeinen dasjenige hart, was uns eher Schmerz verursacht, als daß es durch den Druck irgendeines Teiles unseres Körpers seine Gestalt veränderte, während wir im Gegensatz dazu das als weich bezeichnen, was bei leiser, schmerzloser Berührung eine Veränderung in der Lage seiner Teile erfährt.

Aber diese Schwierigkeit, die Lage der sinnlich wahrnehmbaren Teile zueinander oder die Gestalt des Ganzen zu verändern, verleiht dem härtesten Körper in der Welt ebensowenig Festigkeit wie dem weichsten; der Diamant ist um keinen Deut fester als das Wasser. Zwar lassen sich zwei Marmorflächen einander leichter nähern, wenn sich statt eines Diamanten nur Wasser oder Luft zwischen ihnen befindet; jedoch geschieht das nicht deshalb, weil die Teile des Diamanten fester wären oder mehr Widerstand leisteten als die des Wassers, sondern, weil sich die Teile des Wassers, die leichter voneinander trennbar sind, durch eine seitliche Bewegung leichter verdrängen lassen und den Weg für die Annäherung der zwei Marmorstücke freigeben. Könnten sie davon abgehalten werden, durch jene seitliche Bewegung Platz zu schaffen, so würden sie ebensogut wie der Diamant die Annäherung der beiden Marmorflächen für immer verhindern; ihr Widerstand wäre durch irgendwelche Gewalt ebensowenig zu überwinden wie derjenige der Teile eines Diamanten. Der weichste Körper der Welt wird der Vereinigung zweier beliebiger Körper, wenn er nicht aus dem Wege geräumt wird, sondern zwischen ihnen verharrt, einen ebenso unüberwindlichen Widerstand entgegensetzen wie der härteste, den man finden oder sich vorstellen kann. Wer einen weichen, schmiegsamen Körper gehörig mit Luft oder Wasser anfüllt, wird bald den Widerstand beobachten können, den er leistet. Wer meint, daß nur harte Körper seine Hände daran hindern können, sich einander zu nähern, der möge mit der in einem Fußball eingeschlossenen Luft einen Versuch machen. [Wie* ich gehört habe, ist in Florenz mit einer mit Wasser gefüllten und fest verschlossenen goldenen Hohlkugel ein Versuch gemacht worden, der einen neuen Beweis für die Festigkeit eines so weichen Körpers, wie es das Wasser ist, liefert. Als nämlich die so angefüllte goldene Kugel unter eine Presse gebracht wurde, deren Schrauben man aufs allerstärkste anzog, bahnte sich das Wasser selbst seinen Weg durch die Poren des äußerst dichten Metalls, und weil es im Innern für eine dichtere Lagerung seiner Teilchen keinen Raum fand, drang es nach außen, wo es wie Tau zutage trat und in der Form

---

* Zusatz der zweiten Auflage. [Fraser, a. a. O., Bd. I, S. 155.]

von Tropfen herabfiel, bevor die Seitenwände der Kugel durch den gewaltigen Druck der sie zusammenpressenden Maschine zum Nachgeben gebracht werden konnten.]

Auf der Festigkeit beruhen der Impuls, der Widerstand und das Fortstoßen

5. Durch diese Idee der Festigkeit unterscheidet sich die Ausdehnung eines Körpers von der eines Raumes. Die Ausdehnung eines Körpers ist nichts anderes als die Kohäsion oder die Kontinuität fester, trennbarer und beweglicher Teilchen; die Ausdehnung des Raumes ist die Kontinuität nicht fester, untrennbarer und unbeweglicher Teilchen. Auf der Festigkeit der Körper beruht auch ihr gegenseitiger Impuls, Widerstand und ihr gegenseitiges Fortstoßen. Von dem reinen Raum nun und von der Festigkeit glauben manche Menschen (zu denen, wie ich bekenne, auch ich selbst gehöre) klare und deutliche Ideen zu besitzen; sie meinen sich den Raum denken zu können, ohne daß etwas darin wäre, was einem Körper Widerstand leistet oder von einem Körper fortgestoßen wird. Das ist die Idee des reinen Raumes, die sie in ebenso klarer Form zu besitzen glauben wie irgendeine Idee, die man von der Ausdehnung eines Körpers haben kann; nämlich die Idee des Abstandes zwischen den gegenüberliegenden Teilen einer konkaven Oberfläche ist ebenso klar ohne die Idee dazwischenliegender fester Teilchen wie mit dieser Idee. Andererseits besitzen jene Leute ihrer Überzeugung nach neben der Idee des reinen Raumes die Idee von *etwas, was den Raum ausfüllt* und durch den Impuls anderer Körper fortgestoßen werden oder deren Bewegung widerstehen kann. Wenn es andere Leute gibt, die diese Ideen nicht voneinander getrennt halten, sondern sie vermengen und zu einer einzigen machen, so ist mir unerfindlich, wie sich in einem solchen Fall Menschen, die dieselbe Idee unter verschiedenen Namen besitzen oder verschiedene Ideen mit demselben Namen bezeichnen, miteinander unterhalten können; das ist ebenso wenig möglich, wie sich jemand, der nicht blind oder taub ist und darum verschiedene Ideen von der Scharlachfarbe und dem Ton einer Trompete hat, über erstere mit dem von mir an anderer Stelle erwähnten Blinden unterhal-

ten könnte, der sich einbildete, die Idee des Scharlachs komme dem Ton einer Trompete gleich.

Was ist Festigkeit?

6. Wenn mich jemand fragen sollte, *was diese Festigkeit sei*, so verweise ich ihn an seine Sinne. Man lasse ihn einen Kieselstein oder einen Fußball zwischen die Hände nehmen und versuchen, seine Hände zusammenzubringen, so wird er es erfahren. Wenn er glaubt, daß das keine hinreichende Erklärung dafür sei, was Festigkeit ist und worin sie besteht, so verspreche ich es ihm zu sagen, wenn er mir sagt, was Denken ist oder worin es besteht, oder wenn er mir Ausdehnung oder Bewegung erklärt, was vielleicht weit leichter erscheint. Die einfachen Ideen, die wir haben, sind so beschaffen, wie die Erfahrung sie uns lehrt; wenn wir jedoch darüber hinaus versuchen, sie durch Worte im Geist klarer zu machen, so wird uns das ebensowenig gelingen, wie wenn wir es unternehmen, die im Geist eines Blinden herrschende Dunkelheit durch Sprechen zu erhellen und ihm die Ideen des Lichtes und der Farben einzureden. Den Grund hierfür werde ich an anderer Stelle darlegen.

V. KAPITEL

ÜBER EINFACHE IDEEN, DIE WIR DURCH VERSCHIEDENE SINNE ERWERBEN

Die Ideen, die wir durch mehr als einen Sinn erhalten, sind die des *Raumes* oder der *Ausdehnung*, der *Gestalt*, der *Ruhe* und der *Bewegung;* denn diese machen sowohl auf den Gesichts- als auf den Tastsinn wahrnehmbare Eindrücke; wir können sowohl durch Sehen wie durch Fühlen die Ideen der Ausdehnung, Gestalt, Bewegung und Ruhe von Körpern gewinnen und unserm Geist zuführen. Da ich aber Gelegenheit finden werde, mich über diese Dinge an einem anderen Orte weitläufiger auszulassen, so habe ich sie hier nur aufgezählt.

Ideen, die sowohl durch den Gesichts- als durch den Tastsinn erworben werden.

VI. KAPITEL

ÜBER EINFACHE IDEEN DER REFLEXION

Einfache Ideen (der Reflexion) sind die auf seine sonstigen Ideen bezüglichen Operationen des Geistes.

1. Während der Geist die in den vorangehenden Kapiteln besprochenen Ideen von außen aufnimmt, gewinnt er, wenn er den Blick nach innen auf sich selbst richtet und sein eigenes Verhalten gegenüber seinen Ideen beobachtet, auf diesem Wege neue Ideen, die sich ebensogut dazu eignen, die Objekte seiner Betrachtung zu werden wie irgendwelche von denen, die ihm durch Dinge der Umwelt zugeführt werden.

Die Idee der Wahrnehmung und die Idee des Wollens haben wir von der Reflexion.

2. Die beiden wichtigsten und bedeutsamsten Tätigkeiten des Geistes, die man am häufigsten betrachtet und die so oft vorkommen, daß sie jeder nach Belieben bei sich selbst beobachten kann, sind die beiden folgenden: *Wahrnehmung* oder *Denken* und *Wille* oder *Wollen*. [Die* Kraft des Denkens wird *Verstand*, die Kraft des Wollens wird *Wille* genannt, und diese beiden Kräfte oder Anlagen im Geiste bezeichnet man als Fähigkeiten.]

Von einigen der Modi dieser einfachen Ideen der Reflexion, zum Beispiel vom *Erinnern, Unterscheiden, Schließen, Urteilen, Erkennen, Glauben* usw. werde ich weiter unten zu sprechen Gelegenheit haben.

VII. KAPITEL

ÜBER EINFACHE IDEEN, DIE SOWOHL AUF SENSATION ALS AUF REFLEXION BERUHEN

Ideen der Lust und des Schmerzes.

1. Es gibt andere einfache Ideen, die auf sämtlichen Wegen der Sensation und der Reflexion in den Geist gelangen, nämlich *Freude* oder *Vergnügen* und deren Gegenteil *Schmerz* oder *Unbehagen; Kraft, Dasein, Einheit.*

---

* In der ersten Auflage: „Die Kraft im Geiste, diese Tätigkeiten hervorzurufen, nennen wir seine Fähigkeiten; sie heißen *Verstand* und *Wille*." [Fraser, a. a. O., Bd. I, S. 159.]

2. Lust oder Unlust, und zwar eines oder das andere, verbindet sich mit fast allen unseren Ideen, sowohl denen der Sensation als denen der Reflexion; es gibt kaum eine Einwirkung auf unsere Sinne von außen, noch einen verborgenen Gedanken unseres Geistes im Innern, der nicht imstande wäre, Freude oder Schmerz in uns zu erzeugen. Unter Freude und Schmerz verstehe ich dabei alles, was auch immer uns erfreut oder bedrückt, mag es nun aus den Gedanken unseres Geistes herstammen oder von einer Einwirkung auf unseren Körper herrühren. Denn gleichviel, ob wir es auf der einen Seite Befriedigung, Lust, Vergnügen, Glück und dergleichen nennen, auf der anderen Mißbehagen, Kummer, Schmerz, Qual, Angst, Elend usw., so sind dies doch nur verschiedene Grade derselben Sache, und sie gehören zu den Ideen der Lust und des Schmerzes, des Angenehmen und des Unangenehmen, welche Namen ich zumeist für diese zwei Arten von Ideen verwenden werde.

Diese vermengen sich mit fast allen anderen Ideen, die wir haben.

3. Der unendlich weise Urheber unseres Daseins hat uns die Kraft verliehen, verschiedene Teile unseres Körpers nach Gutdünken zu bewegen oder ruhig zu halten sowie durch ihre Bewegung uns selbst und andere uns berührende Körper zu bewegen, worin die gesamte Tätigkeit unseres Körpers besteht. Er hat auch unserm Geist die Kraft gegeben, in bestimmten Fällen aus seinen Ideen diejenigen auszuwählen, über die er nachdenken will, und die Untersuchung dieses oder jenes Gegenstandes mit Überlegung und Aufmerksamkeit durchzuführen. Um uns nun zu diesen Tätigkeiten des Denkens und Bewegens, deren wir fähig sind, anzutreiben, hat er es für gut befunden, mit bestimmten Gedanken und Sensationen eine Wahrnehmung von Lust zu verknüpfen. Wäre diese vollständig losgelöst von allen unseren äußeren Sensationen und inneren Gedanken, so hätten wir keinen Grund, einen Gedanken oder eine Handlung vor dem bzw. der andern vorzuziehen, etwa die Nachlässigkeit der Aufmerksamkeit, die Bewegung der Ruhe. Wir würden dann weder unsern Körper bewegen noch unsern Geist betätigen, sondern unsere Gedanken (wenn ich mich so ausdrücken darf)

Als Motive unseres Handelns.

ziel- und zwecklos umhertreiben lassen; wir würden den Ideen unseres Geistes gestatten, wie gleichgültige Schattenbilder nach Belieben in unserem Bewußtsein aufzutauchen, ohne ihnen Beachtung zu schenken. Das wäre ein Zustand, in dem der Mensch, obwohl er mit Fähigkeiten des Verstandes und des Willens ausgestattet ist, ein vollkommen müßiges, inaktives Wesen sein und das ganze Leben in einem trägen, lethargischen Traumzustand verbringen würde. Deshalb hat es unserm weisen Schöpfer gefallen, an bestimmte Objekte und die Ideen, die wir von ihnen empfangen, sowie auch an bestimmte Gedanken, die wir haben, als Begleiterscheinung ein Gefühl der Freude zu knüpfen, und zwar an die verschiedenen Objekte in verschieden starkem Maße, damit die Fähigkeiten, die er uns verliehen, nicht völlig brach liegen und von uns unbenutzt bleiben sollten.

Zweck und Nutzen des Schmerzes.

4. Der Schmerz ist als Antrieb zum Handeln für uns ebenso wirksam und wertvoll wie die Freude, denn wir betätigen unsere Kräfte ebenso gern zur Vermeidung des ersteren wie zur Erreichung der letzteren. Nur ist es unsere Betrachtung wert, daß der Schmerz oft durch dieselben Objekte und Ideen in uns hervorgerufen wird, die die Freude in uns hervorrufen. Diese ihre enge Verbindung, die uns oft bei denjenigen Sensationen Schmerz empfinden läßt, wo wir Freude erwarteten, gibt uns einen erneuten Anlaß, die Weisheit und Güte unseres Schöpfers zu bewundern, der zum Zwecke der Erhaltung unseres Daseins mit der Einwirkung zahlreicher Dinge auf unsern Körper einen Schmerz verknüpft hat, um uns vor dem Schaden, den sie anrichten werden, zu warnen und uns zu mahnen, ihnen fern zu bleiben. Aber nicht die bloße Erhaltung unseres Daseins überhaupt bezweckt Gott; ihm liegt vielmehr an der Erhaltung eines jeden Teils und Organs in seiner Vollkommenheit; darum hat er in vielen Fällen gerade mit denjenigen Ideen einen Schmerz verknüpft, die uns sonst erfreuen. So erweist sich die Wärme, die uns bis zu einem bestimmten Grad sehr angenehm ist, als höchst lästig, sobald sie nur ein wenig gesteigert wird; ja, das will-

kommenste unter allen sinnlich wahrnehmbaren Objekten, das Licht selbst, verursacht eine äußerst schmerzhafte Sensation, wenn es zu stark ist und über den unsern Augen entsprechenden Grad hinaus verstärkt wird. Dies ist von der Natur weise und vorteilhaft so eingerichtet, damit, wenn irgendein Objekt durch sehr heftige Einwirkung die Organe der Sensation mit ihrem notwendigerweise sehr zarten und empfindlichen Bau schädigen sollte, uns der Schmerz mahne, uns abzuwenden, ehe das Organ ganz zerstört und damit für einen weiteren zweckentsprechenden Gebrauch unverwendbar wird. Eine Betrachtung derjenigen Objekte, die Schmerz hervorrufen, kann uns wohl davon überzeugen, daß hierin sein Zweck oder Nutzen besteht. Während nämlich starkes Licht für unsere Augen unerträglich ist, verursacht ihnen auch der höchste Grad von Dunkelheit keinerlei Beschwerden, weil letztere im Auge keine störende Bewegung hervorruft und darum dies wunderbare Organ unversehrt* in seinem natürlichen Zustand beläßt. Dagegen schmerzt uns übergroße Kälte ebenso wie übergroße Hitze, weil sie beide in gleicher Weise für jene Temperatur von Nachteil sind, die für die Erhaltung des Lebens und für die Betätigung der mancherlei Funktionen des Körpers notwendig ist und in einer mäßigen Wärme besteht oder – wenn man lieber will – in einer auf ganz bestimmte Grenzen beschränkten Bewegung der sinnlich nicht wahrnehmbaren Teile unseres Körpers.

5. Außer dem genannten können wir noch einen anderen Grund finden, warum Gott über all die uns umgebenden und auf uns einwirkenden Dinge in verschiedenem Grade Lust und Schmerz ausgestreut und sie fast bei allem, womit unser Denken oder unsere Sinne zu tun haben, miteinander verschmolzen hat; es ist deshalb geschehen, damit wir, wenn wir in allen Freuden, die das Geschaffene uns gewähren kann, Unvollkommenheit, Unbefriedigung und einen Mangel an vollkommenem

Ein anderer Zweck.

---

* Statt „unarmed" wurde „unharmed" gelesen, vgl. auch Costes Übersetzung „Sans le blesser". Der Übersetzer.

Glück fänden, dazu geführt würden, solches Glück in der Freude an dem zu finden, bei dem „die Fülle der Freude ist und Wonne zu seiner rechten Hand ewiglich".*

Die Güte Gottes in der Verknüpfung von Lust und Schmerz mit unseren anderen Ideen.

6. Wenn auch durch das, was ich hier gesagt habe, die Ideen der Lust und des Schmerzes uns nicht klarer werden als durch unsere eigene Erfahrung, die der alleinige Weg ist, auf dem wir sie erlangen können, so kann doch eine Erwägung des Grundes, warum sie mit so vielen andern Ideen verknüpft sind, dazu dienen, uns eine richtige Meinung von der Weisheit und Güte des obersten Lenkers aller Dinge zu vermitteln; somit steht es gar wohl mit dem Hauptzweck dieser Untersuchungen im Einklang; denn die Erkenntnis und Verehrung Gottes ist das höchste Ziel all unseres Denkens und die eigentliche Aufgabe des Verstandes.

Die Ideen der Existenz und der Einheit.

7. *Existenz* und *Einheit* sind zwei weitere Ideen, die dem Verstande durch jedes äußere Objekt und jede innere Idee geliefert werden. Wenn sich in unserem Geist Ideen befinden, so betrachten wir sie als dort wirklich vorhanden, ebenso wie wir die Dinge als wirklich außer uns befindlich ansehen, das heißt, daß sie existieren oder eine Existenz haben. Und alles, was wir als ein Ding ansehen können, mag es nun ein reales Wesen oder eine Idee sein, vermittelt dem Verstand die Idee der Einheit.

Die Idee der Kraft.

8. Auch die *Kraft* ist eine von den einfachen Ideen, die wir durch Sensation und Reflexion erlangen. Wenn wir nämlich an uns selbst beobachten, daß wir denken und denken können und daß wir nach Belieben gewisse Körperteile, die sich in Ruhe befanden, zu bewegen vermögen, und wenn zugleich die Wirkungen, die die natürlichen Körper ineinander hervorrufen können, jeden Augenblick unseren Sinnen begegnen, so gewinnen wir auf diesem doppelten Wege die Idee der Kraft.

Die Idee der Aufeinanderfolge.

9. Daneben gibt es eine andere Idee, die uns zwar auch durch unsere Sinne eingegeben, noch regelmäßiger aber von dem dargeboten wird, was in unserem Geist vor

---

* Vgl. Ps. 16, 11.

sich geht, nämlich die Idee der *Aufeinanderfolge*. Denn wenn wir unmittelbar in unser eigenes Innere blicken und über das nachdenken, was dort zu beobachten ist, so finden wir, daß unsere Ideen, solange wir wach sind oder irgendeinen Gedanken haben, in einem ununterbrochenen Zuge vorbeiziehen, wobei die eine geht, die andere kommt.

10. Dies sind, wenn nicht alle, so doch wenigstens (wie ich glaube) die wichtigsten von den einfachen Ideen, die der Geist besitzt, und aus denen sein ganzes übriges Wissen gemacht ist; sie alle gewinnt er nur auf den beiden oben geschilderten Wegen der Sensation und Reflexion. *Die einfachen Ideen sind das Material all unserer Erkenntnis.*

Man glaube nicht etwa, diese Grenzen seien für die Wanderungen des weiten menschlichen Geistes zu eng, der seinen Flug über die Sterne hinaus nimmt und sich nicht in die Schranken der Welt einzwängen läßt, der mit seinen Gedanken oft sogar die äußersten Grenzen der Ausbreitung der Materie überschreitet und in den unbegreiflichen leeren Raum hinausschweift. Ich gebe das alles zu, bitte aber darum, mir irgendeine *einfache Idee* zu bezeichnen, die wir nicht durch einen der vorhin genannten Zugänge empfangen haben, oder irgendeine *komplexe Idee,* die nicht aus jenen einfachen gebildet worden ist. Weniger befremdlich wird übrigens die Annahme sein, daß diese wenigen einfachen Ideen genügen, um das regste Denken, den umfassendsten Verstand zu beschäftigen und das Material der gesamten vielgestaltigen Kenntnisse und der noch vielgestaltigeren Einbildungen und Meinungen der ganzen Menschheit zu liefern, wenn wir bedenken, wie viele Wörter sich durch die verschiedenfache Zusammenstellung von vierundzwanzig Buchstaben bilden lassen; oder gehen wir noch einen Schritt weiter und denken darüber nach, welche Fülle von Kombinationen mit einer einzigen der oben erwähnten Ideen, der Zahl, gebildet werden können, Kombinationen, deren Menge unerschöpflich und wahrhaft unendlich ist. Ja, welches weite, unermeßliche Feld eröffnet nicht allein die bloße Ausdehnung den Mathematikern!

VIII. KAPITEL

WEITERE BETRACHTUNGEN ÜBER UNSERE EINFACHEN IDEEN DER SENSATION

Positive Ideen aus privativen Ursachen.

1. Hinsichtlich der einfachen Ideen der Sensation ist zu berücksichtigen, daß alles, was seiner Natur nach so beschaffen ist, daß es durch Einwirkung auf unsere Sinne eine Wahrnehmung im Geist verursachen kann, dadurch im Verstand eine einfache Idee erzeugt; diese wird, gleichviel welches ihre äußere Ursache ist, sobald sie von unserem Erkenntnisvermögen bemerkt wird, vom Geist als eine ebenso reale, im Verstand vorhandene positive Idee angesehen und betrachtet wie jede beliebige andere Idee, mag auch ihre Ursache vielleicht nur eine Privation des Gegenstandes sein.

Die Ideen im Geist unterscheiden sich von den Ursachen in den Dingen, die sie entstehen lassen.

2. So sind die Ideen von Hitze und Kälte, Licht und Dunkelheit, weiß und schwarz, Bewegung und Ruhe gleich klare und positive Ideen im Geist, wenn auch vielleicht einige der Ursachen, die sie hervorrufen, in jenen Gegenständen, von denen unsere Sinne diese Ideen ableiten, reine Privationen sind. Der Verstand betrachtet sie, wenn er sich ihnen zuwendet, sämtlich als deutliche, positive Ideen, ohne von den Ursachen Notiz zu nehmen, von denen sie hervorgerufen werden; denn das ist eine Untersuchung, die nicht die Idee, so wie sie im Verstand vorhanden ist, betrifft, sondern die Natur der Dinge, die außer uns existieren. Dies sind zwei ganz verschiedene und sorgfältig zu unterscheidende Punkte; einmal handelt es sich darum, daß man die Idee weiß oder schwarz wahrnimmt und kennt; ganz etwas anderes aber ist es zu prüfen, welche Art von Partikeln auf der Oberfläche eines Körpers angeordnet sein muß, damit derselbe weiß oder schwarz erscheine.

Wir können Ideen haben, ohne ihre physikalischen Ursachen zu kennen.

3. Ein Maler oder Färber, der nie nach ihren Ursachen gefragt hat, hat die Ideen von weiß und schwarz und anderen Farben in seinem Verstand ebenso klar, vollkommen und deutlich, ja, vielleicht noch deutlicher als der Philosoph, der sich damit beschäftigt hat, ihre Natur zu betrachten, und der zu wissen glaubt, inwieweit eine jede von ihnen ihrer Ursache nach positiv oder privativ

ist; die Idee von schwarz ist im Geist des Erstgenannten nicht weniger positiv wie die Idee von weiß; mag auch die Ursache jener Farbe im äußeren Objekt nur eine Privation sein.

4. Wenn ich in diesem Werk die Absicht hätte, die natürlichen Ursachen und die Art und Weise der Wahrnehmung zu untersuchen, so würde ich folgendes als Grund anführen, weshalb eine privative Ursache, wenigstens in manchen Fällen, eine positive Idee hervorbringen kann. Da alle Sensation in uns lediglich durch verschiedene Grade und Modi der Bewegung unserer Lebensgeister zustande kommt, die von den äußeren Gegenständen in verschiedener Weise angeregt werden, so muß jedes Nachlassen einer früheren Bewegung ebenso notwendig wie die Veränderung oder Steigerung derselben eine neue Sensation hervorrufen und damit auch dem Geist eine neue Idee zuführen, die nur auf einer andersartigen Bewegung der Lebensgeister in dem betreffenden Organ beruht.

Warum eine privative Ursache in der Natur eine positive Idee veranlassen kann.

5. Ob sich dies wirklich so verhält oder nicht, will ich indessen hier nicht entscheiden; vielmehr berufe ich mich auf die eigene Erfahrung eines jeden, ob der Schatten eines Menschen, obwohl er nur in der Abwesenheit des Lichtes besteht (und je mehr Licht fehlt, um so deutlicher wird der Schatten), bei der Betrachtung nicht eine ebenso klare und positive Idee im Geist hervorruft wie der Mensch selbst, auch wenn er vom hellsten Sonnenlicht umstrahlt ist? Ebenso ist ein gemalter Schatten ein positives Ding. Wir haben aber negative Namen, [die* nicht direkt für positive Ideen stehen, sondern vielmehr für deren Abwesenheit, zum Beispiel *Geschmacklosigkeit, Stillschweigen, Nichts* usw.; diese Namen bezeichnen positive Ideen, nämlich *Geschmack, Ton, Sein,* mit dem Hinweis auf deren Abwesenheit.]

Negative Namen brauchen nicht bedeutungslos zu sein.

---

* In den drei ersten Auflagen: „denen keine positiven Ideen entsprechen; sie bestehen jedoch ausschließlich in der Verneinung bestimmter Ideen wie *Stillschweigen, unsichtbar;* diese aber bezeichnen keine im Geist vorhandenen Ideen, sondern deren Abwesenheit." [Fraser, a. a. O., Bd. I, S. 168.]

Ob irgendwelche Ideen auf wirklich privative Ursachen zurückzuführen sind.

6. So kann man also mit Recht sagen, daß jemand die Dunkelheit sehe. Nimmt man nämlich einen vollkommen dunklen Raum an, von dem kein Licht reflektiert wird, so kann man sicherlich dessen Gestalt sehen oder ihn bildlich darstellen; oder es kann fraglich sein, ob die Tinte, die ich beim Schreiben benutze, irgendeine andere Idee hervorruft. Die privativen Ursachen, die ich hier für die positiven Ideen namhaft gemacht habe, entsprechen der landläufigen Meinung; in Wahrheit wird es sich freilich schwer bestimmen lassen, ob es tatsächlich Ideen auf Grund einer privativen Ursache gibt, solange nicht entschieden ist, ob Ruhe überhaupt in höherem Grad eine Privation ist als Bewegung.

Ideen im Geiste, Qualitäten in den Körpern.

7. Um die Natur unserer *Ideen* noch besser zu erkennen und verständlich von ihnen zu reden, wird es zweckdienlich sein, zwischen ihnen zu unterscheiden, *insofern sie Ideen oder Wahrnehmungen in unserem Geist* und *insofern sie Modifikationen der Materie in den Körpern sind, die in uns derartige Wahrnehmungen verursachen;* denn wir dürfen nicht etwa denken (wie es vielleicht meist geschieht), sie seien die genauen Abbilder und Ebenbilder von etwas dem Gegenstand Inhärierenden; haben doch die meisten der durch Sensation gewonnenen Ideen im Geiste nicht mehr Ähnlichkeit mit etwas außer uns Existierendem als die Namen, die für sie stehen, mit unsern Ideen, die sie doch in uns hervorzurufen vermögen, sobald wir sie hören.

Unsere Ideen und die Qualitäten der Körper.

8. Alles, was der Geist *in sich selbst* wahrnimmt oder was unmittelbares Objekt der Wahrnehmung, des Denkens oder des Verstandes ist, das nenne ich *Idee;* und die Kraft, eine Idee in unserm Geist zu erzeugen, nenne ich eine *Qualität* des Gegenstandes, dem jene Kraft innewohnt. Wenn beispielsweise ein Schneeball die Kraft besitzt, in uns die Ideen von weiß, kalt und rund zu erzeugen, so nenne ich die Kraft, diese Ideen, wie sie im Schneeball sind, in uns zu erzeugen, Qualitäten; sofern sie aber Sensationen oder Wahrnehmungen in unserm Verstande sind, nenne ich sie Ideen. Wenn ich also zuweilen von diesen Ideen rede, als wären sie in den

Dingen selbst, so möchte ich darunter jene Qualitäten in den Objekten verstanden wissen, die die Ideen in uns erzeugen.

9. [Bei* dieser Betrachtungsweise ergeben sich als Qualitäten der Körper:

Erstens solche, die vom Körper, in welchem Zustand er auch sein möge, völlig untrennbar sind,] die er bei allen Veränderungen und Verwandlungen, die er erfährt, bei aller Gewalt, die auf ihn ausgeübt wird, dauernd beibehält, die die Sinne stets in jedem Partikel der Materie entdecken, das groß genug ist, um wahrgenommen zu werden, und die auch der Geist mit jedem Partikel untrennbar verbunden findet, mag letzteres auch zu klein sein, um für sich allein von unsern Sinnen wahrgenommen zu werden. Man nehme zum Beispiel ein Weizenkorn und teile es in zwei Teile, so hat jeder Teil noch Festigkeit, Ausdehnung, Gestalt und Beweglichkeit; man teile es nochmals, und es behält noch immer dieselben Qualitäten; in dieser Weise teile man weiter, bis die Teile sinnlich nicht mehr wahrnehmbar sind, so muß gleichwohl jedes von ihnen alle jene Qualitäten behalten. Denn eine Teilung (nichts anderes als eine solche bewirken die Mühle, der Mörser oder ein sonstiger Körper, wenn sie einen anderen in sinnlich nicht mehr wahrnehmbare Teilchen zerlegen) kann einem Körper niemals Festigkeit, Ausdehnung, Gestalt oder Beweglichkeit nehmen; sie schafft vielmehr nur zwei oder mehr gesonderte, selbständige Massen von Materie aus einer vorher einheitlichen; alle diese Massen, die als ebenso viele selbständige Körper gerechnet werden, machen nach der Teilung eine bestimmte Zahl

Primäre Qualitäten der Körper.

---

* In den drei ersten Auflagen: „Was diese Qualitäten betrifft, so können wir, denke ich, folgende primäre in den Körpern beobachten, die in uns einfache Ideen hervorrufen: *Festigkeit, Ausdehnung, Bewegung* oder *Ruhe, Zahl* und *Gestalt.*" Der Satz wurde in der vierten Auflage gestrichen, ebenso die Worte: „Diese, die ich *ursprüngliche* oder *primäre* Qualitäten eines Körpers nenne, sind von dem letzteren völlig untrennbar", die an Stelle der eingeklammerten Worte am Anfang des früheren § 10 (jetzt § 9) standen. [Fraser, a. a. O., Bd. I, S. 169.]

aus. [Diese* nenne ich *ursprüngliche* oder *primäre Qualitäten* der Körper, die, wie wir meines Erachtens beobachten können, einfache Ideen in uns erzeugen, nämlich Festigkeit, Ausdehnung, Gestalt, Bewegung oder Ruhe und Zahl.

Sekundäre Qualitäten der Körper.

10. *Zweitens,* solche Qualitäten, die in Wahrheit in den Objekten selbst nichts sind als die Kräfte, vermittels ihrer primären Qualitäten, das heißt der Größe, Gestalt, Beschaffenheit und Bewegung ihrer sinnlich nicht wahrnehmbaren Teilchen, verschiedenartige Sensationen in uns zu erzeugen, wie zum Beispiel Farben, Töne, Geschmacksarten usw. Diese nenne ich *sekundäre Qualitäten.* Hinzufügen könnte man noch eine *dritte* Gruppe, die man überhaupt nur als Kräfte gelten läßt, obgleich sie ebensogut reale Qualitäten im Gegenstand sind wie diejenigen, die ich, um mich dem herrschenden Sprachgebrauch anzupassen, Qualitäten nenne, der Unterscheidung wegen jedoch als sekundäre Qualitäten bezeichne. Denn die Kraft des Feuers, durch seine primären Qualitäten im *Wachs* oder *Ton* eine neue Farbe oder einen andern Grad der Festigkeit zu erzeugen, ist ebenso gut eine Qualität des Feuers wie seine Kraft, durch dieselben primären Qualitäten, nämlich Größe, Beschaffenheit und Bewegung seiner sinnlich nicht wahrnehmbaren Teilchen, in *mir* eine neue Idee oder Sensation der Wärme oder des Brennens zu erzeugen, die ich vorher nicht fühlte.]

Wie die Körper Ideen in uns erzeugen.

11. [Als** nächstes haben wir zu betrachten, wie die Körper Ideen in uns erzeugen. Es geschieht offenbar durch einen Impuls, der einzigen für uns denkbaren Weise, wie Körper eine Wirkung ausüben.]

* Bis einschließlich § 10 Zusatz der vierten Auflage. [Fraser, a. a. O., Bd. I, S. 170.]
** In den ersten drei Auflagen lautet dieser Abschnitt: „Als nächstes haben wir zu betrachten, wie Körper aufeinander wirken; es geschieht offenbar durch einen Impuls und durch nichts anderes; denn es ist unvorstellbar, daß ein Körper auf etwas einwirkt, *was er nicht berührt* (das hieße geradezu sich vorstellen, daß er wirke, wo er nicht vorhanden ist), oder daß, wenn er berührt, er anders als durch Bewegung einwirke." [Fraser, a. a. O., Bd. I, S. 171.]

12. Wenn somit* äußere Objekte nicht mit unserm Geist vereinigt sind, während sie in ihm Ideen erzeugen, und wenn wir gleichwohl die genannten *ursprünglichen* Qualitäten in solchen Objekten wahrnehmen, die einzeln in den Bereich unserer Sinne fallen, so leuchtet es ein, daß sich von ihnen aus eine gewisse Bewegung durch unsere Nerven oder Lebensgeister, durch bestimmte Teile unseres Körpers bis hin zum Gehirn, das heißt zum Sitz der Sensation fortpflanzen muß, um hier in unserm Geist die besonderen Ideen zu erzeugen, die wir von jenen äußeren Objekten haben. Da wir nun Ausdehnung, Gestalt, Zahl und Bewegung der Körper von wahrnehmbarer Größe in einer gewissen Entfernung mit den Augen erkennen, so müssen offenbar gewisse Körper, die einzeln nicht wahrnehmbar sind, von ihnen aus zu den Augen gelangen und dadurch dem Gehirn eine bestimmte Bewegung mitteilen, welche die Ideen, die wir von den Körpern in uns tragen, erzeugen.

<small>Durch äußere Bewegungen und Bewegungen in unserem Organismus.</small>

13. In derselben Weise, wie die Ideen dieser ursprünglichen Qualitäten in uns erzeugt werden, dürfen wir uns die Erzeugung der Ideen der *sekundären* Qualitäten vorstellen, nämlich durch die Einwirkung von sinnlich nicht wahrnehmbaren Partikeln auf unsere Sinne. Denn es gibt offenbar Körper, und zwar in recht beträchtlicher Zahl, von denen jeder einzelne so klein ist, daß wir mit keinem unserer Sinne seine Größe, Gestalt oder Bewegung entdecken können; dies ist an den Partikeln der Luft und des Wassers sowie an andern zu sehen, die noch viel kleiner sind als diese und sich vielleicht zu ihnen verhalten wie die Teilchen von Luft und Wasser selbst zu Erbsen oder Hagelkörnern; deshalb wollen wir gegenwärtig annehmen, daß die verschiedene Bewegung und Gestaltung, Größe und Zahl solcher Partikel, wenn sie auf die verschiedenen Organe unserer Sinne einwirken, in uns jene verschiedenen Sensationen erzeugen, die wir von den Farben und Gerüchen der Körper haben;

<small>Wie sekundäre Qualitäten ihre Ideen erzeugen.</small>

---

* Die in den ersten drei Auflagen hier folgenden Worte „Körper nicht aus der Ferne wirken können, und" sind in der vierten Auflage weggelassen. [Fraser, a. a. O., Bd. I, S. 171.]

ein Veilchen kann beispielsweise durch den Impuls solcher sinnlich nicht wahrnehmbarer Materiepartikel von besonderer Gestalt und Größe und durch verschiedene Grade und Modifikationen ihrer Bewegung die Ideen der blauen Farbe und des süßen Duftes jener Blumen in unserm Geist erzeugen. Denn es ist nicht weniger möglich, sich vorzustellen, daß Gott solche Ideen mit derartigen Bewegungen verknüpft, denen sie in keiner Weise ähneln, als daß er die Idee des Schmerzes mit der Bewegung eines unser Fleisch zerschneidenden Stahles verknüpft, mit dem jene Idee ebenfalls keinerlei Ähnlichkeit besitzt.

Sie beruhen auf primären Qualitäten.

14. Was ich bezüglich der Farben und Gerüche gesagt habe, läßt sich auch auf Geschmacksarten, Töne und andere ähnliche sinnlich wahrnehmbare Qualitäten anwenden; sie sind, gleichviel welche Realität wir ihnen irrtümlicherweise zuschreiben, in Wahrheit in den Objekten selbst nichts anderes als Kräfte, um verschiedenartige Sensationen in uns zu erzeugen, und hängen von den primären Qualitäten, nämlich von Größe, Gestalt, Beschaffenheit und Bewegung der Teilchen, ab, [wie* ich gesagt habe].

Die Ideen der primären Qualitäten sind Ebenbilder, die der sekundären dagegen nicht.

15. Hieraus ergibt sich, wie mir scheint, ohne weiteres der Schluß, daß die Ideen der primären Qualitäten der Körper Ebenbilder der letzteren sind und daß ihre Urbilder in den Körpern selbst real existieren, während die durch die sekundären Qualitäten in uns erzeugten Ideen mit den Körpern überhaupt keine Ähnlichkeit aufweisen. In den Körpern selbst existiert nichts, was unsern Ideen gliche. Sie sind in den Körpern, die wir nach ihnen benennen, lediglich eine Kraft, jene Sensationen in uns zu erzeugen. Was in der Idee von süß, blau oder warm ist, ist nur eine gewisse Größe, Gestalt und Bewegung der sinnlich nicht wahrnehmbaren Teilchen in den Körpern selbst, die wir so benennen.

Beispiele.

16. Die Flamme bezeichnen wir als heiß und hell, den Schnee als weiß und kalt, das Manna als weiß und süß, und zwar auf Grund der Ideen, die sie in uns erzeugen.

---

* In den ersten drei Auflagen: „und deshalb nenne ich sie *sekundäre Qualitäten*". [Fraser, a. a. O., Bd. I, S. 173.]

Gewöhnlich meint man dabei, diese Qualitäten seien in den Körpern dasselbe, was jene Ideen in uns sind, das eine sei das vollkommene Ebenbild des anderen, wie es bei einem Spiegelbild der Fall ist. Jede andere Behauptung würde den meisten Menschen als höchst seltsam erscheinen. Zieht man jedoch in Betracht, daß dasselbe Feuer, das in einer gewissen Entfernung die Sensation der Wärme in uns erzeugt, in einer näheren Entfernung die ganz anders geartete Sensation des Schmerzes erzeugt, dann wird man bedenken müssen, mit welchem Recht man sagen kann, die durch das Feuer in uns erzeugte Idee der Wärme sei *tatsächlich im Feuer vorhanden*, unsere Idee des Schmerzes, die das Feuer in der gleichen Weise in uns erzeugt hat, sei es dagegen *nicht*. Warum sind Weiße und Kälte im Schnee vorhanden, der Schmerz aber nicht, da der Schnee doch die eine wie die andere Idee in uns erzeugt, was er nur vermittels der Größe, Gestalt, Zahl und Bewegung seiner festen Bestandteile zu tun vermag?

17. Die besondere Größe, Zahl, Gestalt und Bewegung der Teile des Feuers oder des Schnees ist in diesen Gegenständen wirklich vorhanden, gleichviel ob sie von den Sinnen eines Menschen wahrgenommen werden oder nicht. Sie können deshalb *reale* Qualitäten genannt werden, weil sie in jenen Körpern real existieren. Dagegen sind Licht, Hitze, Weiße oder Kälte im Feuer und Schnee ebenso wenig real enthalten wie Krankheit oder Schmerz im Manna. Man schalte bei ihnen die Sensation aus, man lasse die Augen kein Licht und keine Farben sehen, das Ohr keine Töne hören, den Gaumen nicht schmecken, die Nase nicht riechen, so schwinden und vergehen alle Farben, Geschmacksarten, Gerüche und Töne, *da sie solche partikularen Ideen sind,* und werden auf ihre Ursachen reduziert, das heißt auf Größe, Gestalt und Bewegung der Teile.

Die Ideen der primären Qualitäten allein existieren real.

18. Ein Stück Manna von sinnlich wahrnehmbarer Größe kann in uns die Idee einer runden oder viereckigen Gestalt und im Falle seiner Ortsveränderung die Idee der Bewegung erzeugen. Diese letztere Idee stellt die Bewegung dar, wie sie wirklich in dem sich

Die sekundären Qualitäten existieren in den Dingen nur als Modi der primären.

bewegenden Manna vorhanden ist; ein Kreis oder ein Viereck bleibt dasselbe in der Idee wie in der Existenz, im Geist wie im Manna. Sowohl Bewegung wie Gestalt sind im Manna real vorhanden, gleichviel ob wir von ihnen Notiz nehmen oder nicht, wie jeder bereitwillig zugibt. Daneben besitzt das Manna durch Größe, Gestalt, Beschaffenheit und Bewegung seiner Teile die Kraft, in uns die Sensation des Mißbehagens, manchmal gar heftiger Schmerzen oder des Bauchgrimmens zu erzeugen. Daß diese Ideen des Mißbehagens und des Schmerzes *nicht* im Manna vorhanden, sondern das Ergebnis seiner Einwirkung auf uns sind und nirgends existieren, wenn wir sie nicht fühlen, das gibt gleichfalls jeder ohne weiteres zu. Jedoch lassen sich die Menschen nur mit Mühe an den Gedanken gewöhnen, daß Süße und Weiße im Manna nicht real vorhanden sind, daß sie nur das Ergebnis der Einwirkungen sind, die das Manna kraft der Bewegung, Größe und Gestalt seiner Partikel auf Auge und Gaumen ausübt, ebenso wie Schmerz und Mißbehagen, die durch das Manna verursacht werden, zugestandenermaßen nur das Ergebnis seiner auf Magen und Inneres durch Größe, Bewegung und Gestalt seiner sinnlich nicht wahrnehmbaren Teilchen ausgeübten Einwirkungen sind (denn wie nachgewiesen, kann ein Körper nur hierdurch eine Wirkung ausüben); warum sollte das Manna nicht ebensogut auf Augen und Gaumen einwirken und dadurch im Geist besondere, deutliche Ideen erzeugen können, die es in sich nicht besitzt, wie es, was wir ja zugeben, auf Inneres und Magen einwirken und dadurch deutliche Ideen erzeugen kann, die es in sich selbst nicht hat. Da diese Ideen ausnahmslos das Ergebnis der durch Größe, Gestalt, Zahl und Bewegung der Teile hervorgerufenen Einwirkungen des Mannas auf verschiedene Teile unseres Körpers sind, so müßte sich ein Grund aufweisen lassen, warum man von den durch Auge und Gaumen erzeugten Ideen eher anzunehmen hätte, daß sie im Manna real vorhanden seien, als von den durch Magen und Inneres erzeugten; warum sollte von Schmerz und Mißbehagen – Ideen, die die Wirkung des Mannas sind – anzunehmen sein, daß sie nirgends vorhanden seien, sobald sie nicht empfunden werden, während doch von der Süße und der Weiße, die von demselben Manna und auf dieselbe unbekannte Art durch Einwirkung auf andere Teile des Körpers hervorgerufen werden, zu gelten hätte, daß sie im Manna vorhanden seien, auch wenn sie nicht gesehen oder geschmeckt werden.

19. Man betrachte die rote und weiße Farbe am Porphyr. Verhindert man, daß das Licht auf ihn trifft, so verschwinden seine Farben, und er erzeugt die entsprechenden Ideen nicht länger in uns; erhält das Licht wieder Zutritt, so erzeugt er diese Erscheinungen wieder in uns. Ist es dabei nun denkbar, daß durch die Anwesenheit oder Abwesenheit des Lichtes irgendwelche realen Veränderungen im Porphyr hervorgerufen werden und daß die Ideen von weiß oder rot im beleuchteten Porphyr real vorhanden sind, während offenbar ist, *daß er im Dunkeln keine Farbe hat?* Er besitzt in der Tat sowohl in der Nacht wie bei Tage eine Konfiguration der Partikel, die vermittels der von gewissen Teilen dieses harten Gesteins zurückprallenden Lichtstrahlen in uns die Idee der Röte, in andern Fällen die Idee der Weiße erzeugt; im Porphyr jedoch ist nie Weiße oder Röte vorhanden, sondern eine Beschaffenheit, die die Kraft hat, eine bestimmte Sensation in uns zu erzeugen. [Beispiele.]

20. Zerstampft man eine Mandel, so verwandelt sich die reine weiße Farbe in eine schmutzige, der süße Geschmack in einen öligen. Welche andere reale Veränderung kann aber der Stoß der Mörserkeule in einem Körper zustandebringen als nur eine Veränderung seiner Beschaffenheit?

21. Wenn wir die Ideen so unterscheiden und auffassen, können wir vielleicht eine Erklärung dafür finden, wie dasselbe Wasser in demselben Augenblick an der einen Hand die Idee der Kälte, an der anderen die der Wärme zu erzeugen vermag; könnte doch dasselbe Wasser unmöglich gleichzeitig warm und kalt sein, wenn diese Ideen wirklich darin vorhanden wären. Wenn wir uns nämlich vorstellen, daß die *Wärme,* so wie sie in [Erklärung dafür, daß Wasser, das von der einen Hand als kalt empfunden wird, der anderen warm erscheint.]

unsern Händen ist, nichts anderes ist als eine gewisse Art und ein gewisser Grad der Bewegung in den feinsten Partikeln unserer Nerven oder Lebensgeister, so wird uns begreiflich, wie es möglich ist, daß dasselbe Wasser zur gleichen Zeit die Sensation der Hitze in der einen, die der Kälte in der andern Hand zu erzeugen vermag. Bei der *Gestalt* tritt so etwas nie ein; in keinem Fall erzeugt etwas in der einen Hand die Idee des Vierecks, das in der anderen die Idee der Kugel erzeugt hat. Wenn aber die Sensation von Wärme und Kälte in nichts anderem besteht als in der Vermehrung oder Verminderung der Bewegung der kleinsten Teile unseres Körpers, die durch die Korpuskeln irgendeines anderen Körpers verursacht ist, und wenn jene Bewegung in der einen Hand größer ist als in der andern, so läßt sich leicht einsehen, daß ein Körper, dessen kleinste Partikel sich in einer stärkeren Bewegung befinden als diejenigen der einen und in einer schwächeren als die der anderen Hand, mit beiden Händen in Berührung gebracht, die Bewegung in der einen Hand beschleunigen und in der anderen verlangsamen und auf diese Weise die davon abhängenden verschiedenen Sensationen von Wärme und Kälte verursachen wird.

Eine Exkursion in die Naturwissenschaft.

22. In dem unmittelbar Vorhergehenden habe ich mich etwas tiefer auf physikalische Untersuchungen eingelassen als ich vielleicht wollte. Es war aber notwendig, die Natur der Sensation einigermaßen verständlich zu machen und den Unterschied zwischen den in den Körpern vorhandenen Qualitäten und den durch letztere im Geiste erzeugten *Ideen* klarzulegen, da dies unerläßlich ist, wenn man über die Ideen verständlich reden will. Ich hoffe, man wird mir diese kleine Exkursion in das naturwissenschaftliche Gebiet verzeihen. Denn es war bei der vorliegenden Untersuchung notwendig, die *primären* und *realen* Qualitäten der Körper, die immer in ihnen vorhanden sind (nämlich Festigkeit, Ausdehnung, Gestalt, Zahl und Bewegung oder Ruhe, und die auch von uns bisweilen wahrgenommen werden, dann nämlich, wenn die Körper, in denen sie enthalten sind, groß genug sind, um einzeln erkannt zu werden), von den *se-*

kundären und ihnen nur *zugeschriebenen* Qualitäten zu unterscheiden; letztere sind nichts weiter als die Kräfte verschiedener Kombinationen der primären Qualitäten, wenn diese, ohne deutlich erkannt zu werden, wirken. Hieraus können wir auch lernen, welche Ideen die Ebenbilder von etwas sind, was in den nach ihnen benannten Körpern real existiert, und welche nicht.

23. Die in den Körpern vorhandenen Qualitäten sind somit, recht betrachtet, von dreierlei Art: [Drei Arten von Qualitäten in den Körpern.]

1. Größe, Gestalt, Zahl, Lage und Bewegung oder Ruhe ihrer festen Teile. Diese Qualitäten sind in ihnen vorhanden, gleichviel, ob wir sie wahrnehmen oder nicht; sind sie aber groß genug, um von uns entdeckt zu werden, so erhalten wir durch sie eine Idee von dem Ding, wie es an sich ist, was an künstlich hergestellten Dingen deutlich wird. Diese nenne ich *primäre Qualitäten*.

2. Die einem Körper innewohnende Kraft, auf Grund seiner sinnlich nicht wahrnehmbaren primären Qualitäten in eigentümlicher Weise auf irgendeinen unserer Sinne einzuwirken und dadurch in *uns* die verschiedenen Ideen von mancherlei Farben, Tönen, Gerüchen, Geschmacksarten usw. zu erzeugen. Sie werden gewöhnlich *sensible Qualitäten* genannt.

3. Die einem Körper innewohnende Kraft, auf Grund der besonderen Beschaffenheit seiner primären Qualitäten eine solche Veränderung in der Größe, Gestalt, Struktur und Bewegung *eines zweiten Körpers* hervorzurufen, daß dieser auf unsere Sinne anders einwirkt als zuvor. So besitzt die Sonne die Kraft, Wachs zu bleichen, das Feuer die Kraft, Blei zu schmelzen. [Diese* nennt man gewöhnlich *Kräfte*.]

Die erstgenannten können, wie gesagt, meiner Ansicht nach mit Recht als reale, ursprüngliche oder primäre Qualitäten bezeichnet werden, weil sie in den Dingen selbst vorhanden sind, mögen sie nun wahrgenommen werden oder nicht, und weil von ihren verschiedenen Modifikationen die sekundären Qualitäten abhängen.

---

* Zusatz der vierten Auflage. [Fraser, a. a. O., Bd. I, S. 179.]

Die beiden anderen Arten sind nur Kräfte, auf andere Dinge verschieden einzuwirken; sie ergeben sich aus den verschiedenen Modifikationen jener primären Qualitäten.

Die ersten sind Ebenbilder die zweiten gelten dafür, sind es aber nicht; die dritten sind es nicht, gelten auch nicht dafür.

24. Obgleich aber die zwei letztgenannten Arten von Qualitäten nur Kräfte sind und nichts als Kräfte, die sich auf gewisse andere Körper beziehen und aus den verschiedenen Modifikationen der ursprünglichen Qualitäten resultieren, so werden sie doch gewöhnlich für etwas anderes angesehen; man betrachtet nämlich die Qualitäten der *zweiten* Art, das heißt die Kräfte, vermittels unserer Sinne verschiedene Ideen in uns zu erzeugen, als reale Qualitäten, die in den so auf uns einwirkenden Dingen vorhanden seien; die Qualitäten der *dritten* Art aber werden nur Kräfte genannt und nur als solche angesehen. Beispielsweise hält man die Idee der Wärme oder des Lichtes, die wir durch das Auge oder durch den Tastsinn von der Sonne her empfangen, gewöhnlich für reale Qualitäten, die in der Sonne existieren, und für etwas mehr als bloße in ihr vorhandene Kräfte. Betrachtet man dagegen die Sonne in Beziehung auf das Wachs, das sie schmilzt oder bleicht, so hält man die im Wachs erzeugte Weiße und Weichheit nicht für der Sonne innewohnende Qualitäten, sondern für Wirkungen, die durch Kräfte in ihr erzeugt wurden. Jedoch befinden sich, recht betrachtet, die Qualitäten des Lichts und der Wärme, die Wahrnehmungen in mir sind, wenn ich von der Sonne erwärmt oder beleuchtet werde, auf keine andere Weise in der Sonne, wie sich die in dem gebleichten oder geschmolzenen Wachs erzielten Veränderungen in ihr befinden. Sie sind in gleicher Weise allesamt *Kräfte in der Sonne, die von deren primären Qualitäten abhängen* und wodurch die Sonne einmal Größe, Gestalt, Struktur oder Bewegung bestimmter, sinnlich nicht wahrnehmbarer Teilchen meiner Augen oder Hände so zu verändern imstande ist, daß sie dadurch in mir die Idee des Lichtes oder der Hitze erzeugt, und wodurch sie im andern Fall imstande ist, Größe, Gestalt, Struktur oder Bewegung der sinnlich nicht wahrnehmbaren Teilchen des

Wachses so zu verändern, daß diese in mir die deutlichen Ideen von weiß und flüssig zu erzeugen geeignet sind.

25\. Der Grund, warum man die einen gewöhnlich für reale Qualitäten, die andern nur für bloße Kräfte hält, scheint mir darin zu liegen, daß die Ideen, die wir von den verschiedenen Farben, Tönen usw. haben, durchaus nichts von Größe, Gestalt oder Bewegung enthalten; deshalb sind wir nicht geneigt, sie als den Effekt dieser primären Qualitäten aufzufassen, deren Einwirkung sich bei ihrer Erzeugung nicht für unsere Sinne bemerkbar macht, mit denen sie auch keine zutage tretende Übereinstimmung oder denkbare Verbindung aufweisen. Darum also stellen wir uns so gern vor, die genannten Ideen seien die Ebenbilder von etwas in den Objekten selbst real Vorhandenem; denn die Sensation entdeckt bei der Erzeugung dieser Ideen nichts von Größe, Gestalt oder Bewegung der Teilchen; noch vermag die Vernunft zu zeigen, wie Körper *durch ihre Größe, Gestalt und Bewegung* im Geist die Ideen von blau, gelb usw. zu erzeugen vermögen. In dem andern Fall dagegen, wenn Körper aufeinander einwirken und der eine die Qualitäten des andern umwandelt, erkennen wir deutlich, daß die erzeugte Qualität zumeist keinerlei Ähnlichkeit mit irgend etwas in dem sie erzeugenden Gegenstand hat; deshalb betrachten wir sie als bloßen Effekt einer Kraft. Zwar neigen wir, wenn wir die Idee der Hitze oder des Lichtes von der Sonne empfangen, zu der Annahme, *dies* sei die Wahrnehmung und das Ebenbild einer derartigen Qualität in der Sonne; wenn wir jedoch sehen, *daß* Wachs oder ein zarter Teint von der Sonne eine Veränderung ihrer Farbe erfahren, so können wir uns nicht vorstellen, daß dies auch eine Einwirkung oder ein Ebenbild von etwas in der Sonne Vorhandenem sei, weil wir diese verschiedenen Farben in der Sonne selbst nicht finden. Denn da unsere Sinne eine Gleichheit oder Ungleichheit sensibler Qualitäten bei zwei verschiedenen äußeren Objekten zu beobachten vermögen, so schließen wir ohne weiteres, daß die Erzeugung irgendeiner sensiblen Qualität in einem beliebigen Gegenstand der Effekt einer bloßen Kraft sei,

Warum die sekundären Qualitäten gewöhnlich für reale Qualitäten gehalten werden und nicht für bloße Kräfte.

nicht aber die Übertragung irgendeiner Qualität, die in dem wirkenden Körper tatsächlich vorhanden war, sobald wir in diesem keine solche sensible Qualität auffinden können. Wenn aber unsere Sinne keinerlei Ungleichheit zwischen der in uns erzeugten Idee und der Qualität des sie erzeugenden Objekts zu entdecken vermögen, so sind wir zu der Vorstellung geneigt, daß unsere Ideen die Ebenbilder von etwas in den Objekten Vorhandenem seien, nicht aber die Effekte gewisser, in der Modifikation ihrer primären Qualitäten begründeten Kräfte, mit welchen primären Qualitäten die in uns erzeugten Ideen keine Ähnlichkeit aufweisen.

Sekundäre Qualitäten sind doppelter Art: erstens unmittelbar, zweitens mittelbar wahrnehmbar.

26. Ich komme zum Schluß: Abgesehen von den oben erwähnten primären Qualitäten der Körper-Größe, Gestalt, Ausdehnung, Zahl und Bewegung ihrer festen Teile – sind alle übrigen, durch die wir von den Körpern Notiz nehmen und sie voneinander unterscheiden, nichts anderes als eine Reihe von in diesen vorhandenen Kräften, die von den primären Qualitäten abhängen, wodurch die Körper imstande sind, entweder unmittelbar auf unsere Körper einzuwirken und so eine Reihe verschiedener Ideen in uns zu erzeugen oder durch Einwirkung auf andere Körper deren primäre Qualitäten so zu verändern, daß sie fähig werden, in uns andere Ideen als zuvor zu erzeugen. Die ersteren können – denke ich – *unmittelbar wahrnehmbare* sekundäre Qualitäten, die letzteren *mittelbar wahrnehmbare* sekundäre Qualitäten genannt werden.

IX. KAPITEL

ÜBER DIE WAHRNEHMUNG

Wahrnehmung ist die erste einfache Idee der Reflexion.

1. Wie die Wahrnehmung einerseits die erste Fähigkeit des mit unseren Ideen beschäftigten Geistes ist, so ist sie andererseits zugleich auch die erste und einfachste Idee, die wir durch Reflexion gewinnen. Sie wird von manchen ganz allgemein als Denken bezeichnet, ob-

wohl das Wort Denken nach richtigem englischen Sprachgebrauch eine an den Ideen im Geist vorgenommene Operation bezeichnet, bei der der Geist aktiv tätig ist, das heißt mit einem gewissen Grad gewollter Aufmerksamkeit etwas betrachtet. Denn bei der reinen Wahrnehmung bleibt der Geist meist nur passiv, und was er wahrnimmt, muß er unvermeidlich wahrnehmen.

2. Was Wahrnehmung ist, wird jeder besser als durch eine von mir zu gebende Darlegung erkennen, wenn er darüber nachdenkt, was er tut, wenn er sieht, hört, fühlt usw. Das kann niemandem entgehen, der über die Vorgänge in seinem eigenen Geist nachdenkt. Wenn er nicht darüber nachdenkt, werden ihm auch alle Wörter der Welt keinen Begriff davon geben können. *Die Reflexion allein kann uns die Idee dessen, was Wahrnehmung bedeutet, vermitteln.*

3. Soviel ist gewiß, wenn alle Veränderungen, die im Körper herbeigeführt werden, nicht den Geist erreichen, wenn alle Eindrücke, die auf die äußeren Organe gemacht werden, nicht im Innern bemerkt werden, dann gibt es keine Wahrnehmung. Das Feuer könnte unsern Körper verbrennen, ohne bei uns einen anderen Effekt hervorzurufen als bei einem Stück Holz, wenn sich die Bewegung nicht bis zum Gehirn fortpflanzt und dort die Empfindung der Hitze oder die Idee des Schmerzes im Geist erzeugt; denn darin besteht die wirkliche Wahrnehmung. *Wahrnehmung entsteht bei der Sensation nur dann, wenn der Geist den organischen Eindruck vermerkt.*

4. Wie oft kann der Mensch an sich selbst beobachten, daß der Geist, wenn er intensiv mit der Betrachtung bestimmter Objekte beschäftigt ist und eine Reihe vorhandener Ideen sorgfältig überschaut, von den Eindrücken keine Notiz nimmt, die tönende Körper in dem Gehörorgan hervorrufen, obgleich sie dort dieselben Veränderungen bewirken, die für gewöhnlich die Idee eines Tones erzeugen. Der Impuls, der dem Organ mitgeteilt wird, mag hinreichend stark sein, wenn er aber vom Geist nicht beachtet wird, so erfolgt keine Wahrnehmung; wenn auch die Bewegung, die für gewöhnlich die Idee des Tones erzeugt, im Ohr stattfindet, so wird doch kein Ton gehört. Das Ausbleiben der Sensation wird in diesem Fall nicht durch einen Fehler im Organ verur- *Der Impuls auf das Organ ist nicht ausreichend.*

sacht, auch nicht dadurch, daß auf das Gehör weniger stark eingewirkt wurde als bei anderen Gelegenheiten, bei denen man hörte; vielmehr erfolgt die Sensation deshalb nicht, weil dasjenige, was sonst die Idee erzeugt, trotz Zuleitung durch das gewöhnliche Organ vom Verstand nicht beachtet wird und darum dem Geist keine Idee einprägt. Überall also, wo Empfindung oder Wahrnehmung ist, wird wirklich eine Idee erzeugt und ist im Verstand gegenwärtig.

Kinder können zwar im Mutterleib Ideen haben, jedoch keine angeborenen Ideen.

5. Ich bezweifle darum nicht, daß Kinder, wenn sie ihre Sinne an den im Mutterleib auf sie einwirkenden Objekten betätigen, dadurch schon vor der Geburt einige wenige Ideen erlangen. Es sind dies die unvermeidlichen Effekte der sie umgebenden Körper oder der Unvollkommenheiten und Mängel, an denen sie zu leiden haben. Dazu dürften (wenn es erlaubt ist, über etwas Vermutungen zu äußern, was sich schlecht nachprüfen läßt) die beiden Ideen des Hungers und der Wärme zu rechnen sein; sie gehören wahrscheinlich zu den ersten Ideen, die Kinder überhaupt haben und die ihnen kaum je wieder verloren gehen.

Die Effekte der Sensation im Mutterleib.

6. Mag die Vorstellung auch vernünftig sein, daß Kinder, noch ehe sie zur Welt kommen, bestimmte Ideen erwerben, so sind doch diese einfachen Ideen weit von den *angeborenen Prinzipien* entfernt, für die manche eintreten, während wir sie oben verworfen haben. Die hier erwähnten Ideen, die nur die Ergebnisse von Sensationen sind, rühren von bestimmten, im Mutterleib erfahrenen Einwirkungen auf den Körper her, hängen also von etwas ab, was sich außerhalb des Geistes befindet. Hinsichtlich ihrer Erzeugung unterscheiden sie sich auch von anderen von den Sinnen hergeleiteten Ideen nur dadurch, daß sie ihnen zeitlich vorangehen. Von jenen angeborenen Prinzipien wird dagegen immer behauptet, sie seien ganz anderer Natur, der Geist erlange sie nicht durch zufällige Veränderungen im Körper oder durch irgendwelche Einwirkungen auf diesen, sie seien ihm vielmehr gleichsam als ursprüngliche Schriftzeichen im allerersten Augenblick seines Daseins und seiner Gestaltung aufgeprägt worden.

7. Wie wir vernünftigerweise annehmen dürfen, daß dem Geist der Kinder schon im Mutterleib gewisse Ideen zugeführt werden, die ihren dortigen Lebens- und Daseinsbedingungen dienlich sind, so prägen sich ihnen nach der Geburt die Ideen jener sensiblen Qualitäten zuerst ein, die sich ihnen am frühesten darbieten. Unter diesen ist das Licht eine der wichtigsten und von sehr erheblicher Wirkung. Wie begierig der Geist der Kinder danach verlangt, mit allen Ideen ausgestattet zu werden, die von keiner Schmerzempfindung begleitet sind, kann man in etwa aus einer Beobachtung ersehen, die an neugeborenen Kindern zu machen ist: Sie wenden ihre Augen immer dahin, woher das Licht kommt, gleichviel, wohin man sie legt. Nun sind die Ideen, mit denen sich das Kind zuerst vertraut macht, verschieden, je nach der verschiedenen Behandlungsweise, die es in der Welt zunächst erfährt; deshalb ist auch die Reihenfolge, in der die verschiedenen Ideen in den Geist gelangen, sehr verschieden und auch ungewiß; freilich ist es auch belanglos, ob wir sie kennen.

Welche Ideen zuerst erscheinen, liegt nicht klar zutage, ist auch nicht wichtig.

8. Hinsichtlich der Wahrnehmung haben wir ferner zu erwägen, daß die durch Sensation erlangten Ideen bei Erwachsenen oft durch das Urteilsvermögen verändert werden, ohne daß wir davon Notiz nehmen. Stellen wir beispielsweise eine einfarbige Kugel, etwa aus Gold, Alabaster oder Gagat, vor uns hin, so ist die dadurch unserm Geist eingeprägte Idee sicherlich die einer ungleichmäßig schattierten runden Scheibe, von der Licht und Glanz in verschiedener Abstufung an unser Auge dringt. Da wir uns aber durch Übung daran gewöhnt haben wahrzunehmen, welche Erscheinung konvexe Körper in der Regel in uns hervorrufen, welche Veränderungen die Verschiedenheit der sinnlich wahrnehmbaren Gestaltung von Körpern bei Widerstrahlungen des Lichts verursacht, so verwandelt das Urteilsvermögen infolge langer Übung die Erscheinung sofort in ihre Ursache. Sie schließt von dem, was in Wahrheit ein Wechsel von Schatten und Farbe ist, auf die Figur, als deren Kennzeichen ihr diese Schattierung erscheint; so bil-

Die Sensationen werden durch das Urteilsvermögen oft verändert.

det sie die Wahrnehmung einer konvexen Figur und einer gleichmäßigen Färbung, während die Idee, die wir in diesem Fall erhalten, nur die einer verschieden gefärbten Fläche ist, wie sich in der Malerei augenscheinlich zeigt. [Zur* Erläuterung des Gesagten möchte ich hier ein Problem des höchst scharfsinnigen und eifrigen Förderers realer Erkenntnis, des gelehrten und vortrefflichen Herrn Molyneux, einschalten; er war so gütig, mir dies vor einigen Monaten brieflich mitzuteilen. Es handelt sich um folgendes: Denken wir uns einen *Blindgeborenen*, der jetzt erwachsen ist und mit dem Tastsinn zwischen einem Würfel und einer Kugel von gleichem Metall und annähernd gleicher Größe hat unterscheiden *lernen*, so daß er bei Berührung der beiden Gegenstände zu sagen vermag, welches der Würfel und welches die Kugel sei. Nehmen wir weiter an, Würfel und Kugel würden auf einen Tisch gestellt und der Blinde würde sehend, so fragt es sich nun, ob er nur *durch den Gesichtssinn, schon vor Berührung der Gegenstände*, Kugel und Würfel unterscheidet und angeben könnte, welches die Kugel und welches der Würfel sei. Der scharfsinnige und einsichtsvolle Fragesteller beantwortet die Frage mit nein. „Denn", so sagt er, „wenn auch jener Mann erfahrungsgemäß weiß, wie Kugel und Würfel auf seinen Tastsinn einwirken, so hat er doch noch nicht die Erfahrung gemacht, daß dasjenige, was auf seinen Tastsinn so oder so einwirkt, auf seinen Gesichtssinn so oder so wirken muß, oder daß ein vorspringender Winkel des Würfels, der auf seine Hand einen ungleichmäßigen Druck ausgeübt hat, dem Auge sich so darstellen wird, wie das beim Würfel geschieht." – Ich stimme der Antwort zu, die jener Denker, den** ich mit Stolz meinen Freund nenne, auf diese Frage gibt. Auch ich bin der Meinung, daß der Blinde

* Zusatz der zweiten Auflage. [Fraser, a. a. O., Bd. I, S. 186.]
** In der zweiten und dritten Auflage folgen die Worte „obwohl ich nie das Glück gehabt habe, ihn zu sehen", die in der *vierten* Auflage fehlen, nachdem Molyneux Locke im Jahre 1698 zu Oates besucht hatte. [Fraser, a. a. O., Bd. I, S. 187.]

auf den ersten Blick nicht mit Sicherheit würde sagen können, welches die Kugel, welches der Würfel sei, solange er sie nur sähe, obwohl er sie nach erfolgter Berührung untrüglich namhaft machen und infolge der Verschiedenheit der erfühlten Gestalt mit Sicherheit unterscheiden könnte. Ich teile dem Leser dies mit, damit er in Erwägung ziehe, wieviel er der Erfahrung, der Unterweisung und erworbenen Begriffen auch da zu verdanken hat, wo er glaubt, von ihnen nicht den geringsten Nutzen oder nicht die geringste Hilfe zu haben. Ich tue das um so lieber, als jener aufmerksame Beobachter hinzufügt, er habe, durch mein Buch veranlaßt, jene Frage verschiedenen klugen Leuten vorgelegt; es sei ihm aber kaum je einer begegnet, der gleich anfangs die Antwort gegeben hätte, die er selbst für die richtige halte, bevor er durch Anhören seiner Gründe überzeugt ward.]

9. Freilich gilt dies, denke ich, gewöhnlich nur von den Ideen, die wir durch den Gesichtssinn empfangen. Dieser nämlich, als der umfassendste aller unserer Sinne, führt unserem Geist nicht nur die Ideen des Lichts und der Farben zu, die ihm allein eigentümlich sind, sondern auch die ganz anders gearteten Ideen von Raum, Gestalt und Bewegung, deren verschiedene Formen die Erscheinung des ihm eigentümlichen Objekts, nämlich des Lichts und der Farben, verändern. So gewöhnen wir uns daran, die einen nach den andern zu beurteilen, was sich in zahlreichen Fällen, bei Dingen, von denen wir eine reiche Erfahrung haben, dank einer festen Gewohnheit so regelmäßig und so rasch vollzieht, daß wir das für die Wahrnehmung einer Sensation ansehen, was eine von unserem Urteilsvermögen gebildete Idee ist; das eine nämlich, das aus der Sensation stammt, dient nur dazu, das andere wachzurufen, während es selbst kaum beachtet wird; so wie jemand, der aufmerksam und verständnisvoll liest oder zuhört, sich um Schriftzeichen und Laute wenig kümmert, wohl aber auf die Ideen achtet, die durch sie in ihm angeregt werden.

Dieses Urteilsvermögen wird leicht fälschlich für unmittelbare Wahrnehmung gehalten.

Wie durch Gewohnheit die Ideen der Sensation unbewußt zu Ideen des Urteilsvermögens umgewandelt werden.

10. Daß dies so unvermerkt geschieht, wird uns nicht wundern, wenn wir in Betracht ziehen, wie rasch sich die Tätigkeiten des Geistes vollziehen. Denn wie wir vom Geist selbst glauben, daß er ohne Raum und Ausdehnung ist, so scheinen auch seine Tätigkeiten keine Zeit zu erfordern, sondern sich in großer Zahl auf einen Augenblick zusammenzudrängen. Ich meine dies im Vergleich zu körperlichen Tätigkeiten. Jeder kann das leicht an seinen eigenen Gedanken beobachten, wenn er sich die Mühe geben will, auf sie zu achten. Wie übersieht nicht unser Geist in einem Augenblick, ja, tatsächlich mit einem einzigen Blick alle Teile eines Beweises, der sehr wohl lang genannt werden kann, wenn wir die Zeit in Betracht ziehen, die erforderlich ist, um ihn in Worte zu fassen und Schritt für Schritt einem anderen darzulegen! Ferner werden wir nicht so überrascht sein, daß dies so unvermerkt in uns vor sich geht, wenn wir in Betracht ziehen, wie eine durch Übung erlangte Fertigkeit in gewissen Verrichtungen oft bewirkt, daß diese sich in uns abspielen, ohne daß wir von ihnen Notiz nehmen. Gewohnheiten, zumal solche, die man sich zu einem sehr frühen Zeitpunkt angeeignet hat, erzeugen schließlich Handlungen in uns, die sich häufig unserer Beobachtung entziehen. Wie oft bedecken wir am Tag unsere Augen mit den Lidern, ohne überhaupt wahrzunehmen, daß wir im Dunkeln sind. Leute, die sich beim Sprechen ein bestimmtes Beiwort angewöhnt haben, fügen fast in jedem Satz Laute ein, die zwar von anderen bemerkt werden, die sie selbst aber weder hören noch beachten. Es ist darum gar nicht so seltsam, daß unser Geist oft eine Idee seiner Sensation in die seines Urteilsvermögens umwandelt und die eine nur benutzt, um die andere wachzurufen, ohne daß wir davon Notiz nehmen.

Durch die Wahrnehmung unterscheiden sich die animalischen Lebewesen von den pflanzlichen.

11. Diese Fähigkeit der Wahrnehmung begründet, wie mir scheint, den Unterschied zwischen dem animalischen Bereich und den tieferstehenden Naturreichen. Wenn auch viele Pflanzen ein gewisses Maß von Bewegung besitzen und auf die verschiedene Berührung seitens anderer Körper hin ihre Gestalt und Bewegung rasch ver-

ändern, weshalb sie den Namen sensitive Pflanzen bekommen haben – denn diese Bewegung hat eine gewisse Ähnlichkeit mit der, die bei animalischen Lebewesen auf eine Sensation hin erfolgt –, so glaube ich jedoch, daß es sich hier um einen rein *mechanischen Vorgang* handelt, der nicht anders erzeugt wird wie die Drehung der Grannen des Wildhafers bei allmählichem Eindringen von Feuchtigkeit oder wie die Verkürzung eines Seils durch Begießen mit Wasser. Das alles geschieht, ohne daß der Gegenstand eine Sensation hat oder irgendwelche Ideen besitzt oder erwirbt.

12. Wahrnehmung findet sich meines Erachtens in irgendwelchem Maße bei allen animalischen Wesen, obgleich bei manchen von ihnen der von der Natur für die Wahrnehmung der Sensationen geschaffenen Zugänge so wenige sind und die Wahrnehmungen selbst so dunkel und undeutlich sind, daß diese weit hinter der Raschheit und Mannigfaltigkeit der Sensationen bei anderen Wesen zurückbleiben; immerhin reichen sie für die Lebensbedingungen ihrer Träger aus und sind ihnen weise angepaßt, so daß sich die Weisheit und Güte des Schöpfers in allen Teilen dieses wunderbaren Weltenbaus und bei allen verschiedenen Stufen und Klassen der darin lebenden Geschöpfe deutlich offenbart. Wahrnehmung ist bei allen animalischen Wesen vorhanden.

13. Aus dem Bau einer Auster oder Herzmuschel dürfen wir, denke ich, mit Recht schließen, daß sie nicht so zahlreiche und auch nicht so lebhaft empfindende Sinne haben wie der Mensch oder manches andere animalische Wesen. Hätten sie aber auch solche, so wären sie bei ihrem Zustand und bei ihrer Unfähigkeit, sich von einem Ort zum andern zu bewegen, um nichts besser daran. Welchen Zweck hätten Gesicht oder Gehör für ein Lebewesen, das zwar schon aus der Ferne bei manchen Objekten Nutzen oder Schaden wahrnehmen, sich ihnen aber weder nähern noch sich von ihnen entfernen könnte? Wäre nicht die Lebhaftigkeit der Sensation eine Last für ein Tier, das da, wo der Zufall ihm einmal seinen Platz angewiesen hat, stilliegen und sich je nachdem die Bespülung durch kälteres oder wärmeres, reines oder schmutziges Wasser gefallen lassen muß? Ihren Verhältnissen entsprechend.

Nachlassen der Wahrnehmung im Alter.

14. Gleichwohl kann ich nicht umhin zu glauben, daß eine schwache und dumpfe Wahrnehmung vorhanden ist, durch die sich solche Lebewesen von den vollkommen empfindungslosen unterscheiden. Daß derartiges möglich ist, dafür haben wir bei uns selber deutliche Beispiele. Man stelle sich einen Menschen vor, bei dem Altersschwäche die Erinnerung an seine früheren Kenntnisse ausgelöscht, die früher seinen Geist erfüllenden Ideen weggewischt hat; er habe das Gesicht, das Gehör und den Geruch vollständig, den Geschmack zum größten Teil verloren, so daß für den Eintritt neuer Ideen fast alle Zugänge versperrt sind; sollten einzelne Zugangswege noch teilweise offenstehen, so könnten die auf sie gemachten Eindrücke kaum wahrgenommen oder auch gar nicht festgehalten werden. Wie weit ein solcher Mensch (aller hochgerühmten angeborenen Prinzipien ungeachtet) mit seinen Kenntnissen und seinen intellektuellen Fähigkeiten von dem Zustand einer Muschel oder einer Auster entfernt ist, das möge sich der Leser selbst sagen. Hätte ein Mensch in diesem Zustand gar sechzig Jahre zugebracht, was ebenso gut denkbar wäre wie die drei Tage, so möchte ich wohl wissen, welchen Unterschied es hinsichtlich irgendeiner intellektuellen Vollkommenheit zwischen einem solchen Menschen und den auf der niedrigsten Stufe stehenden Tieren geben sollte.

Die Wahrnehmung als Eingang für alles Erkenntnismaterial.

15. Da also die Wahrnehmung der *erste* Schritt und die erste Stufe zur Erkenntnis ist und der Eingang für alles Material derselben, so bleiben die Menschen, ebenso wie alle anderen Geschöpfe, um so weiter in der Erkenntnis hinter gewissen anderen Menschen zurück, je weniger Sinne sie haben, je weniger und schwächer die durch die Sinne zustandekommenden Eindrücke und je stumpfer die Fähigkeiten sind, die sich mit letzteren befassen. Das es aber hierbei (wie man unter den Menschen wahrnehmen kann) sehr mannigfaltige Abstufungen gibt, so läßt sich Zuverlässiges über die verschiedenen Arten animalischer Wesen nicht mit Bestimmtheit ermitteln, geschweige denn über die einzelnen Geschöpfe derselben. Ich begnüge mich damit, darauf hinzuweisen, daß die Wahrnehmung die erste Operation all unserer

intellektuellen Fähigkeiten und der Zugangsweg für alle in unsern Geist gelangende Erkenntnis ist. Auch neige ich zu der Vorstellung, daß es die Wahrnehmung ist, und zwar auf ihrer untersten Stufe, die die Grenzlinie zwischen dem Tierreich und den Geschöpfen niedrigerer Ordnung bildet. Doch erwähne ich dies nur nebenbei als eine persönliche Vermutung; denn für meine gegenwärtige Aufgabe ist es belanglos, wie die Gelehrten darüber entscheiden.

X. KAPITEL
ÜBER DIE ERINNERUNG

1. Die nächste Fähigkeit des Geistes, die ihm zum weiteren Fortschreiten zur Erkenntnis verhilft, ist das, was ich die *Erinnerung* nenne, das heißt das Festhalten jener einfachen Ideen, die er durch Sensation oder Reflexion gewonnen hat. Das vollzieht sich auf doppelte Weise. *Die Betrachtung*

Erstens dadurch, daß der Geist die ihm zugeführte Idee eine gewisse Zeit hindurch tatsächlich im Auge behält, was wir *Betrachtung* nennen.

2. Die zweite Art der Erinnerung besteht in der Kraft, im Geiste solche Ideen wieder hervortreten zu lassen, die nach ihrer Einprägung verschwunden oder gleichsam beiseite gelegt und dem Blick entzogen waren. Wir verfahren auf diese Weise, wenn wir uns Wärme oder Licht, gelb oder süß vorstellen, nachdem das Objekt entfernt worden ist. Dies ist das *Gedächtnis*, das sozusagen die Vorratskammer unserer Ideen darstellt. Denn da der beschränkte Geist des Menschen nicht fähig ist, mehrere Ideen gleichzeitig vor Augen zu haben und zu betrachten, so benötigt er einen Aufbewahrungsort für solche Ideen, die er zu anderer Zeit vielleicht brauchen würde. [Da* indessen unsere *Ideen* nichts anderes sind *Das Gedächtnis.*

---

* Zusatz der zweiten Auflage. [Fraser, a. a. O., Bd. I, S. 194.]

als aktuelle Wahrnehmungen im Geist, die aufhören, irgend etwas zu sein, sobald man sie nicht mehr wahrnimmt, so bedeutet das Aufspeichern unserer Ideen in der Vorratskammer unseres Gedächtnisses nichts weiter, als daß der Verstand die Kraft besitzt, in zahlreichen Fällen Wahrnehmungen, die er einmal gehabt hat, wieder aufleben zu lassen, wobei er die zusätzliche Wahrnehmung mit ihnen verbindet, daß *er sie früher gehabt hat*. In diesem Sinne sagt man, unsere Ideen seien in unserem Gedächtnis, während sie in Wahrheit nirgends wirklich vorhanden sind; vielmehr wohnt dem Geist nur die Fähigkeit inne, sie nach Belieben wieder aufleben zu lassen, sie gleichsam von neuem sich selber vorzuzeichnen, was allerdings in manchen Fällen mit mehr, in andern mit weniger Schwierigkeit geschieht, wobei einige lebhafter, andere dunkler erscheinen.]. Auf diese Weise also, das heißt durch den Beistand dieser Fähigkeit, kann man sagen, daß wir in unserm Verstande alle die Ideen haben, die wir uns, obwohl wir sie gegenwärtig nicht betrachten, doch vor Augen führen, wieder erscheinen lassen und zum Objekt unserer Gedanken machen *können*, auch ohne die Hilfe jener sensiblen Qualitäten, die sie ursprünglich dem Verstand eingeprägt haben.

<small>Aufmerksamkeit, Wiederholung, Freude und Schmerz fixieren die Ideen.</small>

3. Die Aufmerksamkeit und die Wiederholung tragen viel dazu bei, gewisse Ideen im Gedächtnis zu fixieren. Der tiefste und dauerhafteste Eindruck wird aber naturgemäß zuerst durch die Ideen hervorgerufen, die von Freude oder Schmerz begleitet sind. Da es die Hauptaufgabe unserer Sinne ist, uns auf das hinzuweisen, was dem Körper schadet oder nützt, so ist es, wie schon gezeigt, von der Natur weise eingerichtet, daß die Aufnahme verschiedener Ideen von einem Schmerzgefühl begleitet ist; dieses Gefühl vertritt bei Kindern die Stelle der Betrachtung und des Schließens, bei Erwachsenen wirkt es rascher als alle Betrachtung; so veranlaßt es alt und jung dazu, schmerzerregende Objekte mit der im Interesse der Selbsterhaltung notwendigen Eile zu meiden und schärft jedem Gedächtnis für die Zukunft Vorsicht ein.

4. Was den verschiedenen Grad der Dauerhaftigkeit anbetrifft, womit die Ideen dem Gedächtnis eingeprägt werden, so können wir folgendes beobachten: Manche von ihnen werden im Verstand durch ein Objekt erzeugt, das nur ein einziges Mal – nicht öfter – auf die Sinne eingewirkt hat; [andere*, die sich mehr als einmal den Sinnen dargeboten haben, wurden gleichwohl nur wenig beachtet, weil der Geist entweder unaufmerksam war, wie es bei Kindern der Fall ist, oder ihn andere Dinge beanspruchten, wie es bei Erwachsenen anzutreffen ist, die nur auf eine Sache bedacht sind, so daß sich der Eindruck nicht tief einprägen konnte. Bisweilen endlich, wenn die Ideen sorgfältig und durch wiederholte Eindrücke befestigt wurden, ist das Gedächtnis entweder infolge körperlicher Anlage oder wegen eines anderen Mangels sehr schwach]. In allen diesen Fällen verblassen die Ideen [im Geist**] rasch und verschwinden oft ganz aus dem Verstand, ohne mehr Spuren oder bleibende Schriftzeichen zu hinterlassen als die Schatten, die über ein Kornfeld hinhuschen, so daß der Geist ihrer so bar ist, als seien sie nie dagewesen.

Ideen verblassen im Gedächtnis.

5. So gehen viele Ideen gänzlich verloren, ohne die geringsten Spuren zu hinterlassen, die im Geist der Kinder beim Beginn ihrer Sensation erzeugt wurden (manche davon, wie Ideen gewisser Freuden und Schmerzen, vielleicht schon vor der Geburt, andere in früher Kindheit), wenn sie sich nicht im späteren Leben erneuert haben. Dies läßt sich bei solchen Menschen beobachten, die durch irgendeinen Unfall in sehr früher Jugend das Augenlicht verloren haben. Bei ihnen verschwinden die Ideen der Farben völlig, weil sie nur wenig beachtet und nicht wieder aufgefrischt wurden, so daß es nach einigen Jahren im Geist solcher Menschen ebensowenig einen Begriff von den Farben oder eine Er-

Ursachen des Vergessens.

---

* In der ersten Auflage: „besonders wenn der gerade anderweitig beschäftigte Geist nur wenig auf das Objekt achtete und sich dessen Eindruck nicht tief einprägte; oder aber wenn infolge körperlicher Anlage oder aus anderen Gründen das Gedächtnis sehr schwach ist". [Fraser a. a. O., Bd. I, S. 195.]

** Zusatz der zweiten Auflage. [Fraser, a. a. O., Bd. I, S. 195.]

innerung an die Farben gibt, wie es bei Blindgeborenen der Fall ist. Manche Leute haben allerdings ein vorzügliches, ja, ein geradezu wunderbares Gedächtnis. Gleichwohl scheint ein ständiges Schwinden aller unserer Ideen stattzufinden, auch derer, die sich am tiefsten in die besten Gedächtnisse eingeprägt haben, so daß, wenn sie nicht bisweilen durch wiederholten Gebrauch der Sinne oder durch Reflexion auf Objekte jener Art, durch die sie das erste Mal angeregt wurden, erneuert werden, der Eindruck verblaßt und schließlich nichts mehr davon übrig bleibt. So sterben die Ideen unserer Jugend gleich unseren Kindern oft vor uns dahin; unser Geist gleicht dann einem Grab, an das wir herantreten und an dem zwar die Grabplatte und der Marmor noch erhalten sind, die Inschrift aber durch die Zeit ausgelöscht und die bildlichen Darstellungen verwittert sind. Die unserm Geist eingezeichneten Bilder sind mit vergänglichen Farben aufgetragen; sie erlöschen und verschwinden, wenn sie nicht dann und wann wieder aufgefrischt werden. Wie weit unsere Körperbeschaffenheit [und* die Natur unserer Lebensgeister] mit hineinspielt, ob die Zusammensetzung des Gehirns Unterschiede bedingt, so daß es in manchen Fällen die in ihm eingezeichneten Schriftzüge wie Marmor festhält, in anderen wie Sandstein, in noch anderen kaum besser als Sand, will ich hier nicht untersuchen. Immerhin dürfte es wahrscheinlich sein, daß die Körperbeschaffenheit gelegentlich auf das Gedächtnis einwirkt; denn wir beobachten häufig, daß dem Geist durch eine Krankheit alle seine Ideen geraubt werden und daß die Fieberhitze in wenigen Tagen alle Abbilder in Staub und Schutt verwandelt, die so dauerhaft schienen, als wären sie in Marmor eingegraben.

Beständig wiederholte Ideen können kaum verloren gehen.

6. Was aber die Ideen selbst betrifft, so ist leicht zu bemerken, daß diejenigen, die durch öftere Wiederkehr der sie erzeugenden Objekte oder Handlungen am häufigsten wieder aufgefrischt werden (zu ihnen gehören die, welche auf mehr als einem Weg in den Geist gelangen), sich im Gedächtnis am besten fixieren und

---

* Zusatz der vierten Auflage. [Fraser, a. a. O., Bd. I, S. 196.]

am klarsten und längsten darin haften. Darum gehen die Ideen von den ursprünglichen Qualitäten der Körper, nämlich Festigkeit, Ausdehnung, Gestalt, Bewegung und Ruhe, ferner diejenigen, die fast ständig auf unseren Körper einwirken, wie Hitze und Kälte, sowie endlich die, welche sich an allen Arten von Wesen zeigen, wie Existenz. Dauer und Zahl, die fast jedes Objekt, das auf unsere Sinne einwirkt, jeder Gedanke, der unsern Geist beschäftigt, mit sich bringt, – alle diese Ideen, sage ich, und Ideen ähnlicher Art gehen selten ganz verloren, solange der Geist überhaupt noch Ideen festhält.

7. Bei dieser sekundären Wahrnehmung, wenn ich es so bezeichnen darf, das heißt bei dem Wiederansehen der dem Gedächtnis einverleibten Ideen, ist der Geist oft mehr als rein passiv; denn das Erscheinen jener schlummernden Bilder hängt mitunter vom *Willen* ab. Der Geist setzt sich selbst sehr häufig ins Werk, um eine verborgene Idee aufzusuchen, und wendet sich ihr gleichsam als das Auge der Seele zu; hingegen tauchen die Ideen bisweilen von selbst im Geiste auf und bieten sich dem Verstand dar. Oft werden sie aber auch durch heftige und ungestüme Einwirkungen aufgeschreckt und aus ihren dunklen Zellen an das helle Tageslicht hervorgeholt, indem unsere Affekte dem Gedächtnis Ideen zuführen, die sonst still und unbeachtet geruht haben würden. [Auch* das ist hinsichtlich der im Gedächtnis untergebrachten und gelegentlich durch den Geist wiederbelebten Ideen noch zu beachten, daß sie nicht nur (wie schon das Wort *wiederbeleben* besagt) keine neuen Ideen sind, sondern daß auch der Geist von ihnen als von ehemaligen Eindrücken Kenntnis nimmt und seine Bekanntschaft mit ihnen als mit Ideen, die er früher gekannt hat, erneuert. Wenn darum auch früher eingeprägte Ideen dem Geist nicht ausnahmslos und zu jeder Zeit gegenwärtig sind, so weiß man doch, wenn man sich an sie erinnert, stets, daß sie früher einmal eingeprägt wurden, das heißt dem Verstand einst gegenwärtig waren und von ihm beachtet wurden.]

Bei der Erinnerung ist der Geist oft aktiv.

---

* Zusatz der zweiten Auflage. [Fraser, a. a. O., Bd. I, S. 198.]

8. Nächst der Wahrnehmung ist das Gedächtnis für ein denkfähiges Wesen am notwendigsten. Seine Bedeutung ist so groß, daß, wenn es fehlt, alle unsere übrigen Fähigkeiten großenteils nutzlos sind. Ohne die Hilfe unseres Gedächtnisses könnten wir in unserem Denken, Schließen und Erkennen nicht über uns gegenwärtige Objekte hinausgelangen. Das Gedächtnis kann indessen zwei Mängel zeigen:

Zwei Mängel des Gedächtnisses: Vergeßlichkeit und Langsamkeit.

Erstens, daß ihm eine Idee ganz verloren geht, so daß völlige Unwissenheit eintritt. Denn da wir nur soweit etwas wissen können als wir eine Idee davon haben, so sind wir vollkommen unwissend, sobald diese verschwindet.

Zweitens, daß es nur langsam arbeitet und die Ideen, die es besitzt und aufgespeichert hat, nicht rasch genug wieder hervorholt, um dem Geist bei gegebener Gelegenheit damit zu dienen. Wenn diese Langsamkeit stark ausgeprägt ist, so sprechen wir von Stupidität; wer durch diese Schwäche seines Gedächtnisses die Ideen, die es tatsächlich aufbewahrt, nicht rasch genug bei der Hand hat, wenn die Gelegenheit es erfordert, der könnte sie eigentlich ebenso gut ganz entbehren, da sie für ihn nur wenig Zweck haben. Der schwerfällige Mensch, der den günstigen Augenblick versäumt, während er in seinem Geist nach den Ideen sucht, die gerade dann zustatten kommen sollten, ist mit seinen Kenntnissen nicht viel besser daran als ein vollkommen Unwissender. Die Aufgabe des Gedächtnisses besteht also darin, dem Geist die schlummernden Ideen zuzuführen, die er jeweils verwenden kann; darin, daß man sie bei jeder Gelegenheit zur Hand hat, besteht das, was wir Erfindungsgabe, Einbildungskraft und geistige Beweglichkeit nennen.

Ein Mangel, der dem menschlichen Gedächtnis anhaftet weil es endlich ist.

9. [Das* sind Mängel, die man beobachten kann, wenn man das Gedächtnis eines Menschen mit dem eines andern vergleicht. Es ist aber noch ein weiterer Mangel bei dem Gedächtnis der Menschen im allgemeinen denkbar, wenn wir sie mit gewissen höherstehenden, erschaf-

---

* Zusatz der zweiten Auflage. [Fraser, a. a. O., Bd. I, S. 199.]

fenen denkenden Wesen vergleichen, deren diesbezügliche Fähigkeit unsere menschliche möglicherweise soweit übertrifft, daß ihnen vielleicht *dauernd* die Gesamtheit aller ihrer früheren Handlungen gegenwärtig ist, so daß kein einziger Gedanke, den sie je gehabt, ihrem Blick entschwinden kann. Die Allwissenheit Gottes, dem alles bekannt ist – Vergangenes, Gegenwärtiges und Zukünftiges – und vor dem die Gedanken der Menschenherzen immer offen daliegen, mag uns von einer derartigen Möglichkeit überzeugen. Denn wer kann daran zweifeln, daß Gott jenen herrlichen Geistern, die seine unmittelbaren Diener sind, soviel von seinen Vollkommenheiten mitzuteilen vermag, wie ihm gefällt, soweit sie als erschaffene endliche Wesen dazu fähig sind. Man erzählt von Pascal, jenem wunderbar begabten Manne, daß er bis zu dem Zeitpunkte, wo durch den Verfall seiner Gesundheit sein Gedächtnis in Mitleidenschaft gezogen war, nichts von alledem vergessen habe, was er irgendeinmal in seinem verständigem Alter getan, gelesen oder gedacht hatte. Dies ist ein den meisten Menschen so wenig bekannter Vorzug, daß er denen kaum glaubhaft erscheinen wird, die, wie es so üblich ist, alle anderen Leute an sich selber messen; recht betrachtet, kann uns das jedoch an den Gedanken gewöhnen, daß das Gedächtnis bei Geistern höherer Ordnung einen höheren Grad von Vollkommenheit zu erreichen vermag. Denn das Gedächtnis Pascals war noch immer in die Schranken gebannt, die nun einmal dem Menschengeist auf Erden gesetzt sind und die darin bestehen, daß er eine große Fülle verschiedener Ideen nur nacheinander, nicht nebeneinander haben kann. Die Engel der verschiedenen Rangstufen aber haben wahrscheinlich einen größeren Gesichtskreis. Einige von ihnen sind vermutlich mit den Fähigkeiten ausgestattet, ihre gesamten früheren Erkenntnisse festzuhalten und sie sich beständig wie in einem Gemälde gleichzeitig vor Augen zu führen. Wir können uns vorstellen, daß es für die Erkenntnisse eines denkenden Menschen kein geringer Vorteil sein würde, wenn ihm derart alle seine früheren Gedanken und Schlußfolgerungen *jederzeit* gegenwärtig sein könnten. Wir dürfen darum auch annehmen, daß das eines der Mittel ist, wodurch die Erkenntnis der reinen Geister die unsere weit hinter sich zu lassen vermag.]

Die Tiere haben ein Gedächtnis.

10. Diese Fähigkeit, die dem Geist zugeführten Ideen festzuhalten und aufzuspeichern, scheinen verschiedene andere Tiere in einem hohen Maße gerade so gut wie der Mensch zu haben. Denn wenn die Vögel – um von anderen Beispielen abzusehen – Melodien erlernen und, wie man beobachten kann, sich auch bemühen, die richtigen Noten zu treffen, so ist es für mich ohne Zweifel, daß sie Wahrnehmung besitzen, Ideen in ihrem Gedächtnis festhalten und als Muster benutzen. Denn es erscheint mir unmöglich, daß sie bestrebt sein sollten (wie sie es augenscheinlich sind), ihre Stimme den Noten anzupassen, von denen sie keine Ideen hätten. Ich will zugeben, daß, während die Melodie gespielt wird, die Töne mechanisch eine bestimmte Bewegung der Lebensgeister im Gehirn solcher Vögel verursachen können; ich will ferner zugeben, daß diese Bewegung auf die Muskeln der Flügel übertragen und ein Vogel auf diese Weise mechanisch durch bestimmte Geräusche vertrieben werden kann, weil das vielleicht für die Erhaltung seines Lebens förderlich ist; das kann jedoch nie als ein Grund dafür angegeben werden, warum – während eine Melodie gespielt wird, viel weniger noch, nachdem sie verklungen ist – mechanisch eine Bewegung in den Stimmorganen des Vogels verursacht werden sollte, durch die dessen Gesang den Noten einer fremden Musik angepaßt wird, obwohl diese Nachahmung für die Erhaltung des Lebens der Vögel von keiner Bedeutung sein kann. Es gibt darüber hinaus nicht den geringsten Grund zu der Annahme (geschweige denn für den Beweis), daß Vögel ohne Sinne und Gedächtnis ihren Gesang allmählich einer ihnen gestern vorgespielten Melodie immer mehr annähern können; denn wenn sie von der letzteren in ihrem Gedächtnis keine Idee haben, so ist diese jetzt überhaupt nirgends vorhanden, kann auch für sie kein Muster sein, das sie nachzuahmen und dem sie durch irgendwelche wiederholten Versuche näher

zu kommen vermöchten. Denn es gibt keinen Grund, warum dann der Ton einer Flöte in ihrem Gehirn Spuren hinterlassen sollte, die nicht gleich zuerst, wohl aber nach wiederholten Bemühungen die gleichen Töne erzeugen; auch läßt sich nicht begreifen, warum die Töne, die sie selbst hervorbringen, nicht Spuren zurücklassen sollten, nach denen sie sich ebenso richten könnten wie nach denen der Flöte.

XI. KAPITEL

ÜBER DAS UNTERSCHEIDEN UND ANDERE OPERATIONEN DES GEISTES

1. Eine andere Fähigkeit, die wir an unserm Geist entdecken können, besteht darin, seine einzelnen Ideen voneinander zu *unterscheiden* und zu *sondern*. Die verworrene Wahrnehmung eines Dinges ganz im allgemeinen genügt nicht. Hätte der Geist nicht eine deutliche Wahrnehmung von verschiedenen Objekten und ihren Qualitäten, so wäre er nur ganz geringer Erkenntnis fähig, selbst wenn die auf uns einwirkenden Körper sich ebenso lebhaft bemerkbar machten wie jetzt und wenn der Geist unablässig mit Denken beschäftigt wäre. Auf dieser Fähigkeit, ein Ding vom anderen zu unterscheiden, beruht die Augenscheinlichkeit und Gewißheit verschiedener, sogar sehr allgemeiner Sätze, die für angeborene Wahrheiten gegolten haben. Man hat nämlich den wahren Grund, weshalb jene Sätze allgemeine Zustimmung erfahren haben, übersehen und diese ausschließlich auf natürliche gleichförmige Eindrücke zurückgeführt, während sie in Wahrheit auf jenem klaren Unterscheidungsvermögen des Geistes beruht, wodurch er zwei Ideen als übereinstimmend oder verschieden *wahrnimmt*. Doch hiervon wird später mehr zu reden sein.

Ohne Unterscheidung gibt es keine Erkenntnis.

2. Inwiefern die Unfähigkeit, Ideen scharf voneinander zu scheiden, auf Stumpfheit oder Unzulänglichkeit der Sinnesorgane, auf mangelhafter Schärfe, Übung oder Aufmerksamkeit des Verstandes oder endlich auf einer auf Grund natürlicher Anlage vorhandenen Flüchtigkeit

Unterschied zwischen geistiger Beweglichkeit und Urteilsvermögen.

und Übereilung beruht, das will ich hier nicht untersuchen; es genüge, darauf hinzuweisen, daß wir es beim Unterscheidungsvermögen mit einer derjenigen Operationen zu tun haben, die der Geist an sich selbst beobachten und zum Gegenstand der Reflexion machen kann. Dies Vermögen ist für die übrigen Erkenntnisse des Geistes von so großer Bedeutung, daß unsere Begriffe in dem Maße verworren sind, unsere Vernunft und unser Urteilsvermögen in dem Maße beeinträchtigt und irregeleitet werden, wie diese Fähigkeit selbst stumpf ist oder nicht richtig angewendet wird. Wenn geistige Wendigkeit darin besteht, daß wir unsere Ideen im Gedächtnis schnell bei der Hand haben, so beruht die den einen Menschen vor dem andern auszeichnende Exaktheit des Urteilsvermögens und die Klarheit der Vernunft zum großen Teil darauf, daß man die Ideen unverwirrt besitzt und die Dinge scharf voneinander zu unterscheiden vermag, sobald bei ihnen auch nur die geringste Differenz vorliegt. Hieraus dürfte sich einigermaßen die bekannte Erscheinung erklären, daß Leute, die geistig sehr beweglich sind und ein gutes Gedächtnis besitzen, nicht immer das klarste Urteilsvermögen oder die tiefste Vernunft besitzen. Denn *geistige Beweglichkeit* besteht im wesentlichen darin, daß man die Ideen heranholt und solche, bei denen sich irgendwelche Ähnlichkeit oder Gleichheit auffinden läßt, rasch und unter mannigfaltigen Gesichtspunkten zusammenstellt, um so der Einbildungskraft gefällige Bilder und angenehme Visionen vorzuführen. Im Gegensatz dazu liegt das *Urteilsvermögen* ganz auf der andern Seite; es besteht darin, daß man sorgfältig Ideen voneinander trennt, in denen auch nur die geringste Differenz zu bemerken ist, um nicht durch Ähnlichkeiten irregeführt zu werden und auf Grund vorhandener Verwandtschaft ein Ding fälschlich für ein anderes zu halten. Man verfährt hierbei genau umgekehrt wie bei Bildern und Anspielungen, auf denen zum größten Teil das Unterhaltende und Fesselnde der geistigen Beweglichkeit beruht, die die Einbildungskraft so stark anregt und deshalb bei jedermann so willkommen ist, weil ihre Schönheit auf den ersten Blick in Erscheinung tritt und sie keine mühsame Gedankenarbeit erfordert, um zu prüfen, wieviel Wahrheit und Vernunft sie enthält. Ohne weiter auszuschauen, ruht der Geist befriedigt durch die Gefälligkeit des Bildes und die Heiterkeit der Phantasie. Es ist geradezu eine Beleidigung, wenn man es unternimmt, an eine Äußerung der geistigen Beweglichkeit die strengen Maßstäbe der Wahrheit und der Vernunft anzulegen; hieraus ergibt sich, daß die geistige Beweglichkeit etwas ist, was sich mit diesen beiden Dingen nicht völlig deckt.

3. Zur richtigen Unterscheidung unserer Ideen trägt es hauptsächlich bei, daß sie *klar* und *bestimmt* sind. Ist das der Fall, so wird keine Verwirrung und kein Irrtum über sie entstehen, selbst wenn uns die Sinne (wie es manchmal geschieht) bei verschiedenen Gelegenheiten von demselben Objekt verschiedene Ideen zuführen und somit zu irren scheinen. Denn sollte auch einem Fieberkranken der Zucker bitter schmecken, der unter andern Umständen einen süßen Geschmack erzeugen würde, so würde doch die Idee des Bitteren im Geist jenes Kranken ebenso klar und von der Idee des Süßen ebenso deutlich verschieden sein, als hätte er lediglich Galle gekostet. Auch entsteht dadurch, daß ein Körper gleicher Art durch den Geschmackssinn das eine Mal diese, das andere Mal jene Idee erzeugt, zwischen den beiden Ideen süß und bitter ebenso wenig eine Verwechselung, wie die beiden Ideen weiß und süß oder weiß und rund sich etwa deshalb verwirren, weil dasselbe Stück Zucker sie beide gleichzeitig im Geist erzeugt. Auch sind die Ideen orangefarben und azurblau, die durch denselben Aufguß von *lignum nephriticum** im Geist erzeugt werden, nicht weniger verschiedene Ideen wie die derselben Farben, wenn sie von zwei verschiedenen Körpern stammen.

<small>Klarheit allein verhindert die Verwirrung.</small>

4. Das Vergleichen der Ideen miteinander hinsichtlich des Umfanges, des Grades, der Zeit, des Ortes oder irgendwelcher sonstiger Umstände ist eine weitere Operation des Geistes, die er an seinen Ideen vollzieht; auf

<small>Das Vergleichen.</small>

---

* Sandelholz.

ihr beruht jene große Gruppe von Ideen, die unter dem Namen *Relation* zusammengefaßt werden. Weiter unten werde ich Gelegenheit haben, zu untersuchen, welch gewaltigen Umfang sie einnehmen.

<small>Tiere vergleichen nur unvollkommen.</small>

5. Wie weit die Tiere an dieser Fähigkeit teilhaben, läßt sich nicht leicht bestimmen. Meines Erachtens besitzen sie sie in keinem hohen Grade; denn obgleich sie wahrscheinlich verschiedene Ideen deutlich genug besitzen, scheint es mir doch ein Vorzug des menschlichen Verstandes zu sein, daß er, wenn er gewisse Ideen genügend unterschieden hat, so daß er sie als etwas vollkommen Verschiedenes und folglich als zwei Ideen wahrnimmt, hernach überlegt und in Betracht zieht, in welcher Beziehung sie sich vergleichen lassen. Ich glaube darum auch, daß die Tiere ihre Idee nur auf gewisse, sinnlich wahrnehmbare Umstände hin vergleichen, die mit den Objekten selbst verknüpft sind. Von der andern am Menschen zu beobachtenden Kraft des Vergleichens, die sich auf allgemeine Ideen erstreckt und nur für abstrakte Schlußfolgerungen nützlich ist, dürfen wir wahrscheinlich annehmen, daß die Tiere sie nicht besitzen.

<small>Das Zusammensetzen.</small>

6. Die nächste Operation, die wir den Geist an seinen Ideen vollziehen sehen, ist das *Zusammensetzen*. Hierbei fügt er eine Anzahl von einfachen Ideen, die er durch Sensation und Reflexion gewonnen hat, aneinander und kombiniert sie zu komplexen Ideen. Zu diesem Verfahren des Zusammensetzens kann man auch das des *Erweiterns* von Ideen rechnen; hierbei tritt die Zusammensetzung zwar nicht so deutlich in Erscheinung wie bei den mehr komplexen Ideen; dennoch liegt aber eine Verbindung mehrerer, wenn auch gleichartiger Ideen vor. So bilden wir die Idee „Dutzend", indem wir mehrere Einheiten zusammensetzen, die Idee „Feldwegslänge"*, indem wir die sich wiederholenden Ideen von einer Anzahl Ruten verbinden.

<small>Tiere setzen nur wenig zusammen.</small>

7. Auch hierin, glaube ich, bleiben die Tiere weit hinter den Menschen zurück. Wohl nehmen sie verschiedene Kombinationen von einfachen Ideen in sich

---

* *furlong*, gleich 1/6 engl. Meile, gleich 202 m.

auf und halten sie zusammen fest; wie etwa Gestalt, Geruch und Stimme des Herrn die komplexe Idee ausmachen, die der Hund von ihm hat, oder besser ebenso viele bestimmte Kennzeichen sind, woran er seinen Herrn erkennt; gleichwohl glaube ich nicht, daß die Tiere von sich aus jemals Ideen zusammensetzen und komplexe Ideen schaffen. Selbst da, wo wir glauben, sie besäßen solche, ist es vielleicht doch nur eine einfache Idee, die sie bei der Erkenntnis verschiedener Dinge leitet. Sie unterscheiden diese doch wohl weniger durch den Gesichtssinn, als wir meinen. Wenigstens ist mir glaubwürdig berichtet worden, daß eine Hündin junge Füchse ebenso gut wie ihre eigenen Jungen hegt, mit ihnen spielt und sie liebkost, wenn es gelingt, diese Tiere so lange an ihr saugen zu lassen, bis die Milch der Hündin durch ihre Körper fließt. [Auch* scheinen Tiere, die eine zahlreiche Brut von Jungen auf einmal haben, deren Zahl nicht zu kennen; denn sie sind zwar sehr beunruhigt, falls ihnen vor ihren Augen eines weggenommen wird, doch scheinen sie keines zu vermissen, noch für die Verringerung der Zahl irgendwelches Empfinden zu haben, sobald man ihnen in ihrer Abwesenheit oder unbemerkt eines oder zwei entführt.]

8. Wenn im Gedächtnis von Kindern durch wiederholte Sensationen Ideen fixiert worden sind, so erlernen sie nach und nach den Gebrauch von Zeichen. Wenn sie dann die Fähigkeit erlangt haben, ihre Sprachorgane zur Bildung von artikulierten Lauten zu verwenden, so fangen sie an, Worte zu gebrauchen, um ihre Ideen andern kundzugeben. Diese verbalen Zeichen entlehnen sie bisweilen von andern, bisweilen schaffen sie sie selbst, wie man an den neuen und ungewöhnlichen Namen ersehen kann, die Kinder beim ersten Gebrauch der Sprache den Dingen oft geben. *Benennung.*

9. Wenn also der Zweck der Wörter darin besteht, daß sie als äußere Kennzeichen unserer inneren Ideen dienen, die ihrerseits von den Einzeldingen gewonnen wurden, so müßte es, falls jede einzelne Idee, die wir *Abstraktion.*

* Zusatz der zweiten Auflage. [Fraser, a. a. O., Bd. I, S. 206.]

erwerben, ihren besonderen Namen erhalten sollte, eine unendliche Anzahl von Namen geben. Um das zu verhindern, bewirkt der Geist, daß die einzelnen Ideen, die von den einzelnen Objekten stammen, zu allgemeinen werden. Dies geschieht dadurch, daß er sie als solche Erscheinungen im Geiste betrachtet, die von allen andern Dingen und Umständen der realen Existenz wie Zeit, Ort oder irgendwelchen andern sie begleitenden Ideen losgelöst sind. Dies nennt man *Abstraktion*, wobei die von Einzeldingen herrührenden Ideen zu allgemeinen Vertretern aller Dinge der gleichen Gattung, ihre Namen zu allgemeinen Namen werden, die auf alles Existierende, soweit es solchen abstrakten Ideen entspricht, anzuwenden sind. Solche präzisen, nackten Erscheinungen im Geiste, bei denen nicht in Betracht gezogen wird, wie, wann oder mit welchen anderen sie in den Geist gelangt sind, bewahrt der Verstand (mit den gewöhnlich mit ihnen verknüpften Namen) als Maßstäbe auf, um die real existierenden Dinge je nach ihrer Übereinstimmung mit diesen Mustern in Gruppen zu ordnen und entsprechend zu benennen. Wenn zum Beispiel der Geist heute an der Kreide oder am Schnee dieselbe Farbe beobachtet, die er gestern an der Milch bemerkte, so betrachtet er diese Erscheinung allein und macht sie zur Vertreterin aller Erscheinungen derselben Art. Er gibt ihr den Namen *Weiße* und bezeichnet durch diesen Laut dieselbe Qualität, wo er sich diese auch vorstellen oder sie antreffen mag. Auf diese Weise entstehen allgemeine Urteile, seien es Ideen oder Ausdrücke.

Tiere abstrahieren nicht.

10. Es mag zweifelhaft sein, ob die Tiere ihre Ideen zusammensetzen und sie dadurch irgendwie erweitern; mit Bestimmtheit aber glaube ich sagen zu dürfen, daß ihnen die Kraft des Abstrahierens vollkommen fehlt und daß der Besitz allgemeiner Ideen einen vollkommenen Unterschied zwischen Mensch und Tier begründet und ersterem eine überragende Stellung zuweist, an die das Tier mit seinen Fähigkeiten unter keinen Umständen heranreicht. Denn augenscheinlich bemerken wir an den Tieren keinerlei Spur davon, daß sie allgemeine Zeichen für allgemeine Ideen gebrauchen; wir haben

deshalb Grund zu der Annahme, daß sie nicht die Fähigkeit besitzen, zu abstrahieren oder allgemeine Ideen zu bilden, da sie von Wörtern oder irgendwelchen andern allgemeinen Zeichen keinen Gebrauch machen.

11. Es darf auch nicht etwa dem Mangel an geeigneten Organen zur Bildung artikulierter Laute zugeschrieben werden, daß sie keine allgemeinen Wörter kennen oder gebrauchen; denn viele Tiere vermögen, wie wir sehen, solche Laute zu bilden und Wörter deutlich genug auszusprechen, wobei diese jedoch nie in der bezeichneten Weise von ihnen verwendet werden. Andererseits gibt es Menschen, denen infolge eines organischen Fehlers die Sprache fehlt, die aber ihre allgemeinen Ideen dennoch fortgesetzt durch Zeichen ausdrücken, die sie statt der allgemeinen Wörter verwenden; diese Fähigkeit besitzen die Tiere nicht. Wir dürfen, meine ich, deshalb annehmen, daß sich eben hierin das Tier vom Menschen unterscheidet, ja, daß hier die eigentümliche Verschiedenheit liegt, die sie völlig voneinander trennt und die sich schließlich zu einem so gewaltigen Abstand erweitert. Denn wenn die Tiere überhaupt Ideen haben und nicht bloße Maschinen sind (wie manche behaupten), so können wir ihnen ein gewisses Maß von Vernunft nicht streitig machen. Mir scheint es genauso einleuchtend zu sein, daß [manche* von ihnen in gewissen Fällen] Schlüsse ziehen, wie daß sie Sinnesempfindungen haben; doch beziehen sich diese Schlüsse immer nur auf Einzelideen, wie sie diese von ihren Sinnen empfangen haben. Auch die höchststehenden Tiere sind in diese Grenzen gebannt und besitzen meiner Ansicht nach nicht die Fähigkeit, sie durch irgendeine Art von Abstraktion zu erweitern.

Tiere abstrahieren nicht, sind aber dennoch keine bloßen Maschinen.

12. Inwiefern bei Idioten ein Fehlen oder eine mangelhafte Entwicklung einzelner oder aller der oben erwähnten Fähigkeiten vorliegt, das würde sich zweifellos durch eine genaue Beobachtung der bei ihnen zutage tretenden Störungen feststellen lassen. Denn jemand, der nur mangelhafte Wahrnehmungen macht oder die

Idioten und Wahnsinnige.

---

* So in der vierten Auflage statt „sie". [Fraser, a. a. O., Bd. I, S. 208.]

Ideen, die in seinen Geist hineingelangen, nur schlecht festhält, der sie nicht mit Leichtigkeit wieder wachrufen und zusammensetzen kann, wird nur wenig Material zum Nachdenken besitzen. Wer nicht unterscheiden, vergleichen und abstrahieren kann, wird schwerlich imstande sein, eine Sprache zu verstehen und zu gebrauchen oder auch nur einigermaßen zu urteilen und zu schließen; er wird vielmehr diese Fähigkeiten immer nur in geringem Umfang und unvollkommen an gegenwärtigen und den Sinnen ganz bekannten Dingen betätigen können. In der Tat entstehen, wenn irgendwelche der oben erwähnten Fähigkeiten fehlen oder gestört sind, entsprechende Defekte im Verstand und in der Erkenntnis der Menschen.

Unterschied zwischen Idioten und Wahnsinnigen.

13. Kurz, die Gebrechen der Idioten scheinen auf mangelnder Geschwindigkeit, Aktivität und Beweglichkeit der intellektuellen Fähigkeiten zu beruhen, wodurch sie des Vernunftgebrauchs beraubt sind, während die Wahnsinnigen auf der anderen Seite unter dem entgegengesetzten Extrem zu leiden scheinen. Denn, wie mir scheint, haben sie nicht die Fähigkeit des Schließens eingebüßt, sondern verbinden nur gewisse Ideen in ganz verkehrter Weise und halten sie fälschlich für Wahrheiten. Sie irren also wie Menschen, die aus falschen Prinzipien richtige Schlüsse ziehen; denn durch eine übermächtige Einbildungskraft sehen sie ihre Einbildungen für Realitäten an und leiten richtige Schlüsse daraus ab. So kann man beobachten, daß ein Geisteskranker, der sich für einen König hält, einem richtigen Schluß entsprechend, die einem solchem gebührende Bedienung und Ehrerbietung und den entsprechenden Gehorsam verlangt. Andere, die glaubten, sie beständen aus Glas, wendeten alle Vorsicht an, die erforderlich ist, um so empfindliche Körper vor dem Zerbrechen zu bewahren. So kommt es denn, daß jemand, der in jeder andern Beziehung völlig nüchtern denkt und einen gesunden Verstand hat, unter Umständen an einem einzelnen Punkt ebenso verrückt ist wie nur irgendein Geisteskranker; das wird nämlich dann der Fall sein, wenn entweder durch einen plötzlichen sehr starken Eindruck

oder durch eine längere Konzentration seiner Einbildungskraft auf eine bestimmte Gedankengruppe zusammenhangswidrige Ideen so fest miteinander verschmolzen worden sind, daß sie vereinigt bleiben. Es gibt freilich verschiedene Abstufungen des Wahnsinns ebenso wie des Schwachsinns; das wirre Durcheinanderwerfen von Ideen findet sich bei manchen Kranken in höherem, bei anderen in geringerem Grade. Kurz gesagt liegt wohl der Unterschied zwischen Idioten und Wahnsinnigen darin, daß die letzteren falsche Ideen verbinden und auf diese Weise falsche Sätze bilden, aber von diesen ausgehend richtig folgern und schließen, während Idioten sehr wenige oder gar keine Sätze bilden und fast überhaupt keine Schlüsse ziehen.

14. Das sind, denke ich, die ersten Fähigkeiten und Operationen des Geistes, von denen er in seinem Verstand Gebrauch macht. Sie werden zwar an allen Ideen des Geistes überhaupt ausgeübt und vollzogen, doch sind die von mir bisher gewählten Beispiele überwiegend dem Gebiet der einfachen Ideen entnommen. Wenn ich die Erörterung der geistigen Fähigkeiten den Darlegungen über die einfachen Ideen angefügt habe, ehe ich zu dem übergehe, was ich über die komplexen Ideen zu sagen habe, so tat ich es aus folgenden Gründen:

Die bei der obigen Darstellung der geistigen Fähigkeiten befolgte Methode.

Erstens, weil einige dieser Fähigkeiten zunächst hauptsächlich an einfachen Ideen geübt werden und wir sie deshalb, dem gewöhnlichen Gang der Natur folgend, in ihrer Entstehung, ihrem Wachstum und ihrer allmählichen Vervollkommnung aufspüren und verfolgen können.

Zweitens, weil wir durch die Beobachtung der Operationen, die von den geistigen Fähigkeiten an einfachen Ideen vorgenommen werden – welch letztere gewöhnlich, das heißt bei den meisten Menschen, weit klarer, genauer und deutlicher im Geist vorhanden sind als komplexe Ideen –, besser prüfen und lernen können, wie der Geist abstrahiert, benennt, vergleicht und sonstige Operationen an den komplexen Ideen vornimmt, bei denen wir uns viel leichter einmal irren können.

Drittens, weil eben diese Operationen des Geistes, die er an den von der Sensation empfangenen Ideen vornimmt, sobald über sie nachgedacht wird, ihrerseits selbst wieder eine neue Gruppe von Ideen bilden, die aus jener anderen Quelle unserer Erkenntnis, die ich Reflexion nenne, entspringen, weshalb sie sich dazu eignen, an dieser Stelle nach den einfachen Ideen der Sensation betrachtet zu werden. Das Zusammensetzen, Vergleichen, Abstrahieren usw. habe ich hier nur beiläufig erwähnt, da ich an anderen Stellen Gelegenheit haben werde, eingehender davon zu handeln.

Der wahre Anfang der menschlichen Erkenntnis.

15. Damit habe ich einen kurzen und, wie ich glaube, wahren Abriß der *Geschichte der ersten Anfänge menschlicher Erkenntnis* gegeben. Ich habe gezeigt, woher der Geist seine ersten Objekte hat, wie er allmählich dazu übergeht, die Ideen zu sammeln und aufzuspeichern, aus denen sich alle Erkenntnis, derer er fähig ist, gestalten soll. Wer entscheiden will, ob ich die Wahrheit getroffen habe, den muß ich auf Erfahrung und Beobachtung verweisen; denn der beste Weg, die Wahrheit zu finden, besteht darin, die Dinge daraufhin zu prüfen, wie sie wirklich sind, nicht aber zu schließen, sie seien so, wie wir es uns einbilden oder wie wir es uns vorzustellen von andern gelernt haben.

Hinweis auf die Erfahrung.

16. Offen gestanden ist das der einzige Weg, den ich entdecken kann, auf dem die *Ideen von Dingen* in den Verstand hineingelangen. Wenn andere Leute angeborene Ideen oder eingeflößte Prinzipien haben, so haben sie allen Grund, sich ihrer zu freuen; sind sie ihrer Sache sicher, so können ihnen andere unmöglich diesen Vorzug absprechen, den sie ihren Nachbarn gegenüber haben. Ich kann nur über das sprechen, was ich in mir selbst finde und was den Begriffen entspricht, die, wenn wir das Gesamtverhalten der verschiedenen Menschen nach Lebensalter, Heimat und Erziehung prüfen, doch wohl auf den von mir gelegten Grundlagen beruhen und mit meiner Methode in allen ihren Teilen und Anwendungsformen im Einklang stehen.

Ein dunkler Raum.

17. Ich erhebe nicht den Anspruch zu belehren; ich will nur untersuchen und kann deshalb lediglich nochmals erklären, daß die äußere und innere Sensation die einzigen für mich erkennbaren Wege sind, auf denen Er-

kenntnisse in den Verstand gelangen. Sie allein sind, soviel ich sehen kann, die Fenster, durch die das Licht in diesen *dunklen Raum* eingelassen wird. Denn meines Erachtens ist der Verstand einem Kabinett gar nicht so unähnlich, das gegen das Licht vollständig abgeschlossen ist und in dem nur einige kleine Öffnungen gelassen wurden, um äußere, sichtbare Ebenbilder oder Ideen von den Dingen der Umwelt einzulassen. [Wenn* die in einen solchen dunklen Raum hineingelangenden Bilder nur dort bleiben würden] und so geordnet lägen, daß man sie im gegebenen Fall auffinden könnte, so würde solch ein Kabinett hinsichtlich aller sichtbaren Objekte und ihrer Ideen dem menschlichen Verstande außerordentlich ähnlich sein.

Das sind meine Vermutungen über die Mittel, mit denen der Verstand einfache Ideen erlangt und festhält, sowie über Modi der letzteren und über einige weitere an diesen vorgenommenen Operationen.

Ich gehe nunmehr dazu über, einige dieser einfachen Ideen und ihre Modi etwas eingehender zu untersuchen.

XII. KAPITEL

ÜBER KOMPLEXE IDEEN

1. Bisher haben wir diejenigen Ideen betrachtet, bei deren Aufnahme sich der Geist rein passiv verhält. Es sind die obenerwähnten, aus Sensation und Reflexion stammenden einfachen Ideen. Von diesen kann der Geist keine einzige selber schaffen, noch kann er irgendeine Idee haben, die nicht völlig aus ihnen bestünde. [Während** er sich aber bei der Aufnahme aller seiner einfachen Ideen durchaus passiv verhält, vollbringt er selbständig verschiedene Handlungen, um aus seinen einfachen Ideen als dem Material und der Grundlage für alles Weitere die übrigen Ideen zu bilden. Diese Tätig-

Der Geist bildet sie aus einfachen Ideen.

---

* In den ersten drei Auflagen: „die, wenn sie nur dort bleiben würden". [Fraser, a. a. O., Bd. I, S. 212.]
** Zusatz der vierten Auflage. [Fraser, a. a. O., Bd. I, S. 213.]

keiten, bei denen der Geist seine Macht über seine einfachen Ideen entfaltet, sind vornehmlich die folgenden drei: 1. Das Kombinieren mehrerer einfacher Ideen zu einer zusammengesetzten. Auf diese Weise entstehen sämtliche *komplexe Ideen*. 2. Die zweite Tätigkeit besteht darin, zwei Ideen, seien es einfache oder komplexe, so zusammenzustellen, daß man sie zu gleicher Zeit überblickt, ohne sie doch zu einer einzigen zu verschmelzen. Auf diese Weise erlangt der Geist alle seine *Ideen von Relationen*. 3. Die dritte Tätigkeit besteht in der Trennung einer Idee von allen anderen Ideen, die sie in ihrer realen Existenz begleiten. Dies Verfahren nennen wir Abstraktion; dadurch werden alle *allgemeinen Ideen* des Geistes gebildet. Hieraus erhellt, daß die Kraft des Menschen und die Methoden, mit denen er operiert, in der intellektuellen Welt annähernd die gleichen sind wie in der materiellen. Auf beiden Gebieten nämlich hat der Mensch über die Materialien keine Gewalt; er kann sie weder schaffen noch vernichten; alles, was er tun kann, besteht darin, daß er sie entweder miteinander vereinigt, sie nebeneinanderstellt oder vollkommen trennt. Ich will bei der Betrachtung der komplexen Ideen mit der ersten dieser Tätigkeiten beginnen; die beiden andern will ich später an der entsprechenden Stelle behandeln.] Wie die Beobachtung zeigt, daß einfache Ideen zu verschiedenen Kombinationen vereinigt existieren, so hat auch der Geist die Kraft, eine Anzahl einfacher Ideen vereint als eine einzige Idee anzusehen, und zwar nicht nur so, wie sie in den äußeren Objekten miteinander verbunden sind, sondern auch so, wie er sie selbst verknüpft hat. Ideen, die auf diese Weise durch die Vereinigung von mehreren einfachen Ideen gebildet wurden, nenne ich *komplexe*; zu ihnen gehören zum Beispiel Schönheit, Dankbarkeit, Mensch, Armee, Universum. Obgleich diese Ideen Verbindungen aus verschiedenen einfachen Ideen oder aus komplexen Ideen sind, die ihrerseits wieder aus einfachen bestehen, wird jede dieser Ideen dennoch vom Geist, wenn es ihm gefällt, für sich als ein einheitliches Ganzes betrachtet und mit einem einzigen Namen bezeichnet.

2. Hinsichtlich dieser Fähigkeit, seine Ideen zu wiederholen und zu verbinden, besitzt der Geist eine große Kraft, die Objekte seines Denkens weit über das hinaus, womit ihn Sensation oder Reflexion ausstatten, zu variieren und zu vervielfältigen. Bei alledem aber bleibt er an die einfachen Ideen gebunden, die aus jenen zwei Quellen stammen und das ursprüngliche Material aller seiner Verbindungen bilden. Denn die einfachen Ideen rühren sämtlich von den Dingen selbst her, und der Geist *kann* weder mehr noch andere Ideen von ihnen haben als die, welche ihm dargeboten werden. Von sensiblen Qualitäten kann er nur solche Ideen besitzen, die ihm durch die Sinne von außen zugeführt werden, von den Operationen einer denkenden Substanz nur solche, die er in sich selbst vorfindet. Hat er aber einmal diese einfachen Ideen erworben, so ist er nicht mehr allein auf die Beobachtung und auf das von außen sich Darbietende angewiesen; er kann vielmehr aus eigner Kraft die Ideen, die er besitzt, verknüpfen und neue komplexe Ideen schaffen, die sich ihm in dieser Verbindung nie dargeboten haben.

<small>Sie werden willkürlich gebildet.</small>

3. Wie immer die *komplexen Ideen* auch zusammengesetzt und zerlegt sein mögen, gleichviel, ob ihre Anzahl unendlich und ihre Mannigfaltigkeit endlos sein mag, in der sie das Denken der Menschen erfüllen und beschäftigen, so lassen sie sich doch, wie ich glaube, sämtlich unter die folgenden drei Klassen einordnen:

<small>Die komplexen Ideen sind entweder Modi, Substanzen oder Relationen.</small>

1. Modi
2. Substanzen
3. Relationen.

4. Erstens, *Modi* nenne ich solche komplexen Ideen, die, gleichviel, wie sie zusammengesetzt sind, doch nicht die Voraussetzung enthalten, daß sie für sich selbst bestehen, die man vielmehr als von Substanzen abhängend oder als Eigenschaften derselben ansieht, wie etwa die Ideen, die wir durch die Wörter Dreieck, Dankbarkeit, Mord usw. bezeichnen. Wenn ich somit das Wort Modus in einem von der gewöhnlichen Bedeutung etwas abweichenden Sinne gebrauche, so bitte ich das zu entschuldigen; denn bei Darlegungen, in denen man sich

<small>Ideen der Modi.</small>

von den herkömmlichen Begriffen entfernt, ist es unvermeidlich, entweder neue Wörter zu bilden oder die alten in einem etwas veränderten Sinne zu gebrauchen; das letztere scheint mir im vorliegenden Falle das Akzeptabelere zu sein.

Einfache und gemischte Modi einfacher Ideen.

5. Von diesen *Modi* gibt es zwei Arten, die gesondert betrachtet zu werden verdienen.

Erstens gibt es solche, die nur Variationen oder verschiedene Kombinationen einer und derselben einfachen Idee ohne Beimischung irgendeiner andern sind, zum Beispiel ein Dutzend oder ein Schock. Sie sind nichts anderes als die Ideen ebenso vieler selbständiger Einheiten, die man addiert hat. Ich nenne sie *einfache Modi*, weil sie sich innerhalb der Grenzen einer einzigen einfachen Idee halten.

Zweitens, andere stellen eine Zusammensetzung von einfachen Ideen verschiedener Art dar, die man verknüpft hat, um eine einzige komplexe Idee zu schaffen; hierzu gehört zum Beispiel Schönheit – eine bestimmte, den Beschauer angenehm berührende Zusammensetzung von Farbe und Gestalt – oder Diebstahl – der unbemerkte, ohne Zustimmung des Eigentümers erfolgende Übergang eines Gegenstandes in den Besitz eines anderen; diese Ideen enthalten, wie ersichtlich, eine Kombination mehrerer Ideen von verschiedener Art. Ich nenne sie *gemischte Modi*.

Ideen einzelner oder kollektiver Substanzen.

6. Zweitens, die Ideen von Substanzen sind solche Kombinationen von einfachen Ideen, die man als Darstellungen bestimmter, selbständig bestehender *Einzel*dinge ansieht. Unter ihnen ist die hypothetische oder verworrene Idee der Substanz, so wie sie beschaffen ist, immer die erste und oberste. Wenn beispielsweise mit der Idee Substanz die einfache Idee einer bestimmten grauweißen Farbe und die eines bestimmten Grades von Schwere, Härte, Dehnbarkeit und Schmelzbarkeit verbunden wird, so erhalten wir die Idee „Blei"; die Kombination der Ideen einer bestimmten Gestalt nebst der Kraft der Bewegung, des Denkens und Schließens mit der Substanz verbunden ergibt die herkömmliche Idee „Mensch". Nun gibt es auch bei den Substanzen wieder zwei Arten von Ideen, einmal die der *einfachen* Sub-

stanzen, wie sie einzeln existieren, zum Beispiel die Idee „Mensch" oder „Schaf", zum andern die einer Verbindung von mehreren solcher, zum Beispiel „eine Armee von Menschen" oder „eine Herde Schafe". Diese *kollektiven* Ideen mehrerer so zusammengefaßter Substanzen sind ebensogut je eine einzelne Idee wie die Idee „Mensch" oder „Einheit".

7. Drittens, die letzte Art komplexer Ideen ist die, welche wir *Relation* nennen. Sie besteht in der Betrachtung und Vergleichung einer Idee mit einer andern.

Ideen der Relation.

Von diesen verschiedenen Gruppen werden wir der Reihe nach reden.

8. Wenn wir das Fortschreiten unseres Geistes beobachten und aufmerksam verfolgen, wie er seine aus Sensation oder Reflexion stammenden einfachen Ideen wiederholt, zusammenstellt und verknüpft, so wird uns das weiter führen, als wir vielleicht anfangs glaubten. Ja, ich meine, wenn wir sorgfältig auf den Ursprung unserer Begriffe achten, werden wir finden, daß *auch die abstrusesten Ideen*, wie weit sie auch von den Sinnesempfindungen oder von irgendwelchen Operationen unseres Geistes entfernt zu sein scheinen, doch ausschließlich zu denen gehören, die der Verstand sich bildet, indem er Ideen wiederholt und verknüpft, die er entweder von den Objekten der Sinne oder durch die an diesen vorgenommenen Operationen seines eigenen Geistes erworben hat. So beruhen selbst jene umfassenden und abstrakten Ideen auf Sensation oder Reflexion und sind nichts anderes als das, was der Geist durch den gewöhnlichen Gebrauch seiner eigenen Fähigkeiten erwerben kann und wirklich erwirbt; er erhält sie, wenn er seine Fähigkeiten auf Ideen anwendet, die er von den Objekten der Sinne oder von den Operationen empfängt, die, wie er beobachtet, in seinem Innern an den auf ersterem Wege gewonnenen Ideen vorgenommen werden.

Auch die abstrusesten Ideen, die wir haben können, stammen durchweg aus zwei Quellen.

Ich werde versuchen, das an unsern Ideen von Raum, Zeit und Unendlichkeit nachzuweisen, aber auch an einigen anderen, die von jenen zwei Quellen am weitesten entfernt zu sein scheinen.

XIII. KAPITEL

KOMPLEXE IDEEN DER EINFACHEN MODI; ZUNÄCHST ÜBER DIE EINFACHEN MODI DER IDEE DES RAUMES

Einfache Modi einfacher Ideen.

1. Ich habe im vorigen Abschnitt des öfteren von den einfachen Ideen gesprochen, die in Wahrheit das Material all unserer Erkenntnis bilden. Ich habe sie aber dort mehr daraufhin betrachtet, wie sie in den Geist hineingelangen, als hinsichtlich ihrer Verschiedenheit von anderen, mehr zusammengesetzten Ideen; daher ist es vielleicht angebracht, einige von ihnen noch einmal unter dem letztgenannten Gesichtspunkt ins Auge zu fassen und die verschiedenen Modifikationen ein und derselben Idee zu prüfen, die der Geist entweder an den existierenden Dingen vorfindet oder aber ohne die Hilfe eines Objekts der Umwelt oder einer äußeren Anregung in sich selbst zustande zu bringen vermag.

Die Modifikationen einer *einzigen* einfachen Idee (die ich, wie gesagt, *einfache Modi* nenne) sind im Geiste ebenso vollkommen verschiedene und voneinander getrennte Ideen wie die, zwischen denen der größte Abstand oder der größte Gegensatz besteht. Denn die Idee von zwei ist von der von eins ebenso verschieden wie die der Bläue von der der Wärme oder wie jede dieser beiden von irgendeiner Zahl. Gleichwohl aber entsteht sie lediglich durch Wiederholung der einfachen Idee der Einheit. Solche Wiederholungen, die man miteinander verbindet, bilden die verschiedenen einfachen Modi des Dutzend, des Gros, der Million.

Die Idee des Raumes.

2. Ich werde mit der einfachen Idee des *Raumes* beginnen. Ich habe im V. Kapitel gezeigt, daß wir die Idee des Raumes sowohl durch den Gesichtssinn als durch den Tastsinn erlangen. Dies ist, wie mir scheint, so einleuchtend, daß es ebensowenig eines Beweises bedarf wie die Tatsache, daß der Mensch durch den Gesichtssinn einen Abstand zwischen verschiedenfarbigen Körpern oder zwischen den Teilen desselben Körpers wahrnimmt, wie daß er die Farben selbst sieht;

ebenso offenbar ist es, daß man im Dunkeln das gleiche durch Fühlen und Tasten erreichen kann.

3. Diesen Raum, wenn wir ihn lediglich auf die Entfernung zwischen zwei Gegenständen hin betrachten, ohne zu berücksichtigen, was etwa sonst dazwischen liegt, nennen wir *Abstand;* betrachten wir ihn unter dem Gesichtspunkt der Länge, Breite und Höhe, so können wir ihn vielleicht *Geräumigkeit* nennen. [Der* Ausdruck *Ausdehnung* wird gewöhnlich vom Raum in jeder Hinsicht gebraucht.]

Raum und Ausdehnung.

4. Jeder verschiedene Abstand ist eine verschiedene Modifikation des Raumes, und jede einzelne Idee eines verschiedenen Abstandes oder eines verschiedenen Raumes ist ein *einfacher Modus* dieser Idee. [Zum** Zweck und durch die Gewohnheit des Messens setzen die Menschen in ihrem Geist die Ideen gewisser bestimmter Längenmaße fest, zum Beispiel Zoll, Fuß, Elle, Klafter, Meile, Erddurchmesser usw., die ebenso viele unterschiedene Ideen sind, die nur aus der des Raumes gebildet sind. Wenn irgendwelche solcher festen Längen- oder Raummaße dem Denken eines Menschen vertraut geworden sind, kann er] sie in seinem Geist so oft

Unendlichkeit.

---

* In den ersten drei Auflagen: „Betrachtet man den Raum innerhalb der äußeren Grenzen der Materie, die sein Fassungsgebiet mit etwas Festem, Greifbarem und Beweglichem erfüllt, so ist dafür die Bezeichnung *Ausdehnung* angebracht. Ausdehnung ist mithin eine Idee, die nur dem Körper zukommt, während der Raum offenbar auch ohne solchen betrachtet werden kann. Wenigstens ist es meiner Meinung nach am verständlichsten und das sicherste Mittel, Verwirrung zu vermeiden, wenn wir das Wort „Ausdehnung" für eine Eigenschaft der Materie oder für den Abstand der äußeren Grenzen einzelner fester Körper gebrauchen, „Raum" dagegen in der allgemeineren Bedeutung für Abstand mit sie erfüllender Materie oder ohne solche." [Fraser, a. a. O., Bd. I, S. 220.]

** In der ersten Auflage: „Wenn der Mensch sich an bestimmte räumliche Längen gewöhnt hat, die er benutzt, um andere Abstände zu messen, zum Beispiel Fuß, Elle, Klafter, Seemeile, Erddurchmesser, und diese Ideen dadurch seinem Denken vertraut geworden sind, kann er". [Fraser, a. a. O., Bd. I, S. 220.]

wiederholen wie er will, ohne mit ihnen die Idee eines Körpers oder eines anderen Gegenstandes zu vermengen oder zu verbinden. So kann man sich hier unter den Körpern des Weltalls oder auch jenseits der äußersten Grenzen alles Körperlichen die Ideen eines linearen, eines quadratischen oder eines kubischen Fußes und ebensolcher Ellen und Klafter bilden und durch deren fortgesetztes Aneinanderfügen seine Raumideen beliebig erweitern. Das Vermögen, jegliche Idee einer Entfernung zu wiederholen oder zu verdoppeln und sie, so oft wir wollen, zu der vorangehenden hinzuzufügen, ohne jemals zu einem endgültigen Abschluß kommen zu können, wie lange wir auch immer die Vergrößerung fortsetzen mögen, führt uns zu der Idee der *Unendlichkeit*.

Gestalt. 5. Es gibt eine andere Modifikation derselben Idee, die nichts anderes ist als die gegenseitige Relation, die zwischen den Teilen der Grenzen einer Ausdehnung oder eines umschriebenen Raumes besteht. Festgestellt wird sie durch den Tastsinn bei sinnlich wahrnehmbaren Körpern, deren Außenflächen für uns erreichbar sind; das Auge entnimmt sie sowohl den Körpern wie den Farben, deren Umrisse in sein Gesichtsfeld fallen. Es beobachtet dabei, wie die äußeren Flächen endigen, entweder in geraden Linien, die sich in erkennbaren Winkeln schneiden, oder in gekrümmten Linien, bei denen keine Winkel wahrzunehmen sind; betrachtet es ihr gegenseitiges Verhältnis an allen Teilen der Außenfläche eines Körpers oder Raumes, so gewinnt es dadurch die Idee, die wir *Gestalt* nennen, die dem Geist eine unendliche Mannigfaltigkeit bietet. Denn abgesehen von der sehr großen Zahl verschiedener Gestalten, die an zusammenhängenden Materiemassen wirklich bestehen, ist der Vorrat, der dem Geist zur Verfügung steht, indem er die Idee des Raumes variiert und dadurch immer neue Kompositionen schafft, indem er seine eignen Ideen wiederholt und sie beliebig verbindet, geradezu unerschöpflich. Auf diese Weise kann er die Gestalten bis *ins Unendliche* vervielfachen.

6. Der Geist ist nämlich imstande, die Idee einer geraden Strecke zu wiederholen und mit ihr eine zweite in derselben Richtung laufende zu verbinden, das heißt die Länge jener geraden Linie zu verdoppeln; er kann auch nach Gutdünken eine andere mit irgendeiner Neigung ansetzen und so einen beliebigen Winkel schaffen; ferner kann er jede vorgestellte Linie verkürzen, indem er die Hälfte, ein Viertel, oder irgendeinen sonstigen Teil davon nimmt, ohne jemals mit solchen Teilungen zu einem Ende zu kommen; folglich kann er Winkel von jeder beliebigen Größe bilden; er kann den Schenkeln solcher Winkel eine beliebige Länge geben und sie wieder mit andern Linien von verschiedener Länge und unter verschiedenen Winkeln verbinden, bis er einen Raum vollkommen eingeschlossen hat. Es ist also offensichtlich, daß er Figuren sowohl hinsichtlich der Gestalt als auch hinsichtlich des Rauminhalts *bis ins Unendliche* zu vervielfältigen vermag; sie alle aber sind nur lauter verschiedene einfache Modi des Raumes.

<small>Endlose Mannigfaltigkeit der Gestalten.</small>

Was mit geraden Linien geschehen kann, kann auch mit gekrümmten oder mit gekrümmten und geraden zusammengenommen geschehen; was sich mit Linien vornehmen läßt, läßt sich auch mit Flächen vornehmen. Damit eröffnen sich uns neue Ausblicke auf die unendliche Mannigfaltigkeit der Figuren, die zu bilden der Geist die Kraft besitzt und wodurch er die einfachen Modi des Raumes zu vervielfältigen vermag.

7. Eine weitere Idee, die unter diese Rubrik fällt und in diese Gruppe gehört, nennen wir *Ort*. Wie wir im einfachen Raum die Relation des Abstandes zwischen zwei Körpern oder Punkten betrachten, so betrachten wir bei unserer Idee des Ortes die Relation des Abstandes zwischen einem Gegenstand und zwei oder mehr Punkten, die man als gleich weit voneinander entfernt und damit als feststehend ansieht. Wenn wir nämlich finden, daß ein Gegenstand heute ebensoweit wie gestern von zwei oder mehr Punkten entfernt ist, die ihren Abstand voneinander nicht geändert haben und mit denen er damals verglichen wurde, so sagen wir, der Gegenstand sei noch an demselben Orte; hat er dagegen seinen

<small>Der Ort.</small>

Abstand von einem jener Punkte merklich verändert, so sagen wir, er habe seinen Ort gewechselt. Im gewöhnlichen Sprachgebrauch allerdings und bei dem landläufigen Begriff des Ortes achten wir nicht immer genau auf die Entfernung von solchen bestimmten Punkten, sondern auf diejenige von größeren Teilen sinnlich wahrnehmbarer Objekte, zu denen wir dem Gegenstand eine Beziehung zuschreiben und von denen wir seinen Abstand zu beachten irgendeinen Grund haben.

Der Ort in Beziehung auf einzelne Körper.

8. So sagen wir von einer Gruppe von Schachfiguren, die sich noch auf denselben Feldern des Schachbretts befinden, auf denen wir sie stehen gelassen haben, sie seien noch alle an *derselben* Stelle oder hätten ihren Ort nicht verändert, mag auch das Schachbrett inzwischen aus einem Zimmer in ein anderes getragen worden sein; denn wir haben die Figuren nur mit den verschiedenen Feldern des Schachbretts verglichen, die ihren Abstand voneinander nicht verändert haben. Ebenso sagen wir, das Schachbrett sei am gleichen Ort geblieben, falls es an derselben Stelle der Kajüte bleibt, wenn auch das Schiff, auf dem es sich befindet, fortwährend gefahren ist. Von dem Schiff endlich sagt man, es sei noch an der alten Stelle, vorausgesetzt, daß es den Abstand von der Küste des benachbarten Landes bewahrt hat, obwohl vielleicht die Erde eine Umdrehung gemacht hat, so daß alles, die Schachfiguren, das Brett und auch das Schiff hinsichtlich entfernter Körper, deren Abstände voneinander gleich geblieben sind, ihren Ort verändert haben. Da indessen der Ort der Schachfiguren durch den Abstand von bestimmten Teilen des Brettes bestimmt wird, der Ort des Schachbrettes durch den Abstand von den ruhenden Teilen der Kajüte (mit denen wir den Vergleich anstellten), und endlich der Ort des Schiffes durch die feststehenden Teile der Küste, so kann man sagen, daß Schachbrett, Kajüte und Schiff in den genannten Beziehungen am gleichen Ort geblieben sind, mag auch ihr Abstand von gewissen anderen Dingen, die wir in diesem Fall außer acht gelassen haben, ein anderer geworden sein, so daß sie in dieser Hinsicht zweifellos ihren Ort

verändert haben; wir würden dies auch selbst annehmen, sobald wir veranlaßt wären, sie mit diesen andern Dingen zu vergleichen.

9. Da man nun diese Modifikation des Abstandes, die wir Ort nennen, für den Alltagsgebrauch geschaffen hat, um mit ihrer Hilfe die besondere Lage der Dinge zu bezeichnen, wenn sich hierzu Anlaß bietet, so betrachtet und bestimmt man den Ort unter Bezugnahme auf diejenigen nächstliegenden Dinge, die sich für den augenblicklichen Zweck am besten eignen, ohne andere Dinge zu berücksichtigen, die für einen andern Zweck den Ort desselben Dinges besser bestimmen würden. Da beispielsweise eine Bezeichnung des Ortes jeder Figur auf dem Schachbrett nur innerhalb des Umfangs jener gewürfelten Holztafel Zweck hat, so würde es sinnwidrig sein, diesen Ort nach anderen Dingen zu bestimmen. Wenn die Schachfiguren dagegen in ein Säckchen getan werden und jemand fragt, wo der schwarze König sei, so würde es angemessen sein, den Ort nach dem Teil des Zimmers zu bestimmen, an dem sich die Figuren jetzt befinden, nicht aber nach dem Schachbrett; denn die Bezeichnung ihres Aufenthaltsortes geschieht jetzt zu einem andern Zweck als vorher, wo der König beim Spiel auf dem Schachbrett stand; der Ort muß darum jetzt durch andere Körper bestimmt werden. Oder wenn jemand fragt, wo die Verse stehen, die die Geschichte von Nisus und Euryalus berichten, so wäre es völlig verkehrt, wollte man dadurch den Ort bestimmen, daß man sagte, an dem und dem Punkt der Erde oder in der Bodleiana* befinden sie sich; die richtige Ortsangabe würde vielmehr auf Grund der Einteilung der Werke des Vergil erfolgen; die passende Antwort würde lauten, jene Verse ständen etwa in der Mitte des neunten Buches der Äneis und hätten sich stets am selben Ort befunden, seit die Werke des Vergil gedruckt wurden. Das ist das einzig richtige, obwohl das Buch selbst tausendfach seinen Ort gewechselt hat; denn der Zweck der Idee des Raumes ist hier, kund-

Der Ort in Beziehung auf einen gegenwärtigen Zweck.

---

* Universitätsbibliothek in Oxford.

zugeben, an welcher Stelle des Buches jene Geschichte steht, damit wir notfalls wissen, wo sie zu suchen ist, so daß wir sie für unsern Gebrauch nachschlagen können.

<small>Der Ort des Universums.</small>
10. Daß unsere Idee des Ortes nichts weiter ist als eine solche relative Lage eines Gegenstandes, wie sie eben geschildert wurde, das ist meines Erachtens klar und wird ohne weiteres zugegeben werden, wenn wir bedenken, daß wir von dem Ort des Universums keine Idee haben können, obwohl wir von allen seinen Teilen eine haben können. Denn über das Universum hinaus haben wir keinerlei Idee von feststehenden, deutlich abgegrenzten Dingen, zu denen unsere Vorstellung das Weltall in eine Relation setzen könnte; vielmehr gibt es jenseits des Weltalls nichts als den einförmigen Raum oder die bloße Ausdehnung, in der der Geist keinerlei Unterschiede, keinerlei Merkmale findet. Denn wenn man sagt, die Welt sei irgendwo, so besagt das nichts weiter als daß sie existiert, eine Ausdrucksweise, die zwar vom Ort hergenommen ist, aber nur die Existenz, nicht die örtliche Lage bezeichnet. Wer den Ort des Weltalls ausfindig machen und ihn sich in seinem Geiste klar und deutlich vorstellen könnte, würde auch imstande sein, uns zu sagen, ob das Weltall in der Leere des unendlichen Raumes, wo alle Unterschiede aufhören, sich bewegt oder stillsteht. Es ist freilich richtig, daß der Ausdruck „Ort" bisweilen einen unklaren Sinn hat und für den Raum verwendet wird, den ein Körper einnimmt; insofern befindet sich das Weltall allerdings an einem Ort.

Die Idee des Ortes erlangen wir also auf dieselbe Weise wie die Idee des Raumes (jene ist nur eine besondere, beschränkte Betrachtungsweise dieser), nämlich durch den Gesichts- und Tastsinn, die beide unserm Geist die Ideen der Ausdehnung oder des Abstandes zuführen.

<small>Ausdehnung und Körper sind nicht dasselbe.</small>
11. Gewisse Leute* möchten uns davon überzeugen, daß Körper und Ausdehnung dasselbe seien. Entweder verändern sie dann die Bedeutung der Worte, ein Ver-

---

* Die Cartesianer. [Fraser, a. a. O., Bd. I, S. 225.]

fahren, dessen ich sie freilich nicht verdächtigen möchte; denn sie haben ja gerade die Philosophie anderer sehr streng verurteilt, weil sie sich allzu sehr auf die unsichere Bedeutung oder trügerische Dunkelheit zweifelhafter oder bedeutungsloser Ausdrücke gründe. Wenn sie somit unter Körper und Ausdehnung dasselbe verstehen wie andere Leute, das heißt unter *Körper* etwas Festes und Ausgedehntes, dessen Teile getrennt und auf verschiedene Weise bewegt werden können, unter *Ausdehnung* nur den Raum, der zwischen den Außenflächen jener festen zusammenhängenden Teile liegt und von ihnen ausgefüllt wird, so werfen sie ganz verschiedene Ideen durcheinander. Ich appelliere an das eigene Denken eines jeden: Ist nicht die Idee des Raumes von der der Festigkeit ebenso verschieden wie von der Idee der Scharlachfarbe? Es ist zwar richtig, daß Festigkeit nicht ohne Ausdehnung bestehen kann, ebenso wenig wie die Scharlachfarbe es kann; das hindert indessen nicht, daß beide verschiedene Ideen sind. Viele Ideen erfordern für ihr Dasein oder ihre Denkbarkeit andere, die doch durchaus verschieden sind. Die Bewegung kann ohne Raum weder sein noch vorgestellt werden; und doch ist Bewegung nicht Raum, und Raum ist nicht Bewegung; vielmehr kann der Raum ohne Bewegung existieren; sie sind durchaus verschiedene Ideen, ebenso wie es meines Erachtens die Ideen des Raumes und der Festigkeit sind. Die Idee der Festigkeit ist von der des Körpers so unzertrennlich, daß von ihr Raumerfüllung, Berührung, Impuls und Mitteilung der Bewegung nach erfolgtem Impuls abhängen. Wenn man die Verschiedenheit von Geist und Körper ganz richtig damit beweisen kann, daß das Denken die Idee der Ausdehnung nicht in sich einschließt, so beweist das meiner Meinung nach ebenso stichhaltig, daß Raum nicht Körper ist, weil er die Idee der Festigkeit nicht einschließt; denn *Raum* und *Festigkeit* sind ebenso verschiedene Ideen wie *Denken* und *Ausdehnung* und können im Geist ebenso vollkommen voneinander getrennt werden. Körper und Ausdehnung sind mithin offenbar zwei verschiedene Ideen, denn:

Zweites Buch, Kap. XIII

Ausdehnung ist nicht Festigkeit.

12. Erstens schließt die Ausdehnung nicht wie der Körper Festigkeit und Widerstand gegen die Bewegung von Körpern in sich ein.

Die Teile des Raumes sind sowohl wirklich als verstandesmäßig untrennbar.

13. Zweitens sind die Teile des reinen Raumes voneinander untrennbar, so daß die Kontinuität weder real noch in Gedanken unterbrochen werden kann. Man versuche doch einmal auch nur in Gedanken ein Raumteilchen von einem andern, das mit ihm zusammenhängt, zu trennen. Ein wirkliches Teilen und Sondern vollzieht sich, wie mir scheint, indem man durch Trennen der Teile voneinander zwei Oberflächen schafft, wo vorher eine Kontinuität war; in Gedanken teilen aber heißt, im Geiste zwei Oberflächen schaffen, wo vorher eine Kontinuität war, und sie voneinander gesondert betrachten. Das ist aber nur bei Dingen möglich, die der Geist als trennbar ansieht und denen er die Fähigkeit zuschreibt, durch eine Trennung neue, besondere Oberflächen zu erhalten, die sie zunächst noch nicht haben, wohl aber erhalten können. Indessen scheint mir keine dieser beiden Arten von Trennung, weder die wirkliche noch die bloß vorgestellte, auf den bloßen Raum anwendbar zu sein.

Wohl kann man soviel von solchem Raum ins Auge fassen wie einem Fuß entspricht oder ihm angemessen ist, ohne den Rest zu beachten. Dann liegt zwar eine partielle Betrachtungsweise, nicht aber eine auch nur in Gedanken vorgenommene Trennung oder Teilung vor; denn man kann ebenso wenig in Gedanken teilen, ohne sich zwei getrennte Oberflächen vorzustellen, wie man tatsächlich teilen kann, ohne zwei gesonderte Oberflächen zu schaffen. Eine partielle Betrachtung aber ist noch keine Trennung. Man kann sich das Licht der Sonne vorstellen ohne an ihre Wärme zu denken, die Beweglichkeit eines Körpers, ohne seine Ausdehnung in Betracht zu ziehen, braucht jedoch dabei nicht an ihre Trennung zu denken. Das eine ist nur eine partielle Betrachtung, die sich auf ein Einzelnes beschränkt, das andere ist eine Betrachtung beider als getrennt existierender Dinge.

Die Teile des Raumes sind unbeweglich.

14. Drittens sind die Teile des reinen Raumes unbeweglich, was sich aus ihrer Untrennbarkeit ergibt.

Bewegung nämlich ist nichts anderes als die Veränderung des Abstandes zwischen zwei Dingen; eine solche Veränderung nun ist bei Teilen, die untrennbar sind, unmöglich; sie müssen sich deshalb notwendig in einem Verhältnis gegenseitiger Ruhe zueinander befinden.

Die bestimmte Idee des einfachen Raumes grenzt diesen also deutlich und hinlänglich vom Körper ab, da die Teile des Raumes untrennbar und unbeweglich sind und der Bewegung von Körpern keinen Widerstand entgegenstellen.

15. Wenn mich jemand fragt, *was* dieser Raum, von dem ich rede, eigentlich *sei,* so will ich ihm das sagen, wenn er mir seinerseits sagt, was seine Ausdehnung ist. Wenn man nämlich, wie es meist geschieht, die Antwort gibt: Ausdehnung bedeute *partes extra partes** besitzen, so heißt das nur: Ausdehnung ist Ausdehnung. Bin ich denn über die Natur der Ausdehnung irgendwie besser unterrichtet, wenn man mir sagt, Ausdehnung heiße ausgedehnte Teile haben, die außerhalb ausgedehnter Teile liegen, das heißt Ausdehnung besteht aus ausgedehnten Teilen? Das wäre gerade so, als wenn ich auf die Frage, was eine Faser sei, erwidern wollte, es sei etwas, was aus mehreren Fasern bestehe. Könnte jemand daraufhin besser als vorher verstehen, was eine Faser ist? Oder würde er nicht vielmehr Grund zu der Annahme haben, daß ich ihn zum besten haben, nicht aber ernsthaft belehren wolle?

<small>Die Definition der Ausdehnung erklärt diese nicht.</small>

16. Diejenigen, die behaupten, Raum und Körper seien dasselbe, stellen folgendes Dilemma auf: Der Raum ist entweder etwas oder ist nichts. Wenn zwischen zwei Körpern nichts ist, so müssen sie sich notwendig berühren; gibt man aber zu, daß der Raum etwas sei, so fragen sie, ob er Körper oder Geist sei. Hierauf antworte ich mit einer Gegenfrage: Wer sagt ihnen denn, daß es nichts anderes gebe oder geben könne als *feste Wesen, die nicht denken könnten,* und *denkende Wesen, die nicht ausgedehnt seien?* Das allein nämlich meinen sie mit den Ausdrücken *Körper* und *Geist.*

<small>Die Einteilung der Wesen in körperliche und geistige beweist nicht die Identität von Raum und Körper.</small>

---

* Teile außerhalb von Teilen.

Die uns unbekannte Substanz liefert keinen Beweis gegen den körperlosen Raum.

17. Wenn (wie es häufig geschieht) die Frage aufgeworfen wird, ob der körperlose Raum *Substanz* oder *Akzidenz* sei, so antworte ich unbedenklich, daß ich das nicht weiß, mich meiner Unwissenheit auch so lange nicht schäme, bis die Fragesteller mir eine klare, bestimmte Idee von der Substanz vorweisen.

Verschiedene Bedeutungen von Substanz.

18. Ich suche mich soweit wie möglich von den Täuschungen frei zu machen, in die wir uns selbst zu versetzen geneigt sind, indem wir die Wörter für die Dinge nehmen. Unsere Unwissenheit wird dadurch nicht behoben, daß wir, um Kenntnisse vorzuspiegeln, wo wir keine haben, mit Tönen einen Lärm machen, die keine klare und bestimmte Bedeutung haben. Namen, die willkürlich geschaffen sind, ändern weder die Natur der Dinge, noch verhelfen sie uns zu deren Verständnis, wenn sie nicht die Zeichen für bestimmte* Ideen sind und für diese stehen. Ich empfehle denjenigen, die auf den Klang der zwei Silben *Substanz* so großes Gewicht legen, einmal zu erwägen, ob sie diesen Namen im gleichen Sinne gebrauchen, wenn sie ihn, wie es tatsächlich geschieht, auf den unendlichen, unbegreiflichen Gott, auf endliche Geister und auf Körper anwenden; sie mögen sich einmal fragen, ob er für dieselbe Idee steht, wenn alle diese drei so verschiedenen Dinge Substanzen genannt werden. Wenn ja, so überlege man, ob daraus nicht folge, daß sich Gott, die Geister und die Körper – weil sie in der gleichen gemeinsamen Natur der Substanz übereinstimmen – auf keine andere Weise voneinander unterscheiden als lediglich durch eine verschiedene *Modifikation* der Substanz; das bedeutet, daß sie ebenso wie der Baum und der Stein, weil diese im gleichen Sinn Körper sind und in der gemeinsamen Natur eines Körpers übereinstimmen, nur durch die Modifikation dieser gemeinsamen Materie voneinander abweichen. Das wäre fürwahr eine sehr harte Lehre! Meine Gegner werden sagen, sie verwendeten jenen Namen für Gott, den endlichen Geist und die Materie in drei verschiedenen Bedeutungen; er stehe für eine bestimmte Idee, wenn man

---

* In den ersten drei Auflagen: „klare und deutliche". [Fraser, a. a. O., Bd. I, S. 229.]

Gott als Substanz hinstelle, für eine zweite, wenn man die Seele, für eine dritte, wenn man den Körper so nenne. Wenn aber der Name Substanz für drei verschiedene selbständige Ideen steht, so täten sie gut daran, diese unterschiedenen Ideen bekannt zu machen oder ihnen wenigstens drei verschiedene Namen zu geben, um bei einem so wichtigen Begriff der Verwirrung und den Irrtümern vorzubeugen, die natürlich aus dem unterschiedslosen Gebrauch eines so zweifelhaften Ausdrucks folgen müssen, hinter dem man um so weniger drei verschiedene Bedeutungen vermutet, als er im täglichen Gebrauch kaum eine klare und bestimmte Bedeutung hat. Wenn sich übrigens jene Leute auf diese Weise drei verschiedene Substanzideen bilden können, was sollte jemand anders daran hindern, nicht noch eine vierte zu schaffen?

19. Diejenigen, die zuerst auf den Begriff *Akzidenzien* verfielen, als einer Art realer Dinge, die notwendig ein Ding voraussetzten, dem sie innewohnen könnten, waren gezwungen, als Träger derselben das Wort *Substanz* zu ersinnen. Hätte jener arme indische Philosoph (der meinte, auch für die Erde müsse es einen Träger geben) nur an dieses Wort Substanz gedacht, so hätte er sich die Mühe ersparen können, einen Elefanten zum Träger der Erde und eine Schildkröte zur Trägerin des Elefanten zu machen; das Wort Substanz würde vollkommen ausgereicht haben. Der Fragesteller hätte sich, ohne zu wissen, was Substanz ist, ebensogut mit dem Bescheid des indischen Philosophen zufrieden geben können, daß es die Substanz sei, die die Erde trage, wie wir es für eine ausreichende Antwort und für eine gute Lehre unserer europäischen Philosophen halten, daß die Substanz, von der man nicht weiß, was sie ist, dasjenige sei, was die Akzidenzien trage. Wir haben also keine Idee davon, was die Substanz ist, sondern nur eine verworrene und unklare Idee davon, was sie leistet.

<small>Substanz und Akzidenz sind in der Philosophie ziemlich wertlos.</small>

20. Gleichviel aber, was ein Gelehrter hierzulande tun würde, ein gescheiter Amerikaner, der die Natur der Dinge erforschen wollte, würde es jedenfalls kaum für eine befriedigende Auskunft halten, wenn man ihm

<small>Anhaften und Unterstützen.</small>

bei seinen Bemühungen, etwas über unsere Baukunst zu erfahren, erklären wollte, ein Pfeiler sei etwas, was von einem Sockel getragen würde, ein Sockel etwas, was ein Pfeiler stütze. Würde er bei einem solchen Bescheid nicht eher glauben, man habe ihn zum Narren, als daß man ihn belehren wolle? Wie erschöpfend wäre nicht ein Laie über die Beschaffenheit von Büchern und über ihren Inhalt unterrichtet, wenn man ihm sagte, alle gelehrten Bücher beständen aus Papier und Buchstaben; Buchstaben seien etwas, was am Papier hafte, und Papier sei etwas, was die Buchstaben festhalte; das ist gewiß eine bemerkenswerte Art, klare Ideen von Buchstaben und Papier zu erhalten. Würden aber die lateinischen Wörter *inhaerentia* und *substantia* in entsprechendes schlichtes Englisch übersetzt und *Anhaften* und *Unterstützen* genannt, so würden sie uns besser enthüllen, wie außerordentlich klar die Lehre von Substanz und Akzidenzien ist, und uns zeigen, welchen Wert diese Wörter für die Entscheidung philosophischer Fragen besitzen.

Ein Vakuum gibt es jenseits der äußersten Grenzen der Körperwelt.

21. Doch kehren wir zu unserer Idee des Raumes zurück. Wenn man die Körperwelt nicht als unendlich ansieht (und ich denke, niemand wird das tun wollen), so fragt es sich, ob ein Mensch, den Gott an die äußerste Grenze der körperlichen Dinge versetzt hätte, imstande sein würde, die Hand über seinen Körper hinaus auszustrecken. Wenn er es könnte, so würde er den Arm dahin bringen, wo vorher Raum ohne Körper war; wenn er dort die Finger spreizte, so wäre zwischen ihnen noch immer Raum ohne Körper. Könnte er aber die Hand nicht ausstrecken, so müßte das an einem äußeren Hindernis liegen (denn wir nehmen an, daß er lebendig ist und die derzeitige Kraft, die Glieder seines Körpers zu bewegen, beibehält, was an sich nicht unmöglich ist, wenn es Gott so gefällt; jedenfalls wäre es für Gott nicht unmöglich, ihn so zu bewegen); dann frage ich, ob das, was seine Hand daran hindert, sich nach außen zu bewegen, Substanz oder Akzidenz ist, ob es etwas oder nichts ist. Hat man diese Frage gelöst, so wird man auch darüber entscheiden können, was dasjenige ist, was sich zwischen zwei voneinander entfernten Körpern be-

findet oder befinden kann, aber kein Körper ist und keine Festigkeit besitzt. Inzwischen aber ist das eine Argument mindestens ebenso stichhaltig, daß da, wo kein Widerstand vorliegt (wie jenseits der letzten Grenzen alles Körperlichen), ein bewegter Körper sich weiter bewegen kann, wie das andere, daß sich zwei Körper notwendig da berühren müssen, wo sich nichts zwischen ihnen befindet. Denn reiner Raum, wenn er zwischen zwei Körpern liegt, genügt, um die Notwendigkeit gegenseitiger Berührung aufzuheben; aber bloßer Raum, der zu durchmessen ist, genügt nicht, um eine Bewegung zu stoppen. In Wahrheit verhält es sich so, daß meine Gegner entweder zugestehen müssen, daß sie die Körperwelt für unendlich halten, was sie allerdings nur ungern aussprechen, oder sie müssen anerkennen, daß Raum nicht Körper ist. Denn den denkenden Menschen möchte ich wohl sehen, dem es möglich wäre, dem Raum in Gedanken – und zwar diesem noch eher als der Dauer – eine Grenze zu setzen oder die Hoffnung zu hegen, auf dem Wege des Denkens an das Ende eines dieser beiden Begriffe zu gelangen. Wenn also seine Idee von der Ewigkeit unbegrenzt ist, so ist es auch seine Idee von der Unendlichkeit; beide sind gleichermaßen begrenzt oder unbegrenzt.

22. Wer behauptet, daß ein Raum unmöglich ohne Materie existieren kann, muß nicht nur die Körperwelt für unbegrenzt erklären, sondern auch bestreiten, daß Gott die Macht besitzt, einen Teil der Materie zu vernichten. Nun wird wohl niemand leugnen, daß Gott aller in der Materie befindlichen Bewegung ein Ende machen, alle Körper des Weltalls in völlige Ruhe und absoluten Stillstand versetzen und sie in diesem Zustand belassen kann, so lange es ihm gefällt. Wer weiter zugibt, daß Gott während eines solchen allgemeinen Ruhezustandes dieses Buch oder den Körper dessen, der es liest, *vernichten* kann, der muß notwendigerweise die Möglichkeit eines Vakuums anerkennen. Denn es leuchtet ein, daß der durch die Teile des vernichteten Körpers vorher eingenommene Raum übrigbleibt und ein Raum ohne Körper wird. Denn die umgebenden Körper, die ja in vollkommener Ruhe sind, bilden eine undurch-

Die Macht zur Vernichtung ist ein Beweis für die Existenz des Vakuums.

dringliche Mauer und machen es in diesem Zustand jedem andern Körper ganz unmöglich, in jenen Raum hineinzugelangen. In der Tat ist die notwendige Bewegung eines Partikels der Materie nach dem Ort hin, von dem ein anderes entfernt wird, nur eine Folgerung aus der Voraussetzung, daß der Raum erfüllt sei; deshalb bedarf sie eines besseren Beweises, als es ein nur angenommener Tatbestand ist, der nie auf experimentellem Wege erhärtet werden kann, während uns andererseits unsere klaren und deutlichen Ideen hinreichend davon überzeugen, daß zwischen Raum und Festigkeit keine notwendige Verbindung besteht, weil wir uns das eine ohne das andere vorstellen können. Diejenigen, die für oder gegen den leeren Raum streiten, gestehen damit ein, daß sie für das Vakuum und für den erfüllten Raum verschiedene *Ideen* haben, das heißt, daß sie eine Idee der Ausdehnung ohne Festigkeit besitzen, der sie allerdings die *Existenz* absprechen; sonst wäre ihr Streit gegenstandslos. Wer nämlich die Bedeutung der Wörter so stark verändert, daß er Ausdehnung Körper nennt und infolgedessen die gesamte Wesenheit des Körpers in der bloßen Ausdehnung ohne Festigkeit bestehen läßt, kann nur sinnwidrig reden, wenn er vom *Vakuum* spricht, weil Ausdehnung ohne Ausdehnung nicht sein kann. Denn *Vakuum*, gleichviel, ob wir seine Existenz behaupten oder bestreiten, bedeutet Raum ohne Körper; die Möglichkeit seiner Existenz kann niemand leugnen, der nicht die Materie für unbegrenzt hält und Gott die Macht abspricht, einen Teil derselben zu vernichten.

Die Bewegung ist ein Beweis für das Vakuum.

23. Wir brauchen jedoch nicht erst über die äußersten Grenzen der Körperwelt im Weltall hinauszugehen oder an Gottes Allmacht zu appellieren, um ein *Vakuum* zu finden; schon die Bewegung der Körper vor unsern Augen und in unserer Nähe scheint es mir deutlich zu beweisen. Möge doch jemand versuchen, einen festen Körper von beliebiger Größe so zu teilen, daß die festen Teile sich frei nach allen Richtungen innerhalb der Grenzen seiner Oberfläche bewegen können, ohne daß darin ein leerer Raum bleibt, so groß wie der kleinste Teil, in den man den besagten festen Körper

geteilt hat! Wenn dort, wo das kleinste Partikel des geteilten Körpers so groß wie ein Senfkorn ist, ein der Größe eines Senfkorns entsprechender leerer Raum nötig ist, um für die ungehinderte Bewegung der Teile des geteilten Körpers Raum zu schaffen, so muß da, wo die Partikel der Materie hundertmillionenmal kleiner sind als ein Senfkorn, auch ein von fester Materie freier Raum vorhanden sein, der hundertmillionenmal kleiner ist als ein Senfkorn; denn was in dem ersten Fall gilt, muß auch im zweiten gelten usw. *bis ins Unendliche.* Mag der leere Raum so klein sein wie er will, jedenfalls widerlegt er die Hypothese vom erfüllten Raum. Denn wenn es einen von Körpern freien Raum geben kann, der gleich dem kleinsten in der Natur gegenwärtig existierenden selbständigen Partikel der Materie ist, so ist es doch immer ein Raum ohne Körper, der zwischen Körper und Raum einen ebenso großen Unterschied begründet, als wäre er ein $\mu\acute{\varepsilon}\gamma\alpha\,\chi\acute{\alpha}\sigma\mu\alpha$*, ein Abstand, so groß, wie es in der Natur überhaupt einen gibt. Darum wird auch dann, wenn wir den für die Bewegung notwendigen leeren Raum nicht dem kleinsten Teil der geteilten festen Materie gleichsetzen, sondern ihn uns nur als ein Zehntel oder ein Tausendstel denken, sich doch immer dieselbe Folgerung für den Raum ohne Materie ergeben.

24. Da es sich aber hier darum handelt, ob die Idee des Raumes oder der Ausdehnung mit der Idee des Körpers identisch ist, so ist nicht die reale Existenz eines *Vakuums*, sondern die Idee desselben zu beweisen; diese aber haben die Menschen offenbar, wenn sie danach forschen oder darüber streiten, ob es ein *Vakuum* gebe oder nicht. Hätten sie nämlich die Idee des körperlosen Raumes nicht, so könnten sie seine Existenz nicht in Frage stellen; wenn ihre Idee vom Körper nicht etwas mehr enthielte als die bloße Idee des Raumes, so könnte bei ihnen darüber, ob die Welt erfüllt sei, kein Zweifel bestehen. Die Frage, ob es Raum ohne Körper gebe, wäre ebenso unsinnig wie die andere, ob es raumlosen

Die Ideen von Raum und Körper sind verschieden.

---

* Eine große Kluft.

Raum oder körperlose Körper gebe; denn diese Wörter wären nur verschiedene Namen derselben Idee.

Daß die Ausdehnung vom Körper nicht zu trennen ist, beweist nicht deren Identität.

25. Allerdings verknüpft sich die Idee der Ausdehnung so unlösbar mit allen sichtbaren und den meisten tastbaren Qualitäten, daß sie uns kein einziges äußeres Objekt *sehen* und nur sehr wenige *fühlen* läßt, ohne daß wir zugleich Eindrücke der Ausdehnung mit in uns aufnehmen. Diese Bereitwilligkeit der Ausdehnung, sich jederzeit zugleich mit andern Ideen bemerkbar zu machen, dürfte meiner Meinung nach der Anlaß dafür gewesen sein, daß manche das gesamte Wesen der Körper als Ausdehnung bestimmt haben. Man braucht sich darüber nicht sehr zu wundern; denn durch den Gesichts- und Tastsinn (die die regsten unserer Sinne sind) hatte die Idee der Ausdehnung den Geist so erfüllt und sich seiner gleichsam so vollkommen bemächtigt, daß man keinem Gegenstand, der nicht Ausdehnung besaß, die Existenz zuerkennen wollte. Ich will jetzt nicht mit den Leuten streiten, die das Maß und die Möglichkeit alles Seienden lediglich ihrer beschränkten und unentwickelten Einbildungskraft entnehmen; vielmehr habe ich es hier nur mit denen zu tun, die den Schluß ziehen, das Wesen der Körper sei die Ausdehnung, weil sie sich angeblich keine sensible Qualität irgendeines Körpers ohne Ausdehnung vorstellen können. Ich bitte sie nun, folgendes in Betracht zu ziehen: Hätten sie über ihre Ideen von Geschmacks- und Geruchsqualitäten ebensoviel nachgedacht wie über die von Gesichts- und Tasteindrücken, ja, hätten sie nur ihre Ideen von Hunger und Durst sowie von manchen anderen Schmerzempfindungen nachgeprüft, so würden sie gefunden haben, daß *diese* die Idee der Ausdehnung überhaupt nicht enthalten; letztere ist vielmehr nur eine Eigenschaft der Körper und ebenso wie die anderen Eigenschaften durch unsere Sinne wahrnehmbar; diese aber sind schwerlich scharf genug, um in das reine Wesen der Dinge einzudringen.

Das Wesen der Dinge.

26. Wenn die Ideen, die beständig mit allen andern verbunden sind, deshalb für das Wesen der Dinge gehalten werden müssen, mit denen diese Ideen stets verbunden sind, dann ist zweifellos die Einheit das Wesen

aller Dinge. Denn es gibt kein Objekt der Sensation oder Reflexion, das nicht die Idee der Einheit mit sich brächte. Die Schwäche dieser Art des Argumentierens haben wir jedoch schon genügend nachgewiesen.

27. Wir kommen zum Schluß. Was andere auch immer über die Existenz eines *Vakuums* denken mögen, für mich ist klar, daß wir eine klare Raumidee besitzen, die von der Idee der Festigkeit ebenso verschieden ist wie unsere Idee der Festigkeit von der der Bewegung oder die Idee der Bewegung von der des Raumes. Wir haben keine zwei Ideen, die schärfer unterschieden wären; wir können uns ebenso leicht Raum ohne Festigkeit vorstellen wie Körper oder Raum ohne Bewegung, so gewiß es auch sein mag, daß weder Körper noch Bewegung ohne Raum existieren können. Dabei will ich es jedem anheimstellen, ob er den Raum nur als eine *Relation* auffassen will, die sich daraus ergibt, daß die Dinge in einem gewissen Abstand voneinander existieren, oder ob er die Worte des weisen Königs Salomo „Der Himmel und der Himmel der Himmel können dich nicht fassen"* oder die noch ausdrucksvolleren des inspirierten Philosophen Paulus „In ihm leben wir, bewegen wir uns, und in ihm haben wir unser Dasein"** buchstäblich deuten will; nur soviel ist meine Meinung, daß unsere Idee des Raumes meiner Auffassung entspricht und von der des Körpers verschieden ist. Mögen wir nun an der Materie selbst den Abstand ihrer zusammenhängenden festen Teile ins Auge fassen und diesen angesichts dieser festen Teile Ausdehnung nennen; oder mögen wir den Raum betrachten, wie er zwischen den äußersten Punkten eines Körpers innerhalb der verschiedenen Dimensionen desselben liegt, und ihn insofern Länge, Breite und Höhe nennen; oder mögen wir ihn endlich als zwischen zwei beliebigen Körpern oder positiven Wesen befindlich betrachten, ohne Rücksicht darauf, ob dazwischen Materie vorhanden ist oder nicht, und ihn Abstand nennen; gleichviel, welchen Namen oder welche Betrachtungsweise man auch anwenden mag, immer han-

Die Ideen des Raumes und der Festigkeit sind verschieden.

---

* Vgl. 1. Kön. 8,27.   ** Vgl. Apostelgesch. 17,28.

delt es sich um dieselbe gleichförmige, einfache Idee des Raumes, die von den Objekten stammt, mit denen sich unsere Sinne befaßt haben. Wenn wir diese Idee unserm Geist eingeprägt haben, können wir sie wieder aufleben lassen, sie wiederholen und so oft wir wollen aneinanderreihen; den so vorgestellten Raum oder Abstand können wir entweder als mit festen Teilen angefüllt betrachten – so daß kein anderer Körper dahin gelangen kann, ohne einen vorher dort vorhandenen aus seiner Lage zu verdrängen – oder aber als frei von solchen Teilen, so daß ein Körper, der die gleichen Dimensionen hat wie jener leere oder reine Raum, darin untergebracht werden kann, ohne daß etwas dort Befindliches aus seiner Lage entfernt oder verdrängt wird. [Um* indessen bei der Erörterung dieses Gegenstandes Verwirrung zu vermeiden, wäre es vielleicht zweckmäßig, wenn man den Namen *Ausdehnung* nur für die Materie oder für den Abstand der äußersten Punkte einzelner Körper gebrauchte, den Ausdruck *Ausbreitung* aber für den Raum im allgemeinen, ohne Rücksicht auf sein Erfülltsein oder Nichterfülltsein durch feste Materie, so daß man sagen würde, der Raum sei ausgebreitet, ein Körper sei ausgedehnt. Freilich mag hier jeder verfahren wie er will; ich schlage es nur im Interesse einer klareren und deutlicheren Ausdrucksweise vor.]

Bei klaren, einfachen Ideen herrscht nur wenig Meinungsverschiedenheit.

28. Genau zu wissen, für was unsere Worte stehen, würde, wie ich glaube, sowohl in diesem wie in sehr vielen anderen Fällen dem Streiten ein rasches Ende bereiten. Ich neige nämlich zu der Annahme, daß die Menschen, wenn sie einmal ihre einfachen Ideen prüfen, finden werden, daß diese sämtlich im allgemeinen übereinstimmen, wenn man sich vielleicht auch in der Unterredung durch verschiedene Namen gegenseitig verwirrt. Ich glaube, daß Menschen, die ihre Gedanken abstrahieren und die Ideen ihres Geistes genau untersuchen, im Denken nicht stark voneinander abweichen können, so sehr sie sich auch selbst durch Wörter verwirren mögen, indem sie sich der Ausdrucksweise der verschie-

---

* Zusatz der vierten Auflage. [Fraser, a. a. O., Bd. I, S. 236.]

denen Schulen oder Sekten, in denen sie groß geworden sind, anschließen; andererseits muß bei gedankenlosen Leuten, die ihre Ideen nicht gewissenhaft und sorgfältig prüfen und sie nicht von den dafür gebräuchlichen Zeichen loslösen, sondern sie mit den Wörtern verwechseln, ein endloses Streiten, Zanken und Wortverdrehen herrschen, zumal wenn es sich um Buchstabengelehrte handelt, die auf eine bestimmte Richtung eingeschworen und an deren Redeweise gewöhnt sind und sich darauf verstehen, anderen nachzusprechen. Sollte es aber vorkommen, daß zwei denkende Menschen wirklich verschiedene Ideen haben, so kann ich nicht einsehen, wie sie miteinander disputieren oder argumentieren können. Man mißverstehe mich hier nicht etwa dahingehend, daß ich sagen wollte, jede flüchtige Vorstellung, die im Menschengehirn auftauche, gehöre auch schon zu der Art von Ideen, die ich meine. Es ist für den Geist nicht leicht, von den verworrenen Begriffen und Vorurteilen freizukommen, die sich durch Gewöhnung, Unachtsamkeit und tägliche Unterhaltung bei ihm festgesetzt haben. Er muß Mühe und Fleiß aufwenden, um seine Ideen zu prüfen, bis er sie in jene klaren und deutlichen einfachen Ideen aufgelöst hat, aus denen sie zusammengesetzt sind, und um zu erkennen, welche von diesen einfachen Ideen *notwendig* im Zusammenhang oder in Abhängigkeit voneinander stehen. So lange man dies mit den ersten und ursprünglichen Begriffen der Dinge nicht getan hat, baut man auf schwankender und unsicherer Grundlage und wird oft in Schwierigkeiten geraten.

XIV. KAPITEL

DIE IDEE DER DAUER UND IHRE EINFACHEN MODI

1. Es gibt noch eine andere Art des Abstandes oder der Länge, deren Idee wir nicht den beharrenden Teilen des Raumes, sondern den dahineilenden, stets vergehenden Teilen der Aufeinanderfolge entnehmen. Wir nennen sie *Dauer*. Ihre einfachen Modi sind ihre verschie-

Dauer ist dahineilende Ausdehnung.

denen Längen, wovon wir bestimmte Ideen haben, zum Beispiel *Stunden, Tage, Jahre* usw., *Zeit* und *Ewigkeit*.

Ihre Idee entsteht durch Reflexion auf die Kette unserer Ideen.

2. Die Antwort, die ein großer Mann* auf die Frage gab, was die Zeit sei: *Si non rogas, intelligo* (was etwa heißt: Je mehr ich darüber nachdenke, um so weniger verstehe ich es), könnte uns vielleicht nahelegen zu glauben, daß die Zeit, die alle andern Dinge enthüllt, selbst nicht erkennbar sei. Nicht ohne Grund besteht die Ansicht, daß Dauer, Zeit und Ewigkeit etwas sehr Abstruses in ihrer Natur haben. Wie weit diese Ideen aber auch scheinbar unsere Fassungskraft übersteigen mögen, so werden sie sich doch, falls wir sie in der richtigen Weise bis auf ihren Ursprung zurückverfolgen, zweifellos aus einer der beiden Quellen unserer gesamten Erkenntnis, der Sensation oder der Reflexion, ebenso klar und deutlich herleiten lassen wie viele andere, die für weit weniger dunkel gelten; ja wir werden finden, daß selbst die Idee der Ewigkeit auf denselben Ursprung zurückgeht wie alle unsere übrigen Ideen.

Natur und Ursprung der Idee der Dauer.

3. Um *Zeit* und *Ewigkeit* recht zu verstehen, müssen wir aufmerksam darauf achten, welche Idee es ist, die wir von der *Dauer* besitzen, und wie wir diese erlangt haben. Für jeden, der die Vorgänge in seinem eigenen Geist beobachtet, liegt es klar auf der Hand, daß, solange er im wachen Zustand ist, in seinem Verstand eine Kette von Ideen vorhanden ist, die ununterbrochen aufeinander folgen. Die Reflexion darauf, wie diese verschiedenen Ideen nacheinander in unserm Geist erscheinen, ist das, was uns mit der Idee der *Aufeinanderfolge* ausstattet; den Abstand zwischen beliebigen Teilen dieser Aufeinanderfolge oder zwischen dem Erscheinen zweier beliebiger Ideen in unserem Geist nennen wir *Dauer*. Denn solange wir denken oder verschiedene Ideen nacheinander in unserem Geist aufnehmen, wissen wir, daß wir existieren; so nennen wir die Existenz oder die Fortdauer der Existenz unseres eigenen Ichs oder jedes andern Dinges, das der Aufeinanderfolge beliebiger Ideen in unserem Geist angemessen ist, die Dauer unse-

---

* Gemeint ist Augustin. [Fraser, a. a. O., Bd. I, S. 238.]

res eigenen Ichs oder jedes andern Dinges, das mit unserem Denken zugleich existiert.

4. Daß unser Begriff der Aufeinanderfolge und Dauer aus dieser Quelle stammt, das heißt aus der Reflexion auf den Zug der Ideen, die wir nacheinander in unserem Geist auftauchen sehen, scheint mir klar; denn wir nehmen die Dauer überhaupt nur dadurch wahr, daß wir die Kette jener Ideen betrachten, die sich der Reihe nach in unserem Verstande ablösen. Wenn diese Aufeinanderfolge von Ideen aufhört, ist zugleich unsere Wahrnehmung der Dauer beendet, was jeder an sich selbst deutlich erfährt, wenn er fest schläft, sei es eine Stunde oder einen Tag, einen Monat oder ein Jahr lang; solange er schläft oder nicht denkt, hat er von der Dauer der Dinge schlechthin keine Wahrnehmung, vielmehr entschwindet sie ihm völlig; zwischen dem Augenblick, wo er zu denken aufhört und dem andern, wo er wieder zu denken beginnt, scheint ihm keinerlei Zwischenraum zu liegen. Zweifellos würde dasselbe für einen Wachenden gelten, wenn es ihm möglich wäre, *eine einzige* Idee in seinem Geist festzuhalten, ohne daß sie sich veränderte oder daß andere auf sie folgten. Auch beobachten wir, daß jemand, der seine Gedanken gespannt auf einen einzigen Gegenstand richtet, während einer solchen ernsthaften Betrachtung von der Aufeinanderfolge der in seinem Geist vorüberziehenden Ideen nur wenig Notiz nimmt und dann einen erheblichen Teil solcher Dauer übersieht und die Zeit für kürzer hält als sie in Wirklichkeit ist. Wenn aber der Schlaf die getrennten Teile der Dauer gewöhnlich vereinigt, so rührt das daher, daß wir während dieser Zeit keine Aufeinanderfolge von Ideen in unserm Geist besitzen. Wenn freilich jemand im Schlaf träumt und allerlei Ideen sich nacheinander in seinem Geist bemerkbar machen, dann hat er während eines solchen Traumzustandes eine Empfindung der Dauer und ihrer Länge. Daher ist es für mich völlig klar, daß der Mensch seine Idee der Dauer durch die Reflexion auf die Kette von Ideen gewinnt, deren Aufeinanderfolge er in seinem Verstand beobachtet. Ohne diese Beobachtung kann man

Beweis dafür, daß die Idee der Dauer durch Reflexion auf die Kette unserer Ideen gewonnen wird.

keinen Begriff von der Dauer haben, was auch immer in der Welt vorgehen mag.

Die Idee der Dauer ist während unseres Schlafs auf die Dinge anwendbar.

5. Wenn jemand so durch Reflexion auf die Aufeinanderfolge und Anzahl seiner Gedanken den Begriff oder die Idee der Dauer gewonnen hat, kann er jenen Begriff allerdings auf Dinge anwenden, die existieren, während sein Denken ruht; ebenso wie jemand, der durch seinen Gesichts- oder Tastsinn an Körpern die Idee der Ausdehnung erworben hat, diese bei Entfernungen anwenden kann, wo kein Körper zu sehen oder zu fühlen ist. Darum mag vielleicht jemand von der Länge der Dauer, die verstrichen ist, während er schlief oder nicht dachte, keine Wahrnehmungen haben; da er jedoch den Wechsel von Tag und Nacht beobachtet und gefunden hat, daß die Länge ihrer Dauer augenscheinlich eine regelmäßige und gleichbleibende ist, kann er gleichwohl annehmen, daß solcher Wechsel, während er schlief oder nicht dachte, sich ebenso wie sonst abgespielt hat; daher kann er sich die Länge der Dauer seines Schlafes vorstellen und berücksichtigen. Wenn aber Adam und Eva (als sie noch allein auf der Welt waren) statt ihres gewöhnlichen nächtlichen Schlafes volle vierundzwanzig Stunden in einem fortgesetzten Schlaf verbracht hätten, so wäre die Dauer dieser vierundzwanzig Stunden für sie unwiederbringlich verloren gewesen und für ihre Zeitrechnung für immer ausgefallen.

Die Idee der Aufeinanderfolge ist nicht von der Bewegung abgeleitet.

6. So gewinnen wir also durch Reflexion auf das Erscheinen von verschiedenen Ideen, die eine nach der andern in unserem Verstand auftauchen, den Begriff der Aufeinanderfolge. Sollte jemand meinen, wir erhielten sie vielmehr aus der Beobachtung der Bewegung durch unsere Sinne, so wird er vielleicht meiner Meinung sein, wenn er in Betracht zieht, daß auch die Bewegung in unserem Geist die Idee der Aufeinanderfolge in keiner andern Weise erzeugt, als indem sie dort eine fortgesetzte Kette unterscheidbarer Ideen erzeugt. Denn wer einen sich wirklich bewegenden Körper betrachtet, nimmt dennoch überhaupt keine Bewegung wahr, sofern diese Bewegung nicht eine bestän-

dige Kette aufeinanderfolgender Ideen erzeugt. So kann ein Schiffer bei Windstille auf dem Meer außer Sehweite des Landes an einem schönen Tage die Sonne, die See oder sein Schiff eine ganze Stunde lang ansehen, ohne doch an einem dieser Dinge irgendwelche Bewegung wahrzunehmen, obwohl sich sicherlich zwei von ihnen, vielleicht gar alle drei inzwischen um ein Erhebliches von der Stelle bewegt haben. Sobald er aber bemerkt, daß eines dieser drei Dinge seinen Abstand von irgendeinem andern Körper verändert hat, und sobald diese Bewegung eine neue Idee in ihm erzeugt, nimmt er auch wahr, daß eine Bewegung stattgefunden hat. Wenn aber irgendwo jemand, in dessen Umkreis sich alle Dinge im Ruhezustand befinden und der überhaupt keine Bewegung wahrnimmt, während dieser Ruhestunde nachdenkt, wird er wahrnehmen, daß die verschiedenen Ideen seiner Gedankenwelt nacheinander in seinem Geist auftauchen; er wird auf diese Weise dort eine Aufeinanderfolge beobachten und finden, wo er keine Bewegung entdecken konnte.

7. Das ist, denke ich, der Grund, warum sehr langsame Bewegungen, auch wenn sie andauern, von uns nicht bemerkt werden. Bei der Bewegung von einem sinnlich wahrnehmbaren Punkt zu einem andern geht nämlich die Änderung des Abstandes so langsam vor sich, daß die Bewegung erst in größeren Zeitabständen neue Ideen in uns verursacht. Da die Bewegung somit in unserem Geist keine ununterbrochene Kette unmittelbar aufeinanderfolgender neuer Ideen verursacht, so haben wir keine Wahrnehmung der Bewegung; denn diese besteht in einer beständigen Aufeinanderfolge, die wir ohne eine ununterbrochene Aufeinanderfolge verschiedener Ideen, die aus ihr entspringen, nicht wahrnehmen können.

Sehr langsame Bewegungen werden nicht wahrgenommen.

8. Im Gegensatz dazu werden auch solche Dinge nicht wahrgenommen, die sich so rasch bewegen, daß sie nicht durch mehrere unterscheidbare Abstände ihrer Bewegungen einzeln auf die Sinne einwirken, und die somit auch im Geist keine Kette von Ideen verursachen. Denn wenn sich ein Gegenstand, der eine kreisförmige

Sehr schnelle Bewegungen werden nicht wahrgenommen.

Bewegung beschreibt, rascher bewegt, als die Ideen in unserem Geist aufeinander zu folgen pflegen, so nehmen wir seine Bewegung nicht wahr, vielmehr erscheint er uns als eine vollkommen runde Scheibe jenes Materials oder jener Farbe, von der sich in Wirklichkeit ein Teil bewegt.

Die Kette der Ideen hat einen bestimmten Geschwindigkeitsgrad.

9. Hiernach möge man beurteilen, ob es nicht wahrscheinlich ist, daß, während wir wach sind, unsere Ideen in unserem Geist in bestimmten Abständen aufeinanderfolgen, nicht unähnlich den Bildern im Innern einer Laterne, die durch die Wärme einer Kerze in Umdrehung versetzt wird. Diese Kette der Ideen mag sich bisweilen schneller, bisweilen langsamer bewegen; der Unterschied ist, wie ich vermute, bei den einzelnen wachen Menschen jedoch nicht so groß; es scheint für die Geschwindigkeit und Langsamkeit der Aufeinanderfolge der Ideen in unserem Geist bestimmte Grenzen zu geben, über die hinaus eine Beschleunigung oder Verlangsamung unmöglich ist.

Reale Aufeinanderfolge bei schneller Bewegung ohne die Empfindung der Aufeinanderfolge.

10. Der Grund, den ich für diese seltsame Annahme habe, liegt in der von mir angestellten Beobachtung, daß wir bei den auf irgendeinen unserer Sinne gemachten Eindrücken nur bis zu einem bestimmten Grade eine Aufeinanderfolge wahrnehmen können. Erfolgen Eindrücke außerordentlich schnell, so geht die Empfindung der Aufeinanderfolge verloren, selbst in solchen Fällen, wo eine reale Aufeinanderfolge offensichtlich stattfindet. Man denke sich eine Kanonenkugel, die durch ein Zimmer hindurchfliegt und dabei ein Glied oder einen Körperteil eines Menschen mit fortreißt. Dann ist es völlig klar, daß sie auf die zwei Wände des Zimmers nacheinander auftrifft; ebenso leuchtet ein, daß sie erst den einen Körperteil berühren muß, danach den andern usw. Dennoch glaube ich, daß niemand, der den Schmerz einer solchen Schußwunde gefühlt oder das Auftreffen der Kugel auf die beiden Wände gehört hat, jemals irgendeine Aufeinanderfolge bei der durch einen so raschen Schlag verursachten Schmerz- oder Gehörsempfindung wahrnehmen konnte. Einen solchen Teil der Dauer, innerhalb dessen wir keine Aufeinanderfolge

wahrnehmen, nennen wir einen *Augenblick;* dieser füllt in unserem Geist die Zeit einer einzigen Idee ohne Aufeinanderfolge durch andere aus; in einem Augenblick nehmen wir also überhaupt keine Aufeinanderfolge wahr.

11. Das gleiche geschieht, sobald eine Bewegung so langsam ist, daß sie den Sinnen eine beständige Kette frischer Ideen nicht so schnell darbietet, wie der Geist fähig ist, neue in sich aufzunehmen. Dann finden andere Ideen unserer Gedankenwelt Platz, um sich in unserem Geist zwischen jene Ideen zu schieben, die der in Bewegung befindliche Körper unseren Sinnen darbietet. Nunmehr geht die Empfindung der Bewegung verloren und der Körper scheint still zu stehen, obwohl er sich in Wirklichkeit bewegt; denn er verändert seinen wahrnehmbaren Abstand von anderen Körpern nicht so schnell, wie die Ideen unseres Geistes von Natur in einer Kette aufeinander folgen. Das zeigt sich deutlich am Zeiger der Turmuhr, am Schatten der Sonnenuhr und an anderen stetigen, aber langsamen Bewegungen; hierbei nehmen wir zwar nach bestimmten Zwischenräumen an der Veränderung des Abstandes wahr, daß eine Bewegung erfolgt ist; die Bewegung selbst aber bemerken wir nicht.

<small>Bei langsamen Bewegungen.</small>

12. Deshalb scheint mir die konstante und regelmäßige Aufeinanderfolge der *Ideen* eines wachen Menschen gleichsam das Maß und die Richtschnur jeder anderen Aufeinanderfolge zu sein. Wenn eine von letzteren ein schnelleres Tempo hat als unsere Ideen, geht die Empfindung einer konstanten, kontinuierlichen Aufeinanderfolge ebenfalls verloren; sei es, daß zwei Töne oder zwei Schmerzempfindungen bei ihrer Aufeinanderfolge nur eine einzige Idee andauern; sei es, daß eine Bewegung oder Aufeinanderfolge so langsam vonstatten geht, daß sie mit den Ideen in unserem Geist oder mit der Geschwindigkeit, mit der sich diese ablösen, nicht Schritt hält; sei es, daß eine oder mehrere Ideen im normalen Verlauf der Dinge in unseren Geist eintreten, mitten zwischen solchen Ideen, die dem Gesichtssinn durch die verschiedenen wahrnehmbaren Abstände eines in Bewegung befindlichen Körpers zugeführt werden,

<small>Diese Kette der Ideen ist das Maß für andere Aufeinanderfolgen.</small>

oder zwischen Tönen oder Gerüchen, die aufeinander folgen; in all diesen Fällen geht – wie gesagt – die Empfindung einer konstanten, kontinuierlichen Aufeinanderfolge verloren, und wir nehmen diese nur zugleich mit gewissen dazwischenliegenden Ruhepausen wahr.

Der Geist kann nicht lange eine Idee unverändert festhalten.

13. Wenn es sich so verhält, daß die Ideen unseres Geistes – solange wir dort welche haben – in steter Aufeinanderfolge dauernd wechseln und sich ablösen, dann muß es – so könnte jemand sagen – unmöglich sein, lange an einen einzelnen Gegenstand zu denken. Wenn damit gemeint ist, daß jemand ein und dieselbe Einzelidee lange Zeit ohne jede Veränderung in seinem Geist soll festhalten können, so ist das meines Erachtens nach allerdings unmöglich. Ich kann (da ich nicht weiß, wie die Ideen unseres Geistes gebildet werden, aus welchem Material sie gemacht sind, woher sie ihr Licht haben und wie sie sich zum Erscheinen bringen) dafür keinen anderen Grund anführen als die Erfahrung; jeder möge selbst die Probe darauf machen, ob er wirklich geraume Zeit hindurch eine einzige Idee unverändert ohne Hinzutritt einer anderen in seinem Geist festzuhalten vermag.

Beweis.

14. Als Versuch mag man irgendeine Figur, einen beliebigen Grad von Helligkeit oder Weiße oder sonst etwas nehmen; ich glaube, es wird schwierig sein, alle anderen Ideen vom Geiste fernzuhalten, vielmehr werden entweder einige Ideen anderer Art oder verschiedene Betrachtungsweisen jener Idee (von denen jede eine neue Idee ist) in unserem Denken fortgesetzt aufeinander folgen, mögen wir das auch nach Kräften zu vermeiden suchen.

Der Umfang der Macht, die wir über die Aufeinanderfolge unserer Ideen besitzen.

15. Alles, was in diesem Falle in unserer Macht steht, ist, glaube ich, folgendes: Wir können sorgfältig darauf achten, was für Ideen es sind, die sich in unserem Verstand ablösen; oder wir können die Art derselben bestimmen und diejenigen hereinrufen, nach denen es uns verlangt oder die wir gebrauchen können. Verhindern aber können wir meiner Ansicht nach die konstante Aufeinanderfolge frischer Ideen nicht, wenn wir auch meist

die Wahl haben, ob wir sie sorgfältig beobachten und zum Gegenstand der Betrachtung machen wollen.

16. Ob die verschiedenen Ideen im menschlichen Geist durch gewisse Bewegungen zustandekommen, will ich an dieser Stelle nicht untersuchen; das eine steht aber für mich fest, daß sie so, wie sie uns erscheinen, die Idee der Bewegung nicht enthalten; wenn uns diese Idee nicht auf andere Weise zugeführt würde, so besäßen wir sie wohl überhaupt nicht. Das reicht für meinen gegenwärtigen Zweck aus und zeigt hinlänglich, daß es die Kenntnisnahme der Ideen, wie sie nacheinander in unserem Geiste erscheinen, ist, wodurch wir die Idee der Aufeinanderfolge und der Dauer erhalten, und daß wir ohne diese Kenntnisnahme überhaupt keine Ideen dieser Art haben würden. Es ist also nicht die *Bewegung,* sondern die konstante Kette der *Ideen* in unserem wachen Geiste, die uns mit der Idee der Dauer ausstattet; durch die Bewegung ist sie uns nur insoweit erkennbar, als letztere, wie ich oben zeigte, in unserem Geist eine konstante Aufeinanderfolge von Ideen verursacht. Durch die Kette anderer Ideen, die ohne irgendeine Idee der Bewegung in unserem Geist aufeinander folgen, erhalten wir eine ebenso klare Idee der Aufeinanderfolge und Dauer wie durch die Kette von Ideen, die durch die ununterbrochene, sinnlich wahrnehmbare Veränderung des Abstandes zweier Körper, das heißt durch deren Bewegung, verursacht wird. Wir würden mithin die Idee der Dauer ebensogut haben, wenn die Empfindung der Bewegung überhaupt nicht vorhanden wäre.

Die Ideen, gleichviel wie sie entstehen, enthalten keine Empfindung einer Bewegung.

17. Nachdem der Geist auf diese Weise die Idee der Dauer erworben hat, besteht das nächste, was er naturgemäß tut, darin, daß er sich irgendein *Maß* dieser allgemeinen Dauer verschafft, um dadurch die verschiedenen Längen zu beurteilen und die deutlich erkennbare Ordnung zu betrachten, in der manche Dinge existieren. Ohne ein solches Maß würde ein großer Teil unserer Kenntnisse verworren sein und ein großer Teil der Geschichte für uns wertlos werden. Die Dauer, unter diesem Gesichtspunkt betrachtet, das heißt als eine in bestimmte Abschnitte zerfallende und durch gewisse Maße

Zeit ist durch Maß bestimmte Dauer.

oder Epochen gekennzeichnete Größe, ist, wie mir scheint, dasjenige, was wir im eigentlichen Sinne die *Zeit* nennen.

<small>Ein gutes Zeitmaß muß die ganze Dauer in gleiche Abschnitte einteilen.</small>

18. Um die Ausdehnung zu messen, ist nichts weiter erforderlich, als den von uns benutzten Maßstab oder das Muster an den Gegenstand anzulegen, über dessen Ausdehnung wir etwas zu erfahren wünschen. Bei der Messung der Dauer kann man aber nicht so verfahren, weil nie zwei verschiedene Teile der Zeitfolge zusammengelegt werden können, um sie aneinander zu messen. Während aber die Dauer nur an der Dauer gemessen werden kann, wie Ausgedehntes nur an Ausgedehntem, können wir andererseits doch kein stehendes, unveränderliches Maß der Dauer bei uns führen – denn sie besteht in einer ständig fließenden Aufeinanderfolge –, wie das bei den Maßen für feststehende Längenausdehnungen möglich ist, zum Beispiel beim Zoll, beim Fuß, bei der Elle usw., die durch dauernd vorhandene Materieteile bezeichnet werden. Nur das kann somit als geeignetes Zeitmaß dienen, was die ganze Länge einer Dauer durch ständig wiederholte Perioden in offenbar gleiche Abschnitte geteilt hat. Diejenigen Abschnitte der Dauer, die nicht nach solchen Perioden unterschieden oder durch sie gemessen werden, fallen nicht eigentlich unter den Begriff der Zeit, wie aus Wendungen wie den folgenden zu ersehen ist: „Vor aller Zeit" und „Wenn es keine Zeit mehr geben wird".

<small>Die Umläufe von Sonne und Mond sind für die Menschen die passendsten Zeitmaße.</small>

19. Mit Recht hat man die täglichen und jährlichen Umläufe der Sonne zum Maß der Dauer gemacht; denn sie sind seit Beginn der Natur konstant, gleichmäßig und für die gesamte Menschheit allgemein wahrnehmbar gewesen und galten alle unter sich für gleich lang. Weil aber die Unterscheidung der Tage und Jahre auf der Bewegung der Sonne beruht, so entstand die irrtümliche Auffassung, daß Bewegung und Dauer einander als Maß dienten. Da man sich beim Messen der Länge der Zeit an die Ideen der Minuten, Stunden, Tage, Monate, Jahre usw. gewöhnt hatte, und man bei der Erwähnung von Zeit oder Dauer sofort an diese Zeitabschnitte dachte, die sämtlich nach der Bewegung der

Himmelskörper bemessen werden, so war man geneigt, Zeit und Bewegung zu verwechseln oder wenigstens eine notwendige Verbindung zwischen ihnen anzunehmen; dagegen hätte jedes konstante periodische Erscheinen oder Wechseln von Ideen in anscheinend gleichen Abständen der Dauer, falls es beständig und allgemein zu beobachten gewesen wäre, ebensogut zur Unterscheidung der Zeitabschnitte gedient wie die wirklich dazu verwendeten Ideen. Nehmen wir an, die Sonne, die manche für ein Feuer gehalten haben, würde in demselben Zeitabstand, in dem sie jetzt täglich denselben Meridian erreicht, angezündet und erlösche wieder nach etwa zwölf Stunden, sie nähme ferner im Zeitraum eines Jahresumlaufs merkbar an Helligkeit und Wärme zu und wieder ab; würden nicht solche regelmäßigen Erscheinungen für alle, die sie wahrnehmen könnten, ohne die Bewegung ebensogut als Maßstäbe für die Abstände der Dauer dienen können wie mit derselben? Denn wenn diese Erscheinungen beständig und allgemein bemerkbar wären und in gleichmäßigen Abständen einträten, so wären sie auch bei fehlender Bewegung für die Menschen als Zeitmaß gleich gut zu gebrauchen.

20. Das Gefrieren des Wassers oder das Blühen einer Pflanze würden, wenn es auf der ganzen Erde in gleichmäßigen Abständen wiederkehrte, den Menschen zur Berechnung ihrer Jahre ebensogut dienen können wie die Bewegungen der Sonne; tatsächlich sehen wir denn auch, daß einige Völkerschaften in Amerika die Jahre nach dem Eintreffen und dem Wegzug gewisser Vögel rechnen, was bei ihnen zu bestimmten Jahreszeiten erfolgt. Ein Fieberanfall, die Empfindung von Hunger oder Durst, ein Geruch oder Geschmack oder jede andere Idee, die beständig in gleichen Abständen wiederkehrt und sich allgemein bemerkbar macht, würde unfehlbar zu einem Maß für den Verlauf der Aufeinanderfolge werden und die Zeitabstände voneinander scheiden. So sehen wir, daß Blindgeborene die Zeit sehr wohl nach Jahren rechnen, obgleich sie die Jahresumläufe unmöglich mit Hilfe von Bewegungen unter-

Jedoch nicht durch ihre Bewegung, sondern durch ihr periodisches Erscheinen.

scheiden können, die sich ihrer Wahrnehmung entziehen. Sollte ein Blinder, der seine Jahre nach der Wärme des Sommers oder der Kälte des Winters, nach dem Geruch einer Frühlingsblume oder dem Geschmack einer Herbstfrucht bestimmt, nicht ein besseres Zeitmaß haben als die Römer vor der Reform ihres Kalenders durch Julius Cäsar oder als manche anderen Völker, deren Jahre trotz der angeblich ihrer Regelung zugrunde gelegten Sonnenbewegung höchst unregelmäßig sind? Für die Chronologie bedeutet es keine geringe Erschwerung, daß die genaue Länge der Jahre, nach denen manche Völker gerechnet haben, sich nur mit Mühe feststellen läßt, weil sie bedeutend voneinander und, wie ich glaube sagen zu dürfen, sämtlich von der genauen Bewegung der Sonne abweichen. Wenn die Sonne sich wirklich, wie ein geistreicher Schriftsteller aus neuerer Zeit* vermutet, von der Schöpfung bis zur Sintflut beständig im Äquator bewegte und so in lauter Tagen von gleicher Länge ohne jährliche Abweichung nach den Wendekreisen hin Licht und Wärme gleichmäßig über alle Teile der bewohnten Erde ergoß, so kann man sich meines Erachtens nicht gerade leicht vorstellen, daß die Menschen (trotz der Bewegung der Sonne) in der vorsintflutlichen Welt von Anfang an nach Jahren gerechnet oder ihre Zeit nach Perioden bemessen hätten, für die keine besonders sinnfälligen, zu ihrer Unterscheidung dienenden Kennzeichen vorlagen.

Die Gleichheit von zwei Teilen der Dauer läßt sich nie mit Sicherheit erkennen.

21. Aber es wird vielleicht die Frage erhoben werden, wie man denn jemals ohne irgendeine regelmäßige Bewegung wie die der Sonne oder irgendeines andern Körpers habe erkennen können, daß bestimmte Perioden gleich seien. Ich erwidere darauf: Die Gleichheit aller andern periodischen Erscheinungen würde auf demselben Wege erkennbar sein, auf dem man die der Tage erkannt oder wenigstens zunächst angenommen hat. Es geschah lediglich dadurch, daß man auf Grund der Kette von Ideen, die in den Zwischenzeiten durch den

---

* Thomas Burnet in seiner „Theorie der Erde". [Fraser, a. a. O., Bd. I, S. 248.]

Geist der Menschen gegangen waren, über sie urteilte. [Als* man durch diese Kette von Ideen wohl bei den natürlichen, nicht aber bei den künstlichen Tagen eine Ungleichheit entdeckte, nahm man von den künstlichen Tagen oder *νυχ θήμερα*** an], daß sie gleich seien; dies genügte, um sie als Maß dienen zu lassen, wenn auch später durch genauere Untersuchungen eine Ungleichheit bei den täglichen Umläufen der Sonne nachgewiesen wurde und wir nicht wissen, ob nicht auch die jährlichen Umläufe verschieden lang sind. Gleichwohl eignen sich diese Umläufe auf Grund ihrer mutmaßlichen und anscheinenden Gleichheit ebensogut dazu, die Zeit zu berechnen (wenn auch nicht, die Teile der Dauer genau zu messen), als wenn man ihre genaue Gleichheit beweisen könnte. Wir müssen darum sorgfältig zwischen der Dauer selbst und den zur Beurteilung ihrer Länge benutzten Maßstäben unterscheiden. Die Dauer selbst ist als ein Prozeß zu betrachten, der beständig, ebenmäßig und gleichförmig abläuft; aber von keinem der von uns auf sie angewendeten Maßstäbe können wir *wissen,* daß sie ebenso beschaffen seien; noch haben wir die Gewißheit, daß die Abschnitte oder Perioden, die man ihnen zuschreibt, sich an Dauer gleichen; denn es läßt sich nie die Gleichheit zweier aufeinanderfolgender Längen der Dauer beweisen, wie immer man sie auch messen möge. Die Bewegung der Sonne, die die Menschheit so lange und mit so großer Zuversicht als genaues Maß der Dauer benutzte, hat sich, wie gesagt, in ihren verschiedenen Teilen als ungleichmäßig erwiesen. Zwar hat man in neuerer Zeit das Pendel als eine stetigere und regelmäßigere Bewegung als die der Sonne oder (richtiger gesagt) der Erde zu Hilfe genommen; gleichwohl würde jemand auf die Frage, wie er denn gewiß erkenne, daß zwei aufeinanderfolgende Pendelschwingungen gleich seien, nur sehr schwer zu überzeugen sein, daß sie es unfehl-

---

* In der ersten Auflage: „wodurch man von ihnen annahm". [Fraser, a. a. O., Bd. I, S. 249.]
** Die Zeiträume von 24 Stunden.

bar sind, da wir nie gewiß erkennen können, daß die uns unbekannte Ursache jener Bewegung immer gleichmäßig wirkt; dagegen ist es sicher, daß sich das Medium, in dem das Pendel schwingt, nicht beständig gleich bleibt. Jede Veränderung eines dieser beiden Faktoren aber kann die Gleichheit der Schwingungsdauer beeinflussen und damit die Sicherheit und Genauigkeit des auf der Bewegung beruhenden Maßes ebenso aufheben wie die der Perioden anderer Erscheinungen; hierbei bleibt der Begriff der Dauer selbst immer klar, wenn sich auch keiner unserer Maßstäbe für sie als genau erweisen läßt. Weil also zwei Abschnitte der Aufeinanderfolge nie aneinandergelegt werden können, ist es unmöglich, ihre Gleichheit jemals gewiß zu erkennen. Das einzige, was wir tun können, um die Zeit zu messen, besteht somit darin, daß wir solche Maßstäbe wählen, die in anscheinend gleich langen Abständen kontinuierliche, nacheinander auftretende Erscheinungen zeitigen; hierbei haben wir für jene scheinbare Gleichheit kein anderes Maß als das durch die Kette der eigenen Ideen unserem Gedächtnis eingeprägte, das uns in Verbindung mit andern *wahrscheinlichen* Gründen von jener Gleichheit überzeugt.

<small>Die Zeit ist nicht das Maß der Bewegung.</small>

22. Eins scheint mir befremdlich: Während alle Menschen offenbar die Zeit an der Bewegung der großen und sichtbaren Weltkörper gemessen haben, wurde gleichwohl die Zeit als das Maß der Bewegung definiert; dagegen ist es für jeden, der auch nur ein wenig darüber nachdenkt, offensichtlich, daß, um die Bewegung zu messen, der Raum ebenso notwendig betrachtet werden muß wie die Zeit. Ja, wer noch etwas weiter blickt, wird finden, daß auch der Umfang des bewegten Gegenstandes notwendig mit in Rechnung gezogen werden muß, sobald man die Bewegung richtig schätzen oder messen will. In der Tat trägt denn auch die Bewegung nur insofern zur Messung der Dauer bei, als sie beständig die Wiederkehr gewisser sinnlich wahrnehmbarer Ideen in scheinbar gleichen Abständen verursacht. Wäre nämlich die Bewegung der Sonne ebenso ungleichmäßig wie die eines von wechselnden Winden ge-

triebenen Schiffes, das heißt bisweilen sehr langsam, dann wieder ohne Regel sehr schnell, oder wäre sie zwar eine stets gleichmäßig schnelle, aber doch keine kreisförmige Bewegung, so daß sie nicht dieselben Erscheinungen erzeugte, so würde sie uns überhaupt nicht helfen, die Zeit zu messen, ebensowenig, wie die anscheinend ungleichmäßige Bewegung eines Kometen dazu imstande ist.

23. Minuten, Stunden, Tage und Jahre sind demnach für die Zeit oder Dauer ebenso wenig notwendig, wie es Zolle, Fuß, Ellen und Meilen, auf irgendeinem Material angemerkt, für die Ausdehnung sind. Allerdings haben wir in unserem Teil der Welt durch den steten Gebrauch dieser Maße als ebenso vieler durch die Umläufe der Sonne bezeichneter Perioden oder als bekannter Teile derselben unserem Geist die Ideen solcher Längen der Dauer fest eingeprägt und wenden sie auf alle Zeiträume an, deren Länge wir betrachten wollen. Es mag aber andere Teile der Welt geben, wo diese unsere Maße ebensowenig zur Anwendung gelangen, wie das in Japan mit unserer Zoll-, Fuß- und Meilenrechnung der Fall ist. Immerhin, etwas Entsprechendes muß es überall geben. Denn ohne gewisse regelmäßige, periodisch wiederkehrende Erscheinungen könnten wir niemals die Länge einer Dauer messen oder andern gegenüber bezeichnen, wenn es auch gleichzeitig in der Welt ebensoviel Bewegung wie jetzt gäbe, allerdings ohne irgendwelche Art von Einteilung in regelmäßige und scheinbar gleichlange Umläufe. Die verschiedenen Maße, die für die Zeitrechnung gebraucht werden mögen, ändern aber gar nichts an dem Begriff der Dauer selbst, die die zu messende Sache ist; sie ändern ebensowenig daran, wie die verschiedenen Maße für Fuß und Elle die Idee der Ausdehnung derer verändern, die diese Maße benutzen.

Minuten, Stunden, Tage und Jahre sind keine notwendigen Maße der Dauer.

24. Wenn sich der Geist erst einmal ein Zeitmaß wie den jährlichen Sonnenumlauf geschaffen hat, vermag er es auch auf eine Dauer anzuwenden, während der dieses Maß selbst nicht bestand und mit der es seinem wirklichen Dasein nach nichts zu tun hatte. Wenn zum Bei-

Unser Zeitmaß ist auf die Dauer vor der Zeit anwendbar.

spiel jemand sagte, Abraham sei im Jahre 2712 der Julianischen Zeitrechnung geboren, so wäre das ebenso verständlich wie eine Rechnung von der Erschaffung der Welt an, obgleich es so weit zurück keine Bewegung der Sonne, ja überhaupt keinerlei Bewegung gab. Denn setzt man auch den Anfang der Julianischen Zeitrechnung mehrere hundert Jahre vor dem Zeitpunkt an, wo es wirklich durch Sonnenumläufe bezeichnete Tage, Nächte und Jahre gab, so rechnen wir doch ebenso richtig und messen auf diese Weise die Dauer ebensogut, wie wenn die Sonne damals wirklich existiert und dieselbe regelmäßige Bewegung wie jetzt ausgeführt hätte. Die Idee einer dem jährlichen Sonnenumlauf gleichen Dauer ist in Gedanken ebensoleicht auf eine Dauer *anwendbar*, während der es keine Sonne oder Bewegung gab, wie die Idee eines Fußes oder einer Elle, die man von den Körpern hier entnimmt, in Gedanken auf Entfernungen anzuwenden ist, die jenseits der Grenzen der Welt liegen, wo es überhaupt keine Körper gibt.

Wie wir in Gedanken den Raum auch dort messen können, wo es keine Körper gibt.

25. Gesetzt der Fall, es wären 5639 Meilen oder Millionen Meilen von hier bis zum entferntesten Körper der Welt (denn da die Welt endlich ist, muß sich dieser Körper in einer bestimmten Entfernung befinden), wie man annimmt, es seien bis jetzt 5639 Jahre von der ersten Existenz eines Körpers im Anfang der Welt verflossen, so kann man in Gedanken das Maß einer Jahreslänge auf die Dauer vor der Schöpfung oder über die Dauer von Körpern oder Bewegung hinaus ebenso anwenden wie das Maß der Meile auf den Raum jenseits der entferntesten Körper und durch das eine die Dauer auch ohne Bewegung wie durch das andere den Raum auch ohne Körper in Gedanken messen.

Die Annahme, daß die Welt weder unbegrenzt noch ewig sei.

26. Wenn man hier den Einwurf erhebt, ich hätte bei meiner Art, die Zeit zu erläutern, die unzulässige Voraussetzung gemacht, daß die Welt weder ewig noch unendlich sei, so entgegne ich, daß es für meinen gegenwärtigen Zweck gar nicht notwendig ist, an dieser Stelle die Endlichkeit der Welt, sowohl hinsichtlich der Dauer wie der Ausdehnung, durch Gründe zu beweisen. Da dies nämlich zum mindesten ebensogut denkbar ist wie

das Gegenteil, so steht es mir sicherlich ebensowohl zu, die Endlichkeit vorauszusetzen, wie es einem andern erlaubt ist, das Gegenteil anzunehmen. Ich zweifle nicht, daß jeder, der es versucht, sich im Geiste leicht den Anfang, wenn auch nicht aller Dauer, so doch der Bewegung wird vorstellen können, so daß er bei seiner Betrachtung der Bewegung zu einem ersten Ausgangspunkt gelangt, über den er *nicht weiter* hinaus kann. Ebenso kann er in Gedanken der Körperwelt und der zu ihr gehörigen Ausdehnung Grenzen setzen, nicht aber dem von keinem Körper erfüllten Raum; denn die äußersten Grenzen des Raumes und der Dauer liegen außerhalb der Reichweite des Denkens, ebenso wie die äußersten Grenzen der Zahl selbst die größte Fassungskraft eines Geistes übersteigen; beide Erscheinungen beruhen, wie wir an anderer Stelle sehen werden, auf derselben Ursache.

27. Auf dieselbe Weise also und aus derselben Quelle wie die Idee der Zeit erwerben wir auch die Idee, die wir Ewigkeit nennen. Wir haben nämlich die Idee der Aufeinanderfolge und der Dauer durch Reflexion auf die Kette unserer eigenen Ideen erlangt, die entweder durch das natürliche Erscheinen der beständig von selbst in unsere wachen Gedanken eintretenden Ideen oder aber durch äußere, nacheinander auf unsere Sinne einwirkende Objekte in uns verursacht wird; wir haben ferner durch die Umläufe der Sonne die Ideen von bestimmten Längen der Dauer erworben; so können wir nun in Gedanken diese Längen aneinander legen, so oft wir wollen, und sie in dieser Vervielfältigung auf jede vergangene oder künftige Dauer anwenden. Dieses Verfahren können wir unbegrenzt und ungehindert *in infinitum* fortsetzen und so die Länge der jährlichen Sonnenbewegung auf eine Dauer anwenden, von der wir annehmen, daß sie der Sonnenbewegung und überhaupt jeder andern Bewegung voraufgegangen sei. Dies ist nicht schwieriger oder unsinniger, als wenn ich den Begriff, den ich heute von der in einer Stunde vollzogenen Bewegung des Schattens an der Sonnenuhr erlangt habe, auf die Dauer einer Begebenheit der letzten Nacht an-

Ewigkeit.

wende, zum Beispiel auf das Brennen einer Kerze, das jetzt von jeder tatsächlichen Bewegung absolut gesondert ist. Es ist ebenso unmöglich, daß die einstündige Dauer jener Flamme von der vorigen Nacht mit irgendeiner gegenwärtigen oder künftigen Bewegung zusammen existiere, wie daß irgendein Teil der Dauer, die der Weltschöpfung voranging, mit der gegenwärtigen Bewegung der Sonne zusammen existiere. Jedoch hindert das nicht, daß ich – im Besitz der *Idee* der Länge der Bewegung, die mir der Schatten einer Sonnenuhr zwischen zwei Stundenstrichen vermittelt – imstande bin, die Brenndauer der Kerze von der vorigen Nacht in Gedanken ebenso genau zu messen wie die Dauer irgendeines gegenwärtigen Vorgangs. Man braucht sich dabei nur folgendes vorzustellen: Wenn die Sonne damals die Scheibe beschienen und sich in derselben Geschwindigkeit bewegt hätte wie jetzt, wäre der Schatten auf der Sonnenuhr von einem Stundenstrich zum zweiten vorgerückt, während die Flamme der Kerze brannte.

Unsere Maßstäbe der Dauer beruhen auf unseren Ideen.

28. Der Begriff der Stunde, des Tages oder des Jahres ist nichts anderes als meine Idee von der Länge gewisser periodischer, regelmäßiger Bewegungen, die nie alle auf einmal existieren, sondern immer nur in den durch die Sinne oder Reflexion erworbenen Ideen meines Gedächtnisses vorhanden sind; daher kann ich jenen Begriff in meinen Gedanken ebensoleicht und aus demselben Grunde auf eine jeder Art von Bewegung vorausgegangene Dauer anwenden wie auf einen Vorgang, der sich nur eine Minute oder einen Tag früher abgespielt hat als die von der Sonne augenblicklich beschriebene Bewegung. Alle vergangenen Dinge befinden sich gleichermaßen in einem vollkommenen Ruhezustand und sind, unter diesem Gesichtspunkt betrachtet, völlig eins, gleichviel ob sie vor der Erschaffung der Welt oder erst gestern da waren. Denn um eine Dauer durch eine bestimmte Bewegung zu messen, ist keineswegs das *wirkliche* Nebeneinanderbestehen des Gegenstandes mit dieser Bewegung oder mit irgendwelchen anderen periodischen Umläufen Voraussetzung; Voraussetzung ist nur, daß ich in meinem Geist eine klare *Idee* von der Länge

einer bekannten periodischen Bewegung oder eines sonstigen Intervalls der Dauer besitze und sie auf die Dauer des zu messenden Vorgangs anwende.

29. Daher sehen wir, daß manche Menschen die Dauer der Welt von ihrer Entstehung bis zum gegenwärtigen Jahre 1689 auf 5639 Jahre berechnen, das heißt auf ebenso viele jährliche Umläufe der Sonne. Andere berechnen sie auf sehr viel mehr, wie die alten Ägypter, die zur Zeit Alexanders 23 000 Jahre von der Herrschaft der Sonne an zählten, und die heutigen Chinesen, die das Alter der Welt auf 3 269 000 Jahre oder noch mehr ansetzen. Wenn ich nun diese Berechnung einer längeren Dauer der Welt auch nicht für richtig halte, so kann ich sie mir doch ebensogut vorstellen, sie ebenso klar verstehen und die eine Dauer ebensogut länger nennen als die andere, wie ich verstehe, daß das Leben des Methusalem länger war als das des Enoch. Wenn die übliche Rechnung von 5639 Jahren richtig sein sollte (was sie ebenso gut sein kann wie jede andere, die man annimmt), so hindert mich das doch keineswegs daran, mir vorzustellen, was andere meinen, wenn sie die Welt tausend Jahre älter machen; denn jeder kann sich mit der gleichen Leichtigkeit vorstellen (ich sage nicht: glauben), daß die Welt 50 000 Jahre, wie daß sie 5639 Jahre alt sei; ja, eine Dauer von 50 000 Jahren ist ebensogut denkbar wie eine solche von 5639 Jahren. Daraus erhellt, daß es, um die Dauer eines Dinges durch die Zeit zu messen, nicht erforderlich ist, daß dieses Ding mit der als Maß dienenden Bewegung oder mit irgendeinem andern periodischen Umlauf zusammen existiere; vielmehr genügt es für diesen Zweck, daß wir die Idee der Länge *irgendwelcher* regelmäßigen periodischen Erscheinungen haben, die wir in unserem Geist auf eine Dauer anwenden können, mit der die Bewegung oder Erscheinung gleichwohl nie zusammen existiert hat.

Die Dauer eines Vorgangs braucht nicht zusammen mit der Bewegung zu existieren, an der wir ihn messen.

30. Denn ich kann mir bei der mosaischen Schöpfungsgeschichte sehr wohl vorstellen, daß das Licht drei Tage bestanden habe, ehe die Sonne da war oder sich bewegte, einfach indem ich mir denke, daß die Dauer des Lichtes vor der Erschaffung der Sonne so viel be-

Unendlichkeit in der Dauer.

tragen habe, daß sie (*wenn* die Sonne sich damals so bewegt hätte wie jetzt) drei Tagesumläufen derselben gleich gewesen wäre; ebenso kann ich mir die Idee bilden, daß das Chaos oder die Engel eine Minute, eine Stunde, einen Tag, ein Jahr oder ein Jahrtausend vor dem Licht oder jeder kontinuierlichen Bewegung geschaffen worden seien. Denn wenn ich mir nur eine Dauer von einer Minute vor der Existenz oder Bewegung aller Körper vorstellen kann, so kann ich mir dazu immer eine Minute hinzudenken, bis ich die Zahl sechzig erreiche. Dieses Verfahren der Aneinanderreihung von Minuten, Stunden oder Jahren (das heißt derjenigen Teile eines Sonnenumlaufs oder einer andern Periode, von denen ich eine Idee habe) kann ich *in infinitum* weiterführen und eine Dauer annehmen, die die Gesamtheit aller Perioden übertrifft, die ich durch beliebig viele Wiederholungen berechnen kann. Das aber ist meines Erachtens unser Begriff von der Ewigkeit, von deren Unendlichkeit wir keinen andern Begriff haben als von der Unendlichkeit der Zahl, die wir auch beständig vergrößern können, ohne je damit zu Ende zu kommen.

Ursprung unserer Ideen von der Dauer und von ihren Maßen.

31. Und somit, denke ich, ist es klar, daß wir den zwei obengenannten Quellen aller Erkenntnis, nämlich der Reflexion und der Sensation, die Ideen und die Maße der Dauer verdanken.

Denn erstens gewinnen wir die Idee der *Aufeinanderfolge,* indem wir beobachten, was sich in unserem Geist abspielt, wie unsere Ideen dort in einer ununterbrochenen Kette kommen und gehen.

Zweitens erwerben wir die Idee der *Dauer,* indem wir zwischen den Teilen dieser Aufeinanderfolge einen Abstand beobachten.

Drittens gewinnen wir die Ideen von bestimmten *Längen* oder *Maßen der Dauer,* zum Beispiel Minuten, Stunden, Tagen, Jahren usw., indem wir durch die Sensation gewisse, in bestimmten regelmäßigen, anscheinend gleichen Abständen auftretende Erscheinungen beobachten.

Viertens sind wir durch die Fähigkeit, diese Maße der Zeit oder die Ideen von feststehenden Längen der

Dauer beliebig oft in unserm Geist zu wiederholen, imstande, uns da eine *Dauer* vorzustellen, *wo in Wirklichkeit nichts dauert oder existiert;* so stellen wir uns den morgigen Tag, das nächste Jahr oder die nächsten sieben Jahre vor.

Fünftens gelangen wir durch die Fähigkeit, Ideen irgendeiner Zeitlänge, zum Beispiel einer Minute, eines Jahres, einer Generation, in Gedanken beliebig oft zu wiederholen und aneinanderzureihen, ohne hierbei jemals einem Ende näher zu kommen als bei der Zahl, die wir immer noch vermehren können, zur Idee der *Ewigkeit* – sowohl als künftiger ewiger Dauer unserer Seelen wie auch als Ewigkeit des unendlichen Wesens, das notwendig von jeher existiert haben muß.

Sechstens gelangen wir durch die Betrachtung eines Teils der unendlichen Dauer, insofern sie durch periodische Maße abgegrenzt ist, zur Idee dessen, was wir *Zeit* im allgemeinen nennen.

XV. KAPITEL

IDEEN DER DAUER UND AUSBREITUNG GEMEINSAM BETRACHTET

1. Wir haben zwar in den vorstehenden Kapiteln schon recht lange bei der Betrachtung des Raumes und der Dauer verweilt; da sie jedoch Ideen von allgemeiner Wichtigkeit und ihrer Natur nach sehr abstrus und eigentümlich sind, so kann uns doch vielleicht ein Vergleich beider Ideen diese für uns verständlicher machen, so daß wir durch ihre gemeinsame Betrachtung eine klarere und deutlichere Vorstellung von ihnen gewinnen. Die Entfernung oder den Raum nenne ich seinem einfachen abstrakten Begriff nach, um Verwirrung zu vermeiden, zum Unterschied von der Ausdehnung *Ausbreitung;* manche bezeichnen mit Ausdehnung nur die Entfernung, soweit sie sich an den festen Teilen der Materie findet; Ausdehnung schließt also die Idee des Körpers ein oder deutet sie wenigstens an, während die

<small>Beide sind einer Vermehrung und einer Verminderung fähig.</small>

Idee der reinen Entfernung nichts Derartiges enthält. Auch deshalb rede ich lieber von Ausbreitung als von Raum, weil das Wort Raum oft sowohl für die Entfernung flüchtiger, aufeinander folgender, niemals zusammen bestehender Teile als auch für die Entfernung dauernder Teile gebraucht wird. In beiden Fällen (das heißt bei der Ausbreitung und bei der Dauer) hat der Geist die gemeinsame Idee von kontinuierlichen Längen, die vergrößert oder verringert werden können. Denn von dem Längenunterschiede einer Stunde und eines Tages haben wir eine ebenso klare Idee wie von dem eines Zolles und eines Fußes.

Die Ausbreitung ist nicht durch die Materie begrenzt. 2. Hat der Geist die Idee der Länge eines Teils der Ausbreitung, sei es einer Spanne oder eines Schrittes oder irgendeiner anderen beliebigen Entfernung erworben, so *kann* er, wie gesagt, diese Idee wiederholen, sie zu der ersten hinzufügen und damit seine Idee der Länge erweitern, so daß sie zwei Spannen oder zwei Schritten gleich wird. Dies kann er so oft wiederholen, wie er will, bis seine Idee der Entfernung zwischen zwei beliebigen Punkten der Erdoberfläche gleich wird; ja er kann sie auf diese Weise vergrößern, bis sie der Entfernung der Sonne oder des entferntesten Sternes gleichkommt. In einem solchen Fortschreiten, wobei der Geist von der Stelle, wo er sich befindet, oder von irgendeinem andern Punkte ausgeht, kann er im Weiterschreiten über alle die genannten Längen hinaus gelangen, ohne innerhalb oder außerhalb der Körperwelt auf irgendein Hemmnis zu stoßen, das ihm Einhalt geböte. Allerdings ist es uns leicht, in Gedanken bis an das Ende der *festen* Ausdehnung zu gelangen; es macht uns keine Schwierigkeiten, die äußersten Grenzen alles Körperlichen zu erreichen; aber wenn der Geist so weit gekommen ist, findet er nichts, was sein Vordringen in die endlose Ausbreitung hinderte; ihr Ende vermag er weder aufzufinden noch sich vorzustellen. Man sage auch nicht, jenseits der Grenzen der Körperwelt gebe es überhaupt nichts, denn sonst müßte man Gott in die Grenzen der Materie einschließen wollen. Der weise Salomo scheint anders darüber gedacht zu haben, wenn er sagte: „Der Himmel und der Himmel der Himmel können dich nicht fassen"*. Mir will scheinen, daß derjenige die Kapazität seines Verstandes sehr überschätzt, der sich einredet, er könne mit seinem Denken weiter gelangen, als das Dasein Gottes reicht, oder sich irgendeine Ausbreitung vorstellen, wo dieser nicht sei.

3. Ebenso verhält es sich mit der Dauer. Wenn der Geist die Idee einer beliebigen Länge der Dauer erworben hat, *kann* er sie verdoppeln, vervielfältigen und erweitern, nicht nur über seine eigene Existenz, sondern über diejenige aller körperlichen Dinge und über alle Zeitmaße hinaus, die von den großen Weltkörpern und ihren Bewegungen entlehnt sind. Wenn wir aber auch von der Dauer annehmen, daß sie unbegrenzt ist, was sicherlich zutrifft, so gibt doch jeder ohne weiteres zu, daß wir sie gleichwohl nicht über alles Dasein hinaus ausdehnen können. Gott erfüllt, das gibt jeder sofort zu, die Ewigkeit, und es läßt sich schwerlich ein Grund finden, warum man daran zweifeln sollte, daß er nicht auch die Unendlichkeit erfülle. Sein unendliches Wesen ist sicherlich in der einen Hinsicht ebenso grenzenlos wie in der andern; daher bewertet man meines Erachtens die Materie doch etwas zu hoch, wenn man behauptet, wo nichts Körperliches sei, sei überhaupt nichts.

Und die Dauer ist nicht durch die Bewegung begrenzt.

4. Hieraus, denke ich, können wir den Grund erkennen, warum jeder im Gespräch ohne das leiseste Bedenken die Ewigkeit als eine wohlbekannte Sache erwähnt und voraussetzt und der *Dauer* ohne weiteres *Unendlichkeit* zuschreibt, während gar mancher nur mit stärkerem Zweifel und mehr Zurückhaltung die *Unendlichkeit* des *Raumes* anerkennt oder voraussetzt. Der Grund dafür scheint mir darin zu liegen, daß wir, die wir Dauer und Ausdehnung als Namen von Eigenschaften anderer Wesen gebrauchen, uns bei Gott die unendliche Dauer leicht vorstellen können, ja es geradezu müssen. Da wir aber die Ausdehnung nicht ihm, sondern nur der Materie zuschreiben, die endlich ist, so sind wir eher geneigt, die Existenz materiefreier Aus-

Warum die Menschen leichter die unendliche Dauer anerkennen als die unendliche Ausbreitung.

---

* Vgl. 1 Kön. 8,27.

breitung zu bezweifeln, weil wir die Ausbreitung meist nur als ein Attribut der Materie ansehen. So kommt es, daß die Menschen, wenn sie ihre Gedanken über den Raum verfolgen, leicht dazu neigen, an den Grenzen der Körperwelt Halt zu machen, als ob hier auch der Raum zu Ende wäre und sich nicht weiter erstreckte. Oder wenn ihre Ideen sie bei einiger Überlegung weiterführen, so nennen sie doch das, was jenseits der Grenzen des Weltalls liegt, einen imaginären Raum, als wäre *es* nichts, weil kein Körper darin existiert. Die Dauer dagegen, die allem Körperlichen und den Bewegungen, an denen sie gemessen wird, voraufgeht, nennt man nie imaginär, weil man sie nie ohne ein anderes, real Existierendes denkt. Und wenn die Namen der Dinge unsere Gedanken überhaupt auf den Ursprung der menschlichen Ideen zu verweisen vermögen (was meines Erachtens in hohem Grade der Fall ist), so dürfen wir hinsichtlich des Wortes *Dauer* vielleicht vermuten, daß die Kontinuierlichkeit der Existenz, die eine Art von Widerstand gegen alle zerstörenden Kräfte einschloß, und die Kontinuierlichkeit der Festigkeit (die leicht mit Härte verwechselt wird und von ihr wirklich wenig verschieden ist, wie ein Blick auf die kleinsten anatomischen Teilchen der Materie zeigt) eine gewisse Ähnlichkeit aufzuweisen schienen; diese könnte die Bildung der nahe verwandten Wörter *durare* und *durum esse* veranlaßt haben. Daß *durare* auf die Idee der Härte ebenso angewendet wird wie auf die der Existenz, sehen wir aus Horaz, Epode XVI: *ferro duravit secula*. Doch sei dem, wie ihm wolle; soviel ist gewiß, daß jeder, der seine Gedanken weiterspinnt, finden wird, daß sie bisweilen über den Bereich der Körperwelt in die Unendlichkeit des Raumes oder der Ausbreitung hinausschweifen, deren Idee von der des Körperlichen und aller anderen Dinge streng geschieden ist; dies mag (wenn es beliebt) Stoff zu weiterem Nachdenken bieten.

Die Zeit verhält sich zur Dauer wie der Ort zur Ausbreitung.

5. Die Zeit verhält sich im allgemeinen zur Dauer wie der Ort zur Ausbreitung. Sie sind Ausschnitte aus den grenzenlosen Ozeanen der Ewigkeit und Unendlichkeit, die gleichsam durch Seezeichen von dem

Rest abgegrenzt und unterschieden werden und so dazu dienen, die Lage der *endlichen* realen Dinge zueinander auf jenen gleichförmigen, unendlichen Ozeanen der Dauer und des Raumes zu bezeichnen. Recht betrachtet, sind Zeit und Ort nur die Ideen bestimmter Entfernungen zwischen gewissen bekannten Punkten, die an unterscheidbaren, sinnlich wahrnehmbaren Dingen festgelegt sind und von denen angenommen wird, daß sie denselben Abstand voneinander bewahren. Von solchen festen Punkten aus rechnen und bemessen wir unsere Anteile an jenen unendlichen Größen, die wir, so betrachtet, *Zeit* und *Ort* nennen. Da nämlich Dauer und Raum an sich gleichförmig und grenzenlos sind, so würden ohne solche bekannten festliegenden Punkte Ordnung und Stellung der Dinge in ihnen verloren gehen, und alles würde in heilloser Verwirrung daliegen.

6. Wenn Zeit und Ort so als bestimmte, unterscheidbare Ausschnitte aus den unendlichen Abgründen von Raum und Dauer aufgefaßt werden, die wirklich oder vermeintlich durch Kennzeichen und bekannte Grenzmarken von dem Rest abgetrennt werden, so haben beide eine doppelte Bedeutung.

Erstens versteht man unter Zeit im allgemeinen meist denjenigen Teil der unendlichen Dauer, der an der Existenz und den Bewegungen der großen Weltkörper, soweit wir von diesen etwas wissen, gemessen wird und mit ihnen zusammen existiert. In diesem Sinn beginnt und endet die Zeit zugleich mit dem Gebäude unserer sinnlich wahrnehmbaren Welt, wie in den zuvor erwähnten Redensarten „vor aller Zeit" und „wenn es keine Zeit mehr geben wird". Ebenso versteht man bisweilen unter Ort denjenigen Ausschnitt aus dem unendlichen Raume, der von der materiellen Welt erfüllt und eingenommen ist und dadurch gegen die übrige Ausbreitung abgegrenzt wird. Allerdings würde man hier zutreffender von Ausdehnung reden als von Ort. Von diesen beiden umschlossen und durch ihre wahrnehmbaren Teile gemessen und bestimmt sind die besondere Zeit oder Dauer sowie die besondere Ausdehnung und der besondere Ort aller körperlichen Dinge.

> Unter Zeit und Ort versteht man denjenigen Teil der Dauer und des Raumes, der durch die Existenz und die Bewegung der Körper begrenzt ist.

> Bisweilen versteht man darunter denjenigen Teil der Dauer und des Raumes, den wir durch Maße bezeichnen, die der Größe oder der Bewegung der Körper entnommen sind.

7. *Zweitens* wird das Wort Zeit mitunter in einem weiteren Sinne gebraucht und nicht auf solche Teile der endlosen Dauer angewendet, die durch die reale Existenz und die periodischen Bewegungen von Körpern wirklich unterschieden und gemessen wurden – das heißt durch jene Körper, die von Anfang an dazu bestimmt wurden, Zeichen, Jahreszeiten, Tage und Jahre zu geben* und die demgemäß unsere Zeitmaße bilden –, sondern auf solche andern Teile der endlosen gleichförmigen Dauer, von denen wir gelegentlich annehmen, daß sie gewissen Längen der gemessenen Zeit gleich seien, und die wir somit als begrenzt und bestimmt betrachten. Wenn wir zum Beispiel annehmen wollten, die Schöpfung oder der Fall der Engel hätten sich zu Anfang der Julianischen Zeitrechnung zugetragen, so würden wir uns ganz passend ausdrücken und verstanden werden, wenn wir sagten, die Schöpfung der Engel ist der Schöpfung der Welt um 7640 Jahre voraufgegangen. Wir würden so denjenigen Ausschnitt aus jener unterschiedslosen Dauer abgrenzen, der nach unserer Vermutung einem Zeitraum gleich käme, der 7640 Jahresumläufe der Sonne ermöglicht haben würde, sofern sich diese mit der gegenwärtigen Geschwindigkeit vollzogen hätten. Ebenso sprechen wir mitunter von Ort, Entfernung oder Umfang innerhalb der großen *Leere* jenseits der Grenzen der Welt, wenn wir denjenigen Teil dieses Raumes ins Auge fassen, der einen Körper von irgendwie bestimmten Ausmaßen, etwa einem Kubikfuß, gleicht oder ihn in sich fassen kann, oder wenn wir uns einen Punkt darin denken, der sich in einer gewissen Entfernung von einem beliebigen Teil des Weltalls befindet.

> Sie betreffen alle endlichen Wesen.

8. Das *Wo* und das *Wann* sind Fragen, die alle endlichen Existenzen betreffen. Wir berechnen sie immer von irgendwelchen bekannten Punkten dieser sinnlich wahrnehmbaren Welt aus und auf Grund bestimmter Zeiträume, die für uns durch die in dieser Welt wahrnehmbaren Bewegungen gekennzeichnet sind. Ohne eine

---

* Vgl. Gen., 1,14.

Anzahl von solchen festen Punkten und Zeiträumen würde sich für unseren endlichen Verstand die Ordnung der Dinge in den grenzenlosen, unveränderlichen Ozeanen der Dauer und der Ausbreitung verlieren, die alle endlichen Wesen in sich schließen und ihrem ganzen Umfang nach nur der Gottheit eigen sind. Deshalb darf es uns nicht wundern, daß wir sie nicht erfassen und daß unsere Gedanken so oft ins Stocken geraten, wenn wir sie betrachten wollen, sei es abstrakt und an sich, sei es als Attribute, die in irgendeiner Weise dem höchsten unbegreiflichen Wesen zukommen. In ihrer Anwendung auf endliche Einzelwesen aber ist die Ausdehnung eines Körpers derjenige Ausschnitt aus dem unendlichen Raume, den der Körper mit seinem Umfang einnimmt. Ort ist die Lage eines Körpers, wenn er in einem bestimmten Abstand von einem andern betrachtet wird. Wie die Idee der besonderen Dauer eines Dinges die Idee desjenigen Teiles der unendlichen Dauer ist, der während der Existenz dieses Dinges verstreicht, so ist die Zeit, in der ein Ding existiert hat, die Idee desjenigen Abschnittes der Dauer, der zwischen einer bekannten, feststehenden Periode der Dauer und dem Dasein des Dinges liegt. Das erste bezeichnet den Abstand der äußeren Grenzen des Umfanges oder der Existenz desselben Dinges, zum Beispiel daß es einen Quadratfuß groß ist oder zwei Jahre gedauert hat; das letzte bezeichnet den Abstand des Dinges nach Ort oder Existenz von anderen festen Punkten des Raumes oder der Dauer, zum Beispiel daß es in der Mitte von Lincoln's Inn Fields* oder im ersten Grad des Stiers war oder daß es im Jahre 1671 n. Chr. Geburt oder im Jahre 1000 der Julianischen Zeitrechnung stattfand. Alle diese Abstände messen wir an Hand von vorher erworbenen Ideen bestimmter Längen des Raumes und der Dauer, wie Zoll, Fuß, Meilen, Grad und andererseits Minute, Tag, Jahr usw.

* Bekannter Square im Herzen Londons, der zu Lockes Zeit vereinzelt als Richtstätte benutzt wurde.

Alle Teile der Ausdehnung sind Ausdehnung, und alle Teile der Dauer sind Dauer.

9. Noch in einem andern Punkt weisen Raum und Dauer eine große Übereinstimmung auf, nämlich darin, daß sie zwar mit Recht zu unsern *einfachen Ideen* gerechnet werden, daß aber gleichwohl keine von den deutlichen Ideen, die wir von beiden haben, von aller Zusammensetzung frei ist. Es ist die eigentliche Natur beider, aus Teilen zu bestehen; da aber ihre Teile sämtlich von der gleichen Art sind und keinerlei Beimischung von andern Ideen aufweisen, so behaupten sie ungehindert ihren Platz unter den einfachen Ideen. Könnte der Geist wie bei der Zahl bis zu einem so kleinen Teil der Ausdehnung oder der Dauer vordringen, daß jede Teilbarkeit ausgeschlossen wäre, so wäre *das* gleichsam die unteilbare Einheit oder Idee, durch deren Wiederholung der Geist seine umfassenderen Ideen der Ausdehnung und der Dauer bilden würde. Da der Geist aber nicht imstande ist, die Idee *irgendeines* Raumes ohne Teile zu bilden, so verwendet er statt dessen die üblichen Maße, die sich durch häufigen Gebrauch in allen Ländern dem Gedächtnis eingeprägt haben (zum Beispiel Zoll, Fuß, Ellen und Parasange; bei der Dauer Sekunden, Minuten, Stunden, Tage und Jahre); wie gesagt, der Geist verwendet diese Ideen als einfache, und sie bilden die Bestandteile umfassenderer Ideen, die er sich bei Gelegenheit durch Addition ihm bekannter Längen schafft. Andererseits wird das kleinste gebräuchliche Maß, das wir von beiden haben, als die Einheit der Zahl betrachtet, wenn der Geist Raum oder Dauer durch Teilung in kleinere Bruchstücke auflösen will. In beiden Fällen freilich, sowohl bei der Addition als bei der Division des Raumes oder der Dauer wird, wenn die betrachtete Idee sehr groß oder sehr klein ist, ihre genaue Größe sehr undeutlich und verworren; nur die *Zahl* ihrer wiederholten Additionen oder Divisionen bleibt klar und deutlich, wie jedem ohne weiteres einleuchtet, der seinen Gedanken auf dem gewaltigen Gebiet der Ausbreitung des Raumes oder der Teilbarkeit der Materie freien Lauf läßt. Jeder Teil der Dauer ist wieder Dauer, jeder Teil der Ausdehnung ist Ausdehnung; beide sind der Addition und Division *in infinitum* fähig.

Immerhin aber dürften diejenigen kleinsten *Teile von Raum und Dauer, von denen wir noch klare und deutliche Ideen haben,* am besten dazu geeignet sein, als die *einfachen Ideen* dieser Art zu gelten, aus denen unsere komplexen Modi des Raumes, der Ausdehnung und der Dauer gebildet werden und in die sie wieder deutlich zerlegt werden können. Ein so kleiner Teil der Dauer mag ein *Moment* heißen; er ist die Zeit, die eine einzige Idee in unserm Geist innerhalb der Kette der gewöhnlichen Aufeinanderfolge aller Ideen ausfüllt. Im andern Fall, wo eine zutreffende Bezeichnung fehlt, darf ich vielleicht von einem *sinnlich wahrnehmbaren Punkt* reden, worunter ich die kleinste Partikel der Materie oder des Raumes verstehe, die wir unterscheiden können; sie beträgt gewöhnlich etwa [eine* Minute, für das schärfste Auge selten weniger als dreißig Sekunden] eines Kreises, in dessen Mittelpunkt sich das Auge befindet.

10. Ausbreitung und Dauer stimmen ferner darin überein, daß wir sie zwar beide als aus Teilen bestehend betrachten, daß aber diese Teile nicht voneinander getrennt werden können, nicht einmal in Gedanken; gleichwohl können die Teile der Körper, denen wir unser *Maß* der Ausbreitung, und die Teile der Bewegung (oder besser der Aufeinanderfolge der Ideen in unserem Geist), denen wir das *Maß* der Dauer entnehmen, sehr gut unterbrochen und getrennt werden; dies geschieht auch häufig, nämlich bei der ersteren durch die Ruhe, bei der letzteren durch den Schlaf, den wir gleichfalls Ruhe nennen.

Ihre Teile sind untrennbar.

11. Freilich besteht zwischen ihnen auch folgender offenkundiger Unterschied. Die Ideen der Länge, die wir von der Ausbreitung haben, werden nach allen Richtungen hin gewendet und ergeben so Gestalt, Breite und Tiefe. Die Dauer dagegen ist gleichsam nur die Länge einer einzigen, *in infinitum* ausgedehnten geraden Linie, die keiner Vervielfältigung, keiner Variation,

Die Dauer gleicht einer Linie, die Ausbreitung einem festen Körper.

---

* In der ersten Auflage: „eine Sekunde". [Fraser, a. a. O., Bd. I, S. 267.]

und keinerlei Gestaltung fähig ist, vielmehr das eine gemeinsame Maß alles Bestehenden bildet, an dem alle Dinge gleichmäßig teilnehmen, solange sie existieren. Denn der gegenwärtige Augenblick ist allen Dingen gemeinsam, die jetzt gerade bestehen, und umfaßt gleichmäßig diesen Teil ihrer Existenz gerade so, wie wenn sie sämtlich ein einziges Wesen wären. Wir können also in Wahrheit sagen, daß sie alle im *gleichen* Moment der Zeit existieren. Ob von Engeln und Geistern hinsichtlich der Ausbreitung etwas Ähnliches gilt, übersteigt meine Fassungskraft; ja vielleicht ist es für uns, deren Verstand und Fassungskraft unserer Selbstbehauptung und den Zwecken unseres eigenen Daseins angepaßt ist, nicht aber der Realität und dem Bereich aller anderen Wesen, beinahe ebenso schwer, uns irgendwelche Existenz ohne alle Art von Ausbreitung vorzustellen oder ohne letztere die Idee eines wirklichen Wesens zu besitzen wie die Idee einer realen Existenz ohne jegliche Art von Dauer zu haben. Wir wissen darum nicht, was die Geister mit dem Raum zu tun haben oder wie sie in ihm verkehren. Alles, was wir wissen, ist, daß jeder Körper für sich seinen besonderen Teil des Raumes einnimmt, dem Umfang seiner festen Teile entsprechend, und daß er es dadurch allen anderen Körpern unmöglich macht, an seinem besonderen Raumausschnitt teilzuhaben, solange er an seinem Ort verbleibt.

Zwei Teile der Dauer bestehen niemals zugleich, die der Ausbreitung alle miteinander.

12. Die *Dauer* ist wie die *Zeit,* die einen Teil der ersteren bildet, die Idee, die wir von einem *vergehenden* Abstand haben, von dem zwei Teile nie nebeneinander bestehen, sondern stets aufeinander folgen; die *Ausbreitung* ist die Idee eines *bleibenden* Abstandes, dessen Teile sämtlich zusammen existieren und einer Aufeinanderfolge nicht fähig sind. Wir können uns darum auch nie eine Dauer ohne Aufeinanderfolge denken; auch können wir uns nicht vorstellen, daß ein Wesen zugleich *jetzt* und morgen existiere oder mehr als den jeweiligen Augenblick der Dauer auf einmal einnehme; trotzdem können wir aber eine ewige Dauer des Allmächtigen begreifen, die von der des Menschen oder eines anderen endlichen Wesens sehr verschieden

ist. Denn die Erkenntnis oder die Kraft des Menschen erfaßt nicht alle vergangenen und zukünftigen Dinge; seine Gedanken reichen nur bis gestern zurück, und er weiß nicht, was der morgige Tag bringen wird. Was einmal vergangen ist, kann er niemals zurückrufen, und was erst noch bevorsteht, kann er nicht gegenwärtig machen. Was ich vom Menschen sage, gilt von allen endlichen Wesen, die zwar an Erkenntnis und Kraft den Menschen weit übertreffen mögen, im Vergleich zu Gott jedoch nicht mehr sind als das geringste Geschöpf. Das Endliche, wie groß es auch sei, läßt sich nie zum Unendlichen in ein Verhältnis setzen. Da Gottes unendliche Dauer mit unendlichem Wissen und unendlicher Macht verbunden ist, sieht er alle Dinge, die vergangenen wie die zukünftigen; sie alle sind von seiner Erkenntnis nicht weiter entfernt und seiner Sicht nicht weiter entrückt als die gegenwärtigen; sein Blick umfaßt sie alle auf einmal, und es gibt nichts, was er nicht in jedem Augenblick, der ihm gefällt, ins Dasein rufen könnte. Denn da die Existenz aller Dinge von seinem Belieben abhängt, so existieren alle in jedem Augenblick, in dem er es für angemessen hält, daß sie existieren. Abschließend ist also zu sagen: Ausbreitung und Dauer umfassen sich gegenseitig und schließen einander ein, indem jeder Teil des Raumes in jedem Teil der Dauer, jeder Teil der Dauer in jedem Teil der Ausbreitung enthalten ist. Eine solche Kombination zweier verschiedener Ideen ist, glaube ich, in der gesamten großen Mannigfaltigkeit der Ideen, die wir uns vorstellen oder vorstellen können, kaum wieder zu finden und mag wohl Stoff zu weiterem Nachdenken darbieten.

XVI. KAPITEL

DIE IDEE DER ZAHL

1. Wie dem Geist von allen Ideen, die wir haben, keine auf mehr Wegen zugeführt wird als die der *Einheit* oder der Eins, so ist auch keine einfacher. Sie enthält nicht die leiseste Spur von Mannigfaltigkeit oder

Die Zahl ist die einfachste und allgemeinste Idee.

Zusammensetzung; jedes Objekt, das unsere Sinne beschäftigt, jede Idee unseres Verstandes, jeder Gedanke unseres Geistes bringt diese Idee mit sich. Sie ist darum die unseren Gedanken vertrauteste, zugleich aber auch hinsichtlich ihrer Übereinstimmung mit allen andern Dingen *die allgemeinste Idee, die wir haben*. Denn die Zahl läßt sich auf Menschen, Engel, Handlungen, Gedanken, kurz auf alles anwenden, was wirklich existiert oder vorstellbar ist.

Ihre Modi werden durch Addition gebildet.

2. Indem wir diese Ideen in unserm Geiste wiederholen und die Wiederholungen addieren, gelangen wir zu den *komplexen* Ideen ihrer *Modi*. So gewinnen wir, indem wir eins und eins addieren, die komplexe Idee eines Paares, indem wir zwölf Einheiten zusammenfassen, die komplexe Idee eines Dutzend und auf entsprechende Weise die Idee der Stiege, der Million oder jeder anderen Zahl.

Jeder Modus ist deutlich bestimmt.

3. Die einfachen *Modi* der *Zahl* sind von allen die deutlichsten, da jede kleinste Abweichung, das heißt jede Veränderung um eine Einheit, eine Kombination gegen die ihr nächstliegende immer ebenso klar abgrenzt wie gegen die entfernteste. Zwei ist von eins genauso deutlich unterschieden wie von zweihundert, und die Idee zwei ist von der Idee drei ebenso verschieden wie die Größe der gesamten Erde von der einer Milbe. Das gleiche gilt nicht von andern einfachen Modi; bei ihnen ist es für uns nicht so leicht, vielleicht gar nicht einmal möglich, zwischen zwei naheliegenden, aber doch wirklich verschiedenen Ideen zu unterscheiden. Denn wer will es unternehmen, zwischen dem Weiß eines Papieres und dem Weiß eines andern, was ersterem graduell am nächsten kommt, einen Unterschied zu finden? Oder wer vermag sich deutliche Ideen von jedem kleinsten Mehr in der Ausdehnung zu bilden?

Deshalb sind Zahlenbeweise die genauesten.

4. Die Tatsache, daß jeder Modus der Zahl so klar und von allen anderen so deutlich geschieden ist, selbst von denen, die ihm am nächsten stehen, läßt mich vermuten, daß Zahlenbeweise, wenn auch nicht einleuchtender und genauer als die auf die Ausdehnung bezüglichen, so doch allgemeiner verwendbar und bei ihrem

Gebrauch bestimmter sind. Denn die Ideen der Zahlen sind genauer und leichter unterscheidbar als die der Ausdehnung, bei der sich Gleichheit oder Ungleichheit nicht so leicht erkennen und messen läßt, weil unser Denken beim Raum nie bis zu einem bestimmten Mininunm – wie es die Einheit ist – gelangt, unter das man nicht hinabgehen kann. Darum läßt sich auch die Menge oder das Verhältnis der geringsten Ungleichheit nicht ermitteln. Das verhält sich bei der Zahl offenbar anders; hier kann man, wie gesagt, 91 von 90 ebensogut unterscheiden wie von 9000, obwohl 91 die Zahl ist, bei der der Unterschied unmittelbar beginnt. Das gleiche gilt aber nicht von der Ausdehnung, wo etwas, was gerade nur ein wenig größer ist als ein Fuß oder ein Zoll, von dem Maß eines Fußes oder Zolles nicht zu unterscheiden ist. Ebenso kann bei Linien, die gleich lang scheinen, die eine um zahllose Teile länger sein als die andere, auch vermag niemand den Winkel zu bezeichnen, der der nächstgrößere nach einem rechten sein soll.

5. Wenn wir, wie gesagt, die Idee einer Einheit wiederholen und sie mit einer anderen Einheit verknüpfen, so bilden wir aus beiden eine kollektive Idee, die durch den Namen „zwei" bezeichnet wird. Jeder, der das tun kann und damit fortfährt, indem er jedesmal zu dieser letzten kollektiven Idee von einer Zahl, die er besitzt und benannt hat, eins hinzufügt, kann soweit zählen – das heißt so viele Ideen von verschiedenen, selbständigen Gruppen von Einheiten besitzen –, wie die Reihe seiner Namen für aufeinanderfolgende Zahlen reicht und sein Gedächtnis imstande ist, die Reihe der Zahlen mit ihren verschiedenen Namen festzuhalten. Alles Zählen besteht nämlich ausschließlich darin, daß man jedesmal eins addiert und die Summe als in einer Idee zusammengefaßt mit einem neuen oder besonderen Namen oder Zeichen versieht, um sie unter den vorangehenden und nachfolgenden Größen zu erkennen und von jeder kleineren oder größeren Zahl von Einheiten zu unterscheiden. Wer also eins zu eins und dann zu zwei addieren und so weiterzählen kann und dabei immer die besonderen, jeder neuen Zahlengröße zu-

Zahlen müssen benannt werden.

kommenden Namen zur Hand hat, oder wer umgekehrt durch Subtraktion einer Einheit jede Zahlengröße wieder verringern kann, dem stehen sämtliche Zahlenideen zu Gebote, die seine Sprache umfaßt oder für die er Namen hat – mehr allerdings nicht. Da nämlich die verschiedenen einfachen Modi der Zahlen in unserm Geist nur so viele Kombinationen von Einheiten sind, denen jede Mannigfaltigkeit fehlt und die keines andern Unterschiedes als des Mehr oder Weniger fähig sind, so erscheinen bei ihnen Namen oder Kennzeichen für jede besondere Kombination notwendiger als bei allen andern Arten von Ideen. Denn ohne solche Namen oder Kennzeichen können wir die Zahlen beim Rechnen kaum recht verwenden, besonders dort nicht, wo eine Kombination aus einer großen Anzahl von Einheiten besteht; denn wenn diese Einheiten ohne Namen oder Kennzeichen zur Unterscheidung der jeweiligen besonderen Gruppe zusammengefügt werden, so wird kaum etwas anderes als ein wirres Durcheinander entstehen können.

Ein weiterer Grund für die Notwendigkeit, daß die Zahlen Namen erhalten.

6. Darin sehe ich den Grund dafür, daß einige Amerikaner*, mit denen ich gesprochen habe (die ansonsten mit einem lebhaften natürlichen Verstande hinlänglich begabt waren), auf keine Weise bis tausend zählen konnten, wie wir es tun, auch von dieser Zahl keine deutliche Idee hatten, obwohl sie ganz gut bis zwanzig zu rechnen vermochten. Da nämlich ihre beschränkte Sprache nur den bescheidenen Bedürfnissen eines armen und einfachen Lebens angepaßt ist, dem Handel und Mathematik fremde Dinge sind, so besaßen sie kein Wort, um die Zahl 1000 zu bezeichnen. Wenn man mit ihnen von derartigen größeren Zahlen sprach, pflegten sie auf die Haare ihres Hauptes zu weisen, um eine große Menge auszudrücken, die sie nicht zählen könnten; diese Unfähigkeit beruht meiner Ansicht nach darauf, daß ihnen die Namen fehlten. Die *Tuupinambos* hatten für die Zahlen über fünf keine Namen; jede höhere Zahl deuteten sie an, indem sie ihre eigenen

---

* Gemeint sind Indianer.

Finger und die anderer Anwesender vorzeigten.* Zweifellos könnten wir selber mit Worten noch sehr viel weiter als gewöhnlich zählen, wenn wir nur eine passende Benennung zu ihrer Bezeichnung ausfindig machen würden; bei dem jetzigen Verfahren jedoch, wo wir von millionenmal millionenmal Millionen reden usw., hält es schwer, ohne Verwirrung über achtzehn oder höchstens vierundzwanzig Dezimalstufen hinauszugehen. Um aber zu zeigen, wie sehr die besonderen Namen dazu beitragen, daß wir richtig rechnen, das heißt, daß wir Zahlideen haben, die uns nützen, wollen wir einmal die folgenden Ziffern in einer langen Reihe sämtliche als Zeichen einer einzigen Zahl betrachten:

Nonillionen	Oktillionen	Septillionen	Sextillionen
857 324	162 486	345 896	437 918
Quintillionen	Quatrillionen	Trillionen	Billionen
423 147	248 106	235 421	261 734
	Millionen	Einheiten	
	368 149	623 137	

Die übliche Art der Benennung obenstehender Zahl im Englischen besteht darin, daß man immer wieder millionenmal millionenmal ... Millionen sagt, das heißt, daß man die Bezeichnung für die zweitletzte sechsstellige Gruppe wiederholt, wobei es sehr schwer fällt, irgendeinen deutlichen Begriff von jener Zahl zu erhalten. Es wäre zu erwägen, ob nicht durch neue, der Reihenfolge gemäße Benennungen für je sechs Stellen zu erreichen wäre, daß wir die obigen und vielleicht noch viele andere höhere Zahlen klar berechnen, leichter für uns selbst Ideen von ihnen erwerben und diese andern bezeichnen könnten. Ich habe dies nur erwähnt, um zu zeigen, wie notwendig besondere Namen beim Zählen sind, ohne daß ich deshalb selbsterfundene neue Bezeichnungen einführen wollte.

7. So kommt es, daß Kinder verhältnismäßig spät anfangen zu zählen, nämlich teils, weil ihnen die Namen fehlen, um die verschiedenen Zahlenprogressionen

Warum Kinder nicht früher zählen.

---

* Vgl. Jean de Lery, Histoire d'un voyage fait en la terre du Brésil, Kap. 20, S. 307–382 [Fraser, a. a. O., Bd. I, S. 273].

zu kennzeichnen, teils, weil ihnen noch die Fähigkeit abgeht, zerstreute Ideen zu komplexen zu vereinigen, richtig zu ordnen und im Gedächtnis festzuhalten, wie es beim Rechnen notwendig ist. Deshalb machen sie erst dann größere und regelmäßigere Fortschritte darin, wenn sie schon geraume Zeit über einen bedeutenden Vorrat an andern Ideen verfügen. Man kann oft beobachten, daß sie recht gut sprechen und Schlüsse ziehen, auch ganz klare Vorstellungen von verschiedenen andern Dingen haben, aber noch nicht bis zwanzig zählen können. Ja, manche Erwachsene, die sich infolge eines mangelhaften Gedächtnisses die verschiedenen Zahlenkombinationen nebst den ihnen beigelegten, ihrer Reihenfolge entsprechenden Namen nicht merken können, auch den Zusammenhang einer so langen Kette größer werdenden Zahlen und deren gegenseitige Relation nicht zu behalten vermögen, können zeitlebens nicht rechnen oder eine Zahlenreihe von mäßiger Länge richtig überdenken. Denn wer zwanzig zählen oder eine Idee von dieser Zahl haben will, muß wissen, daß die neunzehn vorangeht, und muß den besonderen Namen oder das Zeichen dieser beiden Zahlen kennen, das ihnen ihre Stellung in der Reihenfolge zuweist; denn sobald dieser Name fehlt, entsteht eine Lücke, die Kette reißt ab, und das Zählen kann nicht fortgesetzt werden. Um richtig zu zählen, ist mithin erforderlich: 1. daß der Geist sorgfältig zwei Ideen auseinanderhalte, die sich immer nur durch Addition oder Subtraktion *einer* Einheit voneinander unterscheiden; 2. daß er die Namen oder Kennzeichen der verschiedenen Kombinationen von eins ab bis zu einer bestimmten Zahl im Gedächtnis behalte, aber nicht in verworrener oder willkürlicher Weise, sondern genau in der Ordnung, in der die Zahlen aufeinander folgen. Jeder Verstoß gegen eine dieser beiden Forderungen verdirbt das Geschäft des Zählens; es bleibt nur die verworrene Idee einer Vielheit übrig, und die zum genauen Zählen erforderlichen Ideen kann man sich nicht erwerben.

Die Zahl mißt alles Meßbare.

8. Bei der Zahl ist ferner zu beobachten, daß sie dem Geist als Maß für alle Dinge dient, die für uns meßbar

sind. Das sind vor allem *Ausbreitung* und *Dauer;* aber auch unsere Idee der Unendlichkeit scheint – wenn sie auf diese beiden Begriffe angewendet wird – nichts anderes als die Unendlichkeit der Zahl zu sein. Denn worin bestehen unsere Ideen der Ewigkeit und Unendlichkeit anders als in der wiederholten Addierung gewisser Ideen von vorgestellten Teilen der Dauer und Ausbreitung in Verknüpfung mit der Unendlichkeit der Zahl, bei der wir mit der Addition zu keinem Ende kommen können? Einen so unerschöpflichen Vorrat nämlich liefert uns, wie für jeden offen zutage liegt, gerade die Zahl (von allen unseren Ideen) am klarsten. Denn wenn wir Zahlen, sie mögen so groß sein wie sie wollen, zu einer Summe zusammenfassen, so beschränkt diese Menge, wie groß sie auch sei, doch nicht im geringsten unsere Fähigkeit, noch etwas hinzufügen zu können, bringt uns auch dem Ende des unerschöpflichen Vorrats an Zahlen um nichts näher; vielmehr behält dieser noch immer so viel zum Hinzufügen übrig, als wäre ihm noch nichts entnommen worden. Diese dem Geist so einleuchtende *endlose Vermehrung* oder (wenn man lieber will) *Vermehrbarkeit* der Zahlen gibt uns meines Erachtens die klarste und deutlichste Idee der Unendlichkeit, von der wir im nächsten Kapitel mehr hören werden.

XVII. KAPITEL

ÜBER DIE UNENDLICHKEIT

1. Wenn man erkennen will, welcher Art die Idee ist, der wir den Namen *Unendlichkeit* geben, wird man am besten die Dinge ins Auge fassen, denen der Geist am unmittelbarsten Unendlichkeit zuschreibt, um dann zu sehen, wie der Geist dazu kommt, diese Idee zu bilden.

Die Unendlichkeit in ihrem ursprünglichen Sinne wird dem Raum, der Dauer und der Zahl zugeschrieben.

Wie mir scheint, betrachtet der Geist das *Endliche* und das *Unendliche* als *Modi der Quantität* und schreibt sie in ihrer ersten und ursprünglichen Bedeutung nur solchen Dingen zu, die aus Teilen bestehen und durch

Addition oder Subtraktion selbst des kleinsten Bestandteils vergrößert oder verringert werden können. Von dieser Art sind die Ideen des Raumes, der Dauer und der Zahl, die wir in den vorangegangenen Kapiteln behandelt haben. Wohl ist für uns die Überzeugung unabweislich, daß der große Gott, von dem und aus dem alle Dinge stammen, unbegreiflich unendlich ist; wenn wir jedoch in unserem schwachen und beschränkten Denken diesem ersten und höchsten Wesen unsere Idee der Unendlichkeit beilegen, so geschieht es primär mit Rücksicht auf seine Dauer und Allgegenwart und doch wohl nur in mehr bildlichem Sinn im Hinblick auf seine Macht, Weisheit, Güte und andere Attribute, die, genau gesprochen, unerschöpflich, unbegreiflich usw. sind. Denn wenn wir *sie* als „unendlich" bezeichnen, so haben wir von dieser Unendlichkeit keine andere Idee als das, was eine gewisse Reflexion und Nachbildung der Zahl oder des Umfangs der Taten oder Objekte göttlicher Macht, Weisheit und Güte mit sich bringen, die man sich nie so groß oder so zahlreich denken kann, als daß sie durch jene Attribute nicht immer noch überragt und übertroffen würden; mögen wir sie auch in Gedanken vergrößern, so weit uns das irgend möglich ist, das heißt durch die ganze Unendlichkeit der endlosen Zahl. Ich maße mir nicht an, sagen zu wollen, wie diese Attribute in Gott beschaffen seien, der unendlich hoch über den Bereich unserer begrenzten Fassungskraft erhaben ist; zweifellos enthalten sie jede denkbare Vollkommenheit in sich; aber dies ist, sage ich, die Art, wie wir sie uns vorstellen, dies sind die Ideen, die wir von ihrer Unendlichkeit haben.

<small>Die Idee des Endlichen wird leicht erworben.</small>

2. Wenn somit der Geist das Endliche und das Unendliche als *Modifikationen* der Ausbreitung und der Dauer ansieht, so lautet die nächste Frage: *Wie erwirbt er diese Ideen?* Was die Idee des Endlichen anbetrifft, erhebt sich dabei keine große Schwierigkeit. Die vor uns liegenden Teile der Ausdehnung, die auf unsere Sinne einwirken, bringen die Idee des Endlichen mit sich in den Geist; die regelmäßigen Zeitabschnitte der Aufeinanderfolge, durch die wir Zeit und Dauer mes-

sen, zum Beispiel Stunden, Tage und Jahre, sind begrenzte Längen. Die Schwierigkeit liegt darin, wie wir zu den *unbegrenzten Ideen* der Ewigkeit und Unendlichkeit gelangen; denn die Objekte, die uns beschäftigen, reichen an eine solche Größe nicht entfernt heran, ja stehen zu ihr überhaupt in keinem Verhältnis.

3. Jeder, der die Idee einer bestimmten räumlichen Länge, zum Beispiel die eines Fußes, hat, kann sie, wie er findet, wiederholen und, indem er beide miteinander verknüpft, die Idee von zwei Fuß bilden, durch Hinzufügung einer dritten auch die Idee von drei Fuß usw., ohne je mit seinen Additionen zu Ende zu kommen, gleichviel ob er jedesmal die gleiche Idee eines Fußes hinzufügt oder etwa das Doppelte davon oder irgendeine sonstige Idee der Länge, zum Beispiel eine Meile, einen Erddurchmesser oder den Durchmesser des *orbis magnus**. Denn welche von diesen Ideen er auch nimmt, wie oft er sie auch verdoppeln oder sonstwie vervielfältigen mag, jedenfalls findet er nach solcher fortgesetzten gedankenmäßigen Verdoppelung und nach beliebiger Erweiterung seiner Idee, daß er ebensowenig einen Grund hat, innezuhalten, wie anfänglich und daß er so dem Ende seiner Additionen um kein Jota näher gekommen ist. Weil nun aber das Vermögen, seine Idee des Raumes durch fernere Additionen zu erweitern, immer das gleiche bleibt, so entnimmt er daraus die Idee des unendlichen Raumes.

<small>Wie wir zu der Idee der Unendlichkeit gelangen.</small>

4. Auf diesem Weg gewinnt meines Erachtens der Geist die *Idee* des unendlichen Raumes. Eine ganz andere Frage ist es, zu untersuchen, ob der Geist die Idee von einem solchen grenzenlosen Raume als *real existierend* hat; denn unsere Ideen sind nicht immer Beweise für die Existenz der Dinge. Immerhin, da uns die Frage gerade begegnet, glaube ich sagen zu dürfen, daß wir *dazu neigen*, uns den Raum an sich als tatsächlich unbegrenzt *zu denken*, eine Vorstellung, zu der die Idee des Raumes oder der Ausbreitung von selbst und natürlich hinführt. Denn da wir den Raum entweder als

<small>Unsere Idee des Raumes ist grenzenlos.</small>

---

* Der große Erdkreis.

Ausdehnung der Körper ins Auge fassen oder als etwas für sich Bestehendes denken, das von keiner festen Materie erfüllt ist (wir besitzen nämlich nicht nur die Idee eines solchen leeren Raumes, vielmehr glaube ich aus der Bewegung der Körper auch seine Existenz als notwendig nachgewiesen zu haben), so kann der Geist unmöglich je ein Ende des Raumes finden oder annehmen oder bei seinem Fortschreiten darin je zu einem Abschluß kommen, soweit er auch seine Gedanken schweifen läßt. Alle körperlichen Schranken, selbst diamantene Mauern, sind so weit entfernt davon, dem Geist bei seinem immer weiteren Vordringen im Raum und in der Ausdehnung Einhalt zu gebieten, daß sie solches Fortschreiten vielmehr noch erleichtern und befördern. Denn so weit ein Körper reicht, so weit ist zweifellos auch Ausdehnung vorhanden; was aber kann, wenn wir bis an die äußerste Grenze der Körperwelt gelangen, den Geist aufhalten und ihn davon überzeugen, daß er am Ende des Raumes sei, wenn er doch die Wahrnehmung macht, daß das nicht der Fall ist, ja, wenn er sich davon überzeugt, daß die Körper selbst sich dorthin bewegen können? Denn wenn für die Bewegung aller Körper in der Körperwelt ein wenn auch noch so kleiner leerer Raum vorhanden sein muß, wenn die Körper in diesem leeren Raum oder durch ihn sich zu bewegen imstande sind, ja, wenn sich die Materieteilchen überhaupt nur im leeren Raum bewegen können, so wird die Möglichkeit der Bewegung eines Körpers im leeren Raum immer gleich klar und deutlich vorhanden sein, gleichviel ob dieser leere Raum jenseits der äußersten Grenzen der gesamten Körperwelt liegt oder zwischen die Körper eingesprengt ist; denn die Idee des leeren, reinen Raumes ist innerhalb oder außerhalb des Bereiches der gesamten Körperwelt immer genau die gleiche. Die Räume weichen zwar ihrem Umfang, nicht aber ihrer Beschaffenheit nach voneinander ab, und nichts hindert den Körper, sich darin zu bewegen. Wo immer also auch der Geist sich seinen Standpunkt für das Denken wählt, sei es mitten in der Körperwelt, sei es fern von allen Körpern, er kann in dieser einförmigen

Idee des Raumes nirgends eine Schranke, nirgends ein Ende finden und muß notwendig aus der eigenen Natur und Idee eines jeden Teils des Raumes schließen, daß dieser tatsächlich unendlich ist.

5. Wie wir durch das an uns selbst beobachtete Vermögen der beliebigen Wiederholung jeder räumlichen Idee die Idee der *Unendlichkeit* gewinnen, so gelangen wir zur Idee der *Ewigkeit* durch unsere Fähigkeit, die Idee jedes Abschnittes der Dauer, die wir in unserem Geist besitzen, unter endloser Addition der Zahl zu wiederholen. Denn wir nehmen an uns selbst wahr, daß wir mit der Wiederholung solcher Ideen ebensowenig zu einem Abschluß kommen können, wie wir an das Ende der Zahl zu gelangen vermögen. Jeder sieht ein, daß letzteres unmöglich ist. Aber auch hier ist es eine ganz andere Frage – eine Frage, die von der des Vorhandenseins unserer *Idee* der Ewigkeit grundverschieden ist –, ob es *irgendein reales Wesen* gibt, dessen Dauer ewig ist. Ich antworte, daß jeder, der sich etwas als gegenwärtig existierend denkt, notwendig auch auf etwas Ewiges geführt wird. Da ich indessen an anderer Stelle hiervon gesprochen habe, will ich in diesem Zusammenhang nicht mehr darüber sagen, sondern zu einigen anderen Betrachtungen unserer Idee der Unendlichkeit übergehen.

<small>Dasselbe gilt von der Idee der Dauer.</small>

6. Wenn es zutrifft, daß unsere Idee der Unendlichkeit dem an uns selbst beobachteten Vermögen der unendlichen Wiederholung unserer eigenen Ideen entspringt, so kann die Frage aufgeworfen werden, warum wir nicht andern Ideen ebensogut wie denen des Raumes und der Dauer Unendlichkeit zuschreiben; denn jene lassen sich ja in unserem Geist ebensoleicht und ebensooft wiederholen wie diese; jedoch denkt nie jemand an unendliche Süßigkeit oder unendliche Weiße, obgleich er die Idee des Süßen oder des Weißen ebenso häufig wiederholen kann wie die einer Elle oder eines Tages. Darauf erwidere ich: Alle Ideen, die als aus Teilen bestehend angesehen werden und durch die Addition gleichgroßer oder kleinerer Teile vergrößert werden können, bieten uns durch ihre Wiederholung die Idee der Unendlichkeit dar; denn durch diese unend-

<small>Warum andere Ideen nicht unendlich sein können.</small>

liche Wiederholung erfolgt eine fortgesetzte Vergrößerung, die nie zu einem Abschluß kommen *kann*. Von anderen Ideen gilt nicht das gleiche. Denn selbst für die umfassendste Idee der Ausdehnung oder der Dauer, die ich gegenwärtig habe, bedeutet jede Addition, auch die des kleinsten Teiles, einen Zuwachs; wenn ich aber zu der vollkommensten Idee der weißesten Weiße, die ich habe, noch die Idee einer geringeren oder gleichen Weiße hinzufüge (die Idee einer noch weißeren Weiße als die, die ich habe, kann ich ja nicht hinzufügen), so entsteht dadurch kein Zuwachs, und meine Idee wird nicht im geringsten erweitert. Darum nennt man auch die verschiedenen Ideen der Weiße usw. „Grade". Denn die aus Teilen bestehenden Ideen können durch jeden, auch den geringsten Zusatz vergrößert werden; nehme ich aber die Idee der Weiße, die ein kleines Quantum Schnee gestern meinem Blick darbot, und eine zweite Idee der Weiße, die einem andern, heute erblickten Quantum Schnee entstammt, und füge sie in meinem Geist zusammen, so durchdringen sie sich gleichsam und verschmelzen zu einer einzigen Idee, ohne daß die Idee der Weiße irgendwie verstärkt würde. Wenn wir gar einen geringeren Grad von Weiße zu einem größeren hinzufügen, so erhöhen wir letzteren nicht nur nicht, sondern wir vermindern ihn geradezu. Ideen, die nicht aus Teilen bestehen, können also nicht in jedem beliebigen Verhältnis vergrößert oder über das hinaus erweitert werden, was die Sinne ergeben; Raum, Dauer und Zahl dagegen, die sich durch Wiederholung vermehren lassen, erwecken im Geiste die Idee einer unendlichen Erweiterungsmöglichkeit; auch können wir uns nirgends ein Hindernis für ihre weitere Addition oder Progression denken; und so sind es diese Ideen *allein*, die unseren Geist zu dem Gedanken der Unendlichkeit hinführen.

Unterschied zwischen der Unendlichkeit des Raumes und einem unendlichen Raum.

7. Wohl entspringt unsere Idee der Unendlichkeit aus der Betrachtung der Quantität und ihrer endlosen Vermehrung, die der Geist durch immer wiederholte Addition beliebiger quantitativer Teile herbeiführen kann; dennoch glaube ich, daß wir in unsern Gedanken eine

große Verwirrung anrichten, wenn wir die Unendlichkeit mit irgendeiner vorausgesetzten Idee von Quantität verbinden, die der Geist möglicherweise haben kann, und dann über eine unendliche Quantität, zum Beispiel über einen unendlichen Raum oder eine unendliche Dauer, reden und folgern. Da nämlich meines Erachtens unsere Idee der Unendlichkeit *eine endlos wachsende Idee* ist, während jede Idee einer Quantität, die der Geist hat, jeweils in sich *begrenzt* ist (denn sie mag so groß sein wie sie wolle, so kann sie doch nicht größer sein als sie ist), so heißt es einer wachsenden Größe ein festes Maß vorschreiben, wenn man die Idee der Unendlichkeit mit der Idee einer Quantität verknüpft. Es dürfte deshalb keine bedeutungslose Spitzfindigkeit sein, wenn ich sage, wir müssen sorgfältig zwischen der Idee der Unendlichkeit des Raumes und der Idee eines unendlichen Raumes unterscheiden. Erstere ist nichts anderes als eine angenommene endlose Progression des Geistes auf Grund beliebig wiederholter Raumideen. Wenn dagegen im Geist tatsächlich die Idee eines unendlichen Raumes vorhanden sein soll, so hieße das voraussetzen, daß der Geist *alle* die wiederholten Raumideen, die ihm eine *endlose* Wiederholung niemals vollständig vergegenwärtigen kann, schon überblickt habe und tatsächlich noch überschaue, worin ein offenbarer Widerspruch liegt.

8. Das Gesagte wird vielleicht etwas klarer, wenn wir es uns an der Zahl veranschaulichen. Die Unendlichkeit der Zahlen, bei deren Addition niemand eine Grenze wahrnehmen kann, leuchtet jedem ein, der darüber nachdenkt. Wie klar indessen diese Idee der Unendlichkeit der Zahl auch immer sei, so liegt doch zugleich nichts offenkundiger zutage als die Absurdität der tatsächlichen Idee einer unendlichen Zahl. Alle *positiven* Ideen von Raum, Dauer oder Zahl, die im Geist vorhanden sind, mögen sie auch noch so groß sein, sind doch immer endlich; wenn wir uns aber einen unerschöpflichen Rest vorstellen, dem wir alle Begrenzung absprechen und worin wir dem Geist ein endloses Fortschreiten der Gedanken zugestehen, ohne daß er

Von einem unendlichen Raum haben wir keine Idee.

jemals zur Vollendung der Idee käme, dann gewinnen wir unsere Idee der Unendlichkeit. Diese erscheint zwar ziemlich klar, soweit wir an ihr nur die Verneinung jedes Abschlusses betrachten; wenn wir jedoch in unserem Geist die Idee eines unendlichen Raumes oder einer unendlichen Dauer zu bilden versuchen, so ist diese ganz unklar und verworren, weil sie aus zwei sehr verschiedenen, wenn nicht gar unvereinbaren Teilen besteht. Denn angenommen, jemand bilde in seinem Geist die Idee irgendeines Raumes oder einer Zahl, gleichviel von welcher Größe, so ist klar, daß der Geist bei dieser Idee *innehält und einen Abschluß herstellt.* Das aber steht im Gegensatz zur Idee der Unendlichkeit, die *in einer angenommenen endlosen Progression besteht.* Das ist wohl auch der Grund, warum wir so leicht in Verwirrung geraten, wenn wir einmal den unendlichen Raum, die unendliche Dauer usw. erörtern und überdenken. Da wir nämlich nicht wahrnehmen, daß die Teile einer solchen Idee tatsächlich unvereinbar sind, geraten wir mit allen Folgerungen, die wir aus ihrer einen Seite ziehen, auf der andern in Schwierigkeiten; gerade so würde die Idee einer Bewegung, die nicht von der Stelle kommt, jedem Verlegenheit bereiten, der aus einer solchen Idee, die nicht besser ist als die Idee einer ruhenden Bewegung, Schlüsse ziehen wollte. Von ganz der gleichen Beschaffenheit scheint mir die Idee eines unendlichen Raumes oder (was das gleiche ist) einer unendlichen Zahl zu sein, das heißt die Idee eines Raumes oder einer Zahl, die der Geist wirklich besitzt, als solche anschaut und abschließend bestimmt, während er zugleich durch beständiges und endloses Erweitern und Fortschreiten in Gedanken nie an sie herangelangen kann. Denn wie groß die Raumidee auch sein mag, die ich im Geiste habe, sie ist jedenfalls nicht größer, als sie in dem betreffenden Augenblick gerade ist, wenn ich sie auch im nächsten Augenblick verdoppeln und so *in infinitum* fortfahren kann. Denn nur das ist unendlich, was keine Grenzen hat, nur das ist die Idee der Unendlichkeit, in der unser Denken keine Grenzen zu finden vermag.

9. Von allen Ideen aber ist es, wie gesagt, die Zahl, die uns meiner Ansicht nach die klarste und deutlichste Idee der Unendlichkeit vermittelt, derer wir fähig sind. Denn selbst bei Raum und Dauer verwendet der Geist, wenn er die Idee der Unendlichkeit zu erfassen sucht, die Ideen und Wiederholungen der Zahlen, zum Beispiel von Millionen und Abermillionen Meilen oder Jahren, die ebensoviele besondere Ideen darstellen und durch die Zahl am besten davor bewahrt werden, in einem wirren Haufen zusammenzufließen, in dem der Geist sich verliert. Wenn er beliebig viele Millionen von bekannten Längen des Raumes oder der Dauer zusammengefügt hat, so besteht die klarste Idee, die er von der Unendlichkeit erlangen kann, in dem verworrenen, nicht zu erfassenden Rest endlos addierbarer Zahlen, der keinen Ausblick auf einen Abschluß oder auf irgendwelche Grenzen bietet.

Die Zahl gibt uns die klarste Idee der Unendlichkeit.

10. Vielleicht wird es etwas mehr Licht über unsere Idee der Unendlichkeit verbreiten und uns zeigen, daß sie *nichts anderes ist als die Unendlichkeit der Zahl, angewendet auf bestimmte Teile, deren deutliche Ideen wir in unserem Geist haben,* wenn wir erwägen, daß wir uns die Zahl im allgemeinen nicht als unendlich denken, während wir bei der Dauer und der Ausdehnung geneigt sind, es zu tun. Dies beruht darauf, daß wir bei der Zahl gewissermaßen das eine Ende vor uns haben; denn da es nichts *Kleineres* gibt als die Eins, machen wir bei ihr halt und befinden uns an einem Ende, während wir allerdings bei der Addition oder Vermehrung der Zahl keine Grenzen setzen können. So gleicht also die Zahl einer Linie, von der das eine Ende bei uns ausläuft, während sich das andere immer weiter über alles Vorstellbare hinaus ausdehnt. Beim Raum und bei der Dauer ist die Sachlage anders. Bei der Dauer betrachten wir die Dinge so, als wenn die Zahlenreihe sich nach *beiden* Seiten zu einer unvorstellbaren, unbestimmten und unendlichen Länge ausdehnte, wie jedem einleuchtet, der einmal über seine Anschauung von der Ewigkeit nachdenkt. Er wird, glaube ich, finden, daß sie nichts anderes ist als die nach beiden

Unsere verschiedenen Ansichten von der Unendlichkeit der Zahl im Gegensatz zu derjenigen der Dauer und der Ausbreitung.

Seiten gewendete Unendlichkeit der Zahl, *à parte ante* und *a parte post*, wie die Fachausdrücke lauten. Denn wenn wir die Ewigkeit *a parte ante* betrachten wollen, was tun wir anders, als daß wir, von uns selbst und unserer Gegenwart ausgehend, in unserem Geist die Ideen der Jahre oder der Generationen oder irgendwelcher anderer bestimmbarer Abschnitte vergangener Dauer wiederholen, mit der Aussicht auf eine mögliche Fortsetzung dieses erweiternden Verfahrens durch die ganze Unendlichkeit der Zahlen hindurch. Wenn wir die Ewigkeit *à parte post* betrachten wollen, beginnen wir in genau der gleichen Weise bei uns selbst und rechnen mit vervielfachten Perioden der Zukunft, indem wir die Linie wie zuvor ausdehnen. Diese beiden Reihen bilden zusammengefügt diejenige unendliche Dauer, die wir *Ewigkeit* nennen. Sie erscheint immer unbegrenzt, gleichviel ob wir den Blick vorwärts oder rückwärts richten, weil wir dann jedesmal auch das unbegrenzte Ende der Zahl, das heißt das Vermögen immer neuer Vermehrung, in die betreffende Richtung verlegen.

Wie wir uns die Unendlichkeit des Raumes denken.

11. Das gleiche vollzieht sich beim Raum, bei dem wir uns vorstellen, daß wir gewissermaßen in seinem Mittelpunkt stehen und nach allen Seiten hin die unbestimmbaren Zahlenreihen verfolgen. Wir rechnen dann nach jeder Richtung hin von uns aus eine Elle, eine Meile, einen Erddurchmesser oder einen Durchmesser des *orbis magnus*; vermittels der Unendlichkeit der Zahl fügen wir zu diesen Entfernungen beliebig viel andere hinzu. Da wir nun ebensowenig einen Grund haben, jenen wiederholten Ideen Grenzen zu setzen, wie wir ihn bei den Zahlen haben, so gewinnen wir die unbestimmbare Idee der Unendlichkeit.

Unendliche Teilbarkeit.

12. Und da unsere Gedanken bei einem Quantum Materie nie ans Ende der Teilbarkeit gelangen können, so tritt uns auch hier augenscheinlich Unendlichkeit entgegen, und zwar wieder eine Unendlichkeit der Zahl; allerdings mit dem Unterschied, daß wir bei der oben betrachteten Unendlichkeit des Raumes und der Dauer die Addition von Zahlen verwendeten, während dieser Fall der Zerlegung einer Einheit in ihre Brüche gleicht.

Auch hiermit kann der Geist, ebenso wie bei den zuvor erwähnten Additionen, *in infinitum* fortfahren; denn in der Tat werden nur immer neue Zahlen addiert. Natürlich können wir beim Addieren in dem einen Fall ebensowenig die *positive* Idee eines unendlich großen Raumes gewinnen wie beim Dividieren im andern Fall die (positive) Idee eines unendlich kleinen Körpers; denn unsere Idee der Unendlichkeit ist eine, wenn ich so sagen darf, zunehmende oder abnehmende Idee, die beständig in einem grenzenlosen Fortschreiten begriffen ist, das nirgends haltmachen kann.

13. Es dürfte sich schwerlich jemand finden, der unsinnig genug wäre, zu behaupten, er besitze die *positive* Idee einer wirklichen unendlichen Zahl; denn die Unendlichkeit derselben beruht ja nur auf dem Vermögen, fortgesetzt jede Kombination von Einheiten zu einer früheren Zahl hinzuzufügen, und zwar beliebig lange und beliebig oft. Das gleiche gilt hinsichtlich der Unendlichkeit von Raum und Dauer, wobei jenes Vermögen dem Geist immer Spielraum für endlose Additionen läßt. Dennoch gibt es Leute, die sich einbilden, sie hätten *positive* Ideen von der unendlichen Dauer und vom unendlichen Raum. Um diese Meinung zu widerlegen, würde es meines Erachtens genügen, den, der eine solche positive Idee des Unendlichen zu haben glaubt, zu fragen, ob er ihr etwas hinzufügen könne oder nicht; dann würde der Irrtum hinsichtlich einer solchen positiven Idee ohne weiteres aufgezeigt werden. Meiner Meinung nach können wir von Raum oder Dauer keine positive Idee haben, die sich nicht aus einer Mehrzahl von Fußen und Ellen oder Tagen und Jahren zusammensetzt und danach abgemessen ist, das heißt nach den gewöhnlichen Maßen, deren Ideen wir im Geist tragen und nach denen wir die Größe dieser Art von Quantität beurteilen. Da somit eine unendliche Idee des Raumes oder der Dauer notwendig aus unendlichen Teilen bestehen muß, kann ihr keine andere Unendlichkeit eigen sein als die einer Zahl, die einer steten Addition *fähig* ist, nicht aber die einer tatsächlich positiven Idee einer unendlichen Zahl. Denn es dürfte einleuch-

Es gibt keine positive Idee der Unendlichkeit.

ten, daß die Addition von endlichen Dingen (und zu ihnen gehören alle Längen, von denen wir positive Ideen haben) die Idee des Unendlichen nie auf eine andere Weise erzeugen kann, als es durch die Zahl geschieht. Die Zahl nämlich, die aus Additionen endlicher Einheiten besteht, kann uns nur dadurch zur Idee des Unendlichen führen, daß wir in uns das Vermögen entdecken, eine Summe fortgesetzt zu vergrößern und immer neue gleichartige Größen hinzuzufügen, ohne dem Ende einer solchen Progression auch nur um Haaresbreite je näherzukommen.

Warum wir hinsichtlich der Quantität keine positive Idee der Unendlichkeit haben können.

14. Jene Leute, die beweisen wollen, daß ihre Idee des Unendlichen positiv ist, scheinen sich mir dabei einer hübschen Beweisführung zu bedienen, die sich auf die Negierung des Endes stützt. Ein Ende, sagen sie, sei etwas Negatives, also sei seine Negation ein Positives. Wer indessen bedenkt, daß bei einem Körper das Ende nichts anderes ist als die äußerste Grenze oder die Oberfläche dieses Körpers, wird kaum ohne weiteres zugeben, daß das Ende etwas rein Negatives sei; wer wahrnimmt, daß das Ende seiner Feder schwarz oder weiß ist, wird geneigt sein, das Ende für etwas mehr anzusehen als für eine bloße Negation. Ebensowenig ist es, auf die Dauer angewendet, die bloße Negation der Existenz, sondern, genauer gesagt, der letzte Augenblick derselben. Mag man aber auch behaupten, das Ende sei nichts weiter als die bloße Negation der Existenz, so kann man doch sicherlich nicht bestreiten, daß der Anfang der erste Augenblick der Existenz ist und von niemandem für eine bloße Negation gehalten wird. Dann aber ist der eigenen Schlußfolgerung dieser Gegner nach die Idee der Ewigkeit *a parte ante,* das heißt die Idee einer Dauer ohne Anfang, nur eine negative Idee.

Was in unserer Idee des Unendlichen positiv und was negativ ist.

15. Die Idee des Unendlichen hat, das gebe ich zu, bei allen Dingen, worauf wir sie anwenden, etwas Potives an sich. Wenn wir uns den unendlichen Raum oder die unendliche Dauer vorstellen wollen, bilden wir uns zunächst meist eine sehr umfassende Idee, etwa von Millionen von Menschenaltern oder Meilen, die wir

dann vielleicht noch verdoppeln und mehrmals vervielfachen. Alles, was wir so in unsern Gedanken anhäufen, ist positiv; es ist die Vereinigung einer großen Ansammlung positiver Ideen des Raumes oder der Dauer. Von alledem aber, was darüber hinaus noch übrig bleibt, haben wir ebensowenig einen positiven, deutlichen Begriff, wie ihn ein Seemann von der Tiefe des Meeres hat, wenn er irgendwo seine Lotleine zu einem großen Teil hinabgelassen hat, ohne Grund zu finden. Er weiß dann, daß die Tiefe so und so viel Faden und mehr beträgt; wie groß aber das Mehr ist, davon hat er überhaupt keinen deutlichen Begriff. Könnte er seine Lotleine immer weiter verlängern und dabei beobachten, daß das Senkblei ständig sinkt, so würde er etwa in der Lage sein, in der sich der Geist befindet, der eine vollständige und positive Idee der Unendlichkeit zu gewinnen sucht. Mag die Leine in solchem Fall zehn oder zehntausend Faden lang sein, was sie uns von dem erwähnten Mehr entdeckt, ist in beiden Fällen gleich; denn sie vermittelt uns nur die verworrene und vergleichende Idee, daß wir noch nicht die ganze Tiefe erreicht haben, sondern noch weiter hinab gelangen können. Von demjenigen Teil eines Raumes, den der Geist erfaßt, hat er eine positive Idee; wenn er aber versucht, sie unendlich zu machen, bleibt die Idee trotz steter Erweiterung und Ausdehnung doch immer unvollkommen und unvollständig. Das Soviel des Raumes, das der Geist bei der Betrachtung der Größe überschaut, ist ein klares Bild und positiv im Verstande vorhanden; das Unendliche aber ist noch größer. 1. Die Idee von *so viel* ist somit positiv und klar. 2. Die Idee von *größer* ist auch klar, aber sie ist nur eine vergleichende Idee, nämlich die Idee von *so viel größer, als sich nicht erfassen läßt;* 3. dies ist offenbar negativ, nicht positiv. Denn derjenige hat keine positive, klare Idee von der Größe irgendeiner Ausdehnung (diese aber wird in der Idee des Unendlichen gesucht), der nicht eine umfassende Idee von ihren Dimensionen hat; eine solche aber beansprucht meines Wissens hinsichtlich des Unendlichen niemand zu haben. Denn es ist ebenso sinnvoll zu behaupten, es habe jemand eine positive, klare Idee einer Quantität, der nicht weiß, wie groß sie ist, wie zu sagen, es habe jemand die positive, klare Idee von der Anzahl der Sandkörner am Meeresstrand, der nicht weiß, wieviel es sind, sondern nur, daß es mehr als zwanzig sind. Eine ebenso vollkommene und positive Idee von einem unendlichen Raum oder einer unendlichen Dauer hat nämlich derjenige, der sagt, sie seien *größer als* die Ausdehnung oder Dauer von zehn, hundert, tausend oder sonst wieviel Meilen oder Jahren, von denen er eine positive Idee besitzt oder besitzen kann. Das ist aber meiner Meinung nach der ganze Inhalt unserer Idee des Unendlichen. Alles, was *in Richtung* auf die Unendlichkeit zu hinter unserer positiven Idee liegt, ruht somit im Dunkel; es haftet ihm die unbestimmte Verworrenheit einer negativen Idee an, von der ich weiß, daß ich in ihr weder alles erfasse noch erfassen kann, was ich möchte, da es für eine endliche und begrenzte Fassungskraft zu umfangreich ist. Eine Idee, in der der größte Teil dessen, was ich erfassen wollte, mit der unbestimmten Andeutung, daß es noch größer sei, ausgelassen wird, muß demnach von einer positiven und vollständigen weit entfernt sein. Denn wenn man sagt, man habe bei einer Quantität so und so viel gemessen oder sei so und so weit gegangen, ohne am Ende angelangt zu sein, so sagt man damit nur, daß jene Quantität noch größer sei. Bei irgendeiner Quantität ein Ende negieren heißt demnach nur mit anderen Worten behaupten, daß sie noch größer sei; die völlige Negation eines Endes besagt nur, daß man dieses Größer bei allem Fortschreiten des Denkens auf dem Gebiet der Quantität niemals los wird und daß man diese *Idee von noch größer zu allen* Ideen der Quantität, die man hat oder möglicherweise haben kann, hinzufügt. Ob nun eine solche Idee eine positive ist, das möge jeder selbst beurteilen.

Wir haben keine positive Idee einer unendlichen Dauer. 16. Ich frage alle, die eine positive Idee von der Ewigkeit zu besitzen behaupten, ob ihre Idee der Dauer die Aufeinanderfolge in sich schließt oder nicht. Ist es nicht der Fall, so müssen sie den Unterschied ihres

Begriffes der Dauer in Anwendung auf ein ewiges und ein endliches Wesen nachweisen; denn es gibt vielleicht noch andere Leute, die ebenso wie ich an diesem Punkt die Schwäche ihres Verstandes eingestehen und anerkennen werden, daß sie ihr Begriff der Dauer zu der Vorstellung veranlaßt, daß alles, was Dauer hat, heute schon länger besteht als gestern. Wenn man, um bei der ewigen Existenz die Aufeinanderfolge zu vermeiden, auf das *punctum stans* der Schulphilosophie zurückgreift, so dürfte das die Sachlage schwerlich verbessern und uns kaum zu einer deutlicheren und positiveren Idee der unendlichen Dauer verhelfen; denn es ist für mich nichts unvorstellbarer als eine Dauer ohne Aufeinanderfolge. Da ferner jenes *punctum stans,* wenn es überhaupt etwas bedeutet, jedenfalls kein *quantum* ist, so kann ihm weder Endlichkeit noch Unendlichkeit zukommen. Wenn aber unsere schwache Fassungskraft die Aufeinanderfolge von keiner Art der Dauer trennen kann, so kann unsere Idee der Ewigkeit nichts anderes sein als die einer *unendlichen Aufeinanderfolge von Momenten der Dauer, in denen etwas existiert.* Ob jemand von einer wirklichen unendlichen Zahl eine positive Idee besitzt oder besitzen kann, das möge er so lange erwägen, bis seine unendliche Zahl so groß ist, daß er selbst nichts mehr hinzufügen kann. Solange er sie aber noch zu vergrößern vermag, wird er wohl selbst glauben, daß die Idee, die er hat, für eine positive Unendlichkeit etwas zu knapp ist.

17. Jedem überlegenden, vernünftigen Wesen, das über die eigene oder irgendeine andere Existenz nachdenkt, drängt sich meines Erachtens unvermeidlich der Begriff eines ewigen, weisen Wesens auf, das keinen Anfang gehabt hat. Daß ich eine solche Idee der unendlichen Dauer besitze, dessen bin ich sicher. Weil diese Negation eines Anfangs jedoch nur die Negation von etwas Positivem ist, so vermittelt sie mir schwerlich eine positive Idee von der Unendlichkeit; so oft ich sie mit meinen Gedanken zu erfassen suche, muß ich meine Unfähigkeit dazu bekennen; ich finde, daß ich davon keine klare Vorstellung gewinnen kann.

Es gibt keine vollkommene Idee des ewigen Seins.

Es gibt keine positive Idee des unendlichen Raumes.

18. Wer vom unendlichen Raum eine positive Idee zu haben glaubt, wird bei näherer Betrachtung finden, daß er von dem größten Raum ebensowenig eine positive Idee haben kann wie von dem kleinsten. Denn was den letzteren betrifft, der von beiden als der leichter faßbare erscheint, so können wir uns immer nur eine vergleichende Idee der Kleinheit bilden, die stets kleiner sein wird als jene Kleinheit, von der wir eine positive Idee haben. Alle unsere *positiven* Ideen von jeglicher Quantität, gleichviel ob groß oder klein, haben immer Grenzen; dagegen ist unsere *vergleichende* Idee, wodurch wir stets zu der einen etwas hinzufügen und von der andern etwas wegnehmen können, unbegrenzt. Denn der Rest, sei er groß oder klein, der von unserer positiven Idee nicht erfaßt wird, liegt im Dunkel; wir haben von ihm keine andere Idee als die des Vermögens, *unaufhörlich* das eine zu vergrößern und das andere zu verringern. Stößel und Mörser bringen ein Partikel der Materie ebensobald zur Unteilbarkeit wie der schärfste Gedanke eines Mathematikers; der Landmesser kann mit seiner Kette den unendlichen Raum ebensoschnell ausmessen, wie der Philosoph mit dem raschesten Flug seines Geistes ihn zu erreichen oder ihn denkend zu erfassen, das heißt sich eine positive Idee davon zu bilden vermag. Wer sich einen Würfel von einem Zoll Durchmesser denkt, hat davon eine klare und positive Idee in seinem Geist und kann sich nun Würfel vorstellen, die einhalbmal, einviertelmal, einachtelmal so groß sind usw., bis er in seinen Gedanken die Idee von etwas sehr Kleinem hat. Aber dennoch erreicht er nicht die Idee von der unbegreiflichen Kleinheit, die durch Teilung erzeugt werden kann. Was an Kleinheit übrigbleibt, ist von seinen Gedanken ebensoweit entfernt wie anfangs; darum gelangt er nie zu einer klaren und positiven Idee von der Kleinheit, die sich aus unendlicher Teilbarkeit ergibt.

Was an unserer Idee der Unendlichkeit positiv, was negativ ist.

19. Jeder, der in die Unendlichkeit schauen will, bildet sich, wie gesagt, zunächst eine sehr umfassende Idee von dem, worauf er sie anwenden will, sei es Raum oder Dauer; ja, er zermartert vielleicht seine Gedanken in

dem Bemühen, jene erste umfassende Idee in seinem Geist zu vervielfachen. Dadurch aber kommt er dem Besitz einer positiven, klaren Idee dessen nicht näher, was zur Vollendung eines positiv Unendlichen noch übrig bleibt; so wenig wie jener Bauer eine positive Idee von dem Wasser hatte, das noch herbeiströmen und das Bett des Flusses, an dem er stand, durchfließen sollte:

Rusticus expectat dum defluat amnis, at ille
Labitur, et labetur in omne volubilis aevum.*

20. Ich habe Leute kennengelernt, die zwischen unendlicher Dauer und unendlichem Raum einen so großen Unterschied machen, daß sie sich einreden, sie hätten eine positive Idee von der Ewigkeit, besäßen aber keine Idee vom unendlichen Raum, könnten sie auch nicht besitzen. Den Grund dieses Irrtums sehe ich in folgendem: Die richtige Betrachtung von Ursachen und Wirkungen läßt es sie als notwendig erachten, ein ewiges Wesen anzuerkennen; sie denken sich die reale Existenz dieses Wesens so, daß es ihre Idee der Ewigkeit erschöpft und ihr kommensurabel ist. Andererseits aber halten sie es nicht für notwendig, sondern im Gegenteil für offenbar absurd, die Unendlichkeit der Körperwelt anzunehmen; so ziehen sie voreilig den Schluß, sie könnten keine Idee vom unendlichen Raum haben, weil sie von der unendlichen Materie keine haben können. Dieser Schluß ist aber meiner Meinung nach sehr wenig stichhaltig, weil die Existenz der Materie für diejenige des Raumes keineswegs notwendig ist, ebensowenig wie die Existenz der Bewegung oder der Sonne für die Dauer Voraussetzung ist, obwohl die Dauer danach bemessen zu werden pflegt. Zweifellos kann man ebensogut die Idee von 10 000 Quadratmeilen haben, ohne daß es einen Körper von dieser Größe gäbe, wie die Idee von 10 000 Jahren, ohne daß es einen Körper von diesem Alter gäbe. Es scheint mir ebensoleicht, sich die Idee eines Raumes ohne Körper zu bilden, wie sich den

Manche meinen, sie hätten eine positive Idee von der Ewigkeit, nicht aber vom unendlichen Raum.

---

* Horaz. Epist. I, 2,42: „Der Bauer wartet, daß der Fluß vorbeifließe, allein dieser fließt und wird in alle Ewigkeit dahinströmen."

Rauminhalt eines Scheffels ohne darin enthaltenes Getreide oder den einer Nußschale ohne Kern vorzustellen; denn es ist ebensowenig notwendig, daß es einen festen Körper von unendlicher Ausdehnung gibt, weil wir die Idee der Unendlichkeit des Raumes haben, wie die Ewigkeit der Welt notwendig ist, weil wir die Idee der unendlichen Dauer besitzen. Weshalb sollten wir glauben, daß unsere Idee des unendlichen Raumes der realen Existenz der Materie als Stütze bedürfe, wenn wir sehen, daß wir von einer künftigen unendlichen Dauer eine ebenso klare Idee besitzen wie von der vergangenen, obwohl es, wie ich annehme, niemand für vorstellbar hält, daß etwas in jener künftigen Dauer existiere oder existiert habe. Unsere Idee von zukünftiger Dauer läßt sich ebensowenig mit einer gegenwärtigen oder vergangenen Existenz verbinden, wie sich die Ideen von gestern, heute und morgen zu ein und derselben machen oder vergangene und künftige Zeitalter so vereinen lassen, daß sie gleichzeitig werden. Jene Leute meinen, sie besäßen von der unendlichen Dauer klarere Ideen als vom unendlichen Raum, weil es keinen Zweifel gebe, daß Gott von aller Ewigkeit her existiert habe, während es keine reale Materie gäbe, die die Ausdehnung des unendlichen Raumes erfülle. Es gibt andere Philosophen, die meinen, jener unendliche Raum werde von Gottes unendlicher Allgegenwart ganz ebenso erfüllt wie die unendliche Dauer von seiner ewigen Existenz. Ihnen aber müßte man zugeben, daß sie vom unendlichen Raum eine ebenso klare Idee haben wie von der unendlichen Dauer, obgleich, wie ich meine, keine dieser beiden Gruppen von Leuten in einem der angeführten Fälle eine positive Idee von der Unendlichkeit besitzt. Denn alle positiven Ideen einer Quantität, die im Geist eines Menschen vorhanden sind, kann dieser wiederholen oder zueinander addieren, und zwar ebensoleicht, wie er die Ideen von zwei Tagen oder zwei Schritten, das heißt von zwei in seinem Geist vorhandenen positiven Ideen der Länge, addieren, und zwar beliebig oft addieren kann. Daraus ergibt sich, daß, wenn jemand eine positive Idee des Unendlichen, sei es der unendlichen Dauer oder des unendlichen Raumes, hätte, er zwei Unendlichkeiten miteinander addieren, ja sogar eine Unendlichkeit unendlich viel größer machen könnte als die andere. Das sind jedoch Absurditäten, die zu offensichtlich sind, als daß sie einer Widerlegung bedürften.

21. Wenn es nach alledem doch noch Leute gibt, die sich selbst einreden, sie besäßen klare, positive, umfassende Ideen des Unendlichen, so mögen sie diesen Vorzug ungestört genießen; ich würde mich sehr freuen (wie auch einige andere mir bekannte Personen, die zugeben, daß sie dergleichen Ideen nicht besitzen), wenn mich ihre Mitteilungen eines besseren belehren würden. Bisher war ich nämlich geneigt zu glauben, daß die großen und unentwirrbaren Schwierigkeiten, in die wir bei allen Erörterungen über die Unendlichkeit, sei es des Raumes, sei es der Dauer oder der Teilbarkeit, dauernd hineingeraten, untrügliche Kennzeichen eines Mangels in unseren Ideen von der Unendlichkeit und des Mißverhältnisses zwischen ihrer Natur und der Fassungskraft unseres beschränkten Verstandes seien. Denn solange die Menschen über den unendlichen Raum oder die unendliche Dauer reden und streiten, als besäßen sie davon ebenso vollständige und positive Ideen wie von den dafür gebräuchlichen Namen oder von einer Elle, einer Stunde oder irgendeiner andern bestimmten Quantität, so lange ist es nicht zu verwundern, wenn sie von der unbegreiflichen Natur des Dinges, das sie erörtern und aus der sie folgern, in Schwierigkeiten und Widersprüche verwickelt werden und ihr Geist bei einem Objekt versagt, das zu umfassend und zu gewaltig ist, als daß sie es überschauen und handhaben könnten.

Die vermeintlichen positiven Ideen der Unendlichkeit sind die Ursache von Irrtümern.

22. Wenn ich bei meinen Darlegungen über Dauer, Raum und Zahl und bei der aus ihrer Betrachtung sich ergebenden Unendlichkeit ziemlich lange verweilt habe, so ist das vielleicht nicht mehr als der Gegenstand erfordert. Denn es gibt wenig einfache Ideen, deren *Modi* den Menschen mehr Gelegenheit zur Übung im Nachdenken bieten als diese. Es ist nicht meine Absicht, sie

Das alles sind Modi von Ideen, die durch Sensation und Reflexion erworben werden.

in ihrem vollen Umfang zu behandeln; für meine Zwecke genügt es nachzuweisen, daß sie der Geist so, wie sie sind, durch Sensation oder Reflexion empfängt und daß selbst unsere Idee der Unendlichkeit, ebenso wie alle unsere übrigen Ideen, wie weit sie auch von allen Objekten der Sinne oder jeglicher Operation des Geistes entfernt zu sein scheinen, dort ihren Ursprung haben. Vielleicht kennen manche Mathematiker, deren Spekulationen besonders weit gehen, andere Wege, um ihrem Geist die Ideen der Unendlichkeit zuzuführen; das hindert aber nicht, daß sie selbst, ebenso wie jeder andere Mensch, ihre ersten Ideen von der Unendlichkeit auf die oben bezeichnete Weise durch Sensation und Reflexion gewonnen haben.

XVIII. KAPITEL

ÜBER ANDERE EINFACHE MODI

Andere einfache Modi einfacher Ideen der Sensation.

1. In den vorstehenden Kapiteln habe ich gezeigt, wie sich der Geist, von einfachen, durch Sensation erlangten Ideen ausgehend, sogar bis zur Unendlichkeit ausdehnt; diese scheint zwar mehr als alles andere von jeder sinnlichen Wahrnehmung entfernt, gleichwohl aber enthält sie letzten Endes nichts, was sich nicht aus einfachen Ideen zusammensetzte, die durch die Sinne in den Geist hineingelangen und hier durch die Fähigkeit des Geistes, seine Ideen zu wiederholen, zusammengefügt worden sind. Obwohl diese Beispiele von einfachen Modi einfacher Ideen der Sensation zahlreich genug sein dürften und hinlänglich erkennen lassen, wie der Geist in ihren Besitz kommt, so will ich doch aus methodischen Gründen noch einige weitere Beispiele, wenn auch kurz, besprechen, um dann zu komplexen Ideen überzugehen.

Einfache Modi der Bewegung.

2. Gleiten, rollen, stürzen, gehen, kriechen, laufen, tanzen, springen, hüpfen und zahlreiche andere Wörter, die man noch nennen könnte, braucht jeder, der seine Muttersprache versteht, nur zu hören, um sofort deutliche Ideen im Geist zu haben, die sämtlich nur verschiedene Modifikationen der Bewegung sind. Die Modi

der Bewegung entsprechen denen der Ausdehnung. Schnell und langsam sind zwei verschiedene Ideen der Bewegung, deren Maße man aus einer Verbindung der Abstände von Zeit und Raum entnommen hat; sie sind somit komplexe Ideen, da sie Zeit und Raum mit der Bewegung zugleich umfassen.

3. Dieselbe Mannigfaltigkeit finden wir bei den Tönen. Jedes artikulierte Wort ist eine besondere Modifikation des Tones, woraus wir erkennen, daß dem Geist mittels des Gehörsinnes durch solche Modifikationen eine fast unendliche Zahl von verschiedenen Ideen zugeführt werden kann. Die Töne werden – abgesehen von dem verschiedenartigen Schrei der Vögel und anderer Tiere – auch dadurch modifiziert, daß man mancherlei Noten von ungleicher Länge zusammenfügt. Diese bilden die komplexe Idee, die wir Melodie nennen. Ein Musiker mag, ohne überhaupt einen Ton zu hören oder hervorzubringen, eine solche Melodie im Geiste haben, wenn er über die so stillschweigend in seiner Phantasie zusammengefügten Ideen nachdenkt. *Modi von Tönen.*

4. Auch die Modi der Farben sind sehr mannigfaltig; manche betrachten wir als die verschiedenen Grade oder, wie sie mit dem Fachausdruck genannt werden, Schattierungen ein und derselben Farbe. Da wir aber selten Farben zusammenstellen, sei es zu unserem Nutzen, sei es zu unserem Vergnügen, ohne daß nicht auch die Gestalt mit hinzugenommen würde und eine gewisse Rolle spielte, wie beim Malen, Weben, Sticken usw., so gehören diejenigen Farben, die wir betrachten, fast immer zu den *gemischten Modi;* denn sie bestehen aus Ideen verschiedener Art, nämlich solchen der Gestalt und der Farbe, wie zum Beispiel die Schönheit, der Regenbogen usw. *Modi der Farben.*

5. Auch alle zusammengesetzten Geschmacksarten und Gerüche sind Modi, die aus den einfachen Ideen dieser Sinne gebildet werden. Da wir aber für sie meist keine Namen haben, werden sie weniger beachtet und können schriftlich nicht bezeichnet werden; ich muß sie deshalb ohne weitere Aufzählung den Gedanken und der Erfahrung des Lesers überlassen. *Modi des Geschmackes.*

Zweites Buch, Kap. XVIII

Einige einfache Modi haben keinen Namen.

6. Im allgemeinen läßt sich beobachten, daß diejenigen einfachen Modi, die nur als verschiedene *Grade* derselben einfachen Idee betrachtet werden, obgleich manche von ihnen an und für sich wohl unterschiedene Ideen sind, doch gewöhnlich keine besonderen Namen haben, auch als selbständige Ideen da nur wenig beachtet werden, wo sie sich nur wenig voneinander unterscheiden. Ob man diese Modi so vernachlässigte und unbenannt ließ, weil man keine Maße hatte, um sie genau zu unterscheiden, oder weil nach solcher Unterscheidung ihre Kenntnis nicht allgemein wertvoll oder notwendig gewesen wäre, das mögen andere untersuchen. Für meine Zwecke genügt es nachzuweisen, daß alle unsere einfachen Ideen nur durch Sensation oder Reflexion in unseren Geist gelangen und daß sie dieser, sobald er sie besitzt, auf mannigfache Weise wiederholen und zusammensetzen kann, um auf diese Art neue komplexe Ideen zu bilden. Wenn aber auch weiß, rot, süß usw. nicht durch verschiedene Kombinationen modifiziert oder zu komplexen Ideen umgewandelt worden sind, die man benannt und daraufhin in Arten eingereiht hat, so sind doch manche andere der einfachen Ideen, zum Beispiel die oben angeführten der Einheit, Dauer und Bewegung usw., ebenso wie die der Kraft und des Denkens in der geschilderten Weise zu den allerverschiedensten komplexen Ideen mit den zugehörigen Namen modifiziert worden.

Warum einige Modi Namen haben und andere nicht.

7. Der Grund hierfür liegt, wie ich glaube, in folgendem: Das Hauptinteresse der Menschen haftet an ihren gegenseitigen Beziehungen; darum war die Kenntnis der Menschen und ihrer Handlungen sowie deren Bezeichnungen einander gegenüber für sie am notwendigsten. Deshalb schuf man von den *Handlungen* Ideen, die sehr genau modifiziert waren; man gab diesen komplexen Ideen Namen, um sich leichter der Dinge zu entsinnen, mit denen man täglich zu tun hatte, um ohne große Weitschweifigkeiten und Umschreibungen von ihnen reden zu können und die Dinge leichter und schneller verständlich zu machen, über die man fortwährend Auskunft gab und erhielt. Daß dies der Fall ist und daß

sich die Menschen bei der Bildung und Benennung der verschiedenen komplexen Ideen oft von dem allgemeinen Zweck der Sprache (der ein ganz kurzer und knapper Weg der gegenseitigen Gedankenvermittlung ist) leiten ließen, erhellt aus den Namen, die man in manchen Gewerben ersonnen und für bestimmte (komplexe) Ideen von modifizierten Handlungen, die mit den verschiedenen Berufsarten zusammenhängen, verwendet hat, um bei den Verhandlungen über diese Dinge Zeit zu sparen. Diese Ideen werden gewöhnlich nicht von Leuten gebildet, denen die betreffenden Tätigkeiten fremd sind; darum sind auch die Wörter, die für diese Tätigkeiten stehen, den meisten unverständlich, die sonst dieselbe Sprache reden. Zum Beispiel bezeichnen *amalgamieren, drillen, filtrieren, rektifizieren* bestimmte komplexe Ideen, die sich selten im Geiste anderer Leute als gerade der wenigen befinden, deren besonderer Beruf sie ihnen fortwährend nahelegt; deshalb sind ihre Namen im allgemeinen nur für Schmiede und Chemiker verständlich; denn diese haben die diesen Worten entsprechenden komplexen Ideen gebildet und ihnen Namen gegeben oder von andern übernommen, so daß, wenn diese Namen in der Unterhaltung erwähnt werden, diese Ideen sofort in ihrem Geist wach werden, zum Beispiel bei *rektifizieren* alle einfachen Ideen des Destillierens, des Zurückgießens der destillierten Flüssigkeit auf den noch übrigen Stoff und eines nochmaligen Destillierens. So sehen wir, daß es vielerlei einfache Ideen gibt, zum Beispiel von Geschmacksarten und Gerüchen, die keine Namen haben; vollends aber gilt das von denjenigen Modi, auf die man entweder nicht allgemein genug geachtet hat oder deren Berücksichtigung für die Geschäfte und den Verkehr der Menschen wenig Wert gehabt hätte, weshalb man ihnen keine Namen beilegte, so daß sie nicht als Arten gelten. Wir werden weiter unten Gelegenheit haben, diesen Gegenstand eingehender zu betrachten, wenn wir auf die *Wörter* zu sprechen kommen.

XIX. KAPITEL

VON DEN MODI DES DENKENS

Sensation, Erinnerung, Betrachtung usw. als Modi des Denkens.

1. Wenn der Geist den Blick nach innen auf sich selbst richtet und seine eigenen Tätigkeiten betrachtet, so ist das erste, was ihm entgegentritt, das *Denken*. Hierbei beobachtet er eine große Mannigfaltigkeit von Modifikationen und erhält durch sie unterschiedene Ideen. So liefern zum Beispiel die Wahrnehmung oder der Gedanke, die jeden durch ein äußeres Objekt auf den Körper gemachten Eindruck begleiten oder mit ihm verknüpft sind, dem Geist, indem sie sich von allen andern Modifikationen des Denkens unterscheiden, eine besondere Idee, die wir *Sensation* nennen; diese stellt gewissermaßen das durch die Sinne erfolgende wirkliche Eintreten einer Idee in den Verstand dar. Wenn die gleiche Idee, ohne daß dasselbe Objekt auf das äußere Organ einwirkt, wieder auftaucht, so ist das die *Erinnerung;* wenn diese Idee vom Geist aufgesucht, mit Mühe und Anstrengung gefunden und wieder vor Augen geführt wird, so ist das *Besinnung;* wenn sie dort lange unter aufmerksamer Beobachtung festgehalten wird, so ist das *Betrachtung;* wenn Ideen in unserem Geist schweben, ohne daß sie der Verstand beachtet oder berücksichtigt, so ist das etwas, was die Franzosen *rêverie* nennen; in unserer Sprache fehlt das rechte Wort dafür. Wenn die Ideen, die sich von selbst darbieten, (wie an anderer Stelle bemerkt wurde, gibt es nämlich in unserem Geist, solange wir im wachen Zustande sind, stets eine Kette aufeinanderfolgender Ideen) beachtet und gleichsam in unserem Gedächtnis registriert werden, so ist das *Aufmerksamkeit;* wenn der Geist mit vollem Ernst und Vorbedacht seinen Blick auf eine bestimmte Idee heftet, sie von allen Seiten betrachtet und sich durch den gewöhnlichen Andrang anderer Ideen nicht ablenken läßt, so nennen wir das *angespannte Aufmerksamkeit* oder *Studium*. Traumloser Schlaf ist der Zustand, in dem man sich von alledem ausruht; *Träumen* heißt Ideen im Geist haben (während die äußeren Sinne verschlossen sind, so daß sie Objekte der Außenwelt

nicht mit gewohnter Lebhaftigkeit aufnehmen), die nicht durch äußere Objekte oder einen sonstigen bekannten Anlaß hervorgerufen werden, auch in keiner Weise der Wahl und Leitung des Verstandes unterliegen. Ob endlich das, was wir *Ekstase* nennen, nicht ein Träumen mit offenen Augen ist, stelle ich der Erwägung anheim.

2. Dies sind einige wenige Beispiele für die mannigfachen Modi des Denkens, die der Geist bei sich selbst beobachten kann, so daß er von ihnen ebenso deutliche Ideen gewinnt, wie er von weiß oder rot, von einem Viereck oder einem Kreis besitzt. Ich beabsichtige nicht, sie sämtlich aufzuzählen oder diese Gruppe von Ideen, die aus der Reflexion stammt, ausführlich zu behandeln; das würde einen ganzen Band füllen. Für meinen gegenwärtigen Zweck genügt es, daß ich hier an einigen wenigen Beispielen gezeigt habe, von welcher Art diese Ideen sind und wie der Geist zu ihnen gelangt; denn ich werde weiter unten Gelegenheit haben, eingehender vom *Schließen, Urteilen, Wollen* und *Wissen* zu handeln, welche Tätigkeiten einige der bedeutsamsten Operationen des Geistes und Modi des Denkens sind. *Andere Modi des Denkens.*

3. Es mag eine verzeihliche Abschweifung sein, mit unserer gegenwärtigen Absicht auch in einer gewissen Beziehung stehen, wenn wir das verschiedene Verhalten des Geistes beim Denken betrachten, auf das uns die zuvor erwähnten Zustände der angespannten Aufmerksamkeit, der Rêverie, des Träumens usw. ganz von selbst hinweisen. Daß sich im Geist des Wachenden jederzeit irgendwelche Ideen befinden, davon wird jeder durch die eigene Erfahrung überzeugt, wenn sich der Geist diesen Ideen auch mit verschieden abgestufter Aufmerksamkeit zuwendet. Manchmal konzentriert er sich mit solchem Ernst auf die Betrachtung gewisser Gegenstände, daß er deren Ideen nach allen Seiten hin untersucht, auf ihre Beziehungen und Umstände achtet und sie in allen Stücken so eingehend und so gespannt in Augenschein nimmt, daß er alle anderen Gedanken beiseite schiebt; er nimmt dann gar keine Notiz von den gleichzeitig auf die Sinne gemachten gewöhnlichen Eindrücken, die unter andern Verhältnissen sehr deutlich *Die verschiedenen Grade der Aufmerksamkeit beim Denken.*

spürbare Wahrnehmungen erzeugen würden. In andern Fällen beobachtet der Geist einfach die Kette der Ideen, die im Verstand einander ablösen, ohne ihre Richtung zu beeinflussen oder ihnen nachzugehen; dann wieder läßt er sie fast unbeachtet vorüberziehen, wie schwache Schatten, die keinen Eindruck hinterlassen.

<small>Deshalb ist das Denken wahrscheinlich die Tätigkeit, aber nicht das Wesen der Seele.</small>

4. Diesen Unterschied in der Anspannung und Abspannung des Geistes beim Denken, nebst den mannigfachen Abstufungen zwischen ernstem Studium und fast völligem Nichtdenken, hat wohl schon jeder an sich selbst erfahren. Verfolgen wir den Geist noch ein wenig weiter, so finden wir ihn im Schlaf gleichsam von den Sinnen zurückgezogen und außerhalb des Wirkungsbereichs der auf die Sinnesorgane ausgeübten Bewegungen, die zu andern Zeiten sehr lebhafte und spürbare Ideen erzeugen. Ich brauche, um das zu beweisen, nicht auf Leute zu verweisen, die ganze Sturmnächte hindurch schlafen, ohne den Donner zu hören, den Blitz zu sehen oder das Zittern ihres Hauses zu spüren, obgleich doch alle diese Dinge für den Wachenden deutlich genug bemerkbar sind. Natürlich bewahrt der Geist bei der Zurückgezogenheit von den Sinnen oft noch eine locker gefügte und unzusammenhängendere Art des Denkens, die wir Träumen nennen. Zu allerletzt aber zieht ein fester Schlaf den Vorhang ganz zu und macht allen Erscheinungen ein Ende. Ich denke, diesen Tatbestand kennt jeder aus eigener Erfahrung, und persönliche Beobachtung führt ihn ohne Schwierigkeiten daraufhin. Hieraus möchte ich folgendes schließen: Der Geist kann zu verschiedenen Zeiten in wahrnehmbarer Weise die Grade seines Denkens abstufen, bisweilen auch selbst im wachen Zustand so wenig angespannt sein, daß seine Gedanken in ihrer Blässe und Verschwommenheit fast der Gedankenlosigkeit gleichen; endlich können ihm in der dunklen Abgeschiedenheit des festen Schlafes alle Ideen vollkommen entschwinden. Da die Wirklichkeit und die immer wiederkehrende Erfahrung dies offenkundig beweisen, so frage ich, ob es nicht wahrscheinlich sei, daß das Denken die Tätigkeit, nicht aber das Wesen der Seele ist. Denn die

Operationen eines handelnden Wesens können wohl mehr oder weniger intensiv vollzogen werden, bei dem Wesen der Dinge ist eine solche Variation jedoch nicht denkbar. Doch sei dies nur nebenbei gesagt.

XX. KAPITEL
ÜBER DIE MODI VON FREUDE UND SCHMERZ

1. Unter den einfachen Ideen, die wir sowohl durch Sensation als auch durch Reflexion erhalten, sind *Schmerz* und *Freude* höchst bedeutsam. Denn wie beim Körper eine Sensation entweder rein für sich da ist oder von Schmerz oder Freude begleitet wird, so ist auch der Gedanke oder die Wahrnehmung des Geistes entweder bloß als solche vorhanden oder aber wird von Freude oder Schmerz, Lust oder Unlust – gleichviel wie man es nennen will – begleitet. Ebenso wie andere einfache Ideen lassen sich auch diese nicht beschreiben und ihre Namen nicht definieren; man kann sie wie die einfachen Ideen der Sinne nur aus der Erfahrung kennenlernen. Denn wenn man sie mit der Gegenwart von etwas Gutem oder Üblem definieren will, so macht man uns mit ihnen dadurch nicht besser bekannt, als wenn man uns aufforderte, auf das zu achten, was wir bei den verschiedenen und mannigfachen Einwirkungen von Gut und Übel auf unseren Geist im eigenen Innern fühlen, je nach der verschiedenen Art, wie diese uns berühren oder von uns betrachtet werden.

<small>Freude und Schmerz sind einfache Ideen.</small>

2. Demnach sind die Dinge nur in Beziehung auf Freude und Schmerz gut oder übel. *Gut* nennen wir das, was in uns die Freude zu wecken oder zu steigern oder den Schmerz zu lindern vermag, was uns in den Besitz von etwas Gutem setzt oder uns diesen Besitz erhält, bzw. was etwas Übles aus unserm Wege räumt oder von uns fernhält. Im Gegensatz hierzu bezeichnen wir das als *Übel*, was einen Schmerz zu erzeugen oder zu steigern oder eine Freude in uns zu verringern vermag, was

<small>Was gut und übel ist.</small>

die Ursache dafür sein kann, daß uns etwas Übles beschert oder etwas Gutes genommen wird. Freude und Schmerz verstehe ich sowohl im körperlichen als auch im geistigen Sinne, wie sie gewöhnlich unterschieden werden, obwohl beide in Wahrheit nur verschiedene Verfassungen des *Geistes* sind, die bald durch körperliche Störungen, bald durch die Gedanken des *Geistes* veranlaßt werden.

<small>Unsere Leidenschaften werden von dem Guten und dem Üblen angeregt.</small>

3. Freude und Schmerz und ihre Ursachen, das Gute und das Üble, sind die Angeln, in denen sich unsere Leidenschaften drehen. Wenn wir auf uns selbst achten und beobachten, wie dieselben in verschiedener Richtung auf uns einwirken, welche Modifikationen oder Stimmungen des Geistes, welche inneren Sensationen (wenn ich es so nennen darf) sie in uns erzeugen, so können wir uns daraus die Ideen unserer Leidenschaften bilden.

<small>Liebe.</small>

4. Wenn jemand über den Gedanken der Freude nachdenkt, den irgendein gegenwärtiges oder abwesendes Ding in ihm zu erzeugen vermag, so hat er die Idee, die wir *Liebe* nennen. Denn wenn jemand im Herbst, während er Weintrauben verzehrt, oder im Frühjahr, wenn es keine gibt, erklärt, er liebe die Weintrauben, so heißt das nichts weiter, als daß ihn ihr Geschmack erfreut. Sobald ihm aber eine Veränderung seines Wohlbefindens oder seiner Körperbeschaffenheit die Freude an ihrem Geschmack nimmt, kann man sagen, er liebe die Weintrauben nicht mehr.

<small>Haß.</small>

5. Im Gegensatz dazu nennen wir *Haß* den Gedanken an einen Schmerz, den irgend etwas Gegenwärtiges oder Abwesendes in uns zu erzeugen vermag. Wenn es meine Aufgabe wäre, die Untersuchung über die bloßen Ideen unserer Leidenschaften – sofern sie auf verschiedenen Modifikationen der Freude und des Schmerzes beruhen – hinaus auszudehnen, so würde ich bemerken, daß sich Liebe und Haß, die wir gegenüber leblosen, empfindungslosen Dingen verspüren, zumeist auf die Freude und den Schmerz gründen, die ihr Gebrauch, ja selbst ihre Zerstörung unseren Sinnen gewährt. Haß oder Liebe dagegen, die wir für Wesen empfinden, die für Glück

oder Leid empfänglich sind, sind oft das Unbehagen oder das Vergnügen, das wir in uns selbst bemerken und das aus [der* Betrachtung] des bloßen Daseins oder des Glücks jener Wesen entspringt. So sagt man, daß jemand seine Kinder oder Freunde ständig liebe, weil deren Dasein und Wohlbefinden ihm ständig Freude verursachen. Doch es möge der Hinweis genügen, daß unsere Ideen von Haß und Liebe nichts anderes sind als die Geisteszustände gegenüber Freude und Schmerz im allgemeinen, gleichviel wie sie in uns zustande kommen.

6. Das Unbehagen, das wir bei Abwesenheit eines Dinges empfinden, mit dessen gegenwärtigem Genuß sich die Idee der Freude verbindet, nennen wir *Verlangen*; es ist größer oder kleiner, je nachdem jenes Unbehagen mehr oder weniger heftig ist. [Übrigens** ist es vielleicht ganz nützlich, hier zu bemerken, daß das *Unbehagen* die wichtigste, wenn nicht die einzige Triebfeder des menschlichen Fleißes und der menschlichen Arbeit ist. Denn welches Gut auch immer in Aussicht gestellt sei, wenn seine Abwesenheit kein Mißvergnügen oder keinen Schmerz verursacht, wenn man ohne dieses Gut auch behaglich und zufrieden leben kann, dann gibt es kein Verlangen, kein Streben danach. Es entsteht nur ein schwankendes Wollen – damit bezeichnet man den untersten Grad des Verlangens, der der völligen Wunschlosigkeit am nächsten kommt –, wenn die Abwesenheit eines Dinges so wenig Unbehagen hervorruft, daß sie nur dazu führt, einige schwache Wünsche auftauchen zu lassen, ohne zugleich eine wirkungsvollere und nachdrücklichere Verwendung der Mittel zur Erreichung jenes Dinges zu verursachen. Das Verlangen wird auch erstickt oder gehemmt, wenn man meint, daß das in Aussicht gestellte Gut unerreichbar ist, und zwar in dem Maße, wie das Unbehagen durch eine solche Erwägung überwunden oder abgeschwächt wird. Dies könnte unsere Gedanken noch weiter führen, wenn hier der rechte Ort dazu wäre.]

Verlangen.

* Zusatz der vierten Auflage; vorher: „... aus dem bloßen Dasein...". [Fraser, a. a. O., Bd. I, S. 304.]
**Zusatz der zweiten Auflage. [Fraser, a. a. O., Bd. I, S. 304.]

Fröhlichkeit.	7. *Fröhlichkeit* ist eine Freude, die der Geist empfindet, wenn er den gegenwärtigen oder mit Sicherheit zu erwartenden Besitz eines Gutes ins Auge faßt. Ein Gut aber besitzen wir dann, wenn wir es so in unserer Gewalt haben, daß wir es uns zunutze machen können, sobald es uns beliebt. So wird ein fast verhungerter Mensch fröhlich, wenn Hilfe eintrifft, schon ehe er die Freude hat, davon Gebrauch zu machen. Ein Vater, dem das bloße Wohlergehen seiner Kinder Freude bereitet, ist jederzeit im Besitz dieses Gutes, solange sich in dem Befinden seiner Kinder nichts ändert; denn er braucht nur daran zu denken, um jene Freude zu empfinden.
Kummer.	8. *Kummer* ist ein Unbehagen im Geiste bei dem Gedanken an ein verlorenes Gut, das man noch länger hätte genießen können, oder bei der Empfindung eines gegenwärtigen Übels.
Hoffnung.	9. *Hoffnung* ist die Freude im Geiste, die jeder empfindet, wenn er an den voraussichtlichen künftigen Genuß eines Dinges denkt, das geeignet ist, ihn zu erfreuen.
Furcht.	10. *Furcht* ist ein Unbehagen des Geistes bei dem Gedanken an ein künftiges, uns wahrscheinlich treffendes Übel.
Verzweiflung.	11. *Verzweiflung* ist der Gedanke an die Unerreichbarkeit eines Gutes, der auf den menschlichen Geist verschieden einwirkt, indem er mitunter Unbehagen oder Schmerz, manchmal aber Ruhe und Gleichgültigkeit erzeugt.
Zorn.	12. *Zorn* ist das Unbehagen oder die Aufregung des Geistes, die aus einem uns zugefügtem Unrecht entspringt, in Verbindung mit dem gegenwärtigen Vorsatz der Rache.
Neid.	13. *Neid* ist ein Unbehagen des Geistes, das entsteht, wenn wir sehen, wie ein von uns erstrebtes Gut einem andern zuteil wird, der es unserer Meinung nach nicht vor uns hätte erlangen dürfen.
Welche Leidenschaften alle Menschen haben.	14. Die beiden letztgenannten Leidenschaften, *Neid* und *Zorn*, werden nicht allein durch Schmerz und Freude als solche verursacht, vielmehr sind ihnen gewisse Erwägungen über uns selbst und andere beigemischt. Sie

finden sich daher nicht bei allen Menschen; denn bisweilen fehlen jene andern Bestandteile, nämlich die Wertschätzung der eigenen Verdienste und die Absicht der Rache. Alle übrigen Gefühle aber, die nur auf Schmerz und Freude hinauslaufen, kommen meines Erachtens bei allen Menschen vor. Denn wir lieben, verlangen, sind fröhlich und hoffen nur im Hinblick auf eine Freude; wir hassen, fürchten und sind bekümmert nur in bezug auf einen Schmerz. Kurz, alle diese Leidenschaften werden durch die Dinge nur insofern ausgelöst, als sie die Ursache von Freude oder Schmerz zu sein scheinen oder auf die eine oder andere Weise anscheinend mit ihnen verbunden sind. So dehnen wir unsern Haß gewöhnlich auf den Gegenstand aus, der Schmerz in uns erzeugt hat (wenigstens wenn es sich um ein empfindendes und frei wollendes Wesen handelt), weil die Furcht, die er bei uns hinterläßt, ein dauernder Schmerz ist. Das, was uns Gutes getan hat, lieben wir aber nicht so andauernd, weil die Freude nicht so stark auf uns einwirkt wie der Schmerz und wir nicht so leicht die Hoffnung hegen, daß die Wirkung sich wiederholen werde. Doch dies sei nur nebenbei gesagt.

15. Unter Freude und Schmerz, Vergnügen und Unbehagen verstehe ich durchweg (wie schon oben angedeutet wurde) nicht nur Freude und Schmerz körperlicher Art, sondern jedes Vergnügen oder Unbehagen, das wir empfinden, mag es aus einer angenehmen oder unangenehmen Sensation oder Reflexion entstehen. *Worin Freude und Schmerz bestehen.*

16. Ferner ist zu beachten, daß hinsichtlich der Leidenschaften die Beseitigung oder Verringerung eines Schmerzes als Freude und der Verlust oder die Verkleinerung einer Freude als Schmerz gilt und auch so wirkt. *Ihre Aufhebung oder Verringerung.*

17. Die große Mehrzahl der Leidenschaften wirkt auf die meisten Menschen auch körperlich ein und ruft mancherlei physische Veränderungen hervor. Da diese aber nicht immer bemerkbar sind, so bilden sie keinen notwendigen Bestandteil der Idee jeder Leidenschaft. Denn die *Scham*, ein Unbehagen, das den Geist bei dem Gedanken erfüllt, etwas Unschickliches getan zu haben oder etwas, wodurch die Wertschätzung, die wir von *Scham.*

seiten anderer erfahren, herabgesetzt werden könnte, hat nicht immer ein Erröten zur Folge.

<small>Diese Beispiele zeigen, daß unsere Ideen der Leidenschaften durch Sensation und Reflexion erlangt werden.</small>

18. Man möge mich hier nicht mißverstehen: Was ich sagte, sollte keine Abhandlung über die Leidenschaften sein. Ihre Zahl übersteigt die hier genannten bei weitem, und jede einzelne von denen, die ich berücksichtigt habe, erfordert eigentlich eine viel umfassendere und eingehendere Behandlung. Ich habe diese hier nur als Beispiele für die Modi der Freude und des Schmerzes erwähnt, wie sie als Ergebnis mannigfacher Betrachtung von Gutem und Üblem in unserem Geist entstehen. Ich hätte vielleicht andere, einfachere Modi der Freude und des Schmerzes als Beispiel wählen können, wie den Schmerz des Hungers und des Durstes und die Freude, diesen Schmerz durch Essen und Trinken zu beseitigen, den Schmerz, den das Schärfen der Zähne bereitet, die Freude an der Musik, den infolge spitzfindiger, unbelehrender Wortstreitigkeiten auftretenden Schmerz, die Freude an einem vernünftigen Gespräch mit einem Freunde oder an einem wohlgeleiteten Studium zur Erforschung und Aufdeckung der Wahrheit. Da uns aber die Leidenschaften weit mehr interessieren, wählte ich lieber sie als Beispiele, um zu zeigen, daß die Ideen, die wir von ihnen haben, aus der Sensation oder Reflexion stammen.

XXI. KAPITEL

VON DER KRAFT

<small>Wie diese Idee erworben wird.</small>

1. Durch die Sinne erhält der Geist täglich Kunde von der Veränderung jener einfachen Ideen, die er in den Dingen der Außenwelt beobachtet; er bemerkt, wie die eine ihr Ende erreicht und aufhört zu sein, während eine andere, die vorher nicht da war, zu existieren beginnt; ferner achtet er auf die Vorgänge in seinem eigenen Innern und stellt einen beständigen Wechsel seiner Ideen fest, teils infolge des Eindrucks äußerer Gegenstände auf die Sinne, teils infolge eigener freiwilliger Entscheidung; endlich zieht er aus der Be-

obachtung bisheriger regelmäßiger Vorgänge den Schluß, daß auch in Zukunft bei den gleichen Dingen durch dieselben Ursachen und auf dem nämlichen Weg die gleichen Veränderungen zustande kommen werden; so erblickt er in dem einen Ding die Möglichkeit, daß dessen einfache Ideen eine Veränderung erleiden, in dem andern die Möglichkeit, diese Veränderung herbeizuführen. Auf diese Weise gelangt er zu der Idee, die wir *Kraft* nennen. So sagen wir, das Feuer habe die Kraft, Gold zu schmelzen, das heißt den festen Zusammenhang seiner sinnlich nicht wahrnehmbaren Teilchen und damit seine Härte zu zerstören und es flüssig zu machen; Gold hat die Kraft, geschmolzen zu werden; die Sonne hat die Kraft, Wachs zu bleichen, Wachs die Kraft, von der Sonne gebleicht zu werden, wodurch seine gelbe Farbe zerstört und die weiße an deren Stelle gesetzt wird. In diesen und ähnlichen Fällen steht die Kraft, die wir betrachten, in Beziehung zu der Veränderung wahrnehmbarer Ideen. Denn jede Veränderung in einem Ding, jede Einwirkung auf dasselbe können wir immer nur durch die bemerkbare Veränderung seiner sinnlich wahrnehmbaren Ideen feststellen; auch den Vorgang der Veränderung können wir uns nicht anders denken, als indem wir uns einen Wechsel bestimmter Ideen eines Gegenstandes vorstellen.

2. So betrachtet ist die Kraft eine zweifache, nämlich das Vermögen, eine Veränderung herbeizuführen oder eine solche zu erleiden. Das eine können wir *aktive,* das andere *passive* Kraft nennen. Ob die Materie nicht die aktive Kraft ganz entbehrt, wie ihr Schöpfer, Gott, in Wahrheit über alle passive Kraft erhaben ist, und ob nicht die erschaffenen Geister in ihrer Mittelstellung allein sowohl aktiver als auch passiver Kraft fähig sind, das ist vielleicht der Erwägung wert. Doch will ich mich jetzt auf diese Frage nicht einlassen, weil ich hier nicht zu untersuchen beabsichtige, wo der Ursprung der Kraft liegt, sondern wie wir zu ihrer *Idee* gelangen. Da aber die aktiven Kräfte (wie wir später sehen werden) einen so großen Teil unserer komplexen Ideen natürlicher Substanzen ausmachen und ich sie – in Überein-

Aktive und passive Kraft.

stimmung mit der landläufigen Auffassung – als solche erwähne, obgleich sie in Wirklichkeit vielleicht nicht in dem Sinn aktive Kräfte sind, wie es sich unsere vorschnellen Gedanken gern vorstellen, so halte ich es nicht für unangebracht, durch diese Andeutung unseren Geist auf die Betrachtung Gottes und der Geister hinzulenken, um so die klarste Idee von *aktiver* Kraft zu gewinnen.

Der Begriff Kraft enthält eine Relation.

3. Ich gebe zu, daß „Kraft" eine Art von *Relation* (eine Relation auf Tätigkeit oder Veränderung) in sich schließt. Aber freilich, bei welcher von unsern Ideen, gleichviel wie sie beschaffen ist, bemerken wir das bei aufmerksamer Betrachtung nicht? Denn enthalten nicht alle unsere Ideen von Ausdehnung, Dauer und Zahl in sich eine versteckte Relation der Teile? Noch viel sichtbarer haben Gestalt und Bewegung etwas Relatives an sich. Ja, was sind die sinnlichen wahrnehmbaren Qualitäten wie Farben, Gerüche usw., anderes als die Kräfte verschiedener Körper in Beziehung zu unserer Wahrnehmung usw.? Wenn wir sie an den Dingen selbst betrachten, hängen sie dann nicht von der Größe, Gestalt, Beschaffenheit und Bewegung der Teile ab, von Dingen also, die sämtlich eine Art von Relation in sich schließen? Deshalb gebührt meiner Meinung nach unserer Idee der Kraft durchaus eine Stelle unter den andern *einfachen Ideen*, und sie darf als eine von ihnen betrachtet werden; denn, wie wir später sehen werden, gehört sie zu denjenigen, die einen Hauptbestandteil unserer komplexen Ideen von Substanzen bilden.

Die klarste Idee von aktiver Kraft erhalten wir vom Geiste.

4. [Die* Idee der passiven Kraft wird uns in reicher Menge durch fast alle Arten der sinnlich wahrnehmbaren Dinge geliefert. Bei den meisten von ihnen drängt sich uns die Beobachtung auf, daß sich ihre sinnlich wahrnehmbaren Qualitäten, ja auch ihre Substanz selbst, in beständigem Fluß befinden.] Mit Recht sehen wir sie deshalb als ständig dem gleichen Wechsel unterworfen

---

* In den ersten drei Auflagen: „Alle sinnlich wahrnehmbaren Dinge liefern uns in reicher Menge sinnlich wahrnehmbare Ideen der passiven Kraft; ihre sinnlich wahrnehmbaren Qualitäten und ihr Wesen finden wir in beständigem Fluß begriffen." [Fraser, a. a. O., Bd. I, S. 311.]

an. Nicht weniger Beispiele haben wir für die *aktive* Kraft (was die richtigere Bedeutung des Wortes Kraft ist). Denn wo immer sich eine Veränderung beobachten läßt, muß der Geist ebensowohl auf eine irgendwo bestehende Kraft schließen, die diese Veränderung bewirken kann, als auf eine im Gegenstand selbst vorhandene Möglichkeit, dieselbe zu erleiden. Gleichwohl finden wir, wenn wir es genau betrachten, daß uns die Körper durch unsere Sinne keine so klare und deutliche Idee von der aktiven Kraft vermitteln, wie wir sie durch die Reflexion auf die Operationen unseres Geistes gewinnen. Da sich nämlich alle Kraft auf eine Tätigkeit bezieht und es nur zwei Arten von Tätigkeiten gibt, von denen wir eine Idee haben, nämlich Denken und Bewegung, so sei hier erwogen, woher die klarsten Ideen stammen, die wir von den Kräften haben, die diese Tätigkeiten erzeugen. 1. Vom Denken vermitteln uns die Körper überhaupt keine Idee; wir gewinnen eine solche nur durch Reflexion. 2. Ebensowenig erhalten wir durch die Körper eine Idee von dem Beginn der Bewegung. Ein ruhender Körper gewährt uns keine Idee von aktiver, bewegender Kraft; wenn er selber in Bewegung gesetzt wird, so ist jene Bewegung eher ein Leiden als eine Tätigkeit des Körpers. Denn wenn der Ball der Bewegung des Billardstockes gehorcht, so ist das keine Tätigkeit, sondern ein bloßes Erleiden. Auch wenn er durch einen Impuls einen andern in seiner Bahn liegenden Ball in Bewegung versetzt, so teilt er nur die von anderswoher empfangene Bewegung mit und verliert seinerseits ebensoviel davon, wie der andere empfängt. Mithin erhalten wir nur eine sehr unbestimmte Idee von einer in den Körpern befindlichen *aktiven* Kraft der Bewegung; denn wir beobachten nur, daß Bewegung *übertragen*, nicht aber, daß sie *erzeugt* wird. Denn das ist nur eine sehr undeutliche Idee der Kraft, die sich nicht auch auf die Erzeugung einer Tätigkeit erstreckt, sondern nur bis zum Fortdauern eines Erleidens reicht. Das ist aber der Fall, wenn die Bewegung in einem Körper durch den Antrieb eines andern zustande kommt; das Fortdauern des bei ihm hervorgerufenen Übergangs von Ruhe zu Bewegung ist eigentlich kaum mehr eine Tätigkeit, als das Fortdauern der durch den gleichen Impuls bewirkten Veränderung seiner Gestalt eine Tätigkeit ist. Die Idee des *Beginnens* einer Bewegung erhalten wir nur durch eine Reflexion auf das, was in uns selbst vorgeht, wo wir durch die Erfahrung finden, daß wir allein durch einen Willen, allein durch einen Gedanken des Geistes, die Glieder unseres Körpers, die sich vorher in Ruhe befanden, bewegen können. Mir scheint also, daß wir, wenn wir vermittels der Sinne die Wirkungen der Körper beobachten, nur eine höchst unvollkommene und unbestimmte Idee von der *aktiven* Kraft erhalten; denn die Körper gewähren uns keinerlei Idee von einer ihnen innewohnenden Kraft, eine Tätigkeit, sei es Bewegung oder Denken, zu beginnen. Wenn aber jemand meint, er gewinne eine klare Idee der Kraft aus dem Impuls, den die Körper, wie man sieht, einander mitteilen, so dient das meinen Zwecken ebensogut, weil die Sensation einer der Wege ist, auf denen der Geist seine Ideen erwirbt. Ich hielt es hier lediglich der Mühe wert, beiläufig die Frage zu erwägen, ob der Geist seine Idee der aktiven Kraft durch Reflexion auf seine eigenen Operationen nicht in klarerer Form erhält als durch irgendwelche äußeren Sensationen.

Wille und Verstand sind zwei Kräfte des Geistes.

5. Das eine erscheint mir jedenfalls einleuchtend, daß wir in uns die Kraft vorfinden, verschiedene [Tätigkeiten*] unseres Geistes und Bewegungen unseres Körpers zu beginnen oder zu unterlassen, fortzusetzen oder abzuschließen, und zwar lediglich durch [einen Gedanken**] oder eine Bevorzugung von seiten des Geistes, [der*** die Ausführung oder Nichtausführung dieser oder jener Einzelhandlung anordnet oder gleichsam befiehlt]. Diese Kraft des Geistes, so [in*** jedem einzelnen Fall] die Betrachtung einer Idee oder deren Nicht-

* In der ersten Auflage: „Gedanken" [Fraser, a. a. O., Bd. I, S. 313.]
** In der ersten Auflage: „die Wahl". [Fraser, a. a. O., Bd. I, S. 313.]
*** Zusatz der zweiten Auflage. [Fraser, a. a. O., Bd. I, S. 313.]

betrachtung [anzuordnen*] oder die Bewegung eines Körperteils seiner Ruhe vorzuziehen [und** *umgekehrt*], ist das, was wir den *Willen* nennen. Die tatsächliche [Betätigung*** dieser Kraft durch Anordnen oder Unterlassen einer Einzelhandlung] nennen wir *Willensäußerung* oder *Wollen*. [Die** Unterlassung jener Handlung gemäß einem solchem Befehl oder gemäß einer solchen Anweisung des Geistes nennen wir *willkürlich*. Jede Handlung, die ohne einen derartigen Gedanken des Geistes vollzogen wird, heißt *unwillkürlich*.] Das Vermögen der Wahrnehmung ist das, was wir den Verstand nennen. Die *Wahrnehmung*, die wir als Tätigkeit des Verstandes ansehen, ist von dreierlei Art: 1. die Wahrnehmung von Ideen in unserm Geist; 2. die Wahrnehmung der Bedeutung von Zeichen; 3. die Wahrnehmung [des† Zusammenhangs oder der Unvereinbarkeit, der Übereinstimmung oder Nichtübereinstimmung, [die†† zwischen irgendwelchen unserer] Ideen besteht. Das alles wird dem Verstand oder dem Wahrnehmungsvermögen zugeschrieben, obwohl [der††† Sprachgebrauch uns nur in den beiden letzten Fällen erlaubt, von „verstehen" zu reden].

6. Diese Kräfte des Geistes, nämlich die Kraft der Wahrnehmung und Bevorzugung, werden meist mit einem andern Namen belegt. Man sagt gewöhnlich, Verstand und Wille seien zwei *Fähigkeiten* des Geistes. Diese Benennung ist ganz brauchbar, wenn man sie, wie das mit allen Wörtern geschehen sollte, so verwendet, daß in den Gedanken der Menschen keine Verwirrung

Fähigkeiten sind nicht reale Wesen.

---

* In der zweiten Auflage: „vorzuziehen". [Fraser, a. a. O., Bd. I, S. 313.]

** s. S. 280 ***.

*** In der ersten Auflage: „Bevorzugung einer Handlung vor einer andern". [Fraser, a. a. O., Bd. I, S. 313.]

† Zusatz der zweiten Auflage. [Fraser, a. a. O., Bd. I, S. 314.]

†† In der ersten Auflage: „irgendwelcher unterschiedener". [Fraser, a. a. O., Bd. I, S. 314.]

††† In der ersten Auflage: „bei genauer Ausdrucksweise der Akt des Verstehens meist auf die beiden letzten Fälle bezogen wird". [Fraser, a. a. O., Bd. I, S. 314.]

entsteht. Das geschieht aber, indem etwa der Glaube geweckt wird (was, so fürchte ich, hier der Fall gewesen ist), als ob jenes Wort irgendwelche reale Wesen in der Seele bezeichnete, die die Verstandes- und Willenstätigkeiten verrichteten. Denn wenn wir sagen, der *Wille* sei die befehlsgebende und oberste Fähigkeit der Seele, er sei frei oder unfrei, er bestimme die niederen Fähigkeiten, er folge den Vorschriften des Verstandes usw., so werden Leute, die sorgfältig auf ihre eigenen Ideen achten und sich mit ihrem Denken mehr nach dem Augenschein der Dinge als nach dem Klang der Worte richten, mit diesen und ähnlichen Ausdrücken vielleicht einen klaren und deutlichen Sinn verbinden; dennoch fürchte ich, wie gesagt, daß der Ausdruck *Fähigkeiten* gar manchen zu der unklaren Vorstellung verleitet hat, als gäbe es in uns so und so viele verschiedene handelnde Kräfte, die ihre besonderen Gebiete und Vollmachten hätten und als lauter selbständige Wesen Befehle erteilten, Gehorsam leisteten und bestimmte Handlungen vollzögen. Dies hat hinsichtlich der hiermit zusammenhängenden Fragen zu vielem Streit, zu Unklarheit und Ungewißheit keinen geringen Anlaß gegeben.

<small>Woher die Ideen der Freiheit und Notwendigkeit stammen.</small>

7. Wohl jeder findet in *sich selbst* eine Kraft, bestimmte Handlungen in sich anzufangen oder zu unterlassen, fortzusetzen oder abzuschließen. [Aus* der Betrachtung des Umfangs dieser Macht des Geistes über die Handlungen des Menschen, die jeder in sich selbst

---

* In der ersten Auflage: „Die Kraft des Geistes, in jedem Augenblick eine einzelne von diesen Handlungen ihrer Unterlassung vorzuziehen oder *umgekehrt,* ist diejenige Fähigkeit, die wir, wie schon gesagt, den *Willen* nennen; die tatsächliche Betätigung dieser Kraft nennen wir die *Willensäußerung;* die Unterlassung oder Ausführung jener Handlung auf einen solchen geistigen Akt der Bevorzugung hin nennen wir *willkürlich.* So gewinnen wir die Ideen der *Freiheit* und *Notwendigkeit;* sie entstehen aus der Betrachtung des Umfangs dieser Macht, die der Geist, und zwar nicht nur der Geist, sondern das gesamte handelnde Wesen, der ganze Mensch über die Handlungen hat." [Fraser, a. a. O., Bd. I, S. 315.]

findet, entstehen die *Ideen* von *Freiheit* und *Notwendigkeit.]*

8. Alle Tätigkeiten, von denen wir eine Idee haben, reduzieren sich, wie gesagt, auf die zwei des Denkens und der Bewegung; folglich ist der Mensch insoweit *frei*, als er die Kraft hat, gemäß der Wahl oder Bestimmung des eigenen Geistes zu denken oder nicht zu denken, sich zu bewegen oder nicht zu bewegen. Sobald man Ausführung oder Unterlassung nicht gleichermaßen in seiner Macht hat, sobald das Tun oder Nichttun nicht gleichermaßen auf die bestimmende Entscheidung des Geistes *folgt*, ist man nicht frei, obwohl die Handlung vielleicht willkürlich ist. So ist die Idee der *Freiheit* die Idee einer Macht, die ein handelndes Wesen hat, irgendeine einzelne Handlung zu vollziehen oder zu unterlassen, gemäß der Entscheidung oder dem Gedanken des Geistes, wobei eines dem andern vorgezogen wird; wo das handelnde Wesen nicht die Macht hat, das eine von beiden seiner Willensäußerung gemäß zu bewirken, da fehlt ihm die Freiheit; ein solches Wesen unterliegt der *Notwendigkeit*. Freiheit kann also nicht dort sein, wo es kein Denken, keine Willensäußerung, keinen Willen gibt; wohl aber können Denken, Wille, Willensäußerung da vorhanden sein, wo es keine Freiheit gibt. Eine kurze Betrachtung von einigen naheliegenden Beispielen möge das erläutern.

Was Freiheit heißt.

9. Einen Tennisball, gleichviel ob er durch den Schlag eines Tennisschlägers in Bewegung versetzt ist oder sich im Ruhestand befindet, hält niemand für ein frei handelndes Wesen. Wenn wir nach dem Grunde fragen, so liegt er offenbar darin, daß wir einem Tennisball kein Denken zuschreiben und darum auch bei ihm kein Wollen, kein *Bevorzugen* der Bewegung gegenüber der Ruhe oder *umgekehrt* annehmen. Aus diesem Grunde hat er keine Freiheit, er ist kein frei handelndes Wesen; vielmehr fällt beides, seine Bewegung wie seine Ruhe, unter unsere Idee des Notwendigen und wird auch so genannt. Ebenso hat ein Mensch, der ins Wasser fällt (weil eine Brücke unter ihm bricht), hierbei keine Freiheit, ist kein frei handelndes Wesen. Denn obgleich er

Sie setzt Verstand und Willen voraus.

einen Willen hat und das Nichtfallen dem Fallen vorzieht, so steht doch die Unterlassung jener Bewegung nicht in seiner Macht, so daß auf seine Willensäußerung hin eine Unterbrechung oder ein Aufhören derselben nicht erfolgt; er ist also in dieser Hinsicht nicht frei. Oder wenn ein Mensch sich selbst oder seinem Freund durch eine krampfartige Armbewegung, die durch Willensäußerung oder auf Verfügung seines Geistes hin zu hemmen oder zu unterlassen nicht in seiner Macht steht, einen Schlag versetzt, so denkt niemand, er sei in diesem Falle frei; jeder bedauert ihn, weil er unter Notwendigkeit und Zwang handelt.

Sie betrifft nicht die Willensäußerung.

10. Nehmen wir ferner an, ein fest schlafender Mensch werde in ein Zimmer gebracht, in dem sich eine Person befindet, die er zu sehen und zu sprechen wünscht; er werde dort fest eingeschlossen, so daß es ihm unmöglich ist, herauszukommen. Er erwacht, ist erfreut, sich in so angenehmer Gesellschaft zu finden und bleibt gern da, das heißt zieht sein Bleiben dem Weggehen vor. Ich frage nun: Ist sein Bleiben nicht willkürlich? Wohl niemand wird das bezweifeln; dennoch leuchtet es ein, daß jener Mensch, weil er fest eingeschlossen ist, nicht die Freiheit hat, nicht zu bleiben, daß er nicht die Freiheit hat, wegzugehen. Freiheit ist also nicht eine Idee, die die Willensäußerung oder das Vorziehen betrifft; sie betrifft vielmehr die Person, in deren Macht es steht, gemäß der Wahl oder Verfügung des Geistes etwas zu tun oder zu unterlassen. Unsere Idee der Freiheit reicht so weit wie diese Macht, aber nicht weiter. Denn wo irgendein Hindernis dieser Macht Schranken setzt oder ein Zwang die Möglichkeit des Handelns oder Nichthandelns aufhebt, da hört sofort die Freiheit und unser Begriff von ihr auf.

Das Gegenteil von willkürlich ist unwillkürlich, nicht notwendig.

11. Hierfür haben wir an unserem eigenen Körper genug, ja oft mehr als genug Beispiele. Das Herz des Menschen schlägt, und sein Blut zirkuliert, ohne daß man diesen Vorgängen durch einen Gedanken oder eine Willensäußerung Einhalt gebieten könnte; darum sind wir hinsichtlich dieser Bewegungen, bei denen die Ruhe nicht von unserer Wahl abhängt, sich auch nicht nach

der Verfügung unseres Geistes richten würde, wenn dieser sie bevorzugte, keine frei handelnden Wesen. Krampfartige Bewegungen setzen die Beine in Gang, so daß der Mensch, wenn er es auch noch so ernstlich will, ihre Bewegungen durch keine Kraft des Geistes hemmen kann (wie bei jener merkwürdigen Krankheit, die als *Veitstanz* bezeichnet wird); er tanzt vielmehr in einem fort. Bei solchem Tun ist man nicht frei, sondern steht ebenso unter der Notwendigkeit, sich zu bewegen, wie ein fallender Stein oder ein vom Tennisschläger getroffener Ball. Wenn die Beine andererseits gelähmt oder in den Stock gespannt sind, so werden sie dadurch gehindert, der Anweisung des Geistes zu folgen und den Körper an einen andern Ort zu tragen. In allen diesen Fällen fehlt die Freiheit, während das Stillsitzen, sogar eines Gelähmten, tatsächlich willkürlich ist, solange es der Fortbewegung vorgezogen wird. Das Willkürliche ist also nicht der Gegensatz zum Notwendigen, sondern zum Unwillkürlichen. Denn man kann das, was man zu tun vermag, dem, was man nicht vermag, den Zustand, worin man sich befindet, seiner Abwesenheit oder Veränderung vorziehen, obwohl die Notwendigkeit ihn an sich unveränderlich gemacht hat.

12. Ebenso wie mit den Bewegungen des Körpers verhält es sich auch mit den Gedanken unseres Geistes. Soweit sie so beschaffen sind, daß wir sie je nach der Entscheidung des Geistes annehmen oder abweisen können, soweit sind wir frei. Da der Mensch im Wachen unter der Notwendigkeit steht, immer irgendwelche Ideen im Geist zu haben, so besitzt er nicht die Freiheit zu denken oder nicht zu denken; er besitzt sie ebensowenig wie jene Freiheit, ob sein Körper einen andern berühren soll oder nicht. Wohl aber hat er oftmals die Wahl, ob er sich mit seiner Betrachtung von einer Idee zu einer andern wenden will; hier ist er hinsichtlich seiner Ideen ebenso frei wie hinsichtlich der Körper, worauf er sich stützt; er kann nach Belieben von einem zum andern übergehen. Indessen sind manche Ideen für den Geist wie manche Bewegungen für den Körper von solcher Art, daß er sie unter gewissen Umständen nicht

Was Freiheit heißt.

vermeiden und trotz äußerster Kraftanstrengung ihre Abwesenheit nicht bewirken kann. Ein Mensch, der auf die Folter gespannt ist, hat nicht die Freiheit, die Idee des Schmerzes auszuschalten und sich durch Betrachtungen anderer Art abzulenken. Bisweilen reißt eine stürmische Leidenschaft unsere Gedanken mit sich fort wie ein Wirbelsturm unseren Körper, ohne uns die Freiheit zu lassen, an andere Dinge zu denken, was wir lieber täten. Sobald aber der Geist wieder die Kraft erlangt, irgendwelche von diesen Bewegungen des Körpers draußen oder einzelne Gedanken drinnen abzubrechen oder fortzusetzen, anzufangen oder zu unterlassen, je nachdem es ihm passend erscheint, das eine dem anderen vorzuziehen, betrachten wir den Menschen wieder als *frei handelndes Wesen*.

Was Notwendigkeit heißt.

13. Überall da, wo das Denken oder das Vermögen, der Weisung des Denkens entsprechend zu handeln oder nicht zu handeln, völlig fehlt, tritt die Notwendigkeit ein. Diese heißt Zwang, wenn bei einem Wesen, das einer Willensäußerung fähig ist, der Beginn oder die Fortsetzung einer Handlung zu dem im Widerspruch steht, was der Geist bevorzugt; sie heißt Hemmung, wenn die Verhinderung oder Beendigung einer Handlung seiner Willensäußerung widerspricht. Handelnde Wesen, die überhaupt kein Denken und keine Willensäußerungen haben, sind in jedem Fall *notwendig handelnde Wesen*.

Die Freiheit betrifft nicht den Willen.

14. Wenn dies richtig ist (und ich glaube, daß dies der Fall ist), so gebe ich zu bedenken, ob es nicht dazu beitragen könnte, eine lange erörterte und meines Erachtens unvernünftige, weil unverständliche Frage aus der Welt zu schaffen, diejenige nämlich, *ob der Wille des Menschen frei sei oder nicht*. Wenn ich mich nicht täusche, folgt aus meinen Darlegungen, daß die Frage als solche vollkommen falsch gestellt ist. Die Frage, ob der *Wille* des Menschen frei sei, ist ebenso sinnlos wie die, ob sein Schlaf geschwind oder seine Tugend viereckig sei. Denn die Freiheit läßt sich ebensowenig auf den Willen anwenden wie die Geschwindigkeit einer Bewegung auf den Schlaf oder die Figur eines Vierecks

auf die Tugend. Über die Absurdität von Fragen wie die beiden letzten würde jeder lachen, weil es klar zutage liegt, daß die Modifikationen der Bewegung nichts mit dem Schlaf, die der Figur nichts mit der Tugend zu tun haben. Ebenso deutlich wird meiner Meinung nach jeder, der die Sache recht betrachtet, einsehen, daß die Freiheit, die nur eine Kraft ist, lediglich *handelnden* *Wesen* zukommt und nicht ein Attribut oder eine Modifikation des Willens sein kann, der gleichfalls nur eine Kraft ist.

15. [Die* Schwierigkeit, durch den Wortlaut innere Vorgänge zu erläutern und klare Begriffe von ihnen zu geben, ist so groß, daß ich meinen Leser hier darauf hinweisen muß, daß die von mir gebrauchten Wendungen *vorschreiben, bestimmen, wählen, vorziehen* usw. die Willensäußerung nicht deutlich genug bezeichnen können, solange man nicht sein eigenes Verhalten beim Wollen beobachtet. Beispielsweise ist „vorziehen", das den Akt der Willensäußerung am besten auszudrücken scheint, doch keine ganz genaue Bezeichnung. Denn mancher würde wohl das Fliegen dem Gehen vorziehen, und doch, wer kann jemals sagen, daß er fliegen wollte? Die Willensäußerung ist offenbar ein Akt des Geistes, der die Herrschaft, die er sich selbst über irgendeinen Teil des Menschen zuschreibt, wissentlich ausübt, indem er diesen Teil mit einer bestimmten Handlung beschäftigt oder ihn an dieser Handlung hindert.] Was aber ist der Wille anderes als die Fähigkeit, dies zu tun? Ist diese Fähigkeit im Grunde wirklich mehr als eine Kraft, nämlich die Kraft [des** Geistes, sein Denken zur Hervorrufung, Fortführung oder Unterbrechung irgendeiner Handlung zu bestimmen, soweit das von uns abhängt?]

Die Willensäußerung.

* In der ersten Auflage: „Die Willensäußerung ist offenbar nichts als die *tatsächliche* Wahl oder Bevorzugung des Unterlassens gegenüber dem Tun oder des Tuns gegenüber dem Unterlassen einer bestimmten, in unserer Macht stehenden Handlung, an die wir denken." [Fraser, a. a. O., Bd. I, S. 320.]

** In der ersten Auflage: „eine Handlung ihrer Unterlassung vorzuziehen oder umgekehrt, soweit als das von uns abzuhängen scheint". [Fraser, a. a. O., Bd. I, S. 320.]

Denn läßt es sich leugnen, daß jedes wirkende Wesen, das die Kraft hat, über seine eigenen Handlungen nachzudenken und eins von beiden, ihre Ausführung oder ihre Unterlassung, vorzuziehen, die Fähigkeit besitzt, die wir Willen nennen? Der *Wille* ist demnach nichts anderes als eine solche Kraft. *Freiheit* dagegen ist die Macht, die der *Mensch* hat, eine bestimmte Handlung zu tun oder zu unterlassen, je nachdem das eine oder andere in seinem Geist tatsächlich den Vorzug genießt; das heißt, mit andern Worten ausgedrückt, je nachdem wie er es selbst will.

Kräfte kommen handelnden Wesen zu.

16. Es ist somit klar, daß der Wille nichts ist als eine Kraft oder Fähigkeit, die *Freiheit* eine andere Kraft oder Fähigkeit. Fragen, ob dem Willen Freiheit zukomme, heißt also wissen wollen, ob eine Kraft eine andere Kraft, eine Fähigkeit eine andere Fähigkeit besitze, was schon auf den ersten Blick zu absurd ist, als daß man darüber streiten könnte oder eine Antwort darauf zu geben brauchte. Denn wer sähe nicht, daß Kräfte nur handelnden Wesen zukommen und ausschließlich Attribute von Substanzen, nicht aber von andern Kräften sind? Wer die Frage so stellt (nämlich ob der Wille frei sei), fragt mithin in Wirklichkeit, ob der Wille eine Substanz, ein handelndes Wesen sei; oder er setzt dies zumindest voraus, da die Freiheit, genau genommen, nichts anderem zugeschrieben werden kann. Wenn man die Freiheit in korrekter Redeweise überhaupt auf eine Kraft anwenden kann, so läßt sie sich derjenigen Kraft zuschreiben, die ein Mensch in sich hat, um durch Wahl oder Bevorzugung eine Bewegung in einzelnen Teilen seines Körpers zu erzeugen oder die Erzeugung zu unterlassen. Das aber ist es gerade, weshalb man den Menschen frei nennt; es ist die Freiheit selbst. Sollte aber jemand fragen, ob die Freiheit frei sei, so würde man von ihm annehmen, daß er seine eigenen Worte nicht verstehe; denjenigen würde man der Ohren des Midas für würdig ansehen, der wüßte, daß reich die Bezeichnung für den Besitz von Reichtum sei, und dennoch fragen würde, ob der Reichtum selbst reich sei.

17. Indessen kann die Bezeichnung *Fähigkeit*, die die Menschen der Kraft, die man Willen nennt, gegeben haben und die sie dazu verleitet hat, vom Willen als von einem handelnden Wesen zu reden, durch eine den wahren Sinn verhüllende Auslegung des Wortes dazu dienen, den Widersinn ein wenig zu bemänteln. Gleichwohl aber bezeichnet „Wille" in Wahrheit nichts anderes als die Kraft oder Fähigkeit vorzuziehen oder zu wählen; sobald man den Willen unter dem Namen „Fähigkeit" als das ansieht, was er wirklich ist, nämlich lediglich als die Kraft, etwas zu tun, so tritt ohne weiteres zutage, wie unsinnig es ist zu sagen, er sei frei oder er er sei unfrei. Denn wenn es sinnvoll wäre, Fähigkeiten als besondere Wesen anzunehmen, die handeln können, und in diesem Sinne von ihnen zu sprechen (was zum Beispiel geschieht, wenn wir sagen: der Wille befiehlt oder der Wille ist frei), dann müßten wir auch besondere Fähigkeiten zum Reden, zum Gehen und zum Tanzen annehmen, durch die die betreffenden Tätigkeiten erzeugt würden; dabei sind diese doch nur verschiedene Modi der Bewegung; ebenso betrachten wir Wille und Verstand als Fähigkeiten, welche die Tätigkeiten des Wählens und Wahrnehmens erzeugen, während letztere doch lediglich verschiedene Modi des Denkens sind. Man könnte dann ebensogut sagen, die Fähigkeit des Singens singe und die Fähigkeit des Tanzens tanze, wie der Wille wähle und der Verstand begreife oder, wie man sich oft auszudrücken pflegt, der Wille lenke den Verstand oder der Verstand gehorche oder gehorche dem Willen nicht. Denn ebenso passend und verständlich wäre es zu sagen, die Kraft zu reden lenke die Kraft zu singen oder die Kraft zu singen gehorche oder gehorche nicht der Kraft zu reden.

<small>Wie der Wille an Stelle des Menschen frei genannt wird.</small>

18. Gleichwohl ist diese Art der Ausdrucksweise vorherrschend geworden und hat meiner Ansicht nach große Verwirrung angerichtet. Denn es handelt sich in den genannten Fällen durchweg um verschiedene, dem Geiste eigene oder im Menschen liegende Kräfte zur Verrichtung bestimmter Tätigkeiten; man entfaltet sie nach Belieben. Nicht aber wirkt die Kraft, eine Tätig-

<small>Diese Redeweise verursacht Gedankenverwirrung.</small>

keit zu vollbringen, auf die Kraft, eine andere Tätigkeit zu vollbringen, ein. Denn die Kraft zu denken wirkt nicht auf die Kraft zu wählen, die Kraft zu wählen nicht auf die Kraft zu denken, ebensowenig wie die Kraft zu tanzen auf die Kraft zu singen oder die Kraft zu singen auf die Kraft zu tanzen einwirkt, wie jeder bei einigem Nachdenken ohne weiteres einsehen wird. Gerade das behaupten wir aber, wenn wir sagen, daß der Wille auf den Verstand oder der Verstand auf den Willen wirke.

Kräfte sind Relationen, nicht handelnde Wesen:

19. Ich gebe zu, dieser oder jener wirklich gehegte Gedanke kann der Anlaß zu einer Willensäußerung oder zur Betätigung der im Menschen liegenden Kraft zu wählen sein; oder ein wirklich erfolgtes Wählen des Geistes kann die Ursache dafür werden, daß man tatsächlich an diesen oder jenen Gegenstand denkt; so kann etwa der wirklich ertönende Gesang einer bestimmten Melodie die Ursache für das Tanzen eines bestimmten Tanzes und das Tanzen eines solchen Tanzes der Anlaß für das Singen einer solchen Melodie sein. Aber in all diesen Fällen wirkt nicht eine *Kraft* auf eine andere, sondern der Geist wirkt und entfaltet diese Kräfte; der Mensch verrichtet die Tätigkeit, das tätige Wesen hat die Kraft oder ist fähig zu handeln. Denn Kräfte sind Relationen, nicht handelnde Wesen; nur das, was die Kraft zu wirken besitzt oder nicht besitzt, ist frei oder nicht frei; die Kraft selbst ist es nicht. Denn Freiheit oder Unfreiheit kann nur dem zukommen, was die Kraft zu handeln besitzt oder nicht besitzt.

Freiheit kommt nicht dem Willen zu.

20. Veranlaßt wurde diese Ausdrucksweise dadurch, daß man den Fähigkeiten etwas zuschrieb, was ihnen nicht zukam. Daß man aber bei Abhandlungen über den Geist zugleich mit dem Namen der Fähigkeiten auch den Begriff von ihrem Wirken eingeführt hat, das hat, wie ich glaube, unsere Erkenntnis dieses Teils unseres Ich ebensowenig gefördert, wie uns die vielfache Verwendung und Erwähnung derselben Erfindung von Fähigkeiten bei dem Wirken des Körpers in der Kenntnis der Heilkunde weitergeholfen hat. Das heißt nicht, daß ich leugnen wollte, daß sowohl im Körper als auch

im Geist gewisse Fähigkeiten vorhanden seien; sie haben beide ihre wirkenden Kräfte, sonst könnte weder das eine noch das andere wirken. Denn nichts kann wirken, was nicht dazu fähig ist, und das ist nicht fähig zu wirken, was keine Kraft zu wirken hat. Noch bestreite ich, daß jene und ähnliche Wörter ihren Platz in dem gewöhnlichen Gebrauch der Sprachen behalten müssen, durch die sie in Umlauf gesetzt wurden. Es sähe zu gekünstelt aus, wollte man sie völlig beiseite legen. Und die Philosophie selbst muß, obgleich sie kein festliches Gewand liebt, doch, sobald sie in der Öffentlichkeit erscheint, so viel Entgegenkommen beweisen, daß sie sich nach der herrschenden Kleidermode und der landesüblichen Ausdrucksweise richtet, soweit wie das mit Wahrheit und Klarheit zusammen bestehen kann. Aber man hat den Fehler begangen, von den Fähigkeiten als von ebenso vielen selbständigen handelnden Wesen zu reden und sie auch so darzustellen. Denn wenn jemand fragte, was es war, das die Speisen in unserm Magen verdaut hat, so ließe sich leicht und befriedigend antworten, daß es die *Verdauungsfähigkeit* war. Was bewirkte, daß etwas aus dem Körper ausgeschieden wurde? Die *Ausscheidungsfähigkeit*. Was bewirkt Bewegung? Die *Bewegungsfähigkeit*. Ebenso war es im Geist die *intellektuelle Fähigkeit* oder der Verstand, der verstand, und die *Wahlfähigkeit* oder der Wille, der wollte oder anordnete. Das heißt kurz gesagt: Die Fähigkeit zu verdauen verdaute, die Fähigkeit zu bewegen bewegte, die Fähigkeit zu verstehen verstand. Denn meiner Meinung nach sind Fähigkeit und Kraft nur verschiedene Namen für dieselben Dinge, und, in eine verständlichere Form gekleidet, wollen jene Wendungen, denke ich, etwas besagen: Die Verdauung werde durch etwas bewirkt, das fähig ist zu verdauen, die Bewegung durch etwas, das fähig ist zu bewegen, das Verstehen durch etwas, das fähig ist zu verstehen. In der Tat, es würde sehr sonderbar sein, wenn es sich anders verhielte, ebenso sonderbar, wie wenn ein Mensch frei wäre, ohne daß er die Fähigkeit besäße, frei zu sein.

Freiheit kommt vielmehr dem handelnden Wesen oder Menschen zu.

21. Um jedoch zu unserer Untersuchung der Freiheit zurückzukehren, so heißt meines Erachtens die richtige Fragestellung nicht: *ist der Wille frei?*, sondern *ist der Mensch frei?* Hierüber denke ich folgendes:

Erstens. *Der Mensch* ist so weit frei, als er durch [Bestimmung* oder Wahl seines Geistes], indem er die Existenz irgend einer Tätigkeit der Nichtexistenz jener Tätigkeit vorzieht und umgekehrt, *diese Tätigkeit* zu bewirken oder nicht zu bewirken vermag. Denn wenn ich durch [einen** Gedanken], der [die**] Bewegung meines Fingers [bestimmt**], den bislang ruhenden Finger zur Bewegung veranlassen kann oder umgekehrt, dann ist es klar, daß ich in dieser Beziehung frei bin; wenn ich durch einen ähnlichen Gedanken meines Geistes, der das eine dem andern vorzieht, Worte erzeugen oder Stillschweigen bewirken kann, so habe ich die Freiheit zu reden oder zu schweigen. So weit nun diese Kraft reicht, zu handeln oder nicht zu handeln, je nachdem ob die Entscheidung seines Denkens die eine oder die andere Möglichkeit bevorzugt, so weit ist ein Mensch frei. Denn wie könnten wir uns jemand freier denken, als wenn er die Kraft hat, zu tun, was er will? Soweit nun jemand dadurch, daß er ein Handeln dem Unterlassen, die Ruhe einem Handeln vorzieht, solches Handeln oder solche Ruhe zu bewirken vermag, so weit kann er tun, was er will. Denn in solcher Weise eine Handlung ihrer Unterlassung vorzuziehen, heißt sie wollen, und es läßt sich schwerlich angeben, wie wir uns ein Wesen noch freier vorstellen können, als es dann ist, wenn es fähig ist, zu tun, was es will. Demnach erscheint also ein Mensch hinsichtlich von Handlungen innerhalb des Bereichs einer solchen Kraft in ihm so frei, wie die Freiheit ihn nur frei machen kann.

Hinsichtlich des Wollens ist der Mensch nicht frei.

22. Allein der wißbegierige Geist des Menschen, der sich jeden Gedanken an eigene Schuld so weit wie mög-

---

* In der ersten Auflage: „Wahl oder Bevorzugung". [Fraser, a. a. O., Bd. I, S. 324.]

** In der ersten Auflage: „die Bevorzugung". [Fraser, a. a. O., Bd. I, S. 324.]

lich fernhalten will, auch wenn er sich dadurch in eine schlimmere Lage versetzt als in die der fatalistischen Notwendigkeit, gibt sich hiermit nicht zufrieden. Eine Freiheit, die sich nicht weiter erstreckt, genügt ihm nicht; es erscheint ihm als ein stichhaltiger Einwurf, wenn gesagt wird, der Mensch sei überhaupt nicht frei, falls es ihm nicht ebenso *freisteht zu wollen* als *zu tun, was er wolle*. So wirft man denn bezüglich der menschlichen Freiheit noch die weitere Frage auf, *ob der Mensch die Freiheit habe zu wollen*. Das ist wohl auch der Sinn der Streitfrage, ob der Wille frei sei. Meine Ansicht hierüber ist diese:

23. Zweitens. Da das Wollen oder die Willensäußerung ein Handeln ist und die Freiheit in der Kraft besteht, zu handeln oder nicht zu handeln, so kann der Mensch hinsichtlich des Wollens [oder* des Aktes der Willensäußerung] nicht frei sein, sobald sich eine in seiner Macht stehende Handlung seinem Denken [als* eine sogleich auszuführende] dargestellt hat. Der Grund dafür liegt klar zutage. Es ist unvermeidlich, daß eine von unserm Willen abhängige Handlung entweder geschehe oder nicht geschehe; da das eine wie das andere sich ganz und gar nach der Entscheidung und Bevorzugung unseres Willens richtet, so können wir schlechterdings nicht umhin, eins von beiden zu wollen, das heißt eins dem andern vorzuziehen, weil eins von beiden notwendig eintreten muß und dasjenige, was dann eintritt, auf die Wahl und Entscheidung unseres Geistes hin erfolgt, das heißt daraufhin, daß wir es wollen; denn wenn wir es nicht wollten, würde es nicht geschehen. Hinsichtlich des Willensaktes ist der Mensch somit [in** einem solchen Fall] nicht frei. Denn die Freiheit besteht in der Kraft zu handeln oder nicht zu handeln, die der Mensch hinsichtlich der Willensäußerung [unter** den geschilderten Umständen] nicht hat.

Inwiefern der Mensch nicht frei sein kann zu wollen.

---

* Zusatz in den nach des Verfassers Tode veranstalteten Auflagen. [Fraser, a. a. O., Bd. I, S. 325.]

** Zusatz in den nach des Verfassers Tode veranstalteten Auflagen. [Fraser, a. a. O., Bd. I, S. 326.]

[Denn* es ist unumgänglich notwendig, daß wir uns für die Ausführung oder Unterlassung einer in unserer Macht liegenden Handlung, die sich als solche einmal unserm Denken dargeboten hat, entscheiden; wir müssen notwendigerweise das eine oder das andere wollen; auf diese Bevorzugung oder diese Willensäußerung hin erfolgt die Handlung oder ihre Unterlassung mit Gewißheit, und zwar ist sie wahrhaft willkürlich. Da jedoch der Akt der Willensäußerung oder die Bevorzugung der einen von den zwei Möglichkeiten für uns unvermeidlich ist, so unterstehen wir hinsichtlich dieses Willensaktes einer Notwendigkeit, können also nicht frei sein; es sei denn, daß Notwendigkeit und Freiheit zusammen bestehen können und der Mensch zu gleicher Zeit frei und gebunden sein könnte.] [Wenn** man dem Menschen in diesem Sinn Freiheit zuschreibt, indem man die Tätigkeit des Wollens von seinem Willen abhängig sein läßt, muß man außerdem noch einen zweiten, voraufgehenden Willen annehmen, der die Akte dieses Willens bestimmt, und einen dritten, der wieder diesen bestimmt usw. *in infinitum;* denn sobald der eine aufhört, können die Handlungen des letzten Willens nicht frei sein. Auch kann ich mir kein höherstehendes Wesen vorstellen, das einer derartigen Willensfreiheit fähig ist, daß es unterlassen kann zu wollen, das heißt das Sein oder Nichtsein von etwas, das in seinen Kräften steht, vorzuziehen, sobald es dieses einmal als solches betrachtet hat.]

Freiheit ist die Möglichkeit, etwas auszuführen, was gewollt wird.

24. Soviel ist also klar, daß *der Mensch nicht die Freiheit hat, etwas, das in seiner Macht liegt, worauf er erst einmal sein Denken richtet, zu wollen oder nicht zu wollen.* Denn die Freiheit besteht in der Kraft zu handeln oder das Handeln zu unterlassen, und zwar nur darin. Von jemand, der stillsitzt, sagen wir gleichwohl,

---

* Zusatz der vierten Auflage. [Fraser, a. a. O., Bd. I, S. 326.]

** Die eingeklammerten Sätze finden sich nur in den vier zu Lockes Lebzeiten erschienenen Auflagen und in der lateinischen Ausgabe, dagegen fehlen sie in der französischen Übersetzung und auch in den posthumen Auflagen. [Fraser, a. a. O., Bd. I, S. 326.]

er sei frei, weil er gehen kann, falls er es will. Auch jemand, der umhergeht, ist frei, nicht weil er umhergeht oder sich bewegt, sondern weil er stillstehen kann, falls er das will. Wenn aber jemand, der stillsitzt, nicht die Kraft hat, sich von der Stelle zu bewegen, so ist er nicht frei. Ebenso ist jemand, der in einen Abgrund fällt, zwar in Bewegung, aber nicht frei, weil er dieser Bewegung nicht Einhalt gebieten könnte, falls er es wollte. Bei diesem Sachverhalt ist es klar, daß ein Umhergehender, dem man vorschlägt stillzustehen, nicht die Freiheit hat, sich zum Gehen oder Stillstehen zu entschließen oder nicht zu entschließen; er muß notwendigerweise das eine oder das andere, das Gehen oder das Stillstehen, bevorzugen. Das gleiche gilt hinsichtlich aller andern in unseren Kräften stehenden Tätigkeiten, [denen* wir so gegenüber treten und die bei weitem die Mehrzahl ausmachen. Denn unter der gewaltigen Anzahl willkürlicher Handlungen, die in jedem Augenblick unseres Lebens, in dem wir wach sind, einander ablösen, gibt es nur wenige, die schon vor dem Zeitpunkt, wo sie zur Ausführung gelangen sollen, überdacht sind und der Entscheidung des Willens unterbreitet werden; bei allen diesen Handlungen hat, wie ich gezeigt habe, der Geist hinsichtlich des Wollens] nicht die Kraft zu handeln oder nicht zu handeln, worin die Freiheit besteht. Der Geist hat in diesem Fall nicht die Kraft, das *Wollen* zu unterlassen; er kann nicht umhin, irgendeine Entscheidung zu treffen; ja, mag die Überlegung auch noch so kurz sein, der Gedanke sich noch so schnell vollziehen, er beläßt den Menschen entweder in dem Zustand, in dem er sich vor der Überlegung befand, oder er verändert denselben, er läßt die Handlung fortdauern oder bringt sie zum Abschluß. Daraus geht klar hervor, daß der Geist das eine anordnet und bestimmt unter Bevorzugung oder auf Kosten des andern und daß

---

* In den ersten vier Auflagen: „Wenn wir einmal vor sie gestellt werden, hat der Geist..."; die eingeklammerten Zeilen stehen in der französischen Ausgabe. [Fraser, a. a. O., Bd. I, S. 327.]

dadurch entweder das Beharren oder der Wechsel *unvermeidlich* zu etwas Willkürlichem wird.

Der Wille wird durch etwas außer ihm Liegendes bestimmt.

25. Es ist somit klar, daß der Mensch in den meisten Fällen nicht die Freiheit hat zu wollen oder nicht zu wollen (denn wenn eine in seinen Kräften stehende Handlung vor seinen Gedanken auftaucht, *kann* er eine Willensäußerung *nicht* unterlassen; er muß sich in der einen oder andern Richtung entscheiden). Folglich lautet die nächste Frage, *ob der Mensch die Freiheit habe, von den zwei Möglichkeiten der Bewegung oder Ruhe diejenige zu wollen, die ihm beliebt.* Die Absurdität dieser Frage liegt so deutlich zutage, daß uns das schon hinreichend davon überzeugen könnte, daß die Freiheit nicht den Willen betrifft. Denn wenn man fragt, ob der Mensch die Freiheit habe, Bewegung oder Ruhe, Reden oder Schweigen zu wollen, je nachdem es ihm gefällt, so heißt das, man fragt, ob jemand wollen kann, was er will, oder ob ihm gefallen kann, was ihm gefällt. Das ist eine Frage, die, so denke ich, keine Antwort erfordert. Wer sie aber aufwerfen kann, muß einen Willen annehmen, der die Akte eines andern bestimmt und seinerseits wieder durch einen dritten bestimmt wird und so fort *in infinitum,* [eine* Absurdität, auf die schon oben hingewiesen wurde].

Die Ideen „Freiheit" und „Willensäußerung" müssen definiert werden.

26. Um diese und ähnliche Absurditäten zu vermeiden, kann nichts nützlicher sein, als daß wir unserm Geist genau bestimmte Ideen von den betrachteten Dingen einprägen. Wären die Ideen Freiheit und Willensäußerung in unserm Verstand gut fixiert und unserm Geist bei allen Streitfragen, die über sie entstehen, jederzeit gegenwärtig, wie es der Fall sein sollte, so würde sich meines Erachtens ein erheblicher Teil der Schwierigkeiten, in die sich das Denken der Menschen verwickelt und ihr Verstand sich verstrickt, viel leichter lösen lassen; dann würden wir auch erkennen, wo eine Unklarheit durch die verworrene Bedeutung der Ausdrücke und wo sie durch die Natur der Sache verursacht ist.

---

* Diese Worte, die in der vierten Auflage stehen, fehlen in späteren Ausgaben. [Fraser, a. a. O., Bd. I, S. 328.]

27. Erstens ist sorgfältig festzuhalten, daß die Freiheit in der Abhängigkeit der Existenz oder Nichtexistenz einer *Handlung* von unserer *Willensäußerung* besteht, nicht aber in der Abhängigkeit einer Handlung oder ihres Gegenteils von unserm *Vorziehen.* Jemand, der auf einer Klippe steht, hat die Freiheit, zwanzig Ellen hinunter ins Meer zu springen, nicht weil er die Kraft hat, die entgegengesetzte Handlung zu vollziehen, das heißt zwanzig Ellen aufwärts zu springen – denn dazu ist er nicht imstande –, sondern er ist deshalb frei, weil er die Kraft hat, zu springen oder nicht zu springen. Wenn er aber von einer stärkeren Kraft als seiner eigenen festgehalten oder hinabgestürzt wird, so ist er in diesem Fall nicht länger frei, weil die Ausführung oder Unterlassung dieser bestimmten Handlung nicht mehr in seinen Kräften steht. Wer in einem Raum von zwanzig Fuß im Quadrat als Gefangener eingeschlossen ist, hat, wenn er sich an der Nordseite seines Zimmers befindet, die Freiheit, zwanzig Fuß nach Süden zu gehen, weil er soweit gehen kann oder auch nicht gehen kann; aber er hat nicht gleichzeitig die Freiheit, das Gegenteil zu tun, das heißt zwanzig Fuß nach Norden zu gehen.

Somit besteht die *Freiheit* also darin, daß wir imstande sind, zu handeln oder nicht zu handeln, je nachdem wie wir wählen oder wollen.

28. [Zweitens*] müssen wir festhalten, daß die *Willensäußerung* oder das *Wollen* ein Akt des Geistes ist, der sein Denken auf die Hervorbringung einer Handlung richtet und dadurch seine Kraft, sie hervorzubringen, entfaltet. Um die Häufung von Worten zu vermeiden,

Freiheit.

Was Willensäußerung und Handeln bedeutet.

---

* Dieser und die folgenden Paragraphen bis Nr. 60 wurden in der zweiten und den späteren Auflagen für die Paragraphen 28-38 der ersten Auflage eingesetzt. Der ursprüngliche Text ist hier am Schluß des Kapitels nachgetragen. Die Änderung war verursacht durch einen Wandel in Lockes ursprünglicher Ansicht, wonach unsere Willensäußerungen letztlich durch unser Urteil über das *größere Gut* bestimmt sein sollten; Locke nahm dafür später an, daß *empfundenes Unbehagen* die natürliche Ursache des Wollens sei. [Fraser, a. a. O., Bd. I, S. 329 f.]

bitte ich hier darum, unter dem Wort *Handlung* auch die Unterlassung einer uns vorschwebenden Handlung verstehen zu dürfen. Stillsitzen oder Schweigen, wenn Umhergehen oder Reden angeregt wird, sind zwar bloße Unterlassungen, erfordern aber ebensogut eine Willensentscheidung und haben oft ebenso schwerwiegende Folgen wie die entgegengesetzten Handlungen und können in dieser Hinsicht auch ihrerseits sehr wohl als Handlungen gelten. Ich hebe das nur hervor, um nicht mißverstanden zu werden, wenn ich mich (der Kürze halber) so ausdrücke.

Was den Willen bestimmt.

29. Drittens ist der Wille nichts anderes als eine dem Geiste eigene Kraft, die wirkenden Fähigkeiten des Menschen zur Bewegung oder Ruhe anzuweisen, soweit sie von einer solchen Weisung abhängig sind; somit lautet die richtige und zutreffende Antwort auf die Frage, was den Willen bestimme: der Geist. Denn dasjenige, was das allgemeine Entscheidungsvermögen zu dieser oder jener besonderen Entscheidung veranlaßt, ist nichts anderes als das handelnde Wesen selbst, das die Kraft, die es besitzt, in dieser besonderen Weise betätigt. Wenn diese Antwort nicht befriedigt, so ist der Sinn der Frage, was den Willen bestimmt, offenbar folgender: Was bewegt in jedem einzelnen Fall den Geist dazu, sein allgemeines Entscheidungsvermögen zu dieser oder jener besonderen Bewegung oder Ruhe zu veranlassen? Darauf antworte ich: Der Beweggrund für ein Verharren in demselben Zustand oder für die Fortsetzung derselben Tätigkeit ist lediglich die damit verknüpfte gleichzeitige Befriedigung; der Beweggrund zu einer Veränderung ist immer irgendein Unbehagen; denn nichts treibt uns zur Veränderung eines Zustandes oder zu einer neuen Handlung als eben ein solches Unbehagen. Dieses ist der wichtige Beweggrund, der auf den Geist einwirkt, um ihn zu einer Handlung anzuregen, oder, wie ich der Kürze halber sagen will, der den Willen bestimmt, was ich noch eingehender erläutern werde.

Wille und Begehren dürfen nicht verwechselt werden.

30. Zunächst muß aber unbedingt noch eins vorausgeschickt werden. Ich habe nämlich oben zwar versucht, den Akt der Willensäußerung durch *wählen, vorziehen*

und ähnliche Worte zum Ausdruck zu bringen, die ebensogut das Begehren wie die Willensäußerung bezeichnen, weil es an andern Worten fehlt, um jenen Akt des Geistes zu kennzeichnen, dessen eigentlicher Name *Wollen* oder *Willensäußerung* ist. Da es sich jedoch um einen sehr einfachen Akt handelt, wird jeder, der ihn verstehen will, besser zu seinem Verständnis gelangen, wenn er über seinen eigenen Geist nachdenkt und beobachtet, was dieser tut, wenn er will, als durch die größte Mannigfaltigkeit artikulierter Laute. Diese Mahnung, sich sorgfältig vor einer Irreleitung durch Ausdrücke zu hüten, die den Unterschied zwischen dem *Willen* und einer Reihe anderer, davon ganz verschiedener Akte des Geistes nicht deutlich genug hervortreten lassen, ist meiner Meinung nach um so notwendiger, als ich häufig die Beobachtung mache, daß der Wille mit bestimmten Affekten, besonders mit dem *Begehren* verwechselt und vermengt wird; dies geschieht gerade bei Leuten, die sich sehr ungern würden nachsagen lassen, daß sie keine ganz deutlichen Begriffe von den Dingen besäßen und sich nicht ganz klar darüber ausgedrückt hätten. Dies hat, wie ich glaube, in nicht geringem Maße Unklarheiten und Mißverständnisse über unsere Frage veranlaßt; es sollte darum nach Möglichkeit vermieden werden. Denn wer seine Gedanken nach innen auf die Vorgänge richtet, die sich in seinem Geist abspielen, wenn er „will", wird finden, daß sich der Wille oder die Kraft der Willensäußerung lediglich auf unsere eigenen *Handlungen* richtet, auf sie beschränkt ist und nicht weiter reicht; er wird ferner finden, daß die Willensäußerung nichts anderes ist als die jeweilige Entscheidung des Geistes, durch welche dieser bestrebt ist, durch einen bloßen Gedanken irgendeine Handlung, die ihm in seinen Kräften zu stehen scheint, zustande kommen, fortdauern oder aufhören zu lassen. Wohlerwogen zeigt dies klar, daß der Wille vom Begehren völlig verschieden ist; das letztere kann bei derselben Handlung eine Richtung haben, die derjenigen, in die uns unser Wille treibt, gerade entgegengesetzt ist. So kann jemand, dem ich es nicht abschlagen kann, mich nötigen, einen andern zu überreden zu versuchen, während ich beim Sprechen selbst wünschen kann, meine Überredungskünste mögen erfolglos sein. In diesem Falle sind Wille und Begehren offenbar einander entgegengesetzt. Ich will eine Handlung, die in eine bestimmte Richtung strebt, während mein Begehren in eine andere, und zwar in die entgegengesetzte Richtung strebt. Jemand, der sich durch einen heftigen Gichtanfall in den Gliedern von einem dumpfen Gefühl im Kopf oder einer Appetitlosigkeit im Magen befreit sieht, wünscht auch von den Schmerzen in Händen und Füßen befreit zu werden (denn überall, wo Schmerz ist, ist auch der Wunsch nach Befreiung davon vorhanden); jedoch läßt sich sein Wille nie zu einer Handlung bestimmen, die zur Beseitigung des Schmerzes dienen könnte, solange er fürchtet, daß hierdurch die schädlichen Säfte auf einen für das Leben wichtigeren Körperteil übertragen werden könnten. Hieraus geht klar hervor, daß Begehren und Wollen zwei verschiedene Akte des Geistes sind und daß sich folglich der Wille, der nur die Kraft der Willensäußerung ist, vom Begehren noch mehr unterscheidet.

Das Unbehagen bestimmt den Willen.

31. Doch kehren wir zu der Frage zurück, was es eigentlich ist, das den Willen hinsichtlich unserer Handlungen bestimmt. Nach wiederholtem Nachdenken neige ich zu der Annahme, daß es nicht, wie man gewöhnlich annimmt, das in Aussicht stehende größere Gut ist, sondern irgendein (und zwar meist das drückendste) *Unbehagen,* das man gegenwärtig empfindet. Dieses ist es, was der Reihe nach den Willen bestimmt und uns sodann zu den Handlungen antreibt, die wir ausführen. Dieses Unbehagen können wir, was es auch ist, ein *Begehren* nennen; denn das Begehren ist ein Unbehagen des Geistes, das durch den Mangel eines abwesenden Gutes veranlaßt wird. Jede Art von körperlichem Schmerz, jede Beunruhigung des Geistes ist ein Unbehagen, und mit diesem ist immer ein Begehren verbunden, das ebenso stark ist wie die Empfindung von Schmerz oder Unbehagen und davon kaum zu unterscheiden ist. Denn da das Begehren nichts anderes ist als ein Unbehagen über

den Mangel eines abwesenden Gutes in bezug auf einen gefühlten Schmerz, so ist die Linderung des Schmerzes das abwesende Gut. Solange diese Linderung nicht erreicht ist, können wir sie als Begehren bezeichnen; denn niemand empfindet Schmerz, der nicht mit einem Begehren, das diesem Schmerz gleichkommt und von ihm untrennbar ist, wünscht, davon befreit zu werden. Außer diesem Begehren nach der Befreiung von Schmerz gibt es ein anderes nach einem abwesenden positiven Gut; auch hier sind Begehren und Unbehagen gleich stark. So sehr wir ein abwesendes Gut begehren, ebenso sehr leiden wir darum. Jedoch verursacht in diesem Fall nicht jedes abwesende Gut einen seiner wirklichen oder vermeintlichen Größe gleichen Schmerz, wie jeder Schmerz ein ihm gleich großes Begehren erzeugt; denn nicht immer ist die Abwesenheit eines Gutes ein Schmerz, wie es die Anwesenheit von Schmerz ist. Deshalb können wir auch ein abwesendes Gut ohne Begehren ins Auge fassen und betrachten. In dem Maße aber, in dem irgendwo Begehren herrscht, in demselben Maße ist Unbehagen vorhanden.

32. Daß das Begehren ein Zustand des Unbehagens ist, wird jeder bald erkennen, der sich selbst beobachtet. Wer hätte nicht schon beim Begehren das gefühlt, was der Weise von der Hoffnung (die davon nur wenig verschieden ist) gesagt hat, daß „ihre Hinauszögerung das Herz krank mache",* und zwar entsprechend der Größe des Begehrens, das nicht selten das Unbehagen bis zu einem Grade steigert, wo sich dem Menschen der Ausruf entringt: „Gib mir Kinder", gib mir, was ich begehre, „oder ich sterbe"**. Das Leben selbst mit allen seinen Genüssen wird unter dem dauernden, unverminderten Druck eines solchen Unbehagens zur unerträglichen Last.

Begehren ist Unbehagen.

33. Es ist zwar richtig, daß gegenwärtiges und abwesendes Gut und Übel auf den Geist einwirken. Was aber von einem Mal zum andern den Willen *unmittel-*

Das Unbehagen des Begehrens bestimmt den Willen.

---

* Vgl. Sprüche Salomonos 13,12.
** Vgl. Gen. 30,1.

bar zu jeder willkürlichen Handlung bestimmt, ist das *Unbehagen* in dem Begehren nach einem abwesenden Gute, sei es ein negatives, zum Beispiel für einen Leidenden die Schmerzlosigkeit, oder ein positives, zum Beispiel der Genuß eines Vergnügens. Daß es dieses Unbehagen ist, das den Willen zu den aufeinanderfolgenden willkürlichen Handlungen bestimmt, die den größten Teil unseres Lebens ausfüllen und uns auf verschiedenen Wegen zu verschiedenen Zielen führen, das will ich sowohl aus der Erfahrung als auch aus der Natur der Sache nachzuweisen versuchen.

Es ist die Triebfeder des Handelns. 34. Ist jemand mit seinem gegenwärtigen Zustand vollkommen zufrieden – was dann der Fall ist, wenn er ganz frei von Unbehagen ist –, was bleibt ihm dann zu erstreben, zu tun, zu wollen übrig als die Fortdauer dieses Zustandes? Davon kann sich jeder durch eigene Beobachtung überzeugen. So sehen wir, daß unser allweiser Schöpfer, entsprechend unserer Konstitution und unseres Körperbaues, wohl wissend, was unsern Willen bestimmt, das Unbehagen des Hungers und Durstes und anderer natürlicher Begehren, die zu bestimmten Zeiten wiederkehren, in uns Menschen gelegt hat, um unsern Willen zur Selbsterhaltung und zur Fortpflanzung der Gattung anzuregen und zu bestimmen. Denn wir dürfen wohl folgendermaßen schließen: Wenn die *bloße Betrachtung* dieser guten Zwecke, deren Erstrebung uns durch die verschiedenen Formen des Unbehagens nahegebracht wird, ausgereicht hätte, um den Willen zu bestimmen und uns zum Handeln zu veranlassen, so wäre uns keines von diesen natürlichen Leiden beschieden gewesen; ja, es hätte uns vielleicht in dieser Welt überhaupt nur wenig oder gar kein Schmerz getroffen. „Es ist besser zu heiraten als zu brennen",* sagt Paulus, woraus wir ersehen können, was es ist, das die Menschen in erster Linie zu den Freuden des ehelichen Lebens drängt. Ein leises Brennen, das wir empfinden, treibt uns stärker, als die Aussicht auf größere Genüsse zieht und lockt.

---

* Vergl. 1. Kor., 7,9.

35. Daß das Gut, und zwar das größere Gut, den Willen bestimme, scheint ein durch allgemeine Übereinstimmung aller Menschen so tief eingewurzeltes Axiom zu sein, daß ich mich nicht wundere, wenn ich das selbst bei der ersten Veröffentlichung meiner Gedanken über diesen Gegenstand* für eine ausgemachte Sache hielt. Und wie ich glaube, werden das sehr viele für verzeihlicher halten als daß ich es jetzt gewagt habe, von einer so allgemein geteilten Ansicht abzuweichen. Gleichwohl sehe ich mich nach einer eingehenderen Untersuchung zu dem Schluß gezwungen, daß ein *Gut,* ein *größeres Gut,* auch wenn es als solches aufgefaßt und anerkannt wird, den Willen nicht eher bestimmt, als bis unser Begehren, das in entsprechendem Maße entstanden ist, in uns ein Unbehagen erzeugt, weil wir es entbehren müssen. Man kann einen Menschen noch so sehr davon überzeugen, daß der Reichtum gegenüber der Armut seine Vorteile hat, man kann ihn veranlassen zu erkennen und zuzugeben, daß die Annehmlichkeiten des Lebens besser sind als drückende Not; er wird sich dennoch nicht regen, solange er mit seiner Armut zufrieden ist und kein Unbehagen dabei empfindet; sein Wille wird dann nie zu einer Handlung bestimmt, die ihm darüber hinweghelfen könnte. Es mag jemand noch so sehr von den Vorteilen der Tugend überzeugt sein, davon, daß sie für jeden, der irgendein großes Ziel in dieser Welt vor Augen hat oder auf das künftige Leben seine Hoffnungen setzt, ebenso unentbehrlich ist wie die Nahrung für das Leben; dennoch wird sein *Wille* solange nicht zu einer Handlung bestimmt werden, die die Erreichung dieses Gutes im Auge hat, das anerkanntermaßen das größere ist, als bis er nach der Gerechtigkeit hungert und dürstet und über deren Mangel *Unbehagen empfindet.* Vielmehr wird irgendein anderes Unbehagen, das er in sich verspürt, seine Wirkung tun und seinen Willen zu anderen Handlungen treiben. Auf der anderen Seite zeige man einem Trinker, daß seine Gesundheit untergraben,

Nicht das größte positive Gut, sondern allein gegenwärtiges Unbehagen bestimmt den Willen.

* In der ersten Auflage des Essay, 1690. [Fraser, a. a. O., Bd. I, S. 335.]

sein Vermögen zerrüttet wird, daß bei seinem Lebenswandel Verachtung, Krankheit, der Mangel an allem, sogar an dem geliebten Getränk ihn erwarten; trotz alledem wird ihm das wiederkehrende Unbehagen über das Fehlen seiner Kumpane, der ständige Durst nach einem Becher zur gewohnten Stunde ins Wirtshaus treiben, obwohl er den Verlust seiner Gesundheit und seines Reichtumes, vielleicht auch der Freuden eines anderen Lebens, vor Augen hat, lauter Güter, von denen auch das geringste nicht belanglos, sondern, wie er selbst zugibt, weit größer ist als der Gaumenkitzel eines Glases Wein oder das hohle Geschwätz einer Zechbrüderschaft. Es trifft also nicht zu, daß er das größere Gut nicht vor Augen hätte; er sieht es und erkennt es an; ja, in nüchternen Augenblicken faßt er den Entschluß, danach zu streben. Sobald aber das Unbehagen über das Ausbleiben seines gewohnten Genusses wiederkehrt, verliert das als größer anerkannte Gut seine Gewalt, und das gegenwärtige Unbehagen bestimmt den Willen zu der gewöhnlichen Handlung, die dadurch fester Fuß faßt und das nächste Mal schwerer zu überwinden ist; mag sich der Trinker auch gleichzeitig im geheimen versprechen, nicht wieder so zu handeln und daß dies das letzte Mal sein solle, wo er der Erreichung jener größeren Güter entgegenwirkt. So kommt er von Mal zu Mal in die Lage jener Unglücklichen, die wehklagten: *Video meliora proboque deteriora sequor*;* dieses Wort, das durch beständige Erfahrung als wahr erwiesen und bestätigt worden ist, kann vielleicht so – und möglicherweise auf keine andere Art – leicht verständlich gemacht werden.

Weil die Beseitigung des Unbehagens der erste Schritt zum Glück ist.

36. Forschen wir nach dem Grund dessen, was die Erfahrung tatsächlich so klar beweist, und untersuchen wir, warum es allein das Unbehagen ist, das auf den Willen einwirkt und ihn in seiner Wahl bestimmt; so werden wir dabei finden, daß, da der Wille in jedem Augenblick immer nur zu einer Handlung auf einmal be-

---

* Ovid, Metamorph. 7, v. 20f. „Ich sehe und billige das Bessere, aber ich folge dem Schlechteren."

stimmt werden kann, das jeweils sich geltend machende Unbehagen den Willen *naturgemäß* zu dem Glück bestimmt, das wir bei allen unseren Handlungen anstreben. Denn solange wir irgendein Unbehagen empfinden, können wir uns nicht für glücklich halten oder meinen, wir seien auf dem Wege, es zu werden; jedermann folgert und empfindet, daß Schmerz und Unbehagen mit dem Glück unvereinbar sind und sogar den Genuß der Güter, die wir wirklich besitzen, beeinträchtigen; ja, schon ein geringfügiger Schmerz reicht aus, um alles Vergnügen, an dem wir uns erfreuten, zu zerstören. Darum wird natürlich dasjenige, was unsern Willen zur Wahl der nächsten Handlung bestimmt, immer die Beseitigung des Schmerzes sein, solange wir noch einen empfinden, als der erste und notwendige Schritt zum Glück.

37. Ein anderer Grund, warum allein das Unbehagen den Willen bestimmt, besteht darin, daß es allein gegenwärtig ist und es wider die Natur der Dinge ist, daß etwas Abwesendes dort wirken sollte, wo es nicht ist. Man kann einwenden, daß ein abwesendes Gut durch Betrachtung dem Geist nahegebracht und vergegenwärtigt werden könne. In der Tat kann die Idee desselben im Geist vorhanden sein und als daselbst gegenwärtig betrachtet werden; aber als gegenwärtiges Gut und als mögliches Gegengewicht gegen die Beseitigung eines uns quälenden Unbehagens kann etwas erst dann in unserm Geist vorhanden sein, wenn es unser Begehren hervorruft und wenn das damit verbundene Unbehagen bei der Bestimmung des Willens überwiegt. Bis dahin ist jede beliebige im Geist vorhandene Idee eines Gutes, ebenso wie andere Ideen, nichts weiter als das Objekt bloßer untätiger Spekulation, wirkt aber nicht auf den Willen ein und läßt uns nicht in Tätigkeit treten; den Grund für diese Tatsache werde ich des weiteren angeben. Wie viele Menschen gibt es, deren Geist man die Freuden des Himmels anschaulich dargestellt hat und die sie sowohl als möglich, als auch als wahrscheinlich anerkennen, sich aber doch ganz gern mit ihrem irdischen Glück begnügen würden! So gibt bei solchen Leu-

Weil das Unbehagen allein gegenwärtig ist.

ten das Unbehagen, das mit dem auf die Genüsse dieses Lebens gerichteten Begehren verknüpft ist, den Ausschlag; es bestimmt ihren Willen von Fall zu Fall, wobei sie die ganze Zeit über nicht einen Schritt tun, nicht einen Finger rühren, um die Güter jenes künftigen Lebens zu erlangen, wie groß sie sich diese auch vorstellen.

Weil nicht alle, die die himmlischen Freuden als möglich anerkennen, danach trachten.

38. Würde der Wille durch den Ausblick auf das Gute bestimmt, je nachdem es dem betrachtenden Verstand als größer oder kleiner erscheint, was von jedem abwesenden Gut gelten kann – und worin dasjenige besteht, dem der Wille nach der herkömmlichen Meinung zustrebt, und wodurch er bewegt wird –, so sehe ich nicht ein, wie er sich jemals von den unendlichen ewigen Himmelsfreuden abwenden könnte, nachdem sie ihm einmal als möglich hingestellt wurden und er sie als solche betrachtet hat. Da nämlich jedes abwesende Gut, dessen bloße Vorstellung und Erscheinung angeblich unsern Willen bestimmt und so in Tätigkeit treten läßt, nur möglich, aber nicht unfehlbar gewiß ist, so müßte unvermeidlich das unendlich viel größere mögliche Gut regelmäßig und beständig den Willen zu allen aufeinanderfolgenden Handlungen, die von seiner Entscheidung abhängen, bestimmen; dann aber würden wir unsern Weg zum Himmel dauernd und stetig fortsetzen, ohne jemals stillzustehen oder unsere Handlungen auf irgendein anderes Ziel zu richten; denn ein künftiges Dasein von ewiger Dauer würde die Hoffnung auf Reichtum, Ehre oder jede sonst vorstellbare Freude aufwiegen, selbst wenn wir zugeben würden, daß die Erlangung der letzteren wahrscheinlicher sei. Denn nichts Zukünftiges ist schon in unserm Besitz; deshalb kann uns die Erwartung dieser Güter immer noch täuschen. Wenn wirklich das in Aussicht stehende größere Gut den Willen bestimmte, so müßte sich ein so großes Gut, nachdem wir es uns einmal vorgestellt haben, des Willens bemächtigen und ihn bei dem Streben nach dem unendlich größten Gut festhalten, ohne ihn je wieder loszulassen. Denn da der Wille über die Gedanken eine ebensolche Macht hat und sie ebenso lenkt wie andere

Handlungen, so würde er, wenn es sich so verhielte, den Geist beständig an die Betrachtung jenes Gutes gebunden halten.

Dies* wäre der Geisteszustand und die regelmäßige Richtung des Willens bei allen Entschlüssen, wenn der Wille wirklich durch das bestimmt würde, was als größeres Gut betrachtet wird und vor Augen steht. Die Erfahrung zeigt jedoch, daß es sich nicht so verhält. Oft wird das anerkanntermaßen unendlich größte Gut vernachlässigt, um die aufeinanderfolgenden Unbehaglichkeiten zu befriedigen, die aus unserm auf Nichtigkeiten gerichteten Begehren entspringen. Während aber das anerkanntermaßen größte, ja ewige, unaussprechliche Gut, das zuweilen den Geist bewegt und beeinflußt hat, den Willen nicht dauernd festhält, sehen wir auf der andern Seite, wie jedes wirklich große und stark wirkende Unbehagen, das sich einmal des Willens bemächtigt hat, ihn nicht wieder freiläßt. Diese Tatsache mag uns davon überzeugen, was es ist, das den Willen bestimmt. So wird der Wille durch jeden heftigen Körperschmerz, durch die unbezähmbare Leidenschaft einer starken Verliebtheit oder durch ungeduldige Rachgier dauernd angespannt erhalten; ja, der so bestimmte Wille läßt es nicht zu, daß der Verstand sein Objekt beiseite lege; vielmehr sind alle Gedanken des Geistes und alle Kräfte des Körpers ununterbrochen auf jene Weise beschäftigt, was durch den Willen bestimmt wird, der so lange durch jenes oberste Unbehagen beeinflußt wird, wie es andauert. Hieraus scheint mir klar hervorzugehen, daß der Wille oder die Kraft, uns einer Handlung vor allen anderen zuzuwenden, durch das Gefühl des Unbehagens in uns bestimmt wird. Möge jeder durch Selbstbeobachtung prüfen, ob diese meine Behauptung richtig ist.

<small>Niemals aber wird irgendein erhebliches Unbehagen vernachlässigt.</small>

39. Bisher habe ich hauptsächlich von dem Unbehagen des Begehrens nachgewiesen, daß es den Willen bestimmt, weil dieses am wichtigsten und spürbarsten ist

<small>Jedes Unbehagen ist von einem Begehren begleitet.</small>

---

* Abweichend von Fraser wird in Übereinstimmung mit dem englischen Original und mit Coste der obige Absatz nicht als selbständiger Paragraph gezählt.

und weil der Wille selten eine Handlung anordnet oder überhaupt irgendeine willkürliche Handlung zustandekommt, ohne daß ein Begehren sie begleitete; darin liegt meiner Meinung nach der Grund dafür, daß Wollen und Begehren so oft verwechselt werden. Jedoch dürfen wir das Unbehagen, das die meisten andern Leidenschaften ausmacht oder wenigstens begleitet, in dieser Sache nicht als ganz belanglos ansehen. Auch mit Abneigung, Furcht, Zorn, Neid, Scham usw. ist je eine besondere Art von Unbehagen verbunden, wodurch der Wille beeinflußt wird. Von diesen Leidenschaften tritt kaum eine einzige im Leben und in der Praxis einfach und allein sowie völlig unvermischt mit andern auf, wenn auch bei einer Unterhaltung und Betrachtung meist nur diejenige benannt wird, die am stärksten wirkt und sich bei dem jeweiligen Geisteszustand am meisten geltend macht. Ja, ich glaube, es läßt sich schwerlich eine einzige Leidenschaft finden, mit der kein Begehren verbunden wäre. Ich bin sicher, daß überall dort, wo Unbehagen ist, auch Begehren ist. Denn wir begehren ständig Glück, und soviel Unbehagen wir empfinden, ebensoviel fehlt uns sicherlich auch nach unserer eigenen Meinung am Glück, gleichviel wie unsere Umstände und unsere Lage sonst sein mögen. Da außerdem der gegenwärtige Augenblick für uns nicht die Ewigkeit bedeutet, blicken wir, welche Freude er auch in sich bergen möge, über ihn hinaus; unsern Ausblick begleitet das Begehren, und diesem folgt stets der Wille. Sogar bei der Freude ist also das, was die Tätigkeit, von der die Freude abhängt, aufrechterhält, das Begehren, sie fortzusetzen, und die Furcht, sie zu verlieren. Sobald aber ein noch größeres Unbehagen den Geist erfüllt, wird der Wille dadurch sofort zu einer neuen Handlung bestimmt, und die gegenwärtige Freude wird vernachlässigt.

Das drückendste Unbehagen bestimmt naturgemäß den Willen.

40. Da aber in dieser Welt mancherlei Arten des Unbehagens auf uns einstürmen, verschiedenerlei Begehren uns hin und her reißen, so ist natürlich die nächste Frage die, welches davon bei der Bestimmung des Willens zur nächsten Handlung den Vorrang habe.

Die Antwort lautet: gewöhnlich dasjenige, das von denen, die sich voraussichtlich beseitigen lassen, das drückendste ist. Denn da der Wille die Kraft ist, unsere Fähigkeit zu wirken auf irgendein Ziel zu lenken, so kann er niemals auf etwas gerichtet werden, was in dem betreffenden Augenblick für unerreichbar gilt. Das hieße annehmen, daß ein vernunftbegabtes Wesen absichtlich auf ein Ziel hinarbeiten könne, nur um seine Mühe zu vergeuden; nichts anderes nämlich bedeutet es, auf etwas hin zu arbeiten, das für unerreichbar angesehen wird. Starke Unbehaglichkeiten lösen also den Willen nicht aus, wenn ihre Beseitigung als unmöglich erscheint; sie treiben uns in diesem Fall nicht zu Bemühungen an. Von dieser Ausnahme abgesehen, ist es aber in der Regel das jeweils wichtigste und dringendste Unbehagen, das in der Kette willkürlicher Handlungen, die unser Leben ausmachen, den Willen bestimmt. Den Ansporn zum Handeln bildet das stärkste gegenwärtige Unbehagen, das dauernd am lebhaftesten verspürt wird und am meisten den Willen bei der Wahl der nächsten Handlung bestimmt. Denn das eine müssen wir festhalten, daß der eigentliche und alleinige Gegenstand des Willens eine von uns auszuführende Handlung ist und nichts anderes. Da wir nämlich dadurch, daß wir etwas wollen, nichts hervorbringen als eine in unseren Kräften stehende Handlung, so findet der Wille hier seine Grenze, über die er nicht hinausreicht.

41. Fragt man weiter, was das Begehren hervorrufe, so antworte ich: das Glück, und zwar nur dieses. Glück und Unglück sind die Namen für zwei Gegensätze, deren äußerste Grenzen wir nicht kennen. Sie sind das, was „kein Auge noch gesehen, kein Ohr gehört hat und was zu verstehen noch in keines Menschen Herz gekommen ist".* Von einzelnen Graden dieser beiden Dinge haben wir gleichwohl sehr lebhafte Eindrücke, die durch verschiedene Beispiele von Lust und Freude einerseits, von Leid und Kummer andererseits erzeugt werden. Der Kürze wegen will ich diese unter den

<small>Alle begehren Glück.</small>

* Vgl. 1. Kor. 2,9.

Namen Freude und Schmerz zusammenfassen, da es sowohl Freude und Schmerz des Geistes als auch des Körpers gibt. „Bei ihm ist die Fülle der Lust und Freude in Ewigkeit"* oder, genau gesagt, es sind alles Freuden und Schmerzen des Geistes, obwohl manche von ihnen im Geist aus dem Denken entspringen, andere im Körper durch bestimmte Modifikationen der Bewegung entstehen.

<small>Was Glück und Unglück, Gut und Übel ist.</small>

42. *Glück* im vollen Umfang ist demnach die größte Freude, derer wir fähig sind, *Unglück* der größte Schmerz. Die unterste Stufe dessen, was noch Glück heißen kann, ist dasjenige Maß von Schmerzlosigkeit und von gegenwärtiger Freude, ohne das niemand zufrieden sein kann. Da nun Freude und Schmerz dadurch erzeugt werden, daß bestimmte Gegenstände entweder auf unsern Geist oder auf unsern Körper einwirken, und zwar in verschiedenem Grade, so bezeichnen wir als *Gut* alles, was geeignet ist, in uns Freude zu erzeugen; was aber Schmerz zu erzeugen vermag, nennen wir *Übel*. Es geschieht dies aus keinem anderen Grunde, als weil solche Dinge die Eigenschaften besitzen, Freude oder Schmerz in uns zu erzeugen, worin unser Glück oder Unglück besteht. Obwohl nun alles, was irgendeinen Grad von Freude zu erzeugen geeignet ist, an sich gut, alles, was irgendeinen Grad von Schmerz zu erzeugen vermag, übel ist, kommt es jedoch häufig vor, daß wir es nicht so nennen, dann nämlich, wenn es mit einem Größeren seiner Art in Wettbewerb tritt; in diesem Fall nämlich ziehen wir mit Recht von den Abstufungen von Freude und Schmerz die eine der andern vor. Sobald wir also richtig abwägen, wann wir etwas gut und übel nennen, finden wir, daß das zum großen Teil in einem Vergleich besteht. Alles, was einen jeweils geringeren Grad von Schmerz oder einen höheren Grad von Freude verursacht, hat den Charakter des Guten und umgekehrt.

<small>Welches Gut begehrt wird und welches nicht.</small>

43. Obgleich dies und nichts anderes gut und übel genannt wird, und obgleich alles Gute den eigentlichen Gegenstand des Begehrens im allgemeinen bildet, ruft

---

* Vgl. Psalm 16,11.

jedoch nicht alles Gute, selbst wenn es als solches erkannt und anerkannt wird, notwendig das Begehren jedes einzelnen Menschen hervor; dies geschieht vielmehr nur in dem Umfang und insoweit, als der Mensch es als notwendigen Bestandteil *seines* Glücks ansieht. Jedes andere Gut, wie groß es auch wirklich oder scheinbar sei, ruft bei einem Menschen, der es nicht als Teil desjenigen Glücks betrachtet, das ihn, so wie er jetzt denkt, befriedigen kann, kein Begehren hervor. Unter diesem Aspekt wird das Glück von jedem ständig angestrebt; jeder begehrt das, was irgendeinen Teil dieses Glücks ausmacht; andere als gut anerkannte Dinge kann er ohne Begehren betrachten, er kann an ihnen vorübergehen und ohne sie zufrieden sein. Es wird wohl niemand leugnen wollen, daß das Erkennen Freude macht. Was die sinnlichen Freuden betrifft, so haben sie zu viele Liebhaber, als daß man fragen könnte, ob die Menschen für sie eingenommen seien oder nicht. Nehmen wir nun an, daß der eine Mensch seine Befriedigung in sinnlicher Lust, der andere in der Freude an der Wissenschaft findet; dann muß zwar jeder von beiden zugeben, daß das, wonach der andere strebt, viel Freude bringt; jedoch wird ihr Verlangen nicht erregt, da keiner von beiden das, was den andern erfreut, zum Bestandteil *seines* Glücks macht; vielmehr ist jeder ohne das zufrieden, was dem andern Freude bereitet; darum wird sein Wille nicht zum Streben danach bestimmt. Sobald jedoch dem Gelehrten Hunger und Durst Unbehagen verursachen, wird er, dessen Wille nie durch die Schmackhaftigkeit guter Speisen, pikanter Saucen und köstlicher Weine zum Streben nach diesen Dingen bestimmt wurde, durch das Unbehagen von Hunger und Durst sofort dazu bestimmt, zu essen und zu trinken, was sich gerade findet, wenngleich es auch mit großer Gleichgültigkeit geschehen mag. Umgekehrt macht sich der Epikureer eifrig ans Studieren, wenn Scham oder der Wunsch, sich seiner Dame zu empfehlen, ihm den Mangel aller Kenntnisse unbehaglich machen. In welchem Maße die Menschen demnach auch ernst und stetig nach dem Glück streben mögen, so ist es doch denkbar, daß sie die klare Anschauung eines Gutes, eines großen, anerkannten Gutes, besitzen, sich aber darum nicht kümmern und nicht dadurch bewegt werden, wenn sie meinen, auch ohne jenes Gut glücklich werden zu können. Was dagegen den Schmerz anbelangt, so werden die Menschen immer davon betroffen; man kann kein Unbehagen verspüren, ohne davon bewegt zu werden. Da wir uns also unbehaglich fühlen, sobald uns etwas fehlt, was wir zu unserem Glück als notwendig erachten, beginnen wir ein Gut sogleich zu begehren, sobald es uns als Bestandteil unseres Glücks erscheint.

Warum das größte Gut nicht immer begehrt wird.

44. Wohl jeder kann bei sich und anderen beobachten, daß das größere Gut auf unser Begehren nicht immer in einem Verhältnis einwirkt, das seiner scheinbaren oder anerkannten Größe entspricht, während uns jede kleine Unannehmlichkeit bewegt und in Tätigkeit setzt, um davon befreit zu werden. Der Grund dieser Erscheinung wird schon aus der Natur unseres Glücks oder Unglücks deutlich. Jeder gegenwärtige Schmerz, welcher Art er auch sein mag, bildet einen Teil unseres gegenwärtigen Unglücks; nie aber bildet jedes abwesende Gut einen notwendigen Teil unseres gegenwärtigen Glücks, noch bildet seine Abwesenheit einen Teil unseres Unglücks. Wenn es so wäre, würden wir dauernd und unendlich unglücklich sein, weil es unendlich viele Abstufungen des Glücks gibt, die nicht in unserm Besitz sind. Wenn dem Menschen alles Unbehagen abgenommen ist, genügt daher schon ein bescheidenes Maß von Gutem, um ihn für die Gegenwart zu befriedigen; einige wenige Grade von Freude im Wechsel alltäglicher Genüsse bilden ein Glück, das ihm genügt. Wäre das nicht so, so würde der Spielraum für jene gleichgültigen und offenbar belanglosen Handlungen fehlen, zu denen unser Wille so oft bestimmt wird und mit denen wir absichtlich so viel von unserer Lebenszeit vergeuden; diese Lässigkeit ist unter keinen Umständen mit der Bestimmung des Willens oder Begehrens durch das augenscheinlich größte Gut vereinbar. Um sich von der Richtigkeit meiner Behauptung zu überzeugen, brauchen einige Leute kaum weit zu gehen. In der Tat gibt es in diesem

Leben wenig Menschen, deren Glück so weit reicht, daß
ihnen eine beständige Aufeinanderfolge bescheidener
Durchschnittsfreuden ohne jede Beimischung von Unbehagen zuteil würde; dennoch würden sie ganz gern
ewig hier auf dieser Erde bleiben, obwohl sie nicht
leugnen können, daß es möglicherweise nach diesem
Leben einen Zustand ewig dauernder Freuden gibt, die
alles auf Erden anzutreffende Gute weit hinter sich
lassen. Ja, sie können sich der Einsicht nicht entziehen,
daß das eher möglich ist als das bißchen Ehre, Reichtum
und Vergnügen zu erlangen und zu behalten, dem sie
nachjagen und um dessentwillen sie jenen ewigen Zustand hintansetzen. Obwohl ihnen dieser Unterschied
deutlich vor Augen steht, obwohl sie von der Möglichkeit eines vollkommenen, sicheren und dauernden
Glücks in einem künftigen Zustand überzeugt sind und
es ihnen klar ist, daß dasselbe hier nicht zu erlangen
ist, wird ihr Begehren (solange sie ihr Glück auf irgendeinen kleinen Genuß oder auf ein rein diesseitiges Ziel
beschränken und die Freuden des Himmels nicht als
einen notwendigen Bestandteil davon ansehen) jedoch
durch solche augenscheinlich größeren Güter nicht erregt; auch wird ihr Wille zu keiner Handlung oder
Bemühung bestimmt, sie zu erlangen.

45. Die tagtäglichen Bedürfnisse unseres Lebens füllen *Warum es den Wil-*
in ihrer regelmäßigen Wiederkehr einen großen Teil *len nicht bewegt,*
dieses Lebens mit dem Unbehagen von Hunger, Durst, *sobald es nicht be-*
Hitze, Kälte, Ermüdung durch Arbeit und Schläfrigkeit *gehrt wird.*
usw. aus. Rechnen wir außer Unannehmlichkeiten, die
durch Unglücksfälle entstehen, noch das eingebildete
Unbehagen hinzu (zum Beispiel die Gier nach Ehre,
Reichtum, Macht usw.), das die durch Mode, Beispiel
und Erziehung angenommenen Gewohnheiten uns eingepflanzt haben, und tausend andere Gelüste, die uns
infolge Gewöhnung als etwas Natürliches erscheinen, so
werden wir finden, daß nur ein sehr kleiner Teil unseres
Lebens von *diesen* unbehaglichen Empfindungen so frei
ist, daß er uns für das Streben nach dem entfernteren
abwesenden Gut Zeit läßt. Selten fühlen wir uns ganz
behaglich und frei genug von Anfechtungen durch un-

sere natürlichen oder anerzogenen Begierden, daß nicht sich beständig folgende Unbehaglichkeiten, die aus dem Vorrat, den natürliche Bedürfnisse oder erworbene Gewohnheiten angehäuft haben, herrühren, der Reihe nach den Willen in Anspruch nähmen; ja, kaum ist eine durch eine solche Willensbestimmung bei uns angeregte Handlung abgeschlossen, so meldet sich schon ein neues Unbehagen, um uns in Tätigkeit zu versetzen. Die Beseitigung von Schmerzen, die wir fühlen und die uns gegenwärtig drücken, bedeutet nämlich die Befreiung vom Unglück; es ist folglich das erste, was für das Glück geschehen muß; daher wird ein abwesendes Gut, das zwar als Gut betrachtet und anerkannt wird, sich auch als solches darstellt, durch seine Abwesenheit aber keinen Teil unseres gegenwärtigen Unglücks bildet, beiseite gedrängt, um für die Beseitigung des von uns gerade empfundenen Unbehagens Platz zu schaffen; dies geschieht so lange, bis eine eingehende und wiederholte Betrachtung es unserm Geist näher gebracht, einen Vorgeschmack davon gegeben und ein gewisses Begehren in uns hervorgerufen hat. Dieses fängt dann an, zu einem Teil unseres gegenwärtigen Unbehagens zu werden; seine Befriedigung wird uns ebenso aussichtsreich wie die unserer anderen Wünsche, und so gelangt es auch seinerseits an die Reihe, um seiner Größe und Dringlichkeit entsprechend den Willen zu bestimmen.

Reifliche Erwägung ruft Begehren hervor.

46. Es steht also in unseren Kräften, durch reifliche Erwägung und Prüfung eines vorgestellten Gutes unser Begehren in einem richtigen Verhältnis zu dem Werte dieses Gutes zu erwecken, so daß es zu seiner Zeit und an seinem Platz dazu gelangen mag, auf den Willen einzuwirken und erstrebt zu werden. Denn ein Gut, mag es auch noch so groß erscheinen und als solches anerkannt werden, berührt doch unsern Willen nicht, solange es in unserm Geist kein Begehren hervorgerufen hat und uns seinen Mangel dadurch nicht als unangenehm empfinden läßt; wir befinden uns zunächst noch nicht im Bereiche seiner Wirksamkeit; denn unser Wille kann nur durch gegenwärtige Unlustempfindungen bestimmt werden, die (solange wir sie überhaupt haben)

fortwährend auf uns eindringen und stets bereit sind, die nächste Willensbestimmung herbeizuführen. Das Schwanken – wenn es ein solches im Geiste gibt – bezieht sich nur darauf, welcher Wunsch zunächst befriedigt, welches Unbehagen zuerst beseitigt werden soll. Hierdurch wird bewirkt, daß, solange unser Geist noch irgendein Unbehagen oder Begehren verspürt, für das Gute als solches kein Raum bleibt, um an den Willen heranzukommen oder ihn irgendwie zu bestimmen. Da nämlich, wie gesagt, der *erste* Schritt in unserm Streben nach Glück darin besteht, ganz aus dem Bereich des Unglücks hinauszukommen und nichts mehr davon zu empfinden, so kann der Wille erst dann für etwas anderes Muße haben, wenn jedes Unbehagen, das wir fühlen, vollkommen beseitigt ist; das ist freilich bei der großen Zahl von Bedürfnissen und Wünschen, die in diesem unvollkommenen Zustand auf uns einstürmen, nicht wahrscheinlich, so daß wir auf dieser Welt kaum jemals wirklich frei davon werden.

47. Da in uns sehr zahlreiche Unbehaglichkeiten vorhanden sind, die uns fortwährend beunruhigen und stets bereit sind, den Willen zu bestimmen, so ist es, wie gesagt, natürlich, daß die stärkste und dringendste von ihnen den Willen zur nächsten Handlung bestimmt. Das geschieht denn auch meist, allerdings nicht immer. Da der Geist, wie die Erfahrung zeigt, in den meisten Fällen die Kraft besitzt, bei der Verwirklichung und Befriedigung irgendeines Wunsches *innezuhalten* und mit allen andern Wünschen der Reihe nach ebenso zu verfahren, so hat er auch die Freiheit, ihre Objekte zu betrachten, sie von allen Seiten zu prüfen und gegen andere abzuwägen. Hierin besteht die Freiheit, die der Mensch besitzt und aus deren falschem Gebrauch die ganze Fülle von Mißgriffen, Irrtümern und Fehlern stammt, in die wir in unserer Lebensführung und bei unserm Streben nach Glück hineingeraten, wenn wir unsere Willensentscheidung überstürzen und vorschnell ohne rechte Prüfung zu handeln beginnen. Um dem vorzubeugen, haben wir die Kraft, die Verfolgung dieses oder jenes Wunsches zu unterbrechen, wie jeder täglich

Die Kraft, die Verfolgung irgendeines Wunsches zu unterbrechen, schafft Raum für die Erwägung.

bei sich selbst erproben kann. Hier scheint mir die Quelle aller Freiheit zu liegen; hierin scheint das zu bestehen, was man (meines Erachtens unzutreffend) den *freien Willen* nennt. Denn während einer solchen Hemmung des Begehrens, ehe noch der Wille zum Handeln bestimmt und die (jener Bestimmung folgende) Handlung vollzogen wird, haben wir Gelegenheit, das Gute oder Üble an der Handlung, die wir vorhaben, zu prüfen, ins Auge zu fassen und zu beurteilen. Haben wir dann nach gehöriger Untersuchung unser Urteil gefällt, so haben wir unsere Pflicht erfüllt und damit alles getan, was wir in unserm Streben nach Glück tun können und müssen; und es ist kein Mangel, sondern ein Vorzug unserer Natur, wenn wir, entsprechend dem Endergebnis einer ehrlichen Prüfung, begehren, wollen und handeln.

Wenn wir durch unser eigenes Urteil bestimmt werden, so ist das keine Beschränkung der Freiheit.

48. Hierin liegt so wenig eine Beeinträchtigung oder Verringerung der Freiheit, daß es vielmehr gerade deren höheren Wert und Vorzug ausmacht; es ist nicht eine Verkürzung, sondern Zweck und Nutzen unserer Freiheit. Je weiter wir von einer solchen Bestimmung entfernt sind, um so näher sind wir dem Unglück und der Knechtschaft. Eine völlige Indifferenz des Geistes, die durch dessen Endurteil über die zu erwartenden guten oder bösen Folgen seiner Wahl nicht zu beseitigen wäre, würde weit davon entfernt sein, Gewinn und Vorzug für ein vernunftbegabtes Wesen zu bedeuten; sie würde vielmehr eine ebenso große Unvollkommenheit sein, wie es auf der andern Seite eine solche wäre, wenn die Indifferenz gegenüber dem Handeln oder Nichthandeln vor der Willensentscheidung fehlte. Der Mensch hat die Freiheit, die Hand zum Kopf zu erheben oder sie im Ruhezustand zu belassen; beiden Möglichkeiten steht er vollkommen indifferent gegenüber; es würde eine Unvollkommenheit des Menschen sein, wenn er diese Kraft nicht hätte, wenn er dieser Indifferenz beraubt wäre. Aber eine genau so große Unvollkommenheit würde es sein, wenn er gegenüber der Frage indifferent bliebe, ob er die Hand erheben oder sie ruhen lassen sollte, falls er dadurch Kopf oder Augen vor einem

Schlag, den er kommen sieht, schützen könnte. Es ist eine ebenso große Vollkommenheit, daß das Begehren oder die Kraft des Vorziehens durch das Gute bestimmt wird, wie daß die Kraft zu handeln durch den Willen bestimmt wird; je sicherer eine solche Bestimmung ist, um so größer ist die Vollkommenheit. Ja, wenn wir durch etwas anderes bestimmt würden als durch das Endergebnis, zu dem unser eigener Geist bei seinem Urteil über das Gute oder Üble einer Handlung gelangt, dann wären wir nicht frei; [denn* der Endzweck unserer Freiheit besteht gerade darin, daß wir das Gute erreichen, das wir wählen. Deshalb unterliegt jeder Mensch kraft seiner Eigenart als vernunftbegabtes Wesen der Notwendigkeit, sich beim Wollen durch seine eigenen Gedanken und durch sein Urteil über das, was für ihn das beste ist, bestimmen zu lassen; sonst wäre er der Entscheidung eines andern als ihm selbst unterworfen, was ein Fehlen der Freiheit bedeuten würde. Wenn man bestreitet, daß der Wille des Menschen bei jeder Entscheidung seinem eigenen Urteil folge, so behauptet man, Wollen und Handeln des Menschen seien auf ein Ziel gerichtet, das er, während er um dieses Zieles willen wolle und handele, nicht anstrebe. Denn wenn er dieses Ziel bei seiner jetzigen Erkenntnis jedem andern vorzieht, so hält er es offenbar für das bessere und möchte es eher als alle anderen erreichen; es müßte denn sein, daß er es zu gleicher Zeit erreichen und nicht erreichen, wollen und nicht wollen könnte, ein Widerspruch, der zu offen zutage liegt, als daß man darauf einzugehen brauchte.]

49. Richten wir den Blick auf jene höheren Wesen über uns, die ein vollkommenes Glück genießen, so haben wir guten Grund zu der Annahme, daß sie bei der Wahl des Guten noch stetiger bestimmt werden als wir; jedoch haben wir keinen Anlaß zu glauben, daß sie weniger glücklich oder weniger frei seien. Ja, wenn es sich für solche arme, endliche Geschöpfe, wie wir es

Die freiesten handelnden Wesen sind so bestimmt.

---

* Zusatz der französischen Übersetzung. [Fraser, a. a. O., Bd. I, S. 346.]

sind, geziemte, über das zu urteilen, was unendliche Weisheit und Güte zu tun vermögen, so könnten wir, denke ich, sagen, daß Gott selbst *nicht* wählen *kann*, was nicht gut ist; die Freiheit des Allmächtigen hindert nicht, daß er durch das bestimmt wird, was das Beste ist.

<small>Ein beständiges Bestimmtwerden zum Streben nach Glück ist keine Beeinträchtigung der Freiheit.</small>

50. Um aber diesen mißverstandenen Teil der Freiheit ins rechte Licht zu rücken, möchte ich fragen: Würde wohl jemand ein Dummkopf sein mögen, weil ein solcher durch verständige Erwägungen weniger bestimmt wird als ein Weiser? Verdient es den Namen Freiheit, wenn man die Freiheit besitzt, den Narren zu spielen und sich selbst in Schande und Unglück zu stürzen? Wenn Freiheit, wahre Freiheit, darin besteht, daß man sich von der Leitung der Vernunft losreißt und von allen Schranken der Prüfung und des Urteils frei ist, die uns vor dem Erwählen und Tun des Schlechteren bewahren, dann sind Tolle und Narren die einzig Freien; allein ich glaube, keiner, der nicht schon toll ist, wird um einer solchen Freiheit willen wünschen, toll zu werden. Das stete Verlangen nach Glück und der Zwang, den es uns auferlegt, um seinetwillen zu handeln, wird meines Erachtens niemand als eine Schmälerung der Freiheit ansehen oder wenigstens nicht als eine Schmälerung, die zu beklagen wäre. Gott der Allmächtige selbst unterliegt der Notwendigkeit, glücklich zu sein, und je mehr ein vernunftbegabtes Wesen einer solchen Notwendigkeit unterworfen ist, um so näher ist es unendlicher Vollkommenheit und Glückseligkeit. Damit wir kurzsichtigen Geschöpfe uns in unserm jetzigen Zustand der Unwissenheit nicht über das, was wahres Glück ist, täuschen, sind wir mit einer Kraft versehen worden, die Befriedigung jedes einzelnen Wunsches aufzuschieben und ihn davon abzuhalten, den Willen zu bestimmen und uns zum Handeln zu veranlassen. Es ist dies ein Stillstehen, wo man den Weg nicht genügend kennt. Untersuchen heißt einen Führer um Rat fragen. Die auf die Untersuchung hin erfolgende Bestimmung des Willens ist eine Befolgung der Weisung jenes Führers; wer aber die Kraft besitzt, *solcher* Bestimmung

entsprechend zu handeln oder nicht zu handeln, der ist ein frei handelndes Wesen; eine solche Bestimmung schmälert nicht jene Kraft, die die Freiheit ausmacht. Wenn jemandem die Ketten abgenommen und die Gefängnistüren geöffnet werden, so ist er vollkommen frei, weil er fortgehen oder bleiben kann, wie es ihm beliebt, wenngleich auch sein Entschluß zu bleiben durch die Dunkelheit der Nacht, das schlechte Wetter oder das Fehlen einer andern Unterkunft bestimmt wird. Er hört nicht auf, frei zu sein, wenngleich auch das Begehren gewisser Bequemlichkeiten, die im Gefängnis zu haben sind, seine Wahl absolut bestimmt und ihn veranlaßt, dort zu bleiben.

51. Demnach besteht die höchste Vollkommenheit einer vernunftbegabten Natur in dem eifrigen und unermüdlichen Streben nach wahrem und dauerndem Glück; ebenso ist die Sorgfalt, mit der wir uns selbst davor hüten, ein eingebildetes Glück nicht für das wirkliche zu halten, die notwendige Grundlage unserer Freiheit. Je fester wir an das unablässige Streben nach dem Glück im allgemeinen gebunden sind, das unser größtes Gut bildet und dem als solchem unser Begehren stets folgt, um so freier sind wir davon, daß unser Wille zu irgendeiner besonderen Handlung bestimmt wird und daß wir unserem Begehren nachgeben, das auf ein besonderes, im Augenblick bevorzugenswert erscheinendes Gut gerichtet ist, noch ehe wir in der rechten Weise geprüft haben, ob dieses Gut in der Richtung unseres wahren Glückes liegt oder aber mit ihm unvereinbar ist. Bis diese Untersuchung uns soweit aufgeklärt hat, als die Bedeutung der Sache oder die Natur des Falles es erfordern, werden wir darum durch die Notwendigkeit, das wahre Glück als unser größtes Gut zu bevorzugen und anzustreben, dazu gezwungen, die Stillung unserer Begierden in besonderen Fällen hinauszuschieben.

<small>Die Notwendigkeit, nach wahrem Glück zu streben, ist die Grundlage der Freiheit.</small>

52. Das ist der Angelpunkt, um den sich die *Freiheit* vernunftbegabter Wesen bei ihrem unablässigen Bemühen und ihrem steten Trachten nach wahrem Glück dreht, daß sie nämlich im einzelnen Fall in solchem

<small>Die Kraft des Innehaltens.</small>

Trachten *innehalten können,* bis sie sich umgesehen und unterrichtet haben, ob der besondere Gegenstand, der ihnen gerade vorschwebt oder begehrenswert erscheint, auf dem Wege zu ihrem obersten Ziel liegt und wirklich einen Bestandteil dessen ausmacht, was ihr größtes Gut ist. Denn das ihrer Natur eigene Neigen und Streben zum Glück ist für sie eine Verpflichtung und ein Motiv, sich zu hüten, damit sie es nicht verkennen oder verfehlen; es veranlaßt sie notwendigerweise zur Sorgfalt, Überlegung und Bedachtsamkeit, wenn sie über ihre Handlungen, die das Mittel zur Erreichung ihres Glücks bilden, entscheiden. Jede Notwendigkeit, die uns zum Streben nach wahrer Glückseligkeit bestimmt, veranlaßt uns, und zwar in immer gleicher Stärke, bei jedem der aufeinanderfolgenden Wünsche innezuhalten, ihn zu erwägen und zu prüfen, ob nicht seine Befriedigung unser wahres Glück beeinträchtige und uns von ihm wegführe. Dies ist, wie mir scheint, das große Privileg endlicher vernunftbegabter Wesen; ich bitte daher ernstlich zu erwägen, ob die Hauptquelle und das Hauptbetätigungsfeld jeder Freiheit, die der Mensch besitzt, deren er fähig ist und die für ihn von Nutzen sein kann, dasjenige, wovon sein jeweiliges Handeln abhängt, nicht darin besteht, daß er mit seinem Begehren innehalten und es daran hindern kann, den Willen zu einer Handlung zu bestimmen, bis er gründlich und einwandfrei das Gute und Üble jenes Begehrens geprüft hat, so wie die Bedeutung des Falles es erheischt. Dazu sind wir imstande, und wenn wir es getan haben, so haben wir unsere Pflicht und alles, was in unseren Kräften steht, das heißt aber alles, was nötig ist, getan. Da nämlich der Wille voraussetzt, daß ihn die Erkenntnis bei seiner Wahl leite, so ist das einzige, was wir tun können, daß wir unsern Willen indifferent erhalten, bis wir das Gute und Üble dessen, was wir begehren, geprüft haben. Was danach folgt, folgt als eine Kette von Konsequenzen, die miteinander verknüpft sind und sämtlich auf der letzten Entscheidung des Urteils beruhen. Ob dieses nach flüchtiger, übereilter Betrachtung oder nach gründlicher und reiflicher Prüfung gefällt werden soll, steht in unseren Kräften. Die Erfahrung lehrt uns, daß wir in den meisten Fällen imstande sind, die sofortige Befriedigung eines Verlangens aufzuschieben.

53. Nun kann es aber vorkommen (wie es manchmal geschieht), daß sich eine äußerst starke Erregung unseres Geistes ganz und gar bemächtigt, zum Beispiel dann, wenn der Schmerz der Folter oder ein stürmisches Unbehagen, etwa von der Liebe, dem Zorn oder irgendeiner andern Leidenschaft herrührend, uns mit fortreißt und uns die Freiheit des Denkens raubt, so daß wir nicht genügend Herrschaft über unsern Geist besitzen, um gründlich nachzudenken und richtig zu urteilen; dann wird Gott, der unsere Unvollkommenheiten kennt und mit unserer Schwäche Mitleid hat, der von uns nicht mehr verlangt, als wir leisten können, und welcher sieht, was in unseren Kräften stand und was nicht, wie ein gütiger und barmherziger Vater urteilen. Da aber unser Lebenswandel nur dann wirklich auf die Erlangung wahren Glückes gerichtet ist, wenn wir es vermeiden, unseren Wünschen zu rasch nachzugeben, und unsere Leidenschaften mäßigen und im Zaum halten, so daß der Verstand ungehindert prüfen, die Vernunft unbeeinflußt urteilen kann, so sollten wir hierauf in erster Linie unsere Sorge und unsere Bemühungen richten. Dabei sollten wir bestrebt sein, den Geschmack unseres Geistes dem wahren inneren Wert oder Unwert der Dinge anzupassen; wir sollten nicht gestatten, daß etwas, was zweifellos oder möglicherweise ein großes und bedeutsames Gut ist, unserm Denken entschwinde – ohne in unserm Geist einen Geschmack daran oder ein Begehren nach ihm zu hinterlassen – bevor wir nicht durch gebührende Betrachtung seines wahren Wertes ein ihm entsprechendes Begehren in unserm Geist hervorgerufen haben, so daß uns sein Mangel oder die Furcht seines Verlustes unbehaglich stimmt. Jeder kann leicht erproben, wie weit dies in seinen Kräften steht, indem er solche Entschlüsse faßt, die er halten kann. Man sage nicht, wir könnten unsere Leidenschaften nicht beherr-

Die Beherrschung unserer Leidenschaften ist die wahre Vervollkommnung der Freiheit.

schen und sie nicht daran hindern, auszubrechen und auf unser Handeln Einfluß zu gewinnen; denn was man vor einem Fürsten oder einer hochgestellten Person vermag, kann man, wenn man will, auch tun, wenn man für sich allein oder in Gegenwart Gottes ist.

Wie es kommt, daß die Menschen verschiedene und oft schlechte Wege einschlagen.

54. Aus dem Gesagten läßt sich leicht erklären, wie es kommt, daß, obwohl alle Menschen Glück begehren, ihr Wille sie doch zu so widersprechenden Dingen und darum teilweise auch zum Üblen treibt. Darauf erwidere ich, daß die Mannigfaltigkeit und Gegensätzlichkeit dessen, was die Menschen auf der Welt wählen, nicht beweist, daß sie nicht alle das Gute anstreben, sondern nur, daß ein und dasselbe Ding nicht für jeden im gleichen Sinn ein Gut ist. Diese Mannigfaltigkeit des Strebens zeigt, daß nicht jeder sein Glück in demselben Gegenstand sucht oder denselben Weg dazu einschlägt. Wenn alle Interessen des Menschen auf dieses Leben beschränkt wären, so würde der Grund, warum sich der eine dem Studium und der Wissenschaft, der andere der Falkenbeize und dem Waidwerk ergibt, warum sich der eine für Luxus und Ausschweifung, der andere für Mäßigkeit und Wohlhabenheit entscheidet, nicht darin zu sehen sein, daß *nicht* jeder von ihnen sein persönliches Glück erstrebte, sondern darin, daß sie ihr Glück in verschiedenen Dingen suchen. Darum war auch die Antwort richtig, die ein Arzt seinem augenkranken Patienten gab: „Wenn Ihnen der Genuß des Weines mehr Freude macht als der Gebrauch Ihres Augenlichts, dann ist der Wein gut für Sie; wenn aber die Freude des Sehens für Sie die größere ist als die des Trinkens, dann ist der Wein schädlich für Sie."

Alle Menschen suchen das Glück, aber nicht alle ein Glück gleicher Art.

55. Der Geschmack des Geistes ist wie der des Gaumens verschieden und es wäre ein ebenso vergebliches Bemühen, alle Menschen mit Reichtum oder Ruhm zu erfreuen (worin mancher sein Glück sucht), als den Hunger aller Menschen durch Käse oder Hummern stillen zu wollen; beides kann wohl für diesen und jenen eine sehr bekömmliche und schmackhafte Kost sein, andern aber kann es höchst zuwider und unzuträglich sein, so daß mancher mit gutem Grunde das Hungergefühl eines

leeren Magens den genannten Gerichten vorziehen würde, die anderen als Leckerbissen gelten. Das dürfte auch der Grund sein, warum die Philosophen des Altertums vergeblich danach forschten, ob das *summum bonum* im Reichtum, im sinnlichen Genuß, in der Tugend oder in der Kontemplation bestehe; mit ebensolchem Recht hätte man darüber streiten können, ob Äpfel, Pflaumen oder Nüsse am besten schmeckten, und sich danach in Schulen teilen können. Denn ebenso wie der Wohlgeschmack nicht von den Dingen selbst abhängt, sondern davon, ob sie diesem oder jenem besonderen Gaumen zusagen, wobei große Mannigfaltigkeit herrscht, so besteht das größte Glück in dem Besitz derjenigen Dinge, die die größte Freude hervorrufen, und in der Abwesenheit alles dessen, was irgendwie Unannehmlichkeit und Schmerz verursacht. Das aber sind für verschiedene Menschen ganz verschiedene Dinge. Wenn jemand darum nur auf dieses Leben hofft, wenn er nur in diesem Dasein Freude haben kann, so ist es nicht befremdlich und auch nicht unvernünftig, wenn er sein Glück darin sucht, daß er alles, was ihm hier Unbehagen verursacht, vermeidet, und alles, was ihm Freude bringt, erstrebt. Es ist nicht zu verwundern, wenn sich dabei Mannigfaltigkeit und Verschiedenheit zeigen. Denn wenn es keine Aussicht über das Grab hinaus gibt, so ist sicherlich der Schluß richtig: „Lasset uns essen und trinken", laßt uns genießen, was uns erfreut, „denn morgen sind wir tot". Das kann, denke ich, dazu dienen, uns den Grund zu zeigen, warum sich zwar die Wünsche aller Menschen dem Glück zuwenden, aber doch nicht von ein und demselben Gegenstand ausgelöst werden. Die Menschen mögen verschiedene Dinge wählen und doch alle die richtige Wahl treffen. Man stelle sie sich vor wie eine Schar armseliger Insekten; einige davon seien Bienen, sie werden sich an den Blumen und ihrer Süßigkeit erfreuen; andere seien Käfer, sie werden sich andere Nahrung schmecken lassen und, nachdem sie diese Genüsse einen Sommer lang ausgekostet haben, sterben und für immer ihr Dasein beschließen.

Die Kraft, die Willensentscheidung aufzuschieben, erklärt die Verantwortlichkeit für eine falsche Wahl.

56. [Wenn* wir diese Dinge recht erwägen, so gewähren sie uns meines Erachtens einen klaren Einblick in die Beschaffenheit der menschlichen Freiheit. Offenbar besteht diese in einer Kraft, etwas zu tun oder nicht zu tun, zu handeln oder das Handeln zu unterlassen, *je nachdem, wie wir wollen.* Das kann nicht geleugnet werden. Weil dies aber nur diejenigen Handlungen eines Menschen zu betreffen scheint, die auf sein Wollen hin erfolgen, so hat man weiter gefragt, ob wir die Freiheit haben, zu wollen oder nicht zu wollen. Die Antwort darauf lautete: In den meisten Fällen haben wir nicht die Freiheit, den Willensakt zu unterlassen; wir müssen vielmehr einen solchen vollziehen, wodurch die vorgestellte Handlung ausgeführt wird oder unvollzogen bleibt. Es gibt jedoch einen Fall, in dem der Mensch hinsichtlich seines Willens frei ist, nämlich bei der Wahl eines *entfernten* Gutes als eines zu verfolgenden Ziels. Hier können wir den Akt der Wahl, der durch die Entscheidung für oder gegen eine vorgestellte Sache bestimmt wird, *hinausschieben,* bis wir geprüft haben, ob die Sache als solche und in ihren Folgen so beschaffen ist, daß sie uns glücklich macht oder nicht. Denn wenn wir sie einmal gewählt haben und sie damit ein Teil unseres Glücks geworden ist, so ruft sie unser Begehren hervor; dieses verursacht uns seinerseits ein entsprechendes Unbehagen, welches den Willen bestimmt und uns dazu antreibt, die Erlangung des Gewählten bei jeder sich bietenden Gelegenheit anzustreben. Hieraus können wir ersehen, wie es kommt, daß ein Mensch mit Recht einer Bestrafung verfallen kann, obwohl es gewiß ist, daß er bei jeder einzelnen von ihm gewollten Handlung immer das will und notwendig will, was er jeweils für gut hält. Wenn auch sein Wille stets durch das bestimmt wird, was sein Verstand als gut beurteilt, so ist das doch für ihn keine Entschuldigung, da er sich durch eine übereilte, selbstgetroffene Wahl selbst unrichtige Maßstäbe für Gut und Böse aufgedrängt hat;

---

* Zusatz der Costeschen Übersetzung. [Fraser, a. a. O., Bd. I, S. 352.]

diese beeinflussen nun, so verkehrt und irreführend sie auch sein mögen, dennoch sein ganzes weiteres Verhalten ebenso, als ob sie wahr und richtig wären. Er hat sich selbst den Geschmack verdorben und muß sich vor sich selbst verantworten, wenn Krankheit und Tod daraus folgen. Das ewige Gesetz und die Natur der Dinge dürfen seiner falsch getroffenen Wahl zuliebe nicht geändert werden. Wenn er irregeführt wird, weil er die Freiheit, das zu prüfen, was wirklich und wahrhaft zu seinem Glück führen könnte, außer acht gelassen oder mißbraucht hat, so müssen die sich daraus ergebenden Übelstände seiner eigenen Wahl zur Last gelegt werden. *Er hatte die Kraft, seine Entscheidung hinauszuschieben;* sie war ihm gegeben, damit er prüfen, für sein Glück sorgen und sich vor Täuschung hüten könne. Er konnte nie der Ansicht sein, daß es in einer Sache von so großem und brennendem Interesse besser sei, getäuscht zu werden als nicht getäuscht zu werden.]

Das Gesagte läßt uns auch den Grund erkennen, warum die Menschen in der Welt verschiedenartigen Dingen den Vorzug geben und das Glück auf entgegengesetzten Wegen anstreben. Weil jedoch die Menschen da, wo es sich um Glück und Unglück handelt, stets beharrlich sind und es ernsthaft meinen, so bleibt immer noch die Frage, wie es kommt, daß sie oft das Schlechtere dem Besseren vorziehen und das wählen, was sie nach ihrem eigenen Geständnis unglücklich gemacht hat.

<small>Warum die Menschen wählen, was sie unglücklich macht.</small>

57. Wenn wir uns darüber klar werden wollen, warum die Menschen so mannigfaltige und entgegengesetzte Wege einschlagen, obwohl sie alle danach streben, glücklich zu sein, so müssen wir darauf achten, woher die *verschiedenen Arten des Unbehagens* stammen, die den Willen bei der Wahl einer jeden willkürlichen Handlung bestimmen.

<small>Die Ursachen dieser Erscheinung.</small>

I. Zum Teil gehen sie auf Ursachen zurück, über die wir keine Gewalt haben. Zu diesen gehören in vielen Fällen körperliche Schmerzen, verursacht durch einen Mangel, eine Krankheit oder äußere Verletzungen, zum Beispiel durch die Folter u. dgl. m.; diese wirken, wenn sie gegenwärtig sind und heftig auftreten, meist mit

<small>Aus körperlichem Schmerz.</small>

Macht auf den Willen ein und führen den Menschen von Tugend, Frömmigkeit, Religion und von alledem weg, was er früher als den Weg zum Glück angesehen hat. Denn nicht jeder bemüht sich, oder [wegen* mangelnder Übung] ist nicht jeder imstande, durch die Betrachtung eines entfernten und zukünftigen Gutes in sich ein Verlangen danach zu wecken, das stark genug wäre, um den bei jenen Körperqualen empfundenen Schmerz aufzuwiegen und den Willen ununterbrochen auf die Wahl derjenigen Handlungen gerichtet zu halten, die zum künftigen Glück führen. Ein benachbartes Land** ist in jüngster Zeit der Schauplatz tragischer Ereignisse gewesen, die uns Beispiele hierfür liefern könnten, wenn es überhaupt solcher bedürfte und die Geschichte in allen Ländern und zu allen Zeiten nicht genug Belege böte, die die alte Beobachtung bestätigten: *Necessitas cogit ad turpia****. Wir haben darum allen Grund zu beten: „Führe uns nicht in Versuchung."

<small>Aus falschem Begehren, das aus falschen Urteilen entsteht.</small>

II. Andere Arten des Unbehagens entspringen aus unserem Verlangen nach einem abwesenden Gute. Solches Verlangen steht allemal im Verhältnis zu diesem fehlenden Gut und hängt stets von dem Urteil ab, das wir darüber fällen, und von dem Geschmack, den wir dafür haben. In beiden Punkten aber neigen wir dazu, uns auf mancherlei Art irreführen zu lassen, und zwar durch eigene Schuld.

<small>Unser Urteil über ein gegenwärtiges Gut oder Übel ist immer richtig.</small>

58. An erster Stelle will ich die falschen Urteile ins Auge fassen, die die Menschen über *künftiges* Gut oder Übel fällen, wodurch ihr Begehren irregeleitet wird. Wenn wir nämlich *gegenwärtiges* Glück und Unglück allein betrachten und die Folgen ganz unberücksichtigt lassen, treffen wir niemals eine falsche Wahl; wir wissen, was uns am besten gefällt, und das ziehen wir dann tatsächlich vor. Dinge, die gegenwärtig genossen wer-

---

* Zusatz der französischen Übersetzung. [Fraser, a. a. O., Bd. I, S. 354.]

** Frankreich. Er bezieht sich auf die Religionsverfolgungen. [Fraser, a. a. O., Bd. I, S. 354.]

*** Die Notwendigkeit zwingt zu schlechten Dingen. Vgl. Matth. 6,13.

den, sind das, was sie zu sein scheinen; in einem solchen Falle sind das erscheinende und das wirkliche Gut immer ein und dasselbe. Denn da Schmerz oder Freude genau so groß sind, wie sie gefühlt werden, und nie größer, so ist ein gegenwärtiges Gut oder Übel tatsächlich so groß, wie es erscheint. Wenn darum jede unserer Handlungen in sich abgeschlossen wäre und keine Folgen nach sich zöge, so würden wir zweifellos in unserer Wahl des Guten niemals irren; wir würden unfehlbar stets das Beste bevorzugen. Stellte man uns die Beschwerlichkeiten redlichen Fleißes und die Schmerzen des Verhungerns und Erfrierens gleichzeitig vor Augen, so würde niemand zweifeln, was er zu wählen habe. Böte man einem Menschen gleichzeitig die Befriedigung einer Lust und die Freuden des Himmels an, so würde er in der Bestimmung seiner Wahl nicht schwanken oder irren.

59. Da aber unsere willkürlichen Handlungen keineswegs schon bei ihrer Ausführung all das Glück oder Unglück mit sich führen, das von ihnen abhängt, sie vielmehr die voraufgehenden Ursachen des Guten und des Üblen sind, das sie nach sich ziehen und über uns bringen, nachdem sie selbst schon geschehen und vorbei sind, so blickt unser Begehren über unsere gegenwärtigen Genüsse hinaus und lenkt den Geist in dem Maße auf das *abwesende Gut*, wie uns dieses für die Begründung oder Steigerung unseres Glücks als notwendig erscheint. Unsere Meinung von dieser Notwendigkeit ist es, die ihm seine Anziehungskraft gibt; ohne sie werden wir durch ein abwesendes Gut nicht bewegt. Bei dem geringen Maß an Aufnahmefähigkeit für Gefühle, an die wir gewöhnt und die für uns spürbar sind, genießen wir immer nur eine Freude auf einmal, die, solange sie dauert, ausreicht, um uns ein Glücksgefühl zu geben, falls zugleich alles Unbehagen beseitigt ist. Darum wirkt nicht jedes entfernte Gut, ja nicht einmal jedes scheinbare Gut auf uns ein. Weil die Freiheit von Schmerz und das Vergnügen, das wir genießen, für unser gegenwärtiges Glück ausreichen, begehren wir nicht danach, einen Wechsel zu wagen. Da wir zufrieden sind, halten wir uns schon für glücklich, und das ist ausreichend,

Unsere falschen Urteile betreffen nur künftiges Gut und Übel.

Denn wer zufrieden ist, der ist glücklich. Sobald sich aber ein neues Unbehagen einstellt, wird dieses Glück gestört; wir werden dann von neuem in eine Tätigkeit versetzt, die auf die Erlangung des Glücks gerichtet ist.

<small>Aus einem falschen Urteil darüber, was einen notwendigen Bestandteil ihres Glücks ausmacht.</small>

60. Daß die Menschen oft nicht zum Begehren des größten *abwesenden* Gutes angeregt werden, beruht also zum großen Teil darauf, daß sie leicht zu dem Schluß neigen, sie könnten auch ohne es glücklich sein. Denn solange uns dieser Gedanke beherrscht, werden wir von den Freuden eines künftigen Daseins nicht berührt; wir kümmern uns wenig um sie und verspüren ihretwegen kein Unbehagen. Der Wille, der von der Bestimmung durch solche Wünsche frei bleibt, widmet sich nur der Erstrebung näherliegender Genüsse und der Beseitigung des Unbehagens, das ihm gegenwärtig aus ihrem Fehlen und aus seinem Verlangen nach ihrem Besitz erwächst. Man bringe aber einem Menschen eine andere Ansicht von diesen Dingen bei; man zeige ihm, daß Tugend und Religion für sein Glück nötig seien; man lasse ihn einen Blick auf das künftige Leben in Seligkeit oder Verdammnis werfen und lasse ihn dort Gott den gerechten Richter erblicken, der bereit ist, jedem zu geben „wie es seinen Taten entspricht: ewiges Leben denen, die durch geduldiges Ausharren im Tun des Guten nach Herrlichkeit, Ehre und Unsterblichkeit streben; aber jeder Seele, die Übles tut, Zorn und Grimm, Pein und Angst."* Bei demjenigen also, meine ich, der die beiden verschiedenen Möglichkeiten des vollkommenen Glücks und vollkommenen Unglücks vor sich sieht, die allen Menschen nach diesem Leben bevorstehen und von ihrem Verhalten auf Erden abhängen, erleiden die Maßstäbe von Gut und Übel, die seine Wahl bestimmen, eine sehr bedeutende Veränderung. Denn da nichts von den Freuden und Schmerzen dieses Lebens auch nur entfernt mit der ewigen Seligkeit oder dem namenlosen Elend der unsterblichen Seele im Jenseits verglichen werden kann, so wird ein solcher Mensch die in seinen Kräften stehenden Handlungen nicht nach den vergänglichen Freu-

---

* Vgl. Röm. 2,6 ff.

den und Schmerzen einrichten, die diese Handlungen auf
Erden begleiten oder ihnen folgen; er wird sie vielmehr
danach bemessen, ob sie dazu beitragen, ihm jenes vollkommene, dauerhafte Glück im Jenseits zu sichern.*

61. Wenn wir uns aber eine noch genauere Rechen- *Eine genauere Darstellung der falschen Urteile.*
schaft über das Unglück geben wollen, das die Menschen
oft über sich selbst bringen, obwohl sie alle ernstlich nach
Glück streben, so müssen wir betrachten, wie es zugeht,
daß sich die Dinge unter einem trügerischen Schein
unserm Begehren darstellen. Das kommt daher, daß
unser Urteil über sie falsch ausfällt. Um zu erkennen,
in welchem Umfang dies geschieht und welches die Ursachen der falschen Urteile sind, müssen wir uns daran
erinnern, daß die Dinge in einem doppelten Sinne für
gut oder schlecht erklärt werden.

1. *Gut oder schlecht im eigentlichen Sinne sind immer
nur Freude und Schmerz.*

2. Aber nicht nur gegenwärtige Freuden und Schmerzen, sondern auch alle Dinge, die uns durch ihre Wirkungen oder Folgen später einmal solche verursachen
können, bilden einen Gegenstand unseres Begehrens und
sind geeignet, ein mit Voraussicht begabtes Wesen zu
bestimmen. Deshalb *gelten auch solche Dinge als gut
und übel, die Freude und Schmerz zur Folge haben.*

62. Das falsche Urteil, das uns irreführt und den *Niemand wählt das Unglück mit Absicht, sondern allein durch ein falsches Urteil.*
Willen oft nach der schlechten Seite richtet, beruht auf
einem unrichtigen Bescheid über die verschiedenen Vergleiche, die wir mit den Dingen angestellt haben. Ich
meine hier mit „falschem Urteil" nicht das, was ein
Mensch etwa über die Entscheidung eines andern denken
mag, sondern etwas, von dem jeder selbst zugestehen
muß, daß es falsch sei. Denn da ich es für eine ausgemachte Tatsache halte, daß jedes denkende Wesen wirklich nach Glück strebt, [welches** in dem Genuß von
Freude besteht, der kein nennenswertes Unbehagen beigemischt ist], so ist es nur durch ein *falsches Urteil* mög-

---

* Vgl. Anmerkung zu § 28. [Fraser, a. a. O., Bd. I, S. 356.]

** In der ersten Auflage: „und gern alle möglichen Freuden
genießen und keinen Schmerz erdulden würde". [Fraser, a. a. O.,
Bd. I, S. 357.]

lich, daß jemand seinem Trunk freiwillig einen bitteren Zusatz beimischt oder etwas unterläßt, was in seinen Kräften steht [und* das zu seiner Befriedigung und zur Vervollständigung seines Glücks beitragen würde]. Ich will hier nicht von jenem Mißgriff reden, der die Folge eines *unvermeidlichen* Irrtums ist, da er kaum den Namen eines falschen Urteils verdient, sondern von jenem falschen Urteil, das jeder selbst als solches anerkennen muß.

<small>Bei dem Vergleich des Gegenwärtigen und Zukünftigen kann man irren.</small>

63. I. Bei gegenwärtigen Freuden und Schmerzen also greift, wie gesagt, der Geist in der Beurteilung des Guten und des Üblen niemals fehl; die größere Freude oder der größere Schmerz sind tatsächlich eben das, als was sie erscheinen. Obwohl aber gegenwärtige Freuden und Schmerzen ihre Verschiedenheit und ihre Abstufungen so deutlich zeigen, daß Irrtümer ausgeschlossen sind, so fällen wir doch oft falsche Urteile, *wenn wir gegenwärtige Freuden und Schmerzen mit künftigen vergleichen* (was bei den wichtigsten Willensentscheidungen gewöhnlich der Fall ist), da die Entfernungen, aus denen wir sie bemessen, verschieden sind. Gegenstände, die unserm Auge nahe sind, halten wir leicht für größer als entferntere, die größere Ausmaße haben. So ist es auch bei Freuden und Schmerzen. Das Gegenwärtige wirkt meist stärker, und bei einem Vergleich ist das Entfernte immer im Nachteil. So denken die meisten Menschen wie verschwenderische Erben, daß ein Weniges in der Hand besser sei als ein Viel in der Zukunft; zugunsten des Besitzes von Kleinigkeiten verzichten sie auf die Anwartschaft auf Größeres. Daß hier ein falsches Urteil vorliegt, muß jeder zugeben, gleichviel worin für ihn die Freude besteht. Denn das Künftige wird sicherlich einmal ein Gegenwärtiges; wenn auch ihm dann der Vorteil der Nähe zugute kommt, so wird es sich in seiner vollen Größe zeigen und den selbstverschuldeten Irrtum dessen enthüllen, der es nach ungleichen Maßstäben beurteilt hat. Wäre das Vergnügen des Trinkens schon in dem Augenblick,

---

* In der ersten Auflage: „und was dessen Süßigkeit erhöhen könnte". [Fraser, a. a. O., Bd. I, S. 357.]

wo man das Glas absetzt, von jener Magenverstimmung und jenem Kopfschmerz begleitet, die bei manchen Menschen innerhalb weniger Stunden mit Sicherheit folgen, so würde wohl niemand, wieviel Freude er auch am Trinken fände, unter diesen Bedingungen jemals einen Tropfen Wein über seine Lippen bringen. So aber schüttet er ihn Tag für Tag hinunter, indem er sich, durch einen kleinen Zeitunterschied getäuscht, für die üble Seite entscheidet. Wenn aber schon der Abstand weniger Stunden Freude oder Schmerz so sehr verringern kann, wieviel mehr wird erst ein größerer Zeitabstand bewirken, wenn der Mensch nicht durch ein richtiges Urteil das vollführt, was die Zeit vollführen wird, das heißt, wenn er die Dinge nicht zu sich heranrückt, sie nicht als gegenwärtig betrachtet und dann ihre wahre Größe feststellt. Auf diese Weise täuschen wir uns gewöhnlich über Freuden und Schmerzen oder über die wahren Grade von Glück und Unglück. Wir verlieren das richtige Maß für das Zukünftige und bevorzugen das Gegenwärtige als das Größere. Ich erwähne hier nicht das falsche Urteil, durch das das Abwesende nicht nur verkleinert, sondern geradezu auf ein Nichts reduziert wird, wo die Menschen das genießen, was sie im Augenblick genießen können, und sich seines Besitzes versichern, indem sie den falschen Schluß ziehen, daß nichts Übles daraus folgen werde. Denn dieser Irrtum beruht nicht auf dem Vergleich der Größe eines künftigen Gutes oder Übels, wovon wir hier reden, sondern auf einem falschen Urteil anderer Art, das sich auf das Gute oder Üble bezieht, insofern es als Ursache und Veranlassung künftiger Freuden und Leiden betrachtet wird, die sich aus ihm ergeben.

64. Die Ursache, daß wir falsch urteilen, wenn wir unsere gegenwärtigen Freuden und Leiden mit den zukünftigen vergleichen, scheint mir in *der Schwäche und Beschränktheit unseres Geistes* zu liegen. Wir können nicht gut zwei Freuden zur selben Zeit auskosten, noch weniger aber irgendein Vergnügen, wenn uns zugleich ein Schmerz bedrückt. Eine gegenwärtige Freude füllt – es sei denn, daß sie sehr schwach und kaum noch

Ursachen unseres falschen Urteils bei der Vergleichung gegenwärtiger Freuden und Leiden mit künftigen.

spürbar ist – unsere enge Seele aus und nimmt den ganzen Geist so in Anspruch, daß er kaum an abwesende Dinge denken kann. Wenn einzelne unserer Freuden nicht stark genug sind, um die Betrachtung entfernter Dinge ganz auszuschließen, so haben wir doch einen so großen Abscheu vor Schmerz, daß schon ein geringes Maß davon alle unsere Freuden auslöscht. Ein wenig Bitteres, das unserm Becher beigemischt ist, nimmt ihm allen Wohlgeschmack. So erklärt es sich, daß wir uns um jeden Preis des gegenwärtigen Übels zu entledigen suchen, dem wie man meint, nichts Abwesendes gleichkommt; denn unter dem Druck gegenwärtiger Schmerzen finden wir uns auch nicht für den geringsten Grad von Glück empfänglich. Die täglichen Klagen der Menschen sind ein sprechender Beweis dafür; der Schmerz, den jemand tatsächlich empfindet, ist immer der allerschlimmste; stets ruft man qualvoll aus: „Alles andere lieber als dies; nichts kann so unerträglich sein, als was ich jetzt erleide!" Darum sind auch alle unsere Bemühungen und Gedanken vor allen Dingen auf die Befreiung von dem gegenwärtigen Übel als der ersten und unerläßlichen Bedingung unseres Glücks gerichtet, mag hernach folgen, was da wolle. Nichts kann, wie wir glauben, das Unbehagen, was so schwer auf uns lastet, übertreffen oder ihm auch nur gleichkommen. Da der Verzicht auf eine sich gegenwärtig bietende Freude ein Schmerz ist, oft sogar ein sehr großer, dann nämlich, wenn die Nähe und der lockende Reiz eines Gegenstandes das Begehren entzündet hat, so ist es kein Wunder, daß dieses Gefühl ebenso wirkt wie der Schmerz, daß es das Künftige in unseren Gedanken verkleinert und uns gleichsam blindlings jener Freude in die Arme treibt.

Ein abwesendes Gut ist nicht in der Lage, ein gegenwärtiges Unbehagen aufzuwiegen.

65. [Es* kommt noch hinzu, daß ein abwesendes Gut oder, was dasselbe ist, eine künftige Freude, namentlich wenn sie einer uns unbekannten Art angehört, selten ein gegenwärtiges Unbehagen, sei dies durch Schmerz oder durch Begehren verursacht, aufzuwie-

---

* Zusatz der zweiten Auflage. [Fraser, a. a. O., Bd. I, S. 359.]

gen vermag. Denn da eine solche Freude nicht größer sein kann als das Wohlbehagen, das bei ihrem wirklichen Genuß empfunden wird, so neigen wir Menschen dazu, sie zu verkleinern, um für ein gegenwärtiges Begehren Platz zu machen. Wir reden uns ein, sie werde, wenn es zu einer Probe komme, möglicherweise den Angaben oder der Meinung nicht entsprechen, die im allgemeinen über sie im Umlauf sind, da wir oft erlebt haben, daß nicht nur das, was andere gepriesen hatten, sondern auch das, was von uns selbst das eine Mal mit großer Freude und vielem Vergnügen genossen wurde, sich ein anderes Mal als unschmackhaft erwiesen oder uns widerstanden hat; deshalb finden wir nichts darin, um dessentwillen wir auf einen gegenwärtigen Genuß verzichten sollten. Daß aber diese Art zu urteilen, auf die Seligkeit des künftigen Lebens angewandt, falsch ist, müssen wir zugeben; man müßte denn behaupten wollen, Gott könne diejenigen nicht glücklich machen, die er dazu auserschen hat. Denn da jenes Leben als ein Zustand der Seligkeit gedacht ist, so muß es unbedingt dem Wunsch und Begehren eines jeden Menschen angemessen sein; dürften wir annehmen, daß die Geschmacksrichtungen dort ebenso verschieden sein werden, wie sie es hier sind, so wird doch das himmlische Manna jedem Gaumen zusagen.] Soviel sei über unser falsches Urteil gesagt, das wir über gegenwärtige und zukünftige Freuden und Leiden fällen, wenn wir sie miteinander vergleichen und die abwesenden so als zukünftige betrachten.

66. II. Über *Dinge*, die *um ihrer Folgen willen* und wegen der ihnen eigenen Fähigkeit, uns in Zukunft Gutes oder Übles zu bescheren, *gut oder übel* sind, urteilen wir auf verschiedene Weise verkehrt.

Falsches Urteil bei der Betrachtung der Folgen von Handlungen.

1. Wenn wir meinen, daß von ihnen nicht so viel Übles abhänge, als es in Wahrheit der Fall ist.

2. Wenn wir meinen, daß die Folgen, auch wenn sie schwerwiegend sind, doch nicht mit Sicherheit eintreten werden, daß sie vielmehr anders ausfallen oder durch irgendein Mittel vermieden werden können, zum Beispiel durch Eifer, Gewandtheit, Sinnesänderung, Reue usw.

Daß Urteile dieser Art falsch sind, könnte ich in allen einzelnen Fällen nachweisen, wenn ich jedesmal eine eingehende Prüfung vornehmen wollte; ich will aber nur ganz allgemein das eine hervorheben, daß es ein ganz verkehrtes und unvernünftiges Verfahren ist, wenn man auf ungewisse Vermutungen hin, noch ehe eine sachgemäße Prüfung erfolgt ist, wie sie der Bedeutung des Falles und unserem Interesse an der Bewahrung vor Irrtümern entspricht, ein größeres Gut um eines geringeren willen aufs Spiel setzt. Das muß meines Erachtens jeder zugeben, namentlich dann, wenn er die gewöhnlichen Ursachen dieser Art falschen Urteilens berücksichtigt, von denen hier einige folgen mögen.

<small>Die Ursachen hiervon.</small>

67. 1. *Unwissenheit:* Wer urteilt, ohne sich auf jede ihm mögliche Weise unterrichtet zu haben, kann nicht anders als falsch urteilen.

2. *Unachtsamkeit:* Wenn jemand sogar das übersieht, was ihm an und für sich bekannt ist. Dies ist eine bestimmte, augenblickliche Unwissenheit, die unser Urteil ebenso irreführt wie die erstgenannte. Urteilen heißt gleichsam die Bilanz einer Rechnung ziehen und ermitteln, auf welcher Seite sich der Überschuß befindet. Wenn daher eine der beiden Seiten übereilt zusammengeschrieben wird und eine Anzahl der Beträge, die mit auf die Rechnung hätten kommen sollen, übersehen und ausgelassen werden, so verursacht solche Überstürzung ein ebenso falsches Urteil als wenn vollkommene Unwissenheit vorläge. Die Ursache besteht meist darin, daß eine gegenwärtige Freude oder ein gegenwärtiger Schmerz vorherrschen, die durch die Schwäche unserer leidenschaftlichen Natur, auf die alles Gegenwärtige am stärksten einwirkt, gesteigert werden. Um diese Übereilung zu verhüten, sind uns Verstand und Vernunft verliehen, die wir nur richtig gebrauchen müssen, indem wir zuerst sehen und forschen, um dann daraufhin zu urteilen. [Ohne* Freiheit würde der Verstand zwecklos sein, und ohne Verstand hätte die Freiheit

---

* Zusatz der vierten Auflage. [Fraser, a. a. O., Bd. I, S. 361.]

(wenn sie möglich wäre) keine Bedeutung. Wenn jemand erkennen würde, was ihm nützt oder schadet, was ihn glücklich oder unglücklich macht, ohne daß er imstande wäre, in dieser oder jener Richtung etwas zu unternehmen, was hülfe ihm dann seine Erkenntnis? Wenn jemand die Freiheit hätte, in vollkommener Finsternis umherzuschweifen, wäre er mit seiner Freiheit besser daran als eine von der Kraft des Windes hin- und hergetriebene Schaumblase? Ob man durch einen blinden Impuls von außen oder von innen bewegt wird, ist kein großer Unterschied. Der erste und größte Nutzen der Freiheit ist also der, daß sie blinde Übereilung verhütet; die Ausübung der Freiheit besteht im wesentlichen darin, daß wir haltmachen, unsere Augen öffnen, Umschau halten und uns von den Folgen dessen, was wir tun wollen, in dem Maße einen Überblick verschaffen, wie es die Bedeutung des Falles erfordert.] In welchem Umfang Trägheit und Nachlässigkeit, Hitze und Leidenschaft, die Macht der Gewohnheit oder erworbene Abneigung im einzelnen zu diesen verkehrten Urteilen gelegentlich beitragen, will ich hier nicht weiter untersuchen.

[Ich* möchte nur noch ein falsches Urteil hinzufügen, dessen Erwähnung mir notwendig erscheint, weil es, trotz seines großen Einflusses, doch vielleicht nur wenig beachtet wird.

68. Daß alle Menschen das Glück begehren, steht außer Zweifel. Sind sie jedoch frei von Schmerz, so sind sie, wie gesagt, mit jeder Freude, die zur Hand ist oder die ihnen durch Gewohnheit lieb geworden ist, zufrieden. Da sie glücklich sind – bis ein neues

<small>Falsches Urteil darüber, was zu unserm Glück notwendig ist.</small>

---

* Die eingeklammerten Sätze bis zum Anfang des § 70 sind ein Zusatz der zweiten Auflage. In der ersten Auflage heißt es: „Soviel, glaube ich, ist gewiß, daß die Wahl des Willens überall durch das größer scheinende Gut bestimmt wird, wie falsch der Verstand dieses auch darstellen mag. Es wäre unmöglich, daß die Menschen in der Welt so verschiedene Wege gingen, wie es tatsächlich der Fall ist, wenn sie nicht verschiedene Maßstäbe für das Gute und Üble hätten. Dennoch aber muß…". [Fraser, a. a. O., Bd. I, S. 361.]

Begehren dadurch, daß es ihnen ein Unbehagen verursacht, dieses Glück stört und ihnen zeigt, daß sie nicht glücklich sind –, blicken sie nicht weiter, noch wird ihr Wille zu einer Handlung bestimmt, um ein anderes bekanntes oder scheinbares Gut zu erstreben. Denn da wir finden, daß wir nicht alle Arten von Gütern genießen können, das eine vielmehr das andere ausschließt, richten wir unser Begehren nicht auf jedes größer scheinende Gut, sofern wir nicht der Ansicht sind, daß es für unser Glück unentbehrlich ist. Wenn wir glauben, wir könnten ohne es glücklich sein, so bewegt es uns nicht. Dies ist eine andere Ursache, weshalb die Menschen falsch urteilen, wenn sie etwas zu ihrem Glück nicht für nötig halten, was es in der Tat ist. Dieser Irrtum führt uns auf Abwege, nicht nur bei der Wahl des Gutes, das wir anstreben, sondern oft auch bei der Wahl der Mittel dafür, nämlich dann, wenn es sich um ein entferntes Gut handelt. Gleichviel aber, worin der Irrtum besteht, sei es darin, daß man sein Glück da sucht, wo es in Wirklichkeit nicht ist, oder daß man die Mittel dazu, weil man sie für nicht notwendig ansieht, vernachlässigt, – wenn jemand seinen Hauptlebenszweck, das Glück, verfehlt, so wird er zugeben, daß er falsch geurteilt hat. Was zu diesem Irrtum beiträgt, sind die wirklichen oder vermeintlichen Unannehmlichkeiten der Handlungen, die zu diesem Ziel führen. Den Menschen erscheint es so widersinnig, daß man sich um des Glückes willen unglücklich machen sollte, daß sie sich nicht leicht dazu entschließen.

Wir können das Angenehme oder Unangenehme in den Dingen ändern.

69. Die letzte Frage, die unseren Gegenstand betrifft, ist also die, ob es in unseren Kräften steht, das Angenehme oder Unangenehme, das irgendeine Art von Handlungen begleitet, zu ändern. In vielen Fällen ist das offenbar möglich. Der Mensch kann und soll seinen Gaumen korrigieren und Dingen einen Geschmack abgewinnen, die in Wirklichkeit oder nur in der Einbildung des Menschen keinen haben. Der Geschmack des Geistes ist ebenso mannigfaltig wie der des Körpers und kann ebenso wie dieser verändert werden. Es ist also ein Irrtum zu meinen, jemand könne, wenn er

alles tut, was in seinen Kräften steht, doch das Unangenehme und Gleichgültige, das manchen Handlungen anhaftet, nicht in Angenehmes und Erwünschtes verwandeln. In manchen Fällen läßt sich dies schon durch richtige Überlegung erreichen, in den meisten durch Übung, Anstrengung und Gewöhnung. Es ist möglich, daß jemand Brot und Tabak verschmäht, obwohl ihm deren Zuträglichkeit nachgewiesen ist, weil sie ihm gleichgültig sind oder ihm nicht schmecken; Vernunft und Überlegung aber empfehlen ihm zunächst einen Versuch und veranlassen ihn zu diesem, der Gebrauch findet oder die Gewohnheit machen sie dann schmackhaft. Daß es sich mit der Tugend ebenso verhält, ist ganz gewiß. Handlungen sind entweder an sich angenehm oder unangenehm, oder sie sind es als Mittel zu einem größeren und erstrebenswerteren Ziel. Das Verzehren eines gut zubereiteten, unserm Geschmack entsprechenden Gerichtes kann schon durch den Genuß, den das bloße Essen mit sich bringt, ohne Rücksicht auf irgendeinen andern Zweck, den Geist bewegen; der Gedanke an die Freude, die sich aus Gesundheit und Kraft (die durch jenes Gericht gefördert werden) ergibt, kann einen neuen *Genuß* hinzufügen, der uns zu bestimmen vermag, einen unschmackhaften Trank hinunterzuschlucken. Im letztgenannten Fall wird eine Handlung allein schon dadurch mehr oder weniger angenehm, daß wir unsern Endzweck ins Auge fassen und mehr oder weniger davon überzeugt sind, daß sie zu diesem hinführt oder mit ihm in notwendiger Verbindung steht; die Freude an der Handlung selbst aber wird am besten durch Gewohnheit und Übung erworben und erhöht. Die Erprobung söhnt uns oft mit etwas aus, was wir aus der Ferne mit Abneigung betrachtet haben; sie bringt uns durch mehrmalige Wiederholung dahin, daß wir etwas angenehm finden, was uns beim ersten Versuch vielleicht mißfiel. Gewohnheiten üben einen starken Reiz aus und verleihen den Dingen, die uns vertraut sind, eine solche Anziehungskraft des Behagens und der Annehmlichkeit, daß wir solche Handlungen nicht unterlassen oder wenigstens nicht leichten

Herzens unterlassen können, die uns durch stete Übung geläufig geworden sind und sich uns darum immer wieder nahelegen. Obwohl das klar vor Augen liegt und die Erfahrung jedem zeigt, daß er so verfahren kann, so wird doch dieses Mittel in dem Streben nach Glück in einem Grade vernachlässigt, daß es wahrscheinlich als Paradoxon empfunden wird, wenn ich behaupte, die Menschen könnten sich Dinge oder Handlungen mehr oder weniger angenehm *gestalten* und dadurch demjenigen Umstand abhelfen, dem man mit Recht viele ihrer Verirrungen zur Last legen darf. Wenn die Mode und die herrschende Meinung erst falsche Begriffe, die Erziehung und die Sitte erst üble Gewohnheiten fest begründet haben, wird der eigentliche Wert der Dinge verkannt und der Geschmack der Menschen verdorben. Man sollte sich bemühen, diesen zu verbessern; entgegengesetzte Gewohnheiten sollten unsere Freuden umgestalten und uns das schmackhaft machen, was für unser Glück notwendig oder förderlich ist. Jeder muß zugeben, daß er dazu imstande ist. Wenn sein Glück verloren gegangen ist und ihn Unglück heimsucht, so wird er anerkennen, daß er, als er es außer acht ließ, falsch gehandelt hat, und er wird sich dafür selbst verurteilen. Ich frage jeden, ob er das nicht schon oft getan hat.

Das Laster der Tugend vorzuziehen, ist offenbar ein falsches Urteil.

70. Ich will an dieser Stelle nicht noch weiter auf die falschen Urteile der Menschen eingehen, noch auf die Vernachlässigung dessen, was in ihren Kräften steht, wodurch sie sich selbst in die Irre führen. Das würde einen ganzen Band füllen und ist nicht meine Aufgabe. Gleichviel aber, welche falschen Begriffe und welche sträfliche Vernachlässigung dessen, was in ihren Kräften steht, die Menschen vom Pfad des Glücks abbringt und sie, wie wir sehen, so verschiedene Lebenswege einschlagen läßt, so ist doch das eine gewiß, daß] die auf ihren wahren Grundlagen errichtete Moral jeden, der seine Überlegung gebrauchen will, unbedingt in seiner Wahl bestimmen muß. Wer nicht soweit als vernünftiges Wesen handeln will, daß er über *unendliche* Seligkeit und Unseligkeit ernstlich nachdenkt, muß sich notwendig selber als einen Menschen verurteilen, der seinen

Verstand nicht so gebraucht, wie er sollte. Die Belohnungen und Strafen in einem anderen Leben, die der Allmächtige festgesetzt hat, um die Befolgung seiner Gesetze zu erzwingen, sind gewichtig genug, um gegenüber allen Freuden oder Leiden, die dieses Leben bieten kann, unsere Wahl zu bestimmen, auch wenn man die Ewigkeit nur als reine Möglichkeit betrachtet, woran niemand einen Zweifel hegen kann. Wer zugibt, daß unvergleichliche, nie endende Seligkeit auch nur die mögliche Folge eines guten Lebens auf Erden und der entgegengesetzte Zustand der mögliche Lohn eines schlechten sein könne, muß eingestehen, daß er durchaus verkehrt urteile, wenn er nicht daraus schließt, daß ein tugendhaftes Leben mit der sicheren Erwartung ewig währender Seligkeit, die kommen mag, einem lasterhaften Lebenswandel vorzuziehen sei, der in der Furcht vor jenem entsetzlichen Zustand des Elends geführt wird, das möglicherweise über den Schuldigen kommen mag, oder im günstigsten Fall in der schrecklichen, unsicheren Hoffnung auf Vernichtung. Dies gilt augenscheinlich auch für den Fall, daß das tugendhafte Leben hier auf Erden nichts als Leid, das lasterhafte fortgesetzte Freude mit sich brächte, was in der Wirklichkeit jedoch meist gar nicht zutrifft. Die bösen Menschen können sich selbst hinsichtlich ihres gegenwärtigen Besitzes keiner großen Vorteile rühmen; ja, wenn man alles recht bedenkt, sind sie meiner Ansicht nach schon auf Erden im Nachteil. Wenn aber unendliche Seligkeit in die eine, unendliches Elend in die andere Waagschale gelegt wird, wenn das Schlimmste, was den Frommen trifft, falls er sich irrt, das Beste ist, was der Böse erreichen kann, falls er recht hat, wer wollte es daraufhin wagen, wenn er nicht den Verstand verloren hat? Welcher Vernünftige wird sich der Möglichkeit unendlichen Elends auszusetzen wünschen, falls er, auch wenn er ihm entgeht, durch dieses Wagnis nichts zu gewinnen hat? Der Verständige dagegen setzt bei dem möglichen Gewinn unendlicher Glückseligkeit nichts aufs Spiel, wenn sich seine Erwartung nicht erfüllt. Hat der gute Mensch recht, so ist er ewig glücklich; irrt er sich, so ist er nicht unglücklich; er fühlt nichts. Hat der böse Mensch dagegen recht, so ist er nicht glücklich; irrt er sich aber, so ist er unendlich unglücklich. Muß es nicht ein ganz augenscheinlich falsches Urteil sein, das nicht sofort sieht, welche Seite in diesem Fall den Vorzug verdient? Ich habe es vermieden, irgend etwas über die Gewißheit oder Wahrscheinlichkeit eines künftigen Daseins zu sagen; denn ich hatte nur die Absicht, das falsche Urteil zu zeigen, das auf Grund eigener Richtlinien – sie seien, wie sie wollen – gefällt zu haben, jeder zugestehen muß, der aus irgendwelchen Rücksichten die flüchtigen Freuden eines lasterhaften Lebens bevorzugt, während ihm doch bekannt ist, ja notwendig gewiß sein muß, daß ein künftiges Leben zumindest möglich ist.

Zusammenfassung: Freiheit des indifferenten Verhaltens.

71. [Ich* komme nun zum Schluß dieser Untersuchung über die *menschliche Freiheit*. Ich fürchtete von Anfang an, daß in meiner Darstellung, so wie sie ursprünglich lautete, ein Fehler stecke; nach ihrer Veröffentlichung hegte einer meiner Freunde, ein überaus urteilsfähiger Mann, dieselbe Vermutung, ohne mir den Fehler im einzelnen bezeichnen zu können; daher sah ich mich zu einer genaueren Durchsicht dieses Kapitels veranlaßt. Dabei stieß ich auf ein ganz geringfügiges, kaum bemerkbares Versehen, das darin bestand, daß ich ein

---

* In der ersten Auflage folgt (als § 46) folgender Abschnitt: „Bei dieser *einfachen Idee der Kraft* habe ich Gelegenheit genommen, auch unsere Ideen von *Wille, Willensäußerung, Freiheit* und *Notwendigkeit* zu erörtern, die man allerdings vielleicht besser unter die komplexen Ideen einreihen könnte, weil sie einen mehr gemischten Charakter tragen als die reinen einfachen Modi. Denn der *Wille* schließt beispielsweise in sich die Idee einer Kraft, die es ihm ermöglicht, die Ausführung einer bestimmten Einzelhandlung, an die er gedacht hat, ihrer Nichtausführung vorzuziehen und umgekehrt. Diese Bevorzugung ist aber in Wirklichkeit ein Modus des Denkens, m. a. W. die durch das Wort *Wille* bezeichnete Idee ist eine komplexe und gemischte, die aus den einfachen Ideen der Kraft und eines bestimmten Modus des Denkens besteht. Die Idee der *Freiheit* aber ist in noch höherem Maße komplex, da sie aus der Idee der Kraft, einem Willensakt entsprechend zu handeln oder nicht zu handeln, gebildet ist. Ich hoffe aber, man wird mir verzeihen,

dem Schein nach unwesentliches Wort für ein anderes* eingesetzt hatte. Diese Entdeckung führte mich zu meiner gegenwärtigen Anschauung, die ich hiermit in der zweiten Auflage der Gelehrtenwelt vorlege. Sie lautet, kurz gesagt, folgendermaßen: *Freiheit* ist eine Kraft, entsprechend der Weisung des Geistes zu handeln oder nicht zu handeln. Die Kraft, die Fähigkeiten des Wirkens in den einzelnen Fällen zur Bewegung oder zur Ruhe zu veranlassen, nennen wir den *Willen.* Dasjenige, was innerhalb der Reihe unserer willkürlichen Handlungen den Willen zu einer Änderung des Wirkens bestimmt, ist *irgendein gegenwärtiges Unbehagen,* das in einem *Begehren* besteht oder wenigstens stets davon begleitet ist. Das Begehren wird immer durch ein Übel erregt, dem wir entfliehen möchten, weil vollständige Schmerzlosigkeit jederzeit einen notwendigen Bestandteil unseres Glücks ausmacht. Aber nicht jedes Gut, ja nicht einmal jedes größere Gut, ruft regelmäßig unser Begehren hervor, weil es möglicherweise keinen notwendigen Bestandteil unseres Glückes bildet oder vielleicht nicht dafür gehalten wird. Denn alles, was wir begehren, ist, glücklich zu sein. Wenn aber auch dieses allgemeine Begehren nach Glück fortwährend und unveränderlich wirkt, so *kann* doch die Befriedigung jedes besonderen Begehrens *hinausgeschoben werden* und die Bestimmung des Willens zu einer zweck-

wenn ich von der Methode, die ich mir selbst vorgeschrieben habe, ein wenig abgewichen bin, um einige besonders wichtige Ideen zu erläutern, wie die des *Willens,* der *Freiheit* und der *Notwendigkeit,* die sich an dieser Stelle gleichsam von selbst anboten und aus ihrer eigentlichen Wurzel entsprangen. Da ich außerdem weiter oben ausführlich genug durch Beispiele von verschiedenen *einfachen Modi* gezeigt habe, was ich darunter verstehe und wie der Geist sie erlangt (alle einzelnen Ideen jeder Art aufzuzählen ist nämlich nicht meine Absicht), so mögen *Wille, Freiheit* und *Notwendigkeit* als Beispiel *gemischter Modi* dienen; von dieser Art von *Ideen* will ich nun zunächst handeln." [Fraser, a. a. O., Bd. I, S. 366.]

* In der ersten Auflage stand in § 28 für „Handlungen", „Dinge"; vgl. den Brief Lockes an Molyneux vom 15. Juli 1693, den Fraser zitiert. [Bd. I, S. 366.]

fördernden Handlung unterbleiben, bis wir reiflich geprüft haben, ob das einzelne Gut, das wir vor Augen haben und gerade jetzt begehren, einen Teil unseres wirklichen Glücks bildet, oder ob es mit ihm vereinbar oder unvereinbar ist. Das Ergebnis unseres Urteils nach einer solchen Prüfung ist das, was letztlich den Menschen bestimmt, der nicht *frei* sein könnte, wenn sein Wille durch irgend etwas anderes als durch sein vom eigenen Urteil geleiteten Begehren bestimmt wäre.] [Ich* weiß, daß die Freiheit des Menschen von manchen Leuten in eine seinem Willensentschluß voraufgehende Indifferenz gesetzt wird. Ich wünschte, die eifrigen Verfechter dieser sogenannten Indifferenz hätten uns deutlich gesagt, ob diese angebliche Indifferenz dem Denken und Urteilen des Verstandes ebenso voraufgeht wie dem Entschluß des Willens. Denn ihn zwischen beide einzureihen, das heißt unmittelbar *hinter* das Urteil des Verstandes und *vor* die Entscheidung des Willens, bietet beträchtliche Schwierigkeiten, weil die Willensentscheidung dem Verstandesurteil unmittelbar folgt; wenn man aber die Freiheit in einer dem Denken und Urteilen des Verstandes voraufgehenden Indifferenz bestehen läßt, so scheint mir, daß man sie damit in eine Dunkelheit hüllt, in der wir sie weder sehen noch etwas über sie aussagen können; wenigstens wird sie dann einem Wesen beigelegt, dem die Fähigkeit für sie abgeht; denn keinem wirkenden Wesen wird die Fähigkeit zur Freiheit anders zugeschrieben als unter der Voraussetzung, daß es denkt und urteilt. Ich bin nicht wählerisch in den Ausdrücken und will meinetwegen mit denen, die an diesen Worten hängen, sagen, die Freiheit bestehe in einer Indifferenz; nur ist es eine Indifferenz, die nach dem Urteil des Verstandes, ja selbst nach der Entscheidung des Willens, noch übrig bleibt, nämlich nicht eine Indifferenz des *Menschen* (denn nachdem man einmal darüber geurteilt hat, was das beste ist, zu handeln oder nicht zu handeln,

* Zusatz der französischen Übersetzung von Coste. [Fraser, a. a. O., Bd. I, S. 367.]

ist man nicht länger indifferent), sondern eine Indifferenz *der wirkenden Kräfte des Menschen.* Diese bleiben nach wie vor der Willensentscheidung gleichermaßen imstande, zu handeln oder das Handeln zu unterlassen. Man mag den Zustand, in dem sie sich befinden, immerhin Indifferenz nennen. Soweit nun diese Indifferenz reicht, ist der Mensch frei, aber nicht weiter. Ich bin zum Beispiel imstande, meine Hand zu bewegen oder sie ruhen zu lassen. Jene wirkende Kraft ist gegenüber dem Bewegen oder Nichtbewegen meiner Hand indifferent. In dieser Hinsicht bin ich dann vollkommen frei. Bestimmt mein Wille jene wirkende Kraft zur Ruhe, so bin ich gleichwohl frei, weil die Indifferenz jener meiner wirkenden Kraft, die handeln oder nicht handeln kann, noch immer andauert; die Kraft, meine Hand zu bewegen, wird durch die Entscheidung meines Willens überhaupt nicht beeinträchtigt, der im Augenblick Ruhe befiehlt. Die Indifferenz jener Kraft, zu handeln oder nicht zu handeln, besteht nach wie vor; das zeigt sich, wenn der Wille sie auf die Probe stellt, indem er das Gegenteil anordnet. Wenn aber meine Hand in der Ruhelage von einer plötzlichen Lähmung befallen wird, dann ist die Indifferenz jener wirkenden Kraft und damit auch meine Freiheit dahin; ich bin nun in dieser Hinsicht nicht mehr frei, sondern unterliege der Notwendigkeit, meine Hand ruhen zu lassen. Wird andererseits meine Hand durch einen Krampf in Bewegung versetzt, so wird die Indifferenz der Fähigkeit zu wirken durch die Bewegung aufgehoben; meine Freiheit geht in diesem Fall verloren, weil ich der Notwendigkeit unterliege, meine Hand sich bewegen zu lassen. Ich habe dies hinzugefügt, um zu zeigen, in welcher Art von Indifferenz mir die Freiheit allein zu bestehen scheint; nur diese und keine andere, sei sie wirklich oder eingebildet, kann ich anerkennen.]

72. [Richtige* Begriffe über die Natur und den Umfang der *Freiheit* sind von so großer Bedeutung, daß man mir hoffentlich diese Abschweifung verzeihen wird, Aktive und passive Kraft in Bewegung und Denken.

---

* Zusatz der zweiten Auflage. [Fraser, a. a. O., Bd. I, S. 369.]

die durch mein Bestreben, diesen Punkt aufzuklären, veranlaßt war. Die Ideen des Willens, der Willensäußerung, der Freiheit und der Notwendigkeit traten mir in diesem Kapitel über die Kraft von selbst in den Weg. In einer früheren Auflage dieser Abhandlung legte ich meine Gedanken über diese Ideen so dar, wie es meiner damaligen Einsicht entsprach. Als Freund der Wahrheit, der kein blinder Verehrer seiner eigenen Lehren ist, bekenne ich mich jetzt zu einer Änderung in meinen Ansichten, für die ich Gründe entdeckt zu haben glaube. In meiner ersten Darstellung folgte ich unvoreingenommen der Wahrheit, wohin sie mich zu führen schien. Ich bin aber weder so eitel, mich als unfehlbar anzusehen, noch so unaufrichtig, um aus Furcht vor Gefährdung meines Rufes meine Irrtümer zu verbergen; darum habe ich mich in dem gleichen aufrichtigen Streben nach Wahrheit nicht gescheut, das zu veröffentlichen, was eine genauere Untersuchung mir gezeigt hat. Es ist nicht ausgeschlossen, daß manche Leser meine früheren Gedankengänge für richtig halten, andere (wie ich schon bemerkt habe) die jetzigen, noch andere keine von beiden. Über diese Verschiedenheit in den Anschauungen der Menschen wundere ich mich nicht im geringsten, weil unvoreingenommene Darlegungen über strittige Fragen der Vernunft so selten angestellt werden und exakte Darlegungen über abstrakte Begriffe nicht ganz leicht sind, zumal wenn sie einen gewissen Umfang erreichen. Darum würde ich jedem nicht wenig zu Dank verpflichtet sein, der, von diesen oder anderen Grundlagen ausgehend, alle etwa noch übrigbleibenden Schwierigkeiten in der Frage der *Freiheit* vollständig aus dem Wege räumen wollte.]

[Es* wird vielleicht zweckmäßig sein und uns zu klareren Vorstellungen über die *Kraft* verhelfen, wenn wir unser Denken – ehe ich dieses Kapitel schließe – etwas eingehender auf das richten, was *Tätigkeit* heißt. Weiter oben habe ich gesagt, daß wir nur von zweierlei Arten von Tätigkeit Ideen besitzen, nämlich von der

---

* Zusatz der vierten Auflage. [Fraser, a. a. O., Bd. I, S. 370.]

Bewegung und vom Denken. Diese heißen zwar Tätigkeiten und gelten als solche; bei näherer Betrachtung wird sich aber ergeben, daß sie es in Wahrheit gar nicht immer sind. Denn wenn ich nicht irre, so gibt es für beide Arten Beispiele, die sich bei richtiger Betrachtung eher als ein Erleiden denn als Tätigkeit erweisen; sie sind mithin lediglich die Wirkungen der *passiven Kräfte* in den Wesen, die doch um ihretwillen als handelnde Wesen gelten. Denn in diesen Fällen empfängt die Substanz, die sich bewegt oder denkt, den Eindruck, durch den sie in diese Tätigkeit versetzt wird, lediglich von außen; sie handelt mithin nur durch ihre Fähigkeit, solch einen Eindruck von einem äußeren handelnden Wesen zu empfangen; eine solche Kraft aber ist keine eigentlich aktive Kraft, vielmehr nichts als eine passive Fähigkeit des Subjekts. Zuweilen versetzt sich die Substanz oder das handelnde Wesen selbst durch seine eigene Kraft in Tätigkeit; das ist im eigentlichen Sinne *aktive Kraft*. Jede Modifikation, die einer Substanz gehört und wodurch sie irgendeine Wirkung hervorruft, nennen wir Tätigkeit. So wirkt etwa eine feste Substanz durch eine Bewegung auf die sinnlich wahrnehmbaren Ideen einer zweiten Substanz ein oder verändert sie; deshalb nennen wir diese Modifikation der Bewegung eine Tätigkeit. Gleichwohl ist aber die Bewegung in jener festen Substanz, recht betrachtet, nur ein Erleiden, falls sie sie lediglich von einem äußeren handelnden Wesen empfangen hat. Die aktive Kraft der Bewegung ist also in keiner Substanz vorhanden, die nicht im Ruhezustand in sich selbst oder in einer anderen Substanz eine Bewegung beginnen kann. Ebenso nennen wir beim Denken die Kraft, durch Einwirkung einer äußeren Substanz Ideen oder Gedanken zu empfangen, eine Kraft des Denkens. Sie ist jedoch nur eine passive Kraft oder Aufnahmefähigkeit. Wenn wir dagegen imstande sind, Ideen, die dem Blick entzogen waren, willkürlich wieder in unseren Gesichtskreis zu rücken und nach Belieben einzelne von ihnen miteinander zu vergleichen, so ist das eine aktive Kraft. Diese Erwägung mag vielleicht etwas dazu beitragen, Irrtümern über Kräfte und Tätigkeiten vorzubeugen, zu denen uns die Grammatik und die gewöhnliche Beschaffenheit der Sprachen leicht verführen. Denn das, was die von den Grammatikern „aktiv" genannten Verba bezeichnen, stellt nicht immer eine Tätigkeit dar; zum Beispiel bezeichnen die Sätze „ich *sehe* den Mond oder einen Stern" und „ich *fühle* die Wärme der Sonne", obwohl sie mit einem aktiven Verbum gebildet sind, nicht eine in mir vorgehende Tätigkeit, durch die ich auf jene Substanzen einwirke; sie besagen vielmehr nur, daß ich die Ideen des Lichts, der runden Gestalt und der Wärme in mich aufnehme. Ich verhalte mich dabei nicht aktiv, sondern lediglich passiv; ja ich kann bei der Stellung meiner Augen oder der Haltung meines Körpers gar nicht umhin, jene Ideen aufzunehmen. Sobald ich aber meine Augen in eine andere Richtung wende oder meinen Körper dem Bereich der Sonnenstrahlen entziehe, bin ich aktiv im eigentlichen Sinne, weil ich auf Grund eigener Wahl, durch eine mir innewohnende Kraft, diese Bewegung vollziehe. Solch eine Tätigkeit ist das Ergebnis einer aktiven Kraft.]

Überblick über unsere ursprünglichen Ideen.

73. Ich habe somit in kurzen Zügen einen Überblick über *unsere ursprünglichen Ideen* gegeben, aus denen alle übrigen abgeleitet und gebildet sind. Wenn ich sie philosophisch betrachte und prüfe, auf welchen Ursachen sie beruhen und woraus sie zusammengesetzt sind, so lassen sie sich meines Erachtens alle auf die folgenden wenigen primären und ursprünglichen Ideen zurückführen:

Ausdehnung,
Festigkeit,
Beweglichkeit oder die Kraft, bewegt zu werden, die wir durch unsere Sinne von den Körpern erhalten;

Wahrnehmungsfähigkeit oder die Kraft, wahrzunehmen oder zu denken,

Bewegungsfähigkeit oder die Kraft, zu bewegen, die wir mittels der Reflexion von *unserem Geist* erhalten.

Ich bitte um die Erlaubnis, diese beiden neugebildeten Wörter verwenden zu dürfen, um der Gefahr zu entgehen, beim Gebrauch zweideutiger Ausdrücke mißverstanden zu werden.

Fügen wir noch hinzu:
Dasein,
Dauer,
Zahl,
die beiden Gruppen gleichzeitig angehören, so haben wir vielleicht sämtliche ursprünglichen Ideen, auf denen alle anderen beruhen. Denn mit diesen könnte man meines Erachtens die Natur der Farben, Töne, Geschmacksarten, Gerüche und *aller anderen Ideen, die wir haben, erklären,* wenn nur unsere Sinne scharf genug wären, um die in verschiedener Weise modifizierten Ausdehnungen und Bewegungen der kleinen Körperchen wahrzunehmen, die jene verschiedenen Sensationen in uns erzeugen. Meine gegenwärtige Aufgabe besteht aber nur darin, die Kenntnisse von den Dingen zu untersuchen, die der Geist aus den Ideen und Erscheinungen erlangt, zu deren Aufnahme er von Gott ausgerüstet ist; ferner will ich die Art und Weise prüfen, wie er diese Kenntnisse gewinnt; es gehört aber nicht zu meiner Absicht, nach den Ursachen und der Entstehungsweise jener Ideen zu fragen. Daher will ich mich nicht im Widerspruch zu dem Zweck dieser *Abhandlung* damit befassen, die eigentümliche Beschaffenheit der *Körper* und den Aufbau ihrer Teile philosophisch zu ergründen, wodurch *sie* die Kraft besitzen, in uns die Ideen ihrer sinnlich wahrnehmbaren Qualitäten zu erzeugen. Auf diese Untersuchung möchte ich mich nicht weiter einlassen; denn für meine Zwecke reicht die Feststellung aus, daß Gold oder Safran die Kraft haben, in uns die Idee „gelb" zu erzeugen, Schnee oder Milch die Kraft, die Idee „weiß" hervorzurufen; und zwar erlangen wir sie allein durch unseren Gesichtssinn, ohne daß wir die Struktur der Bestandteile jener Körper untersuchen oder nach der besonderen Gestalt oder Bewegung der Teile forschen, die von ihnen zurückgeworfen werden, um so jene besondere Sensation zu erzeugen. Wenn wir natürlich über die in unserem Geist vorhandenen bloßen Ideen hinausgehen und nach ihren Ursachen fragen wollen, so können wir uns in keinem sinnlich wahrnehmbaren Objekt etwas anderes vorhanden denken, wodurch

es in uns die verschiedenen Ideen erzeugt, als die verschiedenartige Größe, Gestalt, Anzahl, Beschaffenheit und Bewegung seiner sinnlich nicht wahrnehmbaren Teilchen.

Anmerkung zum XXI. Kapitel

In der ersten Ausgabe der Abhandlung standen unmittelbar nach § 27 die folgenden Abschnitte, die in der zweiten Auflage zum größten Teil ausgelassen und durch die obenstehenden §§ 28–60 ersetzt wurden:

28. *Zweitens* müssen wir bedenken, daß die *Willensäußerung* oder der *Wille,* soweit wir nur das in unseren Kräften stehende betrachten, in nichts anderem besteht als darin, daß wir die Ausführung einer Handlung ihrer Nichtausführung vorziehen, eine Tätigkeit der Ruhe und *umgekehrt*. Was ist nun aber dieses *Vorziehen?* Es besteht in nichts anderem als darin, *daß man an dem einen mehr Gefallen findet als an dem anderen.* Kann denn aber der Mensch ebensogut durch das eine Ding wie durch das andere erfreut werden oder nicht erfreut werden? Steht es in seinem Belieben, ob er durch das eine mehr erfreut werden will als durch das andere, oder ob er das nicht will? Diese Frage dürfte wohl jeder auf Grund eigener Erfahrung mit nein beantworten. Hieraus folgt:

29. *Drittens,* daß der Wille oder das Vorziehen durch *etwas außer ihm Liegendes* bestimmt wird. Sehen wir also zu, worin es besteht. Wenn der Wille, wie gezeigt wurde, nur in einem Besser-Gefallen besteht, so ist es leicht zu erkennen, was den Willen bestimmt, was ihm am besten gefällt: Jeder weiß, daß es das Glück ist oder dasjenige, was einen Bestandteil des Glücks ausmacht oder dazu beiträgt. Dies aber nennen wir das *Gute.* Glück und Unglück sind die Namen für zwei Extreme, deren äußerste Grenzen uns unbekannt sind. Sie sind das, was *„kein Auge gesehen, kein Ohr gehört hat"* und was *„in keines Menschen Herz gekommen ist, um ver-*

standen zu werden." * Von einzelnen Graden dieser beiden Dinge haben wir jedoch sehr lebhafte Eindrücke, die durch bestimmte Fälle von Lust und Freude einerseits, von Leid und Kummer andererseits erzeugt werden. Ich will sie der Kürze halber unter den Namen Freude und Schmerz zusammenfassen, wobei es sowohl Freude und Schmerz des Geistes als auch des Körpers gibt. „*Bei ihm ist die Fülle der Lust und Freude in Ewigkeit;*** oder richtiger gesagt, sie gehören alle dem Geiste an, obwohl manche von ihnen im Geist aus dem Denken entspringen, andere im Körper durch die Bewegung entstehen. Glück ist demnach die größte Freude, deren wir fähig sind, und Unglück der größte Schmerz. Weil nun Freude und Schmerz in einem verschieden starken Maße dadurch in uns entstehen, daß bestimmte Objekte entweder auf unseren Geist oder auf unseren Körper einwirken, so bemühen wir uns um das, was in uns Freude zu erzeugen geeignet ist; wir nennen es ein *Gut;* was aber Schmerz in uns zu erzeugen vermag, vermeiden wir und nennen es ein *Übel.* Dies geschieht aus keinem anderen Grunde, als weil solche Dinge geeignet sind, Freude und Schmerz in uns zu erzeugen, worin unser Glück oder Unglück besteht. Weil ferner mit Recht auch von den Graden der Freude und des Schmerzes der eine dem anderen vorgezogen wird, geschieht es, obgleich alles, was irgendeinen Grad von Freude zu erzeugen geeignet ist, an sich gut, alles, was irgendeinen Grad von Schmerz hervorzurufen vermag, übel ist, doch oft, daß wir es nicht so nennen; dann nämlich, wenn es mit einem größeren seiner Art in Wettbewerb tritt. Wenn wir also richtig abwägen, was wir *gut* und was wir *übel* nennen, so finden wir, daß dabei der Vergleich eine große Rolle spielt; denn die Ursache eines jeweils geringeren Grades von Schmerz, wie auch eines höheren Grades von Freude, hat den Charakter des Guten und umgekehrt; und sie ist das, was unsere Wahl

---

* Vgl. 1. Kor. 2,9.
** Vgl. Ps. 16,11.

bestimmt und unser Vorziehen herausfordert. Somit *ist es das Gut, das größere Gut, das den Willen bestimmt.*

30. Dies ist keine Unvollkommenheit des Menschen, sondern die höchste Vollkommenheit vernunftbegabter Wesen; es ist so wenig eine Beeinträchtigung oder Verringerung der *Freiheit,* daß es vielmehr gerade deren höheren Wert und Vorzug ausmacht; es ist nicht eine Verkürzung, sondern Zweck und Nutzen unserer Freiheit; je weiter wir uns davon entfernen, durch das Gute bestimmt zu werden, um so näher sind wir dem Unglück und der Knechtschaft. Eine vollkommene Indifferenz des Willens oder der Kraft des Vorziehens, die durch die zu erwartenden guten oder bösen Folgen unserer Wahl nicht zu beeinflussen wäre, würde weit davon entfernt sein, Gewinn und Vorzug für ein vernunftbegabtes Wesen zu bedeuten; sie würde vielmehr eine ebenso große Unvollkommenheit sein, wie es auf der anderen Seite eine solche wäre, wenn die Indifferenz gegenüber dem Handeln und Nichthandeln vor der Willensentscheidung fehlte. Der Mensch hat die Freiheit, die Hand zum Kopf zu erheben od. sie im Ruhezustand zu belassen; beiden Möglichkeiten steht er vollkommen indifferent gegenüber. Es würde eine Unvollkommenheit des Menschen sein, wenn er diese Kraft nicht hätte, wenn er dieser Indifferenz beraubt wäre. Aber eine ebenso große Unvollkommenheit würde es sein, wenn er gegenüber der Frage indifferent bliebe, ob er die Hand erheben oder sie ruhen lassen sollte, falls er dadurch Kopf oder Augen vor einem Schlag, den er kommen sieht, schützen könnte. Es ist eine ebenso große *Vollkommenheit,* daß die Kraft des Vorziehens *durch das Gute bestimmt* wird, wie daß die Kraft des *Handelns durch den Willen bestimmt* wird; je sicherer solche Bestimmung erfolgt, um so größer ist die Vollkommenheit.

31. Richten wir den Blick auf jene höheren Wesen über uns, die ein vollkommenes Glück genießen, so haben wir guten Grund zu der Annahme, daß sie bei der Wahl des Guten noch stetiger bestimmt werden als wir; jedoch haben wir keinen Anlaß zu glauben, daß sie

weniger glücklich oder weniger frei seien. Ja, wenn es sich für solche arme, endliche Geschöpfe, wie wir es sind, geziemte, über das zu urteilen, was unendliche Weisheit und Güte zu tun vermögen, so könnten wir, denke ich, sagen, daß Gott selbst *nicht wählen kann,* was nicht gut ist; die Freiheit des Allmächtigen ist kein Hindernis dafür, daß er durch das bestimmt wird, was das beste ist.

32. Um diesen mißverstandenen Teil der Freiheit richtig zu betrachten: Würde wohl jemand ein Dummkopf sein mögen, weil ein solcher durch verständige Erwägungen weniger bestimmt wird als ein Weiser? Verdient es den Namen Freiheit, wenn man die Freiheit besitzt, den Narren zu spielen und sich selbst in Schande und Unglück zu stürzen? Wenn Freiheit, wahre Freiheit, darin besteht, daß man nicht daran gehindert wird, das Schlechte zu wählen oder zu tun, dann sind Verrückte und Narren die einzigen freien Menschen; allein ich glaube, keiner, der nicht schon toll ist, wird um einer solchen Freiheit willen wünschen, toll zu werden.

33. Obgleich aber das Vorziehen des Geistes *stets* durch die Erscheinung des Gutes, des größeren Gutes, bestimmt wird, so ist doch der Mensch, der die Kraft besitzt, solchem Vorziehen entsprechend zu handeln oder nicht zu handeln, worin allein die Freiheit besteht, nichtsdestoweniger frei; ein derartiges Bestimmtwerden beeinträchtigt jene Kraft nicht. Wenn jemandem die Ketten abgenommen und die Gefängnistüren geöffnet werden, so ist er vollkommen frei, weil er fortgehen oder bleiben kann, *wie es ihm beliebt,* wenngleich auch sein Entschluß zu bleiben durch die Dunkelheit der Nacht, das schlechte Wetter oder das Fehlen einer anderen Unterkunft bestimmt werden mag. Er hört nicht auf, frei zu sein, wenngleich auch das, was ihm augenblicklich als das größte Gut erscheint, sein Vorziehen unbedingt bestimmt und ihn *veranlaßt,* im Gefängnis zu bleiben. Ich habe, um den Akt der Willensäußerung zu bezeichnen, lieber das Wort *vorziehen* verwendet als *wählen;* denn „wählen" hat eine unbestimmtere Bedeu-

tung, die mehr an „begehren" grenzt und sich mithin auf entferntere Dinge bezieht; Willensäußerung hingegen oder der Akt des Willens bezeichnet streng genommen nichts anderes als das tatsächliche Hervorrufen von etwas Willkürlichem.

34. Weiter ist folgendes zu erwägen. Nehmen wir an, unser Geist wird durch das Gute bestimmt; *wie kommt es dann, daß der Wille der Menschen sie zu so widersprechenden* Dingen und darum teilweise auch zum Üblen *treibt?* Darauf erwidere ich, daß die Mannigfaltigkeit und Gegensätzlichkeit dessen, was die Menschen auf der Welt wählen, nicht beweist, daß sie nicht alle das Gute wählen, sondern nur, daß *ein und dasselbe Ding nicht für jeden ein Gut ist.* Wenn alle Interessen des Menschen auf dieses Leben beschränkt wären, so würde der Grund, warum sich der eine dem Studium und der Wissenschaft, der andere der Falkenbeize und dem Waidwerk ergibt, warum sich der eine für Luxus und Ausschweifung, der andere für Mäßigkeit und Wohlhabenheit entscheidet, nicht darin zu sehen sein, daß nicht jeder von ihnen sein persönliches Glück erstrebte, sondern darin, daß ihr Glück in verschiedenen Dingen bestände. Darum war auch die Antwort richtig, die ein Arzt seinem augenkranken Patienten gab: „Wenn Ihnen der Weingenuß mehr Freude macht als der Gebrauch Ihres Augenlichts, dann ist der Wein gut für Sie; wenn aber die Freude des Sehens für Sie größer ist als die des Trinkens, dann ist Ihnen der Wein schädlich."

35. Der Geschmack des Geistes ist wie der des Gaumens verschieden, und es wäre ein ebenso vergebliches Bemühen, alle Menschen mit Reichtum oder Ruhm zu erfreuen (worin mancher sein Glück sucht), als den Hunger aller Menschen durch Käse oder Hummern stillen zu wollen; beides kann wohl für diesen und jenen eine sehr bekömmliche und schmackhafte Kost sein, andern aber kann es höchst zuwider und unzuträglich sein, so daß mancher mit gutem Grunde das Hungergefühl eines leeren Magens den genannten Gerichten vorziehen würde, die anderen als Leckerbissen gelten.

Das dürfte auch der Grund sein, warum die Philosophen des Altertums umsonst danach forschten, ob das *summum bonum* im Reichtum, im sinnlichen Genuß, in der Tugend oder in der Kontemplation bestehe; mit ebensolchem Recht hätte man darüber streiten können, ob Äpfel, Pflaumen oder Nüsse am besten schmecken, und sich danach in Schulen teilen können. Denn ebenso wie der Wohlgeschmack nicht von den Dingen selbst abhängt, sondern davon, ob sie diesem oder jenem besonderen Gaumen zusagen, wobei große Mannigfaltigkeit herrscht, so besteht das größte Glück in dem Besitz derjenigen Dinge, die die größte Freude hervorrufen, und in der Abwesenheit alles dessen, was irgendwie Unannehmlichkeit und Schmerz verursacht. Das aber sind für verschiedene Menschen ganz verschiedene Dinge. Wenn jemand darum nur auf dieses Leben hofft, wenn er nur in diesem Dasein Freude haben kann, so ist es nicht befremdlich und auch nicht unvernünftig, wenn er sein Glück darin sucht, daß er alles, was ihm hier Unbehagen verursacht, vermeidet, und alles, was ihm Freude bringt, erstrebt. Es ist nicht zu verwundern, wenn sich dabei Mannigfaltigkeit und Verschiedenheit zeigen. Denn, wenn es keine Aussicht über das Grab hinaus gibt, ist sicherlich der Schluß richtig: *Lasset uns essen und trinken,* laßt uns genießen, was uns erfreut, *denn morgen sind wir tot.* Das kann, denke ich, dazu dienen, uns den Grund zu zeigen, warum sich zwar die Wünsche aller Menschen dem Glück zuwenden, aber doch nicht von ein und demselben Gegenstand ausgelöst werden. Die Menschen mögen verschiedene Dinge wählen und doch alle die richtige Wahl treffen. Man stelle sie sich vor wie eine Schar armseliger Insekten; einige davon seien Bienen, sie werden sich an den Blumen und ihrer Süßigkeit erfreuen; andere seien Käfer, sie werden sich andere Nahrung schmecken lassen und, nachdem sie diese Genüsse einen Sommer lang ausgekostet haben, sterben und für immer ihr Dasein beschließen.

36. Dies läßt uns zur Genüge erkennen, warum die Menschen auf der Welt verschiedenartigen Dingen den Vorzug geben und das Glück auf entgegengesetzten We-

gen anstreben. Da sie jedoch stets durch das Gut, durch das größere Gut bestimmt werden und da, wo es sich um Glück und Unglück handelt, immer beharrlich sind und es ernsthaft meinen, so bleibt immer noch die Frage, *wie es kommt, daß sie oft das Schlechtere dem Besseren vorziehen und das wählen, was sie nach ihrem eigenen Geständnis unglücklich gemacht hat.*

37. Darauf antworte ich: Was *gegenwärtiges* Glück oder Unglück, *gegenwärtige* Freude oder *gegenwärtigen* Schmerz anbelangt, so treffen wir, wenn diese Dinge *allein* in Frage kommen, nie eine falsche Wahl; wir wissen, was uns am besten gefällt, und das ziehen wir dann tatsächlich vor. Dinge, die gegenwärtig genossen werden, sind das, was sie scheinen; in einem solchen Falle sind das erscheinende und das wirkliche Gut immer ein und dasselbe. Denn da Schmerz oder Freude genau so groß sind, wie sie empfunden werden, aber nie größer, so ist ein gegenwärtiges Gut oder Übel tatsächlich so groß, wie es erscheint. Wenn darum jede unserer Handlungen in sich abgeschlossen wäre und keine Folgen nach sich zöge, so würden wir zweifellos nie etwas anderes als das Gute wollen, ja stets unfehlbar das Beste vorziehen. Stellte man uns die Beschwerlichkeiten redlichen Fleißes und die Schmerzen des Verhungerns und Erfrierens gleichzeitig vor Augen, so würde niemand zweifeln, was er zu wählen habe. Böte man einem Menschen gleichzeitig die Befriedigung einer Lust und die Freuden des Himmels an, so würde er in der Wahl und Entscheidung seines Willens nicht schwanken und nicht irren. Da aber unsere willkürlichen Handlungen keineswegs schon bei ihrer Ausführung all das Glück oder Unglück mit sich führen, das von ihnen abhängt, sie vielmehr die voraufgehenden Ursachen des Guten und des Üblen sind, das sie nach sich ziehen und über uns bringen, nachdem sie selbst schon geschehen und vorüber sind, deshalb erscheint dasjenige, was den Vorzug hat und uns dazu bestimmt, die Ausführung oder Unterlassung einer in unseren Kräften stehenden Handlung zu wollen, als das größere Gut, das sich in allen

seinen Folgen aus jener Wahl ergibt, so weit sich jene Folgen gegenwärtig unserem Blick enthüllen.

38. Das, was die Wahl des Willens bestimmt und den Vorzug genießt, ist also immer noch das Gut, das größere Gut; es ist aber auch stets nur das Gut, *das erscheint*, das die Aussicht auf eine Steigerung unseres Glücks mit sich führt, sei es durch die Erhöhung unserer Freuden dem Grade, der Art oder der Dauer nach, sei es durch Vermeidung, Verkürzung oder Verringerung des Schmerzes. So bringt die Versuchung eines angenehmen Geschmacks einem Menschen Überdruß, Krankheit, vielleicht gar den Tod, wenn er nicht über jenes scheinbare Gut, über das gegenwärtige Vergnügen hinausblickt, nicht das entfernte und verborgene Übel sieht. Und die Hoffnung auf Erleichterung oder Verhütung eines größeren Schmerzes versüßt eines anderen Menschen Trank und läßt ihn diesen gern zu sich nehmen, obwohl er an sich widerlich und unangenehm ist. Beide Menschen werden zu dem, was sie tun, durch die Erscheinung des Guten getrieben, obwohl der eine eine Erleichterung und Gesundheit, der andere Krankheit und Vernichtung erntet. Nehmen wir an, jemand blickt über diese Welt hinaus und ist völlig überzeugt, daß Gott der gerechte Richter einem jeden nach seinen Taten geben wird, nämlich ewiges Leben denen, die durch geduldiges Beharren im Rechttun nach Herrlichkeit, Ehre und Unsterblichkeit trachten, aber Entrüstung und Zorn, Trübsal und Angst jeder Seele, die Böses tut. Für den, sage ich, der einen Ausblick auf den verschiedenen Zustand von Glück oder Unglück hat, der alle Menschen nach diesem Leben erwartet und von ihrem Verhalten auf Erden abhängt, ändern sich die *Maßstäbe* des Guten und Bösen, die seine Wahl bestimmen, sehr beträchtlich. Da keine Freude und kein Schmerz dieses Leben mit der unendlichen Seligkeit oder dem namenlosen Elend einer unsterblichen Seele im Jenseits zu vergleichen ist, werden Handlungen, die in seinen Kräften stehen, nicht gemäß der vergänglichen Lust oder des vergänglichen Schmerzes, die sie hier begleiten oder ihnen folgen, bevorzugt, sondern je nachdem sie dazu

dienen, jenes vollkommene, dauernde Glück im Jenseits zu sichern.

[Unter* den von Lord King gedruckten Manuskripten finden sich vier ergänzende Abschnitte, die Locke seinerzeit unmittelbar hinter § 54 einfügen wollte. Er versucht darin zu erklären, wie es kommt, daß, wenn der Mensch „*imstande ist,* sein Begehren aufzuschieben, seinen Handlungen Einhalt zu gebieten und sich Zeit zu nehmen, um zu überlegen und zu bedenken, was er tun will", er sich dennoch oft „während des ganzen Verlaufs eines wilden oder zügellosen Lebens ohne jede Hemmung oder ohne den geringsten Anschein von Überlegung den gemeinsten, niedrigsten, unvernünftigsten Handlungen hingibt". Es werden dafür verschiedene Gründe namhaft gemacht, besonders der Verlust der Kraft nachzudenken, der ein Ergebnis vernachlässigter Erziehung und schlechter Angewohnheiten ist; ferner wird die Ablehnung „des Denkens und Glaubens an eine andere Welt als einer Fiktion der Politiker und Theologen" erwähnt, obwohl, „wenn in diesem Weltalter der Glaube an ein künftiges Leben einem gescheiten Menschen abhanden kommt, der die Botschaft von Himmel und Hölle gehört hat und so erzogen worden ist, daß er sie für wahr hält, dieser Mensch selten tugendhaft bleibt". Schließlich fand Locke, daß „dieser Zusatz zu dem Kapitel entbehrlich sei".]**

XXII. KAPITEL

VON DEN GEMISCHTEN MODI

Was gemischte Modi sind.

1. In den vorangegangenen Kapiteln haben wir von den *einfachen Modi* gesprochen und verschiedene Beispiele für die wichtigsten unter ihnen namhaft gemacht, um zu zeigen, was sie sind und wie wir zu ihnen kommen.

---

* Vgl. Fraser, a. a. O., Bd. I, S. 380.
** Kings, Life of Locke, Bd. II, S. 219–222. [Fraser, a. a. O., Bd. I, S. 380.]

Von den gemischten Modi 357

Nunmehr müssen wir zunächst diejenigen Modi betrachten, die wir *gemischte* nennen. Zu ihnen gehören die komplexen Ideen, die wir durch die Namen *Verpflichtung, Trunkenheit, Lüge* usw. bezeichnen. Weil sie aus verschiedenen Kombinationen einfacher Ideen von *ungleicher* Art bestehen, habe ich sie gemischte Modi genannt, um sie von den einfacheren Modi zu unterscheiden, die sich nur aus einfachen Ideen *derselben* Art zusammensetzen. Diese gemischten Modi sind zugleich solche Kombinationen von einfachen Ideen, die man nicht als charakteristische Merkmale realer Wesen ansieht, die eine dauernde Existenz haben, sondern als zerstreute und unabhängige, vom Verstande zusammengefügte Ideen; dadurch unterscheiden sie sich von den komplexen Ideen der Substanzen.

2. Die Erfahrung lehrt uns, daß der Geist hinsichtlich seiner einfachen Ideen völlig passiv ist und sie ausnahmslos von der Existenz und den Wirkungen der Dinge empfängt, so wie Sensation oder Reflexion sie ihm darbieten, ohne daß er imstande wäre, eine einzige Idee zu *schaffen*. Betrachten wir aber aufmerksam die von mir als gemischte Modi bezeichneten Ideen, von denen wir jetzt reden, so werden wir finden, daß ihr Ursprung ein ganz anderer ist. Bei der Bildung dieser verschiedenen Kombinationen übt der Geist oft eine *aktive* Kraft aus. Sobald er nämlich mit einfachen Ideen versehen ist, kann er sie zu verschiedenen Gruppen zusammenschließen und so eine Mannigfaltigkeit von komplexen Ideen herstellen, ohne zu fragen, ob sie so vereinigt in der Natur vorkommen. Deshalb, denke ich, werden diese Ideen *Begriffe* genannt, als ob sie ihren Ursprung und ihre dauernde Existenz mehr in den Gedanken der Menschen als in der Realität der Dinge hätten und als ob es zur Bildung solcher Ideen genügte, wenn der Geist ihre Bestandteile zusammenfüge und sie im Verstand bestehen, gleichviel ob sie irgendein reales Sein besitzen; gleichwohl will ich freilich nicht leugnen, daß manche von ihnen der Beobachtung und der Existenz verschiedener einfacher Ideen entnommen sein können, die vereinigt so vorkommen, wie sie im Ver-

Sie sind vom Geist gebildet.

stand zusammengeschlossen sind. Denn der Mensch, der als erster die Idee der *Heuchelei* bildete, kann sie entweder zuerst durch die Beobachtung eines Menschen gewonnen haben, der gute Qualitäten zur Schau trug, die er nicht besaß, oder aber kann diese Idee in seinem Geist gebildet haben, ohne irgendein solches Muster zu besitzen, wonach er sie gestaltete. Denn es ist offensichtlich, daß bei der Entstehung der Sprachen und der menschlichen Gesellschaften manche von jenen komplexen Ideen, die sich aus den bei den Menschen ins Leben gerufenen Einrichtungen ergaben, notwendig in ihrem Geist vorhanden gewesen sein müssen, ehe sie anderswo existierten, daß viele Namen, die für solche komplexen Ideen stehen, in uns waren, und daß diese Ideen mithin gebildet wurden, ehe die Kombinationen, für die sie standen, je existierten.

Zuweilen werden sie durch Erklärung ihrer Namen gewonnen.

3. Jetzt allerdings, nachdem die Sprachen gebildet und reichlich mit Wörtern versehen sind, die für solche Kombinationen stehen, ist es ein gewöhnlicher Weg, diese komplexen Ideen durch Erklärung jener Ausdrücke zu *gewinnen*, die für sie stehen. Da sie nämlich aus einer Mehrzahl von zusammengesetzten einfachen Ideen bestehen, können sie durch Wörter, die für diese einfachen Ideen stehen, dem Geist eines Menschen, der diese Wörter versteht, vergegenwärtigt werden, auch wenn der Geist des Betreffenden jene komplexe Kombination einfacher Ideen nie durch die reale Existenz von Dingen empfangen hat. So kann jemand zu der Idee *Kirchenraub* oder *Mord* kommen, wenn ihm die einfachen Ideen, die für diese Worte stehen, aufgezählt werden, ohne daß er jemals gesehen hat, wie das eine oder das andere dieser Verbrechen begangen wurde.

Der Name verknüpft die Bestandteile der gemischten Modi zu einer Idee.

4. Da jeder gemischte Modus aus vielen unterschiedenen einfachen Ideen besteht, erhebt sich mit Recht die Frage, woher er seine Einheit habe und wie gerade diese Vielheit dazu komme, nur eine einzige Idee auszumachen, da jene Kombination nicht immer in der Natur zusammen existiert. Darauf antworte ich: Es ist klar, daß er seine Einheit einem Akt des Geistes verdankt, der jene verschiedenen einfachen Ideen kombiniert und

sie als eine einzige, aus eben diesen Bestandteilen bestehende komplexe Idee ansieht. Das Kennzeichen dieser Verbindung nun oder das, was sie nach der gewöhnlichen Annahme erst vollständig macht, ist der einheitliche *Name*, der dieser Kombination gegeben wird. Meist nämlich stellen die Menschen ihre Übersicht über die verschiedenen Arten ihrer gemischten Modi mittels derer Namen her, wobei sie selten andere Gruppen von einfachen Ideen als komplexe anerkennen oder betrachten als solche Zusammenstellungen, für die es Namen gibt. So ist zwar die Tötung eines alten Mannes der Natur der Sache nach ebenso geeignet, zu einer komplexen Idee zusammengeschlossen zu werden, wie die Tötung des eigenen Vaters; da es jedoch keinen Namen gibt, der das eine so präzis bezeichnet wie der Name *Vatermord* das andere, so wird ersteres nicht als eine besondere komplexe Idee oder als eine unterschiedene Art von Handlung, die sich von der Tötung eines jungen Mannes oder irgendeines anderen Menschen unterscheidet, angesehen.

5. Forschen wir etwas weiter danach, was die Menschen veranlaßt, manche Kombinationen einfacher Ideen zu bestimmten und gleichsam feststehenden Modi zu machen, andere aber unbeachtet zu lassen, die der Natur der Dinge nach ebensogut zusammengefügt werden und selbständige Ideen bilden könnten, so werden wir den Grund dafür in dem Zweck der Sprache finden. Da dieser darin besteht, die Gedanken der Menschen einander so rasch wie möglich zu bezeichnen oder mitzuteilen, so pflegen sie *solche* Ideengruppen zu komplexen Modi zu machen und mit Namen zu versehen, die sie im praktischen Leben und im mündlichen Austausch häufig gebrauchen. Andere dagegen, für deren Erwähnung es nur selten einen Anlaß gibt, bleiben unverbunden und ohne einen Namen, der sie zusammenschließt; diese Ideengruppen werden von den Menschen (wenn es nötig ist) lieber mit Hilfe ihrer einzelnen Namen, die für sie stehen, aufgezählt, als daß man das Gedächtnis mit immer neuen komplexen Ideen und

<small>Die Ursache für die Bildung gemischter Modi.</small>

deren Namen belastet, für deren Verwendung man nur selten oder nie Gelegenheit hat.

Warum es in einer Sprache Wörter gibt, denen in einer anderen keine entsprechenden gegenüberstehen.

6. Dies erklärt uns, warum es in jeder Sprache viele besonderen Wörter gibt, die sich nicht durch irgendein einzelnes Wort einer anderen wiedergeben lassen. Die verschiedenen Bräuche, Gewohnheiten und Sitten des einen Volkes lassen nämlich bestimmte Kombinationen von Ideen bei ihm üblich und notwendig werden, die ein anderes Volk nie Gelegenheit gehabt hat zu bilden oder auch nur kennenzulernen; so legt man ihnen ohne weiteres Namen bei, um in der täglichen Unterhaltung lange Umschreibungen zu vermeiden. Auf diese Weise werden sie im Geiste der Redenden zu ebenso vielen selbständigen komplexen Ideen. So waren bei den Griechen ὀστρακισμός*, bei den Römern proscriptio** Wörter, für die es in anderen Sprachen keine Namen gab, die diesen genau entsprachen, weil sie für komplexe Ideen standen, die im Geist der Menschen anderer Völker nicht vorhanden waren. Wo es keine entsprechende Sitte gab, da fehlte auch der Begriff von derartigen Handlungen; man brauchte keine solche Ideenkombinationen und keine Ausdrücke für ihre Verknüpfung, und deshalb gab es auch in anderen Ländern keine Namen dafür.

Und warum sich die Sprachen verändern.

7. Hieraus können wir auch den Grund entnehmen, warum sich die Sprachen fortwährend verändern, neue Ausdrücke aufnehmen und alte ablegen. Der Wechsel der Gewohnheiten und Meinungen bringt neue Kombinationen von Ideen mit sich, an die man oft denken und über die man oft sprechen muß; ihnen werden, um lange Beschreibungen zu vermeiden, neue Namen beigelegt; so werden sie zu neuen Arten komplexer Modi. Auf diese Weise wird eine Anzahl von verschiedenen Ideen in einem kurzen Laut zusammengefaßt; und wieviel Zeit und Atem wir dadurch sparen, wird jeder erkennen, der sich die Mühe nimmt, alle die Ideen aufzu-

* Scherbengericht.
** Aufstellung von Namenslisten zur Verfolgung politischer Gegner im antiken Rom.

zählen, die in der Bedeutung *Frist* oder *Berufung* enthalten sind, und statt des einen oder des anderen dieser Namen eine Umschreibung gebrauchen will, um ihre Bedeutung einem anderen verständlich zu machen.

8. Ich werde zwar Gelegenheit haben, diese Dinge ausführlicher darzulegen, wenn ich zur Behandlung der Wörter und ihrer Verwendung komme; jedoch durfte ich es nicht unterlassen, hier, so weit geschehen, auf die *Namen der gemischten Modi* einzugehen. Diese haben als flüchtige und vergängliche Kombinationen einfacher Ideen überall nur eine kurze Existenz – ausgenommen ihre Existenz im menschlichen Geist; aber auch in letzterem sind sie nur so lange vorhanden, wie man sie denkt. Deshalb kommt ihnen der Anschein einer dauernden und stetigen Existenz nirgends mehr zu als hinsichtlich ihrer Namen; diese werden deshalb auch bei Ideen dieser Art sehr leicht für die Ideen selbst angesehen. Wenn wir zum Beispiel fragen würden, wo die Ideen *Triumph* oder *Apotheose* existieren, so ist klar, daß keine von ihnen irgendwo in ihrem ganzen Umfang in den Dingen selbst existieren könnte; denn sie sind Handlungen, die zu ihrer Ausführung einer gewissen Zeit bedürfen und somit nie in ihrer Gesamtheit gleichzeitig existieren können. Was den menschlichen Geist betrifft, wo die Ideen dieser Handlungen vermeintlich aufgespeichert sind, so haben sie auch dort eine sehr ungewisse Existenz; deshalb sind wir geneigt, sie an die Namen zu knüpfen, durch die sie bei uns wachgerufen werden.

<small>Wo die gemischten Modi existieren.</small>

9. Es gibt demnach drei Wege, auf denen wir diese komplexen Ideen gemischter Modi erlangen: 1. durch *Erfahrung* und *Beobachtung* der Dinge selbst. So erlangen wir die Idee des Ringens oder Fechtens, wenn wir zwei Menschen ringen oder fechten sehen. 2. durch *Erfindung* oder indem wir willkürlich verschiedene einfache Ideen in unserm Geist zusammenfügen. Derjenige zum Beispiel, der das Drucken oder das Radieren erfand, hatte eine Idee von diesen Künsten in seinem Geist, ehe sie je existierten. 3. – und das ist der häufigste Weg – durch *Erklärung der Namen* von Handlungen, die wir nie-

<small>Wie wir die Ideen gemischter Modi erlangen.</small>

mals gesehen haben, oder von Bewegungen, die wir nicht sehen können, sowie dadurch, daß wir sämtliche Ideen, die jene Modi ausmachen und ihre Bestandteile bilden, aufzählen und sie so gleichsam vor unsere Einbildungskraft hinstellen. Nachdem nämlich unser Geist durch Sensation und Reflexion einen Vorrat von einfachen Ideen erworben hat und wir uns die Namen, die für sie stehen, durch den Gebrauch angeeignet haben, können wir durch diese Hilfsmittel einem anderen jede komplexe Idee vergegenwärtigen, die wir ihm verständlich machen wollen, sofern diese komplexe Idee ausschließlich einfache Ideen enthält, die der andere kennt und für die er dieselben Namen hat wie wir. Denn alle unsere komplexen Ideen können letztlich in einfache aufgelöst werden, aus denen sie zusammengesetzt und ursprünglich gebildet wurden; allerdings mögen vielleicht ihre unmittelbaren Bestandteile, wenn ich mich so ausdrücken darf, ebenfalls komplexe Ideen sein. So besteht beispielsweise der gemischte Modus, für den das Wort *Lüge* steht, aus folgenden einfachen Ideen: 1. artikulierte Laute, 2. bestimmte Ideen im Geist des Redenden, 3. die erstgenannten Laute als Zeichen für diese Ideen, 4. eine bestätigende oder verneinende Verbindung dieser Zeichen im anderen Sinne, als ihn die entsprechenden Ideen im Geist des Redenden haben. Ich brauche wohl in der Zerlegung jener komplexen Idee, die wir Lüge nennen, nicht weiter zu gehen; was ich gesagt habe, genügt, um zu zeigen, daß sie aus einfachen Ideen zusammengesetzt ist. Es könnte für den Leser nur äußerst langweilig sein, wenn ich ihn mit einer eingehenderen Aufzählung jeder einzelnen einfachen Idee, die einen Bestandteil dieser komplexen bildet, belästigen wollte; nach dem Gesagten muß man sie selber herausfinden können. Dasselbe läßt sich ausnahmslos an allen unseren komplexen Ideen zeigen, die, wie vielfach sie auch zusammengesetzt sein mögen, schließlich doch auf einfache Ideen zurückzuführen sind, welche das alleinige Erkenntnis- und Denkmaterial bilden, das wir haben und haben können. Wir brauchen auch nicht zu befürchten, daß der Geist dadurch auf eine zu geringe Anzahl von Ideen eingeschränkt sei, wenn wir nur bedenken, welchen unerschöpflichen Vorrat von einfachen Modi uns schon allein Zahl und Gestalt liefern. Danach kann man sich leicht vorstellen, daß die gemischten Modi, die aus den mannigfachsten Kombinationen der verschiedenen einfachen Ideen und ihrer zahllosen Modi gebildet werden können, keineswegs an Zahl gering oder eng beschränkt sind. Noch ehe wir zum Schluß dieser Abhandlung kommen, werden wir sehen, daß niemand in Sorge zu sein braucht, daß ihm da für das Umherschweifen seiner Gedanken ein genügendes Gebiet oder Wirkungsfeld fehlen werde, selbst wenn diese, wie ich behaupte, einzig und allein auf einfache, aus Sensation oder Reflexion herstammende Ideen und auf ihre verschiedenen Kombinationen beschränkt sind.

10. Es ist unserer Beachtung wert, welche von allen unseren einfachen Ideen *am häufigsten* modifiziert und aus welchen am meisten gemischte, mit Namen versehene Ideen gebildet worden sind. Es sind folgende drei: *Denken* und *Bewegung* (die beiden Ideen, die alle Tätigkeit in sich fassen) und *Kraft*, aus der diese Tätigkeiten unserer Vorstellung nach herfließen. Diese einfachen Ideen des Denkens, der Bewegung und der Kraft, sage ich, sind jene gewesen, die am meisten modifiziert wurden und aus deren Modifikationen die meisten komplexen Modi mit ihren Namen geschaffen wurden. Da nämlich das *Handeln* das große Geschäft der Menschen ist und die einzige Angelegenheit, auf die sich alle Gesetze beziehen, so ist es durchaus nicht zu verwundern, daß wir auf die verschiedenen Modi des Denkens und der Bewegung achten, ihre Ideen beobachten, im Gedächtnis aufspeichern und ihnen Namen beilegen; denn sonst könnten nur mangelhafte Gesetze geschaffen und Laster und Ruhestörungen nur unvollkommen unterdrückt werden. Auch wäre ohne solche komplexen Ideen und den dazugehörigen Namen der Verkehr unter den Menschen kaum möglich. Darum also hat man für die Modi der Handlungen, die nach Ursache, Mittel, Objekt, Zweck, Werkzeug, Zeit, Ort und anderen Umständen unterschieden wurden, ebenso wie

Bewegung, Denken und Kraft sind am meisten modifiziert worden.

für die diesen Handlungen entsprechenden Kräfte, Namen festgesetzt und entsprechende bestimmte Ideen als im Geist vorhanden angenommen. *Kühnheit* ist zum Beispiel die Kraft, ohne Furcht oder Verwirrung vor anderen zu sagen oder zu tun, was wir wollen; die Griechen bezeichnen die Freimütigkeit beim Reden mit einem besonderen Namen als παρρησία*. Ist die Kraft oder die Fähigkeit des Menschen, etwas zu tun, durch häufige Wiederholung derselben Handlung erworben, so haben wir die Idee, die wir *Gewohnheit* nennen; ist diese Fähigkeit leicht auslösbar und bei jeder Gelegenheit bereit, sich in eine Handlung umzusetzen, so reden wir von einer *Anlage*. So ist *Verdrießlichkeit* die Anlage oder die Neigung, ärgerlich zu werden.

Ich komme zum Schluß. Prüfen wir irgendwelche Modi der Tätigkeit, zum Beispiel *Überlegung* und *Zustimmung* – welche Tätigkeiten des Geistes sind –, *Laufen* und *Sprechen* – welche Tätigkeiten des Körpers sind –, *Rache* und *Mord* – welche Tätigkeiten von beiden zusammen sind –, so finden wir, daß sie ebenso viele Zusammenstellungen von einfachen Ideen sind, die vereinigt die durch jene Namen bezeichneten komplexen Ideen ausmachen.

<small>Manche Wörter, die eine Tätigkeit zu bezeichnen scheinen, bezeichnen nur die Wirkung.</small>

11. Da die *Kraft* die Quelle ist, aus der alle Tätigkeit herstammt, werden die Substanzen, die solche Kräfte in sich bergen, wenn sie diese Kraft in Tätigkeit umsetzen, *Ursachen* genannt; die daraufhin erzeugten Substanzen oder die einfachen Ideen, die durch die Entfaltung jener Kraft in irgendeinen Gegenstand eingeführt werden, heißen *Wirkungen*. Die *wirkende Kraft*, durch die die neue Substanz oder Idee erzeugt wird, wird in dem Gegenstand, der jene Kraft entfaltet, *Handlung* genannt; in dem Gegenstand aber, in dem irgendeine einfache Idee umgewandelt oder erzeugt wird, wird sie *Erleiden* genannt. Wenn diese wirkende Kraft auch noch so mannigfaltig und ihre Wirkungen beinahe unendlich sind, so können wir sie uns doch

---

* Freimütige, überlegte, durch keine Rücksichten eingeschränkte Rede.

meiner Meinung nach bei denkenden Wesen nur als Modi des Denkens und Wollens, bei körperlichen Wesen nur als Modifikation der Bewegung vorstellen. Ich sage, meiner Meinung nach können wir sie uns als nichts anderes als das eine oder das andere dieser beiden Dinge vorstellen; denn offen gestanden fehlt mir jeder Begriff und jede Idee davon, welche andersgeartete Tätigkeit als die genannten zwei irgendwelche Wirkungen erzeugt; sie liegt meinem Denken, Begreifen und Erkennen ganz fern; ja sie ist für mich ebenso tief im Dunkeln wie etwa die Vorstellung von fünf weiteren Sinnen oder wie für einen Blinden die Idee der Farben. Viele Wörter, die eine Handlung zu bezeichnen scheinen, sagen darum überhaupt nichts über die Handlung oder den *modus operandi** aus, sondern bezeichnen nur die Wirkung nebst einigen Umständen des Gegenstandes, der beeinflußt wurde, oder die wirkende Ursache. Zum Beispiel enthalten die Wörter *Schöpfung* und *Vernichtung* keine Idee von der Handlung oder dem Verfahren, wodurch sie zustande kommen, sondern nur eine von der Ursache und dem erzielten Ergebnis. Wenn ein Bauer sagt, die Kälte mache das Wasser gefrieren, so bezeichnet er damit, wenn auch der Ausdruck „gefrieren" eine Tätigkeit anzudeuten scheint, doch im Grunde nichts anderes als die Wirkung, das heißt die Tatsache, daß das vorher flüssige Wasser hart und fest geworden ist, ohne daß eine Idee von der Handlung, wodurch das geschieht, in jener Aussage enthalten wäre.

12. Die durch Namen gekennzeichneten und dem Denken und Reden der Menschen geläufigen gemischten Modi bestehen zwar zum größten Teil aus Kraft und Tätigkeit; doch ich werde hier kaum zu bemerken brauchen, daß auch andere einfache Ideen und ihre verschiedenen Kombinationen nicht ausgeschlossen sind. Noch weniger dürfte es notwendig sein, alle gemischten Modi aufzuzählen, die mit den dazugehörigen Namen festgesetzt wurden. Das hieße ein Wörterbuch fast aller in der Theologie, Ethik, Rechtsgelehrtheit, Politik und

Gemischte Modi werden auch aus anderen Ideen als denen der Kraft und Tätigkeit gebildet.

---

* Wirkungsweise.

in noch verschiedenen anderen Wissenszweigen benutzten Wörter herstellen. Für meinen gegenwärtigen Zweck genügte es zu zeigen, von welcher Art die Ideen sind, die ich gemischte Modi nenne, auf welche Weise der Geist sie erlangt, und daß sie Zusammensetzungen aus einfachen Ideen sind, die durch Sensation und Reflexion erworben wurden. Das glaube ich getan zu haben.

XXIII. KAPITEL

ÜBER UNSERE KOMPLEXEN IDEEN VON SUBSTANZEN

Wie die Ideen von einzelnen Substanzen gebildet werden.

1. Der Geist, der, wie ich schon erklärt habe, mit einer großen Zahl von einfachen Ideen versehen ist, die ihm teils durch die Sinne, so wie sie sich an den Dingen der Außenwelt vorfinden, teils durch Reflexion über seine eigenen Operationen zugeführt werden, beobachtet auch, daß eine bestimmte Anzahl dieser einfachen Ideen stets zusammen auftritt. Man vermutet daher, daß sie einem einzigen Ding zugehören. Und da die Worte den gewöhnlichen Auffassungen angepaßt und für die schnelle Mitteilung gebraucht werden, so belegt man solche in einem Gegenstand vereinigten einfachen Ideen mit einem einzigen Namen. Aus Unachtsamkeit neigen wir hinterher dazu, etwas als eine einzige einfache Idee zu bezeichnen und zu betrachten, was in Wirklichkeit eine Verknüpfung zahlreicher Ideen ist. Wir können uns nämlich, wie gesagt, nicht vorstellen, wie diese einfachen Ideen für sich bestehen *können;* deshalb gewöhnen wir uns daran, irgendein *Substrat* vorauszusetzen, in dem sie bestehen, aus dem sie hervorgehen. Dies nennen wir deshalb *Substanz.*

Unsere unklare Idee der Substanz im allgemeinen.

2. Prüft sich also jemand selbst in bezug auf seinen Begriff von der reinen Substanz im allgemeinen, so wird er finden, daß er davon schlechthin keine andere Idee besitzt als die Voraussetzung irgendeines nicht näher zu bestimmenden *Trägers* derjenigen Qualitäten, die einfache Ideen in uns zu erzeugen imstande sind. Diese

Qualitäten werden gewöhnlich Akzidenzien genannt. Würde jemand gefragt, welchem Gegenstand Farbe oder Schwere anhaften, so würde er nichts anderes nennen können als die festen ausgedehnten Teile. Fragt man weiter, was dasjenige sei, dem Festigkeit und Ausdehnung anhafte, so würde der Gefragte in keiner viel besseren Lage sein als jener oben erwähnte Inder. Dieser hatte behauptet, daß die Welt von einem großen Elefanten getragen werde; daraufhin fragte man ihn, worauf denn der Elefant ruhe. Seine Antwort lautete: auf einer großen Schildkröte. Als man nun weiter in ihn drang, um zu erfahren, wodurch denn diese breitrückige Schildkröte unterstützt werde, erwiderte er: durch *irgend etwas, er wisse nicht was.* So gleicht hier wie in allen anderen Fällen, wo wir Worte gebrauchen, ohne klare und deutliche Ideen zu besitzen, unsere Ausdrucksweise derjenigen der Kinder, die, wenn man sie nach einem bestimmten Gegenstand fragt, den sie nicht kennen, sofort antworten: *etwas.* Dies besagt, wenn es von Kindern oder Erwachsenen so gebraucht wird, nicht mehr, als daß sie selbst nicht wissen, was es ist, und daß sie von dem Ding, das sie zu kennen behaupten und von dem sie reden wollen, überhaupt keine deutliche Idee haben, sondern darüber vollkommen unkundig und im Dunkeln sind. Unsere Idee, der wir den *allgemeinen* Namen Substanz geben, ist also nichts anderes als der vorausgesetzte, aber unbekannte Träger der Qualitäten, die wir existieren sehen. Wir nehmen von ihnen an, daß sie nicht *sine re substante,* ohne ein sie Tragendes, bestehen könnten; deshalb nennen wir diesen Träger *substantia,* was dem eigentlichen Wortsinn nach in schlichtem Englisch das Darunterstehende oder das Emporhaltende bedeutet.

3. Wenn wir uns auf diese Weise eine dunkle und relative Idee von der *Substanz im allgemeinen* gebildet haben, können wir uns die Ideen von *einzelnen Arten von Substanzen* erwerben, indem wir *diejenigen* Kombinationen von einfachen Ideen zusammenfassen, die, wie uns die Erfahrung und Beobachtung unserer Sinne zeigen, zusammen existieren; wir nehmen deshalb von

Von den Arten der Substanzen.

ihnen an, daß sie aus der besonderen inneren Beschaffenheit oder unbekannten Wesenheit jener Substanz herrühren. So kommen wir zu den Ideen Mensch, Pferd, Gold, Wasser u. dgl. m.; ich berufe mich auf die Erfahrung eines jeden einzelnen, ob irgend jemand von diesen eine *klare* Idee hat, die mehr wäre als die von bestimmten, zusammen existierenden einfachen Ideen. Die gewöhnlichen, am Eisen oder am Diamanten zu beobachtenden Qualitäten sind es, die in ihrer Vereinigung die wahre komplexe Idee dieser Substanzen ausmachen; diese sind dem Schmied oder dem Juwelier gewöhnlich besser bekannt als dem Philosophen. Dieser hat, von welchen *substanziellen Formen* er auch reden mag, von jenen Substanzen keine andere Idee als eine solche, die durch die Zusammenfassung der sich in ihnen findenden einfachen Ideen gebildet wird. Nur müssen wir beachten, daß unsere komplexen Ideen von Substanzen neben all den einfachen Ideen, aus denen sie gebildet wurden, immer auch die verworrene Idee von etwas an sich haben, dem die einfachen Ideen zugehören und in dem sie bestehen. Wenn wir darum von irgendeiner Art von Substanz reden, so sagen wir, sie sei ein Ding, das diese oder jene Qualitäten besitze; der Körper zum Beispiel sei ein Ding, das ausgedehnt, gestaltet und zur Bewegung fähig ist; der Geist sei ein Ding, das zum Denken fähig ist. Ähnlich sagen wir, Härte, Zerreibbarkeit und die Kraft, Eisen anzuziehen, seien Qualitäten, die sich im Magneten vorfinden. Diese und ähnliche Wendungen deuten darauf hin, daß die Substanz immer als *etwas Besonderes neben* der Ausdehnung, der Gestalt, der Festigkeit, der Bewegung, dem Denken oder den anderen wahrnehmbaren Ideen gedacht wird, obwohl wir nicht wissen, was sie ist.

Von der Substanz im allgemeinen haben wir keine klare und deutliche Idee.

4. Wenn wir demnach von irgendeiner besonderen Art körperlicher Substanzen, zum Beispiel vom Pferd, Stein usw. reden oder daran denken, so ist zwar unsere Idee von jeder einzelnen von ihnen nur eine Zusammenfassung oder Verbindung der verschiedenen einfachen Ideen von sinnlich wahrnehmbaren Qualitäten, die wir an dem als Pferd oder Stein bezeichneten Dinge ver-

einigt vorzufinden gewöhnt sind. *Weil wir es uns aber nicht vorstellen können, wie sie selbständig oder eine in der anderen sollten bestehen können*, so nehmen wir an, daß sie in einem gemeinsamen Gegenstand existieren und von ihm getragen werden. Diese Stütze bezeichnen wir mit dem Namen Substanz, obgleich wir offenbar keine klare oder deutliche Idee von dem Ding haben, das wir uns als Träger denken.

5. Dasselbe gilt von den Operationen des Geistes, dem Denken, Schließen, Fürchten usw. Wir folgern nämlich einerseits, daß sie nicht selbständig bestehen; andererseits können wir uns nicht vorstellen, wie sie dem Körper zugehören oder von ihm erzeugt sein können. Daher sind wir geneigt, sie für Tätigkeiten einer anderen *Substanz* zu halten, die wir Geist nennen. Da wir indes von der Materie keine andere Idee oder keinen anderen Begriff haben als die eines Etwas, in dem die vielen, auf unsere Sinne einwirkenden sinnlich wahrnehmbaren Qualitäten bestehen, so haben wir in der Annahme einer Substanz, in der Denken, Erkennen, Zweifeln, die Kraft zu bewegen usw. vorhanden sind, folglich eine ebenso klare Idee von dieser Substanz des Geistes wie von der des Körpers. Denn die eine wird (ohne daß wir wüßten, was das ist) als *Substrat* der einfachen Ideen, die wir von außen erlangen, gedacht; die andere gilt (bei gleicher Unkenntnis dessen, was das ist) als *Substrat* derjenigen Operationen, die wir in unserem eigenen Innern durch Erfahrung wahrnehmen. Somit ist klar, daß die Idee der *körperlichen Substanz* in der Tat unserem Verstehen und Begreifen ebenso fern steht wie die der *geistigen Substanz* oder des Geistes. Wir dürfen aber daraus, daß uns jeder Begriff der Substanz des Geistes fehlt, ebensowenig schließen, daß es keinen Geist gibt, wie wir aus demselben Grunde die Existenz des Körpers bestreiten dürfen; denn es wäre ebenso vernünftig zu behaupten, es gebe keinen Körper, weil wir keine klare und deutliche Idee von der Substanz der Materie haben, wie zu sagen, es gebe keinen Geist, weil wir keine klare und deutliche Idee von der Substanz eines Geistes besitzen.

Von der geistigen Substanz haben wir ebensowenig eine klare Idee wie von der körperlichen.

Unsere Ideen von den einzelnen Arten der Substanzen.

6. Was daher auch die verborgene, abstrakte Natur der Substanz im allgemeinen sein mag, jedenfalls sind alle unsere Ideen von besonderen, selbständigen Substanzarten nichts anderes als verschiedene Kombinationen einfacher Ideen, die in einer solchen, uns freilich unbekannten Ursache ihrer Verbindung miteinander bestehen, welche bewirkt, daß das Ganze für sich bestehen kann. Lediglich durch solche Kombinationen von einfachen Ideen stellen wir uns die einzelnen Arten der Substanzen vor; so sind die Ideen beschaffen, die wir von ihren verschiedenen Gattungen in unserm Geist haben; nur solche bezeichnen wir unsern Mitmenschen durch ihre besonderen Namen wie Mensch, Pferd, Sonne, Wasser, Eisen. Jeder, der die betreffende Sprache versteht, bildet, wenn er diese Worte hört, in seinem Geist eine Kombination der verschiedenen einfachen Ideen, von denen er wahrgenommen oder sich vorgestellt hat, daß sie in der Regel unter der betreffenden Bezeichnung zusammen existieren. Von ihnen allen nimmt er an, daß sie auf dem gemeinsamen unbekannten Gegenstand beruhen und ihm gleichsam anhängen, der selbst keinem andern Ding anhaftet. Dabei liegt es gleichsam auf der Hand, ja jeder wird es bei einer Prüfung seines eigenen Denkens selber finden, daß er von keiner Substanz, mag sie Gold, Pferd, Eisen, Mensch, Vitriol oder Brot sein, eine andere Idee hat als lediglich die der sinnlich wahrnehmbaren Qualitäten, die er als ihr anhaftend ansieht; hiermit verbindet er die Vorstellung eines *Substrates,* das gleichsam der Träger der Qualitäten oder einfachen Ideen ist, von denen er wahrgenommen hat, daß sie miteinander vereinigt existieren. Was ist zum Beispiel die Idee der Sonne anderes als eine Anhäufung der folgenden verschiedenen einfachen Ideen: strahlend, heiß, rund, von dauernder, regelmäßiger Bewegung, in bestimmter Entfernung von uns befindlich; ja vielleicht gehören noch einige andere dazu; das hängt davon ab, ob derjenige, der an die Sonne denkt oder von ihr spricht, die sinnlich wahrnehmbaren Qualitäten, Ideen oder Besonderheiten, die in dem als Sonne bezeichneten

Ding vorhanden sind, mehr oder weniger sorgfältig beobachtet hat.

7. Denn von irgendeiner besonderen Art von Substanzen hat derjenige die vollkommenste Idee, der die größte Zahl der in ihr existierenden einfachen Ideen zusammengestellt und miteinander verknüpft hat; dazu gehören auch die aktiven Kräfte und die passiven Fähigkeiten; diese sind zwar keine einfachen Ideen, um der Kürze willen ist es jedoch praktisch, sie in dieser Hinsicht dazu zu rechnen. So ist die Kraft, Eisen anzuziehen, eine der Ideen der komplexen Idee jener Substanz, die wir Magnet nennen; die Kraft, angezogen zu werden, ist ein Teil der komplexen Idee, die wir als Eisen bezeichnen; beide Kräfte gelten als inhärente Qualitäten ihrer Gegenstände. Jede Substanz ist nämlich ebensogut geeignet, durch die an ihr wahrzunehmenden Kräfte bestimmte sinnlich wahrnehmbare Eigenschaften an anderen Gegenständen umzuwandeln wie in uns die einfachen Ideen hervorzurufen, die wir unmittelbar von ihr empfangen; daher enthüllt sie uns durch die neuen sinnlich wahrnehmbaren Qualitäten, die anderen Gegenständen zugeführt werden, die Kräfte, die dadurch mittelbar ebenso regelmäßig auf unsere Sinne einwirken, wie ihre sinnlich wahrnehmbaren Qualitäten es unmittelbar tun. So nehmen wir unmittelbar durch unsere Sinne am Feuer Hitze und Farbe wahr, die, genau betrachtet, nichts anderes sind als dem Feuer innewohnende Kräfte, die diese Ideen in *uns* erzeugen. Ebenso nehmen wir mit Hilfe unserer Sinne die Farbe und Brüchigkeit der Holzkohle wahr; damit lernen wir eine neue Kraft des Feuers kennen, nämlich diejenige, die Farbe und den Grad der Festigkeit des *Holzes* umzuwandeln. Im ersten Fall zeigt uns das Feuer unmittelbar, im letzten mittelbar diese verschiedenen Kräfte, die wir darum als einen Teil der Qualitäten des Feuers ansehen und zu Bestandteilen seiner komplexen Idee machen. Alle diese Kräfte nämlich, die wir kennenlernen, führen schließlich nur die Veränderung bestimmter sinnlich wahrnehmbarer Qualitäten in den Gegenständen herbei, auf die sie einwirken; dadurch erreichen sie, daß die letzteren in uns

Ihre aktiven und passiven Kräfte bilden einen großen Teil unserer komplexen Ideen von Substanzen.

neue sinnlich wahrnehmbare Ideen hervorrufen; deshalb habe ich diese Kräfte zu den einfachen Ideen gerechnet, aus denen die komplexen Ideen der Substanzarten gebildet sind, obgleich sie, an und für sich betrachtet, in Wahrheit selbst komplexe Ideen sind. In diesem weiteren Sinne bitte ich mich auch zu verstehen, wenn ich eine dieser *Kräfte* gelegentlich unter die einfachen Ideen einreihe, die wir uns ins Gedächtnis zurückrufen, wenn wir an *Einzelsubstanzen* denken. Denn die verschiedenen in ihnen enthaltenen Kräfte müssen notwendig betrachtet werden, wenn wir wahre und deutliche Begriffe von den verschiedenen Arten von Substanzen erlangen wollen.

Und warum.

8. Wir brauchen uns auch nicht darüber zu wundern, daß die Kräfte einen großen Teil unserer komplexen Ideen der Substanzen bilden; denn in den meisten Fällen dienen die sekundären Qualitäten vor allem dazu, die Substanzen voneinander zu unterscheiden; sie stellen gewöhnlich einen beträchtlichen Teil der komplexen Idee ihrer verschiedenen Arten dar. Da unsere Sinne nicht ausreichen, um Größe, Textur und Gestalt der kleinsten Teilchen der Körper, worauf ihre tatsächliche Beschaffenheit und Eigenart beruht, zu ermitteln, sind wir genötigt, von ihren sekundären Qualitäten als den charakteristischen Kennzeichen und Merkmalen Gebrauch zu machen, um mit deren Hilfe in unserem Geist Ideen von ihnen zu bilden und sie voneinander zu unterscheiden. Alle diese sekundären Qualitäten aber sind, wie gezeigt wurde, nichts weiter als Kräfte. Denn Farbe und Geschmack des Opiums sind ebenso wie seine einschläfernde und schmerzstillende Wirkung nichts anderes als von seinen primären Qualitäten abhängige Kräfte, wodurch es imstande ist, verschiedene Wirkungen in verschiedenen Teilen unseres Körpers zu erzeugen.

Aus drei Arten von Ideen bestehen unsere komplexen Ideen von körperlichen Substanzen.

9. Die Ideen, aus denen unsere komplexen Ideen der körperlichen Substanzen bestehen, sind von dreierlei Art. Es sind erstens die Ideen der primären Qualitäten der Dinge, die wir mit Hilfe unserer Sinne entdecken und die in den Dingen auch dann vorhanden sind, wenn wir sie nicht wahrnehmen. Dazu gehören Größe, Ge-

stalt, Zahl, Lage und Bewegung der Bestandteile der Körper, in denen diese Qualitäten tatsächlich bestehen, gleichviel ob wir von ihnen Notiz nehmen oder nicht. Zweitens, die sinnlich wahrnehmbaren sekundären Qualitäten, die von den erstgenannten abhängen und nichts anderes sind als den Substanzen angehörige Kräfte, mit Hilfe unserer Sinne bestimmte Ideen in uns zu erzeugen. Diese Ideen befinden sich in den Dingen selbst nur ebenso, wie sich ein Ding in seiner Ursache befindet. Drittens, die von uns an irgendeiner Substanz zu beobachtende Fähigkeit, solche Veränderungen der primären Qualitäten herbeizuführen oder zu erleiden, daß die so veränderte Substanz andere Ideen als zuvor in uns erzeugt. Diese Fähigkeiten werden aktive und passive Kräfte genannt; soweit wir eine Kenntnis oder einen Begriff von ihnen haben, gehen sie sämtlich nur auf sinnlich wahrnehmbare einfache Ideen hinaus. Denn welche Veränderung auch ein Magnet in den kleinsten Teilchen des Eisens zu bewirken vermag, wir würden für irgendeine ihm eigene Kraft, auf das Eisen einzuwirken, überhaupt keinen Begriff haben, wenn die sinnlich wahrnehmbare Bewegung des Eisens sie nicht kundgäbe; ja, ich bezweifle nicht, daß die Körper, mit denen wir täglich zu tun haben, die Kraft besitzen, unzählige Veränderungen ineinander hervorzurufen, von denen wir nichts ahnen, weil sie nie in sinnlich wahrnehmbaren Wirkungen in Erscheinung treten.

10. Die *Kräfte* machen deshalb mit Recht einen großen Teil unserer komplexen Ideen von Substanzen aus. Wer seine komplexe Idee des Goldes untersucht, wird finden, daß verschiedene der Ideen, die sie bilden, bloße Kräfte sind; zum Beispiel sind die Kraft, geschmolzen zu werden, ohne sich selbst im Feuer zu verzehren, oder die, in *aqua regia* aufgelöst zu werden, Ideen, die für die Bildung unserer komplexen Idee des Goldes ebenso unentbehrlich sind wie Farbe und Schwere, die, wenn man sie recht betrachtet, auch nichts anderes sind als verschiedene Kräfte. Denn genau genommen ist die gelbe Farbe nicht tatsächlich im Golde vorhanden, sondern ist eine dem Golde eigene Kraft, bei richtiger Be-

Die Kräfte machen einen großen Teil unserer komplexen Ideen von Einzelsubstanzen aus.

leuchtung jene Idee mit Hilfe unserer Augen in uns zu erzeugen. Die Hitze, die von unserer Idee der Sonne unzertrennlich ist, ist ebensowenig tatsächlich in der Sonne enthalten wie die weiße Farbe, die sie dem Wachs mitteilt. Beides sind gleichermaßen Kräfte der Sonne, die durch Bewegung und Gestalt ihrer sinnlich nicht wahrnehmbaren Teilchen auf den Menschen so einwirkt, daß ihm die Idee der Hitze zugeführt wird, auf das Wachs so, daß es die Fähigkeit erhält, im Menschen die Idee des Weißen zu erzeugen.

<small>Die jetzt sekundären Qualitäten der Körper würden verschwinden, wenn wir die primären ihrer kleinsten Teilchen entdecken könnten.</small>

11. Wären unsere Sinne scharf genug, um die kleinsten Teilchen der Körper und die tatsächliche Beschaffenheit, von der ihre sinnlich wahrnehmbaren Qualitäten abhängen, zu erkennen, so würden sie zweifellos ganz andere Ideen in uns erzeugen. Was sich uns jetzt als gelbe Farbe des Goldes darstellt, würde verschwinden; statt dessen würden wir eine bewundernswerte Textur von Teilen von bestimmter Größe und Gestalt erblicken. Das wird uns durch das Mikroskop deutlich; denn was für das bloße Auge eine bestimmte Farbe erzeugt, stellt sich als etwas ganz anderes heraus, sobald wir die Schärfe unserer Sinne mit Hilfe eines solchen Instruments erhöhen. Dadurch, daß wir gleichsam das Verhältnis zwischen der Größe der kleinsten Teilchen eines farbigen Objekts und unserer normalen Sehkraft verändern, ergeben sich für uns andere Ideen als vorher. So erscheinen Sand oder zerstoßenes Glas, die für das bloße Auge undurchsichtig und weiß sind, unter dem Mikroskop durchsichtig; ein auf diese Weise betrachtetes Haar verliert seine frühere Farbe und wird zum großen Teil durchsichtig, weist aber stellenweise einige glänzende, funkelnde Farben auf, die denen gleichen, die sich bei der Lichtbrechung im Diamanten und anderen durchsichtigen Körpern zeigen. Das Blut erscheint dem bloßen Auge ganz rot; unter einem guten Mikroskop aber, in dem auch seine kleineren Bestandteile sichtbar werden, zeigen sich nur einige wenige rote Kügelchen, die in einer durchsichtigen Flüssigkeit schwimmen; wie diese roten Kügelchen erscheinen würden, wenn wir Gläser

hätten, die sie in tausendfacher oder zehntausendfacher Vergrößerung zeigen würden, ist ungewiß.

12. Der unendlich weise Urheber der Menschen und aller Dinge um uns her hat unsere Sinne, Fähigkeiten und Organe den Erfordernissen des Lebens und der Aufgabe, die wir hier zu erfüllen haben, angepaßt. Mit Hilfe unserer Sinne sind wir in der Lage, die Dinge zu erkennen, zu unterscheiden und so weit zu untersuchen, wie es nötig ist, um sie für unsere Zwecke zu verwenden und in verschiedener Weise den Erfordernissen dieses Lebens dienstbar zu machen. Wir besitzen einen hinreichenden Einblick in ihr bewundernswertes Gefüge und ihre wundervollen Wirkungen, um die Weisheit, Macht und Güte ihres Urhebers zu bewundern und zu preisen. Um eine solche Erkenntnis wie die, die unserer gegenwärtigen Lage angemessen ist, zu erlangen, fehlen uns keine Fähigkeiten. Gott hat aber, wie es scheint, nicht gewollt, daß wir eine vollkommene, klare und adäquate Erkenntnis von den Dingen haben sollten; das liegt vielleicht überhaupt nicht innerhalb der Fassungskraft eines endlichen Wesens. Die Fähigkeiten, mit denen wir ausgestattet sind (so unvollkommen und schwach sie auch sein mögen), lassen uns in den Geschöpfen genug entdecken, um uns zur Erkenntnis des Schöpfers und zu derjenigen unserer Pflicht zu führen; auch sind wir hinreichend ausgerüstet, um für unsere Lebensbedürfnisse zu sorgen. Das aber sind die Aufgaben, die uns hier auf der Welt gestellt sind. Wären jedoch unsere Sinne anders, das heißt viel schneller und schärfer, so würden die Erscheinung und die äußere Form der Dinge für uns ein ganz anderes Gesicht haben; ja, ich möchte glauben, sie wären mit unserem Dasein, oder wenigstens mit unserem Wohlsein, in dem Teil des Weltalls, den wir bewohnen, nicht in Einklang zu bringen. Wer sich vergegenwärtigt, wie wenig unsere Konstitution die Erhebung in eine Luftregion verträgt, die nur wenig höher ist als die, in der wir gewöhnlich atmen, wird mit Recht zufrieden sein, daß der allweise Baumeister auf diesem uns zur Wohnstätte angewiesenen Erdball unsere Organe und die Körper, die auf sie einwirken

Unsere Fähigkeiten zur Aufdeckung der Qualitäten und Kräfte der Substanzen sind unseren Verhältnissen angemessen.

sollen, einander angepaßt hat. Wie würden wir durch fortgesetzte Geräusche gestört werden, wenn unser Gehör nur eintausendmal schärfer wäre als es ist! In der ruhigsten Abgeschiedenheit würden wir weniger schlafen oder nachdenken können als inmitten einer Seeschlacht. Ja, wenn der instruktivste unserer Sinne, der Gesichtssinn, bei einem Menschen tausendmal oder hunderttausendmal schärfer wäre, als er durch das beste Mikroskop wird, so würden Dinge, die mehrere millionenmal kleiner sind als der winzigste jetzt für uns erkennbare Gegenstand, für diesen Menschen mit bloßem Auge sichtbar sein; damit würde er der Entdeckung der Textur und Bewegung der kleinsten Teile der körperlichen Dinge näherkommen und voraussichtlich in vielen Fällen Ideen von ihrer inneren Beschaffenheit erhalten. Allein ein solcher Mensch würde in einer ganz anderen Welt leben als die übrigen Menschen; nichts würde sich ihm ebenso darstellen wie anderen Leuten; die sichtbaren Ideen aller Dinge würden verschieden sein. Darum zweifle ich auch, ob er sich mit den übrigen Menschen über die Objekte des Gesichtssinnes oder über die Farben unterhalten könnte, da deren Erscheinung so vollkommen verschieden sein würde. Vielleicht würde ein so scharfer und empfindlicher Gesichtssinn nicht den hellen Sonnenschein, ja nicht einmal das freie Tageslicht ertragen und immer nur einen sehr kleinen Teil eines Objektes auf einmal wahrnehmen können, und auch diesen nur aus ganz geringer Entfernung. Falls wirklich jemand mit Hilfe solcher *mikroskopischen Augen* (wenn ich sie so nennen darf) tiefer als gewöhnlich in die verborgene Zusammensetzung und in die Grundtextur der Körper eindringen könnte, so würde er durch diesen Wechsel nicht viel gewinnen, wenn er mit Hilfe eines so scharfen Gesichts nicht auch zum Markt und zur Börse finden könnte. Seine mikroskopischen Augen nützten ihm nichts, wenn er Dinge, denen er auszuweichen hätte, nicht schon aus geeigneter Entfernung wahrnehmen, und solche, die für ihn von Bedeutung wären, nicht an denselben sinnlich wahrnehmbaren Qualitäten wie andere Leute erkennen könnte. Wer scharfsichtig genug wäre, die Konfiguration der kleinsten Teile einer Uhrfeder wahrzunehmen und zu beobachten, auf welcher besonderen Beschaffenheit und auf welchem Impuls ihre elastische Bewegung beruht, würde zweifellos etwas sehr Bewundernswertes entdecken; wenn aber Augen, die so eingerichtet wären, nicht mit einem Blick den Zeiger und die Ziffern auf dem Ziffernblatt übersehen und so schon aus einer gewissen Entfernung erkennen könnten, wie spät es ist, so hätte der Besitzer einer solchen Sehschärfe wenig Vorteil davon; denn sie enthüllt ihm zwar die verborgene Einrichtung der Teile des Uhrwerkes, machte ihm aber gleichzeitig dessen Benutzung unmöglich.

13. Man erlaube mir hier, eine kühne Vermutung auszusprechen, die mir in den Sinn gekommen ist. Da wir, wenn man den Berichten von Dingen, für die unsere Philosophie nicht einstehen kann, Glauben schenken darf, einigen Grund zu der Annahme haben, daß geistige Wesen imstande sind, Körper von verschiedener Größe, Gestalt und Bildung ihrer Teile anzunehmen, so frage ich nun, ob nicht ein großer Vorteil, den manche von ihnen vor uns voraus haben, darin besteht, daß sie sich solche Organe der Sensation oder Wahrnehmung bilden und gestalten können, die ihrem augenblicklichen Zweck und den Verhältnissen des zu betrachtenden Objektes entsprechen. Denn wie weit würde der Mensch alle anderen an Erkenntnis übertreffen, der auch nur die Fähigkeit besäße, die Beschaffenheit seiner Augen, also eines einzigen Sinnes, so zu verändern, daß sie sich all den verschiedenen Abstufungen des Sehens anpaßten, die wir seit der Benutzung von Gläsern (auf die man zunächst rein zufällig kam) kennen gelernt haben! Welche Wunder würde der entdecken, der sein Auge auf jede Art von Objekten so einstellen könnte, daß er nach Belieben Gestalt und Bewegung der kleinsten Teilchen des Blutes und anderer Säfte animalischer Wesen so genau erkennen könnte wie ein andermal Gestalt und Bewegung jener Wesen selbst! Für uns freilich würden unter unseren gegenwärtigen Verhältnissen unveränderliche Organe, die uns Gestalt und Bewegung der

Vermutung über die körperlichen Organe einiger geistiger Wesen.

kleinsten Teilchen der Körper – worauf die von uns jetzt an ihnen festgestellten sinnlich wahrnehmbaren Qualitäten beruhen – erkennen ließen, vielleicht von keinem Vorteil sein. Zweifellos hat Gott unsere Sinne so eingerichtet, wie es für uns in unserer gegenwärtigen Lage am besten ist. Er hat uns für die Nachbarschaft der Körper, die uns umgeben und mit denen wir zu tun haben, ausgerüstet; und obwohl uns unsere Fähigkeiten keinerlei vollkommene Erkenntnis der Dinge vermitteln können, so reichen sie doch für die oben erwähnten Zwecke, an denen unser Hauptanliegen haftet, vollständig aus. Ich bitte um Entschuldigung, daß ich dem Leser einen so verwegenen Einfall über die Art der Wahrnehmung bei höherstehenden Wesen vortrage; wie abenteuerlich aber meine Ausführungen auch sein mögen, so zweifle ich, ob wir von den Engeln anders eine Vorstellung gewinnen können als auf diesem Wege, nämlich entsprechend dem, was wir in uns selbst vorfinden und bei uns beobachten. Wir müssen zugeben, daß die unendliche Macht und Weisheit Gottes Geschöpfe bilden kann, die für die Wahrnehmung äußerer Dinge tausend andere Fähigkeiten und Mittel haben als wir; jedoch reicht unser Denken nicht über dasjenige hinaus, was wir selbst besitzen; so ist es für uns unmöglich, auch mit unseren Mutmaßungen weiter zu kommen als bis zu den Ideen, die wir durch unsere eigene Sensation oder Reflexion erlangen. Zumindest braucht uns die Vermutung, daß die Engel bisweilen leibliche Gestalt annehmen, nicht zu befremden; scheinen doch selbst die ältesten und gelehrtesten Kirchenväter geglaubt zu haben, daß sie wirklich einen Körper besitzen. Jedenfalls ist gewiß, daß uns ihr Zustand und ihre Existenzform unbekannt sind.

Unsere spezifischen Ideen von Substanzen.

14. Doch kehren wir zum Thema zurück, das heißt zu unseren Ideen von Substanzen und zu der Art, wie wir sie erlangen. Ich behaupte, daß unsere *spezifischen* Ideen von Substanzen nichts anderes sind als *Zusammenstellungen einer bestimmten Anzahl von einfachen Ideen, die wir als in einem einzigen Ding vereinigt ansehen*. Obwohl diese Ideen von Substanzen gewöhnlich einfache

Vorstellungen, ihre Namen einfache Ausdrücke sind, so sind sie doch in Wirklichkeit komplex und zusammengestellt. So enthält die Idee, die der Engländer mit dem Wort „Schwan" bezeichnet, folgende Bestandteile: weiße Farbe, langer Hals, roter Schnabel, schwarze Beine, Füße mit Schwimmhäuten, dies alles von bestimmter Größe; ferner gehört dazu: die Fähigkeit, im Wasser zu schwimmen, eine bestimmte Art von Geräuschen zu verursachen, für jemand, der diese Vogelart lange beobachtet hat, gehören vielleicht noch einige andere Eigenschaften dazu. Alle diese aber laufen auf sinnlich wahrnehmbare einfache Ideen hinaus, die in einem gemeinsamen Gegenstand vereinigt sind.

15. Wir können uns außer den komplexen Ideen der materiellen Substanzen, von denen ich zuletzt sprach, die *komplexe Idee eines unkörperlichen Geistes* bilden. Dies geschieht mit Hilfe der einfachen Ideen, die wir jenen Operationen unseres eigenen Geistes entnehmen, die wir täglich in uns beobachten. Zu diesen Operationen unseres Geistes rechne ich Denken, Verstehen, Wollen, Erkennen, die Kraft, eine Bewegung zu beginnen, usw., die in einer Substanz zusammen bestehen. Indem wir so die Ideen des Denkens, des Wahrnehmens, der Freiheit, der Kraft, uns selbst und andere Dinge zu bewegen, zusammenschließen, erlangen wir eine ebenso klare Wahrnehmung und einen ebenso klaren Begriff von geistigen Substanzen, wie wir sie von körperlichen haben. Denn wenn wir die Ideen des Denkens und Wollens oder der Kraft, körperliche Bewegung hervorzurufen und zum Stillstand zu bringen, zusammenfassen und sie mit Substanz, von der wir freilich keine deutliche Idee haben, verbinden, so gewinnen wir die Idee eines immateriellen Geistes. Wenn wir die Ideen zusammenhängender fester Teilchen und die der Kraft, bewegt zu werden, zusammenschließen und sie mit Substanz, von der wir wiederum keine positive Idee besitzen, verbinden, so haben wir die Idee der Materie. Die eine Idee ist so klar und deutlich wie die andere; denn die Ideen des Denkens und des Bewegens von Körpern sind ebenso klar und deutlich wie die der Aus-

Unsere Ideen von geistigen Substanzen sind ebenso klar wie die von körperlichen Substanzen.

dehnung, der Festigkeit und des Bewegtwerdens. Denn unsere Idee der Substanz ist beidemal gleich dunkel oder überhaupt nicht vorhanden; sie ist nur etwas, ich weiß nicht was, das angenommen wird, um die Ideen, die wir Akzidenzien nennen, zu tragen. [Es* beruht auf mangelnder Reflexion, wenn wir geneigt sind zu glauben, daß uns unsere Sinne lediglich materielle Dinge zeigten. Recht betrachtet vermittelt uns jeder Akt der Sensation gleichermaßen einen Einblick in beide Seiten der Natur, der körperlichen wie der geistigen. Denn während ich durch Sehen, Hören usw. erkenne, daß außer mir ein körperliches Wesen, das Objekt jener Sensation, besteht, erkenne ich mit noch größerer Sicherheit, daß in mir ein geistiges Wesen ist, das sieht und hört. Dies kann nicht – davon muß ich überzeugt sein – eine Tätigkeit der bloßen empfindungslosen Materie sein; ja, es könnte nimmermehr ohne ein immaterielles denkendes Wesen zustande kommen.]

Es gibt keine Idee der abstrakten Substanz, weder auf körperlichem noch auf geistigem Gebiet.

16. Mit der komplexen Idee der Ausdehnung, Gestalt, Farbe und aller übrigen sinnlich wahrnehmbaren Qualitäten des Körpers – und das ist alles, was wir von ihm wissen – sind wir von der Idee der Substanz des Körpers ebenso weit entfernt, als wenn wir überhaupt nichts von ihm wüßten; trotz aller vermeintlichen Bekanntschaft und Vertrautheit mit der Materie und den vielen Qualitäten, von denen die Menschen überzeugt sind, daß sie sie an den Körpern wahrnehmen und erkennen, wird eine Nachprüfung vielleicht ergeben, daß wir von den primären Qualitäten der Körper keine zahlreicheren oder klareren Ideen als von denen des immateriellen Geistes besitzen.

Kohäsion der festen Teile und Impuls sind die den Körpern eigentümlichen primären Ideen.

17. Die primären Ideen, die wir vom *Körper* im Gegensatz zum Geist haben, sind die *Kohäsion der festen und folglich trennbaren Teile* und die *Kraft, durch einen Impuls Bewegung mitzuteilen*. Dies sind meines Erachtens die ursprünglichen, dem Körper eigenen und für ihn kennzeichnenden Ideen; denn die Gestalt ist nur eine Folge der endlichen Ausdehnung.

---

* Zusatz der zweiten Auflage. [Fraser, a. a. O., Bd. I, S. 406.]

Über unsere komplexen Ideen von Substanzen 381

18. Unsere dem *Geist* zukommenden und *ihm eigentümlichen* Ideen sind *Denken* und *Wille* oder *die Kraft, durch das Denken einen Körper in Bewegung zu versetzen,* sowie *die Freiheit, die eine Folge hiervon ist.* Denn während der Körper seine Bewegung nur durch einen Impuls einem anderen ruhenden Körper, auf den er auftrifft, mitteilen kann, ist der Geist imstande, Körper nach Belieben in Bewegung zu versetzen oder dies zu unterlassen. Die Ideen der *Existenz,* der *Dauer* und der *Beweglichkeit* sind beiden gemeinsam.

<small>Denken und Bewegungskraft sind die dem Geist eigentümlichen primären Ideen.</small>

19. Es gibt keinen Grund, warum es befremden sollte, daß ich den geistigen Wesen Bewegungsfähigkeit zuschreibe; denn wir haben keine andere Idee der Bewegung als die Veränderung des Abstandes von anderen, als ruhend angesehenen Wesen; ferner beobachten wir, daß die geistigen Wesen, ebenso wie die Körper, immer nur da wirken können, wo sie sind; wir stellen weiter fest, daß geistige Wesen zu verschiedenen Zeiten an verschiedenen Orten wirken; deshalb kann ich nicht umhin, allen endlichen geistigen Wesen (denn von dem unendlichen Geist spreche ich hier nicht) die Ortsveränderung zuzuschreiben. Da meine Seele ebenso ein tatsächliches Wesen ist wie mein Körper, kann sie sicherlich ebensogut den Abstand von einem anderen Körper oder Wesen verändern wie der Körper selbst; folglich ist sie der Bewegung fähig. Wenn ein Mathematiker imstande ist, einen bestimmten Abstand zwischen zwei Punkten oder eine Veränderung dieses Abstandes zu betrachten, so kann man sich sicherlich auch einen Abstand und eine Abstandsänderung zwischen zwei geistigen Wesen und damit auch ihre Bewegung, ihre Annäherung oder Entfernung voneinander vorstellen.

<small>Geistige Wesen sind der Bewegung fähig.</small>

20. Jeder beobachtet an sich selbst, daß seine Seele denken, wollen und auf seinen Körper da einwirken kann, wo er sich befindet. Man wird aber feststellen, daß sie nicht auf einen Körper oder an einem Ort wirken kann, der hundert Meilen entfernt ist. Niemand kann sich vorstellen, daß seine Seele in Oxford denken oder einen Körper bewegen könne, während er in London ist. Man kann sich der Erkenntnis nicht ent-

<small>Beweis dafür.</small>

ziehen, daß sie, weil sie mit seinem Körper vereinigt ist, auf der Reise zwischen Oxford und London fortwährend den Ort wechselt, ebenso wie die Kutsche oder das Pferd, das ihn befördert. Folglich kann mit Recht gesagt werden, die Seele sei die ganze Zeit über in Bewegung. Wenn man aber nicht anerkennen will, daß wir hierdurch eine genügend klare Idee von ihrer Bewegung erhalten, so bekommen wir sie doch wohl durch ihre beim Tode erfolgende Trennung vom Körper; denn ohne eine Idee von ihrer Bewegung scheint es mir unmöglich, sich vorzustellen, daß sie sich vom Körper löse oder ihn verlasse.

Gott ist unbeweglich, weil er unendlich ist.

21. Nun mag jemand sagen, die Seele könne den Ort nicht wechseln, weil sie keinen habe, denn geistige Wesen seien nicht *in loco*, sondern *ubi**. Diese Redensart wird jedoch vermutlich heutzutage keinen großen Eindruck machen, da wir in einer Zeit leben, die wenig geneigt ist, solche unverständlichen Wendungen anzustaunen oder sich dadurch täuschen zu lassen. Sollte aber jemand meinen, jene Unterscheidung sei sinnvoll und auf die vorliegende Frage anzuwenden, so möge er sie in verständlichem Englisch ausdrücken. Dann soll er daraus eine Begründung seiner Behauptung herleiten, daß immaterielle Geister keiner Bewegung fähig sind. Allerdings kann Gott keine Bewegung zugeschrieben werden, aber nicht, weil er ein immaterieller, sondern weil er ein unendlicher Geist ist.

Vergleich unserer komplexen Idee eines immateriellen Geistes mit derjenigen des Körpers.

22. Vergleichen wir nun unsere komplexe Idee eines immateriellen Geistes mit unserer komplexen Idee des Körpers und sehen wir zu, ob eine von ihnen und welche weniger durchsichtig ist als die andere. Unsere Idee des *Körpers* ist meines Erachtens die *einer ausgedehnten festen Substanz, die durch Impulse Bewegung mitzuteilen vermag.* Unsere Idee der Seele *als die eines immateriellen Geistes* ist die *einer Substanz, die denkt und die Kraft besitzt, durch Wollen oder Denken in einem Körper Bewegung hervorzurufen.* So sind also, wie ich glaube, unsere komplexen Ideen von Seele und

---

* Nicht an einem bestimmten Ort, sondern überall.

Körper als gegensätzlich voneinander unterschieden. Prüfen wir nunmehr, welche von ihnen am undurchsichtigsten und am schwierigsten zu verstehen ist. Ich weiß, daß Leute, deren Gedanken in der Materie versenkt sind und die ihren Geist den Sinnen so untergeordnet haben, daß sie selten über etwas nachdenken, was über die Sinne hinausgeht, zu der Erklärung neigen, ein *denkendes* Ding sei für sie unbegreiflich. Das mag richtig sein. Nur behaupte ich, daß sie, wenn sie reiflich überlegen, ein *ausgedehntes* Wesen ebensowenig begreifen können.

23. Wenn jemand sagt, er wisse nicht, was in ihm denke, so meint er, daß er die Substanz jenes denkenden Dinges nicht kenne. Aber ebensowenig, behaupte ich, ist ihm die Substanz jenes festen Dinges bekannt. Wenn er ferner sagt, er wisse nicht, wie er denke, so antworte ich: Er weiß auch nicht, wie er ausgedehnt ist, wie die festen Teile des Körpers zusammenhängen oder vereinigt sind, damit Ausdehnung entsteht. Zwar mag der Druck der Luftpartikel die Kohäsion bestimmter Teile der Materie erklären, die gröber sind als die Luftpartikel und kleinere Poren haben als die Korpuskeln der Luft; jedoch kann die Schwere oder der Druck der Luft selbst nicht die Kohärenz ihrer eigenen Teile erklären oder verursachen. Vielleicht schließt der Druck des Äthers* oder irgendeiner Materie, die feiner als die Luft ist, die Teile eines Luftpartikels aneinander und hält sie ebenso wie die der anderen Körper zusammen; aber eine solche *materia subtilis* kann *sich* nicht *selber* Fesseln anlegen und die Teile zusammenhalten, aus denen jedes einzelne ihrer allerkleinsten Korpuskeln besteht. Diese Hypothese mag noch so geistreich entwickelt werden und uns zeigen, daß die Teile der sinnlich wahrnehmbaren Körper durch den Druck anderer äußerer sinnlich nicht wahrnehmbaren Körper zusammengehalten werden; sie reicht doch nicht bis zu den Teilen des Äthers selbst. Sie mag noch so einleuchtend nach-

Die Kohäsion der festen Teile in einem Körper ist ebensoschwer zu begreifen wie das Denken in einer Seele.

---

* Anspielung auf Jakob Bernoullis Abhandlung „De gravitate aetheris"(1683) [Fraser, a. a. O., Bd. I, S. 410.]

weisen, daß die Teile anderer Körper durch den äußeren Druck des Äthers zusammengehalten werden und keine andere denkbare Ursache ihrer Kohäsion und ihrer Vereinigung haben können; sie läßt uns doch in bezug auf die Kohäsion der Korpuskelteile des Äthers selbst immer im Dunkeln. Denn da diese Körper sind und teilbar sind, können wir sie uns weder ohne Teile denken noch uns vorstellen, wie ihre Teile zusammenhängen; denn für ihre Kohäsion fehlt jene Ursache, die für die Kohäsion aller anderen Körper gegeben ist.

Durch eine umgebende Flüssigkeit ist sie nicht zu erklären.

24. In Wirklichkeit aber kann der Druck eines umgebenden Fluidums, wie groß es auch sein mag, nicht als Ursache der Kohäsion der festen Teile der Materie angesehen werden. Ein solcher Druck mag verhindern, daß zwei glatte Flächen in einer zu ihnen senkrechten Richtung auseinandergerissen werden, wie ein Versuch mit zwei polierten Marmorplatten zeigt; er kann jedoch nicht im geringsten die Trennung durch eine den Flächen parallele Bewegung verhindern. Das umgebende Fluidum hat nämlich die volle Freiheit, an jeden durch seitliche Bewegung frei gewordenen Punkt des Raumes nachzurücken; folglich leistet sie einer derartigen Bewegung so vereinigter Körper ebensowenig Widerstand, wie sie sich der Bewegung eines Körpers entgegensetzen würde, wenn dieser auf allen Seiten von der Flüssigkeit umgeben wäre und keinen anderen Körper berührte. Gäbe es also keine andere Ursache der Kohäsion, so müßten sich alle Teile der Körper durch eine solche seitlich gleitende Bewegung leicht trennen lassen. Denn wenn der Druck des Äthers die alleinige Ursache der Kohäsion ist, so kann es überall da, wo diese Ursache nicht wirkt, keine Kohäsion geben. Und da sie, wie gezeigt wurde, gegen eine seitliche Trennung unwirksam ist, so könnte bei jeder beliebigen Ebene, die man sich als Durchschnitt einer Materiemasse denkt, ebensowenig Kohäsion vorhanden sein wie bei zwei polierten Flächen, die doch, trotz jedes denkbaren Druckes eines Fluidums, stets leicht voneinander abgleiten. Wir mögen meinen, daß wir eine sehr klare Idee von der Ausdehnung der Körper haben, die in nichts anderem besteht als in der

Kohäsion fester Teilchen; wer sie aber gründlich in seinem Geist erwägt, wird vielleicht doch Grund zu der Schlußfolgerung haben, daß es für ihn ebenso leicht ist, sich eine klare Idee davon zu machen, wie die Seele denkt, wie von der Art und Weise, wie der Körper ausgedehnt ist. Denn da ein Körper nicht weiter und nicht anders ausgedehnt ist als durch die Verbindung und Kohäsion seiner festen Teile, so ist die Ausdehnung eines Körpers für uns nie recht begreiflich, solange wir nicht verstehen, worin die Verbindung und Kohäsion seiner Teile besteht; das aber scheint mir ebenso unfaßlich wie der Denkvorgang und die Art und Weise seines Zustandekommens.

25. Ich weiß wohl, daß sich die meisten Menschen darüber zu wundern pflegen, wie jemand in dem, was sie täglich wahrzunehmen glauben, Schwierigkeiten finden könne. Sehen wir denn nicht (so werden sie gleich sagen), daß die Teile der Körper fest aneinander haften? Gibt es etwas Selbstverständlicheres? Was kann daran zweifelhaft sein? Das gleiche behaupte ich vom Denken und von der willkürlichen Bewegung. Erfahren wir sie nicht jeden Augenblick in uns selbst? Kann man also an diesen Vorgängen zweifeln? Die Tatsachen sind klar, das gebe ich zu. Betrachten wir sie aber ein wenig genauer und fragen uns, wie sie wohl zustande kommen, dann geraten wir, so scheint mir, in beiden Fällen in Verlegenheit; denn wir können ebensowenig verstehen, wie die Teile eines Körpers zusammenhängen, als wie wir selbst wahrnehmen oder uns bewegen. Möge mir doch jemand eine verständliche Erklärung dafür geben, wie sich die Teile von Gold oder Messing (die im geschmolzenen Zustand soeben noch genau so lose verbunden waren wie die Partikel des Wassers oder die Körnchen einer Sanduhr) binnen weniger Augenblicke aneinanderschließen und so fest zusammenhalten, daß Menschenkraft sie trotz äußerster Anstrengung nicht zu trennen vermag. Ich glaube, jemand, der nachdenkt, wird hier in Verlegenheit geraten, wenn er sich selbst oder anderen eine befriedigende Antwort geben will.

Wir können ebensowenig verstehen, wie die Teile bei der Ausdehnung kohärieren, als wie unser Geist wahrnimmt oder sich bewegt.

26. Die kleinen Körper, aus denen sich die uns als Wasser bekannte Flüssigkeit zusammensetzt, sind so außerordentlich klein, daß ich noch nie von jemandem gehört habe, der behauptet hätte, daß er mit Hilfe eines Mikroskops (und doch wurde mir von Instrumenten dieser Art berichtet, die bis zu zehntausendmal, ja bis weit über hunderttausendmal vergrößerten) ihre besondere Größe, Gestalt und Bewegung wahrnehmen könne. Dabei sind die Partikel des Wassers auch so überaus lose verbunden, daß, wie wir sehen können, schon die geringste Kraftanstrengung sie voneinander trennt. Ja, wenn wir ihre ständige Bewegung betrachten, müssen wir anerkennen, daß sie überhaupt nicht zusammenhängen. Und doch braucht nur eine scharfe Kälte einzusetzen, so vereinigen sie sich und werden fest; die kleinen Atome kohärieren und sind nicht ohne große Mühe zu trennen. Wer die Bande finden könnte, die diese Anhäufungen loser kleiner Körper so fest zusammenbinden, wer uns den Zement zeigen könnte, der sie so fest aneinanderhaften läßt, würde ein großes, bisher unbekanntes Geheimnis aufdecken. Jedoch wäre er auch dann noch weit davon entfernt, uns die Ausdehnung der Körper (das heißt die Kohäsion ihrer festen Teile) verständlich zu machen, solange er uns nicht auch zeigen könnte, worin die Vereinigung oder die Konsolidierung der Teile jener Bande oder jenes Zements oder des kleinsten Partikels der Materie, das existiert, besteht. Hieraus erhellt, daß sich diese primäre und vermeintlich augenscheinliche Qualität der Körper bei näherer Untersuchung als ebenso unbegreiflich erweist wie irgendetwas, das zu unserem Geist gehört, und daß man eine feste ausgedehnte Substanz genau so schwer begreifen kann wie eine denkende immaterielle, wie sehr man dem auch widersprechen mag.

Die Ursache der Kohärenz der Atome in ausgedehnten Substanzen ist unbegreiflich.

27. Wir wollen unsere Betrachtung noch ein wenig ausdehnen. Der Druck, auf den man hinweist, um die Kohäsion der Körper zu erklären, ist ebenso unverständlich wie die Kohäsion selbst. Wenn man nämlich die Materie als endlich ansieht, was sie zweifellos auch ist, so versetze man sich einmal in Gedanken an die Grenzen des Universums und sehe dort, welche Reifen

Der angebliche Druck, der die Kohäsion erklären will, ist unverständlich.

und Bande man sich vorstellen kann, die diese Masse der Materie unter einem so starken Druck zusammenhalten, dem auch der Stahl seine Festigkeit und die Teile des Diamanten ihre Härte und Unauflöslichkeit verdanken. Wenn die Materie endlich ist, so muß sie ihre Grenzen haben; ja, es muß etwas vorhanden sein, das ihre Zerstreuung verhindert. Wenn sich jemand, um dieser Schwierigkeit aus dem Wege zu gehen, in den angenommenen Abgrund einer unendlichen Materie stürzen will, so möge er erwägen, ob er auf diese Weise über die Kohäsion der Körper Aufschluß erlangt, ob er diese Erscheinung irgendwie verständlicher machen kann, wenn er sie auf eine Annahme zurückführt, die unter allen die unsinnigste und unbegreiflichste ist? Die Ausdehnung der Körper (die nichts anderes ist als die Kohäsion der festen Teile) wird also so wenig wie die Idee des Denkens klarer oder deutlicher, wenn man ihre Natur, Ursache und Art näher untersucht.

28. Eine andere unserer Ideen vom Körper ist *die Kraft, durch einen Impuls Bewegung mitzuteilen*. Von unserer Seele haben wir die Idee, daß sie *die Kraft besitzt, durch einen Gedanken Bewegung hervorzurufen*. Diese Ideen, von denen die eine den Körper, die andere den Geist betrifft, werden uns durch die tägliche Erfahrung eindeutig zugeführt. Allein, wenn wir hier wieder fragen, wie dies geschieht, so tappen wir abermals im Dunkeln. Denn die Mitteilung der Bewegung durch einen Impuls, wobei der eine Körper ebensoviel Bewegung einbüßt, wie der andere erhält – und das ist der häufigste Fall –, können wir uns nur in der Form vorstellen, daß die Bewegung aus dem einen Körper in den anderen übergeht. Das aber scheint mir ebenso dunkel und unbegreiflich wie die Art, wie unser Geist durch einen Gedanken unseren Körper in Bewegung oder Ruhe versetzt. Das geschieht jedoch, wie wir sehen, jeden Augenblick. Noch schwerer zu verstehen ist die Zunahme der Bewegung durch einen Impuls, die man zuweilen beobachten kann oder zu beobachten glaubt. Die tägliche Erfahrung liefert uns den klaren Beweis dafür, daß Bewegung sowohl durch einen Impuls als auch durch

Die Mitteilung der Bewegung durch einen Impuls ist ebenso unverständlich wie die durch einen Gedanken

einen Gedanken hervorgebracht wird. Die Art und Weise jedoch, wie das geschieht, dürfte wohl unsere Fassungskraft übersteigen. In beiden Fällen bleiben wir im Ungewissen. Es ist daher gleichviel, wie wir die Bewegung und ihre Übertragung betrachten – sei es als vom Körper oder als vom geistigen Wesen ausgehend –, so ist die das geistige Wesen betreffende Idee wenigstens ebenso klar wie die auf den Körper bezügliche. Ja, betrachten wir einmal die aktive Kraft zu bewegen oder – falls ich dieses Wort anwenden darf – die Bewegungsfähigkeit; wir werden feststellen, daß sie beim geistigen Wesen viel klarer ist als beim Körper. Denn zwei Körper, die sich nebeneinander im Ruhezustand befinden, vermitteln uns die Idee von einer dem einen eigenen Kraft, den anderen zu bewegen, immer nur vermittels einer entlehnten Bewegung. Hingegen führt uns der Geist jeden Tag Ideen von einer aktiven Kraft, Körper zu bewegen, zu. Es ist daher wohl unserer Erwägung wert, ob nicht überhaupt die aktive Kraft das eigentliche Attribut der geistigen Wesen, die passive Kraft das der Materie ist. Daraus könnte man vermuten, daß die geschaffenen geistigen Wesen von der Materie nicht ganz losgelöst sind, weil sie sowohl aktiv als auch passiv sind. Das reine geistige Wesen, das heißt Gott, ist ausschließlich aktiv, die reine Materie ist ausschließlich passiv; von Wesen, die sowohl aktiv als auch passiv sind, dürfen wir urteilen, daß sie an beidem teilhaben. Doch sei dem wie ihm wolle, jedenfalls glaube ich, daß unsere auf ein geistiges Wesen sich beziehenden Ideen ebenso zahlreich und ebenso klar sind wie die den Körper betreffenden; denn die Substanz beider kennen wir gleich wenig. Dagegen ist die Idee des Denkens beim geistigen Wesen ebenso klar wie die der Ausdehnung beim Körper. Auch ist die Mitteilung der Bewegung durch das Denken, die wir einem geistigen Wesen zuschreiben, ebenso einleuchtend wie die durch den Impuls, die wir vom Körper aussagen. Beständige Erfahrung läßt uns beide Erscheinungen wahrnehmen, obwohl unser beschränkter Verstand keine von ihnen begreifen kann. Denn wenn der Geist über die ursprünglichen, von uns durch Sensation oder Reflexion erworbenen Ideen hinausblicken und in ihre Ursachen und Entstehungsweise eindringen will, finden wir, daß er immer nur seine eigene Kurzsichtigkeit entdeckt.

29. Ich komme zum Schluß. Die Sensation überzeugt uns also davon, daß es feste, ausgedehnte Substanzen, die Reflexion davon, daß es denkende Substanzen gibt. Die Erfahrung lehrt uns die Gewißheit, daß solche Wesen existieren und daß die einen die Kraft haben, Körper durch einen Impuls zu bewegen, die anderen die Kraft haben, dasselbe durch einen Gedanken zu erreichen. Hieran können wir nicht zweifeln. Die Erfahrung versieht uns – wie gesagt – in jedem Augenblick mit den klaren Ideen von beiden Erscheinungen, der einen wie der anderen. Über diese Ideen, wie wir sie von den ihnen entsprechenden Quellen empfangen, können unsere Fähigkeiten jedoch nicht hinausreichen. Wenn wir ihre Natur, ihre Ursachen und ihre Beschaffenheit näher untersuchen wollen, dann nehmen wir die Natur der Ausdehnung nicht klarer wahr als die des Denkens. Wenn wir sie genauer erklären wollen, so ist es in dem einen Fall genau so schwierig wie in dem anderen. Zu begreifen, wie *eine Substanz, die man nicht kennt,* durch einen Gedanken einen Körper in Bewegung versetzt, ist ebenso schwer wie zu verstehen, wie *eine Substanz, die man nicht kennt,* durch einen Impuls dasselbe bewirkt. Wir können also ebensowenig ermitteln, worin die auf den Körper, wie worin die auf ein geistiges Wesen bezüglichen Ideen bestehen. Daher halte ich es für wahrscheinlich, daß die einfachen Ideen, die wir durch Sensation und Reflexion empfangen, die Grenzen unseres Denkens bilden, über die der Geist, welche Anstrengungen er auch unternehmen wollte, nicht um Haaresbreite hinaus gelangt. Er kann auch keinerlei Entdeckungen machen, wenn er versucht, in die Natur und die verborgenen Ursachen dieser Ideen einzudringen.

Zusammenfassung.

30. Von unserer Idee des geistigen Wesens, verglichen mit der des Körpers, gilt kurz gesagt also folgendes: Die Substanz des geistigen Wesens ist uns unbekannt; die Substanz des Körpers ist ebenso unbekannt. Von

Vergleich unserer Ideen vom geistigen Wesen und vom Körper.

zwei primären Qualitäten oder Eigenschaften der Körper, nämlich von den festen zusammenhängenden Teilen und vom Impuls haben wir deutliche, klare Ideen. Ebenso haben wir Kenntnis und deutliche, klare Ideen von zwei primären Qualitäten oder Eigenschaften des geistigen Wesens, nämlich vom Denken und von der Kraft zu handeln, das heißt von der Kraft, Gedanken oder Bewegungen beginnen oder aufhören zu lassen. Wir besitzen auch die klaren und deutlichen Ideen von mehreren den Körpern inhärenten Qualitäten, und zwar sind diese Qualitäten nur die verschiedenen Modifikationen der Ausdehnung fester kohärierender Teile und ihrer Bewegung. Ebenso haben wir Ideen von den verschiedenen Modi des Denkens, wie glauben, zweifeln, beabsichtigen, fürchten, hoffen, die sämtlich nur besondere Modi des Denkens sind. Endlich haben wir auch die Ideen des Wollens und des diesem entsprechenden Bewegens der Körper und des Bewegens von geistigen Wesen und Körpern gemeinsam. Denn das geistige Wesen ist, wie gezeigt worden, der Bewegung fähig.

Der Begriff geistiges Wesen birgt keine größeren Schwierigkeiten in sich als der Begriff Körper.

31. Der Begriff des immateriellen geistigen Wesens mag vielleicht gewisse Schwierigkeiten in sich bergen, die nicht leicht zu erklären sind. Wir haben jedoch deshalb ebensowenig Grund, die Existenz eines solchen geistigen Wesens zu bestreiten oder anzuzweifeln, wie wir Grund haben, die Existenz der Körper zu leugnen oder zu bezweifeln, weil der Begriff Körper mit gewissen, sehr erheblichen Schwierigkeiten behaftet ist, die vielleicht unmöglich von uns verstanden oder erklärt werden können. Denn man zeige mir doch als Beispiel irgend etwas in unserem Begriff vom geistigen Wesen, was verworrener ist oder einem Widerspruch näher kommt als eben das, was der Begriff des Körpers in sich schließt. So führt uns die *unendliche* Teilbarkeit einer begrenzten Ausdehnung, ob wir sie nun anerkennen oder bestreiten, immer zu Folgerungen, die sich unmöglich aufklären oder in unserer Vorstellung miteinander vereinen lassen; diese Folgerungen bergen größere Schwierigkeiten und offenkundigere Absurditäten in sich als alles, was aus dem Begriff einer immateriellen wissenden Substanz folgen mag.

32. Darüber dürfen wir uns durchaus nicht wundern; denn wir haben nur einige wenige, oberflächliche Ideen von den Dingen, die uns ausschließlich durch die Sinne von außen oder durch den über seine eigenen inneren Erfahrungen reflektierenden Geist zugeführt werden. Darüber hinaus aber besitzen wir keine Kenntnis. Noch weniger können wir die innere Beschaffenheit und die wahre Natur der Dinge, für deren Erfassung uns die Fähigkeiten fehlen, erkennen. Wenn wir daher die Erkenntnis und die Kraft willkürlicher Bewegung in uns selbst ebenso gewiß erfahren und entdecken wie den Zusammenhang und die Trennbarkeit fester Teile, das heißt die Ausdehnung und Bewegung der Körper außerhalb von uns, dann werden wir ebensoviel Grund haben, mit unserem Begriff des immateriellen geistigen Wesens wie mit unserem Begriff des Körpers zufrieden und von der Existenz des einen so gut wie von der des anderen überzeugt zu sein. Denn da die Existenz eines selbständigen, von der Festigkeit unabhängigen Denkens keinen größeren Widerspruch in sich birgt als die Existenz einer selbständigen, vom Denken unabhängigen Festigkeit – sind doch beide nichts anderes als einfache, voneinander unabhängige Ideen – und wir vom Denken ebenso klare und deutliche Ideen in uns tragen wie von der Festigkeit, so sehe ich nicht ein, warum wir nicht ebensogut die Existenz eines denkenden Dinges ohne Festigkeit, das heißt eines immateriellen Dinges, annehmen dürfen wie die Existenz eines festen Dinges ohne Denken, das heißt der Materie. Ist es doch nicht schwieriger, sich vorzustellen, wie das Denken ohne Materie existieren, als wie die Materie denken könne. Denn jedesmal, wenn wir über diese einfachen, aus der Sensation und der Reflexion gewonnenen Ideen hinausgehen und tiefer in die Natur der Dinge eintauchen wollen, geraten wir sofort in Dunkelheit und Finsternis, Verwirrung und Schwierigkeiten und können nichts weiter entdecken als unsere eigene Blindheit und Unwissenheit. Es ist gleichviel, welche von diesen beiden komplexen Ideen am klarsten sein mag, die des Körpers oder die des immateriellen geistigen Wesens. Jedenfalls ist

Wir wissen über die Dinge nichts, was über unsere einfachen Ideen von ihnen hinausreicht.

es einleuchtend, daß die einfachen Ideen, aus denen sie gebildet sind, nichts anderes darstellen als etwas, das wir von der Sensation und der Reflexion empfangen haben. Das gleiche gilt von all unseren anderen Ideen von Substanzen, ja sogar von der Idee Gottes selbst.

Unsere komplexe Idee von Gott.

33. Wenn wir die Idee prüfen, die wir von dem unbegreiflichen höchsten Wesen haben, so finden wir, daß wir sie auf dieselbe Weise erlangen und daß die komplexen Ideen, die wir sowohl von Gott als von den für sich bestehenden geistigen Wesen haben, aus den einfachen Ideen gebildet sind, die wir von der Reflexion empfangen. So haben wir beispielsweise aus dem, was wir in uns selber erfahren, die Ideen der Existenz und der Dauer, der Erkenntnis und der Kraft, der Freude und des Glücks sowie von verschiedenen anderen Qualitäten und Kräften erworben, deren Besitz ihrem Mangel vorzuziehen ist. Wenn wir uns dann eine möglichst angemessene Idee vom höchsten Wesen bilden wollen, so erweitern wir jede dieser Ideen mit Hilfe unserer Idee der Unendlichkeit; indem wir sie zusammenschließen, bilden wir auf diese Weise unsere komplexe Idee von Gott. Daß nämlich der Geist die Kraft besitzt, einzelne von seinen von Sensation oder Reflexion empfangenen Ideen so zu erweitern, ist bereits gezeigt worden.

Unsere komplexe Idee von Gott als einem Unendlichen.

34. Wenn ich finde, daß mir einige wenige Dinge bekannt sind und manche von ihnen oder vielleicht gar alle unvollkommen, so kann ich die Idee von einer doppelt so umfassenden Erkenntnis bilden und diese Idee immer wieder vervielfältigen, solange mein Zahlenvorrat reicht. So kann ich meine Idee der Erkenntnis erweitern, bis sie die Gesamtheit aller vorhandenen oder möglichen Dinge umfaßt. Ebenso kann ich mit der Idee einer immer vollkommeneren Erkenntnis der Dinge, das heißt aller ihrer Qualitäten, Kräfte, Ursachen, Folgen, Relationen usw., verfahren, bis alles, was in den Dingen enthalten ist oder sich irgendwie auf sie bezieht, vollständig erkannt ist. Auf diese Weise kann ich die Idee unendlicher oder grenzenloser Erkenntnis bilden. Ein gleiches kann mit der Idee der Kraft ge-

schehen, bis wir zu derjenigen Kraft gelangen, die wir unendlich nennen, oder auch mit der Idee der Dauer einer Existenz ohne Anfang und Ende; auf diese Weise bilden wir die Idee eines ewigen Wesens. Ist der Grad oder der Umfang, in dem wir dem höchsten Wesen, das wir Gott nennen, Existenz, Kraft, Weisheit und alle anderen Vollkommenheiten (von denen wir irgendwelche Ideen haben können) zuschreiben, völlig grenzenlos und unendlich, dann bilden wir von Gott die beste Idee, deren unser Geist fähig ist. Das alles geschieht, wie gesagt, indem wir die durch Reflexion von den Operationen unseres eigenen Geistes oder durch unsere Sinne von äußeren Dingen entnommenen einfachen Ideen bis zu dem gewaltigen Umfang erweitern, wozu die Unendlichkeit sie ausdehnen kann.

35. Denn die Unendlichkeit ist es, die in Verbindung mit unseren Ideen von Existenz, Macht, Erkenntnis usw. die komplexe Idee ausmacht, durch die wir uns, so gut wir können, das höchste Wesen vergegenwärtigen. Denn obgleich Gott seinem Wesen nach (das uns sicherlich unbekannt ist, da wir nicht einmal das tatsächliche Wesen eines Kieselsteins, einer Fliege oder unseres eigenen Ichs kennen) einfach und unzusammengesetzt ist, so glaube ich doch sagen zu dürfen, daß wir von ihm keine andere Idee haben als eine komplexe, die aus unendlicher und ewiger Existenz, Kenntnis, Macht, Glück usw. zusammengesetzt ist. Dies sind lauter selbständige Ideen, von denen manche als relative wieder aus anderen zusammengesetzt sind. Sie alle aber sind, wie gezeigt, ursprünglich durch Sensation und Reflexion erworben und bilden miteinander unsere Idee oder unseren Begriff von Gott.

Gott ist seinem Wesen nach unerkennbar.

36. Ferner ist darauf hinzuweisen, daß es – abgesehen von der Unendlichkeit – keine Idee gibt, die wir Gott beilegen, die nicht auch Bestandteil unserer komplexen Idee von anderen geistigen Wesen wäre. Da wir außer den dem Körper angehörigen einfachen Ideen nur solche erfassen können, die wir durch Reflexion den Operationen unseres eigenen Geistes entnehmen, so können wir auch den geistigen Wesen keine anderen beilegen als

In unseren komplexen Ideen von den geistigen Wesen sind nur Ideen enthalten, die aus Sensation oder Reflexion stammen.

solche, die aus diesen beiden Quellen stammen. Der einzige Unterschied, den wir feststellen können, wenn wir die geistigen Wesen betrachten, besteht in dem verschiedenen Umfang und Grad ihrer Erkenntnis, Macht, Dauer, Glückseligkeit usw. Denn daß wir hinsichtlich unserer Ideen von den geistigen Wesen ebenso wie bei anderen Dingen auf das beschränkt bleiben, *was wir durch Sensation und Reflexion empfangen,* geht aus folgender Tatsache hervor: Wir mögen zwar bei unseren Ideen von den geistigen Wesen deren Überlegenheit über die Körper noch so sehr, ja selbst bis zur Unendlichkeit hin steigern, so können wir dennoch keine Idee von der Art und Weise haben, wie sie sich gegenseitig ihre Gedanken mitteilen. Wir sind zu dem Schluß gezwungen, daß selbständig bestehende geistige Wesen, die eine vollkommenere Kenntnis und eine größere Glückseligkeit haben als wir, notwendig eine vollkommenere Art des Gedankenaustausches besitzen müssen als wir, die zur Verwendung von körperlichen Zeichen und bestimmten Lauten genötigt sind, wie sie als das für uns beste und schnellste Hilfsmittel ganz allgemein Verwendung finden. Von unmittelbarer Mitteilung haben wir keine eigene Erfahrung und darum auch überhaupt keinen Begriff. Deshalb besitzen wir keine Idee davon, wie geistige Wesen, die keine Wörter brauchen, sich rasch verständigen können. Noch viel weniger haben wir eine Idee davon, wie geistige Wesen, die keinen Körper haben, ihre Gedanken in der Gewalt haben und sie nach Belieben mitteilen oder verbergen können. Trotzdem müssen wir bei ihnen notwendig die Kraft dazu voraussetzen.

Wiederholung. 37. Somit haben wir gesehen, welcherlei Ideen wir von *Substanzen aller Art* haben, worin sie bestehen und wie wir zu ihnen gelangt sind. Daraus, denke ich, erhellt deutlich:

Erstens, daß alle unsere Ideen von den verschiedenen *Arten* von Substanzen nichts anderes sind als Verbindungen von einfachen Ideen unter Voraussetzung eines *Etwas,* dem sie angehören und in dem sie Bestand haben; von diesem vorausgesetzten Etwas haben wir überhaupt keine klare und deutliche Idee.

Zweitens, daß all die einfachen Ideen, die auf diese Weise in einem gemeinsamen *Substrat* vereinigt unsere komplexen Ideen der verschiedenen *Arten* von Substanzen bilden, keine anderen sind, als solche, die wir durch Sensation oder Reflexion empfangen haben. Wir können darum selbst bei den Dingen, die wir am genauesten zu kennen glauben oder die für unsere aufs äußerste erweiterte Fassungskraft noch am ehesten begreiflich sind, nicht über diese einfachen Ideen hinausgelangen. Wir können niemals weiter kommen als bis zu den einfachen Ideen, die wir ursprünglich durch Sensation oder Reflexion empfangen haben. Das trifft sogar für die Dinge zu, die allem, womit wir zu tun haben, scheinbar am fernsten stehen und all das unendlich übertreffen, was wir durch Reflexion in uns selbst wahrnehmen oder durch Sensation an andern Dingen entdecken können. Das zeigt sich an unsern komplexen Ideen von den Engeln und namentlich an der von Gott ganz klar.

Drittens, daß die meisten der einfachen Ideen, die unsere komplexen Ideen von Substanzen ausmachen, genau betrachtet, nur *Kräfte* sind, obwohl wir geneigt sind, sie für positive Qualitäten zu halten. Beispielsweise besteht unsere komplexe Idee des *Goldes* in der Hauptsache aus folgenden Ideen: gelbe Farbe, beträchtliche Schwere, Dehnbarkeit, Schmelzbarkeit, Lösbarkeit in *aqua regia* usw., die allesamt in einem unbekannten *Substrat* vereinigt sind. Alle diese Ideen sind nichts anderes als ebenso viele Beziehungen zu anderen Substanzen. Sie sind nicht im Golde als solchem enthalten, obgleich sie auf jenen realen und primären Qualitäten seiner inneren Beschaffenheit beruhen, die das Gold dazu befähigen, in verschiedener Weise andere Substanzen zu beeinflussen und von ihnen beeinflußt zu werden.

XXIV. KAPITEL

ÜBER KOLLEKTIVE IDEEN VON SUBSTANZEN

Eine kollektive Idee ist eine einzige Idee.

1. Außer diesen komplexen Ideen von verschiedenen *einzelnen* Substanzen, wie Mensch, Pferd, Gold, Veilchen, Apfel usw., besitzt der Geist auch komplexe *kollektive* Ideen von Substanzen. Ich nenne sie so, weil diese Ideen aus vielen einzelnen Substanzen gebildet sind, die man als in einer Idee vereinigt zusammen betrachtet und in solch einer Vereinigung als eine Idee gelten läßt. So besteht zwar die Idee einer Menge Menschen, die eine *Armee* bilden, aus einer großen Anzahl von besonderen Substanzen; gleichwohl ist sie aber ebensogut eine einzige Idee wie die Idee Mensch. Die große kollektive Idee aller Körper überhaupt, die man mit dem Namen *Welt* bezeichnet, ist ebensogut eine Idee wie die Idee des kleinsten in ihr vorhandenen Partikels der Materie. Denn für die Einheit einer Idee genügt es, wenn sie als eine einzige Abbildung oder Darstellung betrachtet wird, mag sich diese auch aus noch so vielen Einzelheiten zusammensetzen.

Sie wird durch die Kraft der Zusammensetzung im Geiste gebildet.

2. Diese kollektiven Ideen von Substanzen bildet der Geist durch seine Kraft der Zusammensetzung, indem er entweder einfache oder komplexe Ideen in verschiedener Weise zu einer einzigen zusammenschließt; es geschieht das auf dieselbe Art, wie der Geist mit Hilfe der gleichen Fähigkeit die komplexen Ideen der Einzelsubstanzen bildet, die aus einer Summe verschiedener, in einer Substanz vereinigter einfacher Ideen bestehen. Wie der Geist durch Zusammenschluß wiederholter Ideen der Einheit den kollektiven Modus oder die komplexe Idee einer Zahl bildet, zum Beispiel ein Dutzend, ein Gros usw., so bildet er durch Zusammenschluß verschiedener Einzelsubstanzen kollektive Ideen von Substanzen, zum Beispiel eine Truppe, eine Armee, ein Schwarm, eine Stadt, eine Flotte. Diese kollektiven Ideen vergegenwärtigt sich jeder, wie er selbst beobachten kann, durch eine einzige Idee, mit einem einzigen Blick. Und

jeder sieht unter diesem Begriff die verschiedenen Dinge als ein einziges an, wie zum Beispiel ein Schiff oder ein Atom. Es ist auch keineswegs schwerer vorstellbar, daß eine Armee von 10 000 Mann eine einzige Idee ausmachen soll, als daß ein einzelner Mensch eine einzige Idee bildet. Denn für den Geist ist es ebenso leicht, eine größere Anzahl von Menschen zu einer Idee zusammenzufassen und als eine zu betrachten wie all die selbständigen Ideen, die die Zusammensetzung Mensch bilden, zu einer einzigen zu verbinden und sie allesamt als eine zu betrachten.

3. Zu den kollektiven Ideen dieser Art sind die meisten künstlich hergestellten Dinge zu rechnen, wenigstens diejenigen unter ihnen, die aus verschiedenen Substanzen bestehen. Betrachten wir einmal alle diese kollektiven Ideen wie *Armee, Sternbild, Weltall* richtig. Wir werden dann sehen, daß sie in der Tat, sofern man sie zu lauter besonderen Ideen zusammengeschlossen hat, nur künstliche Erzeugnisse des Geistes sind. Der Geist rückt hierbei ganz fernliegende und voneinander unabhängige Dinge in eine Gesichtslinie, um sie besser betrachten und erörtern zu können; zu diesem Zweck werden sie unter einem Begriff vereinigt und durch einen Namen bezeichnet. Denn es gibt keine so fernliegenden oder so widerspruchsvollen Dinge, die der Geist nicht durch diese Kunst der Zusammensetzung zu einer Idee vereinigen könnte. Das beweist die mit dem Namen *Weltall* bezeichnete Idee.

Künstlich gebildete Dinge, die aus verschiedenen Substanzen bestehen, sind kollektive Ideen.

XXV. KAPITEL

ÜBER DIE RELATION

1. Außer den einfachen oder komplexen Ideen, die der Geist von den Dingen als solchen hat, gibt es noch andere, die er gewinnt, wenn er die Dinge miteinander vergleicht. Wenn der Verstand irgendein Ding betrachtet, so ist er nicht streng auf dieses Objekt beschränkt; er kann jede Idee gleichsam über sie selbst hinausfüh-

Was Relation bedeutet.

ren oder den Blick wenigstens über sie hinausrichten, um zu sehen, wie sie sich zu irgendeiner anderen verhält. Der Geist betrachtet ein Ding auf diese Weise, indem er es sozusagen an die Seite eines anderen heranbringt und neben dieses andere hinstellt, um dann den Blick bald auf das eine, bald auf das andere zu richten. Diese Betrachtungsweise ist, wie schon die Wörter besagen, eine *Relation* und *Berücksichtigung*. Und die den positiven Dingen gegebenen Benennungen, die eine solche Berücksichtigung andeuten und als Merkmale dienen, welche das Denken über den bezeichneten Gegenstand hinaus zu etwas von ihm Verschiedenen hinführen, nennen wir *relative*, während die so zusammengebrachten Dinge als *bezogene* bezeichnet werden. Wenn beispielsweise der Geist den Cajus als ein solches positives Wesen ansieht, so nimmt er in diese Idee nur das auf, was wirklich in Cajus vorhanden ist; wenn ich ihn also als Mensch betrachte, so habe ich nur die komplexe Idee der Gattung Mensch in meinem Geist. Ebenso, wenn ich sage, Cajus ist ein weißer Mensch, so habe ich lediglich die Vorstellung von einem Menschen mit weißer Hautfarbe. Wenn ich Cajus dagegen den Namen *Ehemann* gebe, so deute ich damit auf eine zweite Person hin; gebe ich ihm den Namen *Weißer*, so weise ich auch damit auf einen anderen Gegenstand hin. In beiden Fällen wird mein Denken auf etwas über Cajus Hinausliegendes gerichtet und werden zwei Dinge zum Gegenstand der Betrachtung gemacht. Da nun jede Idee, sie sei einfach oder komplex, für den Geist der Anlaß sein kann, zwei Dinge in der geschilderten Weise nebeneinanderzustellen und sie gleichsam auf einmal in Augenschein zu nehmen, obwohl sie immer noch als selbständig betrachtet werden, so kann jede unserer Ideen als Grundlage einer Relation dienen. In dem oben erwähnten Fall wird zum Beispiel der Heiratsvertrag und die Vermählung mit Sempronia der Anlaß zu der Benennung und der Relation eines Ehemannes. Ebenso gibt die weiße Farbe den Anlaß dazu, daß man sagt, Cajus sei weißer als Sandstein.

2. Diese und ähnliche Relationen, die durch relative Ausdrücke bezeichnet werden, denen andere mit wechselseitiger Hindeutung entsprechen, wie Vater und Sohn, größer und kleiner, Ursache und Wirkung, sind für jeden einleuchtend. Die Relation wird von allen auf den ersten Blick wahrgenommen. Denn Vater und Sohn, Ehemann und Ehefrau und ähnliche korrelative Ausdrücke gehören offenbar so eng zueinander und pflegen infolge von Gewohnheit so rasch im Gedächtnis miteinander anzuklingen und sich zu entsprechen, daß, sobald der eine von beiden genannt wird, die Gedanken sofort über das bezeichnete Ding hinausgehen und niemand die Relation, auf die in dieser Weise so deutlich hingewiesen wird, übersieht oder bezweifelt. Wo es aber die Sprache versäumt hat, korrelative Namen zu geben, wird die Relation nicht immer so leicht bemerkt. Ohne Zweifel ist *Konkubine* ebensogut ein relativer Name wie „Ehefrau"; in einer Sprache jedoch, wo diese und ähnliche Wörter keinen korrelativen Ausdruck besitzen, hält man sie nicht so leicht für bezüglich. Denn es fehlt ihnen das kennzeichnende Merkmal der Relation, das zwischen Ausdrücken, die sich offenbar gegenseitig erläutern und immer nur zusammen bestehen können, vorhanden ist. So erklärt es sich, daß viele Namen, die, recht betrachtet, augenfällige Relationen in sich schließen, *äußerliche Bezeichnungen* genannt wurden. Jeder Name aber, der mehr als ein leerer Schall ist, muß eine Idee bezeichnen. Diese Idee kann entweder in dem Ding, dem der Name beigelegt worden ist, enthalten sein; dann ist sie positiv und wird von uns als mit dem benannten Gegenstand verbunden und als in ihm existierend angesehen. Oder aber sie ergibt sich aus der Beziehung, die der Geist zwischen einer Idee und einem Dinge, das er gleichzeitig mit ihr betrachtet, entdeckt; dann schließt sie eine Relation ein.

Ideen von Relationen ohne entsprechende Ausdrücke werden nicht leicht wahrgenommen.

3. Es gibt eine andere Art von relativen Ausdrücken, die nicht als solche, ja nicht einmal als äußerliche Benennungen angesehen werden. Dennoch bergen sie unter der Form und dem Schein, daß sie etwas Absolutes in dem Gegenstand bezeichnen, eine stillschweigende,

Einige scheinbar absolute Ausdrücke enthalten Relationen.

freilich weniger augenscheinliche Relation in sich. Zu ihnen gehören die scheinbar positiven Ausdrücke *alt, groß, unvollkommen* usw., von denen ich in den nächsten Kapiteln eingehender zu reden Gelegenheit haben werde.

Die Relation ist von den aufeinander bezogenen Dingen verschieden.

4. Ferner ist zu beachten, daß die Ideen der Relation auch bei jenen Menschen dieselben sein können, die ganz verschiedene Ideen von den Dingen haben, die sie aufeinander beziehen oder miteinander vergleichen. Leute zum Beispiel, die vom „Mann" sehr verschiedene Ideen haben, können doch in dem Begriff „Vater" miteinander übereinstimmen. Dieser Begriff ist eine Hinzufügung zu der Substanz oder zum Mann und bezieht sich lediglich auf einen Akt des als „Mann" bezeichneten Dinges, durch den zu der Erzeugung eines Wesens der eigenen Art beigetragen wurde, wobei es gleichgültig ist, was es für ein Mann ist.

Die Relation kann sich verändern, ohne daß in den in Relation stehenden Dingen eine Veränderung eintritt.

5. Das Wesen der Relation besteht also darin, daß zwei Dinge aufeinander bezogen oder miteinander verglichen werden. Im Ergebnis dieses Vergleichs erhält das eine oder erhalten beide einen Namen. Wenn nun eines dieser Dinge entfernt wird oder aufhört zu sein, so hört die Relation und folglich auch ihr Name auf. Dabei braucht das andere Ding an sich selbst durchaus keine Veränderung zu erleiden. Heute zum Beispiel betrachte ich Cajus als Vater, morgen aber hört er auf, es zu sein, lediglich weil sein Sohn stirbt, ohne daß mit ihm selbst irgendeine Veränderung vor sich gegangen wäre. Ja, schon allein dadurch, daß der Geist das Objekt wechselt, mit dem er etwas vergleicht, kann ein und dasselbe Ding im gleichen Augenblick entgegengesetzte Benennungen erhalten. Wenn zum Beispiel Cajus mit mehreren Leuten verglichen wird, so kann man mit Recht von ihm sagen, er sei älter und jünger, stärker und schwächer u. dgl. m.

Eine Relation kann nur zwischen zwei Dingen stattfinden.

6. Alles, was als ein Ding existiert, existieren kann oder als ein solches angesehen werden kann, ist positiv; folglich sind nicht nur einfache Ideen und Substanzen, sondern auch Modi positive Wesen. Zwar beziehen sich ihre Bestandteile oft aufeinander; aber das Ganze ist

ein positives oder selbständiges Ding oder eine solche Idee; denn es wird zusammen als ein einziges Ding betrachtet und ruft auch die komplexe Idee eines einzigen Dinges in uns hervor. Diese Idee ist in unserem Geist als einheitliches, obwohl aus verschiedenen Bestandteilen zusammengesetztes Bild unter einem einzigen Namen vorhanden. So sind zwar die Teile eines Dreiecks, sofern sie miteinander verglichen werden, relativ; gleichwohl aber ist die Idee des Ganzen eine positive, absolute Idee. Dasselbe gilt von einer „Familie", einer „Melodie" usw.; denn eine Relation kann immer nur zwischen zwei Dingen stattfinden, die als zwei Dinge betrachtet werden. In Relation müssen sich immer zwei Ideen oder Dinge befinden, die entweder an sich wirklich getrennt sind oder doch als verschiedene betrachtet werden und ein Grund oder eine Veranlassung für ihre Vergleichung.

7. Für die Relation im allgemeinen muß man sich folgendes vergegenwärtigen:

Alle Dinge können miteinander in Relation gebracht werden.

Erstens. Es gibt kein einziges Ding, sei es eine einfache Idee, eine Substanz, ein Modus, eine Relation oder ein Name irgendeines von diesen, das in bezug auf andere Dinge nicht eine nahezu unendliche Zahl der Betrachtungsweisen zuließe. Deshalb ergibt sich aus der Relation ein erheblicher Teil der Gedanken und Wörter der Menschen. Ein einzelner Mensch kann zum Beispiel gleichzeitig an all den folgenden Relationen und an vielen mehr beteiligt und ihr Träger sein: Vater, Bruder, Sohn, Großvater, Enkel, Schwiegervater, Schwiegersohn, Ehemann, Freund, Feind, Untertan, General, Richter, Schutzherr, Kunde, Professor, Europäer, Engländer, Inselbewohner, Diener, Herr, Besitzer, Kapitän, Vorgesetzter, Untergebener, größer, kleiner, älter, jünger, Zeitgenosse, gleich, ungleich usw. fast bis ins Unendliche. Denn er ist ebenso vieler Relationen fähig, wie Anlässe denkbar sind, um ihn auf Grund irgendwelcher Übereinstimmung oder Nichtübereinstimmung oder in irgendeiner sonstigen Hinsicht mit anderen Dingen zu vergleichen. Denn Relation ist, wie gesagt, ein Verfahren, bei dem man zwei Dinge vergleicht oder zusammen betrachtet und dem einen oder beiden nach diesem Vergleich einen Namen gibt; mitunter gibt man auch der Relation selbst einen Namen.

<small>Unsere Ideen von Relationen sind oft klarer als die der aufeinander bezogenen Gegenstände.</small>

8. Zweitens. Hinsichtlich der Relation ist ferner folgendes zu bemerken: Die Relation ist zwar in der realen Existenz der Dinge nicht enthalten; sie liegt außer ihr und ist nachträglich hinzugefügt. Dennoch aber sind die Ideen, für die relative Wörter stehen, oft klarer und deutlicher als die der Substanzen, zu denen sie gehören. Der Begriff, den wir von einem Vater oder Bruder haben, ist sehr viel klarer und deutlicher als der, den wir vom Menschen haben. Anders ausgedrückt, *Vaterschaft* ist etwas, von dem eine klare Idee leichter zu erlangen ist als von dem Begriff *Menschentum*. Ebenso kann ich viel leichter begreifen, was ein Freund als was Gott ist. Denn die Kenntnis einer einzigen Tat oder einer einzigen einfachen Idee reicht oft aus, um mir den Begriff einer Relation zu vermitteln; dagegen ist für die Erkenntnis eines substantiellen Wesens eine genaue Zusammenstellung von mehreren Ideen erforderlich. Wenn jemand zwei Dinge miteinander vergleicht; so ist kaum anzunehmen, daß er nicht weiß, was es ist, worin er sie vergleicht. Es muß also, wenn er irgendwelche Dinge miteinander vergleicht, von dieser Relation eine völlig klare Idee haben. *Die Ideen von Relationen sind demnach wenigstens dazu fähig, in unserem Geist vollkommener und deutlicher vorhanden zu sein als die der Substanzen.* Denn es ist gewöhnlich schwer, alle in einer Substanz wirklich vorhandenen einfachen Ideen zu kennen; dagegen ist es meist leicht genug, diejenigen einfachen Ideen zu kennen, die eine Relation ausmachen, an die ich denke oder für die ich einen Namen habe. Wenn ich beispielsweise zwei Menschen hinsichtlich eines gemeinsamen Vaters vergleiche, so kann ich leicht die Idee „Brüder" bilden, ohne jedoch eine vollkommene Idee vom Menschen zu besitzen. Denn da die relativen Wörter, die etwas bedeuten, ebenso wie andere Wörter nur für Ideen stehen, diese aber durchweg entweder selbst einfach oder aus einfachen zusammengesetzt sind, so genügt es für die ge-

naue Kenntnis der durch den relativen Ausdruck bezeichneten Idee, wenn wir eine klare Vorstellung von der Grundlage der Relation haben; das ist möglich, ohne daß wir eine vollkommene und klare Idee des Gegenstandes besitzen, von dem die Beziehung ausgesagt wird. Wenn ich zum Beispiel weiß, daß ein Vogel das Ei gelegt hat, aus dem ein zweiter ausgeschlüpft ist, so habe ich die klare Idee der Relation von *Muttertier* und *Jungem* zwischen den beiden Kasuaren im St. James-Park; trotzdem kann ich vielleicht von diesen Vögeln selbst nur eine sehr dunkle und unvollkommene Idee besitzen.

9. Drittens. Es gibt sehr viele Gesichtspunkte, unter denen man die Dinge miteinander vergleichen kann und somit auch eine große Zahl von Relationen. Sie alle lassen sich jedoch auf jene einfachen Ideen zurückführen und darauf beziehen, die – entweder aus Sensation oder aus Reflexion stammend – meiner Meinung nach das Material all unserer Erkenntnis sind. Um dies deutlich zu machen, will ich es an den wichtigsten Relationen, von denen wir einen Begriff haben, demonstrieren; auch werde ich es an einigen anderen zeigen, die unserer Sensation und unserer Reflexion am fernsten zu stehen scheinen. Doch auch hier wird man sehen, daß sie ihre Ideen aus diesen beiden Quellen entnehmen, so daß kein Zweifel bleibt, daß die Begriffe, die wir von ihnen haben, nichts anderes sind als gewisse einfache Ideen und mithin letztlich aus der Sensation oder Reflexion herstammen.

<small>Relationen laufen alle auf einfache Ideen hinaus.</small>

10. Viertens. Die Relation wurde als die Vergleichung eines Dinges mit einem anderen, das außer ihm liegt, erkannt. Demnach ist es klar, daß alle Wörter relativ sind, die den Geist notwendig zu anderen Ideen hinführen als zu denen, die als in den durch die Wörter bezeichneten Dingen real existierend gelten. Zum Beispiel sind Wörter wie ein *schwarzer, fröhlicher, gedankenvoller, durstiger, zorniger, ausgedehnter Mensch* u. ä. sämtlich absolut; denn sie bezeichnen nichts und deuten nichts an, was nicht tatsächlich oder vermeintlich in dem so benannten Menschen real existiert. Dagegen

<small>Ausdrücke, die den Geist über den benannten Gegenstand hinausführen, sind relativ.</small>

sind *Vater, Bruder, König, Ehemann, schwärzer, fröhlicher* usw. Wörter, die außer dem bezeichneten Gegenstand noch etwas enthalten, was von ihm getrennt ist und außerhalb seiner Existenz liegt.

Alle relativen Wörter bestehen aus einfachen Ideen.

11. Soviel sei über die Relation im allgemeinen vorausgeschickt. Nunmehr gehe ich dazu über, an einigen Beispielen nachzuweisen, daß unsere sämtlichen Ideen von Relationen ebenso wie alle übrigen lediglich aus einfachen Ideen bestehen und daß sie sich – in welchem Maße sie auch künstlich oder den Sinnen fern zu sein scheinen – schließlich doch in einfache Ideen auflösen lassen. Ich beginne mit der umfassendsten Relation, an der alle Dinge, die existieren oder existieren können, teilhaben. Ich meine die Relation von *Ursache* und *Wirkung*. Als nächstes will ich darlegen, wie sich deren Ideen aus Sensation und Reflexion, den beiden Quellen unserer gesamten Erkenntnis, herleiten lassen.

XXVI. KAPITEL

ÜBER URSACHE UND WIRKUNG
UND ANDERE RELATIONEN

Woher wir die Ideen von Ursache und Wirkung erhalten.

1. Unsere Sinne nehmen einen ständigen Wechsel der Dinge wahr. Dabei drängt sich uns die Beobachtung auf, daß manche Einzeldinge, die sowohl Qualitäten als auch Substanzen sind, zu existieren beginnen. Weiter stellen wir fest, daß sie ihre Existenz einer bestimmten Einwirkung eines anderen Wesens verdanken. Aus dieser Beobachtung gewinnen wir unsere Ideen von *Ursache* und *Wirkung. Dasjenige, was eine einfache oder komplexe Idee erzeugt,* bezeichnen wir mit dem allgemeinen Namen *Ursache; das, was erzeugt wird,* nennen wir *Wirkung*. So finden wir zum Beispiel, daß in der Substanz, die wir Wachs nennen, unter der Einwirkung eines bestimmten Wärmegrades regelmäßig Flüssigkeit erzeugt wird; eine einfache Idee also, die vorher nicht im Wachs vorhanden war; die einfache Idee der Wärme nennen wir hierbei in Relation zu der Flüssigkeit im

Wachs deren Ursache; die Flüssigkeit selbst nennen wir die Wirkung. Ebenso finden wir, daß die Substanz Holz, eine bestimmte so benannte Zusammenstellung von einfachen Ideen, durch die Anwendung von Feuer in eine andere Substanz, die wir Asche nennen, verwandelt wird, das heißt in eine andere komplexe Idee, die wiederum aus einer Zusammenstellung einfacher Ideen besteht, aber ganz verschieden von der komplexen Idee ist, die wir Holz nennen. Bei diesem Vorgang bezeichnen wir das Feuer in Relation zu der Asche als Ursache, die Asche selbst als Wirkung. So besitzt alles, was unserer Auffassung nach dazu beiträgt oder daran mitwirkt, irgendeine einzelne einfache Idee oder eine Sammlung von einfachen Ideen – gleichviel, ob es sich um eine Substanz oder um einen Modus handelt – die vorher nicht existierten, zu erzeugen, deswegen in unserem Geist die Relation einer Ursache und wird von uns auch so benannt.

2. Wir haben somit durch das, was unsere Sinne aus der Einwirkung der Körper aufeinander entnehmen können, den Begriff von Ursache und Wirkung gewonnen. Unter Ursache verstehen wir nämlich dasjenige, was bewirkt, daß irgend etwas anderes, sei es eine einfache Idee, eine Substanz oder ein Modus, zu sein beginnt. Wirkung ist dasjenige, was seinen Ursprung einem anderen Ding verdankt. Auf Grund dieser Erkenntnis kann der Geist ohne große Schwierigkeit die verschiedenen Arten der Entstehung der Dinge in zwei Gruppen sondern.

Schöpfung, Erzeugung, Veränderung.

I. Wenn ein Ding ganz von neuem gebildet wird, so daß kein Bestandteil davon jemals vorher existierte, wenn zum Beispiel eine neue Partikel der Materie, die vorher kein Dasein besaß, in *rerum natura* zu existieren beginnt. In diesem Fall sprechen wir von *Schöpfung*.

II. Wenn ein Ding zwar aus lauter schon vorher existierenden Partikeln gebildet wird, das Ding selbst aber, das sich in dieser Weise aus präexistenten Partikeln zusammensetzt, die, gemeinsam betrachtet, eine bestimmte Zusammenstellung von einfachen Ideen bilden, früher keinerlei Dasein besaß, wie zum Beispiel dieser

Mensch, dieses Ei, diese Rose, diese Kirsche usw. Bei dieser Art von Entstehung sprechen wir von *Erzeugung*, wenn sie auf eine Substanz bezogen wird, die im gewöhnlichen Naturverlauf durch ein inneres Prinzip zustande kommt, das durch ein äußeres Mittel oder eine äußere Ursache in Tätigkeit gesetzt und empfangen wird und auf eine für uns nicht wahrnehmbare Weise wirkt. Ist die Ursache dagegen äußerlich und wird die Wirkung durch eine für uns sinnlich wahrnehmbare Trennung oder Nebeneinanderstellung unterscheidbarer Teile erzeugt, so sprechen wir vom *Machen*. Hierzu gehören alle künstlichen Dinge. Wird eine einfache Idee erzeugt, die vorher nicht in dem betreffenden Gegenstand vorhanden war, so nennen wir das *Veränderung*. Somit wird ein Mensch erzeugt, ein Gemälde gemacht; beide werden verändert, wenn in ihnen eine neue, vorher nicht vorhandene sinnlich wahrnehmbare Qualität oder einfache Idee erzeugt wird. Alle Dinge, die auf diese Weise zur Existenz gelangen und vorher nicht vorhanden waren, heißen Wirkungen; diejenigen, die diese Existenz bewirken, heißen Ursachen. In diesen wie in allen anderen Fällen können wir beobachten, daß die Begriffe Ursache und Wirkung aus Ideen entspringen, die wir durch Sensation oder Reflexion empfangen; die Relation, wie umfassend sie auch sein mag, läßt sich schließlich doch in solche Ideen auflösen. Denn um die Ideen von Ursache und Wirkung zu erlangen, genügt es, sich vorzustellen, daß eine einfache Idee oder Substanz durch die Einwirkung irgendeiner anderen zu existieren anfängt; dazu braucht man nicht die Art dieser Einwirkung zu kennen.

Relationen der Zeit. 3. Auch Zeit und Ort sind die Grundlagen sehr umfassender Relationen, und es werden zumindest alle endlichen Wesen davon betroffen. Wie wir diese Ideen gewinnen, habe ich schon an anderer Stelle gezeigt. Daher mag es hier genügen, darauf hinzuweisen, daß die meisten Benennungen der Dinge, die von der *Zeit* entlehnt sind, bloße Relationen darstellen. Wenn beispielsweise jemand sagt, die Königin Elisabeth habe neunundsechzig Jahre gelebt und fünfundvierzig regiert, so bezeichnen diese Worte lediglich die Relation dieser Dauer zu einer anderen. Sie besagen nämlich nichts weiter, als daß die Dauer ihres Lebens neunundsechzig, die Dauer ihrer Regierung gleich fünfundvierzig Jahresumläufen der Sonne war. Das gleiche gilt von allen Wörtern, die auf die Frage *wie lange* antworten. Man sagt ferner: Im Jahre 1066 fiel Wilhelm der Eroberer in England ein. Das bedeutet: Wenn man die Dauer von Christi Geburt bis zur Gegenwart als einen großen Zeitraum betrachtet, so bezeichnet jene Aussage den Abstand des Einfalls von den beiden Endpunkten dieses Zeitraumes. Das gleiche gilt für alle Zeitausdrücke, die auf die Frage *wann* antworten. Sie zeigen nur den Abstand eines Zeitpunktes von der Epoche einer längeren Dauer, von der aus wir messen und auf die infolgedessen jener Zeitpunkt für unsere Betrachtung bezogen ist.

4. Außer diesen gibt es noch andere Wörter der Zeit, von denen man gewöhnlich glaubt, daß sie für positive Ideen stehen; bei genauerer Betrachtung erweist sich jedoch, daß sie relativ sind. Dazu gehören zum Beispiel jung, alt usw., die die Relation eines Dinges zu einem bestimmten Abschnitt der Dauer, deren Idee unser Geist besitzt, in sich schließen und bezeichnen. So haben wir zum Beispiel unserem Denken eingeprägt, daß die Idee der gewöhnlichen Lebensdauer des Menschen siebzig Jahre beträgt; wenn wir nun sagen, jemand sei *jung,* so meinen wir damit, sein Alter umfasse erst einen kleinen Teil von dem, was die Menschen gewöhnlich erreichen. Nennen wir ihn *alt,* so meinen wir, daß seine Lebensdauer derjenigen bereits ziemlich nahe komme, die die Menschen gewöhnlich nicht überschreiten. Wir vergleichen also immer nur das besondere Alter oder die besondere Lebensdauer des einen oder anderen Menschen mit derjenigen Idee der Dauer, von der wir wissen, daß sie dieser Art von Lebewesen meist eigentümlich ist. Das wird bei der Anwendung dieser Namen auf andere Dinge ganz klar. Einen Menschen nennt man mit zwanzig Jahren jung, mit sieben sehr jung; dagegen nennen wir ein Pferd mit zwanzig alt, einen Hund be-

Manche Ideen der Zeit werden für positiv gehalten, sind aber relativ.

reits mit sieben Jahren; denn wir vergleichen jedesmal das Lebensalter mit einer anderen Idee der Dauer, von der wir wissen, daß sie der betreffenden Tierart im gewöhnlichen Naturverlauf zukommt. Sonne und Sterne nennen wir jedoch nicht alt, obgleich sie viele Generationen von Menschen überdauert haben, da wir nicht wissen, welche Dauer Gott für diese Art von Wesen festgesetzt hat. Die Bezeichnung „alt" kommt also eigentlich nur denjenigen Dingen zu, von denen wir beobachten, daß sie im gewöhnlichen Lauf der Dinge innerhalb eines bestimmten Zeitabschnittes durch einen natürlichen Verfall das Ende ihres Daseins erreichen. Für diese besitzt unser Geist gleichsam einen Maßstab, an dem wir die einzelnen Abschnitte ihrer Dauer messen können. Je nach ihrer Relation zu diesem Maßstab nennen wir sie dann jung oder alt; dagegen können wir diese Ausdrücke bei einem Rubin oder einem Diamanten nicht anwenden, weil wir deren natürliche Dauer nicht kennen.

Relationen des Ortes und der Ausdehnung.

5. Auch die Relationen, in denen die Dinge hinsichtlich ihres *Ortes* und ihrer Entfernung zueinander stehen, sind leicht zu beobachten; zum Beispiel oberhalb, unterhalb, eine Meile von Charing Cross entfernt, in England, in London. Aber wie bei der Dauer, so gibt es auch bei der Ausdehnung und Größe einige Ideen, die relativ sind, obwohl wir ihnen Namen beilegen, nach denen sie für positiv gelten. So sind zum Beispiel *groß* und *klein* in Wirklichkeit Relationen. Denn auch hier prägen wir dem Geist auf Grund unserer Beobachtung die Ideen der Größe bestimmter Arten von Dingen ein; diese Größe entlehnen wir von jenen Exemplaren, die uns am häufigsten begegnet sind. Wir machen diese Ideen gleichsam zu Maßstäben, nach denen wir die Größe der anderen Dinge bezeichnen. So nennen wir einen Apfel groß, wenn er die gewöhnliche Größe jener Sorte übertrifft. Ein Pferd nennen wir klein, wenn seine Größe nicht an die Idee von Größe heranreicht, die den Pferden gewöhnlich in unserem Geist zukommt. So kann für einen Walliser ein Pferd groß sein, das für einen Flamländer klein ist. Denn beide haben den besonderen

Rassen ihrer Heimat verschiedene Ideen der Größe entlehnt, mit denen sie das, was für sie groß oder klein ist, vergleichen und dementsprechend benennen.

6. Ebenso sind die Wörter „schwach" und „stark" nur relative Bezeichnungen der Kraft, verglichen mit bestimmten Ideen von größerer oder geringerer Kraft, die wir zu der betreffenden Zeit besitzen. Wenn wir zum Beispiel sagen, ein Mensch sei schwach, so meinen wir, er habe nicht soviel Stärke oder Kraft zum Bewegen, wie die Menschen überhaupt oder wenigstens Menschen seiner Größe gewöhnlich haben. Wir vergleichen also seine Stärke mit der Idee, die wir von der gewöhnlichen Stärke der Menschen überhaupt oder doch der Menschen seiner Größe haben. Das gleiche gilt für den Ausdruck „schwach", wenn wir sagen, alle Geschöpfe seien schwache Wesen; schwach ist hier nur ein relativer Ausdruck, der die Disproportion zwischen der Macht Gottes und der der Geschöpfe bezeichnet. Ebenso bezeichnen zahlreiche (vielleicht sogar die meisten) Wörter des gewöhnlichen Sprachgebrauchs bloße Relationen, obgleich sie auf den ersten Blick eine solche Bedeutung nicht zu haben scheinen. Das gilt zum Beispiel von dem Satz: „Das Schiff enthält die erforderlichen Vorräte". *Erforderlich* und *Vorräte* sind beides relative Wörter; das eine bezieht sich auf die Ausführung der geplanten Reise, das andere auf den künftigen Gebrauch. Daß alle diese Relationen auf Ideen beschränkt sind, die aus Sensation oder Reflexion herstammen und auf solche hinauslaufen, das liegt zu klar zutage, als daß es noch irgendwie nachgewiesen werden müßte.

Absolute Ausdrücke stehen oft für Relationen.

XXVII. KAPITEL

ÜBER* IDENTITÄT UND VERSCHIEDENHEIT

Worin die Identität besteht.

1. Eine weitere Gelegenheit zum Vergleichen ergibt sich für den Geist aus dem Dasein der Dinge selbst. Wir betrachten *ein Ding als zu einer bestimmten Zeit und an einem bestimmten Ort existierend* und vergleichen es dann mit *sich selbst, wie es zu anderer Zeit existiert;* danach bilden wir die Ideen der *Identität* und *Verschiedenheit.* Wenn wir sehen, daß sich ein Ding in einem bestimmten Augenblick an einem bestimmten Ort befindet, so sind wir sicher (sei es, was es wolle), daß es eben dieses Ding ist und nicht ein anderes, das zu derselben Zeit an einer anderen Stelle existiert, wie ähnlich und ununterscheidbar beide Dinge in jeder anderen Hinsicht auch sein mögen. Darin also besteht *Identität,* wenn sich die Ideen, denen sie zugeschrieben wird, ganz und gar nicht von dem unterscheiden, was sie im Augenblick unserer früheren Betrachtung, mit ihrem gegenwärtigen Dasein verglichen, gewesen sind. Wir können nämlich nie beobachten, noch für möglich halten, daß zwei Dinge derselben Art am selben Ort zur selben Zeit existieren; darum schließen wir mit Recht, daß alles, was irgendwo zu irgendeiner Zeit existiert, alles andere derselben Art ausschließt und sich selbst dort allein befindet. Wenn wir darum fragen, ob ein Ding *dasselbe* sei oder nicht, so bezieht sich das immer auf etwas, was in einem gegebenen Augenblick an einem gegebenen Ort existierte und in jenem Zeitpunkt zweifellos nur mit sich selbst und mit nichts anderem identisch war. Daraus folgt, daß weder ein Ding einen doppelten Anfang seiner Existenz noch zwei Dinge einen einzigen Anfang haben können; denn zwei Dinge derselben Art können unmöglich in demselben Zeitpunkt

---

* Dieses Kapitel wurde auf Vorschlag von Molyneux in der zweiten Auflage hinzugefügt. Vgl. Lockes Briefe an Molyneux vom 23. 8. 1693 und 8. 3. 1695. [Fraser, a. a. O., Bd. I, S. 439.]

an demselben Ort vorhanden sein oder existieren. Ebensowenig kann ein und dasselbe Ding zur selben Zeit an verschiedenen Orten sein. Was einen einzigen Anfang gehabt hat, ist daher ein und dasselbe Ding; was einen nach Ort und Zeit davon verschiedenen Anfang gehabt hat, ist nicht dasselbe, sondern davon verschieden. Die Schwierigkeiten bei dieser Relation sind daraus entstanden, daß man auf die Erwerbung genauer Begriffe von den Dingen, denen man Identität zuschreibt, so wenig Sorgfalt und Aufmerksamkeit verwandt hat.

2. Nur von drei Arten von Substanzen besitzen wir Ideen: 1. *von Gott*, 2. *von endlichen vernunftbegabten Wesen*, 3. *von Körpern*.

Identität von Substanzen.

Erstens. *Gott* ist ohne Anfang, ewig, unveränderlich und allgegenwärtig; über seine Identität kann deshalb kein Zweifel bestehen.

Zweitens. Da jedes *endliche geistige Wesen* zu einer bestimmten Zeit und an einem bestimmten Ort zu existieren begonnen hat, wird die Relation zu dieser Zeit und zu diesem Ort stets die Identität eines jeden dieser Wesen bestimmen, solange es existiert.

Drittens. Dasselbe gilt von jeder Partikel der Materie. Sie ist ein und dieselbe, wenn ihr keinerlei Materie hinzugefügt oder entzogen wird. Denn obgleich sich diese drei Arten von Substanzen, wie wir sie nennen, nicht gegenseitig von derselben Stelle ausschließen, sind wir dennoch zu der Annahme gezwungen, daß jede einzelne von ihnen notwendig alle anderen von derselben Art von derselben Stelle ausschließen muß. Ansonsten wären die Begriffe und Namen Identität und Verschiedenheit wertlos; man könnte dann weder Substanzen noch überhaupt andere Dinge voneinander unterscheiden. Wenn zum Beispiel zwei Körper gleichzeitig an demselben Ort sein könnten, dann müßten diese beiden Materieteile, seien sie nun groß oder klein, identisch sein; ja, alle Körper müßten dann ein und dieselben sein. Denn ebensogut, wie sich an einem Ort zwei Partikel der Materie befinden könnten, wäre das für alle Körper möglich. Wenn sich das annehmen ließe, so fällt jede Unterscheidung zwischen Identität und Verschiedenheit von einem Ding und mehreren Dingen weg und wird nichtig. Da es aber ein Widerspruch ist, daß zwei oder mehrere eins sein sollten, so sind Identität und Verschiedenheit wohlbegründete und für den Verstand sehr nützliche Relationen und Vergleichungsweisen.

Identität der Modi und Relationen.

Da alle anderen Dinge nur Modi oder Relationen sind, die letzten Endes auf Substanzen hinauslaufen, so läßt sich auch bei ihnen die Identität und Verschiedenheit ihrer besonderen Existenz jedesmal auf dieselbe Weise bestimmen. Nur bei Dingen, deren Existenz in einer Aufeinanderfolge besteht – zum Beispiel bei den Tätigkeiten endlicher Wesen, das heißt bei *Bewegung* und *Denken,* die beide in einer kontinuierlichen Aufeinanderfolge bestehen –, kann hinsichtlich *ihrer* Verschiedenheit keinerlei Zweifel herrschen. Denn da jede dieser Tätigkeiten schon in dem Augenblick endet, in dem sie beginnt, so können sie nicht zu verschiedenen Zeiten oder an verschiedenen Orten existieren. Hingegen können dauernde Wesen sehr wohl zu verschiedenen Zeiten an verschiedenen Orten existieren. Gedanken oder Bewegungen, die wir als zu verschiedenen Zeiten vorhanden betrachten, können deshalb nie identisch sein, weil jeder ihrer Teile einen verschiedenen Anfang seiner Existenz hat.

Principium individuationis.

3. Aus dem, was gesagt worden ist, läßt sich leicht das *principium individuationis,* nach dem so viel gefragt wird, entdecken. Es ist offenbar die Existenz selbst, die jedem Wesen, von welcher Art es auch sei, seine besondere Zeit und seinen besonderen Ort zuweist; beides kann es mit keinem anderen Wesen derselben Art gemeinsam haben. Obgleich dies bei einfachen Substanzen oder Modi anscheinend leichter zu begreifen ist als bei zusammengesetzten, so ist es jedoch, wenn man nachdenkt, bei letzteren nicht schwieriger, sofern man nur darauf achtet, wie dieses Prinzip anzuwenden ist. Denken wir uns zum Beispiel ein Atom, das heißt einen dauernden Körper unter einer unveränderlichen Oberfläche, der an einem bestimmten Ort und zu einer bestimmten Zeit existiert. Dann ist klar, daß das Atom, in einem beliebigen Augenblick seiner Existenz betrachtet, in diesem

Augenblick mit sich selbst identisch ist. Denn da es in jenem Augenblick das ist, was es ist, und nichts anderes, so ist es dasselbe und muß solange dasselbe bleiben, wie seine Existenz fortdauert. Denn ebenso lange wird es dasselbe bleiben und nichts anderes sein. Desgleichen wird, wenn zwei oder mehr Atome zu ein und derselben Masse vereinigt werden, nach dem eben gefundenen Gesetz jedes dieser Atome dasselbe sein. Und solange die Atome vereinigt existieren, muß die aus denselben Atomen bestehende Masse dieselbe Masse oder derselbe Körper bleiben, wie verschieden auch die Teile angeordnet sein mögen. Wird dagegen eines dieser Atome weggenommen oder ein neues hinzugefügt, so ist es nicht länger dieselbe Masse oder derselbe Körper. Die Identität der lebenden Wesen beruht jedoch nicht auf einer Masse derselben Partikel, sondern auf etwas anderem. Denn bei ihnen beeinflußt der Wechsel großer Teile der Materie nicht die Identität. Eine Eiche, die sich vom Pflänzchen zum großen Baum entwickelt hat und dann gefällt wird, ist noch dieselbe Eiche; ein Füllen, das zum Pferd herangewachsen und bald fetter, bald magerer ist, ist die ganze Zeit über dasselbe Pferd. Obwohl in beiden Fällen ein offenkundiger Wechsel der Bestandteile stattgefunden hat, so daß Eiche und Pferd in Wirklichkeit nicht dieselben Massen von Materie sind, handelt es sich tatsächlich noch um dieselbe Eiche und dasselbe Pferd. Der Grund hierfür liegt darin, daß in diesen beiden Fällen – bei einer *Masse von Materie* und bei einem *lebendigen Körper* – die Identität nicht auf dasselbe Ding angewendet wird.

4. Wir müssen darum ins Auge fassen, worin sich eine Eiche von einer Masse von Materie unterscheidet. Wie mir scheint, ist der Unterschied folgender: Die Materiemasse besteht lediglich in einer Verbindung von Partikeln der Materie, die in beliebiger Weise vereinigt sind, wohingegen die Eiche in einer ganz bestimmten Anordnung derselben besteht – worin sie eben die Teile einer Eiche ausmachen – und in einer solchen Einrichtung jener Teile, daß sie Nahrung aufnehmen und verteilen können und so Holz, Rinde und Blätter der Eiche

Die Identität von Pflanzen.

erhalten und hervorbringen, worin eben das Pflanzenleben besteht. Somit ist dasjenige eine Pflanze, dessen Bestandteile in der geschilderten Weise in einem zusammenhängenden Körper organisiert sind und an einem gemeinsamen Leben teilnehmen. Folglich fährt etwas fort, dieselbe Pflanze zu bleiben, solange es an demselben Leben teilnimmt. Es bleibt auch dann noch dieselbe Pflanze, wenn dieses Leben neuen Partikeln der Materie mitgeteilt wird, die mit der lebenden Pflanze organisch verbunden sind und in einer ähnlichen, dauernden, jener Pflanzenart angepaßten Organisation leben. Denn diese Organisation, die in jedem Augenblick in jeder Ansammlung von Materie anzutreffen ist, unterscheidet sich im besonderen Einzelfall von allen anderen. Sie *macht* das individuelle Leben *aus*, das von jenem Augenblick an vorwärts und rückwärts gerechnet in derselben Kontinuität fortdauert, in der die mit dem lebenden Pflanzenkörper verbundenen Teile unmerklich aufeinander folgen. Diese Organisation besitzt die Identität, die bewirkt, daß die Pflanze immer dieselbe Pflanze, ihre Teile immer Teile derselben Pflanze sind, solange sie in der zusammenhängenden Organisation vereint bestehen, die geeignet ist, allen so vereinigten Teilen das gemeinsame Leben zu vermitteln.

Die Identität von Tieren.

5. Bei den *Tieren* liegt der Fall nicht so viel anders, als daß man aus dem Gesagten nicht entnehmen könnte, was die Identität eines Tieres ausmacht und erhält. Etwas dem Ähnliches haben wir in den Maschinen vor uns; es kann uns dazu dienen, diese Frage zu erläutern. Was ist zum Beispiel eine Taschenuhr? Offenbar ist sie nichts anderes als die sinnvolle Organisation oder Konstruktion von Teilen zu einem bestimmten Zweck, der erreicht werden kann, sobald eine genügende Kraft hinzukommt. Denken wir uns diese Maschine als einen einzigen, zusammenhängenden Körper, dessen organisierte Teile durch fortgesetzte Hinzufügung und Loslösung nicht wahrnehmbarer Teile wiederhergestellt, vermehrt oder vermindert werden und der ein gemeinsames Leben führt, so haben wir etwas, was einem Tierkörper sehr ähnlich ist. Der Unterschied besteht nur darin, daß beim

Tier die Zweckmäßigkeit der Organisation und die Bewegung, in der das Leben besteht, gleichzeitig beginnen; denn die Bewegung kommt von innen. Dagegen kommt bei den Maschinen die Triebkraft deutlich von außen. Auch kann sie oft fehlen, obwohl das Organ in Ordnung und zu ihrer Aufnahme durchaus geeignet ist.

6. Dies zeigt auch, worin die Identität ein und desselben *Menschen* besteht. Sie besteht nämlich offenbar in nichts anderem als in der Teilnahme an demselben Leben, welches durch beständig in Fluß befindliche Partikel der Materie fortgesetzt wird, die in ihrer Aufeinanderfolge mit demselben organisierten Körper lebensfähig verbunden sind. Nehmen wir an, jemand sieht die Identität des Menschen in etwas anderem als bei anderen Tieren; er sähe die Identität also nicht in dem einen zweckmäßig organisierten Körper, der von einem bestimmten Zeitpunkt ab in stetig fließenden, mit ihm verbundenen Partikeln der Materie – unter einer einheitlichen Organisation des Lebens – seine Existenz fortsetzt. Er würde dann schwerlich eine Hypothese finden, nach der ein Embryo, ein Erwachsener, ein Wahnsinniger und ein Vernünftiger *derselbe* Mensch sein können; noch könnte seine Hypothese ermöglichen, daß Seth, Ismael, Sokrates, Pilatus, St. Augustin und Cäsar Borgia ein und derselbe Mensch sind. Denn wenn *allein* die Identität der Seele den gleichen *Menschen* ausmacht und die Natur der Materie nichts enthält, weshalb derselbe individuelle Geist nicht mit verschiedenen Körpern vereinigt sein könnte, so ist es möglich, daß die genannten Männer, die zu verschiedenen Zeiten lebten und von verschiedenen Temperament waren, ein und derselbe Mensch gewesen sind. Das ist jedoch eine Ausdrucksweise, die auf einem sehr befremdlichen Gebrauch des Wortes Mensch beruhen würde; dabei müßte dies Wort auf eine Idee bezogen sein, von der Körper und Gestalt ausgeschlossen sind. Noch schlechter aber würde diese Ausdrucksweise zu den Begriffen der Philosophen passen, die eine Seelenwanderung annehmen und der Meinung sind, den Seelen der Menschen könnten für ihre Vergehen als Wohnstätten die Körper von Tieren angewiesen werden,

Die Identität des Menschen.

welche Organe besitzen, die der Befriedigung ihrer brutalen Neigungen angepaßt wären. Dennoch glaube ich nicht, daß jemand, auch wenn er sicher wüßte, daß die *Seele* des Heliogabal in einem seiner Schweine steckte, sagen würde, jenes Schwein sei ein *Mensch* oder sei *Heliogabal*.

Die Idee der Identität ist der Idee angepaßt, auf die sie angewendet wird.

7. Nicht die Einheit der Substanz also umfaßt alle Arten von Identität oder bestimmt diese in jedem einzelnen Fall. Um sie richtig zu verstehen und zu beurteilen, müssen wir vielmehr erwägen, was für eine Idee das Wort bezeichnet, auf das sie angewendet wird. Denn „dieselbe *Substanz* sein", „derselbe *Mensch* sein" und „dieselbe *Person* sein" sind drei ganz verschiedene Dinge, wenn *Person*, *Mensch* und *Substanz* Bezeichnungen für drei verschiedene Ideen sind. Denn die Identität muß ebenso beschaffen sein wie die Idee, die zu dem Namen gehört. Hätte man dies etwas sorgfältiger beachtet, so wäre wahrscheinlich die Verwirrung, die bei dieser Frage oft entsteht und zu recht erheblich scheinenden Schwierigkeiten, besonders hinsichtlich der *persönlichen* Identität, führt, weitgehend vermieden worden. Diese wollen wir daher im folgenden etwas näher betrachten.

Derselbe Mensch.

8. Ein Lebewesen ist ein lebender organisierter Körper; folglich ist dasselbe Lebewesen, wie wir festgestellt haben, dasselbe anhaltende *Leben*, das verschiedenen Partikeln der Materie mitgeteilt wird, so wie sie nacheinander jenem organisierten lebenden Körper eingegliedert werden. Gleichviel von welchen anderen Definitionen auch sonst die Rede sein mag, eine scharfsinnige Beobachtung läßt keinen Zweifel daran, daß die in unserem Geist vorhandene Idee, für die unser Wort Mensch als Zeichen dient, nichts anderes ist als die eines Lebewesens von bestimmter Gestalt. Denn ich bin überzeugt, jeder würde, wenn er ein Geschöpf von seiner eigenen Gestalt oder Bildungsweise sähe, es einen *Menschen* nennen, auch wenn es zeitlebens nicht mehr Vernunft besäße als eine Katze oder ein Papagei. Wer dagegen eine *Katze* oder einen *Papagei* reden, schließen und philosophieren hörte, würde sie doch immer nur als

Katze oder Papagei ansehen oder bezeichnen. Er würde sagen, jenes sei ein stumpfsinniger unvernünftiger Mensch, dieses ein sehr kluger, vernünftiger Papagei. [Ein* Bericht, den wir bei einem sehr namhaften Schrifsteller** finden, beglaubigt hinlänglich die Annahme der Existenz eines vernünftigen Papageis. Er lautet folgendermaßen:

„Es lag mir daran, aus des Prinzen Moritz eigenem Munde Aufschluß über eine verbreitete, viel geglaubte Geschichte zu erhalten, die ich schon oft von anderen gehört hatte. Sie handelt von einem alten Papagei, den er in Brasilien während seiner Statthalterschaft besaß. Jener Papagei konnte wie ein vernünftiges Wesen sprechen, fragen und einfache Fragen beantworten. Die Umgebung des Prinzen erblickte darin Zauberei oder Besessenheit. Ja, einer seiner Kapläne, der noch lange hernach in Holland lebte, duldete von jener Zeit an niemals einen Papagei um sich; denn er behauptete, diese Tiere hätten sämtlich den Teufel im Leibe. Ich hatte viele Einzelheiten dieser Geschichte gehört, die mir von Leuten versichert wurden, deren Glaubwürdigkeit schwerlich anzuzweifeln war. Deshalb fragte ich den Prinzen Moritz, was an der Geschichte sei. Mit der ihm eigenen Schlichtheit und Trockenheit des Tones erwiderte er mir, einiges von dem, was berichtet werde, sei wahr, sehr viel aber unwahr. Ich bat ihn, mir das erstere mitzuteilen. Er erzählte dann kurz und sachlich, er habe in Brasilien von einem solchen alten Papagei erzählen hören; zwar habe er nichts davon geglaubt, auch sei das Tier ziemlich weit entfernt gewesen; dennoch habe ihn die Neugierde so stark geplagt, daß er es kommen ließ. Der Papagei sei ein sehr altes und großes Tier gewesen. Als er das erstemal in den Raum gebracht wurde, wo sich der Prinz, von vielen Holländern umringt, aufhielt, habe er sofort gesagt: ‚*Was für eine Schar von weißen Männern ist hier!*' Man habe auf den Prinzen gewiesen und gefragt, für wen er diesen Mann

Ein vernünftiger Papagei.

---

* Zusatz der vierten Auflage. [Fraser, a. a. O., B. I, S. 446.]
** Sir William Temple in seinen „Memoirs of what passed in Christendom from 1672 to 1679", S. 66. [Fraser, a. a. O., Bd. I, S. 446.]

halte. Der Vogel antwortete: ‚Für irgendeinen General.‘ Man brachte ihn ganz nahe an den Prinzen heran, der ihn dann fragte: ‚D' ou venez-vous?' Er antwortete: ‚De Marinnan.' Der Prinz: ‚A qui estes-vous?' Der Papagei: ‚A un Portugais.' Der Prinz: ‚Que fais tu là?' Der Papagei: ‚Je garde les poulles.' Der Prinz lachte und sagte: ‚Vous gardez les poulles?' Der Papagei erwiderte: ‚Oui, moi; et je sçais bien faire.'* Dabei stieß er vier- oder fünfmal den Gluck-Gluck-Ton aus, mit dem man junge Hühner lockt. Ich schreibe die Worte dieses denkwürdigen Zwiegespräches französisch nieder, genau so, wie sie der Prinz Moritz sprach. Ich fragte ihn, welche Sprache der Papagei gesprochen hätte; er sagte: brasilianisch. Ich erkundigte mich, ob der Prinz brasilianisch verstände; er erwiderte: nein; er habe aber dafür gesorgt, daß zwei Dolmetscher zur Stelle gewesen wären, ein Holländer, der brasilianisch und ein Brasilianer, der holländisch sprach. Er habe sie einzeln und unter vier Augen befragt, und beide hätten ihm übereinstimmend das gleiche berichtet, was der Papagei gesprochen habe. Ich konnte es mir nicht versagen, diese merkwürdige Geschichte zu erzählen, weil sie in der Tat ganz außergewöhnlich ist. Außerdem habe ich sie aus erster Quelle; auch darf diese Quelle als einwandfrei angesehen werden. Denn ich darf behaupten, daß der Prinz zumindest alles, was er mir mitteilte, selbst glaubte. Galt er doch stets für einen durchaus ehrenhaften und frommen Mann. Ich überlasse es den Naturforschern, sich damit auseinanderzusetzen, und anderen Leuten, davon zu glauben, was sie wollen. Indessen ist es immerhin vielleicht nicht unangebracht, eine ernsthafte Darstellung gelegentlich durch solche Abschweifungen zu unterbrechen oder zu beleben, gleichviel ob sie unmittelbar zur Sache gehören oder nicht."

* „Woher kommst du?" Er antwortete: „Von Marinam." Der Prinz: „Wem gehörst du?" Der Papagei: „Einem Portugiesen." Der Prinz: „Was machst du dort?" Der Papagei: „Ich hüte die Hühner." Der Prinz lachte und sagte: „Du hütest die Hühner?!" Der Papagei antwortete: „Ja, ich, und ich verstehe mich sehr gut darauf."

Es lag mir daran, dem Leser diese Geschichte eingehend und mit des Erzählers eigenen Worten wiederzugeben, weil dieser sie nicht für unglaublich gehalten zu haben scheint. Denn man kann sich nicht vorstellen, daß ein so gescheiter Mann wie er, der hinlänglich imstande war, für alles, was er selbst bezeugte, zu bürgen, so viel Mühe aufwenden sollte, um an einer Stelle, wo es gar nicht nahe lag, nicht nur einem Menschen, den er seinen Freund nennt, sondern auch einem Prinzen, dessen sehr große Ehrenhaftigkeit und Frömmigkeit er anerkennt, eine Geschichte anhängen sollte, die ihm, wenn er sie für unglaubwürdig hielt, nur als lächerlich erscheinen konnte. Soviel ist jedenfalls klar: Sowohl der Prinz, der für diese Geschichte bürgt, als auch der Erzähler, der sie berichtet, nennen den Sprecher hier einen Papagei. Ich frage nun jeden anderen, der eine solche Geschichte für erzählenswert hält, ob er diesen Papagei und alle seiner Art – wenn sie immer so gesprochen hätten, wie es nach Aussage des Prinzen dieser eine tat – nicht als eine Gattung *vernunftbegabter Tiere,* sondern angesichts all dessen als Menschen und nicht als *Papageien* angesehen hätte? Denn ich meine, nicht die Idee eines denkenden oder vernünftigen Wesens allein macht nach der Auffassung der meisten Leute die *Idee des Menschen* aus, sondern die Idee eines damit verbundenen Körpers von bestimmter Gestalt. Wenn das die Idee des Menschen ist, so gehört derselbe, sich nicht auf einmal verändernde Körper ebensogut zur Identität eines Menschen wie derselbe immaterielle Geist.

Derselbe Mensch.

9. Nachdem wir dies vorausgeschickt haben, müssen wir, um festzustellen, worin die Identität der Person besteht, zunächst untersuchen, was *Person* bedeutet. Meiner Meinung nach bezeichnet dieses Wort ein denkendes, verständiges Wesen, das Vernunft und Überlegung besitzt und sich selbst als sich selbst betrachten kann. Das heißt, es erfaßt sich als dasselbe Ding, das zu verschiedenen Zeiten und an verschiedenen Orten denkt. Das geschieht lediglich durch das Bewußtsein, das vom Denken untrennbar ist und, wie mir scheint,

Identität der Person.

zu dessen Wesen gehört. Denn unmöglich kann jemand wahrnehmen, ohne *wahrzunehmen*, daß er es tut. Wenn wir etwas sehen, hören, riechen, schmecken, fühlen, überlegen oder wollen, so wissen wir, daß wir das tun. Das gilt jederzeit hinsichtlich unserer gegenwärtigen Sensationen und Wahrnehmungen; jeder wird dadurch für sich selbst zu dem, was er *sein eigenes Ich* nennt. Hierbei kommt es in diesem Falle nicht darauf an, ob dasselbe Selbst in derselben oder in verschiedenen Substanzen weiterbesteht. Denn da das Bewußtsein das Denken stets begleitet und jeden zu dem macht, was er sein Selbst nennt und wodurch er sich von allen anderen denkenden Wesen unterscheidet, so besteht hierin allein die Identität der Person, das heißt das Sich-Selbst-Gleich-Bleiben eines vernünftigen Wesens. Soweit nun dieses Bewußtsein rückwärts auf vergangene Taten oder Gedanken ausgedehnt werden kann, so weit reicht die Identität dieser Person. Sie ist jetzt dasselbe Selbst wie damals; jene Handlung wurde von demselben Selbst ausgeführt, das jetzt über sie nachdenkt.

Das Bewußtsein macht die Identität der Person aus.

10. Man fragt jedoch weiter, ob dieses Ich denn auch dieselbe identische Substanz sei. Nur wenige würden einen Zweifel daran für begründet halten, wenn jene Wahrnehmungen jederzeit zugleich mit dem Bewußtsein davon im Geist gegenwärtig blieben, wodurch dasselbe denkende Wesen stets bewußt gegenwärtig und – wie man annehmen würde – augenscheinlich mit sich selbst identisch wäre. Was Schwierigkeiten zu bereiten scheint, ist die Tatsache, daß dieses Bewußtsein stets durch Zustände des Vergessens unterbrochen wird. Denn wir können in keinem Augenblick unseres Lebens alle unsere vergangenen Handlungen gleichzeitig überblicken. Vielmehr entschwindet auch dem besten Gedächtnis ein Teil davon, während es andere betrachtet. Mitunter denken wir, und zwar den größten Teil unseres Lebens hindurch, nicht an unser früheres Ich, sondern achten auf unsere gegenwärtigen Gedanken. Im festen Schlaf endlich haben wir überhaupt keine Gedanken oder wenigstens keine mit jenem Bewußtsein, das unsere wachen Gedanken auszeichnet. Wie gesagt, in allen diesen

Fällen, in denen unser Bewußtsein unterbrochen wird und wir unser vergangenes Ich aus den Augen verlieren, erheben sich Zweifel, ob wir dasselbe denkende Ding, das heißt dieselbe *Substanz* sind oder nicht. Dieser Zweifel jedoch, gleichviel ob er begründet oder unbegründet ist, betrifft nicht die Identität der *Person* überhaupt. Denn in Frage steht nur, was die Identität der Person ausmacht, nicht aber, ob es dieselbe identische Substanz ist, die immer in derselben Person denkt. Letztere Frage ist für unsern Fall völlig belanglos. Denn verschiedene Substanzen werden durch dasselbe Bewußtsein (wo sie daran teilhaben) ebenso zu einer Person vereinigt, wie verschiedene Körper durch dasselbe Leben zu einem Lebewesen vereinigt sind, dessen Identität beim Wechsel der Substanzen durch die Einheit eines fortdauernden Lebens gewahrt wird. Denn wenn die Identität des Bewußtseins es bewirkt, daß jemand ein und derselbe ist, so beruht die Identität der Person offenbar allein hierauf. Dabei ist es gleichgültig, ob dies Bewußtsein lediglich an eine Einzelsubstanz geknüpft ist oder in einer Aufeinanderfolge verschiedener Substanzen fortbestehen kann. Denn soweit ein vernunftbegabtes Wesen die Idee einer vergangenen Handlung mit demselben Bewußtsein, das es zuerst von ihr hatte, und mit demselben Bewußtsein, das es von einer gegenwärtigen Handlung hat, wiederholen *kann*, ebenso weit ist es dasselbe persönliche Ich. Denn durch sein Bewußtsein von seinen gegenwärtigen Gedanken und Handlungen ist es augenblicklich *für sich* sein eigenes Ich. Es bleibt dasselbe Ich, soweit sich dasselbe Bewußtsein auf vergangene oder künftige Handlungen erstrecken kann. Der Abstand der Zeit oder der Wechsel der Substanz würde aus einem solchen Wesen ebensowenig zwei Personen machen, wie ein Mensch dadurch zu zwei Menschen wird, daß er heute andere Kleider trägt als gestern, nachdem er zwischendurch längere oder kürzere Zeit geschlafen hat. Denn dasselbe Bewußtsein vereinigt die getrennten Handlungen zu ein und derselben Person, gleichviel welche Substanzen auch immer zu ihrem Zustandekommen beigetragen haben.

11. Daß sich das so verhält, beweist uns unser eigener Körper. Seine sämtlichen Partikel bilden nämlich einen Teil unseres Selbst, das heißt unseres denkenden, bewußten Ich, solange sie lebensfähig mit diesem selben denkenden, bewußten Ich verknüpft sind, so daß *wir fühlen*, wenn sie durch Gutes oder Übles, das ihnen widerfährt, berührt und beeinflußt werden und sich dessen bewußt sind. So sind für jeden die Glieder seines Körpers ein Teil seines Selbst. Er empfindet mit ihnen und kümmert sich um sie. Wird ihm aber eine Hand abgeschlagen und dadurch von dem Bewußtsein losgelöst, das er von ihrer Wärme, Kälte und ihren sonstigen Zuständen hatte, dann ist sie nicht mehr ein Teil seines Selbst, und zwar ebensowenig wie das entlegenste Materieteil. Wir sehen also, die *Substanz*, aus der das persönliche Ich in einem Augenblick bestand, kann sich in einem andern ändern, ohne daß die Identität der Person davon berührt würde. Denn die Identität der Person steht außer Frage, mögen auch die Glieder, die eben noch einen Teil von ihr bildeten, abgehauen sein.

12. In Frage steht jedoch, ob die Person dieselbe bleiben kann, wenn die denkende Substanz sich ändert, oder ob, wenn jene dieselbe bleibt, es zwei verschiedene Personen geben kann.

Darauf antworte ich: Erstens kann dies für alle die überhaupt nicht fraglich sein, die das Denken in einer von immaterieller Substanz freien, rein materiellen, animalischen Konstitution vor sich gehen lassen. Mag ihre Annahme richtig oder falsch sein, so ist klar, daß die Identität der Person nach ihrer Auffassung durch etwas anderes bewahrt werden muß als durch die Identität der Substanz. Denn die animalische Identität beruht auf der Identität des Lebens und nicht auf der der Substanz. Darum muß jeder, der das Denken lediglich einer immateriellen Substanz zuschreibt, ehe er sich mit diesen Gegnern einlassen kann, folgendes nachweisen: Warum kann bei einem Wechsel immaterieller Substanzen oder einer Mehrzahl von einzelnen Substanzen die Identität der Person nicht ebensogut bewahrt werden, wie sich bei einem Wechsel materieller Substanzen oder einer Mehrzahl von einzelnen Körpern die animalische Identität erhält? Es sei denn, sie wollten sagen, die Identität des Lebens in den Tieren werde ebensogut durch einen immateriellen Geist bewirkt wie die Identität der Person; das aber würden wenigstens die Cartesianer nicht zugeben, weil sie fürchten, damit auch die Tiere zu denkenden Dingen zu machen.

13. Zunächst zu dem ersten Teil der Frage: Kann die Person dieselbe bleiben, wenn sich die denkende Substanz (vorausgesetzt, daß nur immaterielle Substanzen denken) ändert? Ich antworte hierauf: Darüber kann nur jemand entscheiden, der die Beschaffenheit der denkenden Substanzen kennt und weiß, ob sich das Bewußtsein vergangener Handlungen von einer denkenden Substanz auf die andere übertragen läßt. Ich gebe zu, das wäre unmöglich, wenn dasselbe Bewußtsein dieselbe individuelle Handlung wäre. Da es aber die Vergegenwärtigung einer vergangenen Handlung ist, so muß erst noch gezeigt werden, warum es nicht möglich sein kann, daß sich etwas, was in Wirklichkeit nie stattgefunden hat, dem Geist als gewesen darstellt. Deshalb wird sich die Frage, inwieweit das Bewußtsein vergangener Handlungen so an ein handelndes Einzelwesen geknüpft ist, daß ein anderes es unmöglich haben kann, solange schwer entscheiden lassen, wie wir nicht wissen, welche Art von Handlungen nicht stattfinden kann, ohne daß ein Reflektionsakt der Wahrnehmung sie begleitete, und wie sie von denkenden Substanzen vollzogen werden, die nicht denken können, ohne sich dessen bewußt zu sein. Nun ist aber das, was wir dasselbe Bewußtsein nennen, nicht dieselbe individuelle Handlung. Darum wird sich schwer aus der Natur der Dinge folgern lassen, warum einer denkenden Substanz nicht etwas als ihre eigene Tat dargestellt werden könnte, was sie nie selbst, sondern vielleicht ein anderer Mensch getan hat. Ich meine, es wird sich schwer ergründen lassen, warum eine solche Darstellung ohne ihr entsprechende wirkliche Tatsachen nicht ebensogut möglich sein soll wie manche Traumvorstellungen, die wir während des Traumes doch auch für wahr halten. So etwas wird

Ob bei einem Wechsel denkender Substanzen eine einzige Person vorhanden sein kann.

aber nie geschehen. Dafür bürgt, solange wir keine klarere Anschauung von der Natur der denkenden Substanzen besitzen, am besten die Güte Gottes. Soweit es sich dabei um Glück oder Unglück eines seiner empfindenden Geschöpfe handelt, wird Gott nie auf Grund eines verhängnisvollen Irrtums ihrerseits vom einen zum anderen jenes Bewußtsein übertragen, das Lohn oder Strafe nach sich zieht. Inwieweit das ein Argument gegen jene sein kann, die das Denken in einem System von im Fluß befindlichen Lebensgeistern sehen wollen, lasse ich dahingestellt. Um jedoch zu der uns beschäftigenden Frage zurückzukommen, so muß zugegeben werden, daß – wenn eben dieses selbe Bewußtsein (welches, wie gezeigt wurde, ein von derselben zahlenmäßigen Gestalt oder Bewegung im Körper sehr verschiedenes Ding ist) sich von einer denkenden Substanz auf die andere übertragen läßt – es möglich sein wird, daß zwei denkende Substanzen nur eine einzige Person ausmachen können. Denn wenn dasselbe Bewußtsein sich erhält, gleichviel ob in derselben oder in verschiedenen Substanzen, so ist auch die Identität der Person bewahrt.

Ob da, wo dieselbe immaterielle Substanz bleibt, zwei Personen vorhanden sein können.

14. Befassen wir uns jetzt mit dem zweiten Teil der Frage: Können zwei verschiedene Personen dort vorhanden sein, wo dieselbe immaterielle Substanz bleibt? Dem liegt, wie mir scheint, zunächst das Problem zugrunde, ob einem immateriellen Wesen, das sich der Tätigkeiten seines verflossenen Daseins bewußt ist, jedes Bewußtsein seiner früheren Existenz ganz und gar geraubt werden kann, so daß ihm auch die Möglichkeit, es jemals wiederzuerlangen, verloren geht und sein Bewußtsein, weil es gleichsam von einem neuen Zeitpunkt an eine neue Rechnung beginnt, fortan über diesen neuen Zustand *nicht* hinausreichen kann. Dieser Ansicht sind offenbar alle, die an ein früheres Dasein glauben; denn sie geben zu, daß die Seele kein Bewußtsein mehr von dem habe, was sie in dem früheren Zustand, als sie entweder ganz vom Körper losgelöst oder in einem anderen Körper wohnte, getan hat. Sollten sie anderer Meinung sein, so würde die Erfahrung offensichtlich

gegen sie sprechen. Die Identität der Person erstreckt sich also nicht weiter als das Bewußtsein. Demnach muß ein früher dagewesener Geist, der nicht so lange Zeit hindurch in einem Ruhezustand verharrt hat, notwendig verschiedene Persönlichkeiten ausmachen. Nehmen wir an, ein christlicher Platoniker oder ein Pythagoreer würde, weil Gott sein ganzes Schöpfungswerk am siebenten Tage abgeschlossen hat, glauben, seine Seele habe seitdem existiert. Er würde sich ferner vorstellen, sie hätte verschiedene menschliche Körper durchwandert. So ist mir zum Beispiel jemand begegnet, der davon überzeugt war, seine *Seele* sei die des Sokrates gewesen. (Ich will nicht erörtern, ob das begründet war; ich weiß aber, daß er an dem Platz, den er einnahm und der nicht unwichtig war, für einen sehr vernünftigen Menschen galt; seine Schriften haben bewiesen, daß es ihm nicht an Gaben und Wissen fehlte); würde man da wohl sagen, ein solcher Mensch könne mit der *Person* des Sokrates identisch sein, obgleich ihm keine von dessen Handlungen oder Taten bewußt sind? Nehmen wir an, jemand denkt über sich selbst nach und kommt zu dem Schluß, daß er einen immateriellen Geist in sich habe, der das ist, was in ihm denkt und ihn bei dem fortgesetzten Wechsel in seinem Körper als denselben erhält. Dieser Geist sei das, was er *sein Selbst* nennt. Stellen wir uns ferner vor, der betreffende Mensch nehme an, dieser Geist sei dieselbe Seele, die bei der Belagerung von Troja dem Nestor oder dem Thersites innegewohnt habe (denn da sich die Seelen, soweit wir etwas von ihnen wissen, ihrer Natur nach gegen jedes Materieteilchen gleichgültig verhalten, so ist es offenbar durchaus nicht unsinnig, so etwas anzunehmen). Es wäre daher ganz gut möglich, ebenso wie sie jetzt die Seele eines anderen Menschen ist. Wird oder kann sich dieser Mensch, der keinerlei Bewußtsein von einer einzigen Tat des Nestor oder des Thersites hat, dann vorstellen, daß er mit einem dieser beiden Männer identisch sei? Kann er an einer ihrer Handlungen beteiligt sein? Kann er sie sich selbst zuschreiben? Kann er sie mehr für seine eigenen halten als die Handlungen beliebiger anderer Menschen, die irgendwann gelebt haben? Somit erstreckt sich dieses Bewußtsein auf keine Handlung eines dieser Männer. Folglich ist ein solcher Mensch ebensowenig mit ihnen dasselbe *Ich*, wie wenn die Seele oder der immaterielle Geist, die ihm jetzt innewohnen, in dem Augenblick geschaffen worden wären und zu bestehen angefangen hätten, als sie in seinen gegenwärtigen Körper eintraten. Daran ändert sich nichts, selbst wenn es wahr wäre, daß derselbe *Geist*, der den Körper des Nestor oder Thersites beseelte, numerisch mit dem identisch ist, der nunmehr ihm innewohnt. Denn dadurch würde dieser Mann ebensowenig zu einer mit Nestor identischen Person, wie wenn einige Partikel der Materieteilchen, die einst einen Teil des Nestor ausmachten, jetzt zu ihm selbst gehörten. Denn eine sich selbst gleiche immaterielle Substanz ohne ein sich selbst gleiches Bewußtsein begründet durch die Verbindung mit irgendeinem Körper die Identität einer Person ebenso wenig, wie eine sich selbst gleiche Partikel der Materie ohne Bewußtsein dies tut. Sobald aber ein solcher Mensch sich irgendeiner Handlung des Nestor bewußt wird, dann wird er auch seiner Identität mit Nestor gewahr.

Der Körper gehört ebenso zum Menschen wie die Seele.

15. Auf diese Weise kann man sich ohne Schwierigkeiten vorstellen, daß bei der Auferstehung dieselbe Person vorhanden sein kann, sei es auch in einem Körper, der seiner Bildungsweise und seinen Bestandteilen nach nicht genau mit dem irdischen übereinstimmt, indem nämlich dasselbe Bewußtsein mit der dem Körper innewohnenden Seele verknüpft ist. Bei dem Wechsel der Körper würde jedoch kein Mensch die Seele allein für ausreichend halten, um die Identität eines Menschen zu begründen; es sei denn, jemand setze die Seele mit dem Menschen gleich. Nehmen wir an, die Seele eines Fürsten, die das Bewußtsein des vergangenen Lebens des Fürsten mit sich führt, träte in den Körper eines Schusters ein und beseelte ihn, sobald dessen eigene Seele ihn verlassen hätte. Jeder sieht ein, daß der Schuster dann dieselbe *Person* sein würde wie der Fürst und nur für dessen Taten verantwortlich. Aber wer

würde sagen, es sei ein und derselbe *Mensch?* Auch der Körper gehört also mit zum Begriff des Menschen. Ja, ich vermute, in diesem Fall würde der Körper nach jedermanns Ansicht über den Menschen entscheiden. Denn die Seele würde trotz all ihrer fürstlichen Gedanken keinen andern Menschen aus ihm machen. Vielmehr würde jener Mensch für jeden, sich selbst ausgenommen, derselbe Schuster sein. Ich weiß wohl, daß man im gewöhnlichen Sprachgebrauch unter „derselben Person" und „demselben Menschen" ein und dasselbe Ding versteht. Freilich steht es jedem allezeit frei zu sprechen, wie es ihm gefällt; er kann beliebige artikulierte Laute auf beliebige Ideen anwenden und sie verändern, so oft es ihm paßt. Wenn wir jedoch untersuchen wollen, was die Identität eines *Geistes,* eines *Menschen* oder einer *Person* begründet, müssen wir in unserem Verstand die Ideen von Geist, Mensch und Person festlegen. Sind wir uns darüber klar geworden, was wir darunter verstehen, so wird es nicht schwer sein, bei jedem von diesen oder ähnlichen Dingen zu entscheiden, wann etwas dasselbe ist und wann nicht.

16. Nun macht zwar dieselbe immaterielle Substanz oder Seele nicht für sich allein, gleichviel wo und in welchem Zustand, denselben *Menschen* aus. Es ist jedoch klar, daß das Bewußtsein, so weit es sich nur immer ausdehnen läßt, und wäre es auch auf vergangene Zeitalter, zeitlich sehr fernliegende Existenzen und Handlungen ebensogut in ein und derselben *Person* vereinigt wie die Existenzen und Handlungen des unmittelbar voraufgehenden Zeitpunktes. Somit ist alles, was das Bewußtsein gegenwärtiger und vergangener Handlungen besitzt, dieselbe Person, der beiderlei Handlungen angehören. Stellen wir uns vor, ich wäre mir ebenso bewußt, daß ich die Arche Noah und die Sintflut erlebt habe, wie ich weiß, daß ich im letzten Winter eine Überschwemmung der Themse gesehen habe oder daß ich jetzt schreibe. Ich könnte dann gar nicht daran zweifeln, daß ich, der ich jetzt schreibe, die Themseüberschwemmung im letzten Winter erlebt und die Wasser der Sintflut gesehen habe, dasselbe *Ich* bin. Dabei ist

Das Bewußtsein allein vereinigt Handlungen in derselben Person.

es gleichgültig, aus welcher *Substanz* es besteht. Ja, an der eben erwähnten Tatsache könnte ich ebensowenig zweifeln wie daran, daß ich, der ich dieses schreibe, während solcher Tätigkeit derselbe bin, der ich gestern war, einerlei ob ich aus derselben materiellen oder immateriellen Substanz bestehe oder nicht. Denn für die Identität des Ich kommt es nicht darauf an, ob das gegenwärtige Ich aus denselben oder aus anderen Substanzen besteht; bin ich doch an jeder Handlung, die vor tausend Jahren vollzogen, aber durch dieses Selbstbewußtsein zu meiner eigenen gemacht wird, ebenso beteiligt und rechtmäßig dafür verantwortlich wie für das, was ich vor einem Augenblick getan habe.

<small>Das Ich hängt vom Bewußtsein, nicht von der Substanz ab.</small>

17. Das *Ich* ist das bewußt denkende Wesen, gleichviel aus welcher Substanz es besteht (ob aus geistiger oder materieller, einfacher oder zusammengesetzter), das für Freude und Schmerz empfindlich und sich seiner bewußt ist, das für Glück und Unglück empfänglich ist und sich deshalb soweit um sich selber kümmert, wie jenes Bewußtsein sich erstreckt. So sieht jeder, daß sein kleiner Finger, solange er von diesem Bewußtsein erfaßt wird, ebensogut einen Teil seines Selbst ausmacht wie das, was am allerersten dazu gehört. Sollte bei einer Abtrennung dieses Gliedes das Bewußtsein ihm folgen und aus dem übrigen Körper schwinden, so würde offenbar der kleine Finger die Person, dieselbe Person sein; das Selbst würde mit dem übrigen Teil des Körpers nichts zu tun haben. In diesem Fall, wo ein Teil von dem andern losgelöst wird, begründet das Bewußtsein, das die Substanz begleitet, die Identität der Person und macht dies untrennbare Selbst aus. Ebenso verhält es sich mit zeitlich getrennten Substanzen. Dasjenige, womit sich das Bewußtsein dieses gegenwärtig denkenden Wesens vereinigen *kann*, macht dieselbe Person aus und bildet mit ihm, und mit nichts anderem, dasselbe Ich. Es schreibt sich somit alle Handlungen jenes Wesens selber zu und erkennt sie als seine eigenen soweit an, wie jenes Bewußtsein reicht, aber auch nicht weiter. Das wird jeder, der hierüber nachdenkt, erkennen.

Über Identität und Verschiedenheit

18. Auf diese Identität der Person allein gründet sich das Recht und die Gerechtigkeit von Lohn und Strafe, weil Glück und Unglück das sind, woran jeder um *seiner selbst* willen interessiert ist, während es ihn nicht kümmert, was aus irgendeiner *Substanz* wird, die mit seinem Bewußtsein nicht verknüpft ist und davon nicht berührt wird. Denn wie das eben erwähnte Beispiel klar zeigt, würde das Bewußtsein, das dem abgetrennten kleinen Finger folgen würde, dasselbe Selbst sein, das gestern um den ganzen Körper als einen Teil seines Selbst bekümmert war; es müßte seine damaligen Handlungen noch jetzt notwendig als seine eigenen anerkennen. Gesetzt den Fall, derselbe Körper würde unmittelbar nach seiner Trennung vom kleinen Finger weiterleben und sein eigenes besonderes Bewußtsein erhalten, wovon dem kleinen Finger nichts bekannt wäre. Dann würde sich der Körper nicht im mindesten um den kleinen Finger als um einen Teil seines Selbst kümmern, könnte auch keine von dessen Handlungen als die seinen anerkennen oder sich zurechnen lassen. *Personen, nicht Substanzen sind die Objekte für Lohn und Strafe.*

19. Das mag uns zeigen, worin die Identität der Person besteht. Sie besteht nämlich nicht in der Identität der Substanz, sondern, wie ich sagte, in der Identität des Bewußtseins. Wenn Sokrates und der gegenwärtige Bürgermeister von Queinborough hierin übereinstimmen, so sind sie dieselbe Person. Wenn derselbe Sokrates im Wachen und im Schlafen nicht an demselben Bewußtsein teilhat, dann sind der wachende und der schlafende Sokrates nicht dieselbe Person. Es wäre ebenso ungerecht, den wachenden Sokrates für das, was der schlafende dachte und was dem wachenden nie bewußt wurde, zu bestrafen, wie einen von zwei Zwillingen für die ihm unbekannten Taten des anderen zur Rechenschaft zu ziehen, weil ihre äußere Erscheinung sich so ähnelt, daß man sie nicht unterscheiden kann. Solche Zwillinge hat es nämlich schon gegeben. *Dies zeigt, worin die Identität der Person besteht.*

20. Doch wird vielleicht noch folgendes eingewendet werden: Angenommen, ich verlöre vollständig und unwiederbringlich die Erinnerung an gewisse Zeiten meines Lebens, so daß sie mir vielleicht nie wieder zum Bewußtsein kommen. Würde ich dann nicht doch dieselbe *Absolutes Vergessen trennt das Vergessene von der Person, aber nicht vom Menschen.*

Person sein, die jene Handlungen ausführte und jene Gedanken hegte, die mir einst bewußt waren, obgleich ich sie jetzt vergessen habe? Darauf antworte ich: Wir müssen hier beachten, worauf das Wörtchen *Ich* angewendet wird. In diesem Fall ist damit offenbar nur der *Mensch* gemeint. Da man nun annimmt, daß derselbe Mensch auch dieselbe Person sei, so wird ohne weiteres vorausgesetzt, daß das „Ich" auch dieselbe Person bezeichne. Wenn es jedoch für denselben Menschen möglich wäre, zu verschiedenen Zeiten je ein besonderes unübertragbares Bewußtsein zu haben, dann würde zweifellos derselbe Mensch zu verschiedenen Zeiten verschiedene Personen darstellen. Dies ist denn auch, wie wir sehen, dort die Meinung der Menschen, wo sie ihre Ansichten am ernsthaftesten ausdrücken. Die menschlichen Gesetze nämlich bestrafen den Wahnsinnigen nicht für die Taten des Vernünftigen, noch den Vernünftigen für die Handlungen des Wahnsinnigen. Sie machen somit zwei verschiedene Personen aus dem Menschen. Das kommt in gewisser Weise auch in unserem englischen Sprachgebrauch zum Ausdruck, wenn wir sagen, jemand sei nicht „er selbst" oder er sei „außer sich". Solche Wendungen lassen erkennen, daß jene, die sie jetzt gebrauchen, oder zumindest jene, die sie zuerst verwendeten, annahmen, daß jenes Selbst gewechselt habe, daß dieselbe Person sich nicht mehr in demselben Menschen befinde.

Unterschied zwischen der Identität des Menschen und der der Person.

21. Gleichwohl ist sehr schwer zu begreifen, daß Sokrates, ein und dasselbe menschliche Individuum, zwei Personen sein solle. Um uns hier zu helfen, müssen wir erwägen, was man unter Sokrates oder demselben individuellen *Menschen* versteht. Es muß entweder

erstens dieselbe individuelle, immaterielle, denkende Substanz sein, mit einem Wort: numerisch dieselbe Seele und nichts anderes oder

zweitens dasselbe lebende Wesen, ohne Rücksicht auf eine immaterielle Seele, oder

drittens derselbe immaterielle Geist in Verbindung mit demselben lebenden Wesen.

Für welche von diesen Annahmen wir uns auch entscheiden mögen, jedenfalls kann die Identität der Person unmöglich in etwas anderem als dem Bewußtsein bestehen; sie kann auch nie über dieses hinausreichen. Denn im ersten Falle müßte es für möglich gehalten werden, daß ein zu verschiedenen Zeiten von verschiedenen Frauen zur Welt gebrachter Mensch derselbe Mensch sein könnte. Wer diese Ausdrucksweise zuläßt, muß auch anerkennen, daß ein und derselbe Mensch ebenso gut zwei verschiedene Personen sein können, wie es zwei Menschen sind, die zu verschiedenen Zeiten gelebt haben, ohne wechselseitig von ihren Gedanken etwas zu wissen.

Nach der zweiten und dritten Auffassung kann Sokrates in diesem Leben und nach ihm immer nur durch dasselbe Bewußtsein derselbe Mensch sein. Wenn wir die Identität des Menschen und die der Person auf diese Weise in demselben Ding bestehen lassen, so kann man uns ohne Schwierigkeit zugeben, daß derselbe Mensch dieselbe Person sei. In diesem Fall müssen aber diejenigen, die die Identität des Menschen lediglich in das Bewußtsein und in nichts anderes setzen, zusehen, wie sie Sokrates als Kind und Sokrates nach der Auferstehung zu ein und demselben Menschen verklären wollen. Was nun aber nach der Ansicht mancher Leute einen Menschen und folglich auch denselben individuellen Menschen ausmacht, ein Punkt, worin vielleicht nur wenige übereinstimmen, die Identität der Person können wir jedenfalls, ohne uns in große Widersprüche zu verwickeln, in nichts anderes setzen als in das Bewußtsein (was allein das ausmacht, was wir unser *Selbst* nennen).

22. Ist aber nicht ein Mensch im trunkenen und im nüchternen Zustand dieselbe Person? Warum wird er sonst für die in der Trunkenheit begangene Tat bestraft, obwohl er sich ihrer hinterher nie bewußt ist? Nun, er ist ebenso dieselbe Person, wie ein Mensch, der im Schlaf umhergeht und manches andere tut, dieselbe Person und für alles Unheil verantwortlich ist, das er in diesem Zustand anrichtet. Unsere menschlichen Gesetze bestrafen beide mit einer Gerechtigkeit, die *unserer* Erkenntnisweise entspricht. Denn

wir können in diesen Fällen nicht sicher unterscheiden, was wirklich und was Verstellung ist. Darum gilt Unwissenheit im trunkenen Zustand und im Schlaf nicht als Entschuldigung. [Denn* obgleich die Strafe an die Persönlichkeit und die Persönlichkeit an das Bewußtsein geknüpft ist und der Trunkene sich seiner Tat vielleicht nicht bewußt wird, so bestrafen ihn die menschlichen Gerichte mit Recht; denn die Tat, die ihn belastet, ist bewiesen, während sich der Mangel des Bewußtseins, der ihn entlastet, nicht nachweisen läßt.] Wir dürfen jedoch wohl mit Recht annehmen, daß an jenem großen Tag, da die Geheimnisse aller Herzen offenbar werden, niemand für etwas zur Rechenschaft gezogen werden wird, wovon er nichts weiß, sondern daß jeder sein Urteil empfangen wird, je nachdem sein Gewissen ihn anklagt oder entschuldigt.

<small>Das Bewußtsein allein vereinigt fernstehende Existenzen zu einer Person.</small>

23. Nur das Bewußtsein kann fernstehende Existenzen zu ein und derselben Person vereinigen. Die Identität der Substanz ist nicht dazu imstande. Denn welche Art von Substanz auch immer vorhanden sein und wie sie auch beschaffen sein mag, so ist sie doch ohne Bewußtsein keine Person; ein Leichnam könnte dann ebensogut eine Person sein wie jede andere Art von Substanz ohne Bewußtsein.

Nehmen wir an, wir könnten uns zwei Arten von Bewußtsein vorstellen, die selbständig und unübertragbar in ein und demselben Körper wirksam wären – die eine immer bei Tage, die andere bei Nacht –, und umgekehrt ein und dasselbe Bewußtsein, das abwechselnd auf zwei verschiedene Körper einwirkte. Ich frage im ersten Fall: Sind nicht der Mensch bei Tage und der Mensch bei Nacht ebensogut zwei selbständige Personen wie es Sokrates und Plato sind? Im zweiten Fall frage ich: Handelt es sich dabei nicht um eine Person in zwei verschiedenen Körpern, ebenso wie ein Mensch in zwei verschiedenen Anzügen derselbe Mensch ist? Ganz unwesentlich wäre es, wollte man erwidern, daß in den obengenannten Fällen dasselbe und das verschiedene

---

* Zusatz der 4. Auflage.

Bewußtsein das eine Mal ein und derselben, das andere Mal zwei verschiedenen immateriellen Substanzen zukomme, mit denen es den Körpern zugeführt werde. Mag diese Behauptung nun richtig oder falsch sein, sie ändert jedenfalls nichts an der Sachlage. Denn es liegt klar zutage, daß die Identität der Person in jedem Fall durch das Bewußtsein bestimmt werden würde. Dabei spielt es keine Rolle, ob dieses an eine individuelle, immaterielle Substanz gebunden ist oder nicht. Denn zuzugeben, daß man sich die denkende Substanz im Menschen notwendig als immateriell vorstellen muß, so ist jedenfalls klar, daß dieses immaterielle denkende Ding sich zuweilen von dem Bewußtsein des Vergangenen lösen und es auch wiedererlangen kann. Das zeigt sich darin, daß die Menschen oft ihre vergangenen Handlungen vergessen und daß der Geist nicht selten die Erinnerung an vergangene Dinge wiedererlangt, die ihm seit vollen zwanzig Jahren aus dem Bewußtsein geschwunden waren. Läßt man diese Perioden des Erinnerns und Vergessens regelmäßig tags und nachts abwechseln, so hat man zwei Personen mit demselben immateriellen Geist, ebenso wie wir im früheren Beispiel zwei Personen mit demselben Körper haben. Somit ist das Selbst nicht durch die Identität oder Verschiedenheit einer Substanz bestimmt, worüber es keine Gewißheit erlangen kann, sondern lediglich durch die Identität des Bewußtseins.

24. Allerdings kann sich das Selbst vorstellen, daß die Substanz, aus der es jetzt besteht, schon früher existiert hat und mit demselben bewußten Wesen verbunden war. Nimmt man aber das Bewußtsein hinweg, so ist jene Substanz ebensowenig das Selbst und bildet ebensowenig einen Teil desselben wie irgendeine andere Substanz. Das erhellt aus dem schon genannten Beispiel von dem abgeschnittenen Glied, von dessen Wärme, Kälte oder anderen Zuständen man kein Bewußtsein mehr hat und das darum ebensowenig zu dem Selbst eines Menschen gehört wie irgendein sonstiges Materieteilchen im Weltall. Dasselbe gilt von jeder immateriellen Substanz, der das Bewußtsein fehlt, wodurch ich für

Das Bewußtsein kann nicht mit der Substanz vereinigt sein.

mich selbst ich selbst bin [.Wenn* es einen Teil ihrer Existenz gibt, den] ich trotz aller Besinnung nicht mit dem gegenwärtigen Bewußtsein, wodurch ich für mich selbst ich selbst bin, verknüpfen kann, so ist es, was jenen Teil ihrer Existenz betrifft, ebensowenig *mein eigenes Selbst* wie irgendein anderes immaterielles Wesen. Was eine Substanz auch gedacht oder getan haben mag, – woran ich mich nicht erinnern kann, was ich nicht durch mein Bewußtsein zu meinen eigenen Gedanken und Taten machen kann, gehört mir ebensowenig an – mag es auch ein Teil von mir gedacht oder getan haben –, wie wenn es von einem beliebigen anderen immateriellen Wesen gedacht oder getan worden wäre, das irgendwo existiert.

<small>Das Bewußtsein vereinigt Substanzen — materielle oder geistige — mit derselben Persönlichkeit.</small>

25. Ich gebe zu, es ist wahrscheinlicher, daß dieses Bewußtsein mit einer einzigen, individuellen, immateriellen Substanz verknüpft ist und eine Eigenschaft derselben darstellt.

Doch diese Fragen mögen die Menschen ihren verschiedenen Hypothesen gemäß so entscheiden, wie es ihnen gefällt. Jedenfalls muß jedes vernunftbegabte Wesen, das für Glück oder Unglück empfänglich ist, zugeben, daß es ein Etwas gibt, was *sein Selbst* ist, woran es interessiert ist und was es glücklich sehen möchte. Man muß ferner zugestehen, daß dieses Selbst in einer stetigen Dauer länger als einen Augenblick bestanden hat und darum wie in der Vergangenheit, so auch in der Zukunft möglicherweise auf Monate und Jahre hinaus weiterbestehen kann, ohne daß man seiner Dauer bestimmte Grenzen setzen könnte, und daß es durch das für die Zukunft fortgesetzte Bewußtsein dasselbe Selbst bleiben kann. So findet man durch dieses Bewußtsein, daß man dasselbe Selbst ist, das vor einigen Jahren eine bestimmte Handlung vollzog, auf Grund derer man jetzt glücklich oder unglücklich ist. Bei dieser Auffassung des Selbst wird nicht die numerische Identität der *Substanz,* sondern die Identität des fortdauernden *Bewußtseins* als dasjenige angesehen, was dasselbe

---

* In der zweiten Auflage „so daß".

Selbst begründet. In diesem Bewußtsein können mehrere
Substanzen vereinigt gewesen sein, um dann wieder davon getrennt zu werden. Diese Substanzen bildeten
dabei einen Teil desselben Selbst, solange sie in einer
lebensfähigen Verbindung mit dem damaligen Sitz dieses
Bewußtseins standen. So bildet jeder Teil unseres Körpers, der mit dem, was in uns Bewußtsein hat, lebensfähig verbunden ist, einen Teil unseres Selbst. Sobald
aber die lebensfähige Verbindung, durch die jenes Bewußtsein mitgeteilt wird, gelöst ist, bildet das, was eben
noch ein Teil unseres Selbst war, ebensowenig noch
einen solchen, wie ein Teil des Selbst irgendeines anderen Menschen einen Teil meines Selbst ausmacht. Ja,
es ist nicht unmöglich, daß es in kurzer Zeit tatsächlich
ein Teil einer anderen Person werden kann. So sehen
wir, wie dieselbe numerische Substanz ein Teil von zwei
verschiedenen Personen wird, während sich dieselbe
Person bei dem Wechsel verschiedener Substanzen erhält. Könnten wir uns ein geistiges Wesen vorstellen,
das alle Erinnerungen oder alles Bewußtsein seiner vergangenen Handlungen eingebüßt hätte, wie das bei
unserm Geist hinsichtlich eines großen Teils, mitunter
auch hinsichtlich aller unserer Handlungen der Fall ist,
so würde durch die Verbindung oder Trennung einer
solchen geistigen Substanz ebensowenig eine Veränderung der Identität der Person herbeigeführt werden wie
durch die irgendeiner Partikel der Materie. Jede Substanz, die mit dem gegenwärtig denkenden Wesen
lebensfähig verbunden ist, ist ein Teil eben desselben
Selbst, das dann gerade besteht. Alles, was durch das
Bewußtsein früherer Handlungen mit ihm verbunden
ist, bildet gleichfalls einen Teil desselben Selbst, das damals und jetzt dasselbe ist.

26. Der Name für dieses Selbst ist meines Erachtens
nach das Wort *Person*. Überall, wo jemand das findet,
was er sein „Ich-Selbst" nennt, kann meiner Meinung
nach ein anderer sagen, es sei dieselbe Person vorhanden. Es ist ein juristischer Ausdruck, der sich auf Handlungen und ihren Lohn bezieht; er findet also nur bei
vernunftbegabten Wesen Anwendung, für die es Gesetze

Person ist ein juristischer Ausdruck.

geben kann und die glücklich und unglücklich sein können. Diese Persönlichkeit erstreckt sich vom gegenwärtigen Dasein in die Vergangenheit zurück nur durch das Bewußtsein, durch das sie beteiligt und verantwortlich wird und sich vergangene Handlungen mit derselben Begründung und aus derselben Ursache zueignet und zurechnet wie die gegenwärtigen. Das alles beruht auf einem Interesse am Glück, das die unvermeidliche Begleiterscheinung des Bewußtseins ist; denn das Wesen, das sich der Freude und des Schmerzes bewußt ist, wünscht, daß dieses bewußte Selbst glücklich sei. Deshalb kann es an allen vergangenen Handlungen, die es nicht mit Hilfe des Bewußtseins mit dem gegenwärtigen Ich vereinigen oder ihm *zueignen* kann, nicht mehr interessiert sein als an Handlungen, die überhaupt nicht stattgefunden haben. Wenn es wegen einer solchen Handlung Freude oder Schmerz, das heißt Lohn oder Strafe, erführe, so bedeutete das, daß es gleich am Anfang seines Daseins ohne jedes Verdienst und Verschulden glücklich oder unglücklich gemacht worden wäre. Nehmen wir an, ein *Mensch* würde jetzt für das bestraft, was er in einem anderen Leben getan hat, wovon aber durchaus kein Bewußtsein in ihm erweckt werden könnte. Wie unterscheidet sich eine solche Bestrafung davon, daß man unglücklich *erschaffen* ist? In Übereinstimmung damit sagt uns denn auch der Apostel, daß an dem großen Tag, an dem jeder „nach seinen Taten empfangen wird, die Geheimnisse aller Herzen offenbar werden sollen".* Das Urteil wird dadurch gerechtfertigt werden, daß sich alle Personen dessen bewußt sein werden, daß *sie selbst* – gleichviel in welchen Körpern sie erscheinen oder mit welchen Substanzen dieses Bewußtsein verknüpft ist – *eben diejenigen* sind, die bestimmte Handlungen begangen haben und dafür bestimmte Strafen verdienen.

Voraussetzungen, die seltsam erscheinen, sind bei unserer Unwissenheit verzeihlich.

27. Ich kann mir wohl denken, daß ich bei der Behandlung dieses Gegenstandes einige Voraussetzungen gemacht habe, die manchem Leser seltsam erscheinen werden und es vielleicht auch wirklich sind. Gleichwohl

* Vgl. Röm. 2,6 und 16.

scheint es mir, daß sie bei unserer Unkenntnis von der Natur des denkenden Wesens in uns, das wir als *unser Selbst* betrachten, zu verzeihen sind. Wüßten wir, was es ist, oder in welcher Weise es an ein bestimmtes System flüchtiger Lebensgeister gebunden ist, oder ob es die Operationen des Denkens und Erinnerns auch außerhalb eines Körpers ausüben könnte, der wie der unsere eingerichtet ist, und ob es Gott so gefallen habe, daß ein solcher Geist immer nur mit einem solchen Körper verbunden sein soll, von dessen rechter Beschaffenheit der Organe sein Gedächtnis abhängen soll, so könnten wir die Absurdität einiger der von mir gemachten Voraussetzungen erkennen. Wenn wir aber, wie es (in dem Dunkel, das diese Dinge einhüllt) gewöhnlich der Fall ist, die Seele des Menschen für eine immaterielle Substanz halten, die von der Materie unabhängig ist und ihr gleichgültig gegenübersteht, dann kann es der Natur der Dinge nach überhaupt nicht absurd sein, wenn man sich vorstellt, daß dieselbe *Seele* zu verschiedenen Zeiten mit verschiedenen *Körpern* vereint sein und dann mit ihnen einen einzigen *Menschen* ausmachen könne. Nehmen wir doch auch an, daß das, was gestern ein Stück eines Schafkörpers war, morgen ein Teil eines Menschenkörpers sein und in dieser Vereinigung einen lebensfähigen Bestandteil des Selbst des Meliboeus bilden kann, wie es früher ein Teil seines Schafbockes war.

28. Ich komme zum Schluß: Jede Substanz, die zu existieren beginnt, muß, solange sie existiert, notwendig dieselbe bleiben. Jede Zusammensetzung von Substanzen, die zu existieren beginnt, muß, solange die Verbindung dieser Substanzen andauert, ihrer Zusammensetzung nach dieselbe bleiben. Jeder Modus, der zu existieren beginnt, bleibt während der Dauer seiner Existenz derselbe. Dasselbe gilt auch dann, wenn die Zusammensetzung verschiedene Substanzen und verschiedene Modi in sich schließt. Daraus erhellt, daß die Schwierigkeit oder Unklarheit in dieser Frage mehr aus dem fehlerhaften Gebrauch der Namen als aus der Unklarheit, die in den Dingen selbst liegt, entspringt. Was auch immer die spezifische Idee ausmache, auf die der Name an-

Die Schwierigkeit entsteht durch falschen Gebrauch der Namen.

gewandt wird, – wenn an jener Idee nur ständig festgehalten wird, dann wird man leicht unterscheiden können, ob etwas dasselbe oder ein anderes ist. Hierüber kann kein Zweifel entstehen.

Die Fortdauer dessen, was wir zu unserer komplexen Idee des Menschen gemacht haben, begründet die Identität des Menschen.

29. Nehmen wir an, die Idee des *Menschen* sei ein vernünftiger Geist, so ist leicht zu erkennen, was derselbe Mensch ist. Derselbe Geist nämlich, gleichviel ob separat oder in einem Körper, wird offenbar *derselbe Mensch* sein. Angenommen, ein vernünftiger Geist in lebensfähiger Verbindung mit einem Körper von bestimmter Gestaltung der Teile mache einen Menschen aus; dann wird *derselbe Mensch* vorhanden sein, solange jener vernünftige Geist in Verbindung mit jener lebensfähigen Gestaltung der Teile sich erhält. Dabei spielt es keine Rolle, ob der Körper sich ständig verändert und erneuert. Wenn aber für irgend jemand nur die lebensfähige Verbindung von Teilen in einer bestimmten Gestalt die Idee des Menschen ist, so wird ein *Mensch* solange *derselbe* sein, wie sich diese lebensfähige Verbindung und diese Gestalt eines einzelnen Menschen, der nur durch eine fortgesetzte Aufeinanderfolge flüchtiger Partikel derselbe ist, erhalten kann. Was auch immer die Zusammensetzung sei, aus der die komplexe Idee gemacht ist: Wenn die Existenz sie zu einem Einzelding mit einer bestimmten Benennung macht, so erhält *dieselbe fortgesetzte Existenz* das Ding als *dasselbe* Individuum unter derselben Benennung.

XXVIII. KAPITEL

ÜBER ANDERE RELATIONEN

Ideen von proportionalen Relationen.

1. Außer den oben genannten Anlässen – der Zeit, des Ortes und der Ursache –, die Dinge zu vergleichen und aufeinander zu beziehen, gibt es, wie gesagt, noch unzählige andere, von denen ich einige erwähnen möchte.

I. Zuerst sei jede beliebige einfache Idee genannt, die, da sie aus Teilen bestehen oder verschiedene Abstufungen haben kann, einen Anlaß gibt, die Gegenstände, in denen sie sich vorfindet, hinsichtlich dieser einfachen Idee miteinander zu vergleichen, zum Beispiel weißer, süßer, gleich, mehr usw. Diese Relationen, die von der Gleichheit oder dem Übermaß derselben einfachen Idee in den verschiedenen Gegenständen abhängen, kann man vielleicht *proportionale* nennen. Daß sie Ideen betreffen, die wir durch Sensation oder Reflexion empfangen haben, liegt so klar zutage, daß jedes Wort des Beweises dafür überflüssig ist.

2. II. Einen anderen Anlaß, um Dinge miteinander zu vergleichen oder ein einzelnes Ding so zu betrachten, daß ein anderes in diese Betrachtung mit eingeschlossen wird, bieten die Umstände ihres Ursprungs oder Anfangs; diese lassen sich später nicht mehr ändern und bewirken dadurch, daß die auf ihnen beruhenden Relationen ebenso lange dauern wie die Gegenstände, denen sie angehören. Das gilt für Vater und Sohn, Brüder, Geschwisterkinder usw., deren Relationen sich auf die Blutsgemeinschaft gründen, an der sie in verschiedenem Grade teilhaben. Ebenso trifft es für Landsleute zu, das heißt für solche, die in derselben Gegend oder demselben Landstrich geboren sind. Dies nenne ich *natürliche Relationen*. Sie zeigen uns übrigens, daß die Menschen ihre Begriffe und Wörter den Anforderungen des täglichen Lebens, nicht aber der Wahrheit und dem Umfang der Dinge angepaßt haben. Denn gewiß ist bei den verschiedenen Tiergattungen die Relation zwischen dem Erzeuger und dem Erzeugten in Wirklichkeit genau dieselbe wie beim Menschen; trotzdem sagt man selten, dieser Stier sei der Großvater jenes Kalbes oder jene zwei Tauben seien Geschwisterkinder. Für die Menschen ist es sehr zweckmäßig, wenn diese Relationen durch besondere Namen gekennzeichnet und hervorgehoben werden. Denn in Gesetzen und bei anderen Mitteilungen bieten sich Gelegenheiten, um Personen auf Grund dieser Relationen zu erwähnen und zu berücksichtigen; auch ergeben sich daraus bei den Menschen Verbindlichkeiten für bestimmte Pflichten. Bei den Tieren dagegen liegen wenig oder gar keine Ursachen vor, auf diese Relationen zu achten; deshalb hat man es auch nicht für notwendig erachtet, ihnen besondere selbständige Namen zu geben. Das mag uns

Natürliche Relationen.

nebenbei gesagt ein wenig Aufschluß über die verschiedene Beschaffenheit und über die Entwicklung der Sprachen geben, die, da sie ausschließlich dem Bedürfnis der Mitteilung angepaßt sind, den Begriffen der Menschen angemessen und für den Austausch der uns geläufigen Gedanken eingerichtet sind. Dagegen entsprechen sie nicht der Realität oder dem Umfang der Dinge, noch den mannigfachen Beziehungen, die unter ihnen zu finden sind, noch den verschiedenen abstrakten Betrachtungen, die sich über sie anstellen lassen. Wo man keine philosophischen Begriffe besaß, hatte man auch keine Termini, um sie zu bezeichnen. Es ist kein Wunder, daß man für Dinge, über die zu reden es keinen Anlaß gab, auch keine Namen gebildet hat. Darum kann man sich leicht erklären, warum es in manchen Ländern kaum das Wort Pferd gibt, während in anderen Gegenden, in denen die Menschen auf den Stammbaum ihrer Pferde mehr achten als auf ihren eigenen, nicht nur die einzelnen Pferde ihre Namen haben, sondern auch für ihre verschiedenen Verwandtschaftsgrade Bezeichnungen vorhanden sind.

Ideen von eingerichteten oder willkürlichen Relationen.

3. III. Der Betrachtung der Dinge in Beziehung aufeinander liegt manchmal ein bestimmter Akt zugrunde, durch den jemand das moralische Recht, die Vollmacht oder die Verpflichtung erhält, etwas zu tun. So ist ein General jemand, der die Vollmacht besitzt, eine Armee zu befehligen; eine Armee unter einem General ist eine Schar bewaffneter Männer, die verpflichtet ist, einem einzigen Mann zu gehorchen. Ein Bürger ist jemand, der an diesem oder jenem Ort ein Recht auf bestimmte Privilegien hat. Alle Beziehungen dieser Art, die auf dem Willen der Menschen oder auf einem Übereinkommen in der menschlichen Gesellschaft beruhen, nenne ich *eingerichtet* oder *willkürlich*. Sie lassen sich von den natürlichen dadurch unterscheiden, daß die meisten, wenn nicht alle, irgendwie veränderlich sind und sich von den Personen, denen sie einmal zukamen, trennen lassen; hierbei wird keine der Substanzen, die an der Relation beteiligt war, vernichtet. Zwar sind alle diese Relationen so gut wie die übrigen reziprok

und enthalten alle eine wechselseitige Beziehung zweier Dinge zueinander; da indessen dem einen der beiden Dinge oft der relative Name fehlt, der jene Relation andeutet, so achtet man gewöhnlich nicht darauf, und die Relation wird gewöhnlich übersehen. Jeder gibt ohne weiteres zu, daß Patron und Klient Relationen sind; Konstabler oder Diktator aber werden beim Hören nicht sofort als solche empfunden. Denn es gibt für die, welche unter dem Befehl eines Diktators oder eines Konstablers stehen, keine besonderen Namen, die eine Relation zu einem von beiden ausdrückten; dabei ist es gewiß, daß jeder von beiden eine bestimmte Macht über andere Menschen hat und insofern zu diesen ebenso in Relation steht wie der Patron zu seinem Klienten oder der General zu seiner Armee.

4. IV. Eine weitere Art der Relation ist die Übereinstimmung oder Nichtübereinstimmung der *willkürlichen Handlungen* der Menschen mit einer Regel, auf die sie bezogen und nach der sie beurteilt werden. Diese *Relation* dürfen wir meiner Meinung nach als *moralische* bezeichnen, weil sie die Namen unserer moralischen Handlungen bestimmt. Sie verdient genau untersucht zu werden, da es kein Wissensgebiet gibt, auf dem wir sorgfältiger darauf bedacht sein sollten, festumgrenzte Ideen zu erwerben und Unklarheit und Verwirrung so weit als möglich zu vermeiden. Wenn die menschlichen Handlungen mit ihren mancherlei Zielen, Zwecken, Arten und Umständen zu selbständigen komplexen Ideen ausgestaltet werden, so sind sie, wie gezeigt wurde, ebenso viele *gemischte Modi,* denen großenteils Namen beigelegt worden sind. Nehmen wir an, Dankbarkeit sei die Bereitwilligkeit, erfahrene Freundlichkeiten anzuerkennen und zu erwidern, Polygamie bedeute, daß man mehr als eine Frau zur gleichen Zeit hat. Wenn wir diese Begriffe in unserm Geist auf diese Weise bilden, so haben wir dort ebenso viele bestimmte Ideen gemischter Modi. Das ist aber noch nicht alles, was für unsere Handlungen in Betracht kommt. Es genügt nicht, wenn wir genau bestimmte Ideen von ihnen haben und wissen, welche Namen zu dieser oder jener

Ideen von moralischen Relationen.

Ideenverbindung gehören. Wir haben noch ein weiteres und größeres Interesse; wir wollen nämlich wissen, ob unsere Handlungen moralisch gut oder schlecht sind.

Das moralisch Gute und Üble.

5. Gut und übel sind, wie gezeigt (Buch II, Kap. 20, § 2; Kap. 21, § 43), nur Freude und Schmerz oder das, was uns Freude und Schmerz verschafft oder verursacht. Das *moralisch Gute oder Üble* ist demnach nur *die Übereinstimmung oder Nichtübereinstimmung unserer willkürlichen Handlungen mit einem Gesetz, wodurch wir uns nach Willen und Macht des Gesetzgebers Gutes oder Übles zuziehen.* Dieses Gute und Üble, Freude oder Schmerz, die so nach Anordnung des Gesetzgebers auf die Beachtung oder Übertretung des Gesetzes folgen, nennen wir *Lohn* und *Strafe.*

Moralische Regeln.

6. Von solchen moralischen Regeln oder Gesetzen, auf die sich die Menschen im allgemeinen bei ihren Handlungen berufen und nach denen sie die Rechtmäßigkeit oder Unrechtmäßigkeit ihrer Handlungen beurteilen, gibt es, wie mir scheint, *drei Arten,* von denen jede ihre besondere Form des Zwanges oder des Lohnes und der Strafe hat. Denn es wäre vollkommen sinnlos, eine Regel anzunehmen, die den freien Handlungen der Menschen vorgeschrieben ist, ohne daß ihr ein Zwang zum Guten oder Üblen beigegeben wäre, der den Willen bestimmt. Deshalb müssen wir überall da, wo wir ein Gesetz vermuten, auch voraussetzen, daß irgendein Lohn oder eine Strafe damit verknüpft sei. Es wäre für ein vernunftbegabtes Wesen vergeblich, den Handlungen eines anderen eine Regel vorzuschreiben, wenn es nicht die Macht hätte, dessen Befolgung oder Nichtbefolgung durch etwas Gutes oder Übles, das nicht natürliches Ergebnis oder Folge der Handlung selbst ist, zu belohnen oder zu bestrafen. Denn ein Ding, das eine natürliche Annehmlichkeit oder Unannehmlichkeit wäre, würde ohne ein Gesetz von selbst wirken. Dies ist, wenn ich nicht irre, das wahre Wesen alles dessen, was im strengen Sinn des Wortes Gesetz heißt.

Gesetze.

7. Die Gesetze, auf die die Menschen im allgemeinen ihre Handlungen beziehen, um über ihre Rechtmäßigkeit oder Anfechtbarkeit zu urteilen, sind, soviel ich sehe,

die folgenden drei: 1. das *göttliche* Gesetz; 2. das *bürgerliche* Gesetz; 3. [das* Gesetz der *Meinung* oder des *Rufes,* wenn ich es so nennen darf.] Nach dem ersten beurteilt man, ob eine Handlung Sünde oder Pflicht ist; nach dem zweiten entscheidet man, ob sie strafbar oder straffrei, nach dem dritten, ob sie tugend- oder lasterhaft ist.

8. Erstens: [das** *göttliche Gesetz.* Ich verstehe darunter dasjenige, das Gott den Handlungen der Menschen auferlegt hat, mag es ihnen durch das natürliche Licht oder durch die Stimme der Offenbarung verkündet worden sein.] Daß Gott den Menschen eine Regel gegeben hat, nach der sie sich selbst regieren sollen, wird wohl niemand leugnen wollen. Er ist dazu berechtigt, weil wir seine Geschöpfe sind. Er besitzt Güte und Weisheit, um unser Tun auf das hinzulenken, was das beste ist. Er hat auch die Macht, sich durch Belohnungen und Strafen, die von unendlicher Schwere und Dauer in einem anderen Leben sind, Gehorsam zu erzwingen. Denn niemand kann uns seiner Hand entziehen. [Dies*** ist der einzig wahre Prüfstein moralischer Lauterkeit.] Indem die Menschen ihre Handlungen mit diesem Gesetz vergleichen, urteilen sie darüber, was an ihnen hauptsächlich moralisch gut oder übel ist. Das heißt sie erwägen danach, ob ihnen ihre Handlungen als Pflichten oder Sünden voraussichtlich Glück oder Unglück aus den Händen des *Allmächtigen* eintragen werden.

Das göttliche Gesetz dient als Maßstab für Sünde und Pflicht.

9. Zweitens: das *bürgerliche Gesetz* – eine vom Staat für die Handlungen seiner Angehörigen festgesetzte Regel – stellt eine weitere Regel dar, auf die die Menschen ihre Handlungen beziehen, um zu beurteilen, ob sie strafbar sind oder nicht. Dieses Gesetz wird von niemandem übersehen, da die Belohnungen und Strafen, die seine Befolgung erzwingen sollen, sehr schnell zur Hand sind und der Macht, die es erläßt, entsprechen, nämlich der Staatsgewalt, deren Aufgabe es ist, Leben,

Das bürgerliche Gesetz dient als Maßstab für Verbrechen und Schuldlosigkeit.

---

* In der ersten Auflage: „das philosophische Gesetz".
** Zusatz der zweiten Auflage.
*** Zusatz der zweiten Auflage.

Freiheit und Besitz derjenigen zu schützen, die nach ihren Gesetzen leben, und die die Macht hat, dem Ungehorsamen Leben, Freiheit und Besitz zu entziehen, worin die Strafe für Verstöße gegen dieses Gesetz besteht.

Das philosophische Gesetz ist der Maßstab für Tugend und Laster.

10. [Drittens:* das *Gesetz der öffentlichen Meinung oder des Rufes.* Tugend und Laster sind Namen, von denen man überall behauptet und voraussetzt, daß sie für Handlungen stehen, die ihrer eigenen Natur nach recht und unrecht seien. Soweit man sie tatsächlich in diesem Sinn anwendet, decken sie sich mit dem oben erwähnten göttlichen Gesetz. Welche Ansicht man aber auch immer vertreten mag, soviel ist klar, daß die

---

* Anstelle dieses Paragraphen steht in der ersten Auflage folgendes: „Das dritte — das ich das *philosophische* Gesetz nenne, nicht weil es die Philosophen aufstellen, sondern weil sie sich am meisten damit beschäftigt haben, es zu untersuchen und zu erörtern — ist das Gesetz der Tugend und des Lasters. Obgleich von diesem Gesetz möglicherweise mehr gesprochen wird als von irgendeinem der anderen Gesetze, achtet man vielleicht doch nicht so allgemein darauf, wodurch es die ihm eigentümliche Autorität erlangt, die Handlungen der Menschen zu unterscheiden und zu benennen, und welches seine wahren Maßstäbe sind. Um es richtig zu verstehen, müssen wir in Betracht ziehen, daß die Menschen bei ihrem Zusammenschluß zu staatlichen Gemeinschaften zwar die Verfügung über ihre gesamte Macht der Öffentlichkeit abgetreten haben, so daß sie diese Macht nur insoweit gegen einen Mitbürger verwenden können, wie es das Gesetz ihres Landes anordnet, daß sie aber dennoch die Fähigkeit behalten, günstig oder ungünstig zu denken, die Handlungen derer, unter denen sie leben und mit denen sie verkehren, zu billigen oder zu mißbilligen. Ja, wenn wir es daher genau untersuchen, so werden wir finden, daß der Maßstab dessen, was überall als Tugend oder Laster bezeichnet und angesehen wird, gerade eben diese Billigung oder Mißbilligung, dieses Lob oder dieser Tadel sind, die sich durch eine stillschweigende, unausgesprochene Vereinbarung in den verschiedenen Gemeinschaften, Sippschaften und Vereinigungen der Menschen von selbst eingebürgert haben und durch die bestimmte Handlungen bei den Menschen anerkannt oder verpönt werden, je nachdem es dem Urteil, den Grundsätzen oder den Bräuchen der betreffenden Gegend entspricht."

Namen Tugend und Laster in den einzelnen Fällen ihrer Anwendung bei den verschiedenen Völkern und menschlichen Gesellschaften der Welt immer nur solchen Handlungen beigelegt werden, die in jedem Land und in jeder Gemeinschaft in gutem Ruf oder in Mißkredit stehen. Es darf auch nicht befremden, daß die Menschen überall diejenigen Handlungen Tugenden nennen, die bei ihnen für lobenswert gelten, und das als Laster bezeichnen, was sie für tadelnswert erachten. Denn sie würden sich ja selbst verurteilen, wenn sie etwas für richtig hielten und es doch nicht empfehlen wollten, oder etwas als falsch ansähen und es doch ohne Tadel hingehen ließen. Somit ist der Maßstab dessen, was überall als Tugend und Laster angesehen und so bezeichnet wird, solche Billigung oder Mißbilligung, solches Lob oder solcher Tadel, die sich durch eine stillschweigende, unausgesprochene Vereinbarung in den verschiedenen Gemeinschaften, Sippschaften und Vereinigungen der Menschen in der Welt eingebürgert haben. Hiernach werden in Übereinstimmung mit dem Urteil, den Maximen oder dem Brauch der betreffenden Gegend bestimmte Handlungen bei ihnen gebilligt oder mißbilligt. Denn obgleich die Menschen bei ihrem Zusammenschluß zu staatlichen Gemeinschaften die Verfügung über ihre gesamte Macht der Öffentlichkeit abgetreten haben, so daß sie diese Macht nur insoweit gegen einen Mitbürger verwenden können, wie es das Gesetz des Landes anordnet, behalten sie dennoch die Fähigkeit, günstig oder ungünstig zu denken und die Handlungen derer, unter denen sie leben und mit denen sie verkehren, zu billigen oder zu mißbilligen. Durch diese Zustimmung oder Ablehnung eben setzen sie untereinander fest, was sie Tugend und was sie Laster nennen wollen.]

11. Daß dies der übliche *Maßstab* für Tugend und Laster ist, wird jedem einleuchten, der in Betracht zieht, daß, obgleich in einem Lande etwas als Laster angesehen wird, das in einem anderen für eine Tugend oder wenigstens nicht als Laster gilt, jedoch überall Tugend und Lob, Laster und Tadel miteinander verbunden sind.

Der Maßstab, den die Menschen gewöhnlich anwenden, um zu bestimmen, was sie Tugend und Laster nennen.

Tugend ist überall das, was als lobenswert gilt; und nichts anderes als das, was die Billigung der Öffentlichkeit findet, wird Tugend genannt. Tugend und Lob sind so eng miteinander verknüpft, daß sie oft mit demselben Namen bezeichnet werden. *Sunt sua praemia laudi,* sagt Vergil;* Cicero** führt ganz ähnlich aus: *Nihil habet natura praestantius, quam honestatem, quam laudem, quam dignitatem, quam decus,* wobei er bemerkt, daß dies lauter Namen für dieselbe Sache seien. Das ist die Redeweise der heidnischen Philosophen, die wohl wußten, worin ihre Begriffe von Tugend und Laster bestanden. Nun mag es zwar die Ungleichheit des Temperaments, der Erziehung, der Mode, der Maximen oder des Interesses der verschiedenen Menschenklassen mit sich bringen, daß Dinge, die an einem Ort für lobenswert galten, an einem anderen dem Tadel nicht entgingen und daß Tugenden und Laster in den verschiedenen Gemeinschaften auf diese Weise vertauscht werden konnten. Im großen und ganzen blieben sie jedoch fast überall die gleichen. Denn da nichts natürlicher sein kann, als durch Achtung und Wertschätzung das zu fördern, worin jeder seinen Vorteil findet, und das zu tadeln und zu mißbilligen, was das Gegenteil davon ist, so ist es kein Wunder, daß Hochachtung und Geringschätzung, Tugend und Laster in großem Maße überall mit der unwandelbaren Regel von Recht und Unrecht übereinstimmen, die das Gesetz Gottes aufgestellt hat. Denn nichts gewährleistet und fördert so unmittelbar und offensichtlich das allgemeine Wohl der Menschen in dieser Welt wie der Gehorsam gegen die von Gott gegebenen Gesetze; nichts erzeugt so viel Unheil und Verwirrung wie ihre Mißachtung. Darum konnten die Menschen, ohne allem Sinn und Verstand und ihrem eigenen Interesse, dem sie so beständig treu sind, zu entsagen, unmöglich allgemein irre gehen, indem sie

---

* Aeneis I, 461 [Fraser, a. a. O., Bd. I, S. 478.] Das Lob hat seinen eigenen Lohn.

** Tuscul. Quaest. Buch II, 20 [Fraser, a. a. O., Bd. I, S. 478.]. Es gibt in der Natur nichts Besseres als die Rechtlichkeit, das Lob, die Achtung und die Ehre.

Lob und Tadel gerade da spendeten, wo es in Wirklichkeit nicht verdient war. Ja, selbst diejenigen, deren Praxis eine andere war, versäumten es nie, dennoch das Richtige zu billigen. Sind doch nur wenige so verdorben, daß sie nicht wenigstens bei anderen die Fehler verurteilen, die sie selbst begehen. Dadurch wurden selbst bei einer Verderbnis der Sitten die wahren Grenzen des Naturgesetzes, das als Regel für Tugend und Laster dienen muß, ziemlich gut innegehalten. So daß selbst die Ermahnungen inspirierter Lehrer keinen Anstand genommen haben, sich auf die öffentliche Meinung zu berufen: „Alles, was lieblich ist, was guten Ruf genießt, wenn es eine Tugend, wenn es ein Lob gibt" usw. (Phil. 4,8).

12. Nun könnte jemand glauben, ich hätte meinen eigenen Begriff eines Gesetzes vergessen; denn ich lasse das Gesetz, nach dem die Menschen Tugend und Laster beurteilen, lediglich in einer Übereinstimmung von Privatleuten bestehen, die gar nicht die erforderliche Autorität besitzen, um ein Gesetz zu erlassen, da es ihnen vor allem an dem fehlt, was für ein Gesetz so notwendig und wesentlich ist: an der Macht, seine Einhaltung zu erzwingen. Darauf möchte ich folgendes erwidern: Wer sich vorstellt, daß Lob und Tadel für die Menschen keine sehr starken Beweggründe seien, um sich den Meinungen und Regeln derer anzupassen, mit denen sie zusammen sind, der ist offenbar mit der Eigenart und der Geschichte der Menschheit wenig vertraut. Die meisten von ihnen richten sich, wie wir sehen werden, in erster Linie, wenn nicht ausschließlich, nach diesem *Gesetz der Mode;* und so tun sie nur das, was ihnen in der Gemeinschaft, der sie angehören, den guten Ruf erhält, kümmern sich aber wenig um die Gesetze Gottes oder die der Obrigkeit. Manche Menschen, ja vielleicht die meisten, denken selten ernstlich über die Strafen nach, die auf die Übertretung der göttlichen Gesetze folgen. Von denen, die es tun, trösten sich viele, während sie das Gesetz brechen, schon mit dem Gedanken an eine künftige Versöhnung und an ein Wiedergutmachen solcher Verfehlungen. Was die Strafen

Seine Zwangsmittel sind Lob und Tadel.

betrifft, die ihnen nach den Staatsgesetzen bevorstehen, so schmeicheln sie sich oft mit der Hoffnung, daß sie straflos bleiben werden. Niemand aber entgeht der Strafe ihres Tadels und Mißfallens, der gegen die Mode und die Ansicht derjenigen Gemeinschaft verstößt, der er angehört und sich empfehlen möchte. Unter zehntausend ist nicht einer so unbeugsam und so unempfindlich, als daß er die fortgesetzte Mißbilligung und Geringschätzung von seiten seiner eigenen Gesellschaft ertragen könnte. Es gehört eine eigenartige und ungewöhnliche Konstitution dazu, um sich mit der ständigen Geringschätzung und Mißachtung durch die Angehörigen seiner eigenen Gesellschaft abzufinden. Mancher hat die Einsamkeit gesucht und ist dabei zufrieden gewesen. Aber niemand, der noch einen Rest menschlichen Denkens und Fühlens in sich trägt, kann unter dem Druck einer beständigen Abneigung und Verachtung seitens seiner Verwandten und Bekannten in der Gesellschaft leben. Diese Last ist zu schwer, als daß ein Mensch sie ertragen könnte. Jemand müßte aus unvereinbaren Widersprüchen zusammengesetzt sein, wenn er an der Geselligkeit Freude haben und doch gegen die Verachtung und Geringschätzung seiner Gefährten unempfindlich sein könnte.

Diese drei Gesetze sind die Regeln für das moralisch Gute und Üble.

13. Die Menschen vergleichen also in mannigfacher Weise ihre Handlungen mit diesen drei Gesetzen: erstens mit dem Gesetz Gottes, zweitens mit dem Gesetz der staatlichen Gemeinschaften, drittens mit dem Gesetz der Mode oder dem Urteil von Privatpersonen. Die Übereinstimmung der Handlungen mit einem dieser Gesetze liefert ihnen die Maßstäbe, nach denen sie beurteilen, ob die Handlungen moralisch redlich sind, und nach denen sie sie auch als gute oder schlechte bezeichnen.

Moralität ist die Relation der willkürlichen Handlungen zu diesen Regeln.

14. Mag diese Regel, an die wir unsere willkürlichen Handlungen wie an einen Probierstein heranbringen, um sie so zu prüfen, ihre Güte zu erproben und sie danach zu benennen, wodurch wir ihnen gleichsam einen Stempel ihres Wertes aufdrücken, nun entweder der Sitte des Landes oder dem Willen eines Gesetzgebers entnommen sein; in jedem Fall kann der Geist leicht die

Relation wahrnehmen, in der irgendeine Handlung zu ihr steht, und beurteilen, ob die Handlung mit der Regel übereinstimmt oder nicht. Dadurch erhält er einen Begriff von dem moralisch Guten oder Üblen, das in der Übereinstimmung oder Nichtübereinstimmung einer Handlung mit dieser Regel besteht und darum oft moralische Rechtmäßigkeit genannt wird. Da diese Regel nichts anderes ist als eine Zusammenfassung von mehreren einfachen Ideen, so besteht die Übereinstimmung mit ihr folglich darin, daß die Handlung so eingerichtet wird, daß die einfachen Ideen, die sie bilden, denen entsprechen, die vom Gesetz verlangt werden. Somit sehen wir, wie moralische Gegenstände und Begriffe sich auf diese einfachen Ideen, die wir von Sensation und Reflexion empfangen haben, gründen und auf sie hinauslaufen. Betrachten wir zum Beispiel die komplexe Idee, die wir mit dem Wort „Mord" bezeichnen. Wenn wir sie zerlegt und alle ihre einzelnen Bestandteile geprüft haben, wird sie sich als Zusammensetzung von einfachen Ideen erweisen, die aus Reflexion und Sensation stammen. Wir erlangen nämlich erstens durch *Reflexion* auf die Operationen unseres eigenen Geistes die Ideen des Wollens, Erwägens und Planens von Bösem oder des Übelwollens gegen andere; ebenso erhalten wir die Ideen des Lebens oder der Wahrnehmung und der Eigenbewegung. Durch *Sensation* gewinnen wir zweitens die Gesamtheit der sinnlich wahrnehmbaren einfachen Ideen, die sich im Menschen vorfinden, und die Idee einer Handlung, durch die wir der Wahrnehmung und Bewegung in einem Menschen ein Ende bereiten. Alle diese einfachen Ideen werden unter dem Namen Mord begriffen. Ich stelle nun fest, ob diese Zusammenfassung von einfachen Ideen mit dem, was in meinem Heimatlande hochgeschätzt wird, übereinstimmt oder nicht übereinstimmt; ich frage mich, ob sie von den meisten Menschen für lobens- oder tadelnswert gehalten wird. Dementsprechend nenne ich die Handlung tugend- oder lasterhaft. Dient mir der Wille eines obersten unsichtbaren Gesetzgebers zur Regel, dann nenne ich die Handlung, je nachdem ich sie als von

Gott befohlen oder verboten betrachte, gut oder schlecht, Sünde oder Pflicht. Vergleiche ich sie endlich mit dem bürgerlichen Gesetz, das heißt mit der Regel, die die gesetzgebende Gewalt des Landes gibt, so nenne ich sie gesetzmäßig oder gesetzwidrig, ein Verbrechen oder kein Verbrechen. Es ist daher gleichviel, woher wir die Regel für die moralischen Handlungen nehmen oder nach welchem Muster wir in unserem Geist die Ideen der Tugenden und Laster bilden; immer setzen sie sich ausschließlich aus Zusammenfassungen einfacher Ideen zusammen, die wir ursprünglich durch Sensation oder durch Reflexion empfangen haben. Ihre Rechtmäßigkeit oder Unrechtmäßigkeit besteht in ihrer Übereinstimmung oder Nichtübereinstimmung mit den durch irgendein Gesetz vorgeschriebenen Mustern.

Moralische Handlungen können entweder selbständig oder als Ideen der Relation betrachtet werden.

15. Um die moralischen Handlungen richtig zu begreifen, muß man sie unter einem doppelten Gesichtspunkt betrachten. Erstens, wie sie an sich sind, indem jede aus einer bestimmten Verbindung von einfachen Ideen besteht. So bezeichnet Trunkenheit oder Lüge jeweils eine bestimmte Verbindung von einfachen Ideen, die ich gemischte Modi nenne. Und in diesem Sinne sind sie ebenso *positive, absolute* Ideen wie das Trinken eines Pferdes oder das Sprechen eines Papageis. Zweitens werden unsere Handlungen als gut, schlecht oder indifferent betrachtet; sie sind in dieser Hinsicht *relativ*, weil es ihre Übereinstimmung oder Nichtübereinstimmung mit einer Regel ist, die sie zu rechtmäßigen oder unrechtmäßigen, zu guten oder schlechten macht. Soweit sie daher mit einer Regel verglichen und danach benannt werden, gehören sie zu den Relationen. So wird die Herausforderung und das Fechten mit einem Manne, sofern es ein bestimmter, positiver Modus oder eine besondere Art von Handlung ist, die sich durch eigentümliche Ideen von allen anderen unterscheidet, *Duell* genannt. Betrachtet man das Duell in seiner Relation zum göttlichen Gesetz, so verdient es den Namen Sünde. Bezieht man es auf das Sittengesetz, so heißt es in manchen Ländern Tapferkeit und Tugend. Wird es auf die öffentlichen Gesetze mancher Regierungen bezogen,

so nennt man es ein Kapitalverbrechen. In diesem Fall, wenn der positive Modus einen bestimmten Namen hat, und einen anderen, sofern er auf das Gesetz bezogen wird, läßt sich der Unterschied ebenso leicht erkennen wie bei den Substanzen, wo ein Name, zum Beispiel *Mann*, gebraucht wird, um den Gegenstand selbst zu bezeichnen, ein zweiter, zum Beispiel *Vater*, um die Relation auszudrücken.

16. Weil aber die positive Idee der Handlung und deren moralische Relation sehr oft unter einem einzigen Namen zusammengefaßt werden und dasselbe Wort gebraucht wird, um sowohl Modus oder Handlung als auch deren moralische Rechtmäßigkeit oder Unrechtmäßigkeit zu bezeichnen, deshalb wird die Relation selbst weniger beachtet; ja es wird oft gar nicht zwischen der positiven Idee der Handlung und ihrer Beziehung zu einer bestimmten Regel unterschieden. Vermengt man auf diese Weise zwei verschiedenartige Betrachtungsweisen durch einen einheitlichen Terminus miteinander, so werden dadurch häufig Leute, die sich zu leicht durch den Eindruck des Wortlauts bestimmen lassen und gern die Namen für die Dinge halten, in ihrem Urteil über die Handlungen irregeleitet. Wenn man zum Beispiel jemandem ohne seine Kenntnis oder seine Zustimmung etwas fortnimmt, was ihm gehört, so wird das *Diebstahl* genannt. Weil aber dieser Name gewöhnlich so verstanden wird, daß er auch die moralische Verwerflichkeit der Handlung bezeichnet und ihre Gesetzwidrigkeit andeutet, darum verurteilen die Menschen leicht alles, was sie Diebstahl nennen hören, als eine schlechte Handlung, die nicht mit der Regel des Rechts übereinstimmt. Nehmen wir nun aber an, einem Wahnsinnigen wird heimlich sein Schwert weggenommen, damit er kein Unheil anrichtet; auch dies wird Diebstahl genannt, weil das der Name eines solchen gemischten Modus ist. Vergleicht man diese Handlung jedoch mit dem göttlichen Gesetz und betrachtet sie in ihrer Relation zu dieser obersten Regel, so ist sie keine Sünde oder Übertretung, obgleich das Wort Diebstahl gewöhnlich diese Nebenbedeutung hat.

Die Bezeichnungen der Handlungen führen uns oft irre.

Die Relationen sind zahllos, und nur die wichtigsten werden hier erwähnt.

17. Soviel sei von den Relationen der menschlichen Handlungen zu einem Gesetz gesagt, die ich deshalb *moralische Relationen* nenne.

Es würde einen ganzen Band füllen, wenn ich alle Arten von *Relationen* besprechen wollte; man wird deshalb nicht erwarten, daß ich sie hier sämtlich aufzähle. Für unseren vorliegenden Zweck genügt es, wenn ich an den genannten Beispielen gezeigt habe, welche Ideen wir von der umfassenden Betrachtung haben, die man *Relation* nennt. Diese Relationen sind so mannigfach und der Anlaß dazu so häufig (ebenso häufig, wie der Anlaß sein kann, Dinge miteinander zu vergleichen), daß es nicht ganz leicht ist, sie auf Regeln zurückzuführen oder unter Rubriken einzuordnen. Diejenigen, die ich erwähnt habe, gehören, denke ich, zu den wichtigsten; auch dürften sie dazu geeignet sein, uns zu zeigen, woher wir unsere Ideen von Relationen bekommen und worauf diese beruhen. Ehe ich jedoch diesen Gegenstand verlasse, sei es mir erlaubt, im Anschluß an diese Ausführungen noch folgende Bemerkungen zu machen.

Alle Relationen laufen auf einfache Ideen hinaus.

18. Erstens: Es liegt auf der Hand, daß jede Relation auf unsere einfachen Ideen, die wir durch Sensation oder Reflexion empfangen haben, hinausläuft und letzten Endes auf diese begründet ist, so daß alles, was wir selbst in unseren Gedanken haben (wenn wir an etwas denken oder irgendeine Meinung hegen) oder anderen zu verstehen geben wollen, wenn wir Wörter, die für Relationen stehen, gebrauchen, nichts ist als etliche einfache Ideen oder Sammlungen von einfachen Ideen, die miteinander verglichen werden. Das ist bei der Art, die man Relationen nennt, so deutlich wie nur irgend etwas sein kann. Denn wenn jemand sagt, Honig sei süßer als Wachs, so ist klar, daß in dieser Relation seine Gedanken auf die einfache Idee Süßigkeit hinauslaufen. Dasselbe gilt von allen übrigen Relationen, wenn auch vielleicht da, wo sie einmal oder mehrmals zusammengesetzt sind, die einfachen Ideen, durch die sie gebildet werden, selten beachtet werden. Wenn beispielsweise das Wort „Vater" erwähnt wird, so ist damit erstens die be-

sondere Art oder die kollektive Idee gemeint, die durch das Wort „Mensch" bezeichnet wird; zweitens die sinnlich wahrnehmbaren einfachen Ideen, die durch das Wort „Erzeugung" bezeichnet werden; drittens deren Wirkungen und alle einfachen Ideen, die durch das Wort „Kind" bezeichnet werden. Ebenso enthält das Wort „Freund", wenn man darunter einen Menschen versteht, der einen anderen liebt und bereit ist, ihm Gutes zu tun, als Bestandteile alle folgenden Ideen: 1. sämtliche einfachen Ideen, die in dem Wort „Mensch" oder „vernunftbegabtes Wesen" zusammengefaßt sind, 2. die Idee der Liebe, 3. die Idee der Bereitwilligkeit oder Geneigtheit, 4. die Idee der Handlung, das heißt eines Gedankens oder einer Bewegung irgendwelcher Art, 5. die Idee des Guten, die alles bezeichnet, was das Glück des betreffenden Menschen fördert, und die sich bei näherer Prüfung schließlich in einzelne einfache Ideen auflösen läßt, von denen jede durch das Wort „gut" im allgemeinen bezeichnet wird; dagegen bedeutet dieses Wort überhaupt nichts, sobald es völlig von allen einfachen Ideen losgelöst ist. So laufen auch alle moralischen Wörter, wenn auch vielleicht in entfernterer Weise, schließlich doch auf eine Sammlung einfacher Ideen hinaus; denn die unmittelbare Bedeutung der relativen Wörter enthält oft andere als bekannt vorausgesetzte Relationen, die sich schließlich auf einfache Ideen zurückführen lassen, wenn man immer von der einen auf die andere zurückgeht.

19. Zweitens: Es liegt klar auf der Hand, daß wir bei den Relationen meistens, wenn auch nicht immer, einen ebenso klaren Begriff von *der Relation* selbst haben wie von *den einfachen Ideen, auf denen sie beruht*. Denn von der Übereinstimmung oder Nichtübereinstimmung, von der die Relation abhängt, haben wir meistens ebenso klare Ideen wie von irgendwelchen anderen Dingen; denn dazu brauchen wir nur die einfachen Ideen oder ihre Grade voneinander zu unterscheiden, eine Tätigkeit, ohne die wir überhaupt keine deutliche Erkenntnis besitzen können. Denn wenn ich eine klare Idee von Süßigkeit, Licht oder Ausdehnung besitze,

Gewöhnlich haben wir von der Relation einen ebenso klaren Begriff wie von den einfachen Ideen, die in den Dingen vorhanden sind, auf denen sie beruht.

so habe ich eine solche auch von jedem dieser Dinge, wenn sie in einem gleichen, größeren oder kleineren Maße vorhanden sind. Wenn ich weiß, was es für einen Mann heißt, von einer Frau, nämlich von Sempronia, geboren zu sein, so weiß ich auch, was es für einen anderen Mann bedeutet, von derselben Sempronia geboren zu sein. Ich habe dann einen ebenso klaren, ja, vielleicht einen noch klareren Begriff von Brüdern wie vom Geborenwerden. Wenn ich glaubte, daß Sempronia den Titus aus dem Petersilienbeet ausgegraben habe (wie man früher den Kindern sagte) und dadurch seine Mutter geworden sei und daß sie später den Caius in derselben Weise aus dem Petersilienbeet ausgegraben habe, so hätte ich einen ebenso klaren Begriff von der Relation der Brüder, wie wenn ich das Können einer Hebamme besäße; denn der Begriff, daß dieselbe Frau als Mutter in derselben Weise zu ihrer Geburt beigetragen hat (wenn ich auch von der Art, wie das geschehen ist, gar keine oder eine falsche Vorstellung hätte) und daß die Brüder hinsichtlich dieses Umstandes der Geburt – wie diese auch beschaffen sein mag – übereinstimmen, ist das, worauf ich die Relation gründete. Wenn ich beide hinsichtlich ihrer Abstammung von derselben Person vergleiche, so genügt das, auch ohne daß ich die Einzelumstände solcher Herkunft näher kenne, um mir einen Begriff davon zu verschaffen, ob sie zueinander in der Relation von Brüdern stehen oder nicht. Nun können zwar die Ideen von *besonderen Relationen* im Geiste derer, die sie genau betrachten, ebenso klar und deutlich vorhanden sein wie die der gemischten Modi und vielleicht noch bestimmter als die der Substanzen. Jedoch ist die Bedeutung der Namen von Relationen oft ebenso zweifelhaft und ungewiß wie die der Namen der Substanzen oder der gemischten Modi und vollends wie die der einfachen Ideen. Da die relativen Wörter nun Zeichen einer Vergleichung sind, die lediglich vom menschlichen Denken vollzogen und im menschlichen Geist nur als Idee vorhanden ist, verwendet man sie häufig bei verschiedenen Vergleichen von Dingen je nach den Vorstellungen, die man selber hat. Diese aber stimmen nicht immer mit denjenigen überein, die andere davon haben, die dieselben Namen gebrauchen.

20. Drittens: Es liegt klar auf der Hand, daß ich bei den *Relationen,* die ich *moralische* nenne, einen wahren Begriff der Relation erhalte, wenn ich die Handlung mit der Regel vergleiche, gleichviel, ob die Regel richtig oder falsch ist. Denn wenn ich etwas mit der Elle messe, so weiß ich, ob der gemessene Gegenstand länger oder kürzer ist als die zugrunde gelegte Elle, obgleich diese selbst vielleicht nicht genau dem Normalmaß entspricht, was in der Tat eine andere Frage ist. Denn obgleich die Regel falsch sein mag und ich mich in dieser Hinsicht täuschen kann, so läßt mich doch die zu erkennende Übereinstimmung oder Nichtübereinstimmung mit dem, womit ich sie vergleiche, die Relation wahrnehmen. Wenn ich mit einer falschen Regel messe, werde ich dadurch zu einem unrichtigen Urteil über die moralische Rechtmäßigkeit einer Handlung verleitet, eben weil ich sie nicht an der wahren Regel geprüft habe. Dennoch täusche ich mich nicht über die Relation, die zwischen der Handlung und der mit ihr verglichenen Regel besteht; denn das ist Übereinstimmung oder Nichtübereinstimmung.

<small>Der Begriff der Relation bleibt derselbe, gleichviel ob die Regel, mit der eine Handlung verglichen wird, richtig oder falsch ist.</small>

XXIX. KAPITEL

ÜBER KLARE UND DUNKLE, DEUTLICHE UND VERWORRENE IDEEN

1. Nachdem ich nunmehr den Ursprung unserer Ideen gezeigt, einen Überblick über ihre verschiedenen Arten gewonnen, den Unterschied zwischen einfachen und komplexen Ideen betrachtet und bemerkt habe, wie die komplexen Ideen in jene der Modi, Substanzen und Relationen zerfallen – was meines Erachtens jeder notwendigerweise tun muß, der sich gründlich damit vertraut machen will, wie der Geist beim Wahrnehmen und Erkennen der Dinge vorgeht – wird man nun vielleicht finden, daß ich lange genug bei der Prüfung der *Ideen* verweilt habe. Nichtsdestoweniger muß ich darum bitten,

<small>Die Ideen sind teils klar und deutlich, teils dunkel und verworren.</small>

noch ein paar weitere Betrachtungen darüber anstellen zu dürfen.

Die erste ist die, daß manche von ihnen *klar,* andere *dunkel,* manche *deutlich,* andere *verworren* sind.

<small>„Klar" und „dunkel" mit Hilfe des Sehens erläutert.</small>

2. Da sich die Wahrnehmung des Geistes am besten durch Wörter erläutern läßt, die sich auf den Gesichtssinn beziehen, so werden wir das, was mit *Klarheit* und *Dunkelheit* unserer Ideen gemeint ist, am besten verstehen, wenn wir das beobachten, was bei sichtbaren Gegenständen klar und dunkel heißt. Da das Licht das ist, was uns sichtbare Objekte erkennen läßt, darum nennen wir *dunkel* dasjenige, was nicht in ein Licht gestellt ist, das ausreiche, um uns die Umrisse und Farben, die an ihm wahrzunehmen sind – und die in einem besseren Licht zu unterscheiden wären –, bis ins einzelne erkennen zu lassen. Ebenso sind unsere einfachen Ideen *klar,* wenn sie so beschaffen sind, wie sie uns durch die Gegenstände selbst, denen sie entstammen, dargestellt sind oder dargestellt werden können, sofern unsere Sensationen und Wahrnehmungen gut sind. Solange das Gedächtnis sie in dieser Form festhält und sie im Geist wachrufen kann, sobald dieser veranlaßt ist, sie zu betrachten, so lange sind sie klare Ideen. In dem Maße aber, wie es ihnen an der ursprünglichen Genauigkeit mangelt oder wie sie ihre erste Frische eingebüßt haben und durch die Zeit gleichsam verblaßt oder getrübt sind, in dem Maße sind sie dunkel. Da die komplexen Ideen aus einfachen zusammengefügt sind, so sind sie klar, wenn die Ideen klar sind, durch die sie gebildet werden, und wenn die Zahl und Anordnung der einfachen Ideen, die die Bestandteile einer komplexen Idee darstellen, bestimmt und gewiß ist.

<small>Ursachen der Dunkelheit.</small>

3. Die Ursachen der Dunkelheit einfacher Ideen scheinen folgende zu sein: Stumpfheit der Organe, Schwäche und Flüchtigkeit der Eindrücke, die durch die Gegenstände hervorgerufen werden, Schwäche des Gedächtnisses, das diese Eindrücke nicht so festhalten kann, wie es sie empfangen hat. Doch kommen wir noch einmal zu den sichtbaren Objekten zurück, die uns dies verständlich machen können. Vergleichen wir einmal die

Sinneswerkzeuge oder Organe der Wahrnehmung mit Wachs; wenn dieses durch Kälte zu hart geworden ist, nimmt es den mit gewöhnlicher Stärke erfolgenden Eindruck des Petschafts nicht an. Zu weiches Wachs hält ihn trotz normalen Drucks nicht richtig fest. Wenn das Wachs zwar die richtige Beschaffenheit hat, das Siegel aber nicht mit genügender Kraft aufgedrückt wird, kommt auch kein klarer Eindruck zustande. In allen diesen Fällen wird die vom Siegel hinterlassene Spur dunkel sein. Ich denke, es erübrigt sich, dieses Bild weiter auszumalen, um es verständlich zu machen.

4. Eine Idee ist dann klar, wenn der Geist von ihr eine so vollständige und augenscheinliche Wahrnehmung hat, wie sie zu entstehen pflegt, wenn ein äußerer Gegenstand in der richtigen Weise auf ein wohlbeschaffenes Organ einwirkt. Eine Idee ist dann *deutlich,* wenn der Geist sie von allen anderen, die er wahrnimmt, unterscheiden kann. Eine Idee ist *verworren,* wenn sie sich von einer anderen, von der sie verschieden sein sollte, nicht genügend unterscheiden läßt.

<small>Was „deutlich" und „verworren" heißt.</small>

5. Wenn nur eine solche Idee verworren ist, die sich von einer anderen, von der sie verschieden sein sollte, nicht genügend unterscheiden läßt, dann wird es – so könnte man einwerfen – schwierig sein, irgendwo eine *verworrene* Idee zu finden. Nun mag aber eine Idee sein, wie sie will, so kann sie doch jedenfalls nicht anders beschaffen sein, als wie sie der Geist wahrnimmt; diese Wahrnehmung eben unterscheidet sie doch wohl genügend von allen anderen Ideen, die nicht anders, das heißt nicht verschieden sein können, ohne daß sie als solche empfunden werden. Darum kann keine Idee von einer andern, von der sie verschieden sein sollte, ununterscheidbar sein, sofern man nicht will, daß sie sich von selbst unterscheiden solle; denn von allen anderen ist sie augenscheinlich verschieden.

<small>Einwurf.</small>

6. Versuchen wir, diese Schwierigkeit zu beseitigen und zum richtigen Verständnis der Ursache zu gelangen, die die Verworrenheit hervorruft, die den Ideen zur Last gelegt wird. Wir müssen dabei folgendes bedenken: Die

<small>Verworren sind die Ideen hinsichtlich ihrer Namen.</small>

unter besonderen Namen aufgeführten Dinge gelten für hinreichend verschieden, um sich unterscheiden zu lassen. Jede Art kann bei allen Gelegenheiten mit ihrem eigentümlichen Namen bezeichnet und besonders behandelt werden. Nichts ist daher einleuchtender als die Annahme, daß der größte Teil der verschiedenen Namen auch für verschiedene Dinge stehe. Nun ist jede Idee, die jemand hat, offensichtlich das, was sie ist, und von allen anderen Ideen außer ihr selbst verschieden. Sie wird dann zu einer verworrenen, wenn sie so beschaffen ist, daß sie ebensogut durch einen anderen Namen als durch den, der ihr beigelegt wurde, bezeichnet werden kann; hierbei wird der Unterschied, der die Dinge (die unter diese beiden verschiedenen Namen einzureihen sind) in ihrer Besonderheit erhält und manche mehr dem einen, andere mehr dem anderen dieser beiden Namen zuweist, außer acht gelassen. Dadurch geht die Unterscheidung, die durch die verschiedenen Namen aufrecht erhalten werden sollte, völlig verloren.

Fehler, durch die solche Verworrenheit entsteht.

7. Die Fehler, die solche Verwirrung gewöhnlich veranlassen, sind, soviel ich sehe, hauptsächlich folgende.

Erstens. Komplexe Ideen, die aus zu wenig einfachen gebildet sind.

Erstens. Wenn eine komplexe Idee (denn bei diesen ist die Gefahr der Verwirrung am größten) aus einer zu geringen Anzahl von einfachen Ideen, und zwar lediglich aus solchen gebildet ist, die sie mit anderen Dingen gemein hat, wodurch die Unterschiede, die ihr einen Anspruch auf einen besonderen Namen geben, ausgelassen werden. Wer zum Beispiel eine Idee hat, die nur aus den einfachen Ideen „Tier" und „gefleckt" besteht, hat nur eine verworrene Idee von einem Leoparden; denn der Leopard wird dadurch nicht hinreichend vom Luchs und von manchen anderen gefleckten Tieren unterschieden. Eine solche Idee trägt nun zwar den besonderen Namen Leopard; sie kann jedoch von denen, die Luchs oder Panther benannt sind, nicht genügend unterschieden werden; ja, sie kann ebensogut mit dem Namen Luchs belegt werden wie mit dem Namen Leopard. Wieviel die Gewohnheit, Worte durch allgemeine Ausdrücke zu definieren, dazu beiträgt, die Ideen, die durch eben jene Ausdrücke zu bezeichnen sind, zu verwirren und unbestimmt zu machen, mögen andere erwägen. Soviel ist klar: Verworrene Ideen machen den Sprachgebrauch unsicher und heben den Vorteil, den die besonderen Namen bieten, auf. Wenn die Ideen, für die wir verschiedene Ausdrücke verwenden, keine diesen besonderen Namen entsprechende Unterschiede aufweisen, so daß sie dadurch nicht auseinandergehalten werden können, dann sind sie tatsächlich verworren.

8. Zweitens. Ein anderer Fehler, der unsere Ideen zu verworrenen macht, besteht darin, daß die einzelnen Bestandteile einer Idee zwar zahlreich genug sind, aber so durcheinandergeworfen werden, daß man nicht leicht unterscheiden kann, ob die Idee wirklich mehr zu dem ihr gegebenen Namen gehört als zu einem anderen. Nichts ist besser geeignet, uns einen Begriff von dieser Verworrenheit zu vermitteln als eine bestimmte Art von Bildern, die gewöhnlich als Überraschungskunststücke vorgeführt werden. Hier haben die Farbentupfen, so wie sie mit dem Pinsel auf die Tafel aufgetragen sind, eine sehr eigentümliche und ungewöhnliche Gestalt und lassen in ihrer Verteilung keinerlei Ordnung erkennen. Ein solches Gemälde, dessen Teile ohne sichtbare Symmetrie und Ordnung zusammengefügt sind, ist an sich ebensowenig etwas Verworrenes wie die Darstellung eines bewölkten Himmels; auch hier lassen Farben und Gestalten keine Ordnung erkennen; trotzdem wird dies niemand für ein verworrenes Bild erklären. Was bewirkt nun, daß jenes Bild für verworren gehalten wird, wenn der Mangel an Symmetrie nicht die Ursache ist? Daß dies nicht der Fall ist, ist offensichtlich; denn ein zweites, lediglich als Kopie des ersten hergestelltes Gemälde könnte nicht verworren genannt werden. Ich antworte: Das Gemälde wird deshalb für verworren gehalten, weil mit ihm ein Name verknüpft wird, der ihm in keiner erkennbaren Weise eher zukommt als irgendein anderer Name. Wenn man zum Beispiel sagt, es sei das Bild eines Menschen oder dasjenige des Cäsar, dann erscheint es jedem mit Recht verworren; denn bei seiner augenblicklichen Beschaffenheit kann man nicht erkennen, ob der Name Mensch oder Cäsar besser zu ihm paßt als der Name Pavian

Zweitens. Komplexe Ideen, deren einfache ungeordnet zusammengefügt sind.

oder Pompeius, das heißt Wörter, die andere Ideen bezeichnen sollen als die, die Mensch oder Cäsar genannt werden. Werden aber jene unregelmäßigen Linien auf der Tafel durch einen entsprechend aufgestellten zylindrischen Spiegel in die richtige Ordnung und in ein rechtes Verhältnis gebracht, dann hört die Verworrenheit auf. Das Auge sieht sofort, daß das Bild einen Menschen oder Cäsar darstellt; man erkennt, daß der Name zu diesem Bild paßt und das Bild hinreichend von einem Pavian oder von Pompeius, das heißt von den Ideen, die durch diese Namen bezeichnet werden, zu unterscheiden ist. Genau so verhält es sich mit unseren Ideen, die gleichsam die Abbilder der Dinge sind. Keines dieser geistigen Bilder kann – gleichviel wie seine Teile zusammengesetzt sind – verworren genannt werden (denn so, wie sie sind, kann man sie deutlich unterscheiden), wenn es nicht unter einem Namen begriffen wird, der – soweit zu erkennen ist – nicht besser zu ihm paßt als irgendein anderer Name, der anerkanntermaßen eine davon verschiedene Bedeutung hat.

Drittens. Ihre einfachen Ideen sind veränderlich und unbestimmt.

9. Drittens. Ein dritter Mangel, um dessentwillen unsere Ideen oft verworren heißen, besteht darin, daß eine von ihnen unsicher und unbestimmt ist. So können wir beobachten, daß manche Leute die üblichen Wörter ihrer Sprache schon dann gebrauchen, wenn sie deren genaue Bezeichnung noch gar nicht erlernt haben. Diese Leute verändern die Idee, die sie durch den einen oder anderen Ausdruck bezeichnen, fast ebenso oft wie sie das Wort gebrauchen. Wer so verfährt, weil er nicht sicher ist, was er zum Beispiel bei seiner Idee *Kirche* oder *Götzendienst* ausschließen oder mit einbegreifen soll, wenn er an eines von beiden denkt, und wer mithin nicht an einer bestimmten Kombination von Ideen festhält, aus der sich jene Begriffe zusammensetzen, gilt für einen Menschen, der eine verworrene Idee vom Götzendienst oder von der Kirche hat, obgleich der Grund derselbe ist wie oben: weil einer veränderlichen Idee (wenn wir sie als eine einheitliche Idee anerkennen wollen) nicht ein Name eher zukommen kann als ein anderer; denn dadurch verliert sie die Bestimmtheit, die die besonderen Namen ausdrücken sollen.

10. Aus den Ausführungen können wir entnehmen, in welchen Maße die Namen, die für unverrückbare Zeichen der Dinge gelten und durch ihren Unterschied Dinge, die an sich verschieden sind, bezeichnen und auseinanderhalten sollen, durch eine verborgene und unbemerkte Beziehung, die der Geist zwischen seinen Ideen und solchen Namen herstellt, der Anlaß dazu sind, Ideen als deutlich oder verworren zu bezeichnen. Das wird vielleicht noch besser verstanden werden, wenn man meine Darlegungen über Wörter im dritten Buch gelesen und durchdacht haben wird. Ohne diese Beziehung der Ideen auf die verschiedenen Namen als Zeichen verschiedener Dinge zu berücksichtigen, wird es sich jedenfalls schwer sagen lassen, was eine verworrene Idee ist. Und deshalb ist, wenn jemand durch einen Namen eine Art von Dingen oder ein einzelnes, von allen anderen verschiedenes Ding bezeichnet, die komplexe Idee, die er mit diesem Namen verbindet, um so deutlicher, je weniger allgemein die Ideen sind, die ihre Bestandteile bilden, und je größer und genauer bestimmt ihre Zahl und Anordnung ist. Denn je mehr sie davon in sich birgt, um so mehr enthält sie von den wahrnehmbaren Unterschieden, durch die sie von allen Ideen, die zu anderen Namen gehören – auch von denen, die ihr am nächsten stehen –, gesondert und getrennt erhalten wird; dadurch aber wird jede Vermengung mit ihnen verhütet.

Ohne Bezugnahme auf Namen lassen sich verworrene Ideen kaum denken.

11. Die Verwirrung erschwert es, zwei Dinge, die unterschieden werden sollen, auseinander zu halten. Folglich betrifft sie immer zwei Ideen, und zwar vorzugsweise solche, die sich am nächsten stehen. Wenn wir deshalb bei einer Idee vermuten, daß sie verworren sei, so müssen wir prüfen, mit welcher anderen sie Gefahr läuft, vermengt zu werden, oder von welcher sie sich nicht leicht trennen läßt. Als solche wird sich dann immer eine Idee herausstellen, die einem anderen Namen zugehört und mithin auch ein verschiedenes Ding sein sollte, von dem sie jedoch nicht genügend unterschieden ist, indem sie damit entweder identisch oder ein Teil davon ist oder aber zumindest dessen Namen ebensogut

Eine Verwirrung betrifft immer zwei Ideen.

wie den ihr wirklich beigelegten tragen könnte. Das heißt, sie ist von jeder anderen Idee nicht in dem Maße verschieden, wie es die verschiedenen Namen andeuten.

Ursachen der verworrenen Ideen.

12. Das ist meiner Meinung nach die den Ideen eigentümliche Verworrenheit, die immer eine unmerkbare Beziehung auf die Namen in sich birgt. Wenn es noch eine andere Verworrenheit der Ideen geben mag, so ist doch diese diejenige, welche in den Gedanken und Reden der Menschen die meiste Unordnung stiftet. Denn die unter Namen eingeordneten Ideen sind meist diejenigen, über die die Menschen für sich selbst nachdenken, und stets diejenigen, über die sich mit anderen unterhalten. Nehmen wir zwei verschiedene Ideen an, die durch zwei verschiedene Namen bezeichnet werden; nehmen wir weiter an, daß diese Ideen sich nicht so gut auseinander halten lassen wie die Laute, durch die sie bezeichnet werden. In einem solchen Fall wird die Verworrenheit nie ausbleiben. Wenn dagegen zwei Ideen ebenso verschieden sind wie die Ideen der beiden Laute, die sie vertreten, so kann zwischen ihnen niemals Verwirrung entstehen. Um eine Verwirrung zu vermeiden, muß man alle jene Bestandteile einer komplexen Idee, durch die sie sich von anderen unterscheidet, so präzis wie möglich zusammenstellen und zu einem Ganzen vereinigen; wenn sie so in bestimmter Zahl und Anordnung zusammengefügt sind, muß man fernerhin stets denselben Namen auf sie anwenden. Da sich aber dies weder mit der Bequemlichkeit noch mit der Eitelkeit der Menschen vereinbart, da es außerdem keinem anderen Zweck als der lauteren Wahrheit dient, die keineswegs immer erstrebt wird, deshalb bleibt eine solche Genauigkeit immer etwas, was wir wohl wünschen, aber kaum erhoffen dürfen. Da die willkürliche Anwendung von Namen auf unbestimmte und veränderliche Ideen, ja auf etwas, was eigentlich überhaupt keine Idee ist, sowohl dazu dient, unsere eigene Unwissenheit zu verdecken, als auch dazu, andere Leute zu verwirren und in Verlegenheit zu bringen, was als Gelehrsamkeit und wissenschaftliche Überlegenheit gilt, so ist es nicht zu verwundern, daß die meisten Menschen selber auf diese Weise verfahren,

während sie sich bei anderen darüber beschweren. Nun glaube ich zwar, daß kein geringer Teil der Verworrenheit, die sich in den Begriffen der Menschen vorfindet, durch Sorgfalt und Scharfsinn vermieden werden könnte. Es liegt mir jedoch nichts ferner, als diese Erscheinung überall für absichtlich zu halten. Manche Ideen sind aus so vielen Bestandteilen zusammengesetzt, daß das Gedächtnis nicht ohne weiteres genau dieselbe Kombination einfacher Ideen unter einem Namen festhalten kann. Noch weit weniger aber sind wir imstande, immer genau zu erraten, welche komplexe Idee im Sprachgebrauch eines anderen durch einen bestimmten Namen bezeichnet wird. Aus dem zuerst genannten Umstand entspringt Verworrenheit in unserem eigenen Denken und Meinen; aus dem letztgenannten entsteht häufig Unklarheit im Reden und Argumentieren mit anderen. Da ich aber im folgenden Buch ausführlicher von den Wörtern, ihren Mängeln und ihren Mißbräuchen gehandelt habe, so will ich hier nichts weiter darüber sagen.

13. Unsere komplexen Ideen bestehen aus Kombinationen und damit aus mannigfachen einfachen Ideen. Sie können daher in einem Teil sehr klar und deutlich, in einem anderen sehr dunkel und verworren sein. Wenn jemand von einem *Chiliaeder*, das heißt von einem tausendflächigen Körper spricht, so kann seine Idee von dieser Figur sehr verworren sein, obgleich die der Zahl ganz deutlich ist. Weil er über denjenigen Teil seiner komplexen Idee, der auf der Zahl tausend beruht, sprechen und argumentieren kann, so ist er geneigt, sich einzubilden, er besitze eine deutliche Idee von einem *Chiliaeder*. Dabei ist es klar, daß er von der Gestalt eines solchen Körpers keine genaue Idee hat, die es ihm ermöglichte, ihn von einem Körper mit nur neunhundertundneunundneunzig Flächen zu unterscheiden. Daß dieser Umstand übersehen wird, verursacht schwerwiegende Irrtümer im Denken und viel Verwirrung in den Reden der Menschen.

Komplexe Ideen können zum Teil deutlich, zum Teil verworren sein.

14. Wer glaubt, eine deutliche Idee von der Gestalt eines *Chiliaeders* zu haben, nehme zur Probe ein anderes gleichförmiges Stück desselben Materials – zum Beispiel Gold oder Wachs – von gleicher Größe und bilde daraus

Wenn dies außer acht gelassen wird, entsteht Verwirrung in unseren Argumentationen.

eine Figur mit 999 Flächen. Er wird zweifellos imstande sein, durch die Zahl der Flächen diese beiden Ideen voneinander zu unterscheiden und deutlich über sie zu reden und zu argumentieren, solange sich sein Denken und Schließen lediglich auf den Teil dieser Ideen beschränkt, der es mit den Zahlen zu tun hat. Er wird zum Beispiel sagen können, daß sich die Seitenzahl der einen Figur durch zwei teilen läßt, die der anderen dagegen nicht u. dgl. m. Sobald er es aber unternimmt, die Figuren nach ihrer Gestalt zu unterscheiden, wird er sofort in Verlegenheit geraten und meiner Meinung nach außerstande sein, lediglich auf Grund der Gestalt dieser beiden Stücke Gold in seinem Geist zwei Ideen zu bilden, die voneinander verschieden sind. Das wäre ihm aber wohl möglich, wenn das eine der beiden Stücke zu einem Würfel, das andere zu einem Pentaeder geformt worden wäre. Bei solchen unvollkommenen Ideen, zumal wenn sie ihre besonderen, uns geläufigen Namen haben, sind wir leicht geneigt, uns selbst zu täuschen und uns mit anderen in Wortstreitereien einzulassen. Denn da wir uns mit dem Teil der Idee, den wir besitzen, begnügen, der uns vertraute Name aber auf die ganze Idee bezogen wird, folglich auch denjenigen Teil der Idee umfaßt, der unvollkommen und dunkel ist, so neigen wir dazu, den Namen auch auf jenen verworrenen Teil anzuwenden und aus letzterem ebenso zuversichtlich unsere Schlüsse zu ziehen wie aus dem klaren Teil.

Als Beispiel die Ewigkeit.

15. Da wir das Wort „Ewigkeit" oft im Munde führen, glauben wir, wir hätten eine positive, umfassende Idee von ihr, was soviel bedeutet, wie daß es keinen Teil jener Dauer gäbe, der nicht deutlich in unserer Idee enthalten wäre. Es ist wahr, daß jemand, der so denkt, eine klare Idee von der Dauer haben kann; er hat vielleicht auch eine klare Idee von einer sehr großen Länge der Dauer; er kann auch eine klare Idee von dem Vergleich jener großen Dauer mit einer noch größeren haben; wie groß aber seine Idee der Dauer auch sein mag, da er *die gesamte Ausdehnung einer Dauer, die er als endlos ansieht,* unmöglich miteinschließen kann, ist derjenige Teil seiner Idee, der noch jenseits der Grenzen

der langen Dauer, die er sich vorstellen kann, liegt, ganz dunkel und unbestimmt. Daher kommt es, daß wir bei Diskussionen und Schlußfolgerungen über die Ewigkeit oder irgendeine andere unendliche Größe so leicht fehlgreifen und uns in offenbare Widersprüche verwickeln.

16. Bei der Materie haben wir keine klare Idee von der Kleinheit ihrer Teile nicht weit über jene kleinsten Teile hinaus, die wir mit irgendeinem unserer Sinne gerade noch wahrnehmen. Wenn wir darum von *unendlicher* Teilbarkeit der Materie reden, so haben wir zwar klare Ideen von Teilung und Teilbarkeit; wir besitzen ebenfalls klare Ideen von den Teilen, die durch die Zerlegung eines Ganzen entstanden sind: Wir haben aber nur ganz dunkle und verworrene Ideen von Korpuskeln oder kleinsten Körperchen, die sich noch immer teilen lassen, nachdem sie durch frühere Teilungen schon so klein geworden sind, daß sie sich längst der Wahrnehmung irgendeines unserer Sinne entziehen. Wir haben also nur klare und deutliche Ideen davon, was Teilung im allgemeinen oder abstrakt genommen ist, sowie von der Relation des *Ganzen* und seiner *Teile*. Dagegen haben wir, glaube ich, von der Größe eines Körpers, der in der geschilderten Weise nach bestimmten Progressionen ins Unendliche geteilt sein soll, überhaupt keine klare oder deutliche Idee. Ich frage, ob jemand, wenn er das kleinste Staubatom nimmt, das er je gesehen hat, eine deutliche Idee von dem hunderttausendsten und dem millionsten Teil davon besitzt (abgesehen von der Zahl an sich, die nicht die Ausdehnung betrifft). Glaubt er aber, er könne seine Ideen bis zu diesem Grade verfeinern, ohne sie aus dem Auge zu verlieren, so möge er noch zehn Nullen an jede Zahl anhängen. Es ist durchaus nicht unvernünftig, sich einen solchen Grad von Kleinheit vorzustellen. Denn eine soweit fortgesetzte Teilung bringt das Atom dem Ende der unendlichen Teilung nicht näher als die erste Teilung in zwei Hälften. Ich selbst muß gestehen, daß ich keine klar unterschiedenen Ideen von der verschiedenen Größe oder Ausdehnung solcher Körper habe; denn schon meine Idee von jedem einzelnen von ihnen ist sehr dunkel. Wenn

Unendliche Teilbarkeit der Materie.

wir also von einer Teilung der Körper *in infinitum* reden, verwirrt sich, wie mir scheint, unsere Idee von der Verschiedenheit ihrer Größe, die doch Gegenstand und Grundlage der Teilung bildet, schon nach einer kleinen Progression und verliert sich meistens im Dunkeln. Denn eine Idee, die nur Größe darstellen soll, muß sehr dunkel und verworren sein, wenn wir sie nur durch die Zahl von einer anderen, die zehnmal größer ist, unterscheiden können. Wir können wohl sagen, wir haben von zehn und eins eine klar unterschiedene Idee, nicht aber von zwei entsprechenden Ausdehnungen. Hieraus geht hervor, daß unsere deutlichen und klaren Ideen, wenn wir von unendlicher Teilbarkeit der Körper oder der Ausdehnung sprechen, nur den Zahlen gelten; die klar unterschiedenen Ideen der Ausdehnung gehen uns dagegen völlig verloren, sobald wir die Teilung eine Zeitlang fortgesetzt haben. Von solchen kleinsten Teilchen haben wir daher überhaupt keine deutlichen Ideen. Vielmehr kommen wir in diesem Fall wie bei allen unseren Ideen von Unendlichkeit schließlich auf die Vorstellung einer *Zahl* zurück, *die immer noch erweitert werden kann.* Dadurch können wir aber nie zu einer deutlichen Idee von *tatsächlich unendlich kleinen Teilen* gelangen. Wohl haben wir eine klare Idee von der Teilung, sooft wir daran denken; jedoch erhalten wir dadurch ebensowenig eine klare Idee von unendlich kleinen Materieteilchen, wie uns eine klare Idee von der unendlichen Zahl dadurch vermittelt wird, daß wir jede uns gegebene Zahl durch neue Zahlen erweitern können. Denn endlose Teilbarkeit gibt uns ebensowenig eine klare und deutliche Idee von wirklich unendlichen Teilen, wie uns endlose Vermehrbarkeit (wenn ich so sagen darf) eine klare und deutliche Idee von einer tatsächlich unendlichen Zahl vermittelt. Beide bestehen in nichts anderem als einer Fähigkeit, eine Zahl, wie groß sie bereits sein möge, immer noch zu vermehren. Wir haben somit von dem, was noch hinzuzusetzen bleibt *(und darin eben besteht die Unendlichkeit),* nur eine dunkle, unvollkommene und verworrene Idee; mit dieser Idee können wir weder mit Gewißheit argumentieren, noch können wir Schlüsse daraus ziehen; ja wir können beides ebensowenig wie uns das in der Arithmetik mit einer Zahl möglich ist, von der wir keine so deutliche Idee haben wie etwa von vier oder von hundert, sondern nur die relative, dunkle Vorstellung, daß sie, mit einer andern verglichen, immer größer ist. Wir mögen nun sagen oder uns vorstellen, diese Zahl sei größer oder mehr als 400 Millionen; trotzdem haben wir von ihr ebensowenig eine klare, positive Idee, wie wenn wir sagten, sie sei größer als 40 oder 4. Denn 400 Millionen stehen zu dem Ende der Addition oder Zahl in keinem näheren Verhältnis als vier. Denn wer zu vier immer nur vier hinzufügt und so fortschreitet, gelangt ebenso bald an das Ende aller Addition wie jemand, der immer 400 Millionen um 400 Millionen vermehrt. Dasselbe gilt von der Ewigkeit. Wer die Idee von nur vier Jahren hat, besitzt ebensogut eine positive, vollständige Idee der Ewigkeit wie derjenige, der die Idee von 400 Millionen Jahren hat. Denn was über beide Zahlen hinaus an der Ewigkeit fehlt, ist dem einen so klar wie dem anderen; sie haben nämlich beide überhaupt keine klare, positive Idee davon. Wer nur vier Jahre zu vier Jahren hinzufügt und damit fortfährt, wird ebenso bald die Ewigkeit erreichen wie derjenige, der fortgesetzt 400 Millionen Jahre addiert oder, wenn es ihm gefällt, den Zuwachs verdoppelt, so oft es ihm paßt. Denn der Rest, der noch übrig bleibt, ist von dem Ende aller dieser Progressionen noch immer ebenso weit entfernt wie von der Länge eines Tages oder einer Stunde. Denn nichts Endliches läßt sich zum Unendlichen in Beziehung setzen. Dasselbe gilt für alle unsere Ideen, denn sie sind ausnahmslos endlich. Es gilt ebenfalls für unsere Idee der Ausdehnung; dabei ist es gleichgültig, ob wir sie durch Hinzufügung vergrößern oder durch Teilung verkleinern, um mit unserem Denken die Unendlichkeit des Raumes zu erfassen. Nachdem wir ein paarmal die größten Ideen der Ausdehnung, die uns geläufig sind, verdoppelt haben, verlieren wir die klar unterschiedene Idee dieses Raumes; unsere Vorstellung davon ist dann die verworrene von einem sehr großen Raum, über den hinaus es immer einen noch viel größeren gibt. Bei diesem noch größeren geraten wir, wenn wir argumentieren oder schließen wollen, stets in Verlegenheit; denn verworrene Ideen richten stets Verwirrung an, wenn man aus ihrem unklaren Teil Beweise und Schlüsse herleitet.

XXX. KAPITEL

ÜBER REALE UND PHANTASTISCHE IDEEN

Ideen bezüglich ihrer Urbilder betrachtet.

1. Außer dem, was bereits über die Ideen gesagt worden ist, lassen sie sich noch unter einem anderen Gesichtspunkt betrachten, nämlich im Hinblick auf die *Dinge, von denen sie entnommen sind oder die sie darstellen sollen*. In dieser Hinsicht kann man bei ihnen, so meine ich, eine Dreiteilung vornehmen. Sie sind:
1. Entweder real oder phantastisch,
2. adäquat oder inadäquat,
3. wahr oder falsch.

Erstens. Unter *realen Ideen* verstehe ich solche, die in der Natur eine Grundlage haben, solche, die mit dem realen Sein und Dasein der Dinge oder mit ihren Urbildern eine Übereinstimmung aufweisen. *Phantastisch* oder *chimärisch* nenne ich solche, die in der Natur keine Grundlage besitzen und auch keinerlei Übereinstimmung mit jener Realität des Daseins aufweisen, worauf sie als auf ihre Urbilder stillschweigend bezogen werden. Wenn wir die eben erwähnten verschiedenen Arten der Ideen näher untersuchen, so werden wir folgendes feststellen können:

Alle einfachen Ideen sind reale Erscheinungen der Dinge.

2. I. Unsere *einfachen Ideen* sind alle real und stimmen ausnahmslos mit der Realität der Dinge überein. Das bedeutet nicht, daß sie sämtlich Abbilder oder Darstellungen dessen sind, was existiert; vielmehr ist bereits für alle Ideen – mit Ausnahme der primären Qualitäten der Körper – das Gegenteil nachgewiesen worden. Obgleich nun Weiße und Kälte ebensowenig im Schnee enthalten sind wie der Schmerz, so sind die Ideen von Weiße, Kälte, Schmerz usw. – die in unserem Innern die

Wirkungen von Kräften der Dinge außerhalb von uns sind, die gemäß der Bestimmung unseres Schöpfers solche Sensationen in uns erzeugen – reale Ideen in uns, durch die wir die Qualitäten unterscheiden, die in den Dingen selbst tatsächlich vorhanden sind. Denn da uns die verschiedenen Erscheinungsformen als Merkmale dienen, um die Dinge, mit denen wir zu tun haben, zu erkennen und zu unterscheiden, so erfüllen unsere Ideen diesen Zweck ebenso vollkommen und sind ebenso real unterscheidende Schriftzeichen, wenn sie nur *beständige Wirkungen* sind, wie wenn sie die *genauen Abbilder* von etwas sind, das in den Dingen selber vorhanden ist. Denn ihre Realität besteht darin, daß sie der verschiedenen Beschaffenheit der realen Dinge regelmäßig entsprechen. Ob sie nun dieser Beschaffenheit als ihrer Ursache oder als ihren Mustern entsprechen, spielt keine Rolle. Es genügt, daß sie ständig von ihnen erzeugt werden. Somit sind alle unsere einfachen Ideen real und wahr; denn sie entsprechen den Kräften der Dinge, durch die sie in unserem Geist erzeugt werden und stimmen mit ihnen überein. Weiter aber ist nichts erforderlich, um sie real zu machen und keine willkürlichen Fiktionen werden zu lassen. Denn der Geist ist (wie gezeigt wurde) bei den einfachen Ideen ganz und gar auf die Einwirkungen beschränkt, die die Dinge auf ihn ausüben; über das hinaus, was er empfängt, kann er sich keinerlei einfache Ideen schaffen.

3. Der Geist verhält sich zwar hinsichtlich seiner einfachen Ideen völlig passiv; jedoch dürfen wir behaupten, daß das hinsichtlich seiner komplexen Ideen nicht der Fall ist. Denn da diese Kombinationen von einfachen Ideen sind, die unter einem allgemeinen Namen gruppiert und vereinigt werden, so ist es klar, daß der Geist eines Menschen bei der Bildung dieser komplexen Ideen mit einer gewissen Freiheit verfährt. Wie erklärt sich sonst die Tatsache, daß die Idee, die jemand von Gold oder von Gerechtigkeit hat, von der Idee, die jemand anders davon besitzt, verschieden ist? Es kann nur daher kommen, daß der erstere eine Anzahl einfacher Ideen in seine komplexe Idee mit aufgenommen oder sie

Komplexe Ideen sind willkürliche Kombinationen.

daraus weggelassen hat, was der letztere nicht getan hat. So erhebt sich denn folgende Frage: Welche von diesen sind wirkliche und welche sind nur eingebildete Kombinationen? Welche Zusammenstellungen stimmen mit der Realität der Dinge überein und welche nicht? Meine Antwort darauf lautet folgendermaßen:

<small>Gemischte Modi und Relationen, die aus Ideen bestehen, die miteinander vereinbar sind, sind real.</small>

4. *Zweitens.* Da *gemischte Modi* und *Relationen* keine andere Realität besitzen als die, die sie im menschlichen Geist haben, so ist, um Ideen dieser Art real zu machen, nicht mehr erforderlich, als daß sie so gebildet werden, daß möglicherweise etwas ihnen Entsprechendes existieren kann. Da diese Ideen selbst Urbilder sind, können sie nicht von ihren Urbildern abweichen, also auch nicht nur chimärisch sein. Es sei denn, daß irgend jemand unvereinbare Ideen in ihnen zusammenfügen wollte. Insofern den einzelnen derselben in einer bekannten Sprache Namen beigelegt sind, womit derjenige, der sie in seinem Geiste hat, andern gegenüber zu bezeichnen pflegt, reicht allerdings die bloße Möglichkeit der Existenz nicht aus. Vielmehr müssen jene Ideen mit der herkömmlichen Bedeutung des ihnen beigelegten Namens übereinstimmen, um nicht als phantastisch zu erscheinen. Das würde aber der Fall sein, wenn jemand die Idee, die im gewöhnlichen Sprachgebrauch Freigebigkeit heißt, Gerechtigkeit nennen wollte. Das Phantastische bezieht sich aber hier mehr auf die Angemessenheit des Ausdrucks als auf die Realität der Ideen. Wenn jemand in der Gefahr ruhig bleibt, gelassen erwägt, was am besten zu tun ist und es standhaft ausführt, so ist dies ein gemischter Modus oder die komplexe Idee einer Handlung, die existieren kann. In der Gefahr die Fassung zu bewahren, ohne seine Überlegung oder seine Tatkraft zu gebrauchen, ist etwas was auch möglich ist; es ist darum ebensogut eine reale Idee wie die vorher genannte. Gleichwohl kann die erstere, die den Namen *Mut* trägt, hinsichtlich dieses Namens eine richtige oder falsche Idee sein. Dagegen kann die letztere, solange ihr kein allgemein gebräuchlicher Name aus einer bekannten Sprache beigelegt ist, nicht entstellt werden, weil sie nur mit Bezug auf sich selbst gebildet worden ist.

5. Drittens. Unsere komplexen Ideen von *Substanzen* sind sämtlich in bezug auf die außer uns existierenden Dinge gebildet und sollen Darstellungen der Substanzen sein, wie sie wirklich sind; sie sind daher nur insoweit real, als wir in ihnen solche Kombinationen von einfachen Ideen haben, die in den Dingen unserer Umwelt wirklich vereinigt sind und zusammen bestehen. Im Gegensatz dazu sind diejenigen phantastisch, die aus Zusammenstellungen einfacher Ideen bestehen, die nie in irgendeiner Substanz tatsächlich vereinigt waren oder sich darin zusammen vorfanden. Denken wir uns zum Beispiel ein vernunftbegabtes Geschöpf mit Pferdekopf und Menschenleib, das der Beschreibung der *Zentauren* entspricht, oder einen gelben, sehr dehnbaren, schmelzbaren und feuerbeständigen Körper, der dabei leichter ist als gewöhnliches Wasser, oder einen einheitlichen, unorganischen Körper, der für unsere Sinne aus lauter gleichartigen Teilen besteht und dem Wahrnehmung und willkürliche Bewegung eigen sind. Wir wissen wahrscheinlich nicht, ob es möglich ist, daß solche Substanzen wie diese existieren können oder nicht. Das mag nun sein, wie es will; jedenfalls müssen wir diese Ideen von Substanzen, die keinem vorhandenen, uns bekannten Muster nachgebildet sind und aus Verbindungen von Ideen bestehen, die wir nie in einer Substanz vereinigt vorgefunden haben, als lediglich in der Einbildung existierend ansehen. In weit höherem Maße betrifft das freilich diejenigen komplexen Ideen, deren Bestandteile unvereinbar und widerspruchsvoll sind.

Die komplexen Ideen von Substanzen sind real, wenn sie mit der Existenz der Dinge übereinstimmen.

XXXI. KAPITEL

ÜBER ADÄQUATE UND INADÄQUATE IDEEN

1. Von unseren realen Ideen sind manche adäquat und andere inadäquat. *Adäquat* nenne ich solche, die die Urbilder vollkommen darstellen, von denen sie unserer Auffassung nach hergenommen sind, die sie bezeichnen sollen und auf die der Geist sie bezieht. *Inadäquat* sind

Adäquate Ideen sind solche, die ihre Urbilder vollkommen darstellen.

diejenigen *Ideen,* die die Urbilder, auf die sie bezogen werden, nur teilweise oder unvollständig darstellen. Hiernach ergibt sich klar und deutlich:

<small>Die einfachen Ideen sind sämtlich adäquat</small>

2. *Erstens. Alle unsere einfachen Ideen sind adäquat.* Denn da sie nichts anderes als die Wirkungen gewisser Kräfte sind, die den Dingen innewohnen, und von Gott dazu eingerichtet und bestimmt wurden, gewisse Sensationen in uns zu erzeugen, so müssen sie notwendig diesen Kräften entsprechen und ihnen adäquat sein. Wir dürfen sicher sein, daß sie mit der Realität der Dinge übereinstimmen. Denn wenn der Zucker in uns die Ideen erzeugt, die wir Weiße und Süßigkeit nennen, so sind wir sicher, daß es eine Kraft in ihm gibt, diese Ideen in unserem Geist zu erzeugen; sonst könnten sie nicht durch ihn erzeugt werden. So entspricht also jede Sensation der Kraft, die auf irgendeinen unserer Sinne einwirkt; die auf diese Weise erzeugte Idee ist daher eine reale Idee (und nicht eine Fiktion des Geistes, der nicht die Kraft besitzt, irgendeine einfache Idee zu erzeugen). Sie muß notwendig adäquat sein, weil sie nur jener Kraft zu entsprechen hat. Folglich sind alle einfachen Ideen adäquat. Allerdings werden die Dinge, die diese einfachen Ideen in uns erzeugen, nur in seltenen Fällen als *Ursachen* bezeichnet, vielmehr bezeichnen wir sie meist so, als wären sie reale Wesen *in* den Dingen. Denn wenn wir das Feuer für den Tastsinn auch schmerzhaft nennen – wo wir die Kraft bezeichnen, die in uns die Idee des Schmerzes erzeugt –, so nennen wir es aber auch zugleich hell und warm; als ob Helle und Wärme wirklich etwas mehr im Feuer wären als eine Kraft, diese Ideen in uns wachzurufen. Deshalb nennt man sie Qualitäten im Feuer oder des Feuers. Da sie aber in Wahrheit nichts anderes sind als Kräfte, solche Ideen in uns wachzurufen, so muß ich auch in diesem Sinne verstanden werden, wenn ich von den sekundären Qualitäten als in den Dingen vorhanden spreche, oder von ihren Ideen als Objekten, die sie in uns wachrufen. Solche Wendungen, obgleich den gebräuchlichen Begriffen angepaßt, ohne die man sich kaum verständlich machen kann, bezeichnen aber in

Wahrheit nichts anderes als jene Kräfte, die in den Dingen vorhanden sind, um bestimmte Sensationen oder Ideen in uns wachzurufen. Denn wenn es keine geeigneten Organe gäbe, um die Eindrücke, die das Feuer auf den Gesichts- und den Tastsinn macht, zu empfangen, wenn es auch keinen Geist gäbe, der mit diesen Organen verknüpft ist, um die Ideen von Helle und Wärme vermittels jener Eindrücke, die vom Feuer oder von der Sonne stammen, zu empfangen, dann würde es – selbst wenn die Sonne wie eh und je schiene und der Ätna höher als je zuvor aufflammte – in der Welt ebensowenig Helle oder Wärme geben, wie es Schmerz gibt, wenn kein empfindendes Wesen da ist, um ihn zu fühlen. Die Festigkeit, die Ausdehnung und deren Begrenzung, die Gestalt, die Bewegung und die Ruhe, von denen wir Ideen haben, würden wie jetzt tatsächlich in der Welt vorhanden sein, ob es ein empfindendes Wesen gäbe, das sie wahrnimmt oder nicht. Darum betrachten wir sie mit Recht als reale Modifikationen der Materie und als die erregenden Ursachen all der verschiedenen Sensationen, die wir von den Körpern empfangen. Da diese Untersuchung jedoch nicht hierher gehört, will ich mich nicht eingehender damit befassen. Vielmehr will ich im folgenden darlegen, welche komplexen Ideen adäquat sind und welche nicht.

3. Zweitens. *Unsere komplexen Ideen der Modi* sind als willkürliche Zusammenstellungen einfacher Ideen, die der Geist ohne Bezug auf irgendwo existierende Urbilder oder unveränderliche Muster zusammenfügt, *adäquate Ideen* und müssen es notwendig sein. Denn da sie gar keine Kopien von wirklich bestehenden Dingen sein sollen, sondern Urbilder, die der Geist schafft, um danach die Dinge zu ordnen und zu benennen, so kann ihnen nicht irgend etwas fehlen. Jede von ihnen besitzt nämlich diejenige Kombination von Ideen und dadurch jene Vollkommenheit, die der Geist ihr zugedacht hatte, so daß sie ihn vollkommen befriedigt und er nichts daran vermißt. Nehmen wir eine Figur mit drei Seiten an, die sich in drei Winkeln schneiden. Das ist eine vollständige Idee, von der ich nichts weiter verlange, um

Alle Modi sind adäquat.

sie als vollständig gelten zu lassen. Mit der Vollkommenheit dieser seiner Idee ist der Geist zufrieden. Das erhellt aus folgendem: Der Geist kann es sich nicht vorstellen, daß irgendein verständiges Wesen von dem Ding, das er „Dreieck" nennt – seine Existenz vorausgesetzt –, eine Idee habe oder haben könne, die vollständiger und erschöpfender wäre als diejenige, die er selbst in jener komplexen Idee von drei Seiten und drei Winkeln besitzt. Diese Idee enthält nämlich alles, was für sie wesentlich oder zu ihrer Vollkommenheit erforderlich ist und sein kann, wo und wie sie auch existieren mag. Ganz anders verhält es sich mit unseren *Ideen von Substanzen*. Denn bei ihnen wollen wir die Dinge so abbilden, wie sie wirklich existieren. Wir möchten uns die Beschaffenheit vergegenwärtigen, auf der alle ihre Eigentümlichkeiten beruhen. Dabei bemerken wir aber, daß unsere Ideen die erstrebte Vollständigkeit nicht erreichen. Immer vermissen wir etwas, das wir gern in ihnen vorfinden würden. Somit sind sie alle inadäquat. Dagegen müssen die *gemischten Modi* und die *Relationen*, da sie Urbilder ohne Muster sind und nichts als sich selbst darstellen sollen, notwendig adäquat sein; denn jedes Ding ist sich selbst adäquat. Wer als erster die folgenden Ideen zusammenfügte: Wahrnehmung der Gefahr, Abwesenheit aller Verwirrung, die durch Furcht erregt wird, ruhige Erwägung, was am besten zu tun sei, Ausführung des Entschlusses, ohne sich dabei durch die Gefahr stören oder abschrecken zu lassen, – der hatte sicherlich die aus dieser Kombination gebildete komplexe Idee im Geist. Sie sollte nichts anderes sein als sie tatsächlich ist; sie sollte auch keine anderen einfachen Ideen enthalten, als sie tatsächlich enthielt. Daher mußte sie notwendig eine adäquate Idee sein. Er bewahrte sie im Gedächtnis auf und legte ihr den Namen *Mut* bei. Dadurch konnte er jede andere Handlung bezeichnen und benennen, von der er feststellen würde, daß sie mit seiner Idee übereinstimme. Nunmehr besaß er ein Muster, an dem er die Handlungen je nach ihrer Übereinstimmung mit ihm bemessen und danach benennen konnte. Eine Idee, die

Über adäquate und inadäquate Ideen 475

auf diese Weise gebildet und als Muster aufbewahrt wird, muß notwendig adäquat sein. Denn sie ist lediglich auf sich selbst bezogen und entstammt keiner anderen Quelle als dem Willen und Belieben dessen, der diese Kombination zuerst schuf.

4. Nun kann ein zweiter kommen und vom ersteren in der Unterhaltung das Wort *Mut* erlernen. Dann ist es möglich, daß er eine Idee bildet und Mut nennt, die von dem abweicht, worauf der Urheber dieses Wort anwandte und was er im Sinne hat, sobald er es verwendet. Nehmen wir nun an, daß der zweite in diesem Fall beabsichtigt, seine Idee solle sich beim Denken mit der des ersten decken. Stimmt doch auch das Wort, das er beim Sprechen gebraucht, dem Klang nach mit dem überein, was er von dem andern gelernt hat. Dann kann allerdings seine Idee ganz falsch und inadäquat sein. Denn in diesem Fall hat er in seinem Denken die Idee des anderen ebenso zum Muster seiner eigenen Idee gemacht, wie ihm beim Sprechen das Wort oder der Laut, den der andere verwendet, zum Vorbild dient. Darum ist seine Idee in demselben Grad mangelhaft und inadäquat, wie sie sich von dem Urbild und Muster entfernt, auf das er sie bezieht und das er durch den dafür verwendeten Namen ausdrücken und bezeichnen will. Denn er beabsichtigt ja mit diesem Namen die Idee des anderen (mit der er im eigentlichen Sprachgebrauch ursprünglich verknüpft wurde) wie auch seine eigene Idee zu kennzeichnen, die mit der ersteren angeblich übereinstimmt. Ist diese Übereinstimmung jedoch nicht ganz genau, so ist auch die Idee mangelhaft und inadäquat.

Bezüglich feststehender Namen können Modi inadäquat sein.

5. Wenn darum diese komplexen Ideen der *Modi* beim Denken auf Ideen bezogen werden und ihnen entsprechen sollen, die im Geist eines anderen vernunftbegabten Wesens vorhanden sind, für die derselbe Name wie der unsere gebraucht wird, so können sie sehr mangelhaft, unzutreffend und inadäquat sein. Denn sie stimmen dann nicht mit dem überein, was der Geist als ihr Urbild und Muster bezeichnet. Nur in dieser Hinsicht können Ideen der Modi unzutreffend, unvollkommen

Weil sie dann nach der eigentlichen Ausdrucksweise den Ideen im Geiste eines anderen entsprechen sollen.

oder inadäquat sein. Insofern sind unsere Ideen der gemischten Modi von allen Ideen am meisten der Gefahr der Fehlerhaftigkeit ausgesetzt. Indessen betrifft dies mehr die genaue Ausdrucksweise als die richtige Erkenntnis.

Wenn die Ideen von Substanzen auf wirkliche Wesenheiten bezogen werden, sind sie nicht adäquat.

6. Drittens. Ich habe soeben dargelegt, *was für Ideen von Substanzen* wir besitzen. Diese Ideen haben nun im Geiste eine doppelte Beziehung. Erstens werden sie bisweilen auf eine vermeintliche reale Wesenheit jeder Art von Dingen bezogen. Zweitens sind sie bisweilen lediglich dazu bestimmt, im Geiste Bilder und Darstellungen von Dingen zu sein, die vermittels der Ideen jener Qualitäten existieren, die in diesen Dingen entdeckbar sind. In beiden Fällen nun sind diese Abbilder der Originale und Urbilder unvollkommen und inadäquat.

Erstens lassen wir die Namen von Substanzen gewöhnlich Dinge bezeichnen, denen wir gewisse reale Wesenheiten zuschreiben, auf Grund deren sie dieser oder jener Art angehören. Da aber die Namen nichts anderes als Ideen in unserem Geist bezeichnen, so müssen wir unsere Ideen beständig auf solche realen Wesenheiten als auf ihre Urbilder beziehen. Daß die Menschen (vor allem diejenigen, die die bei uns herrschende Gelehrsamkeit aufgenommen haben) gewisse besondere Wesenheiten der Substanzen annehmen, an denen jedes Individuum je nach seiner Art teilhat und denen entsprechend es gebildet ist, bedarf so wenig eines Beweises, daß es seltsam erschiene, wenn jemand anders verfahren würde. So werden denn gewöhnlich diese besonderen Namen, unter die man die einzelnen Substanzen einreiht, auf die Dinge bezogen, als wären sie durch solche besonderen realen Wesenheiten unterschieden. Wer würde es nicht übelnehmen, wenn man bezweifelte, ob er sich in einem anderen Sinne einen Menschen nenne, als insofern er die reale Wesenheit eines Menschen habe? Wenn man jedoch fragt, welches jene realen Wesenheiten seien, so wird klar, daß die Menschen nichts darüber wissen und sie nicht kennen. Daraus folgt, daß die in ihrem Geist befindlichen Ideen, da sie auf reale Wesenheiten als auf Urbilder bezogen werden, welche unbekannt sind, so weit davon entfernt sein müssen, adäquat zu sein, daß sie überhaupt nicht als Darstellungen dieser Wesenheiten gelten können. Unsere komplexen Ideen, die wir von Substanzen besitzen, sind, wie gezeigt wurde, bestimmte Zusammenstellungen von einfachen Ideen, von denen man beobachtet hat oder annimmt, daß sie ständig zusammen existieren. Eine solche komplexe Idee kann aber nicht die reale Wesenheit einer Substanz sein, denn dann würden die Eigenschaften, die wir an jenem Körper entdecken, auf unserer komplexen Idee beruhen und von ihr abzuleiten sein. Auch müßten wir die notwendige Verknüpfung dieser Eigenschaften mit ihr kennen. So beruhen beispielsweise alle Eigenschaften eines Dreiecks auf der komplexen Idee von drei Seiten, die eine Fläche einschließen; soweit sie zu ermitteln sind, lassen sie sich auch von dieser Idee ableiten. Es ist jedoch klar, daß in unseren komplexen Ideen von Substanzen nicht solche Ideen enthalten sind, auf denen alle anderen Qualitäten, die in ihnen zu finden sind, beruhen. Unsere gewöhnliche Idee vom Eisen ist die eines Körpers von bestimmter Farbe, Schwere und Härte. Als eine Eigenschaft, die man ihm zuschreibt, betrachten wir die Dehnbarkeit. Diese Eigenschaft aber ist nicht notwendig mit jener komplexen Idee oder einem Teil von ihr verbunden. Wir haben ebensowenig Grund zu der Annahme, daß die Dehnbarkeit auf jener Farbe, Schwere und Härte beruhe, wie daß jene Farbe oder Schwere auf der Dehnbarkeit beruhe. Nun wissen wir zwar über diese realen Wesenheiten nichts; trotzdem ist nichts gewöhnlicher, als daß man die Arten der Dinge auf solche Wesenheiten zurückführt. Dem besonderen Materieteil, das den Ring an meinem Finger bildet, wird von den meisten Menschen unbedenklich eine reale Wesenheit zugeschrieben. Durch eben diese Wesenheit soll es Gold sein; aus ihr sollen auch die Qualitäten stammen, die ich an ihm entdecke, nämlich seine besondere Farbe, Schwere, Härte, Schmelzbarkeit, Feuerbeständigkeit, der Farbenwechsel bei leichter Berührung mit Quecksilber usw. Wenn ich in diese Wesenheit, aus der alle jene Eigenschaften herfließen, einzudringen und sie zu erforschen suche, so stelle ich fest, daß ich sie nicht entdecken kann. Allenfalls kann ich, da es sich um nichts anderes als um einen Körper handelt, vermuten, daß dessen reale Wesenheit oder innere Beschaffenheit, auf der diese Qualitäten beruhen, nichts anderes sein kann als die Gestalt, Größe und Verbindung seiner festen Teile. Nun kann ich aber keines dieser Teile deutlich wahrnehmen; folglich ist es mir unmöglich, eine Idee von der Wesenheit des Goldes zu besitzen. Diese Wesenheit aber ist die Ursache dafür, daß es jenen besonderen gelben Glanz besitzt, daß es schwerer ist als alle uns bekannten Dinge von derselben Größe und daß es die Fähigkeit hat, bei der Berührung mit Quecksilber seine Farbe zu verändern. Nun mag aber jemand sagen, die reale Wesenheit und innere Beschaffenheit, auf der jene Eigenschaften beruhen, sei nicht die Gestalt, Größe und Anordnung oder Verbindung seiner festen Teile, sondern etwas anderes. Die reale Wesenheit bestehe nämlich in der besonderen *Form* des Goldes. Dann bin ich jedoch noch weiter als vorher davon entfernt, eine Idee von seiner realen Wesenheit zu besitzen. Wohl habe ich eine Idee von der Gestalt, Größe und Lagerung fester Teile im allgemeinen; aber ich habe keine von der besonderen Gestalt, Größe und Verbindung der Teile, durch die die zuvor erwähnten Qualitäten erzeugt werden. Ich meine jene Qualitäten, die ich an dem besonderen Materieteil an meinem Finger finde, nicht aber an einem anderen, mit dem ich meine Schreibfeder zuschneide. Nun mag man mir sagen, daß die Wesenheit jenes Körpers von etwas gebildet werde, das ihm außer der Gestalt, Größe und Anordnung seiner festen Teile zukommt, nämlich von dem, was man seine *substantielle Form* nennt. Ich muß jedoch bekennen, daß ich davon überhaupt keine Idee habe, sondern nur von dem Wort „Form", das weit genug von der Idee der realen Wesenheit oder Beschaffenheit eines Körpers entfernt ist. So wenig, wie ich von der realen Wesenheit dieser besonderen Substanz weiß, weiß ich auch von derjenigen aller anderen natürlichen Substanzen. Ich muß gestehen, daß ich von der Wesenheit dieser natürlichen Substanzen überhaupt keine deutlichen Ideen habe; auch möchte ich glauben, daß andere, wenn sie ihre eigenen Kenntnisse prüfen, in diesem Punkt dieselbe Unwissenheit bei sich feststellen werden.

7. Die Menschen legen dem besonderen Stück Materie an meinem Finger einen schon gebräuchlichen allgemeinen Namen bei und bezeichnen es als *Gold*. Ich frage nun: Geschieht dies nicht gewöhnlich deshalb, weil der Name zu einer besonderen Art von Körpern gehört, die eine reale innere Wesenheit besitzt, auf Grund deren diese besondere Substanz jener Art zugerechnet wird und ihren Namen erhält? Daß sich das wirklich so verhält, ist offenbar. Darum muß sich der Name, durch den die Dinge als im Besitz jener Wesenheit bezeichnet werden, in erster Linie auf jene Wesenheit beziehen. Folglich muß sich auch die Idee, der man jenen Namen beilegt, auf jene Wesenheit beziehen und als deren Abbild gedacht sein. Nun kennen aber diejenigen, die die Namen verwenden, diese Wesenheit nicht. Also müssen ihre Namen von Substanzen in dieser Hinsicht durchweg inadäquat sein. Denn sie schließen nicht die reale Wesenheit in sich, die sie nach Absicht des Geistes enthalten sollen.

<small>Denn wir Menschen kennen die reale Wesenheit der Substanzen nicht.</small>

8. Zweitens. Einige Leute verwerfen die nutzlose Annahme von unbekannten realen Wesenheiten, durch welche die Substanzen unterschieden werden. Sie versuchen die in der Welt vorhandenen Substanzen dadurch nachzubilden, daß sie die Ideen derjenigen sinnlich wahrnehmbaren Qualitäten zusammenstellen, die wir an ihnen zusammen existieren sehen. Diese Leute machen sich zwar ein weitaus richtigeres Bild davon als jemand, der sich einbildet, irgendwelche besonderen realen Wesenheiten zu kennen. Gleichwohl gelangen auch sie nicht zu vollkommen adäquaten Ideen der Substanzen, deren Abbilder sie dem Geist einprägen wollen. Jene Abbilder enthalten nicht genau und vollständig alles, was sich bei ihren Urbildern findet. Denn die Qualitäten und Kräfte der Substanzen, aus denen wir die komplexen Ideen von ihnen bilden, sind so zahlreich und mannigfaltig, daß

<small>Die Ideen von Substanzen, als Zusammenfassungen von Qualitäten betrachtet, sind sämtlich inadäquat.</small>

die komplexe Idee keines Menschen sie alle in sich schließt. Es ist klar, daß unsere komplexen Ideen von Substanzen nicht *sämtliche* einfachen Ideen enthalten, die in den Dingen selbst vereinigt sind. Das geht deutlich daraus hervor, daß die Menschen selten in ihre komplexe Idee irgendeiner Substanz alle einfachen Ideen aufnehmen, von denen sie wissen, daß sie darin existieren. Da sie bestrebt sind, die Bedeutung ihrer Worte so klar und so wenig schwerfällig wie möglich zu machen, so lassen sie ihre besonderen Ideen von den Arten der Substanzen meistens nur aus einigen wenigen der in ihnen zu findenden einfachen Ideen bestehen. Weil aber diese keinen ursprünglichen Vorrang vor anderen haben, die ausgelassen werden, und kein höheres Anrecht darauf besitzen, mit aufgenommen zu werden und die besondere Idee zu bilden, so ist es klar, daß auch in diesem zweiten Falle unsere Ideen der Substanzen mangelhaft und inadäquat sind. Die einfachen Ideen, aus denen wir unsere komplexen Ideen von Substanzen bilden, sind sämtlich (abgesehen von der Gestalt und Größe einiger Arten) Kräfte. Das bedeutet, daß sie Relationen zu anderen Substanzen sind. Daher können wir nie sicher sein, daß wir *alle* in einem bestimmten Körper vorhandenen Kräfte kennen, solange wir nicht untersucht haben, welche Veränderungen er bei anderen Substanzen hervorrufen oder bei ihrer mannigfachen Berührungsweise erleiden kann. Dies aber ist schon bei einem einzelnen Körper unmöglich. Viel weniger noch läßt es sich bei allen ermitteln. Folglich können wir von irgendeiner Substanz unmöglich eine adäquate Idee besitzen, die aus einer Zusammenfassung sämtlicher Eigenschaften dieser Substanz besteht.

<small>Ihre Kräfte machen gewöhnlich unsere komplexen Ideen von Substanzen aus.</small>

9. Wer zuerst auf ein Stück von der Substanzart traf, die wir mit dem Wort *Gold* bezeichnen, konnte vernünftigerweise nicht auf den Gedanken kommen, daß die Größe und Gestalt, die er an jenem Klumpen wahrnahm, auf dessen realer Wesenheit oder innerer Beschaffenheit beruhe. Diese Dinge wurden darum in seine Idee von jener Körperart nicht mit aufgenommen. Vielmehr sonderte er vielleicht zuerst die besondere Farbe

und die Schwere davon ab, um die komplexe Idee von jener Art zu bilden. Beides sind nur Kräfte. Die erste Kraft wirkt in bestimmter Weise auf unsere Augen ein und erzeugt in uns die Idee, die wir gelb nennen. Die zweite ist die Kraft, die jeden anderen Körper von gleicher Größe emporheben läßt, wenn beide einander gegenüber auf zwei Waagschalen, die sich im Gleichgewicht befinden, gelegt werden. Ein anderer Mensch fügte vielleicht die Ideen der Schmelzbarkeit und der Feuerbeständigkeit hinzu; damit haben wir zwei weitere passive Kräfte, die die Wirkung des Feuers auf das Gold betreffen. Wieder ein anderer fügte seine Dehnbarkeit und Lösbarkeit in *aqua regia* hinzu; damit haben wir wiederum zwei Kräfte, die sich auf die Einwirkung anderer Körper beziehen, indem sie die Gestalt des Goldes umwandeln oder seine Trennung in sinnlich nicht wahrnehmbare Teile bewirken. Die Vereinigung der genannten Ideen oder einer Anzahl davon macht gewöhnlich für das Denken der Menschen die komplexe Idee derjenigen Körperart aus, die wir *Gold* nennen.

10. Niemand aber, der die Eigenschaften der Körper im allgemeinen oder dieser einen Art im besonderen beobachtet hat, kann daran zweifeln, daß der Körper, den wir *Gold* nennen, unendlich viel andere Eigenschaften hat, die in jener komplexen Idee nicht enthalten sind. Wer diese Art genauer untersucht hat, könnte meines Erachtens noch zehnmal mehr Eigenschaften des Goldes aufzählen, die von seiner inneren Beschaffenheit allesamt ebenso untrennbar sind wie seine Farbe oder Schwere. Ja, selbst wenn man um sämtliche Eigenschaften dieses Metalls, die den verschiedenen Menschen bekannt sind, Bescheid wüßte, so würden wahrscheinlich immer noch hundertmal mehr Ideen, als irgend jemand jetzt dazu rechnet, zur komplexen Idee des Goldes gehören. Doch auch sie wären noch nicht der tausendste Teil von denen, die daran entdeckt werden könnten. Denn die Veränderungen, die ein Körper bei geeigneter Behandlung selber zu erleiden oder bei anderen hervorzurufen vermag, übersteigen bei weitem nicht nur alles, was wir wissen, sondern auch alles, was wir uns vorstellen kön-

Die Substanzen besitzen zahllose Kräfte, die nicht in unseren komplexen Ideen von ihnen enthalten sind.

nen. Diese Behauptung wird gar nicht allzu unsinnig erscheinen, wenn man folgendes bedenkt: Wie weit sind wir noch davon entfernt, alle Eigenschaften einer einzigen, keineswegs sehr komplizierten Figur – des Dreiecks nämlich – zu kennen, obwohl die Mathematiker schon jetzt eine nicht geringe Zahl von Eigenschaften daran entdeckt haben.

Da die Ideen der Substanzen nur durch Zusammenstellung ihrer Qualitäten erlangt werden, sind sie sämtlich inadäquat.

11. Es sind also alle unsere komplexen Ideen von Substanzen unvollkommen und inadäquat. Das würde sich mit den mathematischen Figuren ebenso verhalten, wenn wir komplexe Ideen von ihnen nur dadurch erhielten, daß wir ihre Eigenschaften in bezug auf andere Figuren zusammenstellten. Wie unsicher und unvollkommen würde unsere Idee von der Ellipse sein, wenn wir außer einigen wenigen Ideen von den Eigenschaften dieser Figur keine andere Idee von ihr besäßen. Nun haben wir aber in unserer klaren Idee die *ganze* Wesenheit vor uns. Daraus ermitteln wir ihre Eigenschaften und erkennen nachweislich, wie sie daraus herfließen und von ihr untrennbar sind.

Die einfachen Ideen sind ἔκτυπα und adäquat.

12. Somit hat der Geist drei Arten von abstrakten Ideen oder nominalen Wesenheiten:

Erstens sind die *einfachen* Ideen zu erwähnen, die ἔκτυπα oder Abbilder, jedenfalls aber adäquat sind. Sie sollen nämlich nichts anderes ausdrücken als die in den Dingen befindliche Kraft, im Geist eine bestimmte Sensation zu erzeugen. Daher muß diese Sensation, wenn sie erzeugt wird, notwendig die Wirkung jener Kraft sein. So hat zum Beispiel das Papier, auf dem ich schreibe, die Kraft, wenn es dem Licht ausgesetzt ist (ich gebrauche hier den gewöhnlichen Begriff des Lichts), im Menschen die Sensation, die man „weiß" nennt, zu erzeugen. Diese Sensation kann also nur die Wirkung einer Kraft sein, die sich in etwas findet, das außerhalb des Geistes anzutreffen ist; denn der Geist besitzt nicht die Kraft, in sich selbst eine derartige Idee zu erzeugen. Da diese nun nichts anderes bezeichnen will als die Wirkung einer solchen Kraft, so ist jene einfache Idee real und adäquat. Die Sensation des Weißen in meinem Geist stellt die Wirkung der dem Papier eigenen Kraft, sie zu erzeugen, dar; folglich ist sie dieser Kraft vollkommen adäquat. Sonst würde die Kraft eine andere Idee erzeugen.

Die Ideen der Substanzen sind ἔκτυπα und inadäquat.

13. Zweitens: Die *komplexen* Ideen der *Substanzen* sind gleichfalls Ektypa, Abbilder, aber keine vollkommenen oder adäquaten. Das leuchtet dem Geist ohne weiteres ein, denn er erkennt klar, daß er – welche Zusammenstellung einfacher Ideen von irgendeiner existierenden Substanz er auch bilden mag – nie sicher sein kann, daß sie allen in jener Substanz vorhandenen Ideen genau entspricht. Denn da der Geist nicht sämtliche Einwirkungen aller anderen Substanzen auf diese eine ausprobiert und nicht alle Veränderungen ermittelt hat, die sie durch andere Substanzen erleiden oder in diesen verursachen würde, so kann er auch keine genau adäquate Zusammenstellung aller ihrer aktiven und passiven Fähigkeiten besitzen. Damit aber hat er überhaupt keine adäquate komplexe Idee von den Kräften einer existierenden Substanz und ihrer Relationen. Das aber ist jene Art komplexer Ideen von Substanzen, die wir haben. Ja, selbst wenn wir in unserer komplexen Idee eine genaue Zusammenstellung aller sekundären Qualitäten oder Kräfte irgendeiner Substanz haben sollten und wirklich hätten, so besäßen wir damit noch immer keine Idee von ihrer *Wesenheit*. Denn da die Kräfte oder Qualitäten, die von uns festgestellt werden können, nicht die Wesenheit jener Substanz sind, sondern auf ihr beruhen und sich von ihr herleiten, so kann eine Zusammenstellung dieser Qualitäten, wie sie auch beschaffen sein mag, niemals die reale Wesenheit des Dinges selbst sein. Daraus ergibt sich klar, daß unsere Ideen von Substanzen nicht adäquat sind. Sie entsprechen nicht dem, was sie nach Absicht des Geistes sein sollen. Außerdem haben wir Menschen keine Idee von Substanz im allgemeinen; wir wissen auch nicht, was Substanz für sich selbst ist.

14. Drittens: Die *komplexen* Ideen der *Modi und Relationen* sind Originale und Archetypen. Sie stellen keine Abbilder dar. Sie sind auch keinen real existierenden Dingen nachgebildet, denen sie nach Absicht des Geistes angemessen sein und genau entsprechen sollen.

Die Ideen von Modi und Relationen sind Archetypen und können nur adäquat sein.

Als Zusammenfassungen von einfachen Ideen, die der Geist selbst zusammenfügt, enthält eine jede dieser Zusammenfassungen genau all das, was sie nach Absicht des Geistes enthalten soll. Solche Zusammenfassungen sind daher Archetypen und Wesenheiten von Modi, die existieren können. Sie sind also nur für solche Modi bestimmt und gehören nur solchen an, die, wenn sie existieren, mit jenen komplexen Ideen genau übereinstimmen. Deshalb können die Ideen von Modi und Relationen immer nur adäquat sein.

XXXII. KAPITEL

ÜBER WAHRE UND FALSCHE IDEEN

Wahrheit und Falschheit kommen eigentlich nur Aussagen und nicht Ideen zu.

1. Obgleich Wahrheit und Falschheit im eigentlichen Sinne des Wortes nur *Aussagen* zukommen, werden häufig auch *Ideen* als wahr oder falsch bezeichnet (und welche Wörter gäbe es wohl, die nicht mit großer Freiheit und mit einer gewissen Abweichung von ihrer strengen und eigentlichen Bedeutung gebraucht würden). Allerdings glaube ich, daß, wenn die Ideen selbst wahr oder falsch genannt werden, immer eine verborgene oder verschwiegene Aussage existiert, die die Grundlage dieser Bezeichnung ist. Das wird sich zeigen, wenn wir die besonderen Fälle prüfen, in denen sie wahr oder falsch genannt werden. In allen diesen Fällen werden wir auf irgendeine Art von Bejahung oder Verneinung stoßen, auf der jene Benennung begründet ist. Denn von unseren Ideen, die nichts anderes als bloße *Erscheinungen* oder Wahrnehmungen in unserem Geist sind, können wir eigentlich nicht schlechthin sagen, sie seien an sich richtig oder falsch. Das ist ebensowenig möglich, wie man von einem einzelnen Namen sagen kann, er sei wahr oder falsch.

Von Ideen und Wörtern können wir sagen, sie seien wahr, insofern sie

2. Freilich kann man von Ideen und Wörtern sagen, sie seien wahr, wenn man das Wort Wahrheit in einem metaphysischen Sinne gebraucht. Ebenso kann man von allen anderen Dingen, die irgendwie existieren, sagen,

sie seien wahr, das heißt sie seien wirklich so, wie sie existieren. Dennoch werden selbst die Dinge, die in diesem Sinne wahr genannt werden, vielleicht unausgesprochen auf unsere Ideen bezogen; das bedeutet, daß die Ideen als der Maßstab jener Wahrheit betrachtet werden. Das aber läuft auf eine Aussage hinaus, die nur gedacht ist und meist nicht beachtet wird.

wirklich Ideen oder Wörter sind.

3. Doch wir untersuchen hier nicht in diesem metaphysischen Sinn von Wahrheit, ob unsere Ideen wahr oder falsch sein können, sondern in dem gewöhnlicheren Sinne des Wortes. Und so sage ich, daß keine der Ideen in unserem Geist falsch ist. Denn jene Ideen sind nichts anderes als ebenso viele dort vorhandene Wahrnehmungen oder Erscheinungen. Keine von ihnen ist falsch. Denn wenn die Idee eines Zentauren in unserem Geist auftaucht, so kommt ihr ebensowenig Falschheit zu wie dem Namen Zentaur, wenn er von unserem Mund gesprochen oder auf Papier geschrieben wird. Denn Wahrheit oder Falschheit ist immer an eine gedachte oder ausgesprochene Bejahung oder Verneinung geknüpft. Folglich kann keiner unserer Ideen falsch sein, solange der Geist nicht irgendein Urteil über sie fällt, das heißt etwas von ihr bejaht oder verneint.

Keine Idee ist als Erscheinung im Geist wahr oder falsch.

4. Bezieht der Geist aber irgendeine seiner Ideen auf etwas außer ihnen Liegendes, so können sie wahr oder falsch genannt werden. Denn bei einer solchen Bezugnahme setzt der Geist stillschweigend ihre Übereinstimmung mit jenem Ding voraus. Je nachdem sich nun diese Voraussetzung als wahr oder falsch erweist, werden die Ideen entsprechend benannt. Gewöhnlich geschieht dies in folgenden Fällen:

Ideen, die auf irgend etwas außer ihnen Liegendes bezogen werden, können wahr oder falsch sein.

5. Erstens. Wenn der Geist annimmt, daß irgendeine Idee, die er selbst hat, mit derjenigen, die im *Geist anderer* vorhanden ist und mit demselben gemeinsamen Namen bezeichnet wird, *übereinstimme.* Das ist zum Beispiel der Fall, wenn der Geist meint oder urteilt, unsere Ideen von Gerechtigkeit, Mäßigkeit und Religion seien mit denen identisch, die andere Leute so benennen.

Gewöhnlich beziehen wir unsere Ideen auf die Ideen anderer, auf real Existierendes und auf vermeintlich reale Wesenheiten.

Zweitens. Wenn der Geist annimmt, daß irgendeine Idee, die bei ihm vorhanden ist, mit irgend etwas *real*

Existierendem übereinstimme. Wenn man so die beiden Ideen Mensch und Zentaur als Ideen von realen Substanzen auffaßt, so ist die eine wahr, die andere falsch. Denn die eine stimmt mit etwas real Existierendem überein, die andere nicht.

Drittens. Wenn der Geist irgendeine seiner Ideen auf die *reale* Beschaffenheit und *Wesenheit* eines Dinges *bezieht,* auf der alle dessen Eigenschaften beruhen. In diesem Falle sind die meisten, wenn nicht alle unsere Ideen von Substanzen, falsch.

Die Ursache solcher Beziehung.

6. Der Geist ist sehr geneigt, diese stillschweigenden Voraussetzungen hinsichtlich seiner eigenen Ideen zu machen. Wir werden jedoch bei genauerer Prüfung feststellen, daß sie hauptsächlich, wenn nicht ausschließlich, seine *abstrakten* komplexen Ideen betreffen. Denn der Geist hat ein natürliches Streben nach Erkenntnis; er findet aber, daß sein Fortschreiten sehr langsam vonstatten gehen würde, wenn er bei den Einzeldingen verweilte und immer nur von einem zum andern vorrückte. Dabei würde seine Arbeit endlos sein. Um aber den Weg zur Erkenntnis abzukürzen und jede Wahrnehmung umfassender zu machen, besteht das erste, was er als Grundlage für eine leichtere Erweiterung seiner Kenntnisse tut – sei es durch eigene Betrachtung der Dinge, die er erkennen möchte, oder durch eine Unterhaltung über diese Dinge mit anderen –, darin, daß er die Dinge zu Gruppen zusammenfaßt und sie in Gattungen ordnet. Dadurch kann er alle Kenntnisse, die er über eines von ihnen erworben hat, mit Sicherheit auf sämtliche Dinge derselben Gattung übertragen. Nun ist er imstande, in seiner Hauptaufgabe, der Erkenntnis, mit größeren Schritten vorwärts zu kommen. Dies ist, wie ich auch an anderer Stelle gezeigt habe, der Grund, warum wir die Dinge zu umfassenden Ideen, die wir mit Namen versehen, zu genera und species, das heißt zu Gattungen und Arten, zusammenschließen.

Man nimmt an, daß die Namen der Dinge eine Kenntnis ihrer Wesenheiten vermitteln.

7. Wenn wir daher aufmerksam auf das Vorgehen des Geistes achten und feststellen, welchen Weg er gewöhnlich zur Erkenntnis einschlägt, so werden wir meines Erachtens folgendes finden: Sobald der Geist eine Idee

erworben hat, die er für die eigene Betrachtung oder für die Unterredung irgendwie für nützlich hält, abstrahiert er sie zunächst. Dann legt er ihr einen Namen bei und speichert sie nunmehr in seiner Vorratskammer, dem Gedächtnis, auf, als enthalte sie in sich die Wesenheit einer Art von Dingen, deren Kennzeichen stets jener Name sein soll. Darum können wir oft beobachten, daß jemand, der einen neuen Gegenstand einer ihm unbekannten Art sieht, sich sofort erkundigt, was das sei. Diese Frage gilt nichts anderem als dem Namen; denn man nimmt an, daß der Name auch die Kenntnis der Art oder die Wesenheit vermittle. Gilt er doch als Zeichen für diese Wesenheit, mit der man ihn meist verknüpft glaubt.

8. Da diese *abstrakte Idee* etwas im Geist Vorhandenes ist, das sich zwischen dem existierenden Ding und dem Namen befindet, den man ihm gegeben hat, so sind es also unsere Ideen, auf denen sowohl die Richtigkeit unserer Erkenntnis als auch die Angemessenheit und Verständlichkeit unserer Ausdrucksweise beruht. Daher kommt es, daß die Menschen so leicht zu der Annahme neigen, die in ihrem Geist vorhandenen abstrakten Ideen stimmten mit den außer ihnen existierenden Dingen überein, auf die sie bezogen werden, und seien dieselben, wozu die Namen, die sie ihnen geben, dem üblichen Sprachgebrauch nach gehören. Denn ohne diese doppelte Übereinstimmung ihrer Ideen würden sie, wie sie meinen, sowohl selber falsche Ansichten über die Dinge hegen als auch zu anderen nicht verständlich über sie reden können.

Wie die Menschen voraussetzen, daß ihre Ideen den Dingen und der gewöhnlichen Bedeutung der Namen entsprechen müssen.

9. Erstens also behaupte ich, daß eine jede unserer Ideen falsch sein kann, wenn die Wahrheit unserer Ideen nach ihrer Übereinstimmung mit denjenigen Ideen beurteilt wird, die andere Menschen haben und gewöhnlich mit demselben Namen bezeichnen. Aber dennoch sind die *einfachen Ideen* am wenigsten der Gefahr ausgesetzt, auf diese Art mißverstanden zu werden. Es kann sich nämlich jeder mit Hilfe seiner Sinne und seiner täglichen Beobachtung leicht darüber vergewissern, welches die einfachen Ideen sind, die durch die verschiedenen herkömmlichen Namen bezeichnet werden.

Einfache Ideen können bezüglich anderer, die denselben Namen führen, falsch sein, sind jedoch dieser Gefahr am wenigsten ausgesetzt.

Denn ihre Zahl ist nur gering. Auch erlaubt es ihre Beschaffenheit ohne weiteres, Zweifel oder Irrtümer mit Hilfe der Gegenstände, in denen sie zu finden sind, zu berichtigen. Es kommt daher nur selten vor, daß sich jemand bei den Namen der einfachen Ideen täuscht und den Namen „rot" für die Idee „grün" oder den Namen „süß" für die Idee „bitter" verwendet. Viel weniger neigen die Menschen dazu, die Namen von Ideen, die zu verschiedenen Sinnen gehören, miteinander zu verwechseln und eine Farbe mit dem Namen einer Geschmacksempfindung zu bezeichnen usw. Daraus geht klar hervor, daß die einfachen Ideen, die wir mit irgendeinem Namen bezeichnen, gewöhnlich dieselben sind, die andere Leute haben und meinen, wenn sie dieselben Namen verwenden.

Die Ideen der gemischten Modi sind in diesem Sinne am meisten in Gefahr, falsch zu sein.

10. Komplexe Ideen können in dieser Hinsicht viel eher falsch sein. Das gilt von den komplexen Ideen der *gemischten Modi* in noch viel höherem Grade als von denen der Substanzen. Denn die letzteren (besonders diejenigen, denen man die herkömmlichen, unentlehnten Namen einer Sprache beilegt), besitzen bestimmte auffällige, sinnlich wahrnehmbare Qualitäten, die meist dazu dienen, eine Art von der anderen zu unterscheiden, und jeden, der seine Worte einigermaßen sorgfältig abwägt, leicht davor bewahren, sie auf Substanzarten anzuwenden, zu denen sie überhaupt nicht gehören. Bei den gemischten Modi befinden wir uns dagegen in weit größerer Unsicherheit, da man bei verschiedenen Handlungen nicht so leicht entscheiden kann, ob sie als *Gerechtigkeit* oder *Grausamkeit*, als *Freigebigkeit* oder *Verschwendung* zu bezeichnen sind. So können unsere Ideen, wenn wir sie auf die gleichnamigen Ideen anderer Leute beziehen, falsch sein. Und die Idee in unserem Geiste, die wir mit dem Wort *Gerechtigkeit* bezeichnen, kann vielleicht etwas sein, das einen ganz anderen Namen tragen müßte.

Oder wenigstens für falsch gehalten zu werden.

11. Es sei nun aber gleichviel, ob unsere Ideen der gemischten Modi leichter als jede sonstige Art von gleichnamigen Ideen anderer Leute abweichen. Soviel ist jedenfalls gewiß, daß unseren Ideen der gemischten Modi diese Art der Unrichtigkeit viel häufiger zugeschrieben

wird als irgendwelchen anderen. Wenn wir von jemand annehmen, daß er eine falsche Idee von *Gerechtigkeit*, *Dankbarkeit* oder *Ruhm* habe, so geschieht das lediglich deshalb, weil seine Idee nicht mit derjenigen übereinstimmt, die jeder dieser Namen bei anderen Leuten bezeichnet.

12. Der Grund dieser Erscheinung scheint mir folgender zu sein: Die abstrakten Ideen der gemischten Modi sind unsere eigenen, willkürlich gebildeten Kombinationen bestimmter Gruppen von einfachen Ideen. Mithin ist die Wesenheit jeder Art ausschließlich von uns Menschen geschaffen. Auch haben wir für sie nirgends einen anderen wahrnehmbaren Maßstab als den Namen selbst oder seine Definition. Das bedeutet, wir haben nichts anderes, auf das wir diese unsere Ideen der gemischten Modi wie auf ein maßgebendes Muster beziehen können, als die Ideen derjenigen Leute, von denen angenommen wird, daß sie die Namen in der richtigen Bedeutung gebrauchen. Je nachdem also unsere Ideen mit *diesen* übereinstimmen oder nicht, gelten sie für wahr oder falsch. Soviel sei über die Wahrheit und Falschheit unserer Ideen hinsichtlich ihrer Namen gesagt.

Und warum.

13. Betrachten wir zweitens die Wahrheit oder Falschheit unserer Ideen mit Bezug auf die reale Existenz der Dinge. Wenn diese zum Prüfstein ihrer Wahrheit gemacht wird, können ausschließlich unsere komplexen Ideen von Substanzen als falsch bezeichnet werden.

Auf reale Existenz bezogen, können von unseren Ideen nur die der Substanzen falsch sein.

14. Erstens. Unsere einfachen Ideen sind lediglich solche Wahrnehmungen, zu deren Empfang uns Gott ausgerüstet hat. Den äußeren Objekten aber hat er die Kraft verliehen, diese Wahrnehmungen nach feststehenden Gesetzen und auf bestimmten Wegen, die uns zwar unbegreiflich, dennoch aber seiner Weisheit und Güte angemessen sind, in uns zu erzeugen. Ihre Wahrheit besteht daher in nichts anderem als in den Erscheinungen, die in uns erzeugt werden; diese aber müssen den Kräften entsprechen, die Gott in die äußeren Objekte gelegt hat, denn sonst könnten sie nicht in uns erzeugt werden. Indem sie so diesen Kräften entsprechen, sind sie, was sie sein sollen, nämlich wahre Ideen. Auch darf

Erstens sind einfache Ideen in diesem Sinne nicht falsch, und warum nicht.

ihnen dann nicht etwa Falschheit vorgeworfen werden, wenn der Geist (wie er es, glaube ich, bei den meisten Menschen tut) urteilt, daß sich diese Ideen in den Dingen selbst befänden. Denn Gott hat sie in seiner Weisheit als Unterscheidungszeichen in die Dinge hineingelegt, damit wir mit ihrer Hilfe ein Ding von andern unterscheiden und je nach Bedarf einzelne von ihnen für unseren Gebrauch auswählen können. Daher ändert es an der Natur unserer einfachen Ideen nichts, ob wir meinen, daß die Idee des Blauen im Veilchen selbst vorhanden ist oder lediglich in unserem Geist, während im Veilchen selbst nur die Kraft zu finden ist, durch das Gefüge seiner Teile, die die Lichtteilchen in bestimmter Weise reflektieren, die Idee des Blauen zu erzeugen. Denn sofern jenes Gefüge des Objekts durch regelmäßige und beständige Wirkung dieselbe Idee des Blauen in uns entstehen läßt, dient es uns dazu, durch das Auge jenes Ding von jedem anderen zu unterscheiden. Dabei ist es gleichgültig, ob jenes Unterscheidungszeichen, so wie es in dem Veilchen tatsächlich vorhanden ist, nur in einem besonderen Gefüge der Teile besteht oder in der Farbe selbst, von der die Idee (die in uns ist) das genaue Abbild ist. Sie muß auf Grund dieser Erscheinung immer blau genannt werden, gleichviel, ob nun die reale Farbe oder nur ein besonderes, dem Veilchen eigentümliches Gefüge jene Idee in uns verursacht. Denn der Name *blau* bezeichnet im eigentlichen Sinne nur das allein durch unser Auge wahrnehmbare Unterscheidungszeichen, das im Veilchen vorhanden ist, gleichviel worin es besteht. Es übersteigt unsere Fähigkeiten, letzteres deutlich zu erkennen. Auch würde es vielleicht von geringem Nutzen für uns sein, wenn wir imstande wären, es wahrzunehmen.

Wenn auch die Idee des Blauen bei dem einen Menschen von der bei dem anderen verschieden sein sollte.

15. Auch dann dürfte man unseren einfachen Ideen nicht Falschheit vorwerfen, wenn der verschiedenartige Bau unserer Organe es mit sich brächte, daß *dasselbe Objekt im Geist verschiedener Menschen* gleichzeitig *verschiedene Ideen erzeugen würde*. Nehmen wir zum Beispiel an, die Idee, die ein Veilchen im Geist des einen Menschen vermittels der Augen erzeugt, sei die-

selbe, die im Geist eines anderen durch die Ringelblume erzeugt werde und umgekehrt. Dies wäre jedoch nie zu erkennen; denn der Geist des einen Menschen könnte unmöglich in den Körper des anderen übergehen, um wahrzunehmen, welche Erscheinungen durch dessen Organe erzeugt werden. Daher würde in dem bezeichneten Fall weder eine Verwechselung der Ideen noch der Namen eintreten; auch würde beiden keinerlei Falschheit anhaften. Denn da alle Dinge, die die Beschaffenheit eines Veilchens hätten, beständig die von ihm blau genannte Idee erzeugten, und die, welche die Beschaffenheit der Ringelblume hätten, beständig die von ihm ebenso regelmäßig gelb genannte Idee, so würde er, wie diese Erscheinungen auch immer in seinem Geiste aussähen, in der Lage sein, die Dinge für seine Zwecke regelmäßig vermittels dieser Erscheinungen zu unterscheiden; er würde die durch die Wörter blau und gelb bezeichneten Unterschiede verstehen können, wie wenn die durch jene zwei Blumen vermittelten Erscheinungen oder Ideen in seinem Geist dieselben wären wie die Ideen im Geist anderer Menschen. Immerhin neige ich sehr zu der Annahme, daß sich die durch irgendein Objekt im Geist verschiedener Menschen erzeugten sinnlich wahrnehmbaren Ideen in den meisten Fällen sehr nahe stehen und kaum zu unterscheiden sind. Um diese Ansicht zu stützen, dürften sich zahlreiche Gründe anführen lassen; indessen gehört das nicht zu meiner gegenwärtigen Aufgabe. Ich will deshalb meinen Leser nicht damit behelligen. Vielmehr will ich ihn nur darauf hinweisen, daß die gegenteilige Annahme, falls sie sich beweisen ließe, weder für die Erweiterung unserer Kenntnisse noch für die Bedürfnisse unseres Lebens von großem Wert sein würde. Deshalb brauchen wir uns nicht erst um ihre Prüfung zu bemühen.

16. Aus dem, was über unsere einfachen Ideen gesagt wurde, ergibt sich meines Erachtens klar, daß keine von unseren einfachen Ideen in bezug auf die außer uns existierenden Dinge falsch sein kann. Wie schon gesagt, besteht nämlich die Wahrheit dieser Erscheinungen oder Wahrnehmungen in unserem Geist nur darin, daß sie

Keine einfache Idee kann, auf real Existierendes bezogen, falsch sein.

den Kräften in den äußeren Objekten, vermittels unserer Sinne solche Erscheinungen in uns zu erzeugen, entsprechen. Da nun jede von ihnen, so wie sie im Geist vorhanden ist, der Kraft entspricht, durch die sie erzeugt wurde und die sie allein darstellt, so kann sie in dieser Hinsicht oder als auf ein solches Muster bezogen nicht falsch sein. Blau und gelb, bitter oder süß können niemals falsche Ideen sein. Diese Wahrnehmungen im Geist sind gerade so, wie sie dort sind. Sie entsprechen den Kräften, die Gott zu ihrer Erzeugung bestimmt hat. Sie sind somit in Wirklichkeit das, was sie sind und sein sollen. Freilich können die Namen falsch angewendet werden. Das wäre zum Beispiel der Fall, wenn jemand, der die englische Sprache nicht beherrscht, das Purpurrot scharlachfarben nennen würde. Dadurch werden aber die Ideen selbst nicht falsch.

Zweitens. Modi, die selbst nicht falsch sind, können auch in bezug auf die Wesenheiten der Dinge nicht falsch sein.

17. Zweitens. Ebensowenig können unsere komplexen Ideen der Modi in bezug auf die Wesenheit von real existierenden Dingen falsch sein. Denn unsere komplexen Ideen der Modi, wie immer sie auch beschaffen sein mögen, stehen in keinerlei Beziehung zu irgendeinem existierenden, von der Natur geschaffenen Muster. Von ihnen wird nicht angenommen, daß sie irgendwelche andere Ideen enthielten als jene, die sie in sich haben. Auch glaubt man nicht, daß sie etwas anderes darstellten als gerade diese eine Zusammenfügung von Ideen, die sie darbieten. Nehmen wir an, ich hätte die Idee von dem Verhalten eines Menschen, der sich Essen und Trinken, Kleider und andere Bequemlichkeiten des Lebens versagt, die er sich mit seinem Geld und Gut sehr wohl verschaffen könnte, ja, die seine Stellung sogar erfordern. Dann habe ich keine falsche Idee, sondern eine Idee, die ein Verhalten darstellt, das ich beobachtet oder mir vorgestellt habe. Diese Idee kann folglich weder wahr noch falsch sein. Wenn ich nun aber diesem Verhalten den Namen *Sparsamkeit* oder *Tugend* gebe, so kann die Idee falsch genannt werden, weil dann angenommen wird, daß solches Tun mit der Idee übereinstimme, der nach richtigem Sprachgebrauch der Name Sparsamkeit zukommt, oder daß es dem Gesetz,

das der Maßstab für Tugend und Laster ist, angemessen sei.

18. Drittens. Unsere komplexen Ideen von Substanzen können falsch sein, da sie sich sämtlich auf in den Dingen selbst vorhandene Muster beziehen. Daß sie allesamt falsch sind, wenn man sie als Darstellungen der unbekannten Wesenheiten der Dinge ansieht, liegt so klar auf der Hand, daß darüber gar nichts gesagt zu werden braucht. Ich übergehe deshalb diese chimärische Annahme und betrachte sie als Zusammenfassungen von einfachen Ideen im Geist, die gewissen Kombinationen von einfachen Ideen entnommen sind, die stets in den Dingen zusammen existieren. Sie gelten als die Kopien dieser Muster. Und in dieser ihrer Beziehung zu der Existenz von Dingen sind sie falsche Ideen: 1. Wenn in ihnen einfache Ideen vereinigt sind, die in der realen Existenz der Dinge keine Einheit bilden. Man stelle sich vor, in ein und derselben komplexen Idee sei die in einem Pferd zusammen existierende Gestalt und Größe mit der Fähigkeit verbunden, wie ein Hund zu bellen. Diese drei Ideen mögen zwar im Geist zu einer einzigen verschmolzen sein; jedoch sind sie in der Natur nie vereinigt gewesen. Deshalb kann man hier von der falschen Idee eines Pferdes reden. 2. Die Ideen von Substanzen sind in dieser Hinsicht ebenfalls falsch, wenn durch unmittelbare Negation von einer Gruppe stets zusammen existierender einfacher Ideen irgendeine einfache Idee getrennt wird, die stets mit ihnen verbunden ist. Nehmen wir an, jemand verknüpfe zum Beispiel in Gedanken mit der Ausdehnung, der Festigkeit und Schmelzbarkeit, der besonderen Schwere und der gelben Farbe des Goldes die Negation eines größeren Grades von Feuerbeständigkeit als Blei oder Kupfer besitzen. Dann kann man ebensogut sagen, er habe eine falsche komplexe Idee, wie wenn er mit jenen anderen einfachen Ideen die Idee einer vollkommenen, absoluten Feuerbeständigkeit verbinden würde. In beiden Fällen kann man die komplexe Idee des Goldes falsch nennen, weil sie aus einfachen Ideen gebildet ist, die in der Natur nicht vereinigt vorkommen. Nehmen wir nun an, jemand läßt dagegen aus

Drittens. Ideen von Substanzen können mit Bezug auf existierende Dinge falsch sein.

der komplexen Idee des Goldes die Idee der Feuerbeständigkeit ganz weg, ohne dies im Geist unmittelbar mit den übrigen zu verbinden oder sie von ihnen zu trennen. Dann müßte sie, denke ich, eher als eine inadäquate und unvollkommene, denn als eine falsche Idee angesehen werden. Denn sie enthält zwar nicht alle in der Natur vereinigten einfachen Ideen, gleichwohl aber umschließt sie keine, die nicht wirklich zusammen existieren.

Wahrheit oder Falschheit setzen immer eine Bejahung oder Verneinung voraus.

19. Ich habe hier, indem ich mich an den herrschenden Sprachgebrauch angeschlossen habe, dargelegt, in welchem Sinne und aus welchem Grunde unsere Ideen zuweilen wahr oder falsch genannt werden können. Betrachten wir jedoch die Sache ein wenig näher, so finden wir, daß in allen Fällen, in denen eine Idee wahr oder falsch genannt wird, das auf Grund eines *Urteils* geschieht, das der Geist fällt oder angeblich fällt und das wahr oder falsch ist. Denn Wahrheit oder Falschheit sind nie ohne irgendeine ausgesprochene oder stillschweigende Bejahung oder Verneinung möglich. Sie sind also nur da anzutreffen, wo Zeichen je nach der Übereinstimmung oder Nichtübereinstimmung der Dinge, die sie bezeichnen, verbunden oder getrennt werden. Die Zeichen, die wir hauptsächlich benutzen, sind entweder Ideen oder Wörter, mit deren Hilfe wir gedachte oder ausgesprochene Sätze bilden. Die Wahrheit besteht darin, daß diese Repräsentanten ebenso verbunden oder getrennt werden, wie die durch sie bezeichneten Dinge selbst übereinstimmen oder nicht übereinstimmen. Die Falschheit besteht in dem Gegenteil davon, wie ich später eingehender zeigen werde.

Die Ideen selbst sind weder wahr noch falsch.

20. Mag nun eine Idee, die wir in unserem Geist haben, mit der Existenz von Dingen oder mit irgendeiner im Geiste anderer Menschen vorhandenen Idee übereinstimmen oder nicht, allein aus diesem Grunde kann sie noch nicht mit Recht falsch genannt werden. Nehmen wir an, diese Repräsentanten enthalten nichts, was nicht in den Dingen der Außenwelt wirklich existiert; dann können sie nicht für falsch gelten, weil sie

doch die genauen Repräsentanten von irgend etwas sind. Wenn sie nun irgend etwas enthalten, was von der Realität der Dinge abweicht, so kann man eigentlich nicht behaupten, daß sie falsche Repräsentanten oder Ideen von Dingen seien, die sie gar nicht darstellen. Der Irrtum und die Falschheit liegen aber vielmehr in folgendem:

21. Erstens. Wenn der Geist das *Urteil fällt* und die Schlußfolgerung zieht, daß eine bestimmte Idee, die er hat, dieselbe sei wie die, die im Geist anderer Menschen vorhanden ist und durch denselben Namen bezeichnet wird, oder daß sie der herkömmlichen, allgemein herrschenden Bedeutung oder Definition jenes Wortes entspreche, obgleich dies in der Tat nicht der Fall ist. Dieser Irrtum findet sich am häufigsten bei den gemischten Modi; jedoch sind ihm auch andere Ideen unterworfen. *Falsch sind sie erstens, wenn man das Urteil fällt, sie entsprächen den Ideen anderer Menschen, ohne daß sie es wirklich tun.*

22. Zweitens. Wenn der Geist, sofern er eine komplexe Idee hat, die aus einer Sammlung von einfachen Ideen gebildet ist, wie sie die Natur nie zusammenfügt, das *Urteil fällt*, daß sie mit einer Art von wirklich existierenden Wesen übereinstimme, wenn er z. B. die Schwere des Zinns mit der Farbe, Schmelzbarkeit und Feuerbeständigkeit des Goldes verbindet. *Zweitens, wenn man das Urteil fällt, daß sie mit der realen Existenz übereinstimmen, ohne daß es zutrifft.*

23. Drittens. Wenn der Geist in seiner komplexen Idee zwar eine bestimmte Anzahl von einfachen Ideen, die bei einer Art von Wesen wirklich zusammen existieren, vereinigt, aber andere, die davon ebenso untrennbar sind, ausgelassen hat und nun das *Urteil fällt*, dies sei eine unbedingt vollständige Idee einer Art von Dingen, während sie es in Wirklichkeit nicht ist. Wenn man zum Beispiel die Ideen Substanz, gelb, dehnbar, sehr schwer und schmelzbar vereinigt und diese komplexe Idee für eine vollständige Idee des Goldes hält. Denn die eigentümliche Feuerbeständigkeit des Goldes und seine Lösbarkeit in *aqua regia* sind doch von jenen anderen Ideen oder Qualitäten dieses Körpers ebenso untrennbar, wie es diese voneinander sind. *Drittens, wenn man das Urteil fällt, daß sie adäquat seien, ohne daß sie es sind.*

24. Viertens. Noch größer ist der Irrtum, wenn ich das *Urteil fälle*, daß diese komplexe Idee die reale Wesenheit irgendeines existierenden Körpers in sich schließe, während sie allenfalls eine kleine Anzahl der *Viertens, wenn man das Urteil fällt, daß sie die reale Wesenheit darstellen.*

Eigenschaften enthält, die sich von seiner realen Wesenheit und Beschaffenheit herleiten. Ich sage: nur eine kleine Anzahl dieser Eigenschaften, denn da letztere zum größten Teil in aktiven und passiven Kräften bestehen, die ein Körper in bezug auf andere Dinge besitzt, so ist die Gesamtzahl der zumeist bekannten Eigenschaften eines einzelnen Körpers, aus denen man gewöhnlich die komplexe Idee von Dingen dieser Art bildet, nur eine ganz unbedeutende, wenn man sie mit dem vergleicht, was jemand, der den Körper nach verschiedenen Richtungen hin untersucht und erforscht hat, von Dingen dieser einen Art weiß. Sämtliche Eigenschaften wieder, die der größte Fachmann kennt, sind im Vergleich zu denen, die wirklich in jenem Körper vorhanden und durch seine innere oder wesentliche Beschaffenheit bedingt sind, nur einige wenige. Das Wesen eines Dreiecks ist sehr eng umgrenzt und besteht in ganz wenigen Ideen. Drei Linien, die eine Fläche einschließen, machen dieses Wesen aus. Die Eigenschaften jedoch, die sich von diesem Wesen herleiten, sind zu zahlreich, als daß man sie ohne weiteres erkennen und aufzählen könnte. Ebenso verhält es sich meiner Ansicht nach mit den Substanzen. Ihre wirklichen Wesenheiten haben nur einen geringen Umfang, während die aus dieser inneren Beschaffenheit herrührenden Eigenschaften zahllos sind.

Wann Ideen falsch heißen.
25. Ich komme zum Schluß. Der Mensch kann von einem Ding außer ihm nur durch die Idee einen Begriff erhalten, die er davon in seinem Geist besitzt (diese Idee kann er benennen, wie es ihm beliebt). So kann er sich in der Tat eine Idee bilden, die weder der Realität der Dinge entspricht noch mit der Idee übereinstimmt, die andere Leute gewöhnlich durch das betreffende Wort bezeichnen. Dagegen kann er keine falsche oder unzutreffende Idee von einem Ding bilden, das ihm nur durch die Idee, die er davon besitzt, bekannt ist. Wenn ich zum Beispiel die Idee von den Beinen, den Armen und dem Rumpf eines Menschen bilde und damit Kopf und Hals eines Pferdes verbinde, so bilde ich damit keine falsche Idee eines Dinges, weil damit nichts außer mir Bestehendes dargestellt ist. Wenn ich aber dieses

Gebilde einen *Menschen* oder einen *Tartaren* nenne und mir einbilde, es stelle ein wirkliches Wesen meiner Umwelt dar oder stimme mit der Idee überein, die andere Menschen ebenso benennen, so kann ich mich in beiden Fällen irren. Aus diesem Grund nun wird dies eine falsche Idee genannt, obwohl die Falschheit in Wirklichkeit nicht in der Idee liegt, sondern in einer unausgesprochenen gedachten Aussage, in der ihr eine Übereinstimmung und Ähnlichkeit zugeschrieben wird, die sie nicht besitzt. Nehmen wir an, ich bilde eine solche Idee in meinem Geist, ohne zu glauben, daß ihr Existenz oder der Name *Mensch* oder *Tartar* zukomme. Trotzdem will ich sie *Mensch* oder *Tartar* nennen. Dann kann man wohl mit Recht der Meinung sein, daß ich eine phantastische Namengebung wähle, nicht aber, daß ich irrtümlich urteile oder daß meine Idee irgendwie falsch sei.

26. Im ganzen genommen, meine ich, können unsere Ideen, so wie sie vom Geist betrachtet werden – sei es in bezug auf die eigentliche Bedeutung ihrer Namen, sei es in bezug auf die Realität der Dinge – sehr passend *richtige* oder *unrichtige* Ideen genannt werden, je nachdem sie mit den Mustern, auf die sie bezogen werden, übereinstimmen oder nicht übereinstimmen. Zieht es aber jemand vor, sie wahr oder falsch zu nennen, so mag er sich ruhig der Freiheit bedienen, die jeder hat, die Dinge bei jenen Namen zu nennen, die ihm die besten dünken; obschon ihnen *Wahrheit* oder *Falschheit* im eigentlichen Sinne des Wortes, wie ich glaube, höchstens insofern zugeschrieben werden kann, als sie im Grunde in irgendeiner Weise eine gedachte Aussage enthalten. Die im Geiste eines Menschen vorhandenen Ideen können rein als solche betrachtet nicht unrichtig sein; es sei denn, es handele sich um komplexe Ideen, bei denen man unvereinbare Bestandteile miteinander verknüpft hat. Alle anderen Ideen sind an sich richtig, und die Kenntnis von ihnen ist eine richtige und wahre Kenntnis. Sobald wir sie aber auf irgend etwas als auf ihre Muster und Urbilder beziehen, können sie, sofern sie von diesen Urbildern abweichen, unrichtig sein.

Zutreffender wäre es, sie richtig oder unrichtig zu nennen.

XXXIII. KAPITEL
ÜBER DIE ASSOZIATION DER IDEEN*

Etwas Unvernünftiges steckt in den meisten Menschen.

1. Es gibt kaum jemand, der nicht in den Meinungen, Folgerungen und Handlungen anderer Menschen mancherlei bemerkte, was ihn seltsam anmutet und was in der Tat an und für sich sonderbar ist. Jeder ist scharfsichtig genug, um bei dem anderen auch den geringsten Fehler dieser Art, sobald es nicht auch sein eigener ist, zu erspähen. Er wird auch nicht zögern, ihn unter Berufung auf die Vernunft zu verdammen, obwohl er sich in seinem Betragen und seiner Lebensführung vielleicht selbst viel größerer Unvernunft schuldig macht. Diese aber wird er niemals gewahr. Ja, er ist sehr schwer, wenn überhaupt, davon zu überzeugen.

Dafür ist nicht nur Eigenliebe der Grund.

2. Dies beruht nicht gänzlich auf Eigenliebe, obwohl diese häufig eine große Rolle dabei spielt. Auch redlich gesinnte Menschen, die keiner Überschätzung aus Selbstschmeichelei ergeben sind, machen sich oft dessen schuldig. In vielen Fällen hört man mit Erstaunen die Beweisführung und sieht mit Verwunderung die Hartnäckigkeit eines würdigen Mannes, der augenscheinlichen Vernunftgründen nicht nachgibt, auch wenn sie ihm so klar wie das Tageslicht dargelegt werden.

Es beruht auch nicht nur auf Erziehung.

3. Diese Art von Unvernunft wird gewöhnlich der Erziehung und dem Vorurteil zur Last gelegt. Das trifft auch meistens zu, dringt aber nicht auf den Grund des Übels; auch zeigt es nicht deutlich genug, woraus es entspringt und worin es besteht. Die Erziehung wird oft mit Recht als die Ursache bezeichnet; Vorurteil ist ein treffender allgemeiner Name für die Sache selbst. Wenn man jedoch diese Art von Wahnsinn bis zu ihrer Quelle zurückverfolgen und erklären will, wie dieser Fehler bei ganz besonnenen und vernünftig denkenden Menschen zustandekommt und worin er besteht, dann muß man meiner Meinung nach den Blick noch weiter richten.

* Zusatz der vierten Auflage. [Fraser, a. a. O., Bd. I, S. 527.]

4. Man wird mir verzeihen, wenn ich dieser Erscheinung den harten Namen Wahnsinn beilege, sobald man bedenkt, daß jeder Widerspruch gegen die Vernunft diese Bezeichnung verdient und tatsächlich Wahnsinn ist. Kaum einer ist so frei davon, als daß er nicht eher für das Irrenhaus als für eine gebildete Unterhaltung geeignet erscheinen würde, falls er ständig und bei jeder Gelegenheit so argumentieren und so handeln wollte, wie er unter bestimmten Umständen immer wieder tut. Ich meine hier nicht den Fall, wo jemand in der Gewalt einer unbeherrschten Leidenschaft steht, sondern den ruhigen, gleichmäßigen Verlauf des Lebens. Was diesen harten Namen und den unerfreulichen Vorwurf, der hier gegen die meisten Menschen erhoben wird, noch in höherem Maße rechtfertigen wird, ist eine Entdeckung, die ich bei gelegentlicher Untersuchung der Natur des Wahnsinns machte (Buch II, XI. Kap. § 13). Ich fand, daß der Wahnsinn ganz dieselbe Wurzel besitzt und auf derselben Ursache beruht, von der wir hier reden. Die Betrachtung der Sache selbst führte mich darauf, und zwar in einem Augenblick, in dem ich nicht im geringsten an den jetzt behandelten Gegenstand dachte. Wenn es sich hier um eine Schwäche handelt, der alle Menschen leicht unterliegen, um einen Makel, der ihnen allgemein anhaftet, so sollte man sich um so mehr bemühen, ihn unter seinem rechten Namen offen darzulegen, damit dadurch eine um so größere Sorgfalt, ihn zu verhüten und zu heilen, erweckt werde.

Es ist ein bestimmter Grad des Wahnsinns, der sich bei den meisten Menschen findet.

5. Manche unserer Ideen stehen in *natürlicher* Wechselbeziehung und Verbindung miteinander. Es ist die Aufgabe und das Verdienst unserer Vernunft, diese aufzuspüren und die Ideen in der Einheit und Wechselbeziehung zu erhalten, die in ihrem besonderen Wesen begründet sind. Außerdem gibt es noch eine andere Verbindung von Ideen, die lediglich auf *Zufall* oder *Gewohnheit* beruht. Ideen, die an und für sich nicht verwandt sind, werden im Geist mancher Menschen so eng verknüpft, daß sie sehr schwer voneinander zu trennen sind. Sie bleiben stets in Gesellschaft; sobald die eine im Verstand auftaucht, stellt sich zugleich auch ihre Ge-

Der von einer verkehrten Verbindung von Ideen herrührt.

fährtin ein. Sind mehr als zwei Ideen so verbunden, so taucht die ganze Reihe, die ständig untrennbar ist, gleichzeitig auf.

<small>Diese Verbindung entsteht durch Gewohnheit.</small>

6. Diese enge Kombination von Ideen, die nicht von Natur aus verknüpft sind, bringt der Geist in sich selbst entweder willkürlich oder zufällig zustande. Deshalb fällt sie bei den verschiedenen Menschen sehr verschieden aus, je nach ihren verschiedenen Neigungen, ihrer Erziehung, ihren Interessen u. dgl. m. Die *Gewohnheit* befestigt sowohl Denkweisen im Verstand wie Entschlüsse im Willen und Bewegungsweisen im Körper. Alle diese scheinen nur Bewegungsweisen in den Lebensgeistern zu sein. Letztere aber schlagen, wenn sie einmal in Gang gebracht sind, stets den gleichen gewohnten Weg ein. Dieser wird durch häufige Benutzung schließlich zum ebenen Pfad, auf dem die Bewegung leicht und gleichsam naturgemäß verläuft. Soweit wir das Denken begreifen können, scheinen die Ideen auf diese Weise in unserem Geist hervorgebracht zu werden. Wenn das nicht der Fall sein sollte, so kann das Gesagte erklären, daß sie, sobald man ihnen die Richtung angewiesen hat, in gewohnheitsmäßiger Weise aufeinander folgen. Ebenso lassen sich ja auch die körperlichen Bewegungen erklären. Stellen wir uns einen Musiker vor, dem eine bestimmte Melodie bekannt ist. Sobald ihm der Anfang dieser Melodie durch den Sinn geht, kann er feststellen, daß die Ideen ihrer verschiedenen Töne in der richtigen Reihenfolge in seinem Verstand erscheinen, ohne daß er sich Mühe geben oder achthaben müßte. Sie folgen ebenso regelmäßig aufeinander, wie seine Finger über die Tasten der Orgel gleiten, um eine einmal begonnene Melodie zu Ende zu spielen. Dabei können seine Gedanken unaufmerksam umherschweifen. Ob die natürliche Ursache sowohl dieser Ideen als auch des regelmäßigen Hingleitens seiner Finger in der Bewegung der Lebensgeister besteht, will ich nicht entscheiden. Allerdings ist das nach diesem Beispiel sehr wahrscheinlich. Wohl aber können uns diese Ausführungen ein wenig helfen, von den intellektuellen Gewohnheiten und von der Verknüpfung der Ideen einen Begriff zu gewinnen.

7. Wohl niemand, der sich oder andere genau beobachtet hat, wird bestreiten, daß es im Geist der meisten Menschen solche Assoziationen von Ideen gibt, die durch Gewohnheit zustandegekommen sind. Man darf wohl mit Recht die meisten bei den Menschen zu beobachtenden Sympathien und Antipathien darauf zurückführen. Sie erzeugen ebenso starke und regelmäßige Wirkungen, wie wenn sie natürlich wären. Deshalb nennt man sie auch so. Dabei hatten sie zunächst keinen anderen Ursprung als die zufällige Verbindung zweier Ideen, die entweder durch die Stärke des ersten Eindrucks oder durch spätere Nachgiebigkeit so eng zusammengewachsen sind, daß sie seitdem im Geist des betreffenden Menschen immer Hand in Hand gehen wie eine einzige Idee. Ich sage: die meisten Antipathien, nicht alle. Denn manche sind wirklich natürlich; diese beruhen auf unserer ursprünglichen Konstitution und sind uns angeboren. Eine große Zahl gilt zwar für natürlich, doch würde man bei diesen durch aufmerksame Beobachtung feststellen können, daß sie im Grunde auf unbeachteten, wenn auch vielleicht frühzeitigen Eindrücken beruhen oder Ausgeburten einer ungezügelten Phantasie sind. Nehmen wir an, ein Erwachsener hat sich an Honig übergessen. Dann wird seine Einbildungskraft, sobald er dies eine Wort nur hört, in seinem Magen unverzüglich Übelkeit und Unbehagen hervorrufen. Ja, die bloße Idee davon wird ihm unerträglich sein. Sofort tauchen auch andere Ideen des Widerwillens, der Übelkeit und des Erbrechens auf; er ist verstört. Aber er weiß, woher diese Schwäche rührt. Er kann sagen, auf welche Weise er diese Abneigung erworben hat. Nehmen wir nun an, dasselbe wäre ihm durch übermäßigen Genuß von Honig in der Kindheit zugestoßen. Es würden sich dann ausnahmslos dieselben Wirkungen eingestellt haben. Aber die Ursache wäre verkannt und die Antipathie für eine natürliche gehalten worden.

Manche Antipathien sind eine Wirkung davon.

8. Ich erwähne dies nicht, weil es im gegenwärtigen Zusammenhang besonders notwendig wäre, zwischen natürlichen und erworbenen Antipathien streng zu scheiden. Vielmehr weise ich aus einem anderen Grunde

Der Einfluß von Assoziationen ist bei der Erziehung kleiner Kinder zu beobachten.

darauf hin. Ich möchte Eltern und Erziehern sagen, daß sie sich bemühen sollten, verkehrte Ideenverbindungen im Geist junger Leute aufmerksam zu beachten und sorgfältig zu verhüten. In der Jugend ist man für bleibende Eindrücke am meisten empfänglich. Verständige Leute werden sicher alle Eindrücke, die das körperliche Befinden betreffen, beachten und ihre schädlichen Wirkungen bekämpfen. Jedoch fürchte ich, daß man sich weniger, als es die Sache verdient, um diejenigen gekümmert hat, die sich vornehmlich auf den Geist beziehen und im Verstand und in den Leidenschaften enden. Ja, ich möchte glauben, daß diejenigen, die allein für den Verstand in Betracht kommen, von den meisten Menschen ganz und gar übersehen worden sind.

Die falsche Verbindung von Ideen ist eine wichtige Ursache von Irrtümern.

9. Diese falsche Verbindung an sich zusammenhangloser und voneinander unabhängiger Ideen in unserem Geist hat solchen Einfluß und besitzt eine so große Kraft, unsere Handlungen – sowohl die moralischen wie die natürlichen –, unsere Leidenschaften, unsere Schlüsse und selbst unsere Begriffe in eine falsche Richtung zu drängen, daß es kaum irgend etwas anderes gibt, das unsere Aufmerksamkeit in höherem Maße verdienen dürfte.

Ein Beispiel.

10. Die Ideen von Kobolden und Gespenstern haben an sich mit der Dunkelheit nicht mehr zu tun als mit dem Licht. Wenn aber ein einfältiges Kindermädchen diese Ideen oft dem Geist eines Kindes einprägt und sie dort immer wieder zusammen anregt, so wird das Kind sie vielleicht, solange es lebt, nie wieder voneinander trennen können. Immer werden sich mit der Dunkelheit auch jene schrecklichen Ideen bei ihm einstellen. Beide Ideen werden dergestalt miteinander verknüpft sein, daß es die eine ebensowenig ertragen kann wie die andere.

Ein anderes Beispiel.

11. Ein Mensch wird von einem anderen empfindlich beleidigt. Er denkt immer und immer wieder an den Betreffenden und die Handlung. Durch dieses intensive oder oftmalige Grübeln verschmelzen für ihn diese beiden Ideen so miteinander, daß sie fast zu einer einzigen werden. Er denkt nie an den Menschen, ohne

daß zugleich die erlittenen Schmerzen und Unbehaglichkeiten in seinem Geiste auftauchen. So unterscheidet er sie also kaum voneinander, sondern empfindet gegen beide eine gleich starke Abneigung. So wird oft aus geringfügigem und harmlosem Anlaß Haß erzeugt. Ebenso werden Streitigkeiten in der Welt erregt und verbreitet.

12. Ein Mensch hat an einem bestimmten Ort Schmerzen erlitten oder eine Krankheit durchgemacht. Er hat in einem bestimmten Zimmer seinen Freund sterben sehen. Diese Ideen haben zwar ihrer Natur nach nichts miteinander zu tun. Wenn aber die Idee jener Räumlichkeit im Geiste des Betreffenden auftaucht, so bringt sie (da der Eindruck einmal vorhanden ist) immer auch die des Schmerzes und Unbehagens mit sich. Er vermengt beide in seinem Geist; so wird ihm die eine so unerträglich wie die andere. *Ein drittes Beispiel.*

13. Wenn sich eine solche Ideenkombination festgesetzt hat, steht es, solange sie dauert, nicht in den Kräften der Vernunft, uns zu helfen und von ihren Wirkungen zu befreien. Wenn sich in unserem Geist Ideen befinden, so üben sie ihrer Eigenart und den Umständen gemäß ihre Wirkungen aus. Hier erkennen wir nun den Grund, warum die Zeit manche Gemütsbewegungen beseitigt, über die die Vernunft, auch wenn sie anerkanntermaßen im Recht ist, keine Macht hat. Ja, sie kann selbst bei denen nicht dagegen aufkommen, die in anderen Fällen gern auf ihre Stimme hören. Der Tod eines Kindes, das die Augen der Mutter täglich erfreute und das Glück ihrer Seele war, nimmt ihr alle Lust am Leben und verursacht ihr alle erdenklichen Qualen. Man versuche es in einem solchen Falle mit den Tröstungen der Vernunft. Ebensogut könnte man einen Gefolterten auffordern, sich wohl zu fühlen, und hoffen, daß vernünftige Gespräche die Schmerzen lindern, die ihm das Auseinanderrenken seiner Glieder verursacht. Solange bei jener Mutter nicht die Zeit durch Entwöhnung das Gefühl jener Freude und ihres Verlustes von der im Gedächtnis wieder auftauchenden Idee des Kindes getrennt hat, sind alle Vorhaltungen, so vernünftig sie *Warum die Zeit manche Störungen im Geiste heilt, die die Vernunft nicht heilen kann.*

auch sein mögen, vergeblich. Deshalb verbringt manche Mutter, bei der die Verbindung dieser beiden Ideen nie gelöst wird, ihr ganzes Leben in Trauer und nimmt einen unheilbaren Kummer mit ins Grab.

Ein weiteres Beispiel für die Wirkung der Ideenassoziation.

14. Einer meiner Freunde kannte jemanden, der durch eine sehr schmerzhafte und unangenehme Operation vollkommen vom Wahnsinn geheilt worden war. Der auf diese Weise wieder hergestellte Herr betrachtete diese Kur sein Leben lang voller Dankbarkeit und Anerkennung als den größten Dienst, den man ihm hatte erweisen können. Was ihm aber auch Dankbarkeit und Vernunft nahelegen mochten, so konnte er doch nicht den Anblick des Arztes ertragen. Dessen Bild rief immer wieder die Idee der Todespein bei ihm hervor, die er unter seinen Händen erlitten hatte und die zu stark und unerträglich war, als daß er sie aushalten könnte.

Weitere Beispiele.

15. Viele Kinder legen die in der Schule erlittenen Schmerzen den Büchern zur Last, um deretwillen sie gezüchtigt wurden. Diese Ideen verbinden sie so eng miteinander, daß sie gegen die Bücher einen Widerwillen fassen. So kann es geschehen, daß sie sich zeitlebens nie wieder mit dem Studium und seiner Verwendung befreunden können. So wird für sie das Lesen zur Qual, das ihnen vielleicht im andern Falle die größte Freude ihres Lebens hätte bereiten können. Es gibt sehr behagliche Räume, in denen mancher nicht studieren kann. Ebenso gibt es Gefäße von bestimmter Gestalt, aus denen mancher nicht trinken kann, wie sauber und bequem sie auch sein mögen. In beiden Fällen entsteht die Abneigung dadurch, daß zufällig gewisse Ideen damit verknüpft sind, durch die sie jenen Benutzern verleidet werden. Wer hätte nicht schon beobachtet, wie jemand beim Erscheinen oder in der Gesellschaft einer bestimmten anderen Persönlichkeit kleinlaut wird. Diese bestimmte Persönlichkeit mag ihm nicht nur dadurch überlegen sein, daß sie einmal bei irgendeinem Anlaß die Oberhand über ihn gewonnen hat. Dadurch haben sich die Ideen der Autorität und des Abstandes mit der Idee jener Persönlichkeit verbunden. Nun ist der einmal

Unterlegene nicht mehr imstande, sie voneinander zu trennen.

16. Beispiele dieser Art bieten sich überall in solcher Fülle, daß es, wenn ich noch eines hinzufüge, nur um seiner Kuriosität willen geschieht. Es betrifft einen jungen Herrn, der tanzen lernte, und zwar mit großer Vollendung. In dem Zimmer, in dem er es lernte, stand zufällig eine alte Truhe. Die Idee dieses merkwürdigen Möbelstückes hatte sich mit allen Wendungen und Schritten seiner Tänze derartig vermischt, daß er zwar in jenem Raum ausgezeichnet tanzen konnte, aber immer nur solange, wie die Truhe darin war. Auch an keinem anderen Ort war er imstande, gut zu tanzen, wenn nicht diese oder eine ähnliche Truhe ordnungsgemäß im Zimmer aufgestellt wurde. Um dem Verdacht zu begegnen, diese Geschichte sei über den eigentlichen Sachverhalt hinaus durch komische Züge ausgeschmückt, antworte ich zu meiner Rechtfertigung, daß sie mir vor einigen Jahren von einem nüchternen und vortrefflichen Mann auf Grund eigener Kenntnis in der berichteten Form mitgeteilt wurde. Ich möchte behaupten, daß es unter meinen wißbegierigen Lesern wenige gibt, denen nicht Geschichten, vielleicht sogar selbsterlebte Beispiele dieser Art, begegnet sind, die sich dem oben Erzählten an die Seite stellen lassen oder ihm wenigstens zur Rechtfertigung dienen könnten.

Ein kurioses Beispiel.

17. Intellektuelle Gewohnheiten und Mängel, die auf diese Weise erworben werden, sind nicht weniger häufig und schwerwiegend, nur werden sie weniger beachtet. Nehmen wir an, die Ideen des Daseins und der Materie seien durch Erziehung oder vieles Nachdenken fest miteinander verbunden. Wie will man sich, solange sie im Geist eine Einheit bilden, dann über rein geistige Wesen Begriffe machen und Schlüsse daraus ziehen? Zu welchen unsinnigen Vorstellungen von der Gottheit wird derjenige Geist gelangen, der von früher Jugend an daran gewöhnt ist, Form und Gestalt mit der Idee Gottes zu verbinden! Man stelle sich vor, die Idee der Unfehlbarkeit sei unlösbar mit einer bestimmten Person verknüpft und beide Ideen erfüllten stets gleichzeitig den

Der Einfluß der Assoziationen auf intellektuelle Gewohnheiten.

Geist. Dann wird jeder unbesehen und in blindem Glauben die gleichzeitige Existenz eines Körpers an zwei Orten als sichere Wahrheit hinnehmen, sobald jene für unfehlbar gehaltene Person die Zustimmung dazu ohne Nachprüfung vorschreibt und fordert.

Dies ist bei den Gegensätzen zwischen verschiedenen Schulen der Philosophie und Religion zu bemerken.

18. Es wird sich erweisen, daß auf gewissen falschen und unnatürlichen Ideenkombinationen dieser Art die unüberbrückbaren Gegensätze beruhen, die zwischen verschiedenen philosophischen und religiösen Schulen bestehen. Denn wir können uns nicht vorstellen, daß sich jeder ihrer Anhänger absichtlich täuscht und wissentlich die Wahrheit ablehnt, die ihm durch die reine Vernunft nahegelegt wird. Das eigene Interesse mag dabei eine große Rolle spielen. Es ist jedoch nicht anzunehmen, daß hierdurch ganze menschliche Gemeinschaften zu einer so allgemeinen Verkehrheit angeregt werden, daß sie einstimmig wissentlich etwas Falsches vertreten. Wenigstens einigen muß man zugestehen, daß sie tun, was alle zu tun behaupten, nämlich ehrlich nach der Wahrheit streben. Es muß also irgend etwas geben, das ihren Verstand blendet und sie den Irrtum dessen nicht sehen läßt, was sie für reale Wahrheit halten. Das, was ihre Vernunft so gefangen nimmt und ehrliche Menschen mit geschlossenen Augen vom gesunden Menschenverstand hinwegführt, wird sich bei einer Untersuchung als das herausstellen, wovon wir hier reden: Gewisse unabhängige Ideen, die in keinem Zusammenhang miteinander stehen, werden durch Erziehung, Gewohnheit und das beständige Wortgerassel ihrer Partei im Geist solcher Menschen so fest miteinander verknüpft, daß sie dort immer gemeinsam erscheinen. Sie können sie dann in ihren Gedanken ebensowenig trennen, wie wenn sie eine einzige Idee wären; sie wirken auch so, wie wenn sie es wären. Das macht jeden Wortunfug vernünftig, Ungereimtheiten beweiskräftig, den Unsinn folgerichtig und ist die Grundlage für die größten – um nicht zu sagen, für alle – Irrtümer in der Welt. Sollte das zuviel behauptet sein, so ist es doch zumindest selbst der gefährlichste Irrtum; denn soweit er herrscht, hindert er die Menschen daran, zu sehen und zu prüfen. Nehmen wir

an, zwei eigentlich getrennte Dinge stellen sich dem Blick immer vereinigt dar. Das Auge nimmt zwei zusammenhanglose Dinge als zusammengenietet wahr. Wo sollen wir da mit der Berichtigung von Irrtümern einsetzen, die sich ergeben, wenn jemand zwei Ideen gewohnheitsmäßig in seinem Geist so verbindet, daß er die eine mit der anderen vertauscht, und zwar, wie ich glaube, oft ohne es selbst zu merken? Solche Menschen sind, so lange sie dieser Täuschung unterliegen, nie einer Aufklärung zugänglich. Sie rühmen sich selbst als eifrige Kämpfer der Wahrheit, während sie in Wirklichkeit für den Irrtum streiten. Die Verwechselung zweier verschiedener Ideen, die durch gewohnheitsmäßige Verknüpfung in ihrem Geist tatsächlich zu einer einzigen geworden sind, füllt ihre Köpfe mit falschen Ansichten und ihr Denken mit falschen Schlüssen.

19. Ich habe somit den Ursprung, die Arten und den Umfang unserer *Ideen* dargestellt. Außerdem habe ich einige weitere Betrachtungen über diese (ich weiß nicht, ob ich sagen soll) Instrumente oder das Material unserer Erkenntnis beigefügt. Nach meinem ursprünglichen Plan müßte ich nunmehr sofort dazu übergehen zu zeigen, welchen Gebrauch der Verstand von den Ideen macht und welche *Erkenntnis* wir durch sie erlangen. Darin bestand alles, was ich bei einem ersten allgemeinen Überblick über mein Thema als die mir gestellte Aufgabe ansehen zu müssen glaubte. Bei näherem Einblick finde ich aber, daß zwischen den Ideen und den *Wörtern* ein so enger Zusammenhang besteht und daß unsere abstrakten Ideen und unsere allgemeinen Namen sich so beständig aufeinander beziehen, daß ich unmöglich klar und deutlich von unserer Kenntnis reden kann, die ausschließlich aus Aussagen besteht, ohne zuvor Beschaffenheit, Verwendung und Bedeutung der Sprache zu untersuchen. Das muß daher die Aufgabe des nächsten Buches sein.

Schluß.

JOHN STUART MILL

Utilitarismus

Übersetzt, hrsg. und mit einer Einleitung versehen von Manfred Kühn. PhB 581. 2006. XXXII, 117 Seiten. 3-7873-1790-2. Leinen.

In seiner 1861 zunächst in Frazer's Magazine publizierten und zu seinen Lebzeiten in weiteren vier Auflagen vorgelegten Schrift *Utilitarism* verteidigt John Stuart Mill das Nützlichkeitsprinzip als das grundlegende Kriterium für die Beurteilung der Moralität aller Handlungen, sei es der freien Handlungen der Individuen, sei es der Einschränkungen dieser Freiheit durch von Gesellschaft und Staat vorgegebene Regeln.
Dabei geht es ihm vor allem darum, den Utilitarismus vor dem Einwand zu retten, er gebe dem hedonistischen Eigennutz Vorrang vor der ethischen Maxime einer gerechten Verteilung der Güter. So glaubt er, aus dem Prinzip des »größten Glücks der größten Zahl« ein Modell der Verteilungsgerechtigkeit ableiten zu können, das das Nützlichkeitsprinzip als das erste Prinzip der Moral erweist.

Die hier in neuer deutscher Übersetzung vorgelegte Schrift gilt als das Hauptwerk der klassischen utilitaristischen Ethik.

JOHN STUART MILL

Über die Freiheit

Ein Essay. Auf der Grundlage der Übersetzung von Else Wentscher neu hrsg. von Horst D. Brandt. PhB 583. 2006. Ca. 220 Seiten. 3-7873-1810-0. Leinen.

In diesem Essay von 1859, seinem Hauptwerk, streitet John Stuart Mill für das Recht jedes einzelnen, seine Überzeugungen frei zu bilden und das eigene Leben nach diesen Überzeugungen frei zu gestalten. Für ihn gibt es daher nur einen Grund, der es Staat und Gesellschaft erlaubt, dieses Recht auf individuelle Selbstbestimmung zu beschneiden, und den sieht er in dem Grundsatz, »daß der einzige Zweck, um dessentwillen man Zwang gegen den Willen eines Mitglieds einer zivilisierten Gemeinschaft rechtmäßig ausüben darf, der ist: die Schädigung anderer zu verhüten«.

Dieser Essay Mills bleibt – ganz unabhängig davon, ob man seine Verteidigung des Utilitarismus teilen kann oder nicht – ein Meilenstein in der Geschichte der philosophischen Begründungen des Rechtes auf Selbstbestimmung, das jedem einzelnen zugestanden werden muß.

FELIX MEINER VERLAG · PHILOSOPHISCHE BIBLIOTHEK   WWW.MEINER.DE

George Berkeley

Eine Abhandlung über die Prinzipien der menschlichen Erkenntnis

PhB 532. 2004. XLIX, 125 Seiten. 3-7873-1638-8. Kartoniert.

In der „Abhandlung über die Prinzipien der menschlichen Erkenntnis" entwickelt Berkeley (1685-1753) die Lehre vom Immaterialismus. Die Wahrnehmung der Dinge mit den Sinnen ist für ihn die Basis allen Seins, den Geist versteht Berkeley als das aktive Prinzip.

George Berkeley

Alciphron oder der Kleine Philosoph

PhB 502. 2., durchges. Aufl. 1996. XXX, 447 Seiten. 3-7873-1307-9. Ln.

Die in Form eines Dialogs abgefaßte Streitschrift *Alciphron: or, The Minute Philosopher* (London 1732) richtet sich gegen die englischen Deisten und Freidenker, insbesondere gegen Toland, Shaftesbury, Mandeville und Collins. Der Text nimmt eine bedeutende Stellung sowohl innerhalb des Gesamtwerkes Berkeleys als auch in der Deismusdebatte des 18. Jahrhunderts ein.

George Berkeley

Philosophisches Tagebuch

PhB 318. 1979. XXIII, 185 Seiten. 3-7873-0476-2. Kartoniert.

In Berkeleys Tagebuch gibt die ungeschminkte Unmittelbarkeit der Reflexion und des Selbstgesprächs einen Einblick in die Entstehung seiner Philosophie, so daß der Leser an den Neuansätzen, die Berkeley immer wieder versucht, teilnehmen kann.

George Berkeley

Drei Dialoge zwischen Hylas und Philonous

PhB 556. 2005. XLV, 148 Seiten. 3-7873-1669-8. Kartoniert.

In *Three Dialogues between Hylas and Philonous"* stellt Berkeley seine bereits in *A Treatise Concerning the Principles of Human Knowledge* (PhB 532) dargelegte Lehre vom Immaterialismus in literarisch ansprechender und für den Einstieg in seine Philosophie geeigneter Form noch einmal vor.

FELIX MEINER VERLAG · PHILOSOPHISCHE BIBLIOTHEK   WWW.MEINER.DE